经以律七
赴征南来
贺教师节
题以问项目
心至玉然

季羡林
时年九十有八

教育部哲学社会科学研究重大课题攻关项目
"十三五"国家重点出版物出版规划项目

中国流动人口的城市逐梦

IN SEARCH OF THE URBAN DREAM AMONG INTERNAL MIGRANTS OF CHINA

杨菊华 等著

中国财经出版传媒集团
经济科学出版社
Economic Science Press

图书在版编目（CIP）数据

中国流动人口的城市逐梦/杨菊华等著. —北京：经济科学出版社，2018.5
ISBN 978-7-5141-8697-0

Ⅰ.①中… Ⅱ.①杨… Ⅲ.①流动人口-社会管理-研究-中国 Ⅳ.①D631.42

中国版本图书馆 CIP 数据核字（2017）第 284250 号

责任编辑：申先菊
责任校对：王苗苗　郑淑艳
责任印制：李　鹏

中国流动人口的城市逐梦
杨菊华　等著

经济科学出版社出版、发行　新华书店经销
社址：北京市海淀区阜成路甲 28 号　邮编：100142
总编部电话：010-88191217　发行部电话：010-88191522
网址：www.esp.com.cn
电子邮件：esp@esp.com.cn
天猫网店：经济科学出版社旗舰店
网址：http://jjkxcbs.tmall.com
北京季蜂印刷有限公司印装
787×1092　16 开　31.5 印张　590000 字
2018 年 5 月第 1 版　2018 年 5 月第 1 次印刷
ISBN 978-7-5141-8697-0　定价：90.00 元
（图书出现印装问题，本社负责调换。电话：010-88191510）
（版权所有　侵权必究　举报电话：010-88191586
电子邮箱：dbts@esp.com.cn）

课题组主要成员

王　谦　王毅杰　张娇娇　吴　敏
谢永飞　刘传江　杜　鹏　段成荣
翟振武　贺　丹　杜声红　王苏苏

阅读理史资料

编审委员会成员

主　任　吕　萍
委　员　李洪波　柳　敏　陈迈利　刘来喜
　　　　　樊曙华　孙怡虹　孙丽丽

总　序

　　哲学社会科学是人们认识世界、改造世界的重要工具，是推动历史发展和社会进步的重要力量，其发展水平反映了一个民族的思维能力、精神品格、文明素质，体现了一个国家的综合国力和国际竞争力。一个国家的发展水平，既取决于自然科学发展水平，也取决于哲学社会科学发展水平。

　　党和国家高度重视哲学社会科学。党的十八大提出要建设哲学社会科学创新体系，推进马克思主义中国化、时代化、大众化，坚持不懈用中国特色社会主义理论体系武装全党、教育人民。2016年5月17日，习近平总书记亲自主持召开哲学社会科学工作座谈会并发表重要讲话。讲话从坚持和发展中国特色社会主义事业全局的高度，深刻阐释了哲学社会科学的战略地位，全面分析了哲学社会科学面临的新形势，明确了加快构建中国特色哲学社会科学的新目标，对哲学社会科学工作者提出了新期待，体现了我们党对哲学社会科学发展规律的认识达到了一个新高度，是一篇新形势下繁荣发展我国哲学社会科学事业的纲领性文献，为哲学社会科学事业提供了强大精神动力，指明了前进方向。

　　高校是我国哲学社会科学事业的主力军。贯彻落实习近平总书记哲学社会科学座谈会重要讲话精神，加快构建中国特色哲学社会科学，高校应发挥重要作用：要坚持和巩固马克思主义的指导地位，用中国化的马克思主义指导哲学社会科学；要实施以育人育才为中心的哲学社会科学整体发展战略，构筑学生、学术、学科一体的综合发展体系；要以人为本，从人抓起，积极实施人才工程，构建种类齐全、梯队衔接的高校哲学社会科学人才体系；要深化科研管理体制改革，发挥高校人才、智力和学科优势，提升学术原创能力，激发创新创造活力，建设中国特色新型高校智库；要加强组织领导、做好统筹规划、营造良好学术生态，形成统筹推进高校哲学社会科学发展新格局。

哲学社会科学研究重大课题攻关项目计划是教育部贯彻落实党中央决策部署的一项重大举措，是实施"高校哲学社会科学繁荣计划"的重要内容。重大攻关项目采取招投标的组织方式，按照"公平竞争，择优立项，严格管理，铸造精品"的要求进行，每年评审立项约40个项目。项目研究实行首席专家负责制，鼓励跨学科、跨学校、跨地区的联合研究，协同创新。重大攻关项目以解决国家现代化建设过程中重大理论和实际问题为主攻方向，以提升为党和政府咨询决策服务能力和推动哲学社会科学发展为战略目标，集合优秀研究团队和顶尖人才联合攻关。自2003年以来，项目开展取得了丰硕成果，形成了特色品牌。一大批标志性成果纷纷涌现，一大批科研名家脱颖而出，高校哲学社会科学整体实力和社会影响力快速提升。国务院副总理刘延东同志做出重要批示，指出重大攻关项目有效调动各方面的积极性，产生了一批重要成果，影响广泛，成效显著；要总结经验，再接再厉，紧密服务国家需求，更好地优化资源，突出重点，多出精品，多出人才，为经济社会发展做出新的贡献。

作为教育部社科研究项目中的拳头产品，我们始终秉持以管理创新服务学术创新的理念，坚持科学管理、民主管理、依法管理，切实增强服务意识，不断创新管理模式，健全管理制度，加强对重大攻关项目的选题遴选、评审立项、组织开题、中期检查到最终成果鉴定的全过程管理，逐渐探索并形成一套成熟有效、符合学术研究规律的管理办法，努力将重大攻关项目打造成学术精品工程。我们将项目最终成果汇编成"教育部哲学社会科学研究重大课题攻关项目成果文库"统一组织出版。经济科学出版社倾全社之力，精心组织编辑力量，努力铸造出版精品。国学大师季羡林先生为本文库题词："经时济世　继往开来——贺教育部重大攻关项目成果出版"；欧阳中石先生题写了"教育部哲学社会科学研究重大课题攻关项目"的书名，充分体现了他们对繁荣发展高校哲学社会科学的深切勉励和由衷期望。

伟大的时代呼唤伟大的理论，伟大的理论推动伟大的实践。高校哲学社会科学将不忘初心，继续前进。深入贯彻落实习近平总书记系列重要讲话精神，坚持道路自信、理论自信、制度自信、文化自信，立足中国、借鉴国外，挖掘历史、把握当代，关怀人类、面向未来，立时代之潮头、发思想之先声，为加快构建中国特色哲学社会科学，实现中华民族伟大复兴的中国梦作出新的更大贡献！

教育部社会科学司

前　言

　　我不想说我很亲切

　　我不想说我很纯洁

　　可是我不能拒绝心中的感觉

　　看看可爱的天摸摸真实的脸

　　……

　　想想长长的路擦擦脚下的鞋

　　不管明天什么季节

　　一样的天一样的脸

　　一样的我就在你的面前

　　一样的路一样的鞋

　　我不能没有你的世界

　　对于1980年之前出生的人而言，这段歌词一定会唤起他们尘封已久却历历在目的记忆。1991年，电视连续剧《外来妹》在中央电视台播出，万人空巷。该剧刻画了六名来自山沟，前往广东打工的青年男女的命运。他们怀揣梦想，走出赵家坳，来到广东，希望通过"出走"改变自己的命运。这条逐梦之旅崎岖坎坷：有艰辛，有希望；有折返，有坚持；有失意，有成功。心灵手巧的小云，开始被任命为拉长助理（拉长是负责工厂生产线运作的管理人员），经历拉长、生产主管，到最后成为乡政府自办工厂的厂长，这一过程体现出她坚持梦想的力量。外面的世界尽管残酷，却也十分精彩；外面的世界虽然磨难重重，但也让人历练。然而，经过务农、打工、返乡结婚且准备不再外出打工的秀珍，却发现自己已不属于家乡了。她再次走出大山，而陪伴她的还有一大帮小姐妹。在外面世界的浸染下，年轻人"回不了"家乡了——这样的一种不适应，真实地发生在那个时代被"外面的世界"濡染的年轻人身上。

这一影视作品形象地呈现了那个时代、那个特定的历史情境中，城市与乡村文明的碰撞、沿海与内地的发展差距、劳资双方的利益冲突、性别角色的观念变迁，也为梦想与现实的矛盾和期冀写下了完美的注脚。

27年过去了，该剧所要表达的意蕴依旧具有旺盛的生命力。作为第一部反映打工者生活的电视剧，其题材与思想内涵无疑最为关键。它从社会底层人的视角切入，反映了变迁年代的平凡故事，描画了改革风起云涌中底层人物的命运沉浮，表现出文化冲突中的小人物如何寻找自己的位置，折射出他们梦想的失落与坚守。说到底，这部作品透视出的是农村人的城市梦、发展梦。时下，广东仍是许多人追寻梦想之地，依然吸引着很多"新旧"外地人；尽管"打工"的形式和内涵都发生了很大的变化，但文化的冲突仍然困扰着每一个"外来妹"和"外来仔"，对个人、家庭、国家和社会的思考长期萦绕在人们的心中。

27年过去了，人们依旧躬身向命，在沉默、坚忍中筑梦于城、逐梦现地的热情并未削减，对未来的期冀更为强烈。时下，在"看得见山，望得见水，记得住乡愁"的新型城镇化背景下，农村的田园风光成为不少城市人的精神家园，但城市依然是更多人的梦想之地。为了个人的发展，为了家庭的富裕，为了子女的教育，为了美好的未来，人们离开亲人，离开朋友，来到有梦想可筑、有梦想可追、有梦想可圆之地，开启筑梦、逐梦、圆梦之旅。

27年过去了，当年婀娜多姿的"打工妹"、风华正茂的"打工仔"均已人到中年。他们为沿海经济发展和城市建设，付出了无数的心血和汗水。虽然命运迥异，但各有收获：一部分人把握住了发展的机遇，成为时代的弄潮儿，成功地站在了时代的前沿；更多的人开阔了眼界，学到了技能，积累了一定的资金，盖上了新房，改善了家庭的生存条件。随着年岁的增长，他们中的一部分人渐渐退出了城市劳动力市场，选择了归乡之路；另一部分人依旧坚守在城市里，始终是流动人口的中坚和核心力量。他们的后来人，"80"后和"90"后，接过流动大旗，在一个既陌生遥远又熟悉向往的社会情境中，开启了新的人生航程。

所以，我们听到了《打工者之歌》①。

我们进城来打工
挺起胸膛把活儿干
谁也不比谁高贵
我们唱我们自己的歌

我离开生我养我的家乡
毅然背上行李来城市闯荡
想学身技术　回家办个厂
带动俺们的家乡更加富强

我的工作是搞电焊
切割焊接努力把钱赚
一身的衣服像张破渔网
裸露的皮肤像在上战场

咋的了，咋的了，过火了，哥们儿
打游击的电焊工就是这个样儿
我提着心　吊着胆，只为端好盘
稍息　立正　我就是小保安
风里去　雨里来　说的是快递员
不停地穿梭在车水马龙间

---

① 歌词来自《中国梦想秀》节目，网址：http：//www.iqiyi.com/w_19rshsvaix.html，2015 年 5 月查询。节目并无歌词引用的说明，与节目组联系无果。虽然此书不是盈利项目，但若有相关人士看到，请与作者联系。节目播放出来的内容人们并不认可，小姑娘针对资本家的"剥削"之语应是她的真实感受，"因为很多工人辛苦地工作却拿不到应有的工资，医疗社保也没有保障，出了工伤事故也得不到及时和足额的赔付……"。她天真淳朴，不懂得说些"政治上正确"的感恩话语。然而，唯其真实，才更可爱！

临时工　不好干　没有合同　没保险
心中的梦想它何时能实现

我的家乡在湖北
常常梦里把家回
干的是电脑维修工
勤奋努力地向前冲

俺们俩是山东德州的
俺们俩在厂里头打工
俺们俩有个同样梦想
娶个媳妇在城里安个家

我们是来自北方的姑娘
为了梦想和幸福在城市打拼
拥挤的车间有我们忙碌的身影
长长的流水线有我们挥洒的青春
脱下了工装换上了春装，
我们更是一道亮丽风景线

这首歌由八位在北京务工的年轻人创作，他们饱含深情，向听众描述了打工者的日常生活、面临的不公待遇、工作的艰辛、共同的困惑和自尊、自强、自信的理念，以及对美好事物的追求。他们不仅唱出了自己的心声，也唱到数亿流动人口的心里。他们中的很多人虽然日复一日、年复一年地重复着简单而单调的生活，很多人仿佛"白天是机器人，晚上是木头人"，看似缺乏思想、毫无生气，为因家贫而没有机会读更多的书而感到遗憾，却没让这种单调和遗憾遮蔽他们的梦想光环。他们是亿万流动人口的缩影，为了理想寻寻觅觅，哪怕地位卑微、梦想质朴，哪怕环境恶劣、待遇不公，哪怕现实无奈、旅程艰辛，也认真地过着每一个平凡的日子，每天都在向着梦想进发！

"一步步实现着自己人生价值，有付出就有回报！"这是天性乐观坚强的张华的信念。张华自幼患小儿麻痹而落下左脚残疾，赚钱治病、减轻家人的负担就成了她的理想。[①] 13 年前，她独自走出四川大山，拄着双拐来到改革开放的前沿阵地——深圳。起初的日子里，她每天要花 4 小时挤公交、搭地铁，忍着脚上钻心的疼痛上班，付出了别人难以想象的努力和艰辛。她的自强不息，她的聪明和灵气，加上一点点的好运，让她的身体慢慢康复，而且日渐成长、越发自信的她也从一个普通的文员做到公司常务副总经理。如今，她勇敢辞职，加入了创业者的队伍。

从张华的诗歌中，我们看到了她逐梦过程中的迷茫、渴望和对未来的期许。

四月的尽头
是热情的夏　还是无尽的梅雨
我不得而知
我单知道　也许早就注定
漂泊也许是我一生的宿命
……

我渴望和每个人一样
我渴望　在异乡的清晨醒来
看见阳光抚慰大雾中褪去的村庄
我渴望　黑夜的小径上
回乡的人忽略了风雪
而火把准时照亮了
枕边的抑郁和爱情
……

都市的繁华

[①] 此部分的引文来自郑向鹏、杨丽萍《钰涵：一个残疾女工用诗歌温暖生命》，载《深圳特区报》2008 年 12 月 18 日，网址：http://sztqb.sznews.com/html/2008-12/18/content_456855.htm，以及中央电视台新闻直播间，网址：http://tv.cntv.cn/video/C10616/ae8eb8b8c72b43d0a55377756c26a436。

映照出个人的渺小
　　握紧的拳头
　　寻找努力的方向
　　怀揣着对乡村的思念
　　行走在城市的阳光里
　　那一片绿
　　涌出美妙的诗行
　　也延伸向希望

张华是不幸的，因为她出生于小山村，还承受着身体上的不便和痛苦；张华也是幸运的，因为诗歌为她翻开了人生的崭新篇章，还让她成功地从"打工妹"变成一个真正的"深圳人"。

"我的人生曾因残缺充满苦难，同样因残缺而变得坚韧，诗歌让我对幸福有着更深的理解，对生活总是充满热爱和感恩，诗歌温暖了我的生命。"

相似的经历及其带来的共鸣，使得她的诗歌表现出对打工者和底层人群的极大关切，"在深圳生活不易，必须要有理想才能坚持下去。"诗歌为她打开了另一扇窗，成就了她的梦想，而她梦想的实现也激励着数以亿计的流动者继续前行，继续为梦想照进现实而努力。

个人的梦想可能是渺小的，却开启了新的生命之窗：它或许是出去看看，或许是学些技术，或许只是赚钱治病，或许……甚至没有或许。正是这些微不足道的梦想，让城市生活更便利，推动了30多年来中国经济的飞速发展和社会的巨大进步，让中华民族伟大复兴梦更实实在在。实际上，在流动人口巨大的贡献面前，所有的语言似乎都是多余的；看看每年春节前后城市的停摆就什么都明白了：菜市场、餐馆、小商店多关门歇业，工厂多大门紧锁，建筑工地机器停转，快递哥不再走街串巷，数百万流动人口踪影消失。城市户籍人口一方面感受到交通的快意，另一方面也切身体会到生活的不便。

在这个持续大流动、大变革的大时代，在新型城镇化和现代化的宏大背景中，在社会氛围更加开放、各类技术、资本、文化与劳动力在地区之间充分涌流的现实生活里，他们又怀揣哪些梦想？他们所逐之梦能否实现？他们在逐梦过程中遭遇的问题与20世纪80年代、20世纪90年代和2000年的前辈们有哪些异同？哪些因素成为制约他们实现梦想的藩篱？代际之间的梦想真如时下人们普遍认为的，有那么大的差别吗？……如此种种，都激发了笔者的研究兴趣。出于好奇也好，出于学者的社会责任和良知也罢，我几乎按捺不住，有不得不进行探究的冲动。

正如读者所见，本书的风格与我过去一贯的风格差异甚大——至少我希望能够摆脱我过去那种八股式的研究风格。我所希望的是：一方面，在保持学术所必需的科学与严谨的同时，通过对少数个案的深度倾听，切实感受流动者的真实心声，聆听他们筑梦、逐梦和圆梦过程中精彩、无奈和心酸的故事，深入把握他们筑梦过程中的种种障碍。另一方面，借助对更大范围的经验数据的实证分析，把握该群体梦想的全貌，通过透视代际之间的差别、人群之间的差异，更全面地认识实现梦想的阻力。因此，书中虽有大量的图形和表格，也有大量对数据的描述和解释，但我希望能够融合叙述和科学的双重风格，让读者既有机会听到流动人口的故事，也能感受到他们逐梦之旅中的个性差别，还能读出让梦想照进现实的出路。

这样的思路促使我对本书做出如下安排。

第一部分：走在梦想路上的逐梦之人。包括两章，一是通往梦想之路，二是追逐梦想之人。它试图向读者介绍的是，改革开放以来迁移流动的宏大背景，经济学与社会学关于迁移流动的理论叙事；它所要回应的问题是，流动人口为什么要逐梦他乡，具有哪些特点的人在他乡逐梦，他们的逐梦过程具有怎样的过往和时下的经历。

第二部分：梦想的多彩与逐梦者的呐喊。包括两章，这是基于深度访谈，对流动人口多彩梦想的真实记录和逐梦困境的呐喊梳理。通过与他们面对面的深入交流和实地观察，倾听他们的心声，笔录他们的故事，感受他们由汗水和泪水凝聚的生命历程。自由梦、致富梦、发展梦、安居梦、保障梦、子女求学梦、融入梦，林林总总，让人目不暇接。无论是哪一类梦想，在追逐的过程中都面临着巨大的考验、困厄与彷徨，而流动个体也发出高声呐喊。

第三部分：逐梦的过程与现实的困厄。包括五章，描画更大范围内流动人口多彩之梦的实现状况。定性访谈讲述了一个个流动者真实的故事。这些故事只是个体的特性还是群体的共同经历？梦想实现的程度怎样，受制于哪些宏观、家庭和个体要素？对于流动人口的主要梦想及其现实状况，此五章运用数据分析予以全面、系统的把握。

第四部分：梦想的制度困境与破局的探索。包括两章，一是解读梦想缘何难实现，二是提出让梦想照亮前行之路的思考和建议。希望通过我们的努力，为流动人口逐梦、圆梦贡献出一份力量。

由此可见，从总体构架上，本书并未完全遵循从问题提出，经过文献梳理与综述，理论建构和假设形成，到数据的介绍与描述，分析结果呈现，最后的总结与讨论这样的规范性思路，尽管在第三部分的各个章节，为突出研究的严谨性，也相对更强调这种模式。在文字的表述上，除严格的数据外，我希望能够尽可能脱掉数字沉重的外衣和过多的数理术语。因此，书中有意识地省略了对数据本身的过多介绍和描述，尽可能让数据来讲述一个更大范围的故事。

摘　要

本书为教育部重大课题攻关项目"中国流动人口社会融合"的结项成果。

"黯然销魂者，唯别而已矣"，一千多年前南朝文学家江淹的《别赋》，道出了今日多少为了梦想而远走他乡的流动人口的心声。"已忍伶俜十年事，强移栖息一枝安"，又有多少离乡逐梦之人仍是被隔离在流入地的社会之外，历经千辛万苦也难圆融入之梦。

中华人民共和国成立后的前30年，历史要素、地理环境和人为幕墙等方面的差别，带来城乡和地区之间的利益阶梯；1978年后，改革开放政策施行，工业化和城镇化进程推进，进一步拉大了城乡差异和地区差异；加上户籍制度的宽松，驱使欠发达地区尤其是欠发达的农村地区的人离开家乡，进城市寻找新的发展机会，寻找幸福和财富。随着流动人口规模的不断扩大或持续高位，流动成为人们一种内在的生活方式和无处不在的社会现实，成为影响中国人口结构和经济社会发展的内生动力，而城市梦想和社会融入则成为流动人口和流入地社会避不开、绕不过的话题。基于此，本书将主题定位如下：利用质性（定性）访谈资料，倾听流动人口的城市（大城市）梦想及其呐喊；借助问卷抽样调查数据，分析梦想的实现程度；综合质性和定量数据，采用政策分析手段，深入探究阻碍梦想进程的制度要素，并对破解逐梦过程中的障碍提供学理思考。

"我们身在何处？从何处来？又将往何处去？"这些在流动过程中不断引人深思的问题或许没有确切答案，但其背后的故事却推动着历史进程的发展，见证着改革开放近40年中国社会的变迁。从早期的单人流动为主到现在的拖家带口，他们流动的形式已然发生变化，但那希望能在流入地安居乐业，渴望得到流入地认可，实现融入梦想的初心未改。质性访谈结果告诉我们，流动人口逐梦城市、逐梦现地，或为自己，或为后辈。涨薪梦、安居梦、保障梦、子女求学梦、融入梦是萦绕在流动人口心头的五大梦想。然而，质性访谈的结果显示出的现实是，这种简单、朴素的期冀在"理想向左而现实向右"的情境下，在"理想很丰满、现实很骨感"的环境中，逐梦之地梦难圆。

梦想实现程度如何？涨薪梦在绝对水平上已经有较好实现，流动人口手中的"票子"日渐厚实，但是如果将流动人口的城市逐梦比作攀爬楼梯，那么涨薪梦只是楼梯的第一级。在楼梯的第二级是"安得广厦千万间"的安居梦，但显然的是，流动人口在流入地拥有住房或租住公屋的比例还有很大的提升空间，安居梦是所有梦想中实现程度最低的一个梦想。就实现程度而言，二者虽然处于阶梯的两极，但均属于最基本的梦想。继续往上就是保障梦。有了安身立命之所后，他们也期望能获得像流入地居民一样的社会保障，然而数据显示，他们在流入地的社会保障水平依旧很低，与本地市民之间的差距甚大。梦想之梯的第四级，也就是流动人口高度重视、关系到下一代前途命运、寄托着这一代未尽希望的子女求学之梦。虽然有了较大进展，基本实现了"一个都不能少"的目标，但是教育过程、教育质量、教育出口仍存在较大瓶颈。流动人口的攀登过程阻碍重重，他们虽拥有较强的融入梦，却往往因流入地的各项制度阻碍和本地市民的不接纳而难以登顶梦想之梯。

何人梦想更难成真？在流动人口内部也出现明显分化，户籍、年龄、跨越的行政区划、在流入地的居留时间、流入地的发展程度等先赋或后致条件将这群逐梦路上的旅人划分成了不同类别，他们或更易，或更难实现融入梦想。户籍制度使得流动个体背负不同的标签，形成乡—城流动人口和城—城流动人口，来自农村者，逐梦之旅更坎坷。城—城流动人口与乡—城流动人口相比，离梦想更近，但与本地市民相比，其户籍和人力资本优势无法与流入地的制度性和结构性排斥相抗衡，故除收入梦外，他们的其他梦想进程并不顺利，而乡—城流动人口离各类梦想的理想境界更遥远。虽然年轻就是资本，但在这场逐梦之旅中，1980年前的流动人口离梦想更近，而1990年后流动人口离梦想更远，几乎所有梦想均是如此，且若流动人口感受到本地市民的歧视，梦想路程则更不平。同理，除涨薪梦和保障梦外，梦想旅程随流动跨越的行政区域而延长；不过，随着居留时间的延长，流动人口就越靠近赚钱梦、安居梦、保障梦、融入梦。流入城市越发达，绝对收入和保障水平越高，但相对收入却较低，安居和子女求学之梦更遥远。

逐梦之难也会传递吗？ 昨日因成今日果，逐梦难的困境悄然在代际之间传递着。虽然经济的发展激活了社会的竞争机制，且个人能力禀赋的作用超过了计划经济时代，在一定程度上弱化了"父承子业"的代际传承性，但在当前群团利益结构稳定、分层明显的时代，社会地位的代际传递依旧凸显。（乡—城）流动人口作为现地社会的新底层代表，各种弱势通过世代传递，可能传续到子代，甚至孙辈身上，梦想难圆上演着世代轮回。客观和主观边缘化相结合，流动人口的"底层化意识"得以强化，他人对该群体的刻板印象也进一步固化，由此可能导致社会失去前行的动力与活力，形成社会不稳定的风险因素和失序行为。反之，失范行为会使他们受到进一步的歧视、排斥、贬抑，进而更难摆脱经济社会地位"底层化"的困境，形成恶性循环。在城市中，他们满怀激情希望融入城市，但在无情的社会现实面前、在各种隐性但作用强大且相互勾连的制度面前，他们的前途渺茫，融入梦遥不可及。在岁月的侵蚀下，子代和孙辈流动人口最初的梦想逐渐消退，继续走上父（祖）辈走过的道路，经历着魔咒般的轮回。

梦想缘何难成真？ 梦想人人皆有，但逐梦之旅却各不相同，影响逐梦进程的因素众多，包括内在和外在、历史和现实、先赋和后致、主观和客观等多方面原因，但追究其本质，这些要素皆源于户籍制度这个"母体"。质性资料和定量分析结果发现，户籍制度依旧是流动人口逐梦圆梦过程中最主要的障碍。户籍的一个属性，即户籍类型，带来"城乡之分"；户籍制度的另一个属性，即户籍地点，形成"内外之别"。进而，这种"双二元属性"带来"双重排斥效应"，即"农村人效应"和"外地人效应"，由此带来城市内部的"新二元结构"，决定了在流入地，农民与市民、本地人和外地人在生存权和发展权方面的巨大差距。

乡—城流动人口既是空间形态上的外来人，也无城镇户籍，且受制于本身资本不足的局限，在现地处于极度劣势地位。他们无法享受到正规的工资保障，受到流入地体制和本地市民的双重排斥。与本地农村户籍人口相比，虽同为农民，但他们多了"外来"的标签；与城—城流动人口相比，虽同为流动人口，但他们没有非农的资本与优势，长久以来一直被贴着"外来乡下人"的标签。排斥性的制度环境令他们的生活缺乏尊严，歧视性的社会环境让他们感到压抑委屈，等待他们的是一个漂泊的当下与不确定的未来。他们是现地的"四缺"人员：缺资本、缺权力、缺关系、缺声望。基于户籍类型和户籍地点的双重身份歧视使得他们长期被排除在包括教育、就业、住房、医疗等城市公共福利体系之外，工作环境恶劣、生活负担沉重，不但自己难以实现向上流动，就连子女向上流动的渠道也越来越窄。城—城流动人口既有城市人的优势，也有外来人的弱势。他们拥有较高的人力资本，受教育水平甚至超过本地市民的平均水平，从欠发达地区的城市来到发达城市，渴望自由、平等、社会的公平正义，渴望获得体面的工作，过上更美好和更有尊严的生活，希望通过自己的隐忍和努力实现梦想。但是，制度的不认同，即现地的经济、政治、公共服务、社会关系等多方面的排斥，同样使他们在一定程度上被挤压到社会主流关系网络之外，不能正当获取经济、政治、公共服务等资源，特别是难以获得凭本地户口才能享受的权利和资源。在涉及稀缺公共资源的分配时，城—城流动人口就会处于明显的弱势；而当市场力量更大时，他们作为城里人的优势才可能凸显出来。

由此可见，虽然在某种程度上，户籍只是空壳，但附着于其上的教育体制成为贫困再生产的工具，劳动就业制度进一步维系着流入地市场的不平等机制，住房保障制度使得流动人口始终是"无巢之鸟"，社会保障制度将流动人口的保障水平维持在低位状况。在现有户籍及其附着制度的作用下，个体与家庭在逐梦过程中积极的努力和能动的作用均受到极大限制和削弱。因深受制度固化之苦，多数（乡—城）流动人口与现地主流群体的差距日益扩大；即便在现地生活良久，依旧难以逾越群体之间森严的壁垒，纵向社会流动空间受限、渠道受阻，难以实现就业梦、收入梦、住房梦、保障梦、子女教育梦。

梦想之光何以照亮现实？ 在经济快速发展的宏大画卷中，勾勒出（乡—城）流动人口等同获益的美好景象，摒弃"异乡客"的主客观认知，拂去生活中的困境给他们的梦想覆上的那层厚厚的帘幕，才能推动梦想照亮现实。一是要推倒制约流动人口实现梦想的制度、结构和理念这"三堵墙"，实现资源共享、服务均等、互动沟通和文化交融"四大"目标，完成从"金字塔"到"嵌入拼图"的转变。流动人口梦想的实现至少需要经历三个阶段：与本地市民居于同一时空下，相互并存但无交集的金字塔魔方；与本地人口相遇、依存但边界依旧清晰的"马赛克"阶段；与本地人彼此嵌入、相互依赖的"拼图"阶段。二是要多主体共同发力，共助流动人口实现梦想，"万人操弓，共射一招，招无不中"：以政府为主导，做好顶层设计，深化户籍改革、落实均等服务，如划拨流动人口专项资金，提高公共服务可及性、缩小城乡和地区教育差距，改善（乡—城）流动人口教育获得机会、扩大公共住房对流动人口的覆盖面、加快推进各级统筹，落实社会保险转移接续。以社会为依托，多方联动，提高服务供给效率，如吸纳企业资本，扩宽流动人口公共服务筹资渠道，敦促企业担负起让流动人口"体面劳动"的责任，调动非营利组织力量，创新社会服务供给模式。以社区为支点，形成合力，营造友好社会氛围和社交平台，如搭建流动人口服务信息平台、打造流动人口与本地市民日常交往互动平台、提供名实相符的社区服务。以个体为核心，政府助力，提升流动人口圆梦实力，如提高正规人力资本，增强就业能力和逐梦能力。三是因地制宜、因人而异，提升流动人口圆梦机会。比如，把脉地区特征，因地制宜，助推融入梦想；流入地推动梦想前行，吸引并留住人力资本，而流出地提供筑梦机会，防止人才资源流失；又如，突出重点人群，因人而异，推进流动人口整体圆梦水平，尤其是关注乡—城流动人口、关注1990年后（乡—城）流动人口、关注跨省（乡—城）流动人口等。四是借鉴国外移民融合经验，加快推进移民逐梦旅程。

此心安处是吾乡，安心之旅阻且长。生逢时下这个流动的大时代中，流动人口同样享有人生出彩、梦想成真的期望。而要让每个人都拥有出彩的人生，就必须使每一个体的理想和价值追求都得到尊重，并积极创造条件，为每个人人生出彩提供公平的机会和舞台。努力使人人享有平等的机会，不论是来自城市还是农村，不论是来自本地还是外地，只要通过自身的努力，就可以取得应有的回报。要让每个人都拥有出彩的人生，还需要为他们的逐梦之旅开路搭桥，提升流动人口的融入能力，扩展融入路径。我们希冀，有一天，真正决定一个人的人生能否出彩，不在于他是什么户籍身份，也不在于他居于何种社会地位，而关键在于他是否肯为美好梦想的实现不懈奋斗。我们期待，通过各方的努力，流动人口的收入梦、安居梦、保障梦、子女求学梦、融入梦得以实现，为新型城镇化提供现实的注解，也为"美丽中国梦"的实现作出完美的注解。

Abstract

This monograph is the final product of the project of "Social Integration of Migrants at the Place of Destination in China," a major program of China's Ministry of Education.

"There is nothing sadder or more desperate than being separated from family members." The poem by Jiang Yan, a famous poet from more than 1000 years ago, tells the story of a large number of migrants who have left their hometown in pursuit of urban dreams in China's society today. While many migrants have tried hard to integrate into the host society while pursuing their "urban dreams," they are still largely excluded from the mainstream urban society, and their dreams of integration are seldom realized. This is just like what Du Fu, one of the greatest poets in ancient China, once wrote, "I have endured a decade of wandering life, I lived here but my heart was not."

During the first 30 years after the founding of PRC, historical, geographic and institutional differences brought about tremendous inequalities between rural and urban areas and across regions. After the reform and Opening up since 1978, China has witnessed rapid pace of industrialization and urbanization, which has further enlarged regional gaps and urban-rural disparities. Large disparities across regions and between urban and rural areas, together with the relaxation of hukou registration, motivated people from underdeveloped area, especially the countryside, move to urban areas, to pursue their urban dreams and better lives. Migration has become a common social phenomenon and a new life-style, as well as an endogenous force shaping population structure and socioeconomic development in contemporary China. Therefore, social integration of migrants has become a topic that can hardly be ignored or neglected by either migrants or the host society. Hence, the major theme of this book is characterized by the following: utilizing in-depth interviews methods to listen to the voices and urban dreams of migrants, and their own interpretations of the barriers in the process of pursuing urban dreams; drawing on quantitative data to examine the extent to which their dreams come true; integrating both qualitative and quantitative findings and adopting policy analysis method to further examining the institutional factors that preventing migrants from realizing their dreams, and finally providing acedemic thinking to overcome those barriers.

Where are we from? Where are we now? Where are we going? Although these questions, emerged in the process of migration, may have no answers, the stories behind them might exactly be the forces driving the historical development of the Chinese society since the implementation of the reform and opening policy in the late 1970s. From solo migration in the early stages in the 1980s to family migration today, the form of migration has largely changed; what have not changed are their dreams to integrate into places of destination. Findings from qualitative data suggest that migrants often choose to leave home and pursue their dreams in urban destinations for both themselves and their children. It is also clear that making money, living a decent live, having social security, accessing better education and being socially integrated are their biggest dreams. However, what qualitative interview outcome suggest is even such simple and plain dream can hardly come true in real world, in which ideal seems developed fully, but reality is actually skinny.

How close is the realization of the dreams? The dream of a higher earning has been realized among the majority of migrants at the absolute level, and migrants nowadays do have more money in their wallet. However, if we describe achieving the urban dreams as climbing a ladder, the dream of a higher salary is only the first step. It is obvious that the dream of having a decent place to live, owning an apartment and living comfortably seem to remain hard to achieve. There is still much room for improvement in terms of enabling migrants to own their houses or have access to public housing at places of destination. So, if the dream of making more money has been more or less realized, the dream of having satisfactory housing has been least achieved at all. Indeed, with regard to the level of realization, although these two dreams are located at the two poles of the ladder, they are both the basic dreams. Having social security is another important dream of migrants besides making money and settling down. Migrants also hope to get equal social security as local residents, but the data show that their level of access to social security in receiving cities is still very limited, and the gap between the local residents and migrants is significant. The fourth step in the ladder is the dream of children's education, which is highly valued by migrants and is closely linked to the future of their offspring. Although there has been considerable progress and the initiative of "no one left behind" has been generally achieved, there are still many bottlenecks in the process, opportunity, and quality of education for migratory children. The journey to achieve dreams is paved with obstacles for migrants. While they have a strong desire of social and psychological integration, migrants often find it difficult to realize this dream due to various institutional obstacles at the destinations, and ideological and behavioral exclusions of the local residents.

Whose dreams are more difficult to come true? There are clear differentiations within the migrant population. Those who pursue their dreams are divided into different categories based on either preconditions or socially constructed factors, such as the household registration status, the age, the crossing of different administrative boundaries, the duration of residence in the destination area, the development level of the destination area and so on. Therefore, it is easier for some people but more difficult for others to integrate into the destination cities. Migrants are being labeled differently because of the household registration system. They are divided into two types: rural-to-urban migrants and urban-to-urban migrants. It is more difficult for those who come from the countryside to realize their urban dreams. Those who come from cities are more likely to realize their dreams. However, compared with local hukou residents, their hukou and human capital advantages cannot compete with the institutional and structural exclusion of the destinations. Therefore, the process of realizing their dreams among urban-to-urban migrants is not easy except for the dream of making money. The disparity between the reality and the dream is even bigger for the rural migrant population. Being young also does not help migrants to achieve their dreams. Migrants born before 1980 are doing better compared to those born after 1990. And the journey of the migrant population to realize their dreams is even more difficult when they are under the discrimination of the local residents. Similarly, except for improved earnings and better social security, more distant moves across major administrative units make all other urban dreams harder to achieve. However, as the time of residence prolongs, migrants often get closer to achieve all their urban dreams. The more economically developed of the destination, the higher the level of absolute income and social security the migrations can expect, though the lower the relative income, the harder to receive better housing and provide children with quality education.

Can the difficulties of pursuing dreams transmit from generation to generation? As the seeds of yesterday become the fruits of today, the difficulty of realizing dreams is silently passing between generations. Although economic development has activated the competition mechanism of our society, and the role of personal capacities nowadays exceeds that in the time of planned economy, which to a certain extent has weakened the intergenerational inheritance of "following in the father's footsteps", the intergenerational reproduction of social class remains prominent due to the stable social structure and distinct social stratification in the current era. Being the new representative group of the lowest social class, the disadvantages of migrants may be reproduced among their children and even grandchildren through intergenerational transfer, thus urban dreams are difficult to achieve not only among migrants, but also for their offspring. As a result of the combination of objective and subjective marginalization, the migrants' self-awareness of their "underclass consciousness" and such stereotype of migrants from other groups are reinforced. Thus increase risk factors for social instability and disorder. In contrast, migrants' misconducts will make them vulnerable to further discrimination, exclusion, depreciation, which in turn makes it even more difficult for migrants to break free from the dilemma of low economic and social status, thus forming a vicious cycle. Migrants are full of passion and hope to integrate into the city, but in the face of ruthless social reality and various hidden but powerful and interrelated institutions, their future is uncertain and their dreams of integrating into the city are fading away. As time passes by, the initial dreams of migrant descendants has faded away, and they continue to walk on the path of their previous generations, unable to break out of the curse.

Why do the urban dreams hardly come true? Everyone has his own dreams, but the process of pursuing them differs, which is associated with various factors, including internal and external factors, historical and realistic factors, first and later factors, subjective and objective factors, and so on. Among all these factors, however, the fundamental one is the household registration system, which is a unique institution of differentiating people in China. Both qualitative interviews and quantitative data consistently show that household registration system has been the biggest obstacle preventing migrants from realizing their urban dreams. This institution has two properties, types of hukou, and locations of hukou. By types of hukou, individuals in China are divided into urban residents and rural residents; by locations of hukou, individuals are divided into local residents and non-local residents. The double properties of hukou have formed urban-rural divides and natives-outsiders disparities, generated "new dual structure" at the place of destination, and "double exclusions" for migrants.

Rural-to-urban migrants are both outsiders and non-holders of urban hukou. Compared to local farmers, they are labelled "outsiders"; compared to urban-urban migrants, they are labeled "country bumpkins". They are located at the bottom of social hierarchy, excluded by local welfare system and are discriminated by local residents. Consequently, they are characterized as "four lacks": lack of human capitals, lack of social networks, lack of power, and lack of social prestige. What is waiting for them is an uncertain and possibly drifting future. Urban – to – urban migrants have both the advantage due to their urban hukou registration and disadvantage due to their "outsider" status. With higher human capital (even higher than local residents averagely), they come from small cities to large cities, from middle and west to east and coast. They aspire for freedom, equality and justice; they aspire to have a decent job and live a better life, and realize their dreams at the place of destination. They work hard to pursue them. Nevertheless, institutional exclusions and structural barriers present tremendous challenges for them, forcing them to be in disadvantaged positions in the labor market, preventing them from accessing to public housing, social security and better education. When the market can play a more important role, urban-to-urban migrants are more likely to be better off, but when it comes to the redistribution of (scarce) public resources, they are just as disadvantaged as their rural-to-urban counterparts.

While hukou might be an empty shell to some extent, various institutions attached to it are substantial. For example, educational system based on hukou has been the mechanism of poverty reproduction since it has excluded migrant children from accessing quality educational resources. Policies of the labor market have sustained the unequal mechanisms for migrants and local workers. Housing security system renders migrants to be the "birds without nests", and social security system has maintained the security level of migrants at the very low level. The hukou system and other institutions attached to it have jointly put heavy burden on the shoulder of migrants and have substantially limited their potential to achieve their urban dreams. Under the hukou system, the efforts and capacities of migrant individuals and families are largely limited, and the gaps between migrants and local residents have been perpetuated or even enlarged. Even if migrants have stayed for years at the place of destination, they can hardly break through the barriers between them and local residents; their channel of upward social mobility has been always narrow or even blocked today, and many of their dreams can hardly come true in the near future.

How can dreams turn into reality? The fast development of economy has painted a beautiful scene where rural-to-urban migrants could enjoy equal benefits. The subjective and objective perception of "outsiders" is abandoned, hardships of life has been taken away, and their dream seems to be within easy reach.

First, initiatives should be implemented to overturn "the three walls", namely the institution, structure and ideologies restricting the realization of migrants' dreams, so as to achieve the "four great goals" of shared resources, equal service, communication and cultural integration. In this way, the transformation from the "pyramid" to the "embedded puzzle" can be accomplished. There are at least three phases to the realization of migrants' dreams: the "pyraminx" phase (living together in the same space-time with local residents yet having no interaction with them), the "mosaic" phase (interacting with local residents with clear boundaries) and the "puzzle" phase (being mutually embedded and interdependent with local residents).

Second, joint efforts should be made by multiple parties to help migrants to realize their dreams. As the Chinese saying goes, "if ten thousand men bend their bows and shoot their arrows at the same target, the target will certainly be hit." Therefore, the government should play its leading role by implementing high-level initiatives to deepen the household registration reform and further implement the equalization of public services, such as allocation of special funds for migrants, broader accessibility of public services, narrowing urban-rural and regional gap on education, increasing opportunities for rural-to-urban migrants to receive equal education, expanding public housing coverage for rural-to-urban migrants and coordinating at different levels to implement transfer of social insurance. The society should serve as the supporting force to improve the efficiency of service supply through multilateral cooperation. Such measures include absorbing business capital, broadening the channels for public service financing for migrants, urging enterprises to assume responsibility for providing migrants with "decent work", mobilizing strength of non-profit organizations and innovating the provision of social services. The community ought to be the center point to bring together forces to create more friendly social atmosphere, and also to provide social platform, such as building information platforms for better serving migrants, creating social activities that enable regular communication between migrants and locals as well as providing quality community services. Individuals, with support from the government, are the key driving force for improving migrants' chances to make their dreams come true, such as improvement of standard human capital, enhancement of employment skills and competency to pursue their dream.

Third, measures should be taken to suit the local conditions and individual circumstances, so as to provide more opportunities for migrants to realize their dream. For instance, the characteristics of the region should be taken into consideration. The migrants' destinations should work harder to make it easier for migrants to realize their dreams so as to retain the human capital, while origins of migrants should offer more opportunities for the migrants to prevent the loss of human capital. Also, priority should be given to certain groups and take into account their differences so as to improve the overall progression of migrants' dream realization. Special attention should be paid to the rural-to-urban migrants, post-90's (rural-to-urban) migrants and interprovincial (rural-to-urban) migrants.

Finally, we should learn from the experience of other countries that have been experiencing migrant integration in order to accelerate our progress to help migrant population in China to achieve their urban dreams.

My home is where my heart is, but the journey to my home is long and bumpy. In this era with tidal wave of migration, migrants, like their urban counterparts, have dreams to live a successful and wonderful life. Their dreams and efforts to pursue the dreams should be respected, and opportunities (e.g., equal life opportunities and platforms) should be provided in order for them to achieve their dreams. It has never been easy for migrants in their process of pursuing the urban dreams. Equal opportunities should be provided to all people, no matter where they are from, rural or urban areas, local or outside, and they all should be rewarded based on their efforts but not their hukou status or social class. The government should also do the paving and bridging work to improve migrants' capacity of social integration, widen their channel for achieving their urban dreams. We hope that the determinants of a successful life are not his hukou status and his original social class, but whether or not he has dreams and works hard to pursue his dreams. We also hope that the dreams of higher earnings, decent housing, equal social welfare, better access to educational resources, and social integration into the host society can eventually all come true. The achievement of individual dreams is also the perfect reflection of the "New Type of Urbanization" and "Beautiful China Dream" initiatives.

目 录
Contents

第一篇

走在梦想路上的逐梦之人

第一章 ▶ 通往梦想之路　3
　一、新中国成立后的城乡分治与地区差治　3
　二、改革开放以来的城乡发展鸿沟与地区经济社会差别　6
　三、差异中的推拉之力：多样化的理论视角　27
　四、中国流动人口的发展历程　42
　五、40 年不懈的逐梦历程　50

第二章 ▶ 追逐梦想之人　52
　一、中国流动人口的总量与规模　53
　二、流动人口的分布　57
　三、流动人口的人口学特征　67
　四、流动人口的经济社会特征　74
　五、流动人口的流动特征　82
　六、逐梦人日增，多彩梦未断　88

第二篇

梦想的多彩与逐梦者的呐喊

第三章 ▶ 缤纷斑斓之梦　93
　一、独立自由梦　94

二、赚钱致富梦　　97

　　三、安居梦　　101

　　四、子女求学梦　　107

　　五、保障梦　　112

　　六、融入梦　　118

第四章 ▶ 梦想的困境与呐喊　　124

　　一、涨薪乐业之殇　　124

　　二、安居相守之怅　　128

　　三、社会保障之乏　　134

　　四、子女教育之难　　137

　　五、主观融入之路　　145

　　六、小结与简论　　153

第三篇

逐梦的过程与现实的困厄

第五章 ▶ 致富梦　　157

　　一、2005—2014 年流动人口收入变动趋势　　159

　　二、影响流动人口收入的主要因素：简要文献梳理　　167

　　三、2014 年八城市《流动人口社会融合调查》　　170

　　四、2014 年八城市流动人口收入的相关分析　　178

　　五、2014 年八城市流动人口相对收入水平 OLS 模型分析　　183

　　六、小结与简论　　191

第六章 ▶ 安居梦　　195

　　一、流动人口住房问题：简要文献梳理　　196

　　二、2005—2014 年流动人口住房来源变动趋势　　201

　　三、2014 年八城市流动人口的安居梦　　205

　　四、2014 年流动人口安居梦的影响因素　　219

　　五、小结与简论　　228

第七章 ▶ 保障梦　　230

　　一、社会保障理论解析　　231

二、2005—2014年流动人口社会保险参与情况变动趋势　　233

　　三、流动人口社会保险参与影响因素：简要文献梳理　　242

　　四、2014年八城市流动人口社会保险参保率　　245

　　五、2014年八城市流动人口社会保险模型分析　　254

　　六、小结与简论　　262

第八章 ▶ 子女教育梦　　265

　　一、流动少儿教育福祉：简要文献梳理　　266

　　二、2013年流动少儿教育福祉最新状况　　273

　　三、学前流动儿童教育机会相关因素　　283

　　四、流动少儿教育质量相关分析　　288

　　五、小结与简论　　301

第九章 ▶ 融入梦　　304

　　一、中国社会转型与流动人口实现融合梦想的必要性　　305

　　二、缘何怀揣"本地梦"：简要文献梳理　　306

　　三、如何测量"融入梦"　　314

　　四、2014年八城市流动人口融入意愿与流动特征　　318

　　五、2014年八城市流动人口融入意愿与代际差异　　326

　　六、2014年八城市流动人口融入梦模型分析　　330

　　七、小结与简论　　336

第四篇

梦想的制度困境与破局的探索

第十章 ▶ 梦想缘何难成真　　341

　　一、梦想之地梦难圆　　342

　　二、梦想缘何难成真：户籍制度的"双二元属性"　　358

　　三、梦想缘何难成真：户籍制度的附属制度　　365

　　四、流动人口内部出现明显分化　　374

　　五、从父辈到孙辈：梦想难圆的代际轮回　　379

　　六、梦想再思　　386

第十一章 ▶ 让梦想照亮现实　388

　　一、推倒"三堵墙"是推动流动人口逐梦圆梦必由之路　389

　　二、助推流动人口逐梦圆梦多元主体行动体系　398

　　三、因地制宜、因人而异，增加流动人口圆梦机会　418

　　四、借鉴国外移民融合经验，助推梦想前行　424

　　五、未来研究方向　428

　　六、披荆斩棘，成就梦想　433

参考文献　435

后记　459

Contents

Part I
Migrants on Route to Pursue Urban Dream

Chapter 1 Path to the Urban Dream   3

    1. Segmented Policies of Governance between Urban-rural and across Regions after the foundation of PRC   3

    2. Urban-rural Gap and Regional Disparities since the Reform and Opening up   6

    3. Pull – Push Forces amid Disparities from the perspective of diversified theory   27

    4. Trajectory of Geographic Mobility of Migrants in PRC   42

    5. Forty – Years' Journey of Pursuing Urban Dream   50

Chapter 2 Profile of Migrants Pursuing Urban Dream   52

    1. Amount and Scale of Chinese Migrants Population   53

    2. Distribution of Migrants   57

    3. Demographic Characteristics of Migrants   67

    4. Socioeconomic Features of Migrants   74

    5. Migratory Attributes of Migrants   82

    6. Increasing Number of Migrants Pursuing Urban Dream   88

Part II
Wondrous Dream and Calls of the Dreamer

Chapter 3 Colorful Dreams   93

1. Independence and Freedom   94
2. Making Money and Becoming Rich   97
3. Owning House   101
4. Receiving Better Education for Migratory Children   107
5. Having Insurance and Security   112
6. Being Integrated   118

Chapter 4 Struggling in Achieving Dreams   124

1. Difficulty to Increase Wage and Achieve Better Occupation   124
2. Barriers to Own Residence and Settle Down   128
3. Lack of Social Security   134
4. Dilemma for Migratory Children to Have Better Access to Formal Education   137
5. Desire to be Integrated   145
6. Summary and Brief Discussion   153

Part III
Process of Pursuing Dreams and Realistic Difficulties

Chapter 5 Becoming Rich   157

1. Changing Trend of Income of Migrants between 2005 and 2014   159
2. Relevant Studies on Income of Migrants and Its Associates   167
3. Migration Social Integration Survey of 8 Cities in 2014   170
4. Correlations of Income of Migrants of 8 Cities in 2014   178
5. OLS Analysis of Income of Migrants Relative to Local Citizens   183
6. Summary and Brief Discussion   191

Chapter 6 Owning House   195

1. Relevant Studies on Housing of Migrants   196

2. Changing Trend of Housing Sources of Migrants between
   2005 and 2014　　201
3. Housing Dreams of Migrants in 8 Cities in 2014　　205
4. Associates of Housing Dreams of Migrants in 8 Cities in 2014　　219
5. Summary and Brief Discussion　　228

Chapter 7　Having Social Security　　230

1. Theory Explanation of Social Security for Migrants　　231
2. Changing Trend of Social Insurance of Migrants between
   2005 and 2014　　233
3. Relevant Studies on Associates of Migrants' Social Insurance　　242
4. Participation Rate of Social Insurance among Migrants　　245
5. Model Analysis of Social Insurance among Migrants　　254
6. Summary and Brief Discussion　　262

Chapter 8　Getting Better Education of Migratory Children　　265

1. Relevant Studies on Education of Migratory Children　　266
2. Updated Status of Education of Migratory Children　　273
3. Education Opportunity of Preschool Migratory Children　　283
4. Education Quality of Migratory Children　　288
5. Summary and Brief Discussion　　301

Chapter 9　Being Socially Integrated　　304

1. Necessity of Being Integrated at Place of Destination and China's
   Social Transformation　　305
2. Relevant Studies on Integration　　306
3. Measurements of Integration　　314
4. Correlation between Integration Desire and Migration Characteristics of 8
   Cities in 2014　　318
5. Correlation between Integration Desire and Birth Cohort of 8
   Cities in 2014　　326
6. Model Analysis of Integration of 8 Cities in 2014　　330
7. Summary and Brief Discussion　　336

Part IV
Institutional Barriers of Realizing Dreams and Ways Forward

Chapter 10   Why Are Dreams Hard to Come True   341

1. Unrealized Dreams   342
2. Why Dreams Can Hardly Come True: Dual Properties of Hukou System   358
3. Why Dreams Can Hardly Come True: Policies and Regulations Attached to Hukou System   365
4. Distinct Differentiations Within Migrants   374
5. From Father to Grandson: Generational Cycle of Unrealized Dreams   379
6. Reflection of Generational Dreams in Era of Migration   386

Chapter 11   Letting the Light of Dream Shine   388

1. Overturning "The Three Walls" Hindering Dreams to Come True   389
2. Establishing Multi-Agent Support System to Facilitate Integration   398
3. Considering Local Context and Individual Characteristics in Facilitating Integration   418
4. Drawing Good Experience of Immigrant Integration from International Community   424
5. Suggesting the Direction of Future Study   428
6. Overcoming Obstacles to Achieve Urban Dream   433

Reference   435

Postscript   459

第一篇

走在梦想路上的逐梦之人

第一章

通往梦想之路

谁人无期望？哪个没梦想？像样的职业，殷实的收入，舒适的住房，稳定的保障，美满的婚姻，幸福的家庭……古今中外，概莫能外。流动人口从农村进入城镇，从中小城镇来到大城市，从一个大城市来到另一个大城市，莫不怀揣梦想，为了某种追求某种期许，实现某种期望，向梦想之路进发。那么，他们有何理想？又为何要将理想安放他乡？他乡能否安放理想？我们将在本书中逐一回答这些问题。

改革开放政策的施行，工业化和城镇化进程的快速推进，驱使欠发达地区，尤其是欠发达的农村地区的人到异地寻找新的发展机会。自然差异（资源资本储量、地区经济发展水平）与人为幕墙（即户籍及其附着制度）产生的利益阶梯引发人口流动，但后者让流动中的个体背负不同的标签，进而使得这两类差异空前契合，不可避免地出现了数以亿计的颇具中国特色的"农民工"或"乡—城流动人口""城—城流动人口"。因此，本章首先简要回顾新中国成立后，户籍制度的历史渊源。其次，描述该制度及其附着制度带来的城乡之间和地区之间发展的不平衡。再次，基于城乡分治与地区差治的客观现实，从理论上阐述人口流动背后的驱动力量。最后，简要梳理改革开放以来，中国人口流动的衍变轨迹。

一、新中国成立后的城乡分治与地区差治

中国居民所持户口本被称为"中国第一证件"（田炳信，2003）。新中国的

户籍制度初始于20世纪50年代早期，形成于20世纪50年代后期，经历了多个发展时期。户籍制度的初衷并非区隔城乡，区隔地区，而是在特殊历史环境下逐步形成的。

新中国成立初期，国内因急需发展经济以应对物质贫乏的困境，故大力推进工业化进程成为政府面临的主要任务。在当时特殊的国际形势下，苏联这个"老大哥"及其他先发国家的重工业之路，就顺理成章地成为中国优先发展重工业的战略道路选择，全国上下形成了举一国之力发展工业的高亢局面。为了确保工业尤其是重工业发展的资金投入，单纯依靠苏联的外援难以破解国内资金不足的困境，只能靠降低原材料价格和工人工资等生产成本的方式确保工业的有效发展；而对农产品实行低价格政策成为降低成本的重要途径。为了确保农民能够按照政府的要求和目标进行农产品的生产，政府实施了理想化的发展计划，即农村人民公社。该生产组织的主要目的是确保农产品的生产、收购按照国家预设的轨道进行严格控制；通过对集体的剥削，避免激化因与农民直接接触而产生的城乡关系紧张和工农阶级对立的矛盾；这种方式毫无疑问成为工业积累的主要渠道，采取的剥夺方式是工农业产品的价格"剪刀差"（许玉明，廖玉姣，2011）。

为了防止农民在城乡比较利益的驱动下进城务工，也为了确保生产足够的粮食，户籍管理制度应运而生，限制农村劳动人口自由流向城市（当然，城市内部的流动也受到限制）。1958年《中华人民共和国户口登记条例》的诞生，标志着我国城乡分治的雏形已然形成，城乡之间出现了制度上的隔离与不平等。农村人口不能随便变更居住地与职业，以确保农业生产的规模与农产品的产出。同时，将福利制度与划分的城乡户籍制度挂钩，以确保城市生活的低成本并排斥外来人口分享城市的资源（王慎刚，2007）；外来的农村人口被排斥在城市住房、教育、医疗等社会保障之外，"城乡分治"由此而始。

成熟后的户籍制度，让农村户籍人口与城镇户籍人口成为享受不同公民待遇的两类群体，其子女也丧失了选择居民身份的自由[①]，产生了"士之子恒为士，农之子恒为农"的不公正现象。在这一制度下，农村个体的职业发展和纵向社会流动都受到极大限制，只有在招工、当兵、上大学等较少情况下才可能实现。由于户籍类型与户籍地点代表着不同的权益，农民在粮食供应、副食品与燃料供给、医疗卫生、教育、劳动就业、劳动保护、人才、兵役、婚姻、生育、养老保险等诸多方面都受到限制，处于二等公民的境地（刘纯彬，1989）。

[①] 1998年前，子女的户籍只能随母：若母亲是农业户口，即使父亲是非农户口且非农收入为家庭收入的主要来源，子女长期随父亲在城市居住，也只能登记为农业户口，不能改变自己的身份；1998年7月，《国务院批转公安部关于解决当前户口管理工作中几个突出问题意见的通知》提出，实行婴儿落户随父随母自愿政策，对以往出生并要求在城市随母落户的未成年人，可以逐步解决其在城市落户问题。

1978年，中国共产党的十一届三中全会，拉开了改革开放的历史序幕。农村改革和城市改革的先后推进，城市改革步伐的加大加快，南方沿海经济特区的建立，使得城乡间、地区间经济社会差异不断增大。在经济等动因的驱动下，人口在城乡之间、地区之间的流动不断扩大。但是，僵化的人口管理制度难以适应新时期的新形势，与快速的经济社会发展之间的矛盾日益显现，成为制约经济社会发展的主要障碍，由此倒逼户籍制度改革。

经过深入调研及多次的会议讨论和研究，国务院于1984年颁发了《关于农村人口进入城镇落户的通知》。通知规定："如果长期在城镇务工和经商，有固定职业和居所的农民，能够保证自理口粮，那么允许他们迁入城镇落户"。以此为契机，全国各地先后开始了小城镇落户试点。进而，为了繁荣经济，稳定长期居住在城镇、参与经商活动或务工的农村富余劳动力，公安部于1985年颁布了《关于城镇暂住人口管理暂行条例》，为在非户籍地长期居住的农村务工和经商人群提供了法律支持。同年9月，全国人大常委会颁布了《中华人民共和国居民身份证条例》，在全国正式推行居民身份证制度，使得公民管理制度更加科学和便利。

1993年，国务院确认户籍制度改革的最终目标是取消多种性质的户口类型，实行全国统一的中华人民共和国居民户口，建立以《户籍法》为基础的科学完备的户籍管理体系。1993年1月1日起，在全国范围内废除了粮票等票证的流通使用，放开了粮油市场的价格。这些制度的废止大大地减弱了公民对户籍所在地的依附，减少了流动的中间障碍因素，激发了相继而来的大规模的人口流动和迁徙。1997年，国务院批转了公安部《小城镇户籍管理制度改革试点方案和关于完善农村户籍管理制度的意见》，指出三类人群可以办理城镇常住户口：从农村到小城镇务工或者兴办第二产业、第三产业的人员；小城镇的机关、团体、企业、事业单位聘用的管理人员、专业技术人员；在小城镇购买了商品房或者已有合法自建房的居民。近十多年来，国家和相关部委顺势而为，加快了户籍制度改革的步伐，先后出台了一系列的政策、措施，不仅逐渐消解户籍地对流动人口的制度拉力，更重要的是，逐渐将流动人口纳入现居地的服务管理体系中，推动基本公共服务对这一群体的覆盖，从而减弱了流入地对流动人口的制度推力。2014年，国务院出台《国务院关于进一步推进户籍制度改革的意见》，旨在促进有能力在城镇稳定就业和生活的常住人口有序实现市民化，稳步推进城镇基本公共服务常住人口全覆盖。一年多过去了，全国各地纷纷出台各项措施，推行居住证制度，抓紧建立完善积分落户制，重点解决在城镇就业和居住5年以上及举家迁徙的农业转移人口落户问题，全面解决无户口人员登记户口问题。

从理念上看，过去几年的户籍改革，推动了城乡分治向城乡合治、城乡隔离向城乡统筹的转变。尽管城乡分治的思路基本被打破，统筹城乡和地区发展已成为当下基本的社会治理理念，但过去的制度遗产并未完全也不可能在短时间内消弭。一方面，出于城市容纳能力的限制和区域平衡发展的考虑，当前户籍制度改革主要集中于中小城市，特大城市的户籍管控不仅尚未松懈，而且还有强化的趋势。另一方面，由于农村与城市在土地、社会保障等重要资源和公共服务配置上存在较大差异，而这一差异的调整也意味着利益在不同集团之间的重新分配。故从目前来看，户籍制度的阶梯性改革在消除城乡、地区差异上的作用还有待加强，在当前中国特别是特大城市，基于户籍歧视的本质及制度排斥尚无本质改变。总体来说，户籍依旧是个体身份的核心标识，是造成当下中国群体不公的重要制度根源。

二、改革开放以来的城乡发展鸿沟与地区经济社会差别

长期以来，城乡分治和地区差治（有差别管理和治理），形成了城乡二元结构和地区发展的不平衡性。改革前，推行"城市偏向、工业优先"的经济社会发展战略，致使第一、第二、第三产业劳动力比重与产业结构不对称、不合理，城镇化进程缓慢，城乡发展极不平衡。随着改革开放的深入推进，城与乡和各个地区在收入、教育以及医疗卫生服务等方面都得到巨大改善，人们的生活质量普遍提高。但是，收入的提升和基础设施的改善并未填平长期以来城乡之间发展的差距，在改善的背后甚至是差别的进一步扩大。同时，由于自然环境、历史背景、公共政策、发展理念、产业结构等多种因素的共同作用，中国各地区之间的发展水平在诸多方面都存在不可忽视的差异。下面，我们选择收入、教育、医疗卫生、社会保障四个方面进行简要比较。

（一）日益加大的收入差距

改革开放初期，城乡和各地居民收入的起点不同、涨幅不同，绝对收入水平差异甚大，相对差距日渐扩大或在高位维持。

1. 城乡差距

改革开放前，中国实行严格的计划经济，城乡居民收入基本上由政府控制。由于国家推行高积累政策，且全国人民的温饱问题尚未得到有效解决，故即便在

城市，也只能实行"低工资、多就业"政策，城乡居民之间的收入差距不大。改革开放后，城乡居民收入迅猛增长。图1-1展示了1978—2014年，农村居民人均纯收入及城镇居民人均可支配收入的纵向变动趋势。1978年，城镇居民人均可支配收入为343元，而农村居民人均纯收入不到133.6元；在1978—2014年，城镇居民人均可支配收入由343.4元增长至31 790元，增加了91倍；农村居民家庭人均纯收入由133.6元增加到10 772元，增加了79倍。

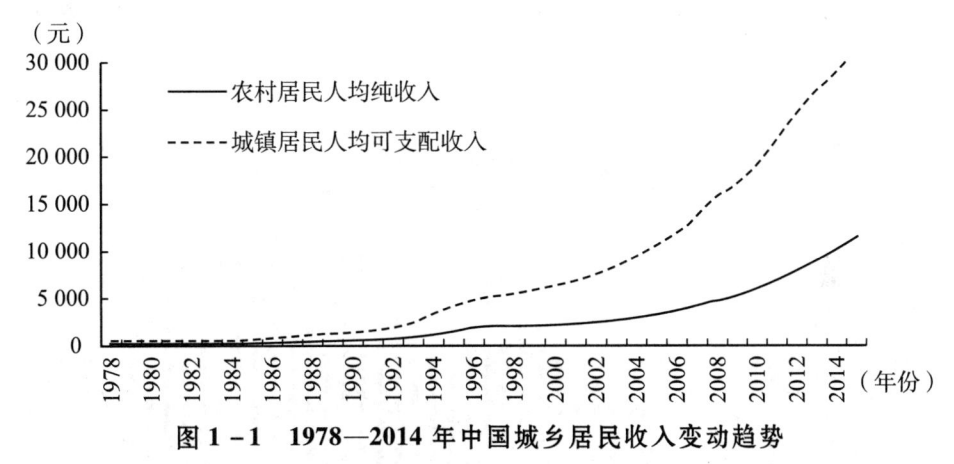

图1-1　1978—2014年中国城乡居民收入变动趋势

资料来源：1979—2015年《中国统计年鉴》。

图1-1清晰地显示，改革开放至1996年间，城乡居民收入差距维持低位稳定状态，而1996年后，随着时间的推移，城乡居民的收入分野持续扩大。1978年，城乡居民收入相差近210元。由于城镇居民的收入起点高、增长快，这一差距在1979年扩大至226元、1980年扩大为285.7元。但是，从1980年开始，农村地区因得益于联产承包责任制，城乡差距有所缩小。1978年在安徽一个小村庄试水的家庭联产承包责任制，极大地提高了农民生产增收的积极性；该制度也如同星星之火，在短短两年内迅速推至全国。1978—1984年，中国农业产出平均每年保持7.7%的增长速度；与1978年相比，1984年农业产值以不变价格计算增加了42.2%。与此同时，1981年，城乡收入差距从1980年的285.7元减至267.7元，这种走低的趋势一直持续到1983年。

但是，这一局面从1984年开始发生逆转。当年，城乡人口的收入分别为651元和355.3元，差距从1983年的254.2元扩大至295.7元。此后，二者的收入差距持续扩大。而这与当时中国的发展思路密切相关：如同许多发展中国家一样，中国的改革开放也采取牺牲农业、为工业提供资金的"以农促工"的发展模式。数据显示，在1988—1998年间，中国农业平均每亩收入仅增长大约19%，而农业生产费用却每亩上涨2倍，极大地损害了农民的利益，扩大了农民与市民的收入差距。尽管在2004—2015年这十多年间，农民人均纯收入年均增长约24%，高于城镇3个百分点，但由于基数差别甚大，二者差距依旧不断扩大。

这些特点都清晰地呈现在图1-2中。在1978—2015年这38年间，以城镇居民家庭人均可支配收入与农村居民家庭人均纯收入之差（或之比）所反映的城乡居民收入差距来看，除20世纪80年代初期因农村改革先行、农业超常增长且国家提高农产品收购价格，城乡收入差距快速缩小外，二者的绝对差值经历了先扩大、后缩小、再持续扩大的发展历程，且总体呈上升态势，而相对倍数则几起几落。

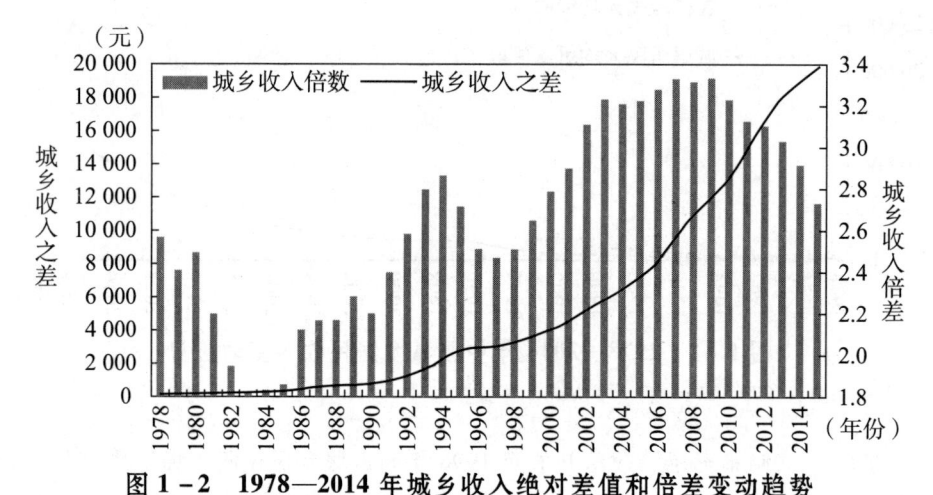

图1-2 1978—2014年城乡收入绝对差值和倍差变动趋势

资料来源：基于图1-1数据计算。

从单个年份来看，1978年，城镇居民收入是农村居民收入的2.57倍，1981年缩小到2.05倍，1983年进一步缩至1.82倍（为数据显示时期的历史最低点），但1990年又扩大到了2.20倍。1992年，城乡居民收入差距进入了改革后的第二轮扩大期，收入倍数恢复到1978年的水平，为2.58倍；1994年进一步上升为2.86倍。从多个年份综合来看，在1978—1994年，城乡收入倍数呈现十分明显的U型；在1994—2003年，同样是一个明显的U型，且是高位的U型，即1994—1997年，倍差缩小，1998年后持续扩大；2003年，二者的收入差距扩张至3.23，2007年和2009年，城乡收入倍差均为3.33，为历史最高。若加上城市居民享受的各种补贴和福利等隐性收入，实际收入差距更大；而且，农村居民收入还未除去用于下一轮生产经营的生产成本费用，若将这些费用加以计算，则城乡收入的实际差距则大于实测程度。不过，自2009年开始，收入倍差基本呈下降趋势，且相对倍差于2014年进一步降至3以下，但若考虑绝对的收入数额，城乡之间的收入差距依旧明显。

总之，在过去30余年中，中国城乡人均收入差距逐渐扩大，且这样的差距在未来一段时间内不会消弭。无论是过去，还是现在以及可见的未来，收入的差距无疑会驱动农村人口继续向城市流动。

2. 地区差异

自然禀赋、历史传承、制度区隔等多种原因的综合作用，使得中国各地经济社会发展状况极不均衡：东部地区明显优于中西部地区，沿海地区明显优于内陆地区。出生地和生活场域的不同，使得人们的收入水平差异也甚大。尽管改革开放后，各地居民的收入都有较大幅度的增长，但东部地区居民的收入涨幅最大，西部地区增速最缓，中部地区居中，故东西部、东中部、中西部地区的收入差别均随时间的推移而持续稳定扩大（见图1-3）。具体而言，1983年，东部地区人均收入为447元，2015年升至30 074元，增长了66倍、29 627元。同一时期，中部地区增长了53倍，绝对涨幅超过18 307元；西部地区虽起点较低，但增速与中部地区类似，增加了57倍，绝对值约为16 309元。将中西部地区的收入与东部地区进行比较可知，在1983年，东部地区的人均收入是中部的1.26倍，是西部的1.55倍；而到2015年，东部地区的人均收入分别是中西部地区的1.6倍和1.8倍，地区差异持续扩大。

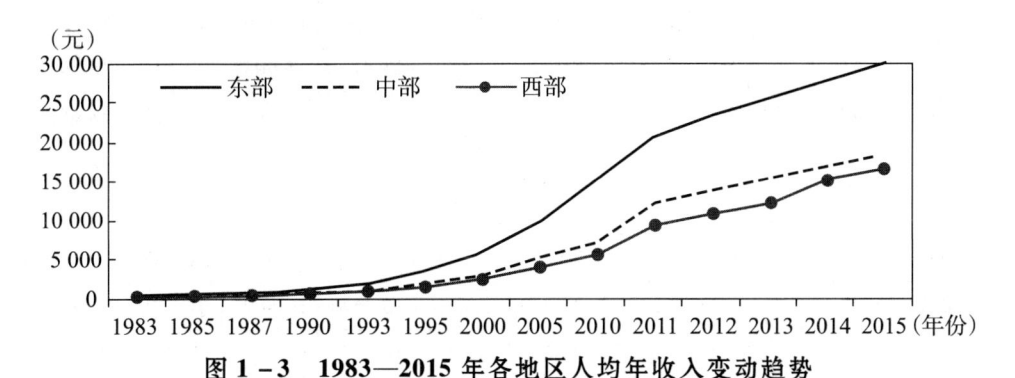

图1-3　1983—2015年各地区人均年收入变动趋势

注：根据各自年份《中国统计年鉴》计算。

具体到各省份则可发现，在各省区之间以及各省区内的不同时点中，人均收入水平差距也是巨大的。表1-1列出了1983—2015年各省份居民人均收入情况。在所有时点，上海居民的收入都独占鳌头，北京居民紧随其后，但在排位居前10的其他省份却有进有退。在各个年份，排位从低到高前10位的省区市分别如下：

表1-1　　　　　1983—2015年各省份人均年收入　　　　　单位：元

省份	1983年	1990年	2000年	2010年	2011年	2012年	2013年	2014年	2015年
西藏	—	791	2 485	3 397	7 469	8 520	9 747	10 730	12 254
甘肃	254	555	2 266	4 764	8 025	9 409	10 954	12 185	13 467
贵州	251	553	2 269	4 782	8 463	9 831	11 083	12 371	13 697
云南	288	661	2 611	5 575	9 820	11 572	12 578	13 772	15 223
青海	210	743	2 769	6 197	9 690	11 153	12 948	14 374	15 813
新疆	377	907	2 980	5 869	9 827	11 463	13 670	15 096	16 859
广西	285	747	2 982	6 826	10 926	12 639	14 082	15 557	16 873
河南	290	608	2 631	6 134	11 306	13 006	14 204	15 695	17 125
海南	285	695	2 969	6 213	11 052	12 793	14 231	15 749	17 221
四川	332	780	2 758	7 351	11 473	13 097	14 566	15 907	17 329
陕西	274	687	2 631	7 183	11 280	13 251	14 372	15 837	17 395
宁夏	302	755	2 890	7 519	11 823	13 561	15 120	16 538	17 854
山西	320	734	3 309	7 237	12 214	13 914	15 190	16 647	18 118
河北	324	661	2 869	6 791	11 776	13 607	15 154	16 795	18 363
江西	320	767	2 957	6 822	11 737	13 545	15 100	16 734	18 437
安徽	435	951	3 573	7 713	12 170	13 814	15 903	17 404	18 593
黑龙江	475	970	3 407	8 222	13 003	14 833	15 998	17 520	18 684
吉林	—	896	3 456	7 760	12 467	14 379	15 733	17 477	18 979
湖南	341	805	3 394	7 174	12 104	13 915	16 005	17 622	19 318
湖北	334	840	3 578	7 982	12 846	14 800	16 473	18 283	20 026
重庆	—	—	3 343	9 296	14 056	16 264	16 569	18 351	20 110
内蒙古	339	776	3 357	9 823	14 436	16 584	18 693	20 559	22 310
山东	383	827	4 115	9 914	15 704	17 997	19 008	20 864	22 703
辽宁	489	1 136	3 984	11 000	16 092	18 469	20 818	22 820	24 576
福建	336	929	4 977	12 438	18 149	20 748	21 218	23 331	25 404
广东	441	1 341	7 013	15 816	21 026	23 810	23 421	25 685	27 859
江苏	382	1 065	4 925	13 900	20 422	23 211	24 776	27 173	29 539
天津	513	1 388	6 875	19 325	24 074	26 748	26 359	28 832	31 291
浙江	380	1 235	6 700	16 859	24 222	27 191	29 775	32 658	35 537

续表

省份	1983年	1990年	2000年	2010年	2011年	2012年	2013年	2014年	2015年
北京	592	1 596	9 059	24 991	30 396	33 710	40 830	44 489	48 458
上海	638	2 056	11 002	28 433	34 072	37 793	42 174	45 966	49 867

注：(1) 各省份人均收入是基于各自年份的《中国统计年鉴》计算而得；有些年份直接给出了各省份人均可支配收入，有些年份并未直接给出，而是给出了城镇居民人均可支配收入、农村居民纯收入。在计算中，根据统计数据给出的年末城乡人口分布，加权得出各省的人均可支配收入。

(2) 数据基于2015年的数据进行排序。

1983年：浙江、江苏、山东、黑龙江、广东、吉林、辽宁、天津、北京、上海；

1990年：福建、黑龙江、吉林、江苏、辽宁、浙江、广东、天津、北京、上海；

2000年：湖北、辽宁、山东、江苏、福建、浙江、天津、广东、北京、上海；

2010年：内蒙古、山东、辽宁、福建、江苏、广东、浙江、天津、北京、上海；

2011年：内蒙古、山东、辽宁、福建、江苏、广东、天津、浙江、北京、上海；

2012年：内蒙古、山东、辽宁、福建、江苏、广东、天津、浙江、北京、上海；

2013年：内蒙古、山东、辽宁、福建、广东、江苏、天津、浙江、北京、上海；

2014年：内蒙古、山东、辽宁、福建、广东、江苏、天津、浙江、北京、上海；

2015年：内蒙古、山东、辽宁、福建、广东、江苏、天津、浙江、北京、上海。

2011年和2012年，各省人均收入排位前10的与2010年完全相同，2013年收入排前10位的城市仍然不变，但省区市间排名略有变动，即江苏与广东的位置互换，2014年和2015年亦是如此。显然，除1983年和1990年的黑龙江、吉林及辽宁，2000年的湖北、辽宁，2010—2015年的内蒙古、辽宁外，其余9省、市均位于东部或东南沿海地区。1990年和2000年，广东居民的收入都位居第三，但2000年后却降至第五位或第六位，而天津、浙江、江苏的人均收入排位都有提升。

类似的，收入排位从最低到渐低的10个省区也十分一致，尽管在不同年份、省份之间的排位略有错落：

1983年：青海、贵州、甘肃、陕西、广西、四川、云南、河南、陕西、江西；

1990年：贵州、甘肃、河南、安徽、云南、陕西、四川、河北、青海、广西；

2000年：甘肃、贵州、西藏、云南、河南、陕西、宁夏、青海、安徽、山西；

2010年：西藏、甘肃、贵州、云南、新疆、河南、青海、四川、安徽、江西；

2011年：西藏、甘肃、贵州、青海、云南、新疆、广西、四川、陕西、河南；

2012年：西藏、甘肃、贵州、青海、新疆、云南、广西、四川、河南、宁夏；

2013年：西藏、甘肃、贵州、云南、青海、新疆、广西、河南、四川、陕西；

2014年：西藏、甘肃、贵州、云南、青海、新疆、广西、河南、海南、四川；

2015年：西藏、甘肃、贵州、云南、青海、新疆、广西、河南、海南、四川。

由此可知，进入21世纪以来，西藏、甘肃、贵州等省区的人均收入分别位于全国各省份的倒数第一、第二和第三。综合来看，除中部的河南省外，其余收入最低的9省都位于西南或西北地区，包括西南的西藏、云南、广西、四川，西北的甘肃、贵州、青海、新疆和陕西。此外，安徽、江西等内陆省份的人均收入水平也较低。

结合表1-1与图1-3可知，省区之间的差距其实也反映了地区之间的差距，而地区之间巨大的差异就是其内部各省发展差距的结果。同时，我们也看到，除横向的省区之间居民收入差距持续扩大外，在不同时点，省区内部的收入涨幅差别也甚大：总体而言，在1983—2015年这33年间，经济欠发达地区收入涨幅小于发达地区（青海省例外，涨幅高达68倍）；吉林、黑龙江、新疆和辽宁是涨幅最小的4个省区，均不到40倍。这表明，经济欠发达省区的收入不仅绝对值起点低，而且涨幅相对较慢，成为驱动欠发达地区人口向发达地区转移、追逐梦想的一个主要因素。

（二）持续扩大的教育差距

城乡和地区差异不仅体现在收入水平上，而且还反映在社会发展的诸多方面，教育就是其中的一个重要指标。教育投入（包括资金和人才）的不公使得城乡人口、不同地区的人口在教育机会、教育获得和教育质量方面存在着鸿沟。

1. 教育投入和师资配备

一是教育投入的不公。教育投入的多寡决定了城乡办学条件和教育质量的优劣。在过去二三十年中，中国的教育以政府投资为主，向城市倾斜，并以城市的重点学校为主，其次为城市的一般学校，再次为市、县的一般学校，农村学校的教育经费最少。在"分级办学、分级管理"思路的指导下，农村地区形成了县办高中、乡办初中、村办小学的格局。义务教育由地方负责，投入取决于地方经济发展水平和财政收入状况。把发展基础教育所需资金交由地方筹措和分配，实际上默许了城乡经济发展不平衡的客观差异对教育发展的不利影响和制约，这使得教育的发展几乎完全取决于当地财政收入状况，从而进一步拉大了城与乡、发达地区和欠发达地区之间的教育差距。

在过去数年中，城市平均教育经费投入都是农村的数倍。2002年，全社会各项教育投资达5 800多亿元；其中，仅23%的投资用于占总人口60%的农村学校，其余77%投放于当时不到总人口40%的城市学校。2014年，全国各项教育投资为6 678亿元[1]，用于农村义务教育投入的仅为878.97亿元。[2] 当然，由于教育经费包括各个阶段，而在高中及以上阶段，城乡学生共享教育资源，大学的助学补助主要针对来自农村的学生。因此，对义务教育阶段教育经费投入的比较应该是更为恰当的，也能够更科学地体现城乡差异。2012年，农村小学总经费为3.69亿元，初中为2.21亿元；城市小学为5.72亿元，初中为3.89亿元，二者相差1.6倍以上，2014年同样保持类似特征。同年，农村义务教育阶段人群（6~15岁）约为7 770.16万人，城市约为6 887.49万人[3]，农村适龄儿童多于城市适龄儿童，前者却享有更少的教育经费。城乡教育投入的差距说明，来自农村的孩子已经"输在了起跑线"上。

---

[1] 资料来源：新华网《中华人民共和国2014年国民经济和社会发展统计公报》，http://news.xinhuanet.com/ttgg/2015-02/26/c1114446937.htm，2015年2月26日。

[2] 资料来源：凤凰财经《中央财政下拨2014年农村义务教育经费保障机制资金878.97亿元》，http://finance.ifeng.com/a/20140721/12763539_0.shtml，2014年7月21日。

[3] 资料来源：《2013年中国人口和就业统计年鉴》，根据0.081%抽样比推算。

从反映义务教育经费紧张程度的生均教育经费来看，不论是普通中学还是普通小学，城镇学生都远高于农村学生。城镇和农村地区的教育生均经费均随时间推移而逐年增加，但后者始终低于城市，且在2000年差距达到最大（见表1-2）。不过，2000年后，差距呈不断缩小趋势。2014年，小学教育阶段生均经费差距缩小至3.05%，初中教育差距减至4.16%，分别比2000年的峰值减少了56.2%、58.1%。

表1-2　　　　1995—2014年中国生均教育经费支出　　　　单位：元

年份	经费类别	小学 农村	小学 城镇	小学 城乡差距（%）	初中 农村	初中 城镇	初中 城乡差距（%）
1995	生均经费	402.24	476.28	18.41	761.09	918.92	20.74
	生均事业费	342.91	406.36	18.50	603.88	744.91	23.35
	生均公用经费	95.88	120.15	25.31	203.63	265.37	30.32
	生均基建费用	59.33	69.92	17.85	157.20	174.01	10.69
2000	生均经费	647.01	792.63	22.51	884.41	1 210.42	36.86
	生均事业费	621.07	755.16	21.59	836.85	1117.79	33.57
	生均公用经费	148.30	197.20	32.97	253.14	375.87	48.48
	生均基建费用	25.95	37.47	44.39	47.56	92.62	94.74
2005	生均经费	1 572.57	1 823.34	15.95	1 819.92	2 278.35	25.19
	生均事业费	1 529.72	1 765.11	15.39	1 744.96	2 156.3	23.57
	生均公用经费	331.99	423.02	27.42	495.63	668.41	34.86
	生均基建费用	42.84	58.23	35.92	74.97	122.04	62.79
2007	生均经费	2 463.72	2 752.28	11.71	2 926.58	3 486.77	19.14
	生均事业费	2 441.71	2 718.10	11.32	2 882.03	3 412.65	18.41
	生均公用经费	542.25	654.23	20.65	820.99	1 025.86	24.95
	生均基建费用	22.01	34.17	55.25	44.54	74.12	66.41
2010	生均经费	4 560.31	4 931.58	8.14	5 874.05	6 526.73	11.11
	生均事业费	4 482.09	4 840.63	8.00	5 699.52	6 315.44	10.81
	生均公用经费	1 084.34	1 255.46	15.78	1 744.13	2 001.16	14.74
	生均基建费用	78.22	90.95	16.27	174.54	211.29	21.06

续表

年份	经费类别	小学 农村	小学 城镇	城乡差距（%）	初中 农村	初中 城镇	城乡差距（%）
2012	生均经费	5 718.96	6 117.49	6.97	7 439.40	8 179.04	9.94
	生均事业费	5 632.41	6 014.54	6.78	7 267.07	7 965.06	9.60
	生均公用经费	1 641.66	1 873.69	14.13	2 551.67	2 901.85	13.72
	生均基建费用	86.55	102.95	18.95	172.32	213.98	24.18
2014	生均经费	8 152.16	8 400.93	3.05	10 996.02	11 453.69	4.16
	生均事业费	8 030.69	8 272.96	3.02	10 724.35	11 164.13	4.10
	生均公用经费	2 552.8	2 838.54	11.19	3 912.48	4 217.82	7.80
	生均基建费用	121.47	127.97	5.35	271.67	289.56	6.59

资料来源：各自年份《中国教育经费统计年鉴》。

教育经费投入的客观差距导致了城乡办学条件的巨大差别。从生均经费的构成来看，城乡生均基建费用差异更为突出。2000年，城市初中生均基建费用比农村高出94.7%，农村地区生均基建投资仅约为城镇的一半。在其他年份，不论是小学还是初中，农村基建投资劣势地位明显。从硬件上看，"农村学校像非洲，城市学校像欧洲"。即便现在一些地方的农村校舍修建得也十分精美，但教室内的设施却很陈旧。从软件上看，学生和教师愈发向城镇集中，农村学校生源和师资流失现象愈发严重。

二是师资力量的不均。生师比是反映师资力量的一个重要指标，透视出一个国家教育资源以及师资的使用效益。生师比过大，表明教师数量和教育经费不足；生师比较小，则说明政府对教育投入较大，教育质量较高。联合国教科文组织的调查发现，越是发达国家，初等教育和中等教育的生师比越小；越是欠发达国家，其生师比越大[1]。国家2001年《关于制定中小学教职工编制标准的意见》规定，在小学阶段，农村为23∶1，县镇为21∶1，城市为19∶1；在初中阶段，农村的生师比为18∶1，县镇为16∶1，城市为13.5∶1。2005年，虽然城乡生师比基本上达到了国家规定的标准比例，但农村生师比高于城市生师比这一规定本身就是城乡不公的体现。

三是师资质量的差异。由于教学环境恶劣、经费缺乏、收入偏低、工资拖

---

[1] 资料来源：中国教育报《新闻分析：我国中小学教师是多还是少？》，http://www.jyb.cn/gb/2001/02/28/zy/jryw/5.htm，2001年2月28日。

欠、福利待遇差且得不到保障、向上流动机会小、生源差等多种原因，农村学校招不来人才，更留不住人才，师资力量江河日下，教学能力受限。相反，城市教师无论是在学历和年龄结构，还是总体素质方面都远优于农村。比如，2005年，农村小学教师中，专科以上学历教师占47.5%，而同样教育程度的教师在城市中占78.0%；在全国具有本科以上学历的初中教师中，农村仅有24.3%，而城市有62.0%。在教师教育程度普遍提高的2012年，城乡师资质量差异依旧凸显：在小学专业教师队伍中，农村具有专科及以上学历的比例仅占77.1%，而城市为84.9%；在初中教师队伍中，农村学校具有本科及以上学历的教师占62.6%，而城市为74.2%。① 此外，由于年轻的优秀骨干教师不断流向城市，加上少有年轻"血液"的补充，农村小学年轻教师偏少，教师队伍老龄化现象十分严重（周芬芬，2009；鲍传友，2005）。

地区经济发展差异同样会对教育投入产生影响，进而使得各地在师资力量、师资质量等方面差异甚大。1998年，小学生均经费最高的上海与最低的河南相差近10倍；随着国家教育投入的逐年提升，不同地区教育经费呈现上涨趋势，但地区差异仍旧明显。2012年，小学生均经费最高的北京高达24 920元，上海次之（21 183元），远高于河南的3 316元。北京、上海等发达城市对教育的投入力度，是诸多欠发达城市和地区难以企及的。②

由于发达地区学校在教育投入方面具有绝对优势，故其教学设施先进，师资力量雄厚；相反，欠发达地区学校则由于投入的不足，教学设施简陋，师资力量薄弱，成为掣肘人口受教育机会和教育获得的重要瓶颈，使农村居民和欠发达地区人口在教育机会和教育质量等方面都不能与城镇居民（尤其是发达地区城镇居民）比肩。

2. 教育机会与教育质量

随着1986年义务教育的推行，近年义务教育"两免一补"政策的落实，基础教育的城乡差异虽依然存在，但已得到较大改善。从城、镇、乡15岁以上人口的教育结构状况来看，2000—2010年，城、镇、乡从未上过学和小学教育程度的人口比例均有所下降，而拥有大专、本科、研究生学历的人口比例均上升，整体教育水平呈现提升态势（见表1-3）。我们知道，教育层级既是教育获得的核心测量指标，同时也透视出城乡人口之间在获得更高层次教育的机会差别。表中数据清晰地告诉我们，在研究生层次，农村人口的占比增速明显慢于城市人口的增速。

---

① 资料来源：《2012年中国教育统计年鉴》，第480~481页、560~561页。
② 资料来源：《2012年中国教育经费统计年鉴》，第480~570页。

表 1-3　　2000—2010 年城、镇、乡 15 岁以上人口教育构成　　单位：%

教育层级	2000 年 城市	2000 年 镇	2000 年 农村	2010 年 城市	2010 年 镇	2010 年 农村
从未上过学	5.36	7.66	14.05	2.11	4.27	7.93
小学	15.83	22.30	38.27	11.60	20.23	33.16
初中	37.97	41.74	39.95	36.69	44.45	47.85
高中	27.53	22.34	7.08	26.29	20.56	8.72
大专	8.01	4.75	0.56	12.34	6.98	1.76
本科	4.95	1.19	0.09	9.90	3.40	0.56
研究生	0.34	0.02	0.00	1.07	0.11	0.02

资料来源：2000 年和 2010 年人口普查数据。

然而，在基础教育机会差距缩小的同时，高等教育机会的差距依旧不减，甚至逐渐拉大（见表 1-4）。其一，尽管在过去十多年间，高等教育规模不断扩大，但高校在校大学生中，农村学生的比例明显低于城镇的比例，且在四个调查年份呈现相同趋势。其二，在 1982—2010 年，农村学生进入重点大学的比例呈下降趋势。1982 年，重点高校在校生中，农村学生占 39.7%，1990 年降至 30.4%，2010 年稍有提升（可能与重点高校增加农村学生比例的教育政策有关），但仍大大低于城市学生（67%）。而在专科院校中，农村学生比例远高于城镇学生，尤其是 2010 年，专科院校农村户籍学生占比高达 78.2%，说明更多的农村户籍学生获得职业技术教育，并早早开始工作，缺少进一步深造和发展的机会。高等学校特别是重点高校农村学生的比例较低，既反映出城乡之间基础教育差距的长期后果，也透视出在国家整体教育水平提高的情况下，农村学生仅获得了城镇学生因向上选择而空置的低层次教育（如职业院校），教育由机会不公向教育质量不公转移。

表 1-4　　　　　各层次高校在校生城乡分布　　　　　单位：%

学校类别	1982 年 城市	1982 年 农村	1990 年 城市	1990 年 农村	2000 年 城市	2000 年 农村	2010 年 城市	2010 年 农村
城乡人口比例	20.6	79.5	26.4	73.6	36.2	63.8	49.7	50.3
重点高校	60.3	39.7	69.6	30.4	70.1	30.0	67.0	33.0
普通本科院校	60.8	39.2	58.1	41.9	56.9	43.1	52.1	47.9
专科院校	51.8	48.2	40.0	60.0	27.0	73.0	21.8	78.2
所有学校均值	59.1	40.9	56.6	43.4	56.0	44.0	50.8	49.2

资料来源：王伟宜（2014）。

比如，20世纪90年代以来，在清华大学、北京大学、中国人民大学等一流大学招收的新生中，农村学生的占比持续走低——2000年，清华大学招收的农村学生占比为17.6%，低于1990年4.1个百分点，2010年也是如此[①]。据刘云杉的统计，1978—1998年，大约三成北京大学的学生来自农村，而在2000—2011年，农村子弟仅约占一成。类似的，2003年前后，中山大学来自农村的大学生仅占10%，2014年估计更低[②]，表明一流大学中的农村子弟越来越少。一方面，为了圆大学之梦，他们需要比城市孩子付出更艰辛的努力；另一方面，他们通过知识改变命运的机会和通道却越来越狭窄。

教育的地区差异同样令人十分震惊。北京作为全国政治文化中心，是世界上为数不多的高等教育聚集程度较高的地区之一，也是中国高等教育资源最为集中之地，其学生拥有其他地区学生不具备的教育优势和条件，高等教育机会远非其他地区的同龄人所能企及。2003年，北京市高等教育的毛入学率达49%，而云南省的仅为8%，二者具有天壤之别[③]；2010年，北京高等教育毛入学率增至近60%[④]，而广西高等教育毛入学率仅为19%[⑤]。由此，北京市每10万人口在校大学生的人数在全国省区中遥遥领先，且在过去数年持续保持绝对优势；相反，广西、河南、贵州、云南等地每10万人口在校大学生的人数长期偏低。

图1-4展示了1996—2015年，不同地区部分省市每10万人口在校大学生人数。1996—2002年，省区差异虽然存在，但并不明显，自此以后，省际差异跳跃式陡增，北京和上海（尤其是北京）两地的优势极为突出。北京的资源优势已如上述；同理，上海作为中国经济的重心，高等教育资源也十分丰厚。位居中部的湖北，虽然高等教育资源也很丰富，但由于人口和制度因素的制约，相对于北京和上海的劣势也较为明显；同理，四川虽也拥有较多高校，但其在校大学生的比例在图中所示省市中明显最低。

3. 教育获得

由于资金投入、教学环境、设施建设、师资配备等方面的差别，农村的教育

---

① 资料来源：网易新闻《农村在校大学生占比30年减半 烛光行动特别关注》，http://news.163.com/10/0903/18/6FM6LR8O00014AED.html，2010年9月3日。

② 资料来源：搜狐教育《照顾农村生上重点高校，有违教育公平？》，http://learning.sohu.com/s2014/10percent/。

③ 资料来源：新华网《教育公平：千年文明古国的新课题》，http://news.xinhuanet.com/newscenter/2005-09/08/content_3462012.htm，2005年9月8日。

④ 资料来源：凤凰网《北京高等教育毛入学率达59%》，http://edu.ifeng.com/gundong/detail_2010_10/21/2848722_0.shtml，2010年10月21日。

⑤ 资料来源：广西壮族自治区教育厅《沈北海同志在2011年全区高校党建工作会议上的讲话》。

状况严重落后于城市，经济社会发展并未缩小城乡之间教育获得的差异。如图1-5所示，城乡两类人群的差距在1987年与2000年间略有扩大，2000—2005年，这种差距持续微弱降低，但2005年后，差距又进一步上升。

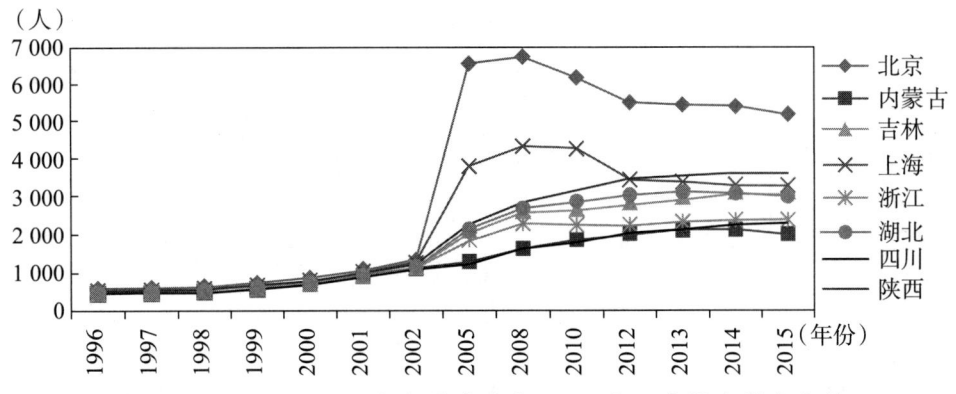

图1-4　1996—2015年部分省市每10万人口在校大学生人数

注：1996—2002年数据来自刘见芳（2004）；2005—2014年数据来自2006—2016年《中国统计年鉴》。

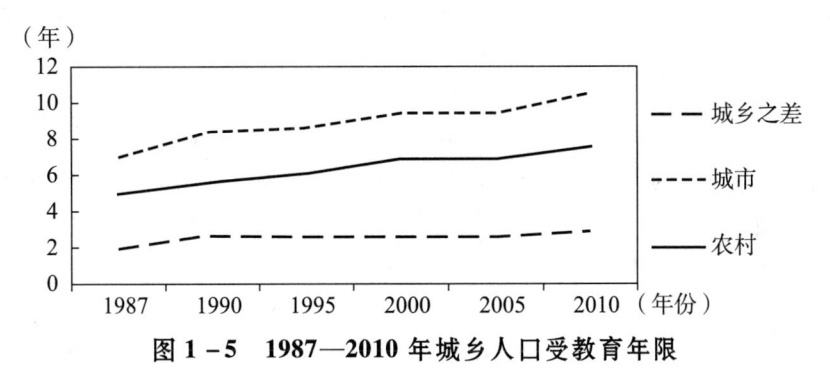

图1-5　1987—2010年城乡人口受教育年限

注：1987—2005年为15岁以上人口，数据来自黄晨熹（2011）；2010年为6岁以上人口，作者基于六普数据计算。

地区之间也是如此。从表1-5展示的1982年以来人均受教育年限来看，省区之间的差异总体上随时间的推移而缩小。在所有时点，人均受教育程度最低的始终是西藏，其次是云南或贵州。1982年，云南省人均受教育水平仅有4.01年，北京却有7.85年，二者相差3.84年；1990年，二者差距缩小至2.57年，但2000年扩大至2.91年，2010年进一步升至3.50年，在这几个时点，最高与最低的差距呈U型。尽管差距在缩小，但绝对差值巨大：2010年，在未排除人口年龄结构影响时，有10个省区的人均受教育水平不足9年，即平均没有完成义务教育；它们主要位于西南和中部地区；18个省区的人均受教育程度不足10年，也仅略高于初中水平；只有北京、天津、上海的人均受教育程度超过 10 年。哪怕是得改革开放风气之先、经济高度发达的福建、广东、浙江和江苏，人均受教育年限也不高（可能与这些地方的人口总量、年龄结构等有关）。

表 1-5　　　　　　　　1982—2010 年各省市 6～15 岁
以上人口受教育年限　　　　　　　单位：年

省市	1982 年	1990 年	2000 年	2010 年	省市	1982 年	1990 年	2000 年	2010 年
西藏	2.08	6.11	6.71	7.70	新疆	5.65	7.91	8.44	9.19
云南	4.01	6.99	7.54	8.18	山东	5.11	7.66	8.42	9.26
贵州	4.19	7.03	7.45	8.19	海南	—	7.91	8.40	9.30
四川	5.22	7.29	7.85	8.68	黑龙江	6.40	8.20	8.74	9.37
青海	4.57	7.78	8.20	8.71	内蒙古	5.68	7.98	8.60	9.41
广西	5.83	7.37	8.03	8.74	广东	6.05	7.74	8.55	9.42
甘肃	4.41	7.59	7.99	8.83	山西	6.10	7.94	8.53	9.44
安徽	4.41	7.34	7.99	8.86	湖北	5.62	7.81	8.45	9.49
江西	5.32	7.43	8.13	8.91	吉林	6.46	8.20	8.72	9.49
重庆	—	7.41	7.93	8.94	陕西	5.60	7.98	8.48	9.53
宁夏	4.84	7.82	8.35	9.07	江苏	5.37	7.86	8.56	9.53
福建	5.02	7.36	8.20	9.09	辽宁	6.83	8.26	8.88	9.66
河南	5.25	7.71	8.35	9.10	天津	7.18	8.79	9.51	10.40
河北	5.69	7.67	8.35	9.14	上海	7.69	9.32	9.93	10.86
浙江	5.36	7.56	8.27	9.16	北京	7.85	9.56	10.45	11.68
湖南	5.88	7.60	8.26	9.19					

注：表中数据按照 2010 年的教育年限进行排序。

资料来源：1982—2000 年数据来自各年份普查和抽样汇总数据；2010 年数据来自第六次人口普查汇总数据，但作者基于人口数量，按照小学 6 年、初中 9 年、高中 12 年、大专 15 年、大学 16 年、研究生 18 年计算。

教育过程（包括教育投入、师资队伍等）、教育机会及教育结果的城乡和地区差异，造成了城乡人口之间、发达地区与欠发达地区人口之间人力资本和发展潜力的深远差别，抑制了农村地区和欠发达地区的社会发展。同时，教育是个体实现向上社会流动的重要途径，尤其是对于缺乏社会资源的寒门子弟来说，更是实现"鱼跃龙门"的重要推手。而农村和欠发达地区教育资源不足，教育质量偏低，堵塞了身居其中的个体实现向上社会流动的主要渠道（若非唯一渠道的话）。为此，越来越多的人为了子代能够获取更好的教育资源和机会，奋力向城市和大城市集聚，为子代的城市梦打下一定的基础。

（三）持续加大的医疗卫生差距

城乡之间和地区之间的医疗卫生状况同样存在巨大差异。改革开放前，国家通过财政金融手段，把资金更多地投入城市工业部门。改革开放早期，这种思路依然如故，无论是政府投入、外资投入，还是社会筹资均向城市倾斜，极大地限制了农村基础设施建设，导致了与民生息息相关的基础设施极其滞后。近年，在新农村建设、新型城镇化建设的推动下，欠发达地区基础建设薄弱的局面有所改观，但要从根本上扭转其滞后性绝非一夕之功。

城乡之间和地区之间医疗卫生差异表现在多个方面，包括卫生资源的享有，医疗基础设施的距离、数量和质量，医疗人员数量、质量、专业素养和技能，医疗卫生设施的服务能力等。

1. 医疗卫生费用

世界卫生组织在衡量卫生总投入时的一个常用指标是卫生费用，包括总费用和人均费用。前者反映全国当年用于医疗卫生保健服务的资金总量。中国的情况是，城乡卫生费用的投入均随经济社会的发展而逐年增加，但城乡差距却越来越大：1990年，城镇卫生总费用为396.0亿元，农村的为351.4亿元，前者是后者的1.1倍；1995年，前者是后者的1.4倍；1996年，城乡差距稍有回落，并于1998年基本持平。但是，1999—2010年，城乡差距逐年拉大，2010年升至3.5倍，尽管2013年回落至2.9倍，但差距依旧惊人；城乡差距于2014年再度上升至3倍以上（见图1-6）。

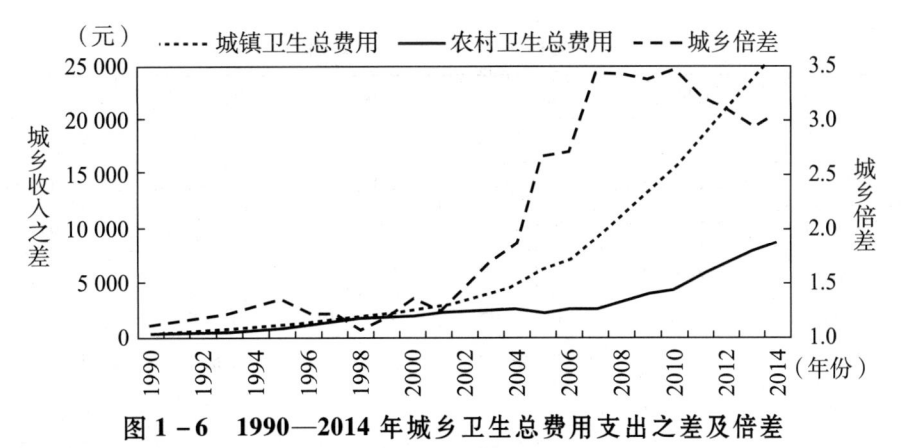

图 1-6　1990—2014年城乡卫生总费用支出之差及倍差

注：左轴为城乡卫生总费用；右轴为城乡卫生总费用倍差。
资料来源：《2015年中国卫生和计划生育统计年鉴》。

在人均费用占有方面，城市更是远远高于农村，且在各年份保持相同的趋势（见图1-7）。1990年，城市人均卫生费用为158.8元，而农村仅为38.8元，不到城市的1/4；2005年，农村人均卫生费用增至315.8元，但仍明显低于城市的1 126.4元；2010年城市人均费用约为农村人口的3.8倍，2014年降至2.5倍，尽管倍差的降幅较大，绝对差额却近2 000元，且随时代推移及经济发展而不断扩大。

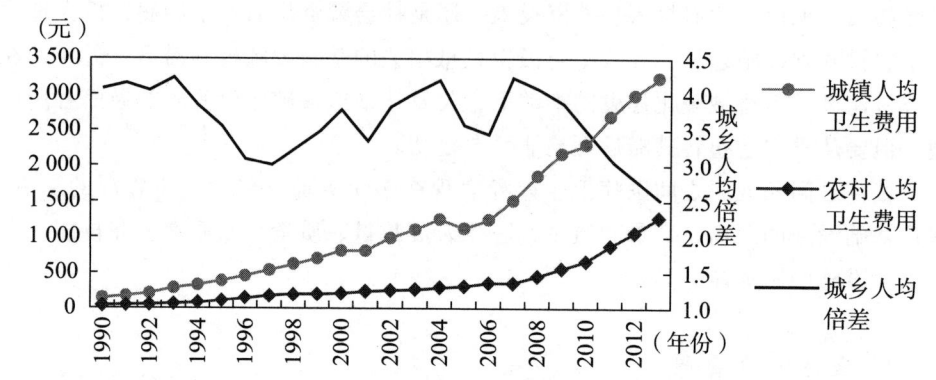

图1-7　1990—2014年城乡居民人均医疗保健支出及其在总支出占比

注：左轴为城乡人均卫生费用；右轴为城乡费用倍差。
资料来源：《2015年中国卫生和计划生育统计年鉴》。

地区和省际之间的差异也是巨大的。从表1-6可知，在2009—2014年这6年间，各省份人均卫生费用支出均逐年上涨。北京市从2009年的4 179元涨至2014年的7 411元，涨幅接近80%，绝对水平和涨幅远远高于其他省、市；2014年，上海人均卫生费用支出为5 546元，亦低于北京；而贵州仅为1 846元，不到北京人均支出水平的1/4。这说明，经济越发达地区的卫生支出水平越高，反之则相反。

表1-6　　　　　各地区人均卫生费用支出　　　　　单位：元

省份	2009年	2010年	2011年	2012年	2014年
北京	4 179.97	4 147.20	4 841.29	5 750.79	7 411.41
上海	3 417.76	—	3 962.76	4 588.86	5 546.92
天津	2 568.46	2 737.28	3 034.87	3 394.9	4 291.29
浙江	1 924.75	2 098.99	2 598.22	2 818.51	3 589.30
江苏	1 402.95	1 565.95	1 953.79	2 388.92	3 322.40
新疆	1 491.62	1 676.79	2 309.05	2 536.29	3 266.62
宁夏	1 366.61	—	1 818.94	2 085.87	3 125.39
辽宁	—	1 765.88	2 020.59	2 305.68	3 028.54

续表

省份	2009 年	2010 年	2011 年	2012 年	2014 年
青海	1 399.34	—	1 923.12	2 485.95	3 004.89
陕西	—	—	1 952.93	2 292.88	2 977.53
内蒙古	—	1 767.46	2 217.84	2 486.17	2 842.54
吉林	—	1 653.88	1 874.33	2 355.87	2 806.76
重庆	—	1 500.98	1 754.14	1 740.81	2 746.30
广东	1 351.42	1 445.87	1 762.74	1 671.24	2 641.11
黑龙江	1 606.12	1 580.23	1 905.43	2 148.47	2 588.44
福建	1 078.58	1 280.11	1 660.43	1 809.51	2 553.68
山东	1 228.26	1 403.13	1 710.70	1 991.65	2 537.60
海南	—	—	1 862.06	2 110.5	2 442.50
湖北	—	1 191.11	1 608.66	1 620.26	2 396.66
四川	—	—	1 516.80	1 378.38	2 305.81
河北	1 014.07	1 253.77	1 461.53	1 712.66	2 228.95
甘肃	1 001.65	1 153.86	1 535.00	1 725.36	2 199.13
山西	1 206.99	1 297.45	1 555.72	1 841.79	2 188.87
安徽	—	1 210.54	1 494.04	1 857.08	2 172.67
湖南	—	1 042.05	1 336.71	2 062.77	2 168.01
河南	1 065.34	1 134.04	1 341.50	1 892.99	1 991.07
云南	935.19	1 107.15	1 467.66	2 079.51	1 967.16
广西	—	1 116.88	1 433.08	2 034.02	1 910.10
江西	886.51	992.04	1 308.88	1 461.47	1 871.65
贵州	—	946.61	1 220.91	1 626.26	1 846.75

资料来源：2009 年数据来自《2011 中国卫生统计年鉴》；2010 年数据来自《2012 中国卫生统计年鉴》；2011 年数据来自《2013 中国卫生统计年鉴》；2012 年数据来自《2014 中国卫生统计年鉴》；2014 年数据来自《2016 中国卫生统计年鉴》。

2. 医疗床位数

与卫生投入相对应的是城乡在医疗卫生设施方面的不平等。医疗卫生设施的常用指标是每千人所占的医院床位数。而这又可细分为两个具体统计指标：每千人医疗机构床位数、每千人医院和卫生院床位数，二者略有差别。卫生统计数据显示，1999 年，全国每千人床位数是 2.4 张，城市拥有 3.5 张，而农村仅有 0.8 张；2002 年，城市增至 4.8 张，而农村依旧为 0.8 张，差距明显扩大；2010 年，全国每千人医疗机构床位数平均为 3.5 张，城市为 5.9 张，农村为 2.6 张；2013 年全国平均增至 4.6 张，城市为 7.4 张，农村仅为 3.3 张（见图 1-8）。由此可见，由于卫生资源不断向城市集聚，城乡人口在享受医疗服务的可及性、可得性及质量方面，都存在很大差异，透视出农村人口在健康保障水平和生活质量上都远低于城市人口的事实。

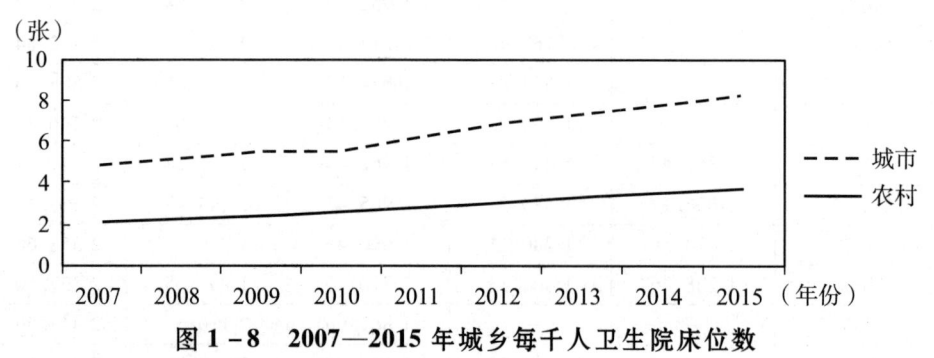

图 1-8 2007—2015 年城乡每千人卫生院床位数

资料来源：《2016 中国卫生和计划生育统计年鉴》。

地区差异同样不容忽视。图 1-9 展示了 1995—2015 年部分省区之间，每千人医疗机构床位数。由图 1-9 可知，北京、上海两地作为全国的政治、文化和经济中心，在过去近 20 年中，每千人口拥有的医疗机构床位数远高于其他地区，医疗机构设备齐全，且集中了全国的优质医疗资源。除京、沪外，浙江、广东等经济发达地区与陕西、四川等中西部地区每千人口医疗机构床位数并没有明显差异。令人费解的是，虽然北京每千人医院和卫生院床位数在 2011 年达到最大，为 6.84，但在 2012 年突然降至 3.61；上海在 2010—2012 年也呈现较大幅度下降；图中省份都有类似的变动趋势，只是程度有所不同。

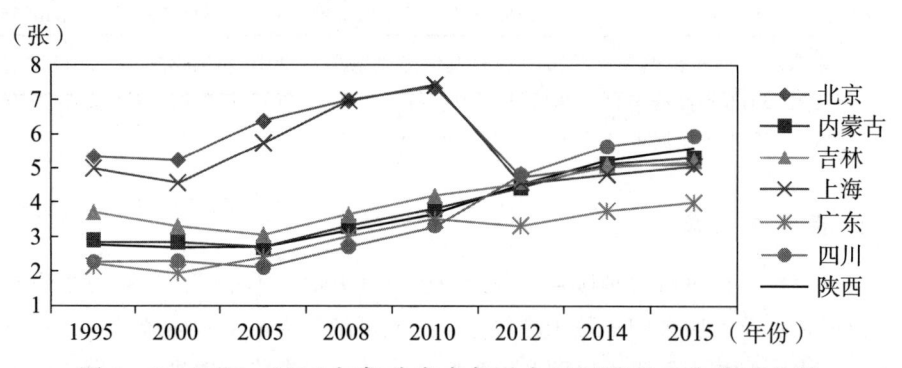

图 1-9 1995—2015 年部分省市每千人口医院和卫生院床位数

资料来源：2000—2013 年数据来自历年卫生统计年鉴；1995 年、2000 年数据根据各地区总的医院和卫生院床位数除以各地区年末常住人数计算得到。医疗机构包括医院、社区卫生服务中心、乡镇卫生院，人口数系国家统计局常住人口。计算公式为：医疗卫生机构床位数/人口数×1 000。

地区之间的医疗资源不仅数量差别甚大,质量上亦不均衡。北京、上海、浙江、广东等较发达之地,优势医疗资源(如专科医生、高学历医生)也更为集中。而且,尽管随着国家基本医疗服务均等化战略的不断推进,卫生资源也向欠发达地区倾斜,各地每千人口医院和卫生院逐渐趋于平衡,但仍有服务质量的地区差异,北京仍是全国看病中心,每天70万人进京看病[①]。大城市优质医生资源和卫生医疗设施的集中优势,是诸多中小城市和农村难以企及的。

(四)各省区之间经济与社会的综合差异

2010年中国人类发展指数的数据显示,中国31个地区被分为4个集团(见表1-7):第一个组别(即北京、上海、天津三市)的HDI值大于0.76。第二个组别(即江苏、浙江、辽宁、广东等12省)的HDI值大于全国均值0.69,但小于0.76。第三个组别(河北、重庆、湖南等11省区)的HDI值大于中等人文发展组别的均值(即0.64)。第四个组别(即青海、甘肃、云南、贵州、西藏5省区)的HDI值小于中等人文发展组别的均值,而第三集团和第四集团的省(市、自治区)均位于中部地区、西北或西南地区。

表1-7　　　　2010年31省区人文发展指数排名

排名	地区	人类发展HDI	健康	收入	教育
	全国	0.693	0.868	0.676	0.569
第一集团(HDI值>高人文发展组别平均值0.758)						
1	北京	0.821	0.952	0.837	0.694
2	上海	0.814	0.953	0.808	0.699
3	天津	0.795	0.932	0.779	0.692
第二集团(高人文发展组别平均值>HDI值>全国平均值0.693)						
4	江苏	0.748	0.896	0.719	0.650
5	浙江	0.744	0.913	0.700	0.645
6	辽宁	0.740	0.892	0.737	0.618
7	广东	0.730	0.894	0.696	0.624
8	内蒙古	0.722	0.861	0.689	0.634

---

① 资料来源:新浪财经《北京仍然为全国看病中心　每天70万人进京看病》,http://finance.sina.com.cn/china/dfjj/20140520/100119163902.shtml,2014年5月20日。

续表

排名	地区	人类发展 HDI	健康	收入	教育
9	山东	0.721	0.893	0.686	0.613
10	吉林	0.715	0.889	0.715	0.576
11	福建	0.714	0.882	0.676	0.610
12	黑龙江	0.704	0.886	0.710	0.554
13	湖北	0.696	0.868	0.696	0.558
14	陕西	0.695	0.865	0.699	0.554
15	山西	0.693	0.869	0.699	0.547

第三集团（全国平均值 > HDI 值 > 中等人文发展组别平均值 0.640）

16	河北	0.691	0.870	0.676	0.561
17	重庆	0.689	0.881	0.667	0.556
18	湖南	0.681	0.866	0.677	0.539
19	海南	0.680	0.891	0.660	0.536
20	河南	0.677	0.864	0.664	0.540
21	宁夏	0.674	0.845	0.658	0.552
22	新疆	0.667	0.828	0.660	0.542
23	江西	0.662	0.866	0.645	0.520
24	四川	0.662	0.860	0.651	0.519
25	安徽	0.660	0.871	0.640	0.516
26	广西	0.658	0.872	0.634	0.516

第四集团（HDI < 中等人文发展组别平均值）

27	青海	0.638	0.791	0.613	0.537
28	甘肃	0.630	0.826	0.631	0.480
29	云南	0.609	0.784	0.604	0.476
30	贵州	0.598	0.809	0.586	0.452
31	西藏	0.569	0.762	0.498	0.487

资料来源：国家统计局科研所（2014）：中国人文发展指数比较分析，http://www.stats.gov.cn/tjzs/tjsj/tjcb/dysj/201402/t20140220_513674.html。

三、差异中的推拉之力：多样化的理论视角

城乡分治以及地区发展不平衡既是工业与农业二元经济发展不均衡的前提，也是二者经济发展不均衡的结果。这种非均衡化的状态促进了以农业人口为主的劳动力大量向效率更高的工业集中，而工业集中之地也多为发达城市、中心城市。城乡二元结构并非中国近30年才出现的，而是从农业社会向现代社会转型时期的必然结果。具体而言，由于城乡之间的内生特性，在一个国家或地区发展过程中，普遍存在着生产和组织的不对称性，即落后的传统农业部门和先进的现代经济部门并存，城乡差距明显，由此形成一种城乡二分的经济社会形态。相应地，城乡分治与地区差治下的收入、教育以及医疗差异成为最直接的现实反映，而这种现实的差距在理论的推演中早已被证实。人为什么要流动？从现实来看，城乡差、地区差及与之相伴随的收入、医疗、教育等福利差等，推动人们向可能获得更大利益之地流迁；在理论上，形成了各种相互关联与补充的学术理论流派，它们分别从各自的学科视角出发，对人口地域流迁的驱动力进行了细致的阐述。

在过去一个多世纪中，人类迁移流动的原因、过程和后果，受到社会学、经济学、政治学等诸多领域学者的极大关注，相关理论和方法层出不穷，极大地拓展了人口迁移流动研究的理论视野和实证范畴。但是，由于人口流迁的复杂性，任何一种理论或方法都难以完全解释流动背后的原因，先后形成了宏观和微观（包括家庭和个体）等不同层次的理论视角；在同一个层次上，也有多种有差异的理论模式，如莱文斯坦（E. G. Ravenstain）的人口迁移流动法则，博格（D. J. Bogue）等人的推—拉理论，李（E. S. Lee）的系统推—拉理论，托达罗（M. P. Todaro）和乔根森（D. Jorgenson）等学者的人口迁移模型。

纵观人口迁移流动的相关理论，大多围绕人为什么要流动（即动因）而展开，以试图解释流动背后的驱动力。现有的理论大多基于这样一个经验过程与结果，即人往高处走。"人往高处走"反映出两个现象：一是作为理性的经济主体，个体本能地追逐更高的经济利益与报酬；二是试图解释为什么只有通过流动才能够实现达到"高处"的可能，这就是流出地在资源方面的弱势以及流入地相对丰厚的资源比较优势。

人口流迁是时代发展到一定阶段的必然结果，是时代选择的大趋势，与个体的理性选择融合在一起，共同促进流迁的发生。因此，推动人口流动的力量既是

时代发展的必然结果，也是个体的主动选择。为了对宏观的时代因素以及个体的行为因素进行全面的挖掘，以下将从宏观与微观的理论视角出发，并透过理论折射到现实，对新中国的人口流动进行较为全面的解读。

（一）人口流动的宏观驱动

中国社会变迁的主要内容是经济体制的改变（刘少杰，2014），而体制的变革促进了中国经济的快速发展。东部发达地区及其中心城市地区在经济转型中取得了较大的进步，就业机会、收入和生活水平明显优于中西部地区和农村地区，这样的落差形成了人口迁移流动的原生动力。同时，经济转型带来的社会变革也使得城乡之间和地区之间的人口流动具有了可能性，即市场经济发展对产业工人的巨大需求倒逼人口管理制度不断变革，使得城乡之间和地区之间的人口流动得以实现。

发展经济学的领军人物、经济学家刘易斯（W. Lewis，1915—1991）在《劳动力无限供给条件下的经济发展》一文中，提出了二元经济结构理论。该理论认为，发展中国家或地区的经济结构具有二元特征，即传统落后的低等级农业部门与现代发达的高等级城市工业部门并存。前者具有低生产力、低效率和劳动力过剩的特点；后者具有高生产力、高效率的特点，是经济增长的主导部门。两个部门的劳动生产率与劳动边际收益率存在差异，从而引起农业剩余劳动力向城市工业部门转移、城市工业部门依托农村劳动力的无限供给而不断扩张，直到农村剩余劳动力被城市完全吸收。这是发展中国家经济发展的第一阶段，具有劳动力过剩、劳动力无限供给的典型特征。当农村剩余劳动力被城市完全吸纳后，农业劳动生产率开始提高，农业逐渐走向现代化，并开始与工业竞争劳动力，二元经济合为一元经济，这是发展中国家经济发展的第二阶段；此时，劳动力由剩余变为短缺，劳动力工资水平开始不断提高。拉尼斯（G. Ranis，1929—2013）和费景汉（J. Fei，1923—1996）在刘易斯模型的基础上进行了适度修正，强调农业劳动生产率的重要性，认为农业生产率的提高、剩余产品的出现是劳动力流动的先决条件，故劳动力转移存在三个阶段：一是劳动力边际生产率为零，劳动力无限供给；二是劳动力边际生产率大于零，工资水平开始提高；三是劳动力边际生产率与工资率相当，农业和工业相互争夺劳动力。"三段论"与"两段论"结合在一起，被称为刘易斯—拉尼斯—费景汉发展模式。

劳动力市场分割理论（也称双重劳动力市场理论）与刘易斯两部门模型异曲同工。该理论认为，在经济发达地区存在双重劳动力市场。一是正规的高级劳动力市场，以资本和技术密集型产业为主，劳动者的受教育程度、工作技能相对较高，故工薪待遇较高，工作环境和社会福利也较好。二是非正规的次级劳动力市场，以劳动密集型产业为主，对劳动者的教育程度、工作技能要求不高，工薪待遇较低，工作不稳定，工作环境比较恶劣，社会保障普遍缺失且缺乏升迁机会与发展前景。相比而言，高级劳动力市场多为本地城镇居民所占据，次级劳动力市场的从业者则多是教育程度较低、缺乏工作经验与技能的迁移人口。这一理论从宏观层面分析了人口迁移的结构性因素，其不足是单纯从劳动力需求方面来考虑人口迁移，忽视了劳动力的供给。

两部门经济发展差异与劳动力市场分割理论的共同点在于：一是划分的依据是一致的，前者以工农业为标准，后者以高低劳动力市场为依据，虽然形式上是两种不同的标准，但工业市场多以高级劳动力集中，而农业市场多以次级劳动力为主。二是诠释了人口迁移的原生动力，工农业发展的不平衡导致农业效率低、农村劳动力剩余人口多，这成为次级劳动力市场的典型特征。正因为如此，工业以及高级劳动力市场的比较优势，吸引农业人口向工业及更高级的劳动力市场转移，以实现效率的提升。从社会发展的进程及其背景来说，人口流迁是工农业部门经济发展不对等的结果，同时也是推动工业生产、促进社会整体效率提高的关键要素。在个体层面，绝大多数流迁者仍处于城市的底层以及次级劳动市场，虽然流动促进了社会整体劳动力资源分配结构的优化，却并未从根本上改变流动者的弱势地位。

在刘易斯经典的两部门经济结构中，强调了工农业之间效率差异的不同阶段以及可能的发展路径。就1980—1990年中国经济社会的发展状况来看，农业产能有限、农村劳动剩余人口大量存在，正处于刘易斯两部门经济的第一阶段中。其理论模型强调了两部门经济发展的演化路径与不同的阶段，且工农业效率差异会在农村剩余劳动力消失后而逐渐缩小。但是，中国特有的户籍制度与包含身份先赋差异的城乡制度成为阻碍中国工农业两部门经济同步化发展的根本屏障，大量农业转移人口难以真正被城市的工业所吸收并成为城市的一员。绝大多数农业转移人口最终还是会回到农村，在城乡之间交替居住，甚至从事农业、工业交替的工作。他们虽然在形式上获得了工业性质的工作，却没有实现先赋身份的转变，子女教育、未来的养老等多位于农村，很难真正被城市所吸纳，这也意味着中国农业转移人口的弱势地位仍将存在。

（二）人口流动的微观决策

与宏观的迁移动因相对应，微观层次的迁移动因更多的是从行为主体视角出发，且多以理性决策和追求经济利益最大化为基本前提。从莱文斯坦人口迁移的七条规律到乔根森的人口迁移模型,大多探究流迁者地域移动背后的动力与行为,试图通过从迁移者本身去解释他们为什么选择迁移,挖掘迁移的动力。相关代表性的理论主要有推拉理论、迁移的经济决策理论以及人口迁移的社会学解释。

1. 推拉理论

推拉理论是研究人口流迁动因最经典的理论视角,对于人口流迁原因的研究具有最广泛、最直接和最重要的指导意义。

推拉理论最早可追溯到雷文斯坦。虽然他并未明确提出"推拉"这一概念,但其有关人口迁移法则的论述实际上已涵盖了该理论的基本思想。此后,经过不少学者的补充修正,尤其是李的发展完善,形成了完整的推拉理论。

美国学者李(1917—2007)是人口迁移动因理论的集大成者。他在雷文斯坦人口迁移法则的基础上,进一步发展了人口规律理论,力图构建一个涵盖各种空间移动模式的普适框架。在"迁移理论"一文中,李(1996)探讨了迁移行为的影响因素、规模、流向、移民特征四个问题。李认为,每个迁移行为,不论远近难易,都包含迁出地和迁入地因素及一系列中间障碍因素。影响迁移决策过程及迁移决定的因素可归纳为四个方面:与迁入地相联系的因素,与迁出地相联系的因素,中间障碍因素,个人因素。个体的感知、才智及对其他环境的认识都会映射到对迁出地环境的评估中;对迁入地的了解也有赖于个人的接触或信息来源;中间障碍的影响同样因人而异。因此,迁移行为表面看是上述四类因素共同作用的产物,但对每个特定的潜在移民而言,实际起作用的只是三类因素:即当迁出地的负作用与预期迁入地的正作用的合力同迁出地的正作用与预期迁入地的负作用的合力差大于中间阻碍因素构成的阻力时,迁移行为才会发生(阎蓓,1999)。总体来讲,迁移是人们对于社会环境、经济环境和自然环境选择的结果。

推拉理论有两个基本假设:一是人的迁移行为是理性的,即经济学的"理性人"假设;二是移民对迁出地和迁入地均有某种程度的了解,在迁出地和迁入地推拉力量的共同作用下,人们做出迁移的决定。其核心观点是,人口迁移流动行为的发生是迁出地的推力与迁入地的拉力共同起作用的结果。推力是指促使移民离开某地的影响因素,如迁出地的劳动力过剩、失业率上升、耕地不足、生产成本增加、缺乏基本的生活设施、社会经济及政治关系紧张、自然资源枯竭、自然灾害等。拉力是指吸引移民流向某地的影响因素,如迁入地更好的就业机会、更高的工资收入、更好的发展前程、更优质的教育资源、更多的文化及卫生设施、更便利的交通条件等。同时,在迁出地也存在着诸如家庭团聚、熟悉的环境、长期形成的社交网络等拉力因素;在迁入地也存在着诸如迁移流动可能带来家庭的分离、陌生的环境、激烈的竞争、生态环境质量的下降、身份认同的迷茫、心理的焦灼和精神的创伤等推力因素。

就中国社会的现实来看，推拉之力也是人口由乡入城、由欠发达地区向发达地区迁移流动的关键要因。

(1) 农村资源匮乏的强烈推力

中国广大的农村地区存在着巨大的消极因素或推力因素，在改革开放初期尤其如此。一方面，农业产出效率有限，农村并无过多的工业发展以及资本积累，依靠农业生产家庭陷入贫困的风险极大。虽然日出而作、日落而息的生产生活模式早在20世纪80年代的农村就已经不再，但种地耕田、插秧播种、灰头土脸、艰辛劳作的格局并未发生本质性的变化，而这样的劳作被视为脏、苦、累，也难以换来体面且有尊严的生活。尽管过去30多年中，尤其是近年的新农村建设，农村方方面面的条件都得到巨大改善，但直到现在，还有一些乡村因山高路远而交通不便，信息不畅，物质匮乏，各种基础设施十分落后，20世纪80年代和90年代更是如此。与此相反，如前所见，城镇地区的发展更为快速，城乡差距日渐扩大或一直维持在很不均衡状态。另一方面，中国人口多，人均耕地少，耕地后备资源不足，农村一直存在人多地少的矛盾（叶香丽，2007）。改革开放后，随着耕地资源不断减少、生产技术的进步和劳动生产率的提高，农业对劳动力数量的需求大量减少（骆华松，2002），人地矛盾进一步凸显。

1978年，中国的改革开放首先在农村地区拉开帷幕。农村改革废除了人民公社制度，家庭取代生产队而成为劳动力资源配置的基本单位，家庭联产承包责任制很快建立，并于1983年在全国普遍推广。在该制度下，土地使用和生产自主权完全交由承包者自行安排，产品除向国家缴纳农业税（2006年取消）、向集体缴纳公共提留以外，完全归承包者所有，即"缴够国家的，留够集体的，剩下都是自己的"。与人民公社制度相比，这极大地增强了农民的生产积极性，迅速地恢复了农业生产力，也改善了劳动力资源的配置效率，释放出巨大的富余劳动力（梁明、李培、孙久文，2007；翟锦云，1994），推动了乡镇企业异军突起、横空出世。20世纪90年代中期，中国大约有8亿农村人口，其中大约有5亿劳动力，除了农业和乡镇企业所需人工外，尚有3亿左右的富余劳动力（蔡建明、王国霞、杨振山，2007）。2006年，农村有4.97亿劳动力，除已经转移就业的2亿多人及从事农业需要的1.8亿人外，尚有1亿左右富余劳动力（郭晋晖、田成平，2006）。虽然这些数据都是估计数，甚至可能很不准确，但反映出至少在10年前，农村的确存在突出的人地矛盾。

富余劳动力不能充分就业，不仅造成他们自己及其家庭的收入水平低、发展机会少，而且也会影响农村其他人口的收入水平和未来的发展前景。这些不利因素共同作用，迫使他们寻找新的就业机会，改善生存状况，提高生活水平（熊光清，2010）。同时，在新的经济体制下，农村劳动力也有了选择劳动方式和劳动地点的自由，对劳动力利益最大化的追求，驱动农村的富余劳动力打破乡土社会流动性很小的传统，开始走上进城务工之路。

（2）城市发展机会的巨大拉力

城市之所以吸引了大量的流动人口，其中重要的原因在于流入城市的积极因素或拉力因素。1984年，中国的城市改革启动，国民经济体制由计划经济向市场经济转变。先是以制造业为主体的第二产业，后是以商业服务业为主导的第三产业快速发展，无论是制造业还是低端第三产业，多属劳动密集型产业，在大、中城市特别是沿海发达地区的城市创造了大量的就业岗位。尽管城市每年都有一定数量的本地户籍新增劳动力，但在改革开放进程中，他们越来越具有城市人的优越感，对职业的要求相对较高，对过去父辈从事的较为艰苦的流水线上的工作、建筑工地上的工作以及装卸、运输、保洁、装修等脏、累、苦、险、差的非技术性职业往往不屑一顾，这就给农村富余劳动力腾出了大量就业空间。而对农村人和欠发达地区之人而言，城市尤其是大城市和发达地区有着更多的就业机会，更高的收入水平，更好的生活条件，是过去虽不能至但心向往之的目的地；到城市工作、成为工厂的工人或商业服务人员是许多农村人梦寐以求的理想。换言之，城市的需求哪怕是最低端的需求，也给了农民一个相对于农业而言更好的出路。于是，那些以脏、险、苦、累、差、收入低、福利少为特征的大量就业岗位便成为吸纳农村富余劳动力的强劲拉力（魏津生，1999），驱动他们向城市聚集（谭文兵、黄凌翔，2002；段云平、朱曰强，1994），成为制造业、建筑业、低端服务业等行业中的主力军。

（3）改革开放进程中的推拉合力

如前所述，中国的地区差异十分巨大。1978年以来的改革开放从东南沿海地区开始（尽管小岗村的改革也引领农村改革风气之先），加上早期的经济政策和对外开放政策的倾斜性，极大地推动了东南沿海地区经济的快速发展。

在1978—1991年改革开放的初步阶段，中国建立了经济特区、经济技术开发区，实行沿边、沿江、沿海开放战略，充分利用外资，扩大出口。正是这样的格局，使得改革开放的前沿阵地对劳动力的需求快速增加，对内地劳动力形成了强大的拉力。1992—2001年是改革开放的发展时期，城市和沿海地区的经济蓬勃发展，而中西部地区较少沐浴改革之风，东西部差距日趋明显。1992年，中国确立了社会主义市场经济体制，完善了对外开放的制度基础。此时，保税区、出口加工区、边境经济技术合作区等新的经济区逐步建立，承接了大量制造业的国际转移，中国沿海地区和城市成为制造业的中心，吸纳了大规模、系统化的外资。

中西部地区深居内陆，交通不便，在改革早期并未受到政府的重视，得到的政策扶持也较少，发展相对缓慢。自1992年始，改革开放由沿海地区向内地推进，在中西部地区也建立了一批国家级经济技术开发区。2001年以来中国进入改革开放的深入阶段后，西部大开发、中部崛起的战略得到推行，但仍未能改变其在长期发展和竞争中的不利地位。西部很多地区拥有丰厚的自然资源，但这种优势因交通等客观障碍也未能尽快地转变为经济和社会发展的优势。因此，国家政策支持力度的不同，加上自然和历史原因，形成了各地经济社会发展的"马太效应"，使得地区之间的差距进一步拉大。

但是，差距的存在并不意味着一定会带来大规模的人口流迁。只有这种差距达到一定程度，且地域流动不受制度和结构制约的情况下，大规模的人口流动才会出现。在过去，影响人们迁移的规制是"安土重迁"的文化理念，"父母在，不远游"的古训；20世纪六七十年代，迁移流动主要受户籍制度的制约，人口流动现象并不明显。而一旦外在制约变得宽松，且城乡和地域差距过大，则人口流迁势不可当。

(4) 户籍与交通的双重障碍

中间障碍因素也是决定人口是否迁移的重要因素之一，中间障碍难度越大，迁移规模越小，一旦中间障碍消除，就会引发大规模迁移。中间障碍因素不仅包括绝对迁移距离的远近，也包括制度排斥导致的融入困境。

流动距离远近曾经是影响人口流动行为、地点选择的重要因素，是传统推—拉理论研究的重要方面（李强，2003）。无论是20世纪80年代（李树茁，1994）还是21世纪早期（蔡昉、王德文，2002），距离都可能是仅次于经济收入的人口流迁的最重要影响要素。两个地区间的空间距离对人口迁移流动发生概率起"障碍"作用，空间距离越远，地区之间的人口流动发生概率越小（王德、叶晖，2004）。每个地区都存在几个相对稳定的、集中的和距离相隔较近的人口流出地和流入地，反映出"邻近优先"的流动模式。研究表明，距离1 000千米是人口迁移流动的"分水岭"。大于此距离，主要因素是地理距离和气候差异；小于此距离，主导因素是经济差距和人口规模；而在300千米距离以内，由于流入地、流出地经济社会状况较为相似，故距离越近，人口流动规模越小。此外，区域可达性对于流动人口的规模和方向也有显著影响。不过，随着交通条件的改善，流动人口向外流动的空间距离也越来越大。尤其是省、市之间交通枢纽的逐渐衔接，有效地减轻了流动人口外出流动的压力，减少了成本支出。过去，县域的流动让人们充满了好奇，省际的流动就是"出远门"，这既受制于经济压力，也受到交通不便的影响。时下，各种交通运输条件得到根本性的改善和提升，"出门远游"已是稀松平常之事。

　　制度排斥对人口流迁产生的影响是深远的，户籍及相关的配套政策的宽松或紧缩，都会直接影响到人口的地域流动与分布。20世纪60年代、70年代和80年代早期，中国农村富余劳动力转移几乎停滞，劳动力在地域之间的转移进程也极其缓慢，这都是政府强力干预的结果。同时，城乡之间人口的逆流，即城镇人口的上山下乡，也是政策的直接后果。不过，从整个历史进程来看，阻碍劳动力转移的一系列制度（而这些也是地域流动的中间障碍因素）在逐步放宽。事实上，在人潮涌动时期，户籍制度哪怕是微小的改革，都会减弱中间障碍因素，驱动人口在城乡之间、地区之间从涌动到流动，劳动力转移的规模也随之不断增大。虽然城市发展需要、国家政策松动导致了人口的自由流动，特别是交通的便利极大地消除了人口流迁的外出障碍，但户籍制度的排外性却从根本上限制了人口真正的自由流动。亦即，目前中国的人口流动虽然实现了空间上的自由，实际却没有实现制度身份上的转换，依然处于流入地的边缘层。

　　中国人口流动的动因主要是农村社会的推力、城市发展的拉力以及中间障碍因素减弱综合作用的结果。从本质上看，真正能引导劳动力流动的动因是差异。流出地（无论是农村还是中西部欠发达地区）落后的物质条件给农民的生存和生产带来了阻碍或困难；相反，流入地（无论是城市还是沿海地区）发达（且代表现代化）的工商业、较多的就业岗位、较高的收入、完善的服务设施等方面的优势，对欠发达地区和农村人口形成巨大的吸引力（文军，2001；李强，2003）。其中，城乡收入差距的拉大，是驱动农民流向城市的最重要原因（徐玮、宁越敏，2005），无论是城市人口的当前收入还是对收入增长的预期（龙奋杰、刘明，2006），无论是20世纪80年代（李树茁，1994）、20世纪90年代（王桂新，1996）还是2000年，均莫不如是。

　　一方面，农村也有反推力，如恋土情结、社会联系难以割断等因素；而城市也有反拉力，例如，对外来人口的种种限制，尤其是对农民工的歧视，等等。但是，无论是推力还是拉力，都取决于个体的理性选择，即通过比较不同情境下的（预期）收益，做出使自我效用或家庭效用最大化的选择。另一方面，推力和拉力因素不是固定不变的，作用也不是恒定的。随着城镇经济的持续增长和农村经济市场化的推进，驱动人口流动的因素不断变化，而且呈多元化趋势。同时，农村劳动力转移的根本动因也发生了质的嬗变，2000年以前，动因主要表现为农村的推力（李强，2003），而2004年后则转变为城镇拉力（程名望等，2006）。对生活质量、社会地位和消费多样性的追求，也越来越成为驱使人们向城市和发达地区集中的重要因素。

2. 迁移的经济决策理论

迁移的决策理论以个人的经济理性为假设,认为迁移行为是实现个人以及家庭效益最大化的有效选择。古语"天下熙熙,皆为利来;天下攘攘,皆为利往"道出了人生存中的本质智慧。流动人口或主动或被动离开故乡,到异地他乡寻求工作机遇,其背后的根本出发点在于他乡带来的利益比在老家更大。中国自古以来惯有安土重迁的传统,却在经济不断发展的当前选择流动,且难以实现家人的团聚。他们以牺牲家人安居为代价,获得回报率更高的经济收入与报酬,因为只有获得基础性的收入与报酬,才能顾及家庭的发展与建设,也才能更好地为子女储备更多的教育基金等。

西方关于迁移的经济决策理论主要分为两部分:一是反映迁移决策过程的理论,它强调的是流动者在迁移决策过程中,对各种成本、损益、预期价值等进行权衡的主观心理活动;二是直接的成本—收益思虑,强调迁移者在进行成本—收益选择后的经济行为结果,是迁移决策理论更直接的经济决策行为。

(1) 迁移决策过程理论

行为的发生受到动机的驱动,是某种心理活动的外在显现。迁移作为一种行为,其发生与发展受到心理内驱力的影响。不少研究者注重迁移行为的决策过程,试图从主观的心理感受出发探究人口流迁的内驱力。相关的研究与理论模型见诸沃尔波特、塞尔和德琼以及布朗和摩尔等学者的研究成果中。

20世纪60年代中期,沃尔波特(J. Wolpert)从地点效用、满意度因子、活动空间三个维度出发,分析了人口迁移行为发生的决策过程。一是地点效用:即一个人在所处的空间位置上所能享受到的各种条件的总和。地点效用可正可负,分别表示这个人对其所处环境的满意程度或不满意程度。一个潜在移民通过对迁出地的地点效用和迁入地的期望地点效用进行比较,从而做出迁移与否的决定。二是满意度因子:即潜在移民并非盲目地追求最大的地点效用,而是根据可得性、过去的状况、其他人达到的水平等来调整自己的"期望水平"。三是活动空间:即可能成为潜在移民流入之地。为寻找到合适的迁入地,人们可能推迟迁移的时间,以获取更多的关于外部世界的信息,并对各期望地点效用进行对比,从而最终做出迁移的选择(段成荣,1998)。

塞尔(R. Sell)和德琼(G. De Jong)进一步对迁移行为的动机进行了全面的阐述。他在《论迁移决策的动机理论》(1978)一文中提出了迁移决策动机的四要素理论:可行性、价值、预期、诱因。该理论认为,一个人要做出迁移流动的决策,一是需考虑可行性,包括地域上的可行性及认识上的可行性。二是价值,即在迁移流动决策中看重的事物。三是预期,移民对迁移流动后收益的估计与设定。四是诱因,指在迁出地或迁入地与个人目标积极或消极相关的因素,包括就业机会、优质教育、良好环境等(李竞能,2004)。此外,常见的迁移动机还可从经济最大化、社会流动、居住满意及生活方式偏好等方面来理解。

压力感知也是促进迁移行为发生的重要驱动力之一。布朗(L. Brown)和摩尔(E. Moore)针对居住地的选择,提出人口迁移决策的模型,指出人口迁移是人们对压力做出的相应反应。压力既可能来自移民本身,也可能来自外界生活环境。人口迁移是由压力的大小来决定的,只有当原居住地的地点效用因受到自身或来自外界的压力而低于某一阈值时,移民才会决定进行迁移。至于迁往何处,则是对迁入地信息的收集和对迁入地有关信息与期望进行比较的结果。若某地区确实能提供较高的地点效用,人们会选择迁移到该地区,否则就会选择停留在原地(段成荣,1998)。但是,迁移行为最终发生与否,受压力变化程度的影响。若压力变小(如潜在移民自身的期望降低,或外界环境发生变化),人们可能选择留在原地。

德琼和法克德(J. Fawcett)认为,任何个人或家庭的迁移过程都发生在特定的社会经济文化环境中,受到个人或家庭特性(年龄、就业、收入、家庭生命周期等)、社会文化规范(性别角色、政治气氛、社区规范)、个人性格(冒险、沉稳)、机会结构(经济机会、教育提高、婚姻机会、地位提高)等各种因素的影响。当人们综合考虑上述因素后,认为迁移的好处或获利超过迁移成本时,就会做出迁移决定。同时,人们为了达到迁移目的,也会在职业、生活方式、朋友交往等方面做出一定的调适。具体来讲,人们的迁移过程分为三个阶段:一是总体的迁移偏好;二是迁移到特定地区的动机;三是迁移的实际决定。

迁移决策过程理论虽然存在不同的理论流派与研究视域,但从内在的心理动机层面表明了人们"权衡算计"的态度。这并非一种贬低之意,而是彰显了个体决策活动和决策过程的复杂性。作为理性的经济个体,他们需要权衡再三,才能决定是否发生流动以及怎样流动。对于中国居民而言,尤其是对潜在的流动个体来说,首先,他们需要对流入地的经济收入、社会保障、居住、子女教育等情况的总体满意度进行评判;其次,他们需要对自身的年龄、受教育程度、家庭成员构成、家庭关系等进行判断,以对流迁发生与否的状态进行感知。

(2) 迁移的成本—效益理论

从个体角度来看,人之所以会选择迁移,主要是因为迁移带来的预期收益高于可能发生的机会成本,即迁移带来正向的净收益;从家庭角度来看,通过对劳动力进行不同形态的安排,优化家庭劳动力的资源配置,从而实现家庭收益最大化。

托达罗、舒尔茨等从个人角度出发,对个体迁移过程中的各种预期收入与成本进行了详细的分析,从理性经济人视角分析了流动人口迁移的动机与驱动力。托达罗(M. Todaro,1942—)于1969年提出了预期收入理论模型,主张城乡之间的预期收入差距是劳动力乡—城转移的动力所在。其理论思想主要包括以下几个方面:首先,劳动力城乡转移的动力是在城市获得的预期收入,而非绝对收入。其次,预期的城乡收入差距是由城乡实际收入差距及个体进入城市后找到工作的概率、收入及迁移的实际和机会成本等因素综合权衡的结果。若预期收入差距为正,农民便会选择外出,且乡—城迁移就会持续下去。再次,在进行迁移决策时,潜在移民会综合考虑短期和长期的预期收入和成本。如果长期的预期收入和成本的损失可弥补短期损失的话,人们也倾向于做出迁移的选择。最后,迁移与移民在城市的居留时间有关:居留时间越长,找到工作的概率越大,故迁往城市的概率也越大,即使在城市失业率相对较高的情况下也是如此。舒尔茨(1961)的成本—效益理论把人口迁移流动和社会经济系统运行统一起来,丰富和发展了人口迁移流动理论。他将人口的迁移流动看作一种投资,认为用于迁移流动的花费与用于受教育的费用一样,都是为了获得更大效益的投资。一个潜在的移民要综合考虑迁移过程中的成本、投资、代价及迁移后可能获得的收益。人们通过比较迁移的未来预期收益及迁移成本来决定是否迁移及向何处迁移。当迁移获得的预期经济收益或非经济收益大于迁移成本时,人们会选择迁移,并会选择能够带来最大预期收益的目的地。

随着研究的推进,西方学界开始把人口迁移的研究对象从个体转向家庭,即新迁移经济学理论。该理论主张:迁移流动决策者并非孤立的个人,而是家庭或家庭户。发展中国家的许多贫困家庭常常有意识地利用迁移流动来合理配置家庭劳动力的分布。家庭中同时存在在城市和在农村工作的家庭成员,且不同的家庭成员从事不同的经济活动。通过家庭资源配置的多样化,家庭户可以控制经济福利风险(Stark and Bloom,1985)。该理论的代表人物斯塔克(O. Stark)还提出了相对经济地位变化的解释框架,认为迁移决策是基于家庭在迁出地的相对贫困而非绝对贫困做出的,故家庭迁移人口不仅可提高家庭收入,也可提高家庭在当地社区的相对经济地位。换言之,汇款、与周围环境的复杂互动关系等对迁出地家庭都具有重要意义(Stark,1989)。

迁移决策过程理论更多地凸显决策中的心理动机过程,而成本—收益理论将决策中的心理动机具体化为收益—成本的目标值分析,从而更直接引导迁移行为的发生与否。就中国现实情境来看,在对流出地的各种福利保障以及自身各类因素进行总体满意度评价的基础上,流动带来的预期收益是更大的。就收入来看,根据国家卫生计生委各年份流动人口动态监测调查数据可知,以流出地人口为例,相同地区流动人口的收入几乎均比非流动者工资收入高;流动人口住房状况普遍较差，居住环境远低于非流动者。这一点毋庸置疑，流动者远离故乡到新的环境，多以租住屋为主，在有限的经济收入下难以进行有效的居住投资。流动人口的社会保障远低于城镇居民，但比非流动者的保障种类略多。这是因为，流动人口多以乡—城流动人口为主，农村的基本养老保障与医疗保险已经实现了广覆盖，故与农村地区非流动者之间并无太大差异，依托城市工作反而获得了类型更多的社会保险。当然，虽然流动者比农村非流动者的保险类别更多，但在流入城市已然处于绝对的劣势；因城市的医疗保险低，回乡就医成本高，故在发生疾病等意外情况下，这个群体很难得到有效的医疗救助。在子女教育方面，受户籍排斥的影响，随迁子女的教育长期处于夹缝之中，就算接受教育，也多是质量较差的公立学校，或民工子弟学校和其他低质的私立学校。尽管如此，大量群体仍然选择离开家乡，流入城市，因为对他们来说，个体的身体资本还能应付城市漂泊的压力，且眼前的经济收入回报带来的效益依然还是最大的，即使受到子女教育、家人团聚、安居之所的负向效用冲击，也可以通过经济收入报酬得到一定的弥补。

为使迁移的预期收入最大化，个人或家庭会对家庭成员的流迁形态进行总体安排。既然经济收益是驱动家庭进行流迁决策的巨大动力，而子女教育、居住、家人团聚的成本又会产生负向效益，那么，家庭会对其每个成员进行理性的安排，从而扩大经济利益，降低负向成本。就绝大多数中国流动家庭来说，作为支撑家庭经济的劳动力成员，可能选择外出务工以挣取尽可能多的经济收入，而属于成本消耗性质的子女和老年父母则可能留守在老家。这样的安排可能降低居住压力与居住成本，减少子女就学的尴尬与无奈，但同时也缺乏完整的家庭温暖。在中国的环境下，人口流迁的重要效益主要是来自经济收入报酬而非其他更长远的发展，并不是流动人口不想有更长远的发展，而是在制度的制约下，他们只能以追求经济收入为满足。不同于西方社会的人口流迁，他们迁移驱动的力量是多维度的，例如舒适的环境、优质的教育、良好的人文氛围等。古代尚有孟母为了子女接受良好的教育而三迁，现代父母为了子女的发展，只能无奈地个人独自流迁。即便将子女带在身边，也未必能给子女提供良好的教育。

3. 人口迁移的社会学解释

人作为社会网络中的一个节点，总是镶嵌在一定的社会关系的链条和节点之中。迁移流动不仅受社会发展、文化传承、人口特征、生存环境等诸多因素的制约，也会给迁移流动者及其家庭和社会带来重要影响。社会学者从迁移网络、因果累积、家庭生命周期等角度对迁移流动的动机以及内在原因进行了理论探讨。

(1) 迁移网络理论

迁移网络是指通过血缘、友缘、地缘、业缘等关系,将迁移者、前期迁移者及迁出地与迁入地的非迁移者等群体联结起来的一系列人际关系的组合(Massey,1990)。迁移的每个环节都与迁移网络密不可分,包括决定是否迁移、向何处迁移以及迁入后如何适应当地生活等。迁移网络形成后,潜在移民或新移民可获得更多、更准确的信息,这有助于做好迁移前的准备(如对迁入地的了解)、迁移后的适应(工作、生活、心理),从而降低迁移成本、盲目性及风险,增加预期收入,促进迁移行为不断发生。所以,一旦迁移行为开始和移民建立网络,自身将通过扩散过程而维持下去,除非迁移发生的原始环境发生重大改变。

梅西(D. Massey,1952—)通过对移民网络的动态形式与个人迁移决定之间关系的分析发现,如果父母有移民美国的经历,则会大大提高迁移的可能性;对于以前有过迁移经历的人,以后迁移的可能性则完全依赖于个人以前的迁移经历及其与其他移民之间的社会联系。以后的迁移主要取决于与以往移民网络的联系程度、自身的人力资本存量、在以往移民网络中积累的社会资本等,而非原来社区的社会经济状况。若家中有海外关系或与有海外经历之人保持社会关系,也会极大地提升他们国际迁移的可能性(Massey,1987)。

就中国流动人口的特征来看,网络式迁移成为促进人口流迁的一个重要特点。首先,中国流动人口特别是乡—城流动人口,多以老乡、亲戚等构成的熟人网络为主要交往对象,该网络属于初级网络,网络中某些成员的流动会带动其他成员的流动。从流向来看,广州地区的流动人口多来自四川、湖北、湖南等地,而北京的多来自河北、山东、山西等地,这在某种程度上说明,某个地区的流出人口和流入人口都具有较强的地缘性。从职业归属来看,来自相同地区的流动人口在流入地多从事类似的职业。比如,在北京,从事打印、复印工作的人多来自湖南的娄底市[①],而福建莆田的人则将民营性质的皮肤病、性病医院开遍全国[②],这反映了人口流迁的网络繁殖。网络中的部分成员率先在异地他乡打拼奋斗,通过积累一定的社会关系与社会经验,同时利用网络连带关系,为其他成员的迁移奠定了基础。

(2) 迁移流动的因果累积理论

迁移网络理论中的网络示范与带动效应在迁移流动因果累积理论中进一步得到详细的阐述。迁移流动因果累积理论认为,人口迁移流动是一个随时间推移渐

[①] 传送门. 为什么湖南人能雄占校园打印店? http://chuansong.me/n/1889242,2017 年 5 月 2 日查.

[②] 新华网. 中国 80% 民营医院,由莆田一小镇"掌控",http://news.xinhuanet.com/mrdx/2006-11/19/content_5348974.htm.

进地增加流动的过程（Greenwood，1985）。人口迁移给迁出地和迁入地的经济、社会和文化带来深刻而持久的变革，赋予人口流动强有力的内在惯性，从而带来因果关系的累积（包括收入分配、土地分配、农业生产、文化因素、人力资本的地区分配、社会融合等）效果。首先，对个人而言，每次迁移行为是一种不断调整的个人迁移动机和迁移预期，从而促使另一次迁移行为的产生，故迁移行为得以不断自我复制。其次，对于迁出地而言，家庭迁移成员的汇款改变了家庭的社会经济地位，并在影响到另一些家庭成员的迁移选择的同时，增加没有移民汇款收入家庭的"相对剥夺感"，从而带动其他人员的迁移。再次，对于迁入地而言，移民进入的某一职业部门可能标识为"移民者"工作，从而需要不断追加迁入者数量来填补该职业空缺。最后，移民本身可能成为迁移文化的一部分，迁出地不断增长的迁移流动改变了当地的文化传统和价值观念，移民表现出的生活方式会产生一种强有力的示范效应，吸引更多移民效仿（Piore，1979）。

上文对某一地区网络成员迁移的示范效应所进行的分析，实则也是迁移流动的因果积累。例如，湖南娄底人在异地他乡开打印店，不仅改变了流出地的经济地位，也在时间的积累中形成了一种属于娄底人的流动文化与标签，即在外从事打印工作不仅是早期流动人口积累下来的良好预期效益效果，更是通过良好的口碑积累吸纳更多的人从事打印工作。因此，迁移流动的因果累积理论在流动人口的某种共同的业缘、地缘关系中发挥着重要的实践作用。

（3）家庭生命周期理论

家庭生命周期理论认为，家庭犹如一个生命体，经历形成、成长、发展、分解等不同阶段，呈现循环运动变化的规律。家庭生命周期可理解为一个家庭从诞生、发展直至死亡的运动过程。学者将这一理论运用于解释人口迁移行为，研究人从出生到死亡一生的一系列迁移流动事件，为迁移流动理论提供了人口队列视角和时间累积因素。

该理论认为，人口迁移与个人的年龄及家庭的生命进程紧密相连（Clark and Withers，2007）。迁移行为的原因和后果起源于生命进程中家庭和社会经济地位的转换，从生命事件开始到结束的关键事件均可解释迁移流动增加或减少的倾向性（梁在，2012）。个体在家庭生命过程中所经历的上学、就业、婚姻、生育、退休等生命周期事件都会影响迁移流动的发生概率。上学、就业促进人口迁移流动；从结婚、第一个孩子出生，到生育最后一个孩子，迁移流动概率最低；从家庭解体开始，迁移流动概率再度上升。当子女组建自己的小家庭时，父母开始重新考虑自身居所；退休时考虑未来的居住环境，高龄衰弱或孤寡也可能使原来的居住空间难以维持而促成迁移流动。

家庭生命周期理论从另一种视角解释了人口迁移的促进因素，对于理解中国当前流动人口的个体或家庭特征具有重要的借鉴意义。例如，中国的流动群体多以中青年群体为主，未婚者比已婚者流动的可能性更高等。但是，该理论隐含的假设是，流动人口不同阶段发生流迁的目标存在很大的差异，不同阶段群体除了追求经济收益外，也追求其他符合相应阶段的社会发展与社会价值。相反，虽然中国的人口流动会受到不同生命事件的影响，但他们在不同阶段流动的目的却大同小异，且随时间的推移，以获取直接的经济效益为首要目标的现象愈发凸显——但并不排斥其他社会目的的存在（流动目的的多样性在第二章中会有充分的展示）。纵观20世纪90年代后的中国的人口流动，追求的目标总体上看比较单一，且流动行为不具有永久性，处于在流出地与流入地往返之间。虽然部分流动人口在主观上也具有永久迁移的意愿（当然，因流入城市而异），有些人在流入地居住了很长时间，却受户籍制度的约束。中国特有的流动特征决定了人口流迁的个体差异，迁移人群中以中青年为绝对主体，而步入高龄化的流动人口逐渐被城市所淘汰而返回老家。因此，我们认为，家庭生命周期理论更适用于制度开放情境下的人口流迁，却难以解释中国大范围的城乡往返及反迁。

总之，本部分较为系统地介绍了人口迁移流动的相关理论，突出了它们对人口迁移动机的阐释，同时也对中国人口流迁的各种现象与事实进行了初步的理论解读。已有的人口迁移理论多是基于对国外的迁移现象进行总结概括时抽象出来的，但对中国国内的人口流动成因、现状、特点等也具有较强的解释性，尽管如上所言，中国也有自身的特点。通过对理论的梳理及理论的现实适用性的论述，我们较清楚地了解了流动人口流动的驱动力机制。基于此，我们发现，中国的人口流迁具有以下几个重要特征。

一是谁在迁移？城乡长期二元分治以及农业、工业两部门经济效益的差异，导致农村劳动力毫无疑问成为流动人口中的主流人群，同时也有部分城市人口向其他城市尤其是核心城市（或超大、特大城市）转移。

二是为什么迁移？作为理性的经济个体，流动人口以牺牲家庭团聚及安居之乐为代价而实现流动。其重要的出发点之一在于：流入地与流出地经济利益的不对等，即作为流出地的农村、中小城市的就业机会、发展机遇远低于流入城市，在流入地的预期收益和报酬超过流动的障碍及流入地的机会成本，由此带来流迁行为的发生。

三是何时迁移？大规模的人口流动不仅与经济社会发展的阶段紧密相连，也与流动主体的生命阶段密切相关。城乡分治以及工农业效率差异不仅决定了流动中的主力人员构成，也决定了这种状态下人口流迁的必然结果，即只要城乡福利差距长期存在，农业剩余劳动力需要工业消化，人口流迁就还会持续发生。与此同时，流迁发生与否与个体的人口学特征紧密相连，年轻者、身体健康者以及单身未婚者流迁的可能性更大，而个体的人口学阶段与生命周期中的各种状态也是紧密相连的。

关于这样一些特征，我们将在第二章有更详细的描述和分析。

接下来的部分将会对中国社会的人口流动的历史轨迹进行简要回顾，以全面认识中国的人口流动的发展历程。从目前来看，对中国人口流动发展历程的划分，有多种说法，既有共性，也有各自的特点和依据，这里不做具体比较。

四、中国流动人口的发展历程

国际上关于人口空间移动形态只有一种界定，即人口迁移，联合国《多种语言人口学辞典》给人口迁移下了一个被人们普遍接受的定义，即"人口在两个地区之间的地理流动或者空间流动，这种流动通常会涉及永久性居住地由迁出地到迁入地的变化"。结合中国人口移动的具体形态来看，并不具备国际上永久性居住的标准，他们中的多数人只是在空间形态上离开家乡，且未获得（无论是主动还是被动）流入城市的户籍。因此，与我国特殊的户籍制度联系，离开户口登记地（乡镇范围以上）半年以上的人口，即为流动人口（段成荣，2006）。但是，国内关于流动人口的界定并不统一，不同学者和政府部门可能采用差异甚大的标准。对此，我们将在第二章进行详细辨析。本节在涉及流动人口总量时，沿用数据出处的定义。

美国地理学家泽林斯基（W. Zelinsky，1921—2013）从人口转变视角出发，分析了人口迁移的各个阶段与过程，并将人口迁移转变看作社会发展阶段与人口转变的共同结果。他根据西方的历史经验，从经济与社会发展阶段出发，综合考虑经济发展、现代化进程和人口转变过程及迁移流动的类型、方向、规模等因素，提出了人口迁移转变假说（Zelinsky，1971）。该理论将社会发展分为五个阶段：工业化前的传统阶段，对应"高出生率—高死亡率—低增长率"以及人口迁移流动较少的特征；工业革命早期转变阶段，对应"高出生率—低死亡率—高增长率"以及大规模由乡到城的迁移；工业革命晚期转变阶段，对应"低出生率—低死亡率—低增长率"与人口迁移势头减缓的特征；发达社会阶段，人口自然增长率降至很低水平，由乡村迁往城市的人口迁移趋势减缓；未来发达社会阶段，人口迁移总量下降，城市间及城市内的人口迁移持续增长。

泽林斯基从宏观的人口转变阶段出发，分析了人口迁移可能出现的阶段，若以此为参照，则中国社会的人口流迁经历了工业化前的传统阶段，且正处于工业革命早期转变阶段。经济社会的发展无疑在这个过程中起到了十分重要的推动作用。该理论十分强调经济社会及工业发展的作用，并认为人口流迁是发展的结果与表现形式，但不能忽视的是，工业发展虽是人口迁移的重要因素，但国家对人口迁移的管控也产生了重要的行政制约，即政治的作用也是无法忽视的要素。1949 年以来，中国的人口流迁打上了鲜明的时代烙印，并呈现出特殊的阶段性特征；每个阶段的流迁轨迹与各时期的政治理念、宏观政策、经济社会发展水平紧密相连，随着中国政治体制的变化、经济社会改革而走过了一段艰难、曲折的历程。这段历史进程尤其是改革开放以来中国人口流动轨迹，一方面呈现出因受经济社会发展浪潮的影响而符合市场规律的迁徙，另一方面也受到国家政治力量的调控。温故知新，鉴往知来，结合中国特有的政治力量与时代因素，回望历史既有助于给流动人口的梦想历程和逐梦之旅"把脉"，也可为帮他们摆脱时下的逐梦困境提供参考与借鉴，并从顶层制度的高度出发提供可能的出路。

中华人民共和国成立之初，政府对农村劳动力向城市转移基本不设限制，不干预，劳动力乡—城迁移自然发生，十分频繁。1952 年全国城市人口仅有 7 000 万人，而 1957 年，城市人口总量增至 9 949 万人，平均每年增加 589 万人，城市化水平从 12.46% 提高到 15.39%，年增长率为 0.59%，其中主要的贡献是农村转移人口（赵俊超、孙慧峰、朱喜，2005）。尽管 1957 年，国务院发布了《关于制止农村人口盲目外流的指示》，严禁企业单位招收农民，并在城市设立收容遣送机构，把进城的农民遣返原籍，对城市人口进行疏散下放，但 1958 年的"大跃进"运动仍带来了农村劳动力转移的"大跃进"，城镇人口猛增到 1960 年的 1.3 亿，其中 2 000 万来自农村，由此带来了一系列的社会问题。于是，从 1961 年开始，国家进行了为期三年的经济调整，大批劳动力重新返村务农。1964—1978 年，乡—城之间的人口流动基本停滞。1958 年开始实施的控制人口自由流迁的户籍制度出台后，与之相配套的食品供应、劳动就业、住房、社会保障等一系列附属制度也都先后出台或进一步强化，人口的自由流迁受到政府的强力控制，城乡居民之间处于隔离状态。同时，中国工业化发展的路径选择和发展战略是，重工业优先，经济体制一方面是高度集中的计划经济，以确保工业发展的需要，另一方面是城乡分割的二元经济体制，限制了农村劳动力的自由流动，劳动力空间配置效率偏低，流动人口的势能积累强烈（张庆五，1993）。改革开放初期，农村和城市的经济体制改革进展顺利，户籍制度也随之逐渐宽松。城乡之间和地区之间在经济水平、社会发展、生活质量等方面的巨大差异，加之农村联产承包责任制推行后劳动生产力的提高而产生的大量富余劳动力，以及因城市建设需要而产生的对劳动力的大量需求，使 20 世纪 60 年代和 70 年代积累的巨大的劳动力势能得以释放。但是，大规模的人口流动也不是一天形成的，而是经历了一个由缓入急、渐趋平稳的过程。

根据流迁规模、调控措施等，1978年以来国内的人口流迁历程大致可以分为六个阶段。

（一）1978—1983年：人口流迁初兴，总量较少，步履维艰

改革开放尚处于起步阶段，人口自由流动的意识还未充分觉醒。户籍制度及附属于此的二元社会体制尚未触及，劳动力市场亦未对农村人口开放，加之城市体制改革起步较晚，居民的就业问题亦未从根本上解决，吸纳新增人口就业的空间十分有限，故政府对农村劳动力流动主要采取限制的态度。1981年，国务院下发《关于严格控制农村劳动力进城做工和农业人口转为非农业人口的通知》，规定城市的用工单位在招工时，必须满足以下要求：（1）严控从农村招工；（2）认真清理企事业单位使用农村劳动力；（3）加强户口和粮食管理。政策的限制使得此时农村劳动力转移的规模和数量较小，农村富余劳动力多处于观望、徘徊状态，地域流动举步维艰，人口流动呈现"数量少、增速慢、距离近、外出时间短"的特点。

尽管国家各项政策都强调"严格"，但从人口流动的总体情况来看，已经开始出现对流动人口这一劳动力要素的政策松动（尹德挺、苏杨，2009）。1978—1980年，不包括自然增长，全国非农人口增加了1 800万人（宋洪远、武文、赵长保，2000）。1980年年末，全民所有制单位通过各种形式使用的农村劳动力共有931万人（不包括招收的固定工）。

（二）1984—1988年：人口流迁制度渐宽，民工潮首度显现

1984年是中国改革开放历史上十分重要的一年，也是人口流迁历程中具有里程碑式意义的一年。改革开放自上而下已成为共识，社会自由度不断扩大，政府也越来越尊重经济发展规律。这一年，农村经济体制改革进一步向纵深发展，国家开始放宽对人口流迁的制度限制，允许农民自带口粮在小城镇落户，鼓励乡镇企业的发展。同年，城市经济体制改革也开始起步，一系列深化改革的政策举措推动了城市建设步伐，由此激发了人口的自发流迁，流动人口规模迅速扩大，远距离迁移大范围展开（李玲，2001）。

一是乡镇企业的发展。1983年10月，农村社会"政社合一"的人民公社管理体制解体，乡镇企业蓬勃发展，形成了农村富余劳动力"进厂不进城，离土不

离乡"的创新性转移模式。1984年,中共中央颁布4号文件,决定把社队企业改名为乡镇企业,并要求各地、各部门积极支持乡镇企业的发展。乡镇企业总数达到606.5万家,与1983年的134.6万家相比增长了3.5倍;从业人数高达5 208.1万人,与1983年的3 224.6万人相比增长了61%;这一态势一直持续到1988年,年均增速超过24%(赵俊超、孙慧峰、朱喜,2005)。1984—1988年,乡镇企业产值每年都以30%以上的速度增长,成为农村和整个国民经济增长的主要力量[①],也成为吸纳农村富余劳动力的主要渠道,极大地缓解了农村富余劳动力的压力。

二是户籍制度的宽松。1984年,政府正式下发文件,首次对延续了约20年的严格控制农村劳动力转移的隔离体制进行调整,"允许务工、经商、办服务业的农民自理口粮到集镇落户",认为"农民进入集镇务工、经商、办服务业,对促进集镇的发展,繁荣城乡经济,具有重要作用,对此应积极支持",表明户籍及其衍生制度对人口地域流动的"严控"已开始松动。1985年7月13日,公安部颁布了《关于城镇暂住人口管理的暂行规定》,对在城市务工的农民实行暂住证制度。尽管该制度在今天看来已经过时,在当时却意义重大。它从法律上正式给予农民进城许可,公民开始拥有在非户籍地居住的合法权利,是人口流迁政策变动的一个重要标志(王桂新,2004)。由此,外出就业的劳动力日益增多。

1985年,北京市首次进行流动人口综合调查。1986年,全国各大城市建立了流动人口日常统计制度(李玲,2001)。流动人口相关调查的开展也从侧面证明,在这一时期,中国迎来了改革开放后的第一波大规模人口流动潮。据统计,1988年农村劳动力转移总量达9 950万人,其中转移到城市地区的数量达到1 339万人(段娟、叶明勇,2009),出现民工潮〔也有认为民工潮首次出现于1989年(李玲,2001)〕。农村劳动力向城市转移,不仅及时填补了城镇日益增长的用工需求,促进了城市的快速发展,也为农村富余劳动力就业找到了出路,拓宽了农村居民的收入来源,激发了农村和城市的活力。

但是,也必须看到,在农村劳动力转移日趋频繁的大趋势下,政府对劳动力的自由流动依旧以管理为主,流动人口在现地仍然面临诸多困难。《关于城镇暂住人口管理的暂行规定》重申了1958年《户口登记条例》中对暂住人口进行登记管理的精神,并提出了诸多额外要求,规定对本乡镇以外的人来集镇拟暂住三日以上的,由留宿暂住人口的户主或本人向公安派出所或户籍办公室申报暂住登

---

① 资料来源:南都周刊《1984年:离土不离乡》,http://past.nbweekly.com/Print/Article/5342_0.shtml,2014年7月18日。

记，离开时申报注销。暂住拟超过三个月的十六周岁以上的人，需申领《暂住证》；对从事建筑、运输、包工等集体暂住时间较长的人，采用雇佣单位和常住户口所在地主管部门管理相结合的办法，按照户籍登记机关的规定登记造册，及时报送公安派出所或户籍办公室，登记为寄住户口，发给《寄住证》。暂住人口需要租赁房屋的，必须凭原单位或常住户口所在地乡镇人民政府的证明，由房主带领房客到当地公安派出所申报登记。对来历不明的人，房主不得擅自出租住房。对违反暂住人口管理规定的，公安机关可按照《中华人民共和国治安管理处罚条例》的规定，视情节轻重给予处罚。同时，进城农民往往只能打工，难以安家落户，他们的就业身份基本都是临时工，就业行业和职业也受到政策限制，不允许进入国有企事业单位从事长期性的工作。可见，此时的人口流动具有临时性、流动性和不稳定性的特点。

（三）1989—1991 年：人口流迁跌宕起伏

随着农村劳动力大量涌入城市，城市的就业、交通、治安面临巨大压力。于是，从 1988 年下半年开始，政府采取了"治理整顿"的宏观调控政策，加强财税和信贷控制，压缩基本建设投资规模，许多在建或将建项目下马，国民经济增长趋缓。为配合治理整顿，国家还出台了一系列限制人口流动的政策措施，大量的农村劳动力被清退（段娟、叶明勇，2009）。同时，由于产权关系模糊、家族色彩浓烈等一系列问题的逐渐暴露，乡镇企业吸纳劳动力的能力降低，此时人口流动呈大起大落态势（段娟、叶明勇，2009）。

比如，1989 年 3 月和 4 月，国务院办公厅和民政部、公安部先后发布了《国务院办公厅关于严格控制农民工外出的紧急通知》和《民政部、公安部关于进一步做好控制农民工盲目外流的通知》，要求各地人民政府采取有效措施，严格控制农民工盲目外出就业。又如，同年 12 月 8 日，国务院发布的《国务院批转人口普查领导小组、公安部关于在第四次全国人口普查前进行户口整顿工作报告的通知》要求，"对居住在城镇的无户口（即常住户口待定）人员，按照国务院和公安部有关规定，符合在市镇落户的，应有步骤地予以解决；不符合在市镇落户的，应由有关部门尽量动员他们返乡"。再如，次年 4 月 27 日，国务院在《关于做好劳动就业工作的通知》中强调，"农村劳动力向城镇转移，要同建设事业的发展和城镇的承受能力相适应，对此要加以合理控制和积极引导"，要"使农村富余劳动力就地消化和转移，防止出现大量农村劳动力盲目进城找活干的局面。"

然而，人口流动的态势并未因上述政策措施的推行而受到阻遏。1990 年，大多数城市的流动人口数量又恢复到 1988 年的水平，有些城市还有所增长（段娟、叶明勇，2009）。而且，这一时期的农村劳动力流动还出现了新的流动特征：在向东部大城市流动受阻的情况下，向其他地区（尤其是向珠三角地区）流动的现象明显增加（宋洪远等，2000）。1990 年第四次全国人口普查数据显示，全国共有 4 476 万人户分离（在本地居住 1 年以上、常住户口在外地，或在本地居住不满 1 年、离开户口登记地 1 年以上）人口，另有 2 715 万各类常住户口待定人员（即已有新常住地而无任何户口登记的"黑人黑户"）。此时，人口流动的特点是，远距离流迁的规模迅速扩张，与交通运输能力及流入地的吸纳能力之间极不协调，社会受到多方面的强烈冲击（李玲，2001）。

（四）1992—1998 年：东方风来满眼春，民工潮再度来袭

中国人口的大规模流动，特别是农民大量进城始于 20 世纪 90 年代初。1992 年 1 月，邓小平南方谈话后，改革开放步伐和市场化进程骤然加快。因经济建设的需要，劳动用工需求大增，各地（特别是东南沿海地区）加速放宽了对外来人口的就业限制，人口流动规模急剧膨胀，从而极大地促进了沿海地区工业化和城镇化的发展，进一步拉大了城乡之间、地区之间的经济社会发展差距。同时，中西部地区的乡镇企业进一步衰落，对流动人口的吸纳能力进一步降低。沿海地区、大城市成为农村人口、中西部人口、中小城镇人口的逐梦之地，大批农村和欠发达地区的劳动力转移到经济条件、发展水平更高地区，跨省区、大规模的民工潮来袭，其规模和数量均超过 20 世纪 50 年代前期和后期的态势。

由于统计口径不一，对于此时流动人口的规模分歧甚大。比如，赵俊超、孙慧峰、朱喜（2005）认为，1992 年进入城镇的农村劳动力达到 3 500 多万，1993 年猛增至 6 200 万，跨省流动者多达 2 200 万；此后，劳动力流动进入稳定增长阶段，1994 年达到 7 000 万，1995 年为 7 500 万，而同期出省的劳动力为 2 500 万～2 800 万人。又如，公安部《一九九七年全国暂住人口统计资料汇编》数据表明，截至同年 6 月 30 日，全国登记暂住户口 3 727.5 万人，其中在农村务农者仅 153 万人；另有几千万城镇中的流动人口没有进行任何一类的户口登记，例如建筑包工队中的小工等（殷志静等，1996）。再如，基于农业部的抽样调查结果估计，1997 年农业转移人口约为 4 461 万人，1998 年为 5 481 万人，1999 年为 6 683 万人（杨黎源，2007）。总之，在邓小平南方谈话后的前两三年，流动人口规模迅速增长，年增幅多在 10% 以上，甚至高达 20% 以上（李玲，2001）。

在这一时期，由于人口流动十分频繁，政府和流入地社会对流动人口怀有十

分矛盾的心态，一方面需要他们为社会主义建设服务，另一方面却又担心他们危及当地社会的安全与稳定。针对高涨的民工潮，潮头涌入的闸口部位率先采取措施规范引导潮涌。如广东1991年开始实施"治潮工程"，先后与8个民工主要来源省区建立劳务协作关系，建立了华南劳动力市场信息网，实行对外来工管理的"证卡合一"制度。同时，随着20世纪90年代后期国民经济增速放缓，在国家层面，一系列抑制劳动力盲目外出的全国性规定和措施相继出台（李玲，2001），旨在引导跨地区人口有序流动。

1993年11月3日，劳动部出台的《关于印发〈再就业工程〉和〈农村劳动力跨地区流动有序化——"城乡协调就业计划"第一期工程〉的通知》提出，要在全国形成与市场经济相适应的劳动力跨地区流动的基本制度、市场信息系统和服务网络，使农村劳动力流动规模较大的主要输入、输出地区实现流动的有序化。同年12月，劳动部制定的《关于建立社会主义市场经济体制时期劳动体制改革的总体设想》提出，要以建立农村就业服务网络为突破口，合理调节城乡劳动力流动，加强城乡劳动力统筹。1994年11月17日，劳动部颁布的《农村劳动力跨省流动就业管理暂行规定》提出，跨省流动人员到达目的地后，必须凭其流出省发放的"外出人员就业登记卡"向流入地劳动部门领取"外来人员就业证"，并对用人单位用人、农村劳动力就业和各类服务组织从事有关服务活动的行为提出了具体要求。1995年6月2日，公安部公布的《暂住证申领办法》对暂住证的用途、有效期、换发等方面进行了明确且详细的规定。1997年11月，国务院办公厅转发的劳动部等部门《关于进一步做好组织农民工有序流动工作的意见》进一步提出，要加快劳动力市场的建设，建立健全劳动力市场规则，建立完善的劳动力市场信息服务系统，加强对劳动力市场的监管，维护劳动力市场的正常秩序。

此时，政府还对农业政策进行调整，提高农产品的比较收益，增强了农业对劳动力的吸聚力。同时，随着改革开放进程的深入，东部地区进行产业结构调整，部分劳动密集型企业向内地转移，加上部分早期外出务工经商者返乡创业，提升了内地经济发展的机遇和就业市场的容量（张善余、杨晓勇，1996）。而且，因国有企业改制形成的城市下岗人员增加、失业率上升；为落实城市"再就业工程"的有效推行，大、中城市先后推行外来工人的职业或工种的准入制，表明此次民工潮同样带来了国家对劳动力流动的控制。1996年，流动人口规模虽然总量较大，但增长速度明显放缓（徐伟，1999）。由于城市就业不够稳定，大部分流动人口抱着"试试看"的心态涌入城市，居留时间较短，具有季节性流动的特征，即在年底或农忙时节返回农村，农闲时再外出务工。

（五）1999—2009年：人口流动规模稳步加快，权益保障提上日程

1998年亚洲金融危机后，流动人口的待遇和基本权利等问题引起了媒体和社会的更多关注；自2000年以来，随着中国经济形势的不断好转和经济总量的持续攀升，社会局势稳定，户籍及相关制度改革力度加大，"三农"问题受到党和国家的高度重视。各种有利于人口地域流动的政策措施相继出台，新一轮的人口流动浪潮再度兴起，流动人口规模再创新高，2009年约为2亿人。

2000年7月20日，劳动保障部、国家计委、农业部、科技部、水利部、建设部、国务院发展研究中心七部委联合颁布了《关于进一步开展农村劳动力开发就业试点工作的通知》，强调要改革城乡分割体制，取消对农民进城就业的不合理限制。2001年3月15日，第九届全国人民代表大会四次会议批准《中华人民共和国国民经济和社会发展第十个五年计划纲要》，指出要打破城乡分割体制，逐步建立市场经济体制下的新型城乡关系。2003年3月20日，劳动和社会保障部出台的《关于农民工适用劳动法律有关问题的复函》明确指出，凡与用人单位建立劳动关系的农民工（包括农民轮换工），均适用《劳动法》与《企业职工工伤保险试行办法》。同年，国务院办公厅《关于做好农民进城务工就业管理和服务工作的通知》提出，对于进城务工农民必须坚持公平对待、合理引导、完善管理、搞好服务的新方针。2003年，孙志刚事件在社会上引起极大反响，学者就1991年将收容遣送对象扩大到"三无人员"（无身份证、暂住证和务工证）的《关于城市遣送工作改革问题的意见》上书全国人大常委会，2003年6月，温家宝总理签署国务院381号令，公布了《城市生活无着的流浪乞讨人员救助管理办法》，前一法规就此废止，标志着城市流动人口管理进入新阶段。

2004年2月29日，建设部颁布的《关于进一步解决拖欠农民工工资问题的紧急通知》要求各地政府采用法律、经济和必要的行政措施，督促拖欠农民工工资的企业尽快偿付。2005年2月7日，劳动和社会保障部颁布的《关于废止〈农村劳动力跨省流动就业管理暂行规定〉及有关配套文件的通知》，进一步规范了农民进城的就业环境，并清理和取消限制农民进城就业的政策。

2006年1月21日颁布的《国务院关于解决农民工问题的若干意见》（以下简称《意见》），具有里程碑式的意义。《意见》要求各地政府和直属机构，抓紧解决农民工面临的突出问题，形成从根本上保障农民工权益的体制和制度。该意见标志着中国对于人口流动和流动人口问题的关注从仅仅描述现象、分析此群体带来的经济社会影响，转变为对流动人口本身权益问题的关切。此外，中央政府

还颁布了一系列与流动人口家庭、子女相关的政策法规，既为农村人口的有序流动扫清障碍，基本取消了流动人口的政策性限制（如行业进入），也逐渐完善了流动人口的就业、就医、子女就学、社会保障等公共服务，逐步推动流动人口与户籍人口同等的公平对待（尹德挺、苏杨，2009）。

良好的政策环境进一步驱动了人口的地域流动；增量与存量相叠加，流动人口总量更大。此时，人口流动的主要特征是：流动人口主要流向沿海发达地区及大城市，他们的就业范围进一步扩大，就业单位的性质不断拓宽，越来越多的农村流动人口受雇于民营企业和外资企业；大量的农民工尤其是青年农民工成为外向型加工企业的工人主体；居留时间延长，在婚流动人口举家流动的现象越来越普遍，城—城流动人口的规模也持续攀升，流动人口内部结构更加多元化。

（六）2010 年至今：筑梦、逐梦和圆梦

从 2010 年开始，中央政府有关文件表现出对农村劳动力流动的积极支持和鼓励，明确提出改革户籍制度。2010 年中央一号文件要求，加快落实放宽中小城市、小城镇特别是县城和中心镇落户条件的政策。2012 年 2 月，《国务院办公厅关于积极稳妥推进户籍管理制度改革的通知》提出：要分类明确户口迁移政策；放开地级市户籍，清理造成暂住人口学习、工作、生活不便的有关政策措施；今后出台有关就业、义务教育、技能培训等政策措施，不要与户口性质挂钩；继续探索建立城乡统一的户口登记制度；逐步实行暂住人口居住证制度。2013 年中央一号文件和十八大报告都指出，要有序推进流动人口市民化。

然而，虽然各方都在有意无意地淡化户籍概念，尝试剥离附着于其上的种种福利，但户籍制度改革是一条漫长且艰辛的道路；受到各方既得利益者的阻挠与约束，在今后一段时间里，与户籍绑定的种种福利制度仍将是阻碍流动人口筑梦、逐梦和圆梦的最根本要素。

五、40 年不懈的逐梦历程

自然禀赋差异、历史文化传承，特别是人为制度造成的差别在过去二三十年中交叉契合，带来了城与乡、地区与地区间的巨大鸿沟，中心城镇、大城市相对小城镇、农村地区的资源优势驱动了数以亿计人口离开故土，到他乡追寻梦想。

回望已经逝去的 30 年，欣欣向荣，全民向上，无疑是一个让历史铭记、让

人群难忘、让他国惊诧的征程。流动人口直接参与、建构并成就了这个伟大的时代，他们的艰辛和努力见证了中国经济社会发展之旅，撑起了中华民族坚韧之脊梁，托起了中华民族伟大复兴之基。时下，第一代农民工已慢慢老去，他们或继续留在城市，成为"老漂一族"，或带着两鬓霜华，回归故里。无论是去是留，梦想依旧时隐时现，挥之不去。

时间流逝，代际轮回，大批80后、90年后人口又开始沿着父辈的足迹，延续父辈未竟的使命，到繁华都市开始新一代梦想的追寻。梦在前方，遥远而真实。真实的部分掌握在手里，通过努力劳作换来对梦想高度的把握；遥远的部分，难以预测且无法控制。怎样实现梦想？这是每一个追梦人心中锲而不舍的追问。流动人口的梦想不仅是城市漂泊者的融城梦，也是国家的治理梦，更是社会的大同梦。成就他们的梦想，就是实现伟大复兴的中国梦！

第二章

追逐梦想之人

改革开放近40年来，奔忙在城市各个角落的流动人口，已在时代大潮和日新月异的发展中，拼凑出一个生动且动态的"流动"中国图景，不断改变着中国人口的分布版图，也深刻影响着我们的社会生活。社会学家鲍曼（Z. Bauman, 2002）用"液化"（liquefaction）来描画社会变动。他指出，现代性在本质上是"流动的现代性"（liquid modernity）；虽然它的流动不必是地域流动，但将这个比喻用于流动人口，却也十分生动形象。从拥有几千年安土重迁传统的乡土社会到如今数亿人次的迁移流动，从坚固、沉重、明确的固化状态到流动、轻盈、多样的液化状态，这种"千年未有之大变局"是现代化浪潮所带来的时代进步，是几代人在前后相继和坚持不懈的努力下描绘的巨大社会布景。

那么，究竟有多少人筑梦他乡？他们从何而来，去往何方？逐梦之人又具有哪些特征？了解流动人口的底数、规模、分布以及人口、经济、社会与流动特点的关系，把握过去40年的变动趋势，明确流动人口的现状及未来发展的趋势与机制，是深入了解他们筑梦、逐梦与圆梦的基石，也是有效促进流动人口实现梦想的基本前提。本章将通过梳理以下数据，对流动人口的数量、规模与分布、人口、社会经济和流动特征、子女状况、发展历程等进行一般性的描述。（1）1982年以来历次人口普查资料；（2）1987年、1995年、2005年全国1%人口抽样调查数据；（3）多年《中国统计年鉴》数据；（4）多年《中国人口和就业统计年鉴》数据；（5）国家人口计生委、国家卫生计生委《流动人口动态监测调查》数据；（6）国家其他政府部门发布的相关统计数据。

需要指出的是，尽管这些数据都是全国性的，但不同来源的数据对流动人口的统计口径有别。即便相同来源地的资料（如全国人口普查、全国1%人口抽样调查）在不同时期对流动人口的界定也有差异，这些异质性既让多个来源的数据之间的可比性受限，也使得中国流动人口总量成为一个颇有争议的问题。比如，2014年，流动人口动态监测调查数据显示，农民工数量达2.74亿，国家统计局公布的流动人口数量是2.53亿。因此，中国流动人口总量究竟是多少，争议颇大。流动人口的定义既决定其总量规模，也是学界在讨论相关问题时无法克服的一个难题。在后面的叙述中，我们会清楚地注明每个数据的来源，以便读者甄别。

一、中国流动人口的总量与规模

如上所述，20世纪六七十年代，严格的人口管理控制使得全国流动人口规模十分有限；即便在20世纪80年代初期，流动人口总量也依旧保持在较低水平。但是，改革开放以后尤其是20世纪80年代中期以后，流动人口数量持续增长，总量不断扩大，存量十分庞大，成为中国社会新的特殊群体。他们既见证了中国工业化、城镇化和现代化的历史进程，也是城镇化的重要参与者和推动力量，是影响中国经济社会发展的关键。

不过，由于多种原因，不同来源的数据对于流动人口规模的认识分歧甚大，全国流动人口的规模及总量一直底数不清，呈现出"公说公有理，婆说婆有理"的状态。

（一）流动人口界定的口径之别

对于流动人口的界定，涉及两个关键因素：跨越的空间与居留的时间。但是，空间需要多远？时间需要多长？目前均无统一的标准，由此带来了流动人口统计口径之别。

一是覆盖的人群有别。在中国，部门职能不同，对人口流动、流动人口概念的界定也千差万别，与人口流动有关的常用概念包括"流动人口""农民工""暂住人口"，等等，这些概念之间虽有密切联系，但也有很大差别。概念不同，自然形成不同的统计对象，进而带来统计数量上的巨大差异。比如，国家统计局和国家卫生计生委公布的数据包括了城镇户籍流动人口（即城—城流动人口），而国务院农民工办提供的数据仅包括乡—城流动人口；国家统计局统计了所有年龄段的流动人口，而国务院农民工办仅统计在业乡—城流动人口（即农民工），国家卫生计生委仅统计 16~59 岁流动人口。

二是跨越的行政区划级别有异。国家卫生计生委仅将跨越县界及以上之人认定为流动人口，国家统计局则将跨越乡镇区界及以上之人定义为流动人口。

三是时长的限定有别。时长包括两个口径：在流入地居留时间，离开户籍地后在外居住的时长。国家统计局在定义流动人口时，以离开户籍地 1 年或半年为时间标准，不管流动人口在现居住地居住了多长时间；国家卫生计生委以在现居地居住的时间为标准，只要在现居住地居住了一个月，就算作流动人口，而不管此前是否流动。

部门之间职能的差异使流动人口统计口径大相径庭，同时，统计漏报和错报也增加了统计的不确定性。流动人口的强流动性，使一部分流动人口在普查或抽样调查期间不能成为被调查对象，难免带来统计漏报问题；而公安部门的户籍信息由于未能及时、准确地更新，造成对流动人口规模的估算出现偏差，由此也带来不同来源数据之间的差异。即使是同一部门，不同时期的统计口径也不相同，历次人口普查与全国 1% 人口抽样调查之间以及普查的不同时点之间，对流动人口的统计口径都有差异（见表 2-1）。

表 2-1　历次人口普查与全国 1% 人口抽样调查中流动人口统计口径

历次人口普查与抽样调查	统计口径	时间界定	空间界定
第三次人口普查	户口登记状况为"常住本地 1 年以上，户口在外地"，以及"人住本地不满 1 年，离开户口登记地 1 年以上"两款人	1 年以上	跨县（市、区）
1987 年 1%抽样调查	户口登记状况为"户口在外地"的人	1 年以上	跨县（市、区）
第四次人口普查	户口登记状况为"常住本县、市 1 年以上，户口在外县、市"及"人住本县、市不满 1 年，离开户口登记地 1 年以上"两款人	1 年以上	跨县（市、区）
1995 年 1%抽样调查	调查对象状况为"常住本乡、镇、街道半年以上，户口在外乡、镇、街道"和"在本乡、镇、街道居住不满半年，离开常住户口所在地半年以上"两款人	半年以上	跨乡、镇、街道

续表

历次人口普查与抽样调查	统计口径	时间界定	空间界定
第五次全国人口普查	户口登记状况为"居住本乡、镇、街道半年以上,户口在外乡、镇、街道"以及"在本乡、镇、街道居住不满半年,离开户口登记地半年以上"两款人,并剔除其中的市内人户分离人口	半年以上	跨乡、镇、街道
2005年1%抽样调查	调查时点居住地"在本调查小区",但"户口登记地"为本乡(镇、街道)以外的人口,同时剔除了市内人户分离人口	半年以上	跨乡、镇、街道
第六次全国人口普查	普查时点居住地"在本普查小区",但"户口登记地"为本乡(镇、街道)以外的人口,同时剔除了市内人户分离人口	半年以上	跨乡、镇、街道

资料来源:全国历年人口普查和1%人口抽样调查问卷。

可见,不只不同职能部门之间,即便是同一政府机构,对于离开户籍地的时长、在流入地居留时长以及流动跨越的行政边界,统计口径差异也甚大。这无疑会对从时间纵向维度把握流动人口规模的变动造成不便,也使得不同研究对流动人口的规模、结构、特点的统计与推断互有矛盾。虽然在流动人口绝对数量的认识上存在分歧,但就改革开放以来流动人口规模迅速扩大的事实,各种数据与研究均达成共识。

(二)流动人口规模的变动趋势

如图2-1所示,追溯了1982年以来,历次全国人口普查及1%人口抽样调查数据中的流动人口总量。1982年第三次人口普查时,全国共有1年以上流动人口657万人;1990年,1年以上流动人口升至2 135万人,比1982年增长2.3倍;2000年,全国共有超过1亿的流动人口;2010年第六次全国人口普查数据表明,中国流动人口规模已经达到2.21亿人;2013年流动人口总量升至2.45(或2.69)亿人,占总人口的18.1%,几乎每5人中就有一位流动人口;2014年,中国流动人口总量进一步升至2.53亿人,占总人口的18.5%;2015年开始流动人口总量稍有回落,占总人口的18%;2016年流动人口数量继续下降至2.45亿人,但对于庞大的基数而言并没有引起本质性变化。

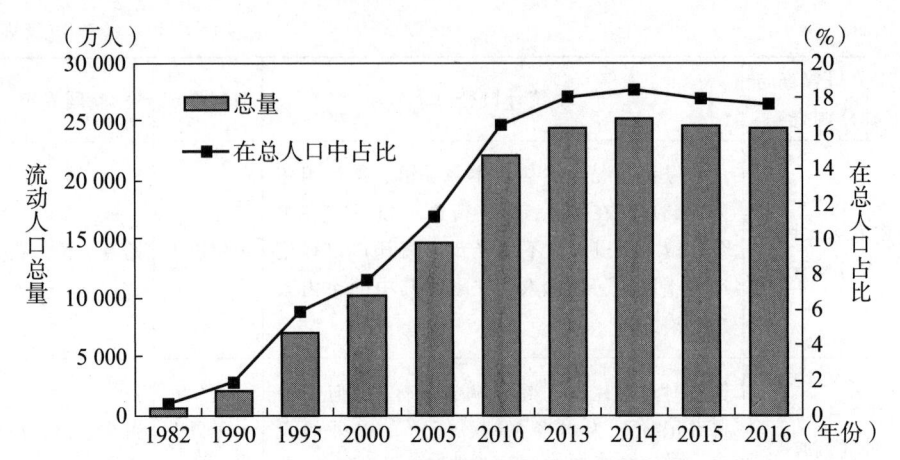

图 2-1　1982—2016 年流动人口总量变动趋势及在总人口中占比

资料来源：全国历年人口普查和 1% 人口抽样调查数据；2013—2016 年数据分别来自国家统计局 2014 年 1 月 20 日、2015 年 1 月 20 日、2016 年 2 月 29 日、2017 年 2 月 28 日公布数据。

除全国人口普查和 1% 人口抽样调查数据之外，还有一些其他来源的数据也较为权威，经常作为统计流动人口数量的数据来源和基础。

一是公安部每年统计的暂住人口数量，暂住人口从 2002 年的 5 981 万人直线上升为 2010 年的 13 137 万人，且在 2012 年上升幅度急速增至 16 752 万人，增速迅猛（见图 2-2）。

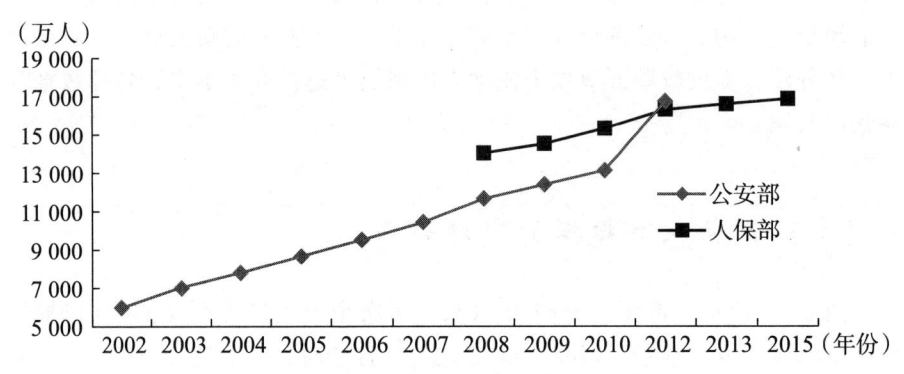

图 2-2　不同职能部门流动人口统计数量

注：统计局统计的是"住本乡、镇、街道，户口在外乡、镇、街道，离开户口登记地半年以上"的人口；公安部统计的是"离开常住户口所在地的市、县到其他市（不含市辖区）、乡、镇居住 3 日以上"的人口；人力资源与社会保障部统计的是"外出农民工"数量。

资料来源：中国统计年鉴（2003—2010）；全国暂住人口统计资料汇编（2002—2010）；人力资源和社会保障事业发展统计公报（2008—2010）。

二是人力资源与社会保障部统计的外出农民工数量，从 2008 年的 14 041 万人，到 2010 年的 15 335 万人，再到 2015 年的 16 884 万人，6 年间增长了 2 843 万人（见图 2-2），且增幅较为稳定。

综观和横比不同来源的数据，我们认为，虽然流动人口的概念与统计口径存在较大差异，但历次人口普查与 1% 人口抽样调查数据对把握流动人口的数量与规模依然具有较强的代表性和权威性。当然，由于调查操作阶段的漏报与误报等现象，2000 年前实际流动人口的规模可能比普查与抽样调查得到的数字更高一些；而 2005 年 1% 人口抽样调查和 2010 年的人口普查数据则可能因重报等原因，而高估流动人口的规模（陶涛、张现苓，2013）。

二、流动人口的分布

在总体上了解了流动人口的规模、态势后，我们继续追问，在过去二三十年中，流动人口主要来自何地？去往何方？又具有哪些特征？一个最简单的答案是，人口流动的总体方向是从农村流向城镇，从中西部欠发达地区流向东部发达地区。但是，在经过了一波又一波的人口流动高潮之后，人们对流入地的选择越来越理性，再不似早期"盲流"般地随波逐流。在发展中小城市、建设小城镇、加快推进新型城镇化思想的主导下，人们追梦和逐梦的场域也相应不断拓宽，那么，流动地点的选择是否也有相应变动？城乡之间、地区之间人口的分布是否也会因此有别？了解流动人口的流出地和流入地分布，把握流动人口的流动方向与趋势，既是对人们逐梦过程的描述，也是了解流动人口追求梦想的努力以及梦想实现程度的过程。

（一）来自何地

人口流动已经成为普遍且常态化的人口、经济和社会现象，全国省、市、区等各级单位均有人口流出现象的发生，但在不同时点，各省之间、同一省内的差异甚大。

表 2-2 展现了 1987—2010 年各省流出人口总量。1987 年数据显示，安徽、江西、湖北、四川等中部地区流出人口规模并不大，以四川居首的流出人口规模也仅为 23.1 万，约占全国流动人口总量的 8.3%，人口流动有限。但进入 20 世纪 90 年代，特别是 20 世纪 90 年代后期，流出人口数量迅速增加，所占比例大幅度提高（王桂新，2000；王桂新、刘建波，2003）。1990 年，四川地区流出人

口继续居全国首位,流出人数超过全国总流动人口的 10%。进入 21 世纪(2000年),中部和西部地区一些人口大省的流出人口比例继续增高,全国流出人口占比最高省份分别为四川、安徽、湖南、江西四省。其中,前三省流出人口均超过10%,四川甚至高达 16.36%。这说明,在世纪之交,省际迁出人口越来越集中到中西部地带少数几个省,尤以中部地带增幅最大,而东部地带各省则由于经济比较发达,居民越来越趋向"重土轻迁"或仅局限于在东部地带内部迁移流动(王桂新,2000;王桂新、刘建波,2003)。

表 2-2 1987—2010 年各省流出人口总量及在全部流动人口中占比

省份	1987 年 人数(人)	占比(%)	1990 年 人数(人)	占比(%)	2000 年 人数(人)	占比(%)	2005 年 人数(人)	占比(%)	2010 年 人数(人)	占比(%)
西藏	14 920	0.54	4 859	0.45	19 849	0.05	261	0.04	55 185	0.06
宁夏	27 074	0.98	5 569	0.52	90 163	0.21	1 295	0.20	225 794	0.26
青海	39 603	1.43	9 824	0.91	94 988	0.22	1 636	0.25	242 086	0.28
上海	60 805	2.19	15 047	1.39	142 657	0.34	1 853	0.28	250 340	0.29
天津	34 593	1.25	8 619	0.80	82 499	0.19	1 387	0.21	273 134	0.32
北京	87 860	3.17	12 311	1.14	91 702	0.22	1 971	0.30	274 365	0.32
海南	—	—	11 169	1.03	119 403	0.28	2217	0.34	275 751	0.32
新疆	180 650	6.51	27 324	2.53	156 263	0.37	2 054	0.31	297 261	0.35
广东	107 466	3.87	25 025	2.32	430 446	1.01	5 565	0.85	880 600	1.03
辽宁	84 038	3.03	27 231	2.52	361 944	0.85	6 461	0.99	1 014 028	1.18
内蒙古	55 935	2.02	27 793	2.57	504 557	1.19	8 816	1.35	1 067 556	1.24
山西	83 129	3.00	22 675	2.10	305 148	0.72	5 137	0.79	1 083 291	1.26
吉林	88 615	3.19	34 584	3.20	608 693	1.43	2 509	0.38	1 372 853	1.60
云南	93 031	3.35	27 209	2.52	343 542	0.81	8 592	1.31	1 482 442	1.73
甘肃	62 200	2.24	26 858	2.48	585 868	1.38	8 836	1.35	1 593 265	1.86
福建	46 341	1.67	22 763	2.11	810 576	1.91	12 844	1.97	1 667 254	1.94
浙江	97 476	3.51	62 627	5.79	1 482 465	3.49	16 271	2.49	1 853 940	2.16
陕西	94 415	3.40	33 225	3.07	804 454	1.90	14 207	2.17	1 960 598	2.28
黑龙江	194 170	7.00	59 427	5.50	1 174 048	2.77	20 942	3.20	2 553 648	2.97
江苏	105 360	3.80	58 848	5.44	1 715 634	4.04	23 606	3.61	3 058 880	3.56

续表

省份	1987 年 人数（人）	1987 年 占比（%）	1990 年 人数（人）	1990 年 占比（%）	2000 年 人数（人）	2000 年 占比（%）	2005 年 人数（人）	2005 年 占比（%）	2010 年 人数（人）	2010 年 占比（%）
山东	135 510	4.88	52 332	4.84	1 104 645	2.60	18 829	2.88	3 095 717	3.60
河北	125 572	4.53	66 516	6.15	1 218 975	2.87	18 541	2.84	3 498 253	4.07
重庆	—	—	—	—	1 005 773	2.37	30 786	4.71	3 506 899	4.08
贵州	124 520	4.49	30 932	2.86	1 596 461	3.76	30 603	4.68	4 048 596	4.71
广西	84 002	3.03	54 877	5.08	2 441 847	5.76	37 468	5.73	4 184 566	4.87
江西	67 502	2.43	27 702	2.56	3 680 346	8.68	49 054	7.51	5 787 395	6.74
湖北	129 608	4.67	34 847	3.22	2 805 187	6.61	47 014	7.19	5 889 792	6.86
湖南	93 548	3.37	50 352	4.66	4 306 851	10.15	61 637	9.43	7 228 896	8.42
河南	130 653	4.71	57 757	5.34	3 069 955	7.24	59 690	9.13	8 626 229	10.04
四川	230 635	8.31	128 735	11.91	6 937 793	16.36	77 350	11.84	8 905 128	10.37
安徽	95 481	3.44	53 822	4.98	4 325 830	10.20	76 044	11.64	9 622 595	11.21

注：本表数据按照 2010 年流出人口数排序。

资料来源：1987 年数据来自《1988 年中国人口和就业统计年鉴》；1990 年数据来自《1991 年中国人口和就业统计年鉴》（注：该数据为 10% 抽样数据）；2000 年数据来自第五次全国人口普查；2005 年数据来自 2005 年 1% 抽样调查；2010 年数据来自第六次全国人口普查。

2005 年和 2010 年依旧保持这样的特点：2005 年，流出人口在总流出人口中占比超过 10% 的省份依旧是四川、安徽两省，接近 10% 的有湖南、河南两省，湖北、江西和广西的流出人口比例也超过 5%。2010 年，安徽超过四川，流出人口首次居于全国第一，此后依次为四川和河南，湖南、湖北、江西紧随其后，其余省区流出人口的占比均不足 5%。由表 2-2 可知，2000 年、2005 年和 2010 年，安徽、四川、河南三省流出人口总量合计，分别占全国所有流出人口的 33.8%、32.6% 和 31.6%。换言之，在这三个时点，三省流出人口数量几乎都占到全国全部流出省界流动人口的 1/3。若再加上湖南、湖北和江西三省，在这三个时点，跨越省界的流出人口都超过一半；进而，若再将重庆、贵州和广西也计算在内，则这 8 个省区的流出人口数占到全部跨省流出人口的 2/3 以上。

尽管 2010 年全国人口普查反映出来的流动人口主要流出地与 2005 年抽样调

查数据、2000年普查数据相比有所变动,但流动人口主要来自中西部地区的趋势没有变化,流动人口流出地主要分布在安徽、四川、河南、湖南、湖北、贵州、重庆等省份的现状也没有变。从涨幅来看,2000—2010年,流出人口总量居前五位的省份中,涨幅最大的是河南,10年间增长了1.81倍,其次是安徽,涨幅为1.2倍。

反向来看,在近三期数据中,流出人口最少的省份也高度一致。在近三期数据中流出人口占比均不到1%的省市包括西藏、宁夏、青海、上海、天津、北京、海南、新疆。其中,除海南外,这些省市要么位于西北地区,要么均为经济发达的直辖市,而后者主要是接受流入人口之地。西北地区虽然经济欠发达,但当地人口总量本来较少,少数民族占比较高,且人们可能依旧固守安土重迁的传统理念,故流出人口较少。但是,我们必须看到,在这10年间,若从绝对量的增长情况来看,西北地区的数量涨幅较大——比如,2000年,宁夏的流出人口数仅为90 163人,而在2010年,该数量提升至225 794人,10年间增长了1.5倍;云南的涨幅最大,增长了3.3倍多;山西的涨幅也超过2.5倍。尤其值得一提的是,天津的占比虽有所降低,但总体涨幅仍超过2.3倍,北京的涨幅约为2倍。

上述特点充分表明,人口大省同样也是人口流出大省,人口流出与人口总量成正比。这种规律性和集中性与第一章谈到的地区之间经济社会发展的差异性是相一致的,即多数流出人口较多的人口大省,经济社会发展水平相对滞后,从而驱动大量的人口外出,由此踏上了筑梦他乡之路。

(二) 去往何方

前面我们看到,数以亿计的人口从农村,从中西部地区流出,那他们又去往何处呢?中国地域辽阔,经济和社会较为发达的地区和城市也不少,可供选择的地点很多。在亿万人不断选择的过程中,一些地区接收了大量的流动人口,而另一些地区接收的流动人口相对较少。长时间积累的后果是,流动人口的地域分布形成了既分散又集中的双重特点,分散于祖国大地的各个角落,集中于屈指可数的大城市。因此,对于流入地,我们既需要对其流动规律进行总结,也需要对其具体的流入地区、流入省市进行必要的描述与分析。

1. 由乡入城

人口由乡入城是不言而喻的。以2010年为例,60.2%的流动人口居住在城市,24.6%的流动人口居住在小镇,但也有15.3%的流动人口进入农村,选择在农村工作和生活，即使流入地点是在农村，也往往是大城市的郊区或城乡接合部。

图 2-3 表明，无论是哪个年龄段，进入城市的占比均最高，特别是 20~24 岁流动人口，占所有进城流动人口的 11.63%。而且，在 0~14 岁年龄段，进入城、镇、乡的比例差别不大；15~24 岁年龄人口，进入城市的比例陡然上升，但此后逐渐回落。到 50 岁以后，进入城、镇、乡的差异逐渐趋同。不同年龄段进入城、镇、乡的模式大同小异，尽管进入镇的占比最高的年龄段在 15~19 岁之间。毫无疑问，由乡入城的特点是由城乡之间各种机会差距（即城乡差治）带来的。

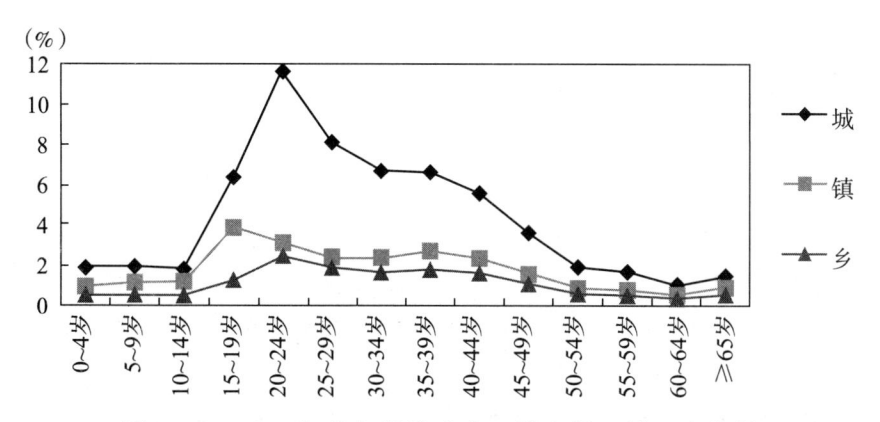

图 2-3 2010 年分年龄流动人口进入城、镇、乡比例

资料来源：第六次全国人口普查。

2. 由西入东

城乡分治引发的区域经济发展的不平衡性，使得中国人口流动的流向呈现出与经济发展程度、对外开放程度和资金密集程度密切相关的特点，即中部、西部人口向东部地区流动，经济发达的长三角、珠三角、京津地区成为流动人口的主要接纳地。

段成荣、杨舸（2009）利用 1982—2005 年全国人口普查和 1% 人口抽样调查的数据，从区域层面分析了流动人口流入地分布的变动趋势。结果表明（见表 2-3），在所有时点，都是东部地区吸引了最多的流动人口。1982 年后，流入东部地区的流动人口在全部流动人口中的占比大幅度上升，1987 年增至 43.8%，1990 年接近全国的一半，2000 年达 57.0%，2005 年到最高值 64.6%，2010 年与 2000 年基本持平。1982 年，中部地区流动人口总量与东部地区大致相当，但此后一路下滑，并与西部地区此消彼长，除 1990 年外，中西部地区基本上旗鼓相当。

表 2-3　　　　　　1982—2010 年三大区域流入人口比例　　　　单位：%

地区	1982 年	1987 年	1990 年	2000 年	2005 年	2010 年
东部	38.4	43.8	49.2	57.0	64.6	56.4
中部	37.9	28.7	29.0	20.4	17.2	21.5
西部	23.7	27.5	21.8	22.7	18.3	22.1

资料来源：1982—2005 年数据来自段成荣、杨舸（2009：5-9）；2010 年数据来自国务院人口普查办公室，国家统计局人口和就业统计司（2012）；按照以下标准计算东、中、西部地区：东部地区包括北京、天津、河北、辽宁、上海、江苏、浙江、福建、山东、广东、海南；中部地区包括山西、吉林、黑龙江、安徽、江西、河南、湖北、湖南；西部地区包括四川、重庆、贵州、云南、西藏、山西、甘肃、青海、宁夏、新疆、广西、内蒙古。

3. 省际转换

中国大多数流动人口主要来自中西部地区，尤其是四川、安徽、河南、湖南、湖北等中部人口大省，主要去向是东部沿海地区或内地的省会城市。广东省得改革开放之先，从 20 世纪 80 年代开始就吸引了大量的外来人口，并很快成为"世界工厂"。在珠三角一些城市，特别是出口加工中心，出现了"人口倒挂"现象，即流动人口总量超过本地户籍居民数量。比如，由多个小镇组成的东莞虽然面积不大，却遍布各种加工厂和工人的集体宿舍楼；从密度来看，吸引了全国最多的外来务工人员。

通过对 20 世纪 80 年代及 90 年代前期中国省际人口迁移流动发展态势及其区域模式的考察，王桂新（2000）计算出人口迁移选择指数，得出人口迁移流动越来越向东部地带"集中"的结论，认为经济比较发达的东部地带对中西部地带迁出人口具有显著的吸引作用。进而，基于对第五次全国人口普查资料的分析，王桂新（2003）又发现，20 世纪 90 年代后期，中国中西部地带人口主要选择流向东部地带的模式十分稳定，流入人口主要集中到东部地带经济比较发达的京津地区、泛长江三角洲地区（包括上海、江苏、浙江）和泛珠江三角洲地区。21 世纪初期，东部地区吸引了全国一半以上的流动人口，达 7 856 万，占全国流动人口的 53.3%，分别是中西部经济地带的 1.9 倍和 2.8 倍，中国人口迁移的流向仍表现出显著的"向海"和东迁特征，其空间指向性和地域集中性更趋明显，人口向东部地带集中化的迁移更加强势（梁鹏飞、林李月，2008）。

表 2-4 展示了 1982—2015 年流动人口的流入省区，既包括省外流入人口，也包括省内流动人口。从中可以看出，1990 年及以后，接受流入人口较多的省份有同有异：1982 年，流入人口最多的是四川省，其后依次是山东、河南、河北、

江苏、湖南、广东、辽宁、湖北。其中,有的省份在1990年后,排名仍居于前九位,但比例有较大的差别。

表2-4　　　　　1987—2015年省市流入人口总量

省市	1982年 人数（万人）	1982年 占比（%）	1990年 人数（万人）	1990年 占比（%）	2000年 人数（万人）	2000年 占比（%）	2010年 人数（万人）	2010年 占比（%）	2013年 人数（万人）	2013年 占比（%）	2015年 人数（万人）	2015年 占比（%）
西藏	2.16	0.13	—	—	18.94	0.17	26.19	0.12	19.71	0.08	42.15	0.14
青海	11.41	0.66	2.5	0.74	42.18	0.39	99.29	0.45	90.75	0.35	115.57	0.39
宁夏	10.12	0.59	1.87	0.55	53.37	0.49	129.27	0.58	148.91	0.58	174.44	0.59
海南	—	—	2.51	0.74	89.46	0.82	166.35	0.75	164.96	0.64	196.14	0.67
甘肃	45.78	2.65	5.77	1.71	117.42	1.08	259.85	1.18	239.17	0.93	371.35	1.27
新疆	29.61	1.71	6.92	2.05	264.55	2.43	399.03	1.81	420.92	1.64	470.86	1.61
黑龙江	71.52	4.14	13.21	3.9	256.09	2.35	421.48	1.91	594.77	2.31	489.02	1.67
吉林	56.47	3.27	8.09	2.39	190.52	1.75	315.01	1.43	407.79	1.58	526.15	1.79
天津	22.51	1.3	3.38	1	88.6	0.81	343.94	1.56	350.49	1.36	566.28	1.93
贵州	37.74	2.18	7.52	2.22	187.54	1.72	414.71	1.88	570.07	2.22	573.88	1.96
江西	53.73	3.11	9.13	2.7	235.98	2.16	447.04	2.02	405.72	1.58	635.4	2.17
重庆	—	—	—	—	155.56	1.43	424.27	1.92	609.12	2.37	689.41	2.35
广西	47.91	2.77	12.05	3.56	262.44	2.41	556.09	2.52	602.31	2.34	690.56	2.35
云南	46.52	2.69	9.99	2.95	327.1	3	556	2.52	567.88	2.21	716.62	2.44
陕西	63.68	3.68	9.96	2.94	179.35	1.65	493.97	2.23	595.99	2.32	725.46	2.47
山西	57.8	3.34	8.29	2.45	246.9	2.26	552.01	2.5	751.95	2.92	737.06	2.51
内蒙古	51.79	3	8.43	2.49	294.72	2.7	612.87	2.77	682.6	2.65	741.48	2.53
辽宁	85.12	4.92	13.63	4.03	336.26	3.08	633.26	2.87	976.64	3.8	853.15	2.91
安徽	71.82	4.15	11.79	3.49	213.58	1.96	567.08	2.57	771.41	3	916.98	3.13
河北	89.84	5.2	12.97	3.83	351.1	3.22	667.5	3.02	683.82	2.66	966.94	3.3
湖南	87.01	5.03	14.61	4.32	320.43	2.94	686.09	3.1	595.62	2.31	1 016.45	3.47
河南	108.69	6.29	17.59	5.2	340.95	3.13	803.8	3.64	781.51	3.04	1 044.95	3.56
北京	18.93	1.1	7.27	2.15	271.55	2.49	775.98	3.51	1 119.95	4.35	1 165.16	3.97
福建	33.91	1.96	11.29	3.34	496.63	4.56	1 024.41	4.63	1 385.17	5.38	1 215.31	4.14
湖北	81.89	4.74	15.33	4.53	361.29	3.31	732.63	3.31	1 202.19	4.67	1 225.88	4.18
上海	23.46	1.36	8.1	2.39	450.22	4.13	961.43	4.35	1 458.15	5.67	1 344.16	4.58
四川	150.76	8.72	28.79	8.51	495.26	4.54	1 038.73	4.7	1 167.64	4.54	1 540.26	5.25

续表

省市	1982年 人数（万人）	占比（%）	1990年 人数（万人）	占比（%）	2000年 人数（万人）	占比（%）	2010年 人数（万人）	占比（%）	2013年 人数（万人）	占比（%）	2015年 人数（万人）	占比（%）
山东	126.23	7.3	17.47	5.16	508.28	4.66	1 133.64	5.13	1 049.51	4.08	1 574.67	5.37
浙江	67.85	3.92	11.62	3.43	739.52	6.78	1 861.86	8.42	2 226.28	8.65	1 926.85	6.57
江苏	87.85	5.08	21.43	6.33	705.32	6.47	1 566.63	7.09	1 436.25	5.58	1 945.6	6.63
广东	86.64	5.01	36.88	10.9	2 299.96	21.1	3 431.93	15.53	3 657.54	14.21	4 129.95	14.08

注：表中数据按照2015年的数据升序排列。

资料来源：1982年、1987年数据来自《1988年中国人口和就业统计年鉴》；1990年数据来自《1991年中国人口和就业统计年鉴》（注：为10%抽样数据）；2000年数据来自第五次全国人口普查；2005年数据来自2005年1%抽样调查；2010年数据来自第六次全国人口普查；2013年数据来自《2014年中国统计年鉴》，2015年数据来自《2016年中国统计年鉴》（注：该数据为1.55%抽样数据，除以抽样比，得到全部流动人口数据，包括了人户分离的人口）。

从1990年以来的20多年间，广东、浙江、江苏、山东、福建、上海和四川等七省市吸纳流动人口数量一直都排在全国前九名之内，尽管之间的名次有所变化。以2000年为例，七省市所占比例分别为广东省（21.1%）、浙江省（6.8%）、江苏省（6.5%）、山东省（4.7%）、福建省（4.5%）、四川省（4.5%）、上海市（4.1%），七省市流动人口之和超过全国31个地区的五成以上。与2000年相比，2010年，广东省流动人口规模依旧最大，多达3 431.93万人，占全国流动人口总量的15.5%；浙江省、江苏省、山东省、四川省、福建省、上海市也紧随其后，占比分别为8.4%、7.1%、5.1%、4.7%、4.6%、4.4%，占全国全部流动人口的近50%。尽管比2000年有所降低，但无论是总量还是比例，都表明了流动人口向少数省份集中的趋势依旧不减，也证明了流动人口集中分布规律的稳定性、持续性和长久性。

20多年内，广东省吸纳流动人口数量一直排在全国前列，流动人口比例从1982年的5.0%，到1990年的10.9%，再到2000年的21.1%，直到2010年的15.5%，2015年的14.08%，虽后期比例有所降低，但长期的高比例仍明显反映出流动人口高度集中的事实。与广东省相似的还有江苏省，1982—2010年，流动人口总量一直是稳中有升，是流入的重点地区。其他省份流动人口比例随时期、阶段不同有着明显变化，例如黑龙江省，在1982年和1990年两次调查中，流入人口比例排名都比较靠前，但在2000年和2010年间，其流入人口相对于全国的比例有明显下降，或许省内流动和外省流入人口都在减少。与之相似的还有安徽、河南等省份。而山东、辽宁、河北、湖北等省份则出现交替排名靠前的现象,一定程度上反映了人口流动的流向变化趋势。

2010年,东部地区尤其是广东地区依旧是流动人口最向往之地,它所拥有的流动人口数量占全国流动人口总量的15.5%。与此同时,人口流动的格局也在悄然发生变化,越来越多的流动人口前往长三角和京津地区追寻梦想:2010年,浙江省流入人口(包括省内和省外)总量约为2 167.27万人,约占全部流动人口的8.3%;江苏省流入人口总量为1 748.42万,在流动人口总量中的占比达到6.69%。此外,上海市和北京市流入人口数量为1 506.32万人和1 288.08万人,占比分别为流动人口总量的5.77%和4.93%。与珠三角相比,虽然长三角和京津地区流入人口总量少得多,但绝对数目不容忽视。1982年长三角地区流入人口总量为179万人,2000年进一步增加到189万人,2010年比2000年超出23倍之多,达到4 452万人;京津地区流入人口数量随时间推移也逐步上升,从1982年的41万人上升到1990年的106万人,2000年最高达到360万。随着京津地区的不断发展,越来越多的人口涌入,2014年流入人口约为2 331.03万人。与其他年份相比,2015年的人口流迁分布并没有呈现出大的变动,仍然以广东为绝对集中趋势的人口迁入优势;西藏、青海等西北部城市人口迁入仍然最低。

显然,无论是东部地区,还是北上广深等省市,都是经济社会发达之地;相反,在经济欠发达地区(如西藏、青海和宁夏)流入人口数量最少。尽管四川、安徽、江西、河南、湖北、湖南等均为人口流出大省,但也有大量的省内流动人口,故它们的流动人口总量也不低。不过,将流入人口和流出人口综合来看,21世纪初期,在全国范围内形成了九大人口净流出区:四川、河南、湖南、江西、安徽、湖北、广西、贵州、陕西(孙峰华、李世泰、杨爱荣、黄丽萍,2006)。

对比2000年和2010年各省市净流动人口情况(见图2-4a、图2-4b)可知(分别由高到低排序),2000年净迁入人口数最多的六省市分别为:广东、上海、北京、浙江、福建、江苏;净迁出人数最多的省市(净迁出人数均超出100万)为:四川、安徽、湖南、江西、河南、湖北、广西、贵州;2010年净迁入人口数最多的六省市依次为:广东、浙江、上海、北京、江苏、福建;2010年净迁出最大的省市(净迁出人数均超出300万)为:安徽、河南、四川、湖南、江西、湖北、贵州、广西。对比2000年和2010年各地区净流动情况来看,东部沿海地区,尤其是广州、北京、上海、浙江等地以其经济优势和产业结构优势,吸引了大量的跨省流动人口;而安徽、四川、河南、湖南等地成为流动人口的净输出地。

1982—2010年,在总体集中趋势保持不变的宏观情势下,流动人口的分散性也初见端倪。一些地区性的数据表明,部分制造业工厂的内迁,武汉、成都、重庆、西安和郑州等内地普通城市的发展,以及就地城镇化、就近城镇化政策的推行,促使一些原本跨省外出之人在家乡附近寻找就业的机会,既实现较高的收入梦,又可以兼顾家庭。由于多数流动人口(尤其是跨省流动人口)以务工经商为目的,故人口的流向在很大程度上随着劳动就业机会和发展机会而变化,机会多的地方就会吸引人口的快速流入;而机会从多变少,或机会本身就少,人口流入的数量自然也会发生相应的变化。因此,只要沿海地区的就业机会、工资收入和其他方面的待遇持续较多地超过内地,它依然还会是中西部流动人口安置梦想之地;反之,若西部大开发、东北振兴、中部崛起、"一带一路"倡议得到有效落实,人口回流也是必然的。

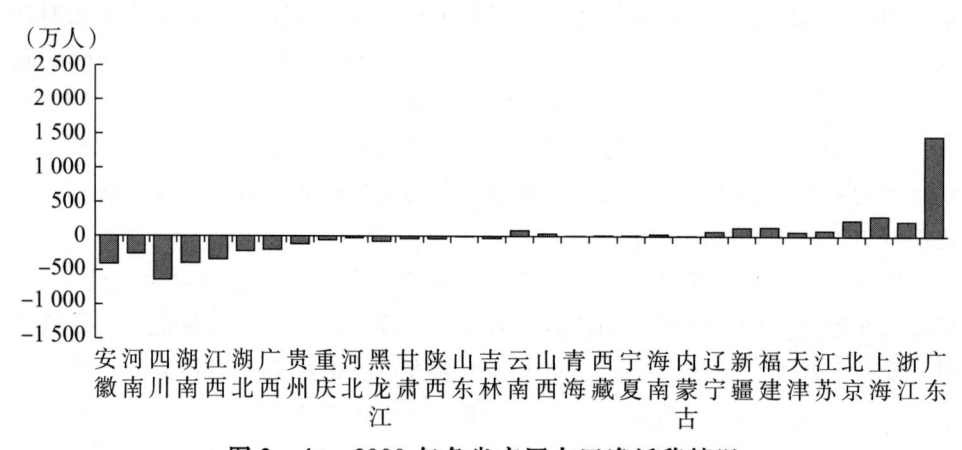

图 2-4a 2000 年各省市区人口净迁移情况

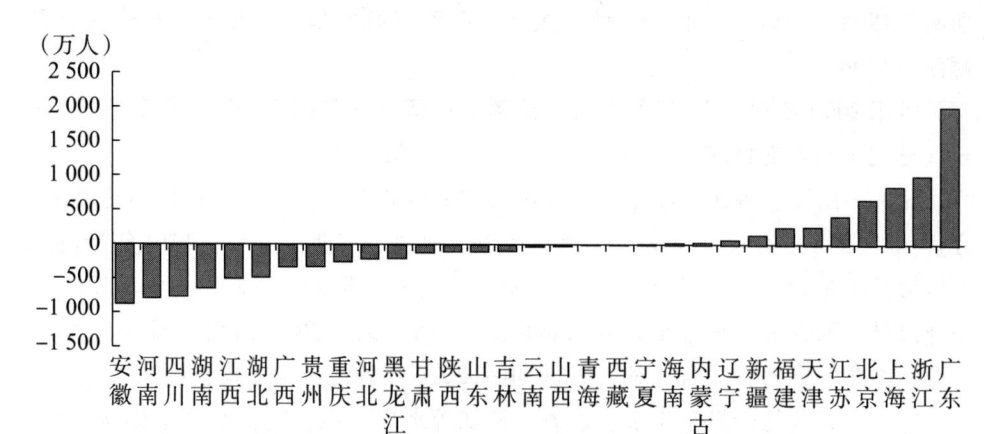

图 2-4b 2010 年各省市区人口净迁移情况

资料来源:第五次和第六次全国人口普查公布数据。

三、流动人口的人口学特征

流动人口在全部人口中占比的大幅度提高，已成为近年来中国各地区人口分布变动的重要原因。但是，该群体内部也具有较大的异质性，表现为流动人口结构的多样性。下文将对其年龄、性别、婚姻、户籍和教育结构进行分析，而这些特征直接影响到他们的城市逐梦。

（一）年龄结构

年轻人是流动人口的主力军，20～29 岁人口占迁移人口总数的 30.0% 以上，属于年轻型年龄结构人口（钟水映，2000；朱传耿、顾朝林、张伟，2001；原新，2005）。多数流动人口的流动发生在 15～35 岁年龄段（段敏芳，2003）。不过，在 1982—2010 年，全国流动人口的年龄中位数和平均年龄都呈现上升趋势，年龄中位数由 1982 年的 23 岁（段成荣、杨舸、张斐、卢雪和，2008）上升到 2010 年的 29 岁，即流动人口中，一半人口在 29 岁以上，一半人口在 29 岁以下。这个数字比全国总人口年龄中位数低 6 岁，比非流动人口低 8 岁。就平均年龄而言，流动人口由 1982 年的 28 岁（段成荣等，2008）上升到 2010 年的 30.89 岁，约比全国总人口年轻 5 岁，比未流动人口（平均年龄为 36.58 岁）低约 7 岁。若以年龄中位数 30 岁作为划分成年型和老年型人口的临界点，则可发现，流动人口依旧处于成年型阶段，以青壮年劳动力为主。

图 2-5 展示了 1982—2010 年，中国流动人口年龄结构的变动趋势。总体趋势是，劳动年龄人口比重不断上升，少年儿童的比重从急降到平缓下降，老年人口的比重也持续下降，但在 1990 年后基本保持平稳。1982 年，15～64 岁劳动年龄人口比例仅为 57.9%，而 0～14 岁少年儿童比例为 33.6%，占全部流动人口的 1/3，65 岁以上老年人口比例为 8.5%。1987 年，15～64 岁劳动年龄人口比例上升为 72.7%，上涨了 14.8 个百分点；相应地，少年儿童比例下降了 12.0 个百分点，老年人口比例下降了近 3.0 个百分点。1990 年，劳动年龄流动人口的比例进一步上升为 80.4%，较 1987 年上涨近 8.0 个百分点，而少年儿童和老年人口的占比进一步下降。2000 年以后，流动人口的年龄结构稳中微有变化；2010 年 15～64 岁流动人口的占比为 85.5%，而少年儿童的占比持续降至 11.3%，老年人口比重保持在 3.3% 左右。

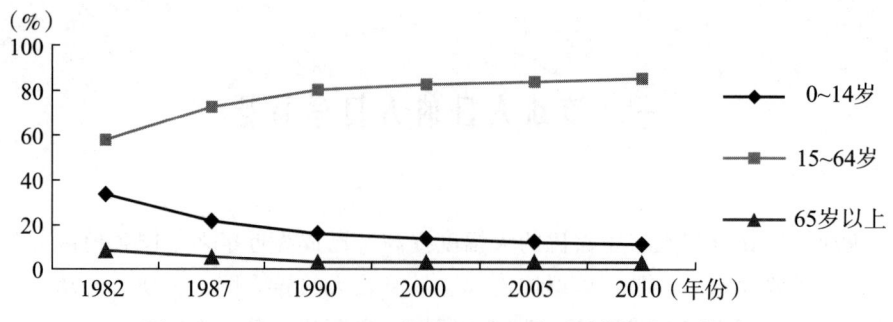

图 2-5　1982—2010 年流动人口年龄结构变动趋势

资料来源：全国历年人口普查和 1% 人口抽样调查数据；2010 年第六次全国人口普查，以及样本量为 1267381 的小样本统计数据（段成荣、袁艳、郭静，2013）。

显然，图 2-5 中展示的特点与当下一致的认识存在较大差距：现在普遍认为，随着流动人口家庭化趋势的愈发明显，成年流动人口携家带口的比例越来越高，即 0~14 岁少儿数量快速增加。但是，实际数据显示，这一人群的比例却越来越低。其背后的原因尚需进一步探究，不过，流动劳动力可能拥有更快的增加速度，从而使得短期内携家带口流动者的占比有所降低。一方面，从城乡发展的长期规律来看，成年流动人口进城后的市民化进程必然带动家庭成员的流动，流动人口中老年人口、少年儿童比例的增加是必然趋势。但另一方面，当今中国，大规模流动人口的城市融入还面临很多困难和难题，短时期内很难实现流动人口家庭团聚的愿望，老人和孩子还将持续在农村留守。此外，随着计划生育政策的推广和时间的推移，流动人口的生育率也大大降低；希望通过流动实现计划外生育的现象也日渐变少，从而可能降低流动人口中的少儿比例。由此推测，流动人口的主体还将是青壮年人口，15~64 岁人口比例不会大幅度降低，甚至还会有所增加。但是，比例的降低仅说明儿童与老年人增长的速度慢于或等于成年劳动力的增长速度，并不代表其绝对数的降低或不增长。随着户籍制度改革的逐步推进，城市基本公共服务覆盖面的扩大，越来越多的儿童与老人也会加入到流动大军之中。

（二）性别结构

根据段成荣、杨舸（2009）的计算，从绝对数量上看，女性流动人口不断增多。1982 年，女性流动人口不到 400 万人；1990 年为 949 万人左右；经过 20 世纪 90 年代的迅猛增长，2000 年达到 4935 万人，10 年间增长了 3986 万人，增长超过 4 倍；2005 年，女性流动人口总量进一步增至 7325 万人，5 年间增长了

2 000 多万人，年均增长近 400 万人；2010 年，女性流动人口进一步增长，总数约为 10 307 万人，如图 2-6 所示。

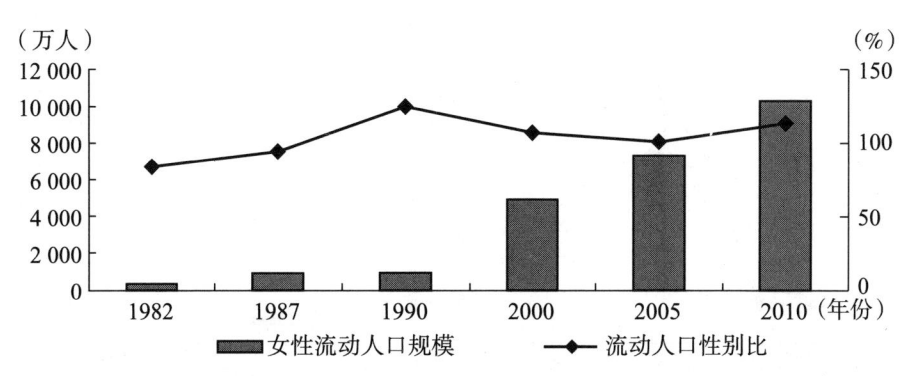

图 2-6　1982—2010 年女性流动人口规模及性别比变动趋势

资料来源：1982—2005 年数据来自段成荣、杨舸（2009）；2010 年数据来自第六次全国人口普查。

而从相对于男性的比例来看，女性流动人口的占比由高入低，又由低入高，总体上呈降低态势。1982 年，流动人口的性别比低至 84%，即每 100 名女性流动人口仅对应 84 名男性流动人口；但是，1990 年，流动人口的性别比发生逆转，达到 125%，即每 100 名女性流动人口，对应着 125 名男性流动人口，这也是性别比最高的时点。虽然该比率在 2000 年大幅降低，且在 2005 年两性比例基本趋于平衡，但在 2010 年，该指标又进一步升至 113% 以上。这种趋势与整个经济社会发展的模式和地区发展状况有关。在 20 世纪 80 年代，许多打工妹外出，进入制造业工作，使得女性流动人口的占比很高；而随着其他行业（如建筑业）的发展，对男性的需求日益增大，从而提升了男性比例。产业结构的逐步转型和调整升级、职业观念的转变也使得越来越多的年轻男性加入到一些新兴的服务行业，男性在流动人口中的占比也逐步升高。

图 2-7 同时展示了 2000 年和 2010 年两期人口普查中流动人口的性别、年龄结构，各数值为相应年龄段性别人口占总流动人口的比例。在 29 岁以下，女性流动人口的数量超过男性流动人口，与相应年龄段的男性比例不相上下，且在两个调查时点保持相同趋势；而在年龄超过 30 岁以后，两时点各年龄段男性流动人口的占比都超过女性。由此可见，流动人口的性别结构深受年龄的影响：对于女性而言，年龄越小，选择流动的可能性越大；而当女性超过一定的年龄，流动趋势变缓。出现这一现象的原因可能与传统的性别角色观念有关：随着婚姻的建立，女性流动人口或被动或主动选择留守照顾家庭。需要指出的是，2010 年，在所有 30 岁及以后的年龄段，女性的比例虽然均低于男性，但其差距并不太大。

结合 15~29 岁的性别比可以看出，越来越多的女性摆脱了传统的留守形象，与男性一样奔向他乡，承担起更多的家庭经济责任。

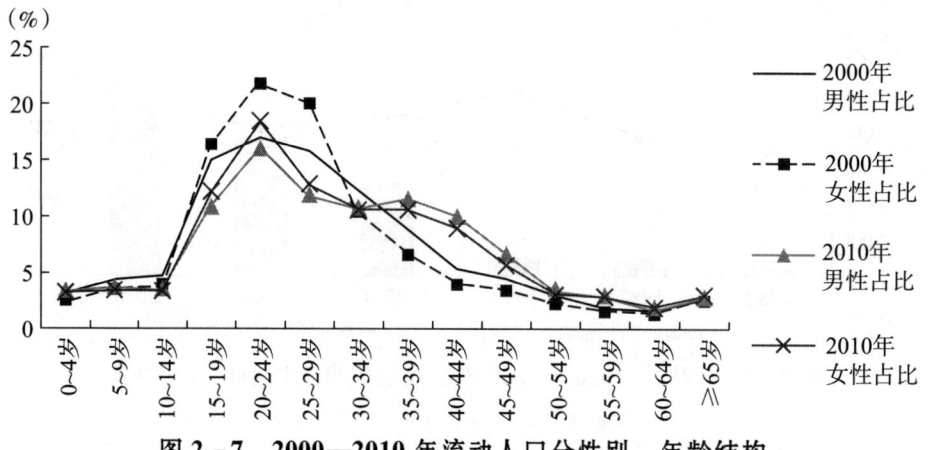

图 2-7 2000—2010 年流动人口分性别、年龄结构

资料来源：2000 年数据来自第五次全国人口普查；2010 年数据来自第六次全国人口普查。

若将流动人口的年龄、性别结构与非流动人口的年龄、性别结构进行对照则可发现，二者之间存在很大差别（见图 2-8）。与本地市民相比，无论是男性还是女性，流动人口的年龄结构都较为年轻；不仅 15~34 岁男性的比例高于本地市民，而且此年龄阶段的女性比例也明显高于本地女性市民相应年龄段的比例。0~14 岁流动儿童的性别比与非流动儿童的性别比并无太大差异，但可看出大部分流动人口并未将孩子带在身边，从而形成了流动人口群体结构中儿童比例较低的现象。

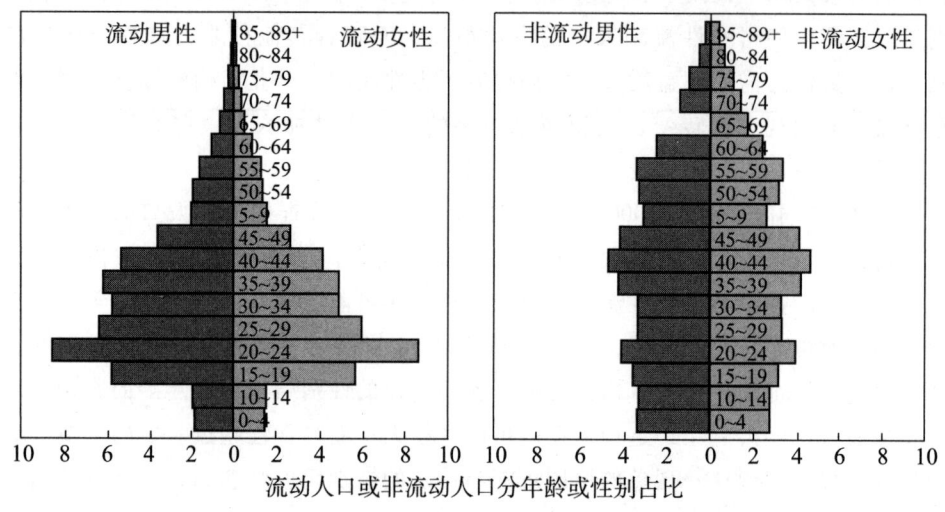

图 2-8 2010 年流动人口和本地市民分性别、年龄结构金字塔（单位：%）

注：根据第六次全国人口普查统计表 7-2 推算。

郑真真（2013）认为，女性人口流动的变化趋势，与21世纪中国人口结构的变化和社会经济发展密切相关，但是否更有利于女性的发展，还需要更长期的观察和更深入的分析。有些变化对女性发展具有明确的积极意义，例如，更多的女性完成高中或更高学业后开始流动，有利于提高她们在就业方面的竞争力和更为长远的人力资本积累；更高比例的流动女性因务工经商流动，反映了有更多女性在外出工作方面具有主动性。另一方面，一些长期存在的问题依然没有改变，流动女性在兼顾家庭和工作的问题上会陷入两难境地，如果流入地和流出地的政府、相关组织和社区能够创造更有利于流动家庭的环境，将会有助于缓解流动女性的后顾之忧。

（三）婚姻结构

从图2-9来看，流动人口始终以在婚人口为主，且从1990年以后，在婚有偶的比例呈不断上涨趋势。从1990年的59.7%，到2000年的64.8%，2005年有近70.0%的流动人口结婚有配偶，2011年该比例升至77.5%。相反，1982—2011年，流动人口中离婚丧偶的比例不断下降。1982年，有12.5%的流动人口是离婚丧偶人员，而到1987年，此比例下降到5.9%，到2000年以后，离婚丧偶比例下降到3.0%以下，且仍保持下降趋势。研究认为，由于长期夫妻分离、生活稳定性差等原因，流动人口的婚姻质量较低，离婚率较高（殷文俊，2014）。但是，随着人口流动的不断家庭化，夫妻分离现象不断减少，婚姻家庭关系得到改善；同时，由于流动的目的性增强，流动人口已经不是在城市中"盲目流动"的群体，而是在提高收入的同时试图融入当地生活，不断追逐"城市梦"的逐梦人。

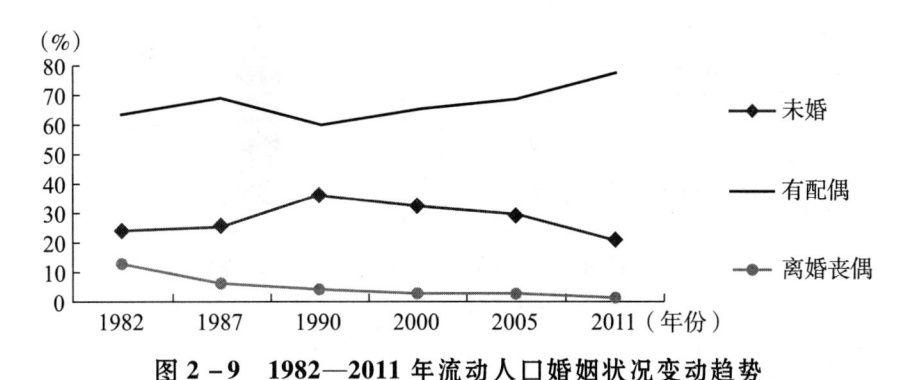

图2-9 1982—2011年流动人口婚姻状况变动趋势

资料来源：1982—2005年数据来自历次全国人口普查和全国1%人口抽样调查数据。2011年数据来自国家人口计生委2011年流动人口动态监测调查。

1982年，大约有1/4的流动人口为单身；而在1990年则有很大幅度上升，未婚比例高达36.1%，但此后持续走低，未婚比例稳中有降，2011年，大约有21.0%的流动人口尚未结婚，比2000年降低了11个百分点（不过，2011年数据是调查数据，虽然是随机抽样，但偏误恐难避免，这里仅作参考）。

（四）户籍结构

由于中国城乡二元体制的长期存在，流动人口因其户籍身份的差异区分为城—城流动人口与乡—城流动人口（即以农民工为主，也包括他们的家庭成员），而农民工是其中的主体。

在最近四次普查中，1982年人口普查没有问及人口的户籍，但后面历次人口普查或小普查都区分了户籍。根据1990年全国人口普查1%抽样数据计算，39.1%发生过地域流动的人口拥有城镇户籍（见图2-10）；而2000年全国人口普查0.95‰抽样数据结果表明，该比例升至49.1%；2005年全国1%人口抽样调查20%再抽样结果表明，该比例为44.8%。需要指出的是，拥有城镇户籍、发生过地域流动之人不必都是流动人口，他们中可能有相当一部分属于市内人户分离人口。2010年，22.5%的流动人口来自农村，51.6%的流动人口来自镇的村委会，11.2%和25.8%的流动人口分别来自镇的居委会和街道。将乡和村委会、居委会和街道的数据进行合并，得到2010年城—城流动人口占比为37%。但是，这个数据可能也高估了城—城流动人口比例，因为无论是镇的居委会还是街道，都可能涵盖了一部分农村户籍人口。

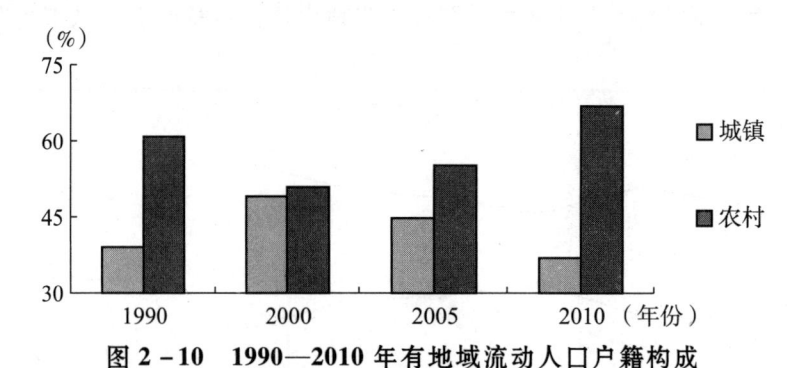

图2-10 1990—2010年有地域流动人口户籍构成

注：2010年，乡—城流动人口占比有明显提升，而城—城流动人口的占比降幅却很大，是数据使然，还是说明后者更容易入户，抑或是2000年和2005年高估了后者的比例？尚需进一步斟酌。

资料来源：1990年、2000年、2005年分别基于1%、0.95‰、20%人口普查和调查计算；2010年数据基于第六次全国人口普查，表7-1计算。

由此可见，尽管乡—城流动人口在可预见的未来，可能依旧是流动人口中的主力军，但城—城流动人口同样形成了一支不可忽视的队伍，并在中国城市建设和经济社会发展过程中发挥着不可替代的作用，也是一个需要关注的群体。

（五）教育结构

在过去 30 多年中，中国人口的受教育水平得到很大改善，流动人口也不例外。具体表现为，1982 年流动人口的文盲比例近 30.0%，而到 2000 年以后，文盲比例仅有 4.8%，下降了 80.0% 以上。流动人口中小学教育程度的比例也大幅度下降，由 1982 年的 39.3%，下降到 1990 年的 32.5%，再减少到 2000 年的 26.3%，2005 年小学流动人口比例不到总流动人口的 1/4。从 1990 年开始，初中文化程度的流动人口成为流动人口的主体；2005 年，47.4% 的流动人口教育程度是初中水平，换言之，近乎一半的流动人口是在接受完九年义务教育以后外出打工挣钱，开始流动和迁移的生命历程。在文盲率快速下降至极低水平、小学受教育程度者逐渐降低的同时，流动人口中受过高中、大专教育的比例大幅提升。1982 年，大约有 8.4% 的流动人口接受过高中教育，但此后，这个教育层级的占比不断提升，1990 年为 11.6%，2010 年为 20.63%。同时，接受过高等教育的流动人口的比例也迅速增加，在 1982 年，只有 1.0% 的流动人口接受过大专及以上教育，而到 2010 年，此比例增长了 15 倍，即全部流动人口中，有 15.0% 的人接受过高等教育（见表 2-5）。

表 2-5　　1982—2010 年 6 周岁以上流动人口受教育程度　　单位：%

受教育程度	1982 年	1987 年	1990 年	2000 年	2005 年	2010 年
文盲	28.6	16.1	12.5	4.8	4.8	2.22
小学	39.3	35.2	32.5	26.3	23.3	18.37
初中	22.7	34.0	41.4	45.4	47.4	43.75
高中	8.4	12.7	11.6	18.8	17.2	20.63
大专及以上	1.0	2.0	2.0	4.8	7.2	15.04
平均受教育年限	5.6	7.0	7.4	8.7	8.9	9.92
全国平均受教育年限	5.5	5.9	6.3	7.6	8.3	8.66

资料来源：1982—2005 年数据来自段成荣、杨舸、张斐、卢雪和（2008）；2010 年数据来自段成荣、袁艳、郭静（2013）。

事实上，流动人口的平均受教育年限一直超过全国人口的平均水平，1987年、1990年、2000年，流动人口的平均受教育年限一直高出全国平均年限1.1年；2010年，约高出全国平均水平1.2年。随着中国教育事业的不断发展和更多受过高等教育的人口选择迁移流动，流动人口的平均受教育年限还将不断提高。因为在流动人口中，有相当一部分是城—城流动人口，他们中的很多人都受过高等教育；即便是乡—城流动人口，也是一个高度选择的群体，受教育程度相对较高，是农村户籍人口中的"知识分子"。

根据2010年第六次全国人口普查数据推算[①]，城—城（包括镇）流动人口平均受教育年限为10.1年，而乡—城流动人口平均受教育年限为8.9年，前者高于后者近1.2年。尽管乡—城低于城—城流动人口，但乡—城流动人口比全国的平均受教育年限要高出近0.3年，教育优势仍旧明显。

四、流动人口的经济社会特征

为获得更高的经济收入、更好的生活质量，流动人口从乡村来到城市，从中小城市来到大都市，到一个陌生之地追寻"梦想"。在前几节中，我们对流动人口的总量、主要流出地、主要流向及基本的人口学特征有了一个较为翔实的了解；下面从职业结构、收入水平、社会保障和居住状况等方面，对其在流入地的基本社会经济特征进行较为全面和系统的描述。

（一）职业结构

流动人口职业结构在纵向与横向两方面都存在较大差异，如图2-11所示。首先，省内与省外流动人口的职业结构存在一定差异：更多的省外人口从事层次较低的职业。以2000年流动人口的职业结构为例，2/3的省外流动人口从事生产、运输等社会操作工作，而省内流动人口从事这一职业的不到1/3；省内流动人口中，专业技术人员占到15.6%，比省外流动人口高11.6个百分点；省外流动人口中的办事人员仅为3.7%，比省内流动人口低5.2个百分点。到2010年，

[①] 这里根据第六次全国人口普查数据（分城乡教育程度的户口登记状况表）计算，其中，文盲=0，小学=6，初中=9，高中=12，大专=15，本科=16，研究生=19；且已排除市内人户分离，并将镇级数据与城市放在一起计算。

省内、省外流动人口的职业差异基本延续2000年的模式，虽然在生产、运输设备操作等职业上的差异有一定的缩小，但办事人员和专业技术人员的比例依然存在较大差距。这一职业结构上的差异，在一定程度上反映了流动人口对于流动距离的理性选择（如果能够在较近的范围内获得较好的职业，便不会选择更远的城市）、流入地就业市场的不完善以及流动人口人力资本和社会资本的局限等。

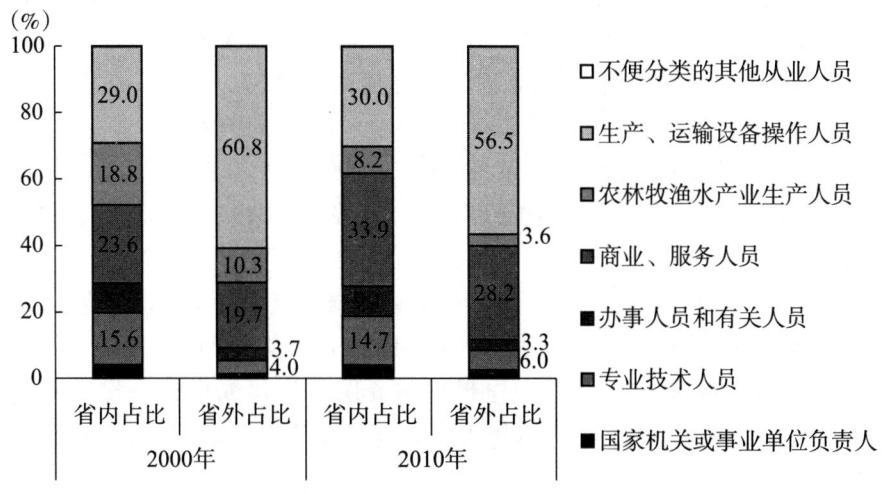

图 2-11　2000—2010 年流动人口职业结构分布

注：2000 年和 2010 年均为长表数据。

资料来源：2010 年省外流动数据来自第六次全国人口普查，见表 8-3；2010 年省内流动数据来自第六次全国人口普查，见表 8-2；2000 年省内流动数据来自第五次全国人口普查，见表 8-7a；2000 年省外流动数据来自第五次全国人口普查，见表 7-7b。

从纵向的变动趋势来看，省内流动人口从事生产、运输设备操作工作的比例基本保持在30%，同时，办事人员与专业技术人员的比例也尚未发生太大变化。但是，从事农林牧渔水产业的比例从18.8%下降到8.2%，相应地，商业、服务业从业人员的比例大幅增长，从23.6%增长到33.9%。省外流动人口的职业结构也表现出与省内流动人口相似的变化模式。随着经济社会的发展，中国逐渐开启了产业结构调整的重要任务，这一与职业息息相关的结构调整无疑是流动人口职业结构发生纵向变化的重要原因。

（二）收入水平

获取更高的收入是人们外出流动的最基本动因。早期的研究表明，在较长时间内，流动人口的收入变动不大，但自2008年金融危机以后，农民工出现返乡潮，沿海地区尤其是以制造业为主的一些城市出现的"民工荒、用工难"现象（也有研究认为只是结构性短缺），成为社会各界广泛关注的焦点问题。"民工荒""用工难"的一个重要原因在于流动人口的工资收入较低。因此，为了招揽工人，企业采取了给工人加薪、提供更好的福利等手段，这对流动人口的工资收入起到一个推升作用。不过，即便在同一时点，不同来源的数据得出的结论并不一致。

现有研究多是针对流动劳动力的主体（农民工）开展的调查，这些调查证实了农民工的收入长期以来极端低下的事实。从绝对收入来看，直到 2006 年，国家统计局在 10 个省市开展的城市农民工专项调查发现，农民工的平均月收入为 1 003 元，其中低于 800 元的占到 46.41%。从变动趋势看，赵长保、武志刚（2006）利用全国农村固定观察点系统 2003—2006 年的调查数据，对全国 31 个省份 314 个村近 2.4 万个家庭户的跟踪调查结果发现，2003 年农民工的月平均工资为 781 元，2004 年为 802 元，2005 年为 855 元，2006 年为 953 元。可见，随着经济的发展，农民工的收入水平有所提高，但与城镇职工相比，其收入仍然较低，增长幅度缓慢。1980—2004 年，中国城镇职工平均工资收入由人均 782 元增加到 16 024 元，增长了 19.5 倍。而根据国务院发展研究中心一份报告显示，1992—2004 年，珠江三角洲外来农民工月平均工资仅增长了 68 元（段成荣、孙磊，2011）。

从 2005 年全国 1% 人口抽样调查数据中计算各省在业流动劳动力的月收入可知（见图 2-12a），全国流动人口的平均收入为 999 元。其中，北京市流动人口月收入平均值最高，为 1 443 元，其次为上海市，收入在 1 334 元，广东、浙江、江苏、天津等发达省市流动人口的月收入也较高，平均都在 1 000 元以上。内蒙古虽然经济不甚发达，但由于产业结构和流动人口就业行业的缘故，他们的收入也较高，超过 1 000 元。而吉林、黑龙江、河南、四川、贵州等省份的流动人口收入较低，平均月收入仅在 700 元左右。

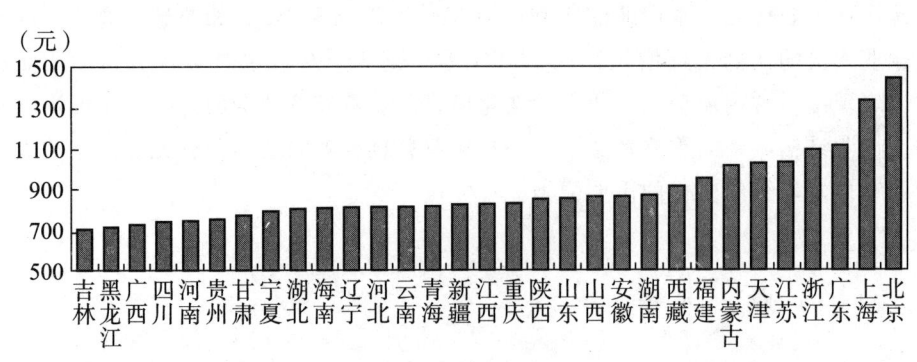

图 2-12a 2005 年各省区市在业流动人口月平均收入

资料来源：2005 年全国 1% 人口抽样调查。

10年之后，上述特点既有变化，也有延续。基于2014年《流动人口动态监测调查》计算出来的各省市在业流动人口的收入（见图2－12b）可知，尽管北京流动人口的收入位居上海之后，但北京和上海流动人口的收入依旧稳居前两位；江苏和浙江流动人口的收入依旧排在前五位。变化较大的是广东，2005年广东省流动人口的收入居于第三，但2014年退至10位之后（这可能与抽样有关：在动态监测调查中，收入较高的人群尤其是城—城流动人口的占比大大低于实际人口占比，从而拉低了广东省流动人口的收入）。类似地，收入较低的省份排位也有错落，但黑龙江、四川、河南等省的收入依旧垫底。

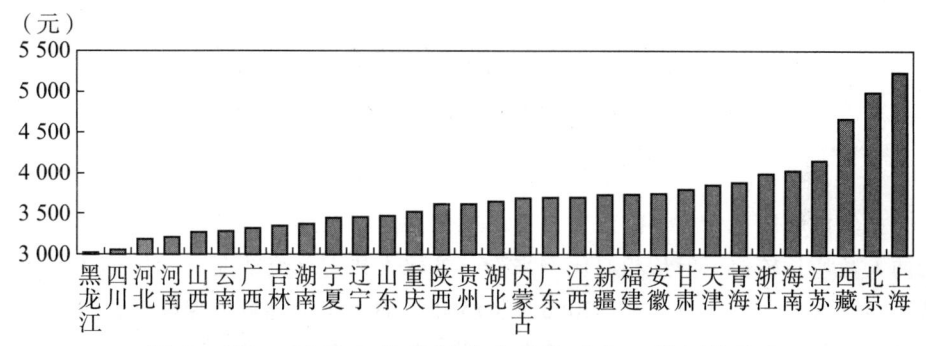

图2－12b　2014年各省区市在业流动人口月平均收入

资料来源：2014年国家卫生计生委《流动人口动态监测调查》。

（三）社会保障

社会保障对于人口的社会经济生活具有极其重要的保护作用。流动人口虽然在城市中工作、生活，以在城市打工为主要谋生手段，但中国特色的社会保障极度向城市居民倾斜，流动人口常常难以与城市居民享受同样的医疗、养老、失业等社会保险（郭星华、胡文嵩，2006；甘满堂，2001），被排斥在城镇社会保障体系之外（王凡，2007）。

随着国家和政府近些年对流动人口社会保障的逐渐关注和重视，流动人口各类社会保障的情况都得到快速发展和改善，农民工的工伤保险、医疗保险、养老保险更得到长足的推动。从国家人力资源和社会保障部公布的数据来看（见图2－13a），参加养老保险的农民工由2006年的1 417万人上升到2010年的3 284万人，再到2015年的5 585万人，每年都新增几百万农民工参加养老保险；参加医疗保险人数从2006年的2 367万人迅猛上升至2010年的4 583万人，进而上升到2015年的5 166万人。就工伤保险而言，参保人数更有了飞跃性的增加，从2006年的2 537万人，上涨到2010年的6 300万人和2015年的7 489万人，8年间政府和企业为近5 000万农民工办理了工伤保险，在一定程度上保障了他们的人身安全和工作安全；2006—2010年，农民工办理失业保险的人数稳步上升，从2007年的1 150万人升至2015年的4 219万人。

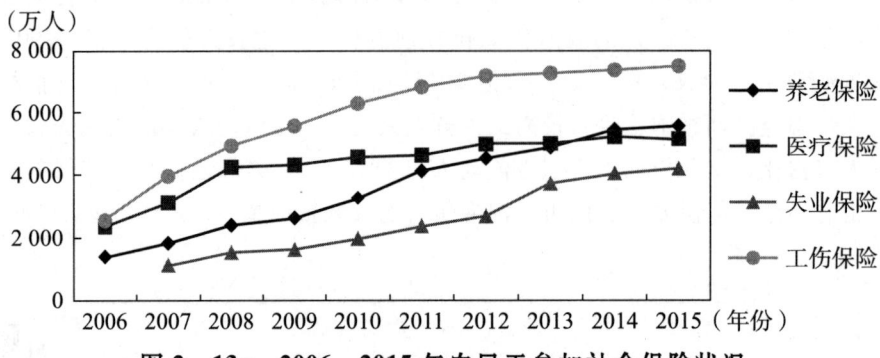

图2-13a 2006—2015年农民工参加社会保险状况

资料来源：2006—2013年人力资源和社会保障部统计公报。

虽然以农民工为主体的流动人口的社会保障状况逐年好转，参加各类社会保障的人数增长较快，但从相对比例来看，参保人数占总流动人口的比例还普遍较低（见图2-13b）。一方面，2006—2015年，农民工参加养老保险和失业保险的人数在全部流动人口中的占比不断上升：养老保险从2006年的8.8%提升至2015年的20.1%，增长2倍之多；失业保险的参保率从2008年的8.0%上升至2015年的15.2%。医疗保险从2006年的14.6%快速升至2008年的22.1%，但在随后的年份变动幅度平稳且呈略微降低之势；工伤保险参保率虽然在2014年开始略微下降，但比2006年仍然增长了2倍多。另一方面，即便是直接涉及人身安全的工伤保险，参保人群也仅从2006年的15.7%升至2015年的26.9%，而工伤保险的参保率是图中所示的四类保险中参保率最高的险种，但仍远远低于城镇职工52.1%的参保率。

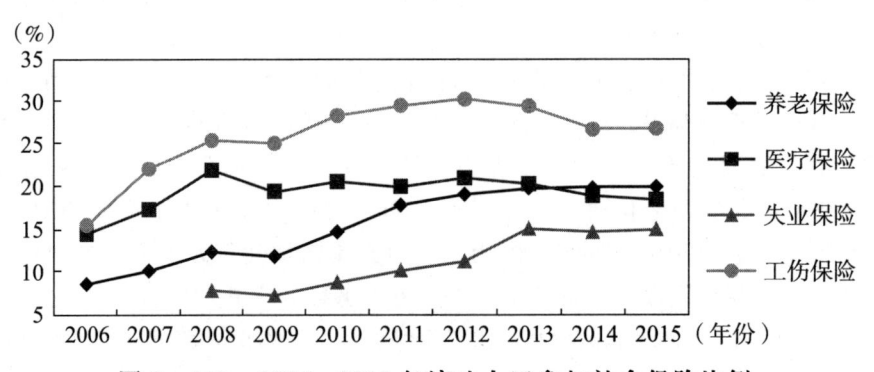

图2-13b 2006—2015年流动人口参加社会保险比例

资料来源：2006—2013年人力资源和社会保障部统计公报。

（四）居住状况

安家是每个中国人最真实、最朴素的梦想。流动人口在现地生活，获得安身之所是其首要任务。很多研究发现，流动人口的居住状况较差，"住有其所"是诸多流动人口最重要的诉求。通过2005年1%人口抽样调查中关于全部人口与流动人口住房的数据，我们可以对乡—城流动人口、城—城流动人口以及本地市民的住房状况有一个较为全面的了解。尽管该数据距今已10多年，但在过去的10多年中，流动人口的居住状况变化最小，故该数据的结论依然是有意义的。

表2-6描述的是2005年全部样本、流入地本地城镇户籍市民、城—城流动人口、乡—城流动人口单个住房变量的描述性分析结果。

表2-6　　　　2005年不同人群住房条件单指标分布　　　　　单位：%

变量	全部人群	本地市民	全部流动人口	城—城流动人口	乡—城流动人口
人均间数	0.73	0.81	0.63	0.80	0.55
人均面积（平方米）	22.22	25.68	18.22	26.31	14.10
是否饮用自来水					
是	89.06	90.45	87.45	92.03	85.10
否	10.94	9.55	12.55	7.97	14.90
主要炊事燃料					
煤气	69.83	73.23	65.88	78.79	59.27
电	4.12	4.20	4.02	4.13	3.96
煤炭	13.78	15.50	11.78	8.83	13.30
柴草	6.17	6.19	6.15	3.51	7.50
其他	6.10	0.88	12.17	4.73	15.98
厕所类型					
独立使用抽水式	54.17	64.43	42.25	67.27	29.43
邻居使用抽水式	3.35	1.44	5.57	3.16	6.80
独立使用其他式样	17.97	18.35	17.52	14.19	19.22
邻居合用其他式样	5.94	3.11	9.24	4.06	11.89
无	18.58	12.68	25.43	11.32	32.66

续表

变量	全部人群	本地市民	全部流动人口	城—城流动人口	乡—城流动人口
洗澡设施					
统一供热水	3.74	2.98	4.63	3.86	5.03
家庭自装热水器	48.31	59.25	35.60	61.70	22.23
其他	8.20	5.05	11.87	5.34	15.22
无	39.74	32.72	47.89	29.10	57.52
是否合住					
是	8.72	4.18	13.99	7.61	17.26
否	91.28	95.82	80.61	92.39	82.74
住房内有无厨房					
独立使用	78.17	92.52	61.49	83.81	50.05
与人共用	4.13	1.68	6.98	3.83	8.60
没有厨房	17.70	5.80	31.53	12.35	41.35
住房来源					
自建住房	18.89	25.60	11.09	11.21	11.02
购买商品房	16.87	20.72	12.39	26.16	5.33*
购买经济适用房	6.23	9.47	2.46	5.31	1.00
购买原国有住房	17.31	27.31	5.69	13.72	1.58
租赁公有住房	9.40	9.76	8.98	9.77	8.57
租赁商品住房	20.30	2.61	40.86	23.72	49.64
其他	11.01	4.54	18.53	10.09	22.86

资料来源：基于2005年全国1%人口抽样调查0.95‰再抽样数据计算。

几个突出的特点归纳如下：

一是从全体人群的居住状况来看，人均住房约0.7间、22.2平方米，较为宽敞；人们的生活较为卫生和便捷，近九成的人饮用自来水，分别有近3/4的人使用燃气或电气为炊事燃料、住房内有抽水式或其他式样独立厕所，六成的人住房内配备了洗澡设施，超过九成的人单独居住，约有近八成的人使用独立厨房，且近六成的人在现居地拥有住房。

二是通过比较流动人口与本地市民的各项住房指标，可见后者在多数单指标上均占优势。比如，本地市民平均住房间数为0.8间、25.7平方米，住房拥有率高达83.1%，而流动人口的相应指标分别为0.6间、18.2平方米和31.6%。同时，本地市民比流动人口拥有独立卫生间、独立厨房、独立居住的比例更高。相对于全部人群而言，本地市民的住房条件处于平均水平之上，而全部流动人口则居于其下。

三是城—城流动人口与本地市民的居住条件同大于异，但也凸显出流入地在住房保障方面对外来人口设置的门槛较高。将城—城流动人口与本地市民进行比较后发现，二者在前面8项指标上均无太大差异，各项水平趋于一致，且在某些指标上，城—城流动人口的条件甚至超过本地市民。但是，在住房来源方面，二者展现出较大差异：（1）城—城流动人口的住房拥有率仅为56.4%，远低于本地市民拥有住房的比例；（2）拥有住房者的住房来源有别，更高比例的本地市民自建住房、购买经济适用房与原国有住房，而更多的城—城流动人口购买商品房；同时，后者租赁商品房的比例大大超过本地市民。这明确体现出户口所在地对本地购买本地福利性住房的限制与影响。

四是流动人口内部存在明显的社会分层。乡—城流动人口的人均住房间数仅为0.6间、面积为14.1平方米，14.9%的人无自来水，36.8%的人主要炊事燃料为煤炭、柴草或其他，约1/3的人住房内没有卫生间，仅不到五成的人拥有抽水式或其他式样的独立卫生间。超过一半的乡—城流动人口居住在没有洗澡设施的住房中，而居住在统一供热水或自装有热水器住房的比例仅为27.3%；这些指标均与城—城流动人口差距甚大。即便仅有17.3%的乡—城流动人口与人合住，这个比例也远远超过城—城流动人口的7.6%。同样，尽管50.1%的人拥有独立厨房，但相较于城—城流动人口的83.8%，这个比例也显得过低。最后，仅有18.9%的人拥有自己的房子，而其中主要是自建的住房，次为购买商品房（5.3%）；近一半的人租赁商品房，超过两成的人租用其他住房。

城—城流动人口的住房情况之所以更为理想，与该人群中包含了部分市内人户分离人口密不可分。剔除这部分人口后，城—城流动人口在所有指标上都要稍差一些，与本地市民的比较优势也基本消失，但他们依旧与本地市民差别不大。可见，流动人口内部的异质性很强，社会分层十分突出，乡—城流动人口处于底层。虽然流入地的住房保障对外来人口设置了诸多障碍，但随着住房制度的改革，在市场化进程中，只要经济条件许可，或可购买住房，即便租赁住房，他们租住房屋的条件也明显好过乡—城流动人口。

五、流动人口的流动特征

除基本的人口特征和社会经济特征外，流动人口群体内部在流动进程中也具有不同的特点，表现在流动跨越的行政区域、离开户籍地的时长或在流入地的居留时间、流动原因和流动模式等方面。

（一）流动区域

表2-7展示了2000年和2010年流动人口流动跨越的行政区域，这在前面已经有所涉及。在这10年中，跨省流动人口的占比在流动人口总体中有明显提升，而县内跨乡镇的流动人口占比明显降低（见表2-7）。

表2-7　　　　　　　　　流动人口跨越行政区域

流动区域	2000年 人数（人）	2000年 占比（%）	2010年 人数（人）	2010年 占比（%）
跨省	37 301 550	36.66	94 262 751	42.57
省内跨市	33 821 700	33.24	48 493 170	21.90
市内跨县			23 383 008	10.56
县内跨乡镇	30 626 750	30.10	55 268 928	24.96

资料来源：段成荣、袁艳、郭静，2013。

在省内流动人口中，来自农村的流动人口所占比重只有50.5%，而另一半的人口是来自街道或镇的居委会。而在跨省流动人口中，来自农村者所占比重明显较高，有80.0%以上，城—城流动人口只占跨省流动人口的20.0%以下（段成荣、杨舸，2009）。

（二）离开户籍地时长或居留时间

如前所述，人口普查或全国1%人口抽样调查关于时间维度所问的是流动人口离开户籍地的时长，而非在现居地的居住时长，二者有较大差异。图2-14展示了前一类信息。由此可知，在1987年，18.4%的流动人口在流入地居住时间不满1

年，17.0%的流动人口居住时间不满2年，另有40.1%的人口已经在流入地居住5年以上。2000年，22.6%的人口在流入地居住不满1年，而在流入地居住5年以上的比例有所降低，为34.6%。2005年和2010年，均有近40.0%的流动人口在流入地居住不满2年，仅有不到1/3的流动人口在流入地居住5年以上。对于离开户籍地5年以上的占比逐渐降低的趋势，我们认为应当从两方面来分析。一方面，随着农村富余劳动力的大规模转移，市场经济的不断深化，更多的人出于经济目的或社会目的而离开户籍地，新增流动人口离开户籍地的时长无疑较短；另一方面，随着更多流动人口在流入地的稳定就业以及城市融入度不断提高，他们在流入地的居留时间也会越来越长。虽然离开户籍地5年以上的占比不断降低，但从绝对数量来看，以2010年2.21亿流动人口总量计算，其总量达到6 850万。

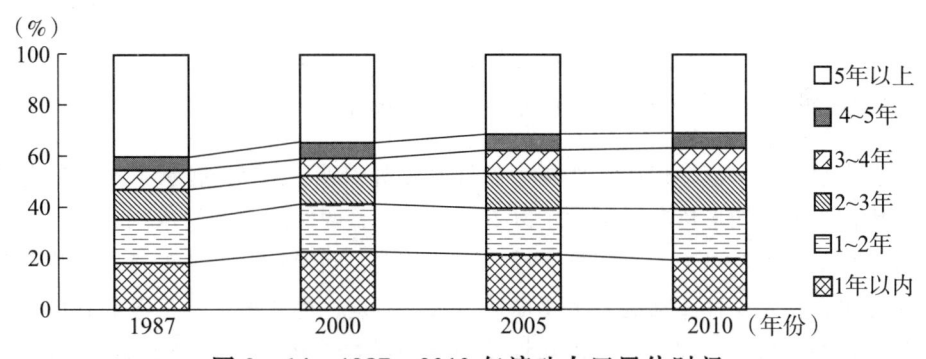

图2-14 1987—2010年流动人口居住时间

资料来源：历次全国人口普查和1%人口抽样调查数据。

（三）流动原因

图2-15a的数据显示，务工经商始终是驱动人口流动的最关键要素，且若从1987—2010年的变动趋势来看，该因素随着市场经济的深入发展其作用越来越强，故在流动原因中的占比也越来越高（见图2-15a）。不过，因务工经商而流动的人口也呈现出先上升、后下降的模式：在1987—1990年的3年间，务工经商者的占比由27.5%升至48.1%，增长了20多个百分点，进而上升至2000年的54.9%，达到最高点。但自2000年后，其占比下降，至2010年为44.8%，降低了10个百分点。1987年，因婚姻迁入和投亲靠友的占比也都较高，但此后持续降低；与此相反，随迁家属的占比于1990年经历了较大幅度的降低后，在后两次普查中都有较大幅度回升，基本恢复到1987年的水平。增长趋势最为明显的原因类别当属学习培训，从1987年的2.9%升至2010年的11.5%。此外，拆迁搬家的比例在2000年和2010年间也有较大程度的上升。在各类原因中，因为

工作分配而流动的占比最低，也较为稳定；与此类似的还有工作调动。由此可见，随着时间的推移，家庭团聚和提高素质技能等目的也将成为驱动人口流动的重要因素。

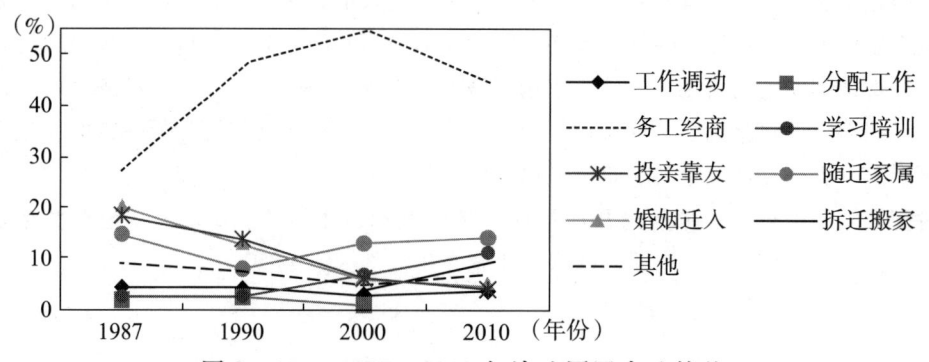

图 2-15a　1987—2010 年流动原因变动趋势

资料来源：历次全国人口普查和 1% 人口抽样调查数据。

我们也发现，流动原因存在较大的性别差异。图 2-15b 展示了两性部分流动原因的占比。图形给我们提供了以下信息：一是两性的模式基本一致，但同中有异。比如，无论对于男性还是女性，流动的主要动因依旧是务工经商，挣钱打工既是男性也是女性流动的最主要推动力量。但是，男性出于务工经商目的而流动的占比在所有时点都大大超过女性。两性差异在 1990 年后持续降低，2010 年仅有 10 个百分点之差，这表明越来越多的女性随着时代的前行，像男性一样分担起养家糊口的责任。

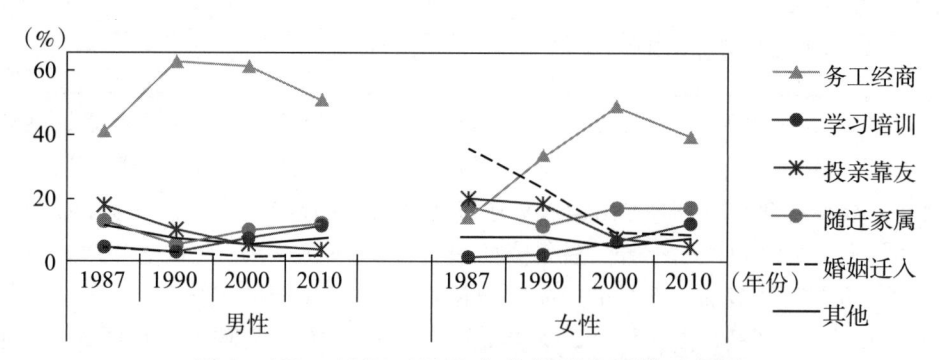

图 2-15b　1987—2010 年分性别主要流动原因

注：在这里没有呈现的三类原因分别为工作调动、分配工作、拆迁搬家。前两者都是男性的占比大大超过女性，但拆迁搬家基本没有性别差异。

资料来源：历次全国人口普查和 1% 人口抽样调查数据。

二是各类流动原因存在较大的性别差异。1987 年，婚姻迁入是驱动女性流动的最主要因素（占比为 35.1%，而男性为 5.0%），投亲靠友次之（占比为 19.7%，略高于男性），17.3% 的女性作为随迁家属流动，超过男性 5 个百分点。由此可见，因家庭或社会因素而流动的女性占比大大超过男性，而因工作原因（包括这里没有展示的工作调动、分配工作）大大低于男性。但是，这个趋势在 1990 年以后有了较大改变，务工经商也成为女性流动的最主要原因，到 2000 年，近一半的女性是因为经济原因而流动。同时，社会原因也是推动女性流动的关键因素之一，虽然投亲靠友和婚姻迁入的比例大大降低，但随迁家属的占比一直都较高。尽管女性因为学习培训而流动的占比一直低于男性，但在 2010 年，女性的占比高达 12.0%，略超过男性。

（四）流动模式

中国人口的流动模式划分为四个阶段：第一阶段，流动人口利用农闲季节外出务工，以短距离流动为主，大多数流动人口单身外出，农忙季节依然回家，没有脱离家庭生活和农业生产；第二阶段，随着流动范围扩大，跨省、跨区域流动成为主体，流动人口基本脱离农业生产，不少家庭中夫妻双方均外出务工经商，子女留给家里的祖父母或其他亲属照顾；第三阶段，流动人口在外地站稳脚跟后，并且在经济条件许可的情况下，安排子女随迁，在流入地生活、就学；第四阶段，核心家庭在流入地稳定下来之后，青壮年流动人口进一步将父母列入随迁的考虑范围（段成荣等，2008；郭志刚，2003）。

当前，中国人口流动正处于第二阶段末并向第三阶段转变的时期，家庭迁移是以核心家庭的迁移为主要形式（周皓，2004），夫妻二人或夫妇携子女在流入地居住生活已成为流动人口的主要特点之一（翟振武、段成荣、毕秋灵，2007），流动人口的家庭化趋势日益明显（中国流动人口发展报告，2010）。对比 1990 年和 2000 年两次人口普查结果后发现，户主与配偶均为流动人口的比例从 1990 年的 7.44% 上升到 2000 年的 46.06%（于学军，2005）。

国务院农民工办公室的调查数据显示，流动人口举家流动的比例还很低。从图 2-16 可以看出，在 2008—2014 年 7 年间，外出农民工中举家流动的比重基本稳定于两成左右，近八成的外出农民工单独或仅与部分家庭成员外出，即近 80.0% 的家庭是不完整的流动家庭。鉴于 2014 年，中国的流动人口已达 2.53 亿，不管是举家流动还是其他模式流动，流动所影响到的人口数量可能都占全国总人口的一半。

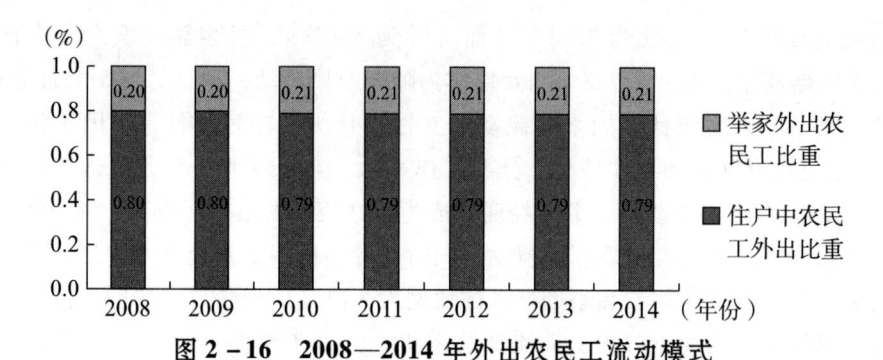

图 2-16 2008—2014 年外出农民工流动模式

资料来源：数据来自国家统计局 2009 年、2010 年、2012 年、2013 年、2014 年农民工监测调查报告。

通过对 2011 年流动人口动态监测调查数据中核心家庭①——（1）未育夫妻；（2）夫妻和未婚子女；（3）未婚者和父母——的分析发现，若包括单人流动，约 27.0% 的受访者为非家庭式流动；25.9% 的受访者在流入地与部分家庭成员一同居住（即半家庭式流动）；其余 47.08% 的在婚受访者与配偶或与配偶和全部子女或未婚受访者与父母一起，即实现了完整家庭式流动（见表 2-8）。若不考虑非家庭式流动的情形，则举家流动的核心家庭比例提升近 20 个百分点；换言之，近 2/3 的核心家庭为完整家庭式流动。

表 2-8　　　　　　　　　流动人口流动模式

流动模式	包括单人流动		不包括单人流动	
	频数（人）	比例（%）	频数（人）	比例（%）
非家庭式流动	21 086	27.03	—	—
半家庭式流动	44 010	25.90	29 771	33.96
完整家庭式流动	57 902	47.08	57 902	66.04

资料来源：2011 年"流动人口动态监测调查"。

2010 年流动人口动态监测调查数据表明（见图 2-17），在流动人口中，夫妻及一个子辈的家庭比例最高，占全部样本的 30.0%；其次为单人家庭，占总家庭的 26.2%；仅夫妻二人的家庭比例为 20.2%。总体而言，有 73.8% 以上的流动人口家庭为二人及以上家庭，这表明流动人口家庭化趋势明显。

---

① 鉴于调查的局限，核心家庭可能也不完整，特别是未婚受访人的兄弟姐妹信息可能缺失。

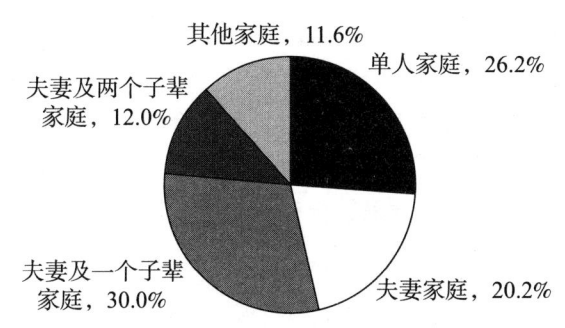

图 2-17　2010 年流动人口家庭结构

资料来源：2010 年"流动人口动态监测调查"。

（五）流动人口的子女状况

流动儿童与留守儿童是两个相对复杂又不断转换的群体，是中国工业化、城镇化和现代化进程中的一个特殊现象，在未来的一段时间内还将继续存在，是需要高度关注的群体。由于流入地结构性因素的制约和（或）流动人口因其他原因而做出的自愿选择，不少流动人口未将子女或全部子女带在身边。有多少孩子与父母一起在流入地居住？有多少孩子留守老家？还有多少孩子既不在流入地，也不在流出地？因为统计数据的局限，目前这些问题都难以得到准确的答案。

根据 2005 年全国 1% 人口抽样调查的数据推断，全国农村因父母双方或一方外出务工而成为留守儿童的约 5 800 万人，其中 14 周岁以下的留守儿童 4 000 多万（张俊良、马晓磊，2010），而全国 14 周岁及以下流动儿童规模也达到 1 834 万人（段成荣、杨舸，2008），到 2010 年，则达到了 2 502 万人。

"流动人口动态监测调查"数据分析结果显示，许多子女并未与父母同住（见图 2-18）。2011 年，子女都在身边的占比为 60.8%，都不在身边的为 27.3%，5.3% 的子女分居流入地和流出地，还有 4.6% 的子女都在外地，有 2.9% 属于其他（包括既有子女在老家，也有子女在本地，还有子女在外地的情形）。可见，尽管主流模式十分清晰，即大部分子女与父母一起在流入地生活，但流动人口子女的居住安排比较复杂，从而可能给流入地和流出地社会的基础设施和公共服务提出较大挑战。

从流动人口子女的分布区域看，流动儿童的相对比例呈现出明显的区域差异。在长三角地区和东北地区，大部分城市流动人口携带子女总数的比重不足 50.0%，表明这些地区的流动人口的更多子女留在了老家成为留守儿童。当然，由于长三角地区流动人口众多，即使流动儿童的比例相对较低，但数量仍然非常庞大。华北地区和珠三角地区流动儿童的比例较高，大部分城市的比例都在 50.0% 左右，表明这些城市流动人口携子女流动的比例较高。流动儿童的相对比例超过 75.0% 的地区大部分都在中西部，表明流动人口是否携带子女一同流动，与流入地的经济发展程度、可享有的教育资源、流入地的生活费用等情况密切相关。流入地经济越发达，流动人口越难以实现社会融入，流动人口子女也难以实现其就学愿望，因此，流动儿童比例相对较低。而在中西部城市，流动人口家庭生活费用更低，对外来人口入学就读限制也更少，因此，更多流动人口携子女流入城市，流动儿童比例相对较高。

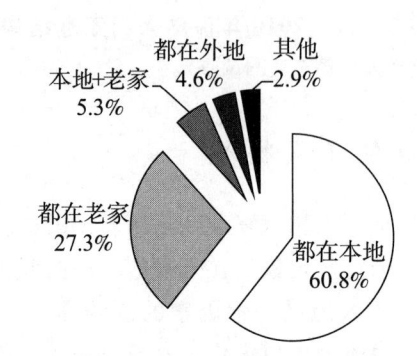

图 2-18 流动人口亲子之间居住安排

资料来源：2011 年"流动人口动态监测调查"。

六、逐梦人日增，多彩梦未断

通过对以往全国性流动人口数据的梳理和对比，我们可以发现，当前大量的流动逐梦人具有以下鲜明的群体特征。

（1）流动人口数量变化快，增长势头强。从 1982 年的 657 万人，增加到 2010 年的 2.21 亿人，2014 年的 2.53 亿人，人口流动逐渐常态化，流动人口在全国总人口中所占比例不断提高。

（2）流动人口来源、分布的集中化趋势越来越明显。从区域角度看，流动人口从中西部流出，向东部发达地区集中。从省际层面看，流动人口从安徽、河南、湖北、湖南、四川等少量省份大规模流出，而向广东、浙江、江苏、福建、上海、北京等少数省市大规模集聚的趋势十分明显。

（3）流动人口年龄结构越来越劳动力化，15～64 岁年龄组所占比例超过 80.0%，而少年儿童和老年人的比例不到 20.0%。流动妇女的比重经历了由高到低再逐渐回升的过程，流动人口的性别结构趋于均衡化。他们大多为在婚人口，但也有近30.0%的未婚人群。流动人口的受教育水平在不断提高，平均受教育年限已接近9年，但乡—城比城—城流动人口的受教育年限略低1.2年。

（4）流动人口的职业以商业、服务业、生产运输业为主，从事国家社会管理、专业技术等职业的比例很低。在2005—2014年，流动人口收入水平有了很大提升，但社会保障的参与水平依旧很低，居住条件也较差。

（5）流动人口在流入地居住呈长期化趋势，近半数居住时间超过3年。家庭化趋势明显，近80.0%的流动人口家庭为二人及以上家庭。追求更好的经济收入始终是人们迁移流动的根本原因，女性为务工经商而流动的比例远远低于男性；相反，她们因社会原因而流动的占比高于男性，即社会原因和家庭原因仍是女性流动的重要推动力。

（6）流动人口的子女有1/3为留守儿童，略低于2/3为流动儿童。留守儿童在流出地的分布存在一些差异，而流动儿童在流入地的分布与经济发展程度呈现出一定的负相关关系。

40年来，沿海地区、各大城市承载着来自农村地区、中西部欠发达地区人们的梦想。正是这些梦想，为各级各类城市和沿海地区的勃兴、经济的快速发展，蓄积了深厚的能量，提供了巨大的人口红利。正是这些逐梦征程，倒逼了中国制度体制的改革与创新，推动了中国经济社会的深刻转型。正是流动者对圆梦的不懈努力，让他们为自己、为子女、为整个乡村社会，打开了一扇窗户，领略到别样风光。如果说，第一代流动人口的城市梦想是从家乡小镇营造、发酵、升腾的话，那么第二代流动人口甚至第三代流动人口的梦想则酝酿和牢固地扎根于城市和发达地区。中小城镇的门槛很低，轻轻抬脚即可跨过，二三十年前如此，今天依旧如是。大城市高槛难越，却也在逐渐打开明亮、宽敞的机会之门。那些他们曾经流连的城市，那些曾经拼搏过的人生，那种为理想而执着的情怀，是城镇化的强大动力和有力支撑。

岁月终将逝去，青春亦会轮回。然而，梦想依旧缤纷，逐梦之旅不会停歇！

第二篇

梦想的多彩与
逐梦者的呐喊

第三章

缤纷斑斓之梦

截至2015年，几乎每6个中国人就有1个在流动，超过七成流动人口在东部，流动人口平均在外漂泊4.4年，平均月收入超过4 500元——《中国流动人口报告2016》中的这一组数据，为我们描绘出一幅流动人口的群像。然而，数据难以呈现他们的生活与工作场景，无法展现每一位流动者在流动过程中所怀揣的心情、面临的困境、怀抱的追求与需求。因此，需要研究者将自己作为工具，深入到流动人口群体内部，观察他们的生活情境，在与他们互动交谈的过程中挖掘其行为的意义。

2011年下半年到2015年年初，笔者和团队成员在鄂州、北京、合肥、苏州、郑州、成都、中山、宁波、西安等地进行了个案访谈和参与式观察。共有100多位流动人口接受了我们的访谈，既有男性，也有女性；既有年龄高至58岁的老生代，也有低至15岁的新生代；既有省内、市内流动人口，也有跨省流动人口；既有白领，也有普通工人。他们从不同的中小城镇来到了大都市，怀揣着同样的都市梦，分布于各行各业、从事各式各样的工作，期望获得更美好的生活。他们都在不同的人生轨迹中，以不同的故事演绎自己关于城市的五彩斑斓的梦想。

访谈过程中，他们以朴实的话语讲述自己的故事，为笔者再现了真实的生活情景。与此同时，笔者也仔细观察了他们生活工作的场景，而这些都让笔者更加深刻地认识到流动人口内部的差异。访谈和观察，展示了每一位流动者的鲜活人生，构建出了不同于问卷调查的流动世界：流动人口从农村走向城市，从小城镇走向大都市，都为某种梦想而在他乡聚集——或为无拘无束、自由自在，或为头顶光环、万众瞩目，或想衣食无忧、无病无灾，或望收入丰厚、安居乐业，或愿子女成才、老有所养……总之，梦想有大有小、有远有近，或朴实无华；或可摇曳多姿；或触手可及，或可虚无缥缈；或坚守不变；或与时俱进。虽然现实生活各有差异，但梦想无贵贱之别，正是人们五彩斑斓、缤纷多姿的梦想，构成了现实世界的丰富多彩。他们在不同的生活场域中，在各异的人生征程下开启了人生的新篇章，展开灵魂内核相似、具体枝节却又各异的故事。

本章和第四章就是基于访谈和观察的部分记录，以叙事性和纪实性的方式，真实地记录、呈现他们的梦想而不做更多的解读，为读者展示部分流动人口在逐梦城市过程中的故事和百态人生。

一、独立自由梦

小余，1972年出生，2015年（访谈时间）43岁，湖北鄂州人。因小时候腹泻不止，家贫无钱医治，发育有些迟缓（但现在看起来除了过于瘦弱外，并无其他异常），故一直没有娶亲，至今单身一人。

八年前，小余随哥哥前往深圳打工，主要在电脑、灯具等工厂的组装线上工作。我们的访谈从拉家常开始。在谈到怀有什么样的理想外出打工时，小余的表情有些尴尬和不自在，嘿嘿一笑说：

我这样的人有什么理想？没有理想。

在谈起为什么外出打工时，小余也是有自己打算的：

由于我没有成家，跟爸爸和大哥一起过。村里田地少，每个人只有几分田地，也都改成了鱼塘，没事可做，也没有钱，但一点都不自由。我爷（即爸爸——作者注）可"坏"了，总是说我、吵我，简直烦死了；他们每个人（两位哥哥——作者注）总把我当成皮球，想让我干什么，我就得干什么；总是被他们叫过来叫过去的，一点自由也没有。因为自己相当于在家白吃白喝，也不好反抗什么。为了摆脱他们，我就出来了。回来一趟可不容易，不只是路费，还有亲戚朋友，各个都要照顾到，各种费用加起来，三四个月的工资就没了。现在交通发达，在深圳过年还可以到东莞、珠海、广州呀，到处玩玩，见见世面。去年春节就没有回家，出去玩了；今年春节也不想回家，但今年是我奶奶的头七［即刚过世七天——笔者注］，要给奶奶烧清香，才回来的。

想自由一点算不算是理想？

当被问及是否还有其他理由要到深圳打工时，比如赚钱？对于笔者的这个问题，小余是这样说的：

赚钱是必然的，那还用说吗？它们是一起的。出来当然就能赚钱了。

笔者接着问，去年在工厂打工，每个月平均多少钱？包不包吃住呢？

我每个月的基薪是1 800元。如果每天从早晨8点干到下午5点15分，这就是每个月的工资。但是，实际上每天基本上都是从早晨8点干到晚上10点，中午只有一个小时的午餐时间。这样的话，一个月能拿到3 000多元。如果赶订单的话，就干到晚上10点，最多能拿到4 000元。过年后，听说基薪会涨到2 000元以上。让我在赚钱和法定工作时间之间选择的话，当然是更愿意赚钱了。出来是干什么的，不就是为了赚钱吗？不赚钱的话就不出来了。

招聘时，说是包吃住的，但还不是从工资中扣！不是免费的吃住；在单位吃还不划算，不如自己做。

那么，每个月吃住一共花多少钱？每年大约能结余多少钱？

每月房租加上水电费不超过500元，吃饭大约1 000元，我也没有其他什么开支，其余的钱就可以节省下来了。今年（即2014年）一共结余17 000元；如果不回家过年，可以结余2万元以上。现在，钱让我姐姐帮我存着，给他们（即父母、哥哥——作者注）的话，就像肉包子打狗，有去无回。我不指望他们（即哥哥姐姐——笔者注）将来给我养老，我必须得依靠自己。以前的钱都给他们拿走了，现在我要自己存钱。你看，我也不年轻了，干不动多少年，将来真的干不动了，谁还会管你呀？

房间有多大？是自己独住还是合租？笔者问。

我也不知道有多少平方米，我自己一个人住，是一个小套间，有独立的厨房和厕所，能放一张床，还能放得下电视和一张桌子。反正是够用了。我这算贵的了，还有的房间只要200多元；我不想跟别人住一起。

言语之间，小余表现出十分满足的神态，无论是对于收入、住房，还是对于目前的生活状况。

客观地讲，他的人生没有太多的曲折经历和故事，他的理想也相当质朴纯粹，但却充满对自由的向往和对未来的期许。不想回家过年，是出于现实的考虑：一方面，自己没有成家而无牵无挂，不回去既可以省去父母的唠叨，也可以节省较多钱财（前面他已经跟我算了一笔账，但前后说法有些出入）；另一方面，因为无子，他不得不考虑自己未来的养老问题，眼前节省也是为了未来的支出更有保障。而对在深圳的长期居留意愿，小余却表示出明确的叶落归根的态度。他说，一来自己买不起房子，二来即使买得起，也会回老家买。自己虽然在这里打工，但也仅限于打工而已，基本上就是"白天木头人，晚上机器人"，在深圳没有亲人，没有朋友，是不会在那里买房的。将来自己年纪大了，干不动了，就回老家了。"就像一只鸟，到时候总要飞回窝里。"这个"窝"就是家乡。

的确,"自由"和"赚钱",对像小余这样的人而言充满诱惑。如果不外出就业,他们可能也是农村社会的弱势群体,且从长远来看,生活会更为艰辛;而外出打工给他们提供了实现自我价值的舞台和机会,也为年老生活奠定了一定的经济基础。

老冯,男性,今年58岁,湖北省鄂州村民;受过高中教育,是笔者访谈过的乡—城流动人口中受教育程度较高者,特别是相对于他这个年纪的人而言更是如此。他有很丰富的外出就业的经历,跟着村里的建筑队到处挖桩,但也干过其他一些杂活。2010年,他通过熟人关系来到北京,在一个出版机构做仓储工作,直到现在。

我们队上有个包工队——挖桩〔挖地基——笔者注〕的一般都是夫妻二人搭档,一个挖土,一个把土运到桩外。挖桩是很赚钱的,一天干得好,夫妻二人能赚600元,以前没有这么多的,都是慢慢涨起来的。但是,挖桩也不是总有活儿干的,要看包工头接不接得到活儿。接不到活儿的话,就只能在家等着。下雨天也干不了活儿。所以,看起来好像挺赚钱的,但其实不稳定。有时赚得多,有时赚得少。

这不是很好吗?赚钱不少,还不用每天干活?笔者继续追问。

队里很多人都还在干这个活儿,特别是上了年纪的人,找其他的活儿干赚钱少。但我不喜欢这个活儿。〔笔者问:为什么呢?〕一嘛,就是太累。挖桩是往下挖洞,洞里很潮湿,长期干受不了,容易得病,风湿什么的,年轻时扛得住、扛得过,这么大年纪了,得了病怎么办?是要命还是要钱?二嘛,就是跟老婆搞不拢。挖桩基本都是夫妻档,这样赚的钱都是自己的,不扯皮;跟其他人搭档闹不好会打架。但我跟我老婆两人在一起总是吵架。她恨不得我每天都拼着老命地干,我可不想那么累,只有一个儿子,为什么要那么辛苦呢。我处处受她管着,偶尔打牌输了钱她就跟我吵,一点自由也没有,就不想跟她一起干了。

那你不做,你老婆是不是还在跟其他人一起挖桩呢?与挖桩相比,现在这个活儿感觉怎么样?笔者继续追问。

我们都没有挖桩了,都到北京来了。她是先来的,一个老家的人要请保姆,她就来了。然后我也来了。这个老乡在这边做得挺好的,开了出版公司,我就在他的书库工作。我现在觉得特别好,工作不忙,单位也比较正规,每周都有一天的休息时间。我告诉过你,我喜欢看书,在书库工作就有这么一点好,有很多的书看。唉,话说回来,像我这样的人,看书有什么用呢?〔一阵叹息和沉默〕。不过,现在我跟老婆不在一起,一个在南边,一个在东边,她管不着我,嘿嘿,挺自由的。钱赚得少一点,但不用卖体力,生活很稳定,工作环境也干净,(挖桩）简直不能比。同事们看见我年纪较大，都挺尊重我的，我很满意现在的工作，虽然年纪不小了，但还能干得动，也还想多干些年头。（2015年访谈）

无论是赚钱，还是追求自由，代际之间并没有太大差别。老冯的儿子小冯说，"啥也比不上自由"。

人，生而自由，但无不在枷锁中。因此，自由始终是个体的理想和追求，是个美丽的梦。无论年长者，还是年幼者，其生活都充满劳累与困惑，但仍然不会停下脚步，总是不停地追逐，而这些努力与奋斗都是为了追求自由。

的确，对许多1990年后来说，什么都比不上自由！不过，自由是人的一种基本需求，它不是年轻人的专利，不分年纪大小。即便是像小余和老冯这样的中年甚至几近老年的男子，对自由也有同样的向往和渴望。

二、赚钱致富梦

如第一章所述，城乡之间和地区之间的收入差距是流动人口外出就业的根本原因。赚钱是每一位流动人口离家的驱动力之一。在我们的受访者中，赚更多的钱、发家致富几乎是所有人的理想，尽管表述不同、程度有别。

我干过保安、物业、司机、物业公司的派遣保安，现在跟一个装修队打小工……只要是能挣钱的杂活，都干过。

老朱，男性，39岁，安徽亳州人，初中教育，在苏州跟一个装修队打小工，因为没有技术，每月收入3 000元左右，加上妻子的收入，两人每月大概能赚7 000元，但具体拿多少还要看加班的时间。下面是2015年老朱跟笔者分享的故事：

我在物业干的时候早，那时哪有现在这么多钱！工作倒还挺轻松的，就是工资太低了，一个月才900元。于是我就辞职了。辞职后找到的工作还要差一些；再后来又去当保安，我干得好，做到了保安队长，工资涨到1 500元，但要养活一儿一女，就没有什么结余了。

刚刚跟你说了，我有两个孩子，一个上大一，一个上初三。爱人也在这里的一个服装厂做工，老二在家读书。我们村一起出来的有十几个，都在做装修。苏州跟我们老家相比，真是天堂啊！我们村的水泥路是修好了，但除了通往家门口的路，其他地方还是泥巴路，晚上也没有路灯，黑乎乎的，白天再怎么热闹，一到晚上村子就没有声音了，哪像这里啊，深更半夜的还像白天一样亮。唉……我们外地人还是外地人，在这里也生活了5年了，但好像还是……唉。

你问我的梦想是什么，我也不知道我的梦想是什么，没有想过这个问题。你看，我有两个孩子要养活。我和我老婆一共也就 7 000 元左右，在苏州这样的地方也不算多，这里的人都可有钱啦。你看他们吃什么，穿什么？他们不工作都比我们过得好。唉，人就是这样，我们也觉得挺好的，不去跟他们比。老话不是说嘛，人比人气死人。

我老大是个闺女，很懂事，她自己勤工俭学，就是每学期她上学的时候给她一笔钱，她自己存起来慢慢用；其他时候除了特殊情况，她都不问我们要钱。老二现在在老家读初三，虽然说不收钱，但经常要买资料和补习班什么的，每个月也少不了花些钱。他是住校的，还要交住宿费和饭费。贵倒是不贵。我现在就是希望每个月能按时领到工资、老板给我们加工资，能够用的工资，养活两个孩子，一家人的生活能够过得更好一些。再有就是，儿子要是能到这里来读书就更好了，能省不少钱呢。[能省什么钱呢？这里不是还要交赞助费什么的吗？——笔者问] 马上就要上高中了，高中在哪里都不得交钱呀？跟我们在一起，应该可以省下不少钱吧 [听我这么一问，老朱似乎又有些不确定，口气也没有那么坚定了——笔者注]？

笔者接着跟老朱聊装修之事，因听说现在有手艺的装修工人收入都挺高，问他有没有想过学一门手艺（如瓦工、木工、焊工），取得一个资格技能证书什么的。

当然也想过，怎么没有想？[老朱有些激动地说——笔者注] 你以为手艺是那么好学的呀？想学就学呀？学手艺可不是一天两天的事，还要花钱。再说了，干我们这一行的，也没有听说要证书什么的。我现在就是打小工，清理渣土，给他们打个下手，做午饭，但有空的时候我也跟他们学学。那个瓦工其实干得也不行，你看，瓷砖贴得七扭八歪的，缝儿对得一点儿都不齐，地也没有搞平。就他这个手艺，每天还赚 300 元呢，我一天只赚 100 多元，还不是每天都有活儿干的，你看看，有手艺和没有手艺差别多大呀。……我每天干活的时间比他们还要长一些。有时心里想想也挺难过的。我现在就是希望包工头给我涨工资。现在不管吃的、穿的、用的，哪一样不贵，什么东西都涨，就是工资涨得慢。电视上经常说，每年吃饭浪费几万亿元，哎，记不清楚了，不管是多少吧，浪费特别多。这些都是你们城里有钱的人浪费的。给别人装修的时候，也常常听他们说，今天吃了多少，买衣服花了多少钱什么的，我们连想都不敢想，有时我一个月的工资都不够你们吃一顿饭的，你说是吧？你们还经常叫穷，穷什么呀穷，真是不知道什么叫穷！不过，话说回来，人总要知足吧，我们现在还是好多了，放假的时候，儿子来了，我也经常带他们去吃麦当劳、肯德基，不用再省几十块钱了。老婆现在也不用穿别人给的旧衣服了……我们不像你们，去高档商场买东西，只能去地摊上或小店里买些便宜货。

"我们不像你们",在大约40分钟的访谈中,受访者多次说过类似的话;不仅他一人,其他的受访者也经常提到。他们在说这话的时候,眼里流露出来的是显而易见的无奈与黯然,意蕴中透露出来的是潜在的、不假思索的边界和"你们""我们"的鸿沟。可见,他们最想摆脱经济上窘困的状况,是过和"你们"一样的生活。

阿凯,云南思茅人,80后,34岁。他的经历比较简单,初中辍学,跟女朋友认识后,来北京打工,一直从事美发工作。他从洗头工做起,现在干到了总监职位,并加盟了一家有数个分店的理发店,成为一个小股东。笔者是他的顾客,他也十分健谈,故交流没有隔阂,对他的情况比较了解。总体而言,他的梦想很简单,主要就是打工赚钱。

2001年到北京打工。我媳妇先来的,她叔叔的朋友在这边开了一家公司,到我们那里招人,她先来了,后来我也来了。她是从事美容工作的,在ST那边,工作和收入一直都很稳定。媳妇干的时间很长了,技术很好,待人接物都不错,所以收入比我高不少。这几年客人虽然少多了,但收入没有太受影响。我就学了美发,转了多个地方,目前在LJ干了4年了,是比较长的一次。

2006年,媳妇怀孕了,想想这里无论是哪样都太贵了,于是我们就回老家去了。媳妇生孩子、看孩子,我就在老家的县城开了一家理发店。店子虽然能够养活自己,但我们小地方人少,多数人就是剪个头发,十来块钱,赚不了大钱,没有发展前途。孩子大了一点,我媳妇也在本地找了一个工作,但工资也不高。于是,我们就决定再回到北京。好在以前也在这里待过,比较熟悉,我们俩都有技术,找工作不难。

于是,2009年,我们带着孩子、孩子的外公回到北京,我媳妇回到了她原来工作的美容店,我还是干我的老本行。中间换了几个店,2011年来到LJ,一干就是4年。

目前,他和妻子依旧在北京打工,9岁的儿子在老家的借宿学校就读三年级,一来因为家里没人照看,二来因为村里的学校在前些年撤校并点时被撤并了,儿子只能到3千米以外的乡中心小学就学。

孩子是在北京上的幼儿园,[你儿子是在这里上的幼儿园?在这附近上的吗?在公立幼儿园还是非公立幼儿园?为什么没有让他接着在这里上学呢?——笔者问]上的是一个外地人开的幼儿园,十几个孩子。倒是不远,两站路就到。当时有外公看着。因为我们上班是早晨10点开始,我每天早晨送他上幼儿园,下午他外公接。他外公在北京实在住不惯,坚持要回去。我和媳妇又要上班,孩子就没有人管了,就只能让外公把他带回去了。

去年［是指2014年——笔者问］暑假我回去了20多天，今年暑假打算把儿子接过来，想让他上个游泳班。以前上幼儿园时，也学过游泳，但他皮肤过敏，身上起疙瘩，就没有继续下去了。上幼儿园也是，一个月有半个月生病。你看，我们这里是大的居民区，对面是所大学，客流量大，除春节那个月外，我们的活儿是没有明显的淡季和旺季的。我也想经常回去看看他，陪他几天。但一方面是太远了，就是坐飞机，路上也要两天，一来一回4天就没有了。要是近一点，还经常可以回家看看。另一方面，回一趟家经济上的开支也很大。只能坐飞机往返，下飞机后还需要坐汽车，光是路费就不得了，还不算人情费——我们那么远回去，总要给亲戚朋友带点礼物的。而且，我们店是多做多得、计件提成的，回家就没有收入了。回去几天，里里外外加起来，上万元就没有了。因此，今年打算把孩子接过来。

儿子若是在北京上学，能不能上还是一回事，而且想上一个好一点的学校，各种费用下来要比老家贵得多了。儿子在这里上的幼儿园，我知道的，开支太大了，赚的钱还不够他花的。在老家的开支低，可以进比较好的学校，在北京这里只能进很差的、本地人不愿意上的学校。我对他也没有太高期望，健健康康、快快乐乐就好。

笔者感到有些惊讶，因为很多受访者告诉我，之所以坚持在北京打拼，一个重要的原因就是为了子女的教育。为此，我也向阿凯进行了求证。他是这样说的：

当然，要说对孩子期望不大，也不是真的，但不是你有期望孩子就能做得到的。我们要期望孩子好，首先需要有实力吧，嘴上说有什么用？作为爸爸妈妈，首先就是要多赚钱，只有有钱，才能让孩子上好的学校，请好的家教，提供好的学习用品，你说是不是？光说是没有用的，自己必须有实力！所以，我们现在把孩子留在老家，让外公外婆照顾，他住校每个月都要花不少钱的，还需要给班主任、老师礼物，孩子都交给他们了，只有靠他们照顾。我们不赚钱，就没有能力让他住校。现在他的学校不好，是镇上的，但离家近一些，外公外婆可以经常去看看他，毕竟他还小嘛；我们打算等他大一些，自理能力强了以后，就把他迁到县上的小学，教学条件更好一些。我加盟了一个店，我的收入就与店的收入挂钩了，所以不能马虎，必须多赚些钱。

显然，在过去十多年中，阿凯同很多年轻人一样，经历了"逃离北上广"和"逃回北上广"的运命；而之所以选择再次"逃回"北京，一个重要的原因就是，对于农村出来的他而言，在老家完全"赚不到钱"，也缺少发展机会。而且，他从事美发工作，看起来也是一个体面的活儿，有较强的职业认同感。因此，与很多前往广东工厂或在低端服务业就业的老乡不同，阿凯决定继续留在北京，从事美容美发事业，希望开辟出自己的一片天地。

阿凯感叹，他有两个朋友在做地产中介，楼市好的时候，一个月赚的钱比自己多得多，收入十分诱人；现在楼市不好，中介的日子不太好过，干哪一行都有难处，没有那么好赚的钱；总体算起来，这些年，自己的收入也不比做楼市中介的朋友差，而且自己的工作还稳定，环境也不错，很多顾客是对面一所大学的学生，给大学生们做美发，也让阿凯有成就感。

如果加盟店做得好的话，还是想留在北京。回去干什么呢？老家人剪个头发十几元钱，根本没有赚钱的机会！

阿凯再次表达了留京发展的意思。看来，这个年轻人，对北京充满了希望，暂时也没有回云南的打算。

三、安 居 梦

家，对于所有人而言，都具有相同的意义和内涵；但是，对于流动人口群体而言，还寄托着无限的感慨，蕴藏着别样的滋味。

目前我家在城里的问题很多，但是最主要的问题是买房买不起，挣钱的速度没有房价上涨的速度快。每年赚的钱只够消费的，没有太多积蓄。这点不如家里。

34岁的小李对于房子问题十分焦虑。

在北京毕竟不是长久之计，这里没有根，而且生活成本太高，孩子上学就是烧钱，老板的孩子上个幼儿园就得交十几万，老板交得起，我们交不起，大孩子曾经也在北京上过两个月的幼儿园，太贵了就没继续上，还是回老家上比较便宜。房价也贵得很，工作个10年也只够交首付。这是2011年的访谈，现在连首付也交不起了——笔者注。以后肯定会回家。

一位来自成都的女士？如是说。

小周，湖北黄冈人，现在在深圳一所公立初中就读。早在1992年，他父亲就到深圳一家服装厂打工，干成衣熨烫的活儿；那时的父亲也才20岁刚出头，比小周大不了多少，尚未结婚。如今，父亲已步入中年，而他也长得跟父亲一般高了。现在，小周一家人都在深圳，他、爸爸和妈妈，还有一个正在上小学五年级的妹妹。

他们与大多数外地来的乡—城流动人口一样，居住房屋十分简陋狭窄，五口之家租住在大约50平方米的出租屋内，有两间小房和一间小厅，厨房和厕所公用。他自己和爸爸住一间，妹妹和妈妈住一间；为了怕吵醒他，爸爸若下班晚了，就会在厅里的沙发上凑合着睡。在他的"城市梦"里，最大的期盼就是住房；现在这个样子，他感到很不方便，没有一个可以把书摊开、安安静静做作业的地方。虽然年轻，但他知道，以他们家目前的财力来看，在深圳买房是不现实的，是奢求而非可及的理想。因此，目前所能憧憬的是，租到政府提供的较为宽敞、价格不高的住房。而这也是大多数（乡—城）流动人口的期盼！

快7岁时，小周才从老家来到深圳，跟爸妈团聚，而此前一直都在老家，跟着爷爷奶奶生活。因为爷爷奶奶还要照看大伯和叔叔家的堂兄弟姐妹，不能到深圳来照顾他们，爸妈又都在工作，也照顾不了他和妹妹，所以直到上小学前才来。小周在这里上完了小学后进入初中，成绩不是很好，对读书的兴趣也不大，打算读完初中后就在本地打工。他已经在这里生活将近8年了，各方面已经习惯，也会粤语，算是从小就在深圳长大的，回去可能会不习惯。再者，小时候的朋友很多上到初二就辍学了，然后花点钱买个初中毕业文凭；有点关系的话，钱也省了。退学后也几乎都外出打工了，老家根本没有合适的朋友。因此，他根本不打算回黄冈老家耕田种地，实际上他也回不去了。他的朋友都在这里，有本地的朋友，也有来自外地的朋友。

小周的爸妈在深南中路开了一个水果店。爸爸每天凌晨两三点钟起床，去一个大型食品批发市场进货；回来后再睡一两个小时，吃完早饭后出门工作。妈妈大概6点起床，准备早饭，等丈夫和儿子离开家，把屋子收拾收拾后，就到水果店里工作。小周说，以前没有店子的时候，妈妈只能推着装满水果的三轮车沿街售卖，最辛苦的不是每天要在三轮车旁边站十几个小时，而是担心可能会被城管驱赶。虽然辛苦，但收入不错，在我们访问过的流动人口中，他们家的收入算是很高的；除各种开支外，每年能结余12万元左右。

在回答我"为什么不租住一个大一点的房子""是否有机会租公租房"等问题时，他们的回答也如同许多受访者的回答一样：

要是把钱都花在这里租房了，那出来打工还有什么意义呢？花两三千块钱租个两居室或三居室，太划不来了！公租房我们就不知道了，听我旁边的人说，只有低收入的深圳户口的人才有资格租吧。

像小周父母这样考虑的流动人口的确不少；他们不知道还能在这里生活多久，也不知道明天是否还有钱赚。为此，他们宁可住在狭小逼仄的空间里，也要把钱攥在手里；为了节约房租，哪怕在同一个城市打工，也会忍受夫妻分居、亲子分离的痛苦。

老张一家正是如此。来自河南的老张和小张父子都是装修工人，分别为36岁和15岁。老张干的是瓦工，一边干一边教小张。他们与其他几个工人一起，在北京市朝阳区某个小区进行家装。2013年8月上旬的一个中午，万里无云，炽热难耐，工人们刚刚在车库吃完午饭，有两个正打算在拆下来的板材上午休（物业明确规定，午休时间不能装修，以免扰邻），其余三个人正准备打牌。车库朝北，虽是炎夏，但库内还算阴凉。车库中堆满了装修材料（如板材、油漆桶、沙子、钢筋等），业主的物件，以及各种装修工具箱、破旧的电饭锅和装满饭碗的塑料盒子，十分凌乱，几乎无处下脚。而且刚刚吃完饭，各种食物的味道还未曾散去，而这正是建筑和装修工作日常生活的真实写照。

老张的妻子和18岁的女儿也都在北京打工。老张跟儿子住在一起，妻子在南边的一个饭馆洗碗。老张说，他的几个工友都是这样的，夫妻甚至子女都在同城打工，但分居数地。他的愿望是，住上政府盖的公寓，不再做候鸟，一家人真正团聚。

要是能够生活在一起，哪怕住得差一点，吃得差一点，但只要一家人能够团聚，经常一起吃晚饭，那就好了。

老张有一手不错的瓦工手艺，是从父亲那儿学来的，父亲以前也在外面做泥糊匠，年纪大了就回了老家。老张说，他从15岁开始外出，先是跟一伙同学到南方闯荡，在陶瓷厂打工；一两年后，父亲让他学瓦工，说是有个手艺能赚钱，到了哪里都不愁活儿干；他虽然不太情愿跟父亲一起，觉得受管制，但对南方的工作也不太满意，无奈之下，就跟一个老乡（包工头）一起来到了北京，那大概是1995年前后的事情（他说记不太清楚了）。算起来，他在北京已经干了将近20年了。

像笔者遇到的不少河南人一样，老张很健谈，从过去到未来，侃侃而谈。老张算是一个有故事的人，一家三代都交给了北京。

那时，北京不像现在，到处都是新小区、新楼房，只要有手艺就有活儿干。那时的新房不多，跟现在完全不能比，房屋装修也不普遍。说是有个工头，但都是一个村里的，他也没有什么路子。那个时候，我们主要就在蒲黄榆桥和玉泉营桥底下等候雇主。为什么在那里呢？因为方庄就在蒲黄榆这里，而方庄是个很大很大的新小区，有大量的新房；玉泉营是我们那个时候外地人的主要聚集地。刚开始的时候，我们主要就是举着牌子，写着"装修"什么的，就这样等着，不是每天都有活儿干的，接活儿不容易，赚钱也不容易。你看，你们小区门口不也是这样吗？不知道现在这样还算不算违法，我们那时是不允许的。万一被警察发现了，特别是抓住了，就会被当作盲流，盲流你知道吗？被送到收容所并被遣送回老家。你一定听说过孙志刚的事情吧？我有一个老乡也被收容过。

那时的装修很简单，厕所和阳台一般是不贴瓷砖的，就用洋灰（水泥——笔者注）抹一抹，不像现在这样；只是厨房贴一点瓷砖。记得有一次好不容易接到一个活儿，我们工头不敢多要价钱，就怕要价高了，把房东吓跑了，最后价钱谈得很低，我们没有什么钱赚，只好起早贪黑，拼命干活，早点把这一家干完。那时还不像现在，没有这么多的管制，节假日和周末都可以干活的。不过，那个雇主看我们干得快，又很细致，就把我们介绍给她的邻居。慢慢地，我们的活儿也就多起来了。

我跟我父亲在一起，赚的钱都是他收，到不了我手里；除了吃饭外也不花，再就是抽点烟，其余的都带回家交给我妈。那时吃饭的地方不多，也不贵。我们一般是跟另外四个老乡住在一间屋里，都是上下铺。

大概是2000年前后吧，北京实行暂住证。干我们这行的，哪有固定地方，今天这里，明天那里；而且，暂住证又不是全市通用，到了另一个区就得重办，所以就没有办理暂住证。警察隔三岔五来敲门；我们就跟警察东躲西藏。说起来，现在真是好多了。至少不用这样总是提心吊胆地生活了，晚上也不怕被查证件了。工价更是涨了很多倍。

现今的瓦工十分吃香。但瓦工活较脏，特别是切割瓷砖时，灰尘就像起雾一样；有时浇上水也不管用，一天下来身上总是落满了灰尘，头发也因落满的粉尘而变成瓷白。但老张是一个极爱干净的人，与媒体描述和生活所见的装修工完全不同。他每天早晨来上工的时候，从头到脚都干干净净，看不出他是一个装修工人。这一点，他自己也颇为得意；他希望别人把他看作一个体面的人。

按照时下的价格，老张一天大约赚300元，儿子还是学徒，每天100元。瓦工活儿噪声较大，节假日和周末一般都不让施工，故一个月只能干20多天的活儿，老张觉得挺不划算的。尽管如此，他的收入也高出北京市市民的平均工资。不能干活的时候，老张也不能跟老婆团聚，因为两人虽同居一城，但休息时间并不一样：老婆节假日一般不能休息，只能工作日休息，而老张刚好相反。所以，老婆休息时，老张不能休息；老张休息时，老婆又不能休息。虽然一家人的收入还不错，却难"团聚"。

那么，既然一家人都在这里，为什么不租一间公寓，哪怕是个一居室，一家人住在一起呢？对于这个问题，老张给我算了这样一笔账。

我们一家四口，女儿和儿子都大了，至少得租一个两居室才能住得开。你也知道的，在北京租房，一个两居室至少3 000元以上，地方还很差；好一点的地方要四五千元。除了房租外，还要付水电煤气，样样都要钱。分开住都不用花钱，每个月最少可以节约四五千块吧。

老张接着说：

我从小跟我父亲在外地打工，前前后后做过近百户人家，装过的厨房、厕所、阳台几百间了，总希望有一天能有我们自己一间就好了，真正过上像你们一样的日子。虽然我们一家四个人都在上班,每年也能存一些钱,对一个农村家庭来说不少了,但每年的收入,用你们北京人的话来说,连一间厕所都买不下来。我现在可后悔了,要是前几年在通州或大兴买个房子,那可就赚大了;唉,那时候总是嫌贵,舍不得;我有个老乡,在东边买了一套70多平方米的房子,当时只要3 000多元一平方米,我们要是咬咬牙,再找亲戚凑一点……现在好了,真是买不起了。我儿子和女儿也大了,特别是儿子,现在娶媳妇也不容易的,没有三层楼房和一二十万现金,在我们那里根本就娶不到媳妇。我有个老乡在江苏打工,听说他们那里有专门给打工的人盖的公寓,租金比较便宜。我父亲和我们夫妻在北京干了很多年了,现在我的儿女也都在这里干,一家三代都交代给北京了,没有功劳也有苦劳,真希望政府能为像我们这样的人盖一些房子,便宜租给我们,我们一家就不用为节约几千块而分开几个地方了。

在流动人口中,像老张这样,雇主或老板提供食宿,工地就是家、家就是工地的建筑工人和装修工人着实不少,出于节约,一家人哪怕同在一个城市,可能也分居数地。

一些在服务性行业就业的流动人口也是如此。在北京某四环外,有一大片正在开发的工地。这里原来是货运站和货运仓库,附近居民并不多。随着仓库慢慢搬迁,这一地块也用于开发商住用房。在其中一个建筑工地旁,地上横七竖八地堆着零碎的建筑材料,路的两旁是"鳞次栉比"、主要为建筑工人服务的低矮店铺和饭馆,物品质量较差、价格便宜,很"适合"这个群体的消费。中间的道路十分狭窄,还停满了运货、送货的面包车和三轮车,一幅"第三世界"的景象,让人很难想象,这里竟然也是北京!

通过一个熟人的介绍,笔者结识了一位一直在这个工地干活的工人,并参观了他的宿舍。他就住街上的临时工棚中,面积大概15平方米,放了3张上下铺的床,住了6个工人。工棚很矮,光线黯淡。时值隆冬,但房内只有一个电暖气。虽然是个暖冬,并不太冷,但在房间里坐久了,还是透心的凉。宿舍里基本没有什么物件,也谈不上整洁,完全不是一个"家"。

周围是一个村级社区——更确切地说,就是城乡接合部。这里生活着无数租住当地农民平房的外地人口。大约13年前,房地产开发商征购了当地农民的部分田地,修建了一个高档小区和一个普通小区,当地村民购买了设施齐全的现代楼房,而把自己祖祖辈辈住过的旧房租给流动人口;绝大部分租客是拖家带口的乡—城流动人口和所谓的"蚁族"。中间的道路狭窄,夏天污水横流,阵阵恶臭,难闻至极;路面黝黑黝黑,各类车辆横七竖八;没有花草,没有树木,有的是满天飞的苍蝇和肆虐的蚊子。除了临近路口处有个管理外来人口的乡政府机构外,本地人很少。不远的另一处,稍好一些,一家房屋租赁公司将附近的老旧住房承接过来，进行改造，建成了两栋十多层的公寓，每间大概12平方米，每人每月租金1 000元，住两个人，相对比较干净，但两座公寓间的距离仅有一个半车位那么宽，房间内基本"暗无天日"。小维就住在这片公寓中。

仅从外表看，很难分辨小维是本地人还是外地人，是农村人还是城里人。她衣着整洁，谈吐大方，有着川妹子的豪爽和干练。作为曾经的留守儿童，29岁的刘小维深深体会到留守儿童的无奈；现在，她自己已是两个孩子的母亲，与丈夫也是在北京打工认识的。她说什么也不愿让孩子像自己一样当留守儿童，再苦再难也要把孩子带在身边。

小维有一"大家子"人，就租了一个较大的房子；因租期较长，每月租金3 000元。房间面积较大，可以算得上是三居室吧。屋内陈设比较简单，都是普通的日常生活用品，包括了一张餐桌、几把椅子、电脑、电视机、电冰箱、洗衣机和电饭煲；房间里有个三门衣橱和一张大床、一张小床。小维告诉我，这些都是二手货，是从旁边的二手货市场买到的，物件都还很新，但很便宜，一共花了不到6 000元。家里的凌乱与她整洁的外表形成鲜明的对照：孩子的玩具散落一地，其他物件堆得乱七八糟，几乎无处下脚。小维有些不好意思地笑笑说，一家人都很忙，实在没时间收拾。

小维有两个姐姐，在家排行老三。1993年，父亲前往东莞打工，两年后母亲也跟随父亲去了南方，她和弟弟留在四川西南部老家。村里跟他们一样的儿童很多，但有些家庭只有父亲（或母亲）出去打工；她还不到10岁时，就与祖父母生活在一起了。如同千万留守儿童一样，刘小维每年只有在春节期间才能跟父母一起生活二十几天；有时，只有母亲回来，因为父亲的工厂需要加班。这样的生活过了5年左右；初三时，小维觉得自己上不了高中，就像班里许多同学一样辍学外出。起先，她去了南方，跟父母在一起；后来，她说想看看首都是什么样子，就于2005年来到北京，并在这里遇到后来成为她丈夫的人。她的第一孩是个儿子，按照四川的生育政策，不应再生育了，但看到自己的朋友多生了两个孩子，他们也希望再生个女儿，可二孩又是儿子。现在，两个儿子一个6岁，一个3岁。

在谈到她的留守经历时，小维是这样说的：

爸爸妈妈都出去以后，我也差不多10岁了，懂得事情了。跟爷爷奶奶生活，也没有什么不好的。他们很疼我们，有什么好吃的都舍不得吃，都留给我们。叔叔他们也都外出打工了，堂兄弟姐妹一大堆人都交给爷爷奶奶，挺好玩的。爷爷奶奶很忙，要种田地、养猪、养鸡、养鸭，哪抽得出时间管我们？作业我们想做就做，不想做他们也不知道。所以，我并不是很想爸爸妈妈，也没有特别不开心，不像现在电视里说的那样，好像留守儿童都有很多心理问题似的。爷爷奶奶只会说要好好读书，爸爸妈妈出去赚钱还不是为了让你们读好书、过好日子之类的话。但是，我外出打工，特别是来北京后，就是后悔那时没有好好读书。你看我在 XY 大学旁边开了一个小食馆，来我这里吃饭的都是那么优秀的大学生，我特别羡慕他们，也恨自己十几年前为什么没好好读书。

小维在北京东南城一所大学附近开了一个小餐馆，约有十几张桌子，雇了老家的两个亲戚当帮手，包吃包住，每个月工资 2 500 元，没有保险。她生了儿子后，母亲辞去工作专程给她带孩子，有空时也在餐馆里帮忙。

但是，在北京养娃儿好难啊，什么东西都那么贵，一件普通玩具几十上百块，成本太高了。好在这里赚钱也比老家多。我们老家的各种馆子好多好多哦，一条街上都是，一个月下来，人累死累活的，也只赚几千元。娃儿们也都习惯了在这里的生活，夏天回四川还觉得很热，冬天回家感到很冷。

小维说，他们夫妻早些年也是分开的，丈夫在另一个城市打工。但是，长期分开，夫妻感情变得淡漠，也经常发生矛盾。她的朋友中，也有一些有婚外恋的，小维不希望这样的情况发生在自己家中。丈夫虽然也做得不错，但自己不想去南方，觉得还是北京好一些，于是丈夫就来北京了。显然，小维一家，就像很多在北京生活的流动人口一样，还没有很快就离开的打算。

四、子女求学梦

小维不仅有着强烈的安居梦，且其安居梦背后的主要原因在于子女的求学梦。

我之所以不让娃儿当留守儿童，就是希望能够在学习上管一管他们，交给老人只能照顾，但学习上就没有办法了，就像我小时候一样。老师也代替不了父母。虽然小时候没有跟爸爸妈妈在一起，跟家里其他人在一起也没有什么不好，只是别人都替代不了爸妈……要说一点遗憾都没有是假的。现在想想，爸妈可能也是一样十分惦记着我们吧。特别是现在，除了教育外，你看手机和电视上老说，今天这里的留守儿童被撞死了，明天那里的留守儿童又淹死了。我听到马上腿就软了，真不敢把孩子留在家里。

现在，大娃儿在上幼儿园，小娃儿今年 9 月也要上幼儿园了。要是在我们老家，大娃儿今年就要上学了，但在北京，娃儿要满 7 岁才能上学。大娃儿上的幼儿园是私立的，贵倒是不贵，但我看老师也就是带着娃儿玩一玩。不过，话说回来，要是在老家，可能连幼儿园也没得上，算是不错了。明年他要上小学了，我看到，旁边有一个 XY 乡中心小学，公立的，也就是原来的农村小学，质量听说不怎么样，但还不一定能进得去。我们老家来的人中，有些人的娃儿在打工子弟学校住校上学，周末回家，我不想让娃儿上寄宿学校，跟留在家里没有什么区别。好在我妈妈在这里帮我带孩子，否则，我就只能待在家里了。等我的娃儿上学后，我就少花些时间在餐馆，多花些时间陪孩子，就像城里的妈妈一样，我希望我的娃儿将来能读大学，就像经常来我饭馆吃饭的大学生那样。

显然，尽管北京的生活艰辛，但为了孩子有更好的未来，再苦再累小维也能忍受。

为了两个娃儿的教育，为了他们的前途，我们决不再回家去耕田种地！我和我丈夫宁可多吃点苦，多受点累，也要把娃儿的教育搞好。我们就是吃了没有文化的亏。你看，现在社会越来越进步了，有文化才能赚大钱，有出路。你别笑话，上大学还很遥远，现在我希望的是，今年小娃儿能顺利上幼儿园，明年大娃儿能顺利上学。说实话，公立幼儿园我们也不妄想，去年我们就试过，想把大娃儿转到公立幼儿园去，但没有成功。反正幼儿园娃儿太小，也没有关系，但小学就不同了，一定要争取上公立的。我对北京对外地娃儿上学的规定挺关心的，现在还不能在北京参加高考，就连职高也有限制。真希望我娃儿能在北京顺利上学。等到娃儿考高中、考大学时，北京的政策都变了，他们都能正常参加中考和高考了。

小维的父母健在，都 60 多岁。父亲已不在深圳打工，回到四川老家耕田种地，而这也是小维心中放不下的牵挂。

现在，妈妈在这里帮我带孩子，爸爸一人在家，他身体不太好，还种着一些田地。我们本来劝他不要种了，把地转给亲戚，到北京来跟我一起过，但他说家里没有人住的话，房子就没有人气，就要倒了，不肯来。

33 岁的小秦也深有同感。

像我们在老家干活时，都没什么可做，比较轻松。在这边工作，每天要起早贪黑的，比较累。在这（城）里，买房也买不起……等父母老了，自己不能照顾自己，生活无法自理的时候，就接过来住到一起。现在主要考虑的是孩子的教育问题，教育应该由自己来，不能和爷爷奶奶一辈的人在一起，隔代人对孩子教育不好。

不仅父母对子女的教育期望较高，在我们访谈的子辈中，孩子们也表达出同样的意愿。

我最大的愿望就是跟妈妈一起，到北京上学。

一位 16 岁的湖北籍女生小陈这样说。小陈从小就跟单亲妈妈一起来到北京，妈妈在南边开了一家小公司，小陈自己也在这里念完小学。她的性格很阳光，与同学们的关系也都很好,放学后经常与本地同学一起玩,她并不觉得本地孩子把她当成外地人。但是,上初中择校时,她与本地孩子的差别就显露出来。一来因为,若要上一所像样的初中,就必须花较多的钱;二来考虑到将来上大学的问题,受政策所限,读完初中还是要回去,索性早点回。于是,妈妈就把她送回了湖北老家,并托人找关系,进了市里最好的一所初中。后来又考上了市里最好的一所高中,现在就读于高一,与外公外婆住在一起。可见,小陈回老家,并不是因为只有回家才能免费完成义务教育,而主要是因为在当地找不到合适的学校,受高考政策的限制。

小陈问我,如果将来考上了北京的大学,是不是就可以成为北京人了?我为了鼓励她,就说是的,她很高兴地说:

我成绩还不错,在班上排在前几名,我们班是个重点班,老师说每年考上大学的同学都很多。那我一定还要更加努力学习,将来考个北京的大学,自己和妈妈都变成北京人。

我们同时也访谈了小陈的妈妈。妈妈认为,现在的日子比刚来北京的时候好了很多,并在北京买了房子,钱虽不多,但维持像样的生活还是不成问题的。然而,人的理想总是不断前行的,旧的梦想实现了,就会有新的梦想。妈妈新的梦想是什么呢?

我就这么一个女儿,只是希望什么时候她能转到北京来读书,并且能在北京参加高考,这样她就不用留在老家了。我爸妈身体不好,今年爸爸还动了手术,还要照顾她,唉。将来她要是高考没有考上北京,我们还是不能在一起。你知道,她爸爸根本不管她,我真希望多跟她在一起。孩子从小没有爸爸,懂事早。我女儿是赶不上了,但真希望比她小的孩子能尽快地在这里就学,能读到什么程度就读到什么程度,不用在这里读完小学后,找不到合适的学校,或因为中考、高考的条件限制而回到老家。

妈妈感到欣慰的是,女儿学习成绩不错,懂事、阳光。母女虽然分居两地,但经常联系,现在回家很方便,她也经常回家看女儿。女儿的心理并未受到负面影响,在老家最好的高中住校上学,学校抓得很紧,每周只有半天自由活动时间。就算是自己在老家,孩子也会住校,同样也很少回家。好在该校每年都有不少学生考到北京,这也使母女对未来都充满了期待。时下,妈妈所能做的就是,经济上让女儿宽裕一些,也多给父母一些补贴,聊表心意。只要将来女儿来北京上大学,并争取留在这里工作,到时再把父母接过来,一家人也就团聚了。

可怜天下父母心!父母爱的表达各异,但爱的重量同样沉甸甸。对于河南籍城—城流动人口小李而言,子女的健康快乐成长就是他最大的梦想。

小李，一位33岁的河南籍男性，若干年前他就随母亲（母亲是村里的小学教师）办理了农转非户籍，但一家人仍在农村生活，直到后来考上山东的一所大学，他才真正走出乡村。2004年大学毕业后，小李在山东一家韩国企业就业，后被派往韩国工作，一年后回国，辞职离开山东。当时，他想着北京的工作机会多，资源多，同时，也有一些高中要好的同学在这边读研、工作，于是2006年春节后也来到了北京。因为有在韩国的工作经验，他顺利地在一家大型的跨国韩资企业找到工作。2009年结婚时，在通州某小区购置了一套100多平方米的商品房，女儿、儿子均在这里出生。目前，小李就职于一家大型国企的事业单位，从事技术工作，收入颇丰，有房有车，有子有女，算是一位比较成功的城—城流动人口。

一提起这一双儿女，小李就满脸幸福。

女儿6岁，明年就要上小学了，很是聪明可爱，每天我一到家，马上就把拖鞋、睡衣给我拿过来了。儿子现在2岁半，一看到我的车停到楼下，就赶紧站到门口等着给我开门，和他姐姐抢着给我拿东西。

说到教育理念，他自认为与很多父母不同，不像其他父母那样强烈地望子成龙、望女成凤，他更多地关注孩子的健康、良好性格的塑造。

我的教育理念就是健康、快乐。我个人认为，孩子健康、无忧无虑地成长、良好性格的塑造比学习本身更重要。……但是，完全的放纵也不行，像吃饭、吃菜、睡觉之类的要形成规矩。该吃饭的时候你不吃饭在玩别的，该睡觉的时候你还要看动画片，这就不行；吃晚饭的时候不吃，睡觉之前什么东西都不能吃，哭也不行。有时，爷爷奶奶看着心疼，就会偷偷给孩子吃东西，或者过来干涉。在教育孩子上，还是难免和父母有争端。但是，没有规矩，不成方圆。我会给孩子定下一些必须遵守的规矩，告诉他们违反这些规矩的后果。

显然，他对子女的教育有自己独到的理念，但作为流动人口，如同其他流动人口一样，他的子女在北京上学的门槛也较高，对孩子上学也充满忧虑。

我女儿明年就该上小学了。因此，我们也比较关注相关的政策。我有北京市工作居住证，上面说是子女入学可享受京籍待遇，但实际上，根本不可能和京籍一个样。前些天一打听，居住证上的随往人员信息一栏中要加上我女儿的信息才能行。但是，我去单位人事部一问，要加上我女儿的信息还要出示独生子女证明之类的，只好作罢。这样一来，我女儿就无法办随往了，只能走五证这条道了。幼升小的五证真是太扯了，各区县还又加上更为苛刻的细则，我觉得这体现了一种社会的不公正，这是通过限制子女入学，往外撵人。我们每年缴了这么多税，说是什么平等、公正，我们就因为没有北京户口，就要交这么多证件。

所谓"五证",实际上远不止五种证件,各区的政策还不一样,手续十分烦琐。

我们现在就开始关注北京各区县关于非京籍子女入学的政策(主要是工作单位所在区域,目前居住区域)都需要哪些证件,好提前入手准备。我的工作单位在东城,那里教育资源比较丰富,本想在单位附近租房,但想着市区昂贵的租金,一大家子人挤在狭小的空间里,还是算了。我们现在住的地方,划片的学校也并不好。综合各方面的情况,觉得还不如让孩子上家门口的国际学校,虽然学费贵点,但孩子从小接受的是双语教育。听说以后高考不考英语了,不过,学好英语总归是好的。我们在学校开放日去了解了相关情况,觉得还不错。我也考虑过技术移民,或者去环境好、高考分数线相对较低的地区工作生活。现在北京的雾霾越来越严重了,环境太不好了。我和妻子都是河南农村的,我妻子也是毕业后留这边工作的,所以,我们对这儿也没有什么太多留恋的。因此,也在研究那些环境好、分数线又相对不高的地方,譬如,海南、珠海、云南这些地方我们都考虑过。孩子的爷爷奶奶总想着带孩子回去上学,觉得老家县城又有房子,我们在县城繁华区买了一套复式楼房,旁边是重点学校,从小学到高中可以一直上重点,义务教育阶段还有补贴。但是,我们河南的高考分数线实在太高。再说,我做信息管理工作,回老家没有什么发展空间。

而关于女儿明年的就学,小李说,现在妻子在北京一所高校念博士,要看明年妻子毕业找工作的情况,做两手准备吧。

现在就等着孩子的妈妈毕业找工作的情况,如果能拿到京户,把孩子的户口随迁过来就好,哪怕找人多花点钱也行。如果拿不到,户口迁不过来,我们就再做打算。总之,我是绝对不会让孩子做留守儿童的,孩子一定要和父母在一起。为此,孩子的妈妈压力非常大,我也常开导她,拿不到京户就算了,做自己想做的事情,开心就好。

小李的儿子马上要上幼儿园了,他也看了看小区附近新开的公立幼儿园,想着让儿子去上,但是,未果。

我儿子今年10月份满3岁,刚好我们小区旁边新开了一家公立幼儿园,我们就一直关注这家幼儿园的招生信息,但是,这家公立幼儿园面向的是该小区(经适房)以及旁边别墅的业主,别的小区的不行,尽管招生简章上写着该小区及周边小区。这个幼儿园目前只开了4个班,每个班也就10人左右,即使人再少,也不要别的小区的孩子,明显是资源浪费。想要进去,还是得托关系,给钱都不行。我们小区有认识的,托关系让孩子进去的,再打听打听吧,看看有什么渠道能够进去,我们在这边也没什么关系,认识的人少。想想,还不如以前,交点钱就可以进,现在,钱也行不通,还是得靠社会关系。实在不行,还是得让他上我们小区附近的私立幼儿园。虽说贵点，孩子多点，但是，也没有办法，只能这样。

谈及子女的未来，对子女的教育期望，小李仍是以孩子的自由、兴趣为主，但是，强调一定要让子女读到大学本科。他认为，大学才真正是素质教育，是进入社会的过渡，这一环节必不可少。

望子成龙、望女成凤是天下父母共同的愿望，我也不例外，但是，不要给孩子太多的压力。对于孩子学习方面，我不太喜欢那些为了不让孩子输在起跑线上就给孩子上这个辅导那个辅导的，孩子累，家长也累。也不想去攀比，别人的孩子怎么样，我的孩子不怎么样就落后了，还是那句话，跟着孩子的兴趣走。

对于孩子的教育学历，我希望孩子最低念到大学本科，当然，这不是我们通常认为的一定要上大学，不上大学就没有出路。我对大学的理解是，小学至高中是应试教育阶段，以学习为重，大学是进入社会的过渡阶段，在这一阶段更多的是能力、素质的培养，所以，这一阶段还是必不可少的。

在北京，像小李这样有房有车且有能力将孩子送到质量较高的私立学校（虽然可能是不得已的选择）就读的，大多是城—城流动人口。而在受访的乡—城流动人口中，有此能力的人几乎没有。小李和妻子已经决定，只等妻子博士毕业，拿到北京户口，就离开这里，去往南方某地，摆脱雾霾的影响。当然，如果能够申请到技术移民，他们也会考虑举家去国外。总之，为了孩子健康、快乐地成长，并让子女能够享受到高质量的教育，他和妻子会想尽种种办法。

五、保障梦

在我们的访谈中，虽然安居梦是几乎所有人的理想，但也有不少受访者对目前逼仄的空间、脏乱差的环境等较为恶劣的居住条件习以为常。因为他们知道，在流入地安居难以实现，而且，只要自己能够忍受这一切，日子也能继续下去。最让他们难以容忍的主要有两点，一是前面提到的子女教育难，二是不能像当地人一样享受社会保障，尤其是医疗保障。笔者在一个建筑工地跟一群正在吃午饭的建筑工人聊天获知，他们最怕的就是生病，北京看病不仅不方便，而且太贵，有时挂个号都要花100多元。只要是小毛病，能忍就忍，或者到街上找个药店买点药吃。他们还说，北京的医院都太高大上了，外表看起来比他们老家最好的酒店还漂亮，但就是太少。要是能多点收费低一点的小型医院就好了。至于保险，他们说，基本上没有人在流入城市上保险。因此，这些在外地打工之人还有一个强烈的愿望就是，希望家里缴纳的合作医疗能报销在城市生病住院的费用和支出。

在合肥，笔者访谈到一位29岁来自六安的女性，她有一个9岁的女儿，耳朵有残疾。她深切地体会到医疗保险的重要性。

我现在最担心的就是生病，不是怕自己和老公生病，就是怕我女儿生病。我女儿天生的听力有问题。如果治不好，也就算了，也不是自己没有尽到力。但后来听说能治，戴个耳蜗就行了，做父母的哪有不给女儿治的道理呀。但是，钱实在是太贵了。那又怎么办？再贵也得治，砸锅卖铁也得治啊。女儿去年耳朵安装了耳蜗花了30万元，只能报销10万元。剩下20万元都是我们自己掏的。我们都是农村的，在外面打工，多少存了一点钱，但也不够啊。自己哪里拿得出20万元呀，还不是东拼西凑的。我们也加入了新农合和大病统筹，但大病统筹最高只能报销10万元。这已经不错了，要是没有这个，我们就更难了。……具体交多少我不知道，都是我丈夫办理的。

笔者问到，有没有寻求其他方面的帮助呢？

也想找找政府什么的，但不知道从何找起，应该找谁。农村很多人家不是这事就是那事，政府也管不过来，肯定不会管我们的。我现在住在这个社区，因为女儿的缘故没有上班，也是人生地不熟的，好在有机会经常跟其他的妈妈们聊天。有些妈妈在这里住得比较长了，就像是这里的人一样，知道的事情很多。她们告诉我，可以找社区看看。我也问过社区的领导了，他们说帮着打听打听，看看能不能帮忙解决一点。

那么，其他的保险呢？觉得有必要吗？笔者继续问道。

在我看来，有没有医疗保险很重要，病了就要治，没有办法的事情。不过，养老保险当然也很重要啊。看看城里人，老了都有退休金，还是能过得舒舒服服的，我们只能靠自己和孩子，现在只有一个孩子，哪里靠得住？就算是有几个孩子，像我爸妈这一辈，也不一定养的。大家你推我、我推你，相互比着、看着，生怕自己吃了亏。俗话说得好，一个和尚挑水吃，两个和尚抬水吃，三个和尚没水吃，我看我们村的养老就是这样的。

我生孩子之前，也是在南边厂里打工的，那个时候早，我们都没有买保险。不只是我没有买，大家都没有买，也不愿意买。大家都没有这个意识，也都不愿意缴纳社保。我那时一个月才一千多元，交了保险收入就会少一大截子。我现在是知道它有多么重要了。现在，还是有些人不愿买保险，他们是没有遇到事情。遇到事情后，就知道保险有多么重要了。你不买保险，老板才高兴呢，他还少交不少钱哪。不过，大家都说，羊毛出在羊身上，老板的钱还是从工资中扣的。哪个老板不黑心？你说是吧。

其他的保险当然也是重要的了。我们自己没有碰到，但听我丈夫说，去年他们厂里有个人的手不知怎么的，被机器碰到了，右手被齐腕切了，听说可惨了。你说那么年轻，右手就废了，将来生活多不方便啊，唉。真惨。不过，他有工伤保险，据说老板也赔了一些钱。要是没有保险，那不就更惨了？话说回来，钱赔得再多，总买不回一只手吧。

流动人口经过自然选择和淘汰之后，剩下来的多是身强体健之人。的确，如她所说，他们对医疗保险的需求并不十分强烈，对养老保险的需求更不迫切，很多人的保险意识淡薄。但若遇到困难，保险将会成为他们可获得的重要支持。

从小在安徽肥东县长大，嫁到六安，后随着丈夫和公婆一起到合肥打工的1990年后年轻待产妈妈小刘，是啃老一族。高中念完之后，小刘觉得"再念下去也就那样，还不如早点出来"，后来经人介绍就和老公认识了。

到合肥后，小刘先打点零工，然后在当地一家面包连锁店里做收银工作。婚后不久就怀孕了。小刘告诉笔者：

嗯，原来工作时间蛮长的，现在想要宝宝了嘛，就说先在家休息一阵子吧，把身体养好一点。

于是，她就辞去工作，在家待产。因丈夫、公公和婆婆都在上班，且合肥只是二线城市，生活压力和成本相对不是太高。

这一家四口的户口或在六安或在肥东农村。笔者问道，"那像一些保障，比如养老保险、医疗保险，这些应该都和户口挂钩呀，没迁户口的话，这些保险怎么办？"

"养老保险啊……[沉默停顿想了一下]我还没有什么养老保险，我都不懂政策什么的"。

刚才还很活泼的小刘顿时变得有些心情低落。笔者接着细问原因，"感觉你之前工作的面包连锁店'采蝶轩'在合肥也蛮有规模的，里面也没帮员工交保险，几险几金什么的？"

嗯，没有，我看每次发工资的时候，都是给你加200元钱，应该就是它不给你买保险，多给你200元钱，让你自己去买吧。人都说你应该买个什么保险的，但是，在我上班的地方从来都没买过，我从来也不知道应该去哪里买，所以，我到现在一直都没有养老保险。

笔者继续问道，"是否是因为觉得现在自己还年轻，这些东西都还遥远呢？"小刘却表达了自己的困惑和迷茫：不是不想，而是面对各类保险时心有余而力不足。

没有人跟我说过，该是个怎样的办理流程步骤，我不知道到哪里去搞这些东西。听说人家正规的公司都给办，但之前都是在附近的小公司里，没去过大的厂里面上过班，公司没有这块的配套措施。

小刘的描述给人的感觉是，她就像只无头苍蝇，心里很急却找不到路径，之后变成了把头埋在土里的鸵鸟，就干脆不去办理了。对于医疗保险，小刘是这样说的：

嗯，医疗的，好像之前在农村的时候买了一个什么保险吧，我也不记得了，就是专门在户口地给买的嘛。……因为我父母还在那边嘛，所以，每次都是他们帮我交一下，每年交的钱也不是太多，跟上大部队的趟儿就好。

然后，我们又谈到她丈夫的保险状况，得知基本与小刘的类似，因也是在私人厂里干活，没有太多保障，只是在家里参加了新农合和新农保之类的保险。

在社会保障方面，年轻一代的流动人口有着他们的优势，但也十分迷茫。一方面，很多人都还很年轻，身体状况较好，没有想得那么远，也没有意识到保险的重要性，故对医疗和养老保险并未刻意关注和了解。另一方面，经历过的人虽有较为强烈的保险需求，但因种种原因，就业单位不会主动提供相关的福利保障，也缺乏完善的引导途径让他们明确参保方法、步骤和流程；加之自我的被动与无措，将保险需求一再延后，只有当风险或问题出现时，才会强烈后悔当初的"不作为"。

我们在多个访谈社区都了解到，不少流动女性怀孕后就辞去工作，回家待产。这在合肥等二线城市较为普遍，特别是在一些新的小区。另外，我们还发现，在孩子小的时候，很多妈妈也会留在家里，专门带孩子或陪孩子上学读书。这个群体虽然生活在现住地，且将继续在现住地生活，但完全没有进入现住地的社会保障体系之内。

来自苏州的小徐今年31岁，出生于张家港市塘市的农村，在职高读了半年之后她就辍学就业了。丈夫是河南省郑州市新乡人，但丈夫的母亲是张家港人，二人结婚后，丈夫就把户口也转到了张家港。目前，她的丈夫在张家港市政府工作。

公务员的保险肯定好哇，五险一金都有。他的住房公积金有6万多元哪。

小徐提到，自己不喜欢管丈夫的财务，但见她对丈夫的公积金情况十分熟悉，于是笔者进行了追问。原来，他们家是在TL村的老房子拆迁之后才搬来JT社区的，现在在JT社区拥有三套住房，都是拆迁之后开发商补偿的。由于三套住房的面积之和大于他们之前在TL村的住房，多出部分需要按市价补给开发商，一共补了大约20万元。为筹集这笔钱，夫妻二人才想到住房公积金。拆迁过来后，一家人的农村户口都变成了城镇户口，小徐从乡—城流动人口变成了城—城流动人口，原来的农保也直接转为了城保。

不止这个很好，上次，就是前年吧，他看病花了 1 万多元，报销了 8 000 多元咧。

言语间，小徐十分庆幸有医疗保险和住房公积金。关于她自己的保险情况：

我买了社会保险，就是养老、医疗和生育保险都有的那一种，像有的不会再生育的，也可以只买养老和医疗的那两个。

保费是多少呢？笔者继续问道。

一个月大概要交 700 元钱。之前这个钱一直是我自己交的，药房（小徐工作的地方）说，今年 8 月份就可以开始帮我交了。

说到这里，小徐十分期待，一想到每个月可以减少 700 元开支就满脸喜气洋洋。显然，她对保险的缴纳形式还是不太了解。同时，她也有点不放心，毕竟这件事还没落到实处。目前，夫妻二人的月工资分别都是 3 500 元左右，他们还帮儿子买了理财险。

理财险你懂的吧，就是为了赚钱啊，给他［指她的儿子——笔者注］以后结婚准备着。一年只要交 1 000 多元，20 年后就可以一次性领 30 多万元。而且每两年会发一次红利，大概也是 1 000 元吧，我交的钱，被他们拿去利滚利就变多了。好像这个 30 万元在我儿子 18 岁的时候就可以领一点出来，但是具体怎样我不记得了。

老家在滁州，曾经在合肥长期流动，新近才将户口迁往合肥的 44 岁的李姐对此深有感触。李姐起先在滁州市工作，丈夫在其他地方工作，两个女儿在老家生活，一家四口分居三地，她患上神经衰弱，睡不着觉。为此，丈夫让她辞职在家带孩子。因感觉滁州教育质量不高，于是，2003 年她独自一人带孩子到合肥上学，2004 年丈夫也来到合肥。老大已在武汉上大学，读大一，老二在合肥念小学五年级。目前，丈夫做商品批发生意，比较辛苦，每天早上 5 点多出门，晚上八九点才回来，天天累得喊腰疼。

像我身体不好，医疗保险还是得买。没有医疗保险，自己哪能负担得起呢。养老也要买，这个不能不买，到老了指望哪个呢？小孩子都不可靠啊，她有了给你，没了怎么给你？像我妈养我们几个孩子能有什么用呢，等老了还得自己养活自己。早先我们不是本地户口，没有这个保险，现在我们在这边买房落户了，就参加了这边的城镇居民保险，真好，像我，经常生病，有了这个医疗保险就好很多。

看起来较为瘦弱、给人病恹恹感觉的李姐，一句"到老了指望哪个"，道出了多少人的心酸。前面讲到的那个比较成功的、河南籍的城—城流动人口小李，对养老保险也表现出无比的关注。

我最关注的就是养老保险，这关系到未来如何养老的问题。肯定是不能指望孩子。又不像体制内的人，可以领退休金。我们只能靠养老保险，而现在养老金缺口那么大，我们现在每个月交这么多钱，等我们老了能够领多少钱，如何生活，都是要考虑的问题。我在北京交社保快10年了，将来即使到外地去，我也要在北京找家单位挂靠交社保，交够15年。但是，真正等我们老了的时候，谁知道又会是怎样呢？

小孙，35岁，女性乡—城流动人口，安徽六安人，原来在深圳工作，4年前孩子要上小学，也为了便于照顾父母而来到合肥，租房居住，丈夫收入不错，她专职在家带孩子。

我原来在深圳嘛，社保在那边缴，缴了都快10年了，不能断，不是说缴够15年就可以领养老金了吗？我回来后就自己接着缴，全额缴，每个月缴600多元。

在小孙看来，缴了快10年的社保，自己再接着缴几年就可以满15年了，将来就可以在深圳领养老金了，这也是促使她继续缴纳社保的强大动力。

28岁河南农村户籍的小王，与四川籍的丈夫、公公婆婆都在张家港工作，5岁半的女儿也在张家港上公立幼儿园。社保能否转移，直接关乎她缴纳与否。

我在私人厂子里做的，私人厂子里都不给缴，每个月给补400元钱，而且我现在年龄也小，还没想着缴社保这事。另外，也没想着在这边长期待着，而且听说将来转也不好转。所以就没有缴。但是，现在听说有个政策说可以转了，缴够多少年就可以转回老家，我就申请缴了，单位也同意给缴，我前几天刚把申请递上去。

但是，对于34岁的山东籍农村女性小殷及其丈夫而言，作为个体经营者，他们更愿意选择缴费年限短、缴纳费用少的商业保险。小殷2007年年初来到张家港，在这边怀孕生子，几年前还买了房子，但是户口没有迁过来。目前，与丈夫在小区开了一家小饭馆，雇了几个人，也兼做水产批发。

我们买房子的时候，我老公买了社保，后来就停了，毕竟是自己做嘛，全部要自己缴，得缴700多元。我们不像是在公司，公司会给缴一部分，我们要全都自己缴。我是买的商业保险，我老公也打算买商业保险，商业保险带着医疗，大病、小病的，我们买的是平安保险，一年缴一次，一年6 000多元钱，缴10年之后就可以每月返还钱。我们在老家也买了新农合，没用过，也不了解。先买着，以防万一。现在我们小病都是拿药，全是自费的。

无论是乡—城流动人口还是城—城流动人口，在诸多险种中，更关心的是医疗和养老保险这两类。新农合的异地报销、社会保险的转移续接、缴满15年后每月可以领取多少养老金，这都是他们最为关注的问题。

六、融 入 梦

  早在十多年前，零点集团对北京、上海、广州和武汉4个城市的外来务工者进行调查，发现他们普遍有强烈的融入城市生活的意愿：其中，72%的人表示愿意与当地城市居民交往，有82%的人"喜欢城市的生活"，69%的人"希望能成为这个城市的一分子"，90%的人"希望能被这里的城市居民尊重"。时下，越来越多的流动人口有融入流入地的意愿。
  我最大的愿望就是做个真正的北京人！
  小赵，25岁，湖北荆州人，高考时分数上了三本线，但他和母亲都不太懂，被招生的人忽悠，上了一所私立计算机学校，毕业后没能找到工作。起初，跟人到上海打工，做了几个月，但一分钱的工资也没拿到，觉得颜面尽失，长时间跟家里失去联系，母亲十分焦急，到处托人打听，总算找到了他。后来，年近六旬的母亲为了给他赚钱娶媳妇，到北京给人当保姆，他和父亲也来了，一家人都到了北京。即使同在北京，也是三人三地，一个月也见不到一次面，特别是与父亲见面更少。
  小赵曾经是留守儿童，现在是二代农民工。他在校读书时，父母在外挖桩，自己在学校寄宿，周末回到叔叔婶婶家。私立高职读完后，就一直在外面打工，既尝过留守儿童的酸甜苦辣，也深知农民工在外闯荡的不易。他现在在一家儿童出版机构工作，主要负责网络信息事务，雇主包吃包住，工作地点在一个别墅区，环境不错，居住在公寓中，四人一间房，条件还过得去。但每周工作六天，即便是休息日，也常常加班加点，工作强度大，收入较低。
  我们住的是雇主的房子，虽然小区有十几年了，但看上去很新，我们同事都住在一起，大家相处得都还可以。同事既有大学生，也有大专生、中专生，各种不同层次的人。大部分是外地人，既有城市的，也有农村来的；还有少量的本地人。干我们IT这一行的，这里的收入算是很低的了。老板接了风投，但去年[2014年——笔者注]一年都没有挣钱，还赔了1 000多万元，只能给我们低工资，这样留不住人，前几天就连财务都走了；我算是干得长的，已经三年了，因为是老家的熟人，不好意思走。反正我们都是年轻人，少赚点就少赚点吧，三险也都有，还是有保障的。钱是要赚的，人情也是要的。对我来说，主要还是希望成为"城里人"；是城里人了，什么都好说了。
  在我们访谈的几十个人中，像小赵这样的还真不多，年纪不大，但知道世故人情。尽管"蚁族"的生活有太多的不如意，但他对未来还是满怀憧憬和信心。

我们家就我父母有土地，我和我姐姐都没有地。姐姐已经出嫁了，而我的身份依旧是农民，但我又不是农民，没有耕过田种过地。唉，我回去也没有事情做，年轻人也都外出了，连个说话的人都没有。国家提倡全民创业，我也想啊！我的技术也不错，但没有本钱创业，所以只能替人打工。活儿虽然不脏，就业环境也好，你看，窗明几净，很有文化，但又怎样，还不是每个月拿五六千块钱，还不是被北京户籍的人瞧不起——女孩子一听说是外地的，没房没车，谁愿意跟你谈恋爱？我爸爸只管他自己，但我妈妈总是担心我，在老家找人给我介绍对象，那么大年纪了，还跟我一样在北京打工，总想攒钱给我在老家买房。我现在还不想找一个老家的女朋友，除非她也愿意留在北京……我当然也想能够在北京安家，但这种可能性还是很小。在这里没有住房，就当不了一个名副其实的北京人。

小赵这种简单而朴素的梦想，会不会如泡沫一样，美丽却易碎呢？

在东南四环外一个菜市场卖菜的熊小妹，31岁，来自四川西部一个县级市的农村，结婚有子，在北京已经生活了7年。笔者每次买菜都去她的摊子，比较熟悉，有时有意识地跟她聊两句。总体而言，她与本地人的交往仅限于"业务"范围，基本上就是讨价还价、称菜收钱。像熊小妹一样，绝大多数流动人口与本地人唯一的粘连就是讲价和收钱，尽管他们生活在本地人中，被本地人包围或包围着本地人。换言之，流动人口与本地人虽然生活在相同的空间，却过着相互隔绝的生活，各有自己的圈子，互不往来。然而，就算是这样，当我问这位小妹是否愿意回老家时，她坚决地说：

不会的！我丈夫和我都不想回去，在这里待了多年了，将来做不动了再说吧。不在这里就会去其他地方，回老家干什么呢？小时候虽然跟长辈到田地里去过，也帮个手，但插秧、施肥、犁地什么的都没有真正干过，回家去还真不知道干什么呢！听说我们那里的土地都荒了，都没有人种了，兔子、黄鼠狼都跑出来了。

我结婚前在广东几个地方打工。相比起来，我跟北京人虽然没有交往，也觉得他们有优越感，但他们还不像广东人那样，不会总挨白眼，那让人心里不舒服。广东赚的钱也不少，但更苦更累，一点休息的时间都没有，否则就赚不了钱。苦倒不怕，但他们明显看不起我们，他们说话我们也听不懂，他们骂你的时候就说本地话，北京就不同了。我们有不少老乡在这里，但平时很少走动，干我们这一行的，根本没有周末，每天两三点多起床去新发地进货，上午和下午买菜的人少，在菜摊子上打个盹，晚上七八点回家。虽然不会日晒雨淋，但从早到晚都在这里耗着。……大姐，你看我多大？不过31岁，但我知道，我比实际年龄老很多。哪像你，看起来那么年轻！所以，我不会回去的，我是没有多少希望了，但我希望我的孩子将来能真正过上像你们一样的日子，有节假日，过周末，能够上电影院看电影！

熊小妹可以算是第一代留守儿童，早年父母前往深圳打工，她和哥哥姐姐都留在老家。她长大后，踏上了父辈的漂泊之路，先后跑了不少地方，现在落脚北京。

本来以为，自己读的书（初中毕业——笔者注）比父母多一些，应该能够找到更好的工作，但在广东和在北京都是一样的，除了收入多些以外，与爸爸妈妈他们也没有什么不同，还不是外地人。不仅我们自己是外地人，可能连娃儿也不会有太多变化吧。

虽然熊小妹有强烈的当个"北京人"的愿望，有着川妹子那股子冲劲和泼辣，但从她的眼神中，还是时不时可以捕捉到她的无奈。虽然暂时没有回老家的打算，但一天大半的时间都在菜市场，晚上就看看电视，常常看着看着就睡着了，活动的范围三点一线——批发市场、菜市场、家，熊小妹生活方式、社会网络和社会地位都没有明显变化，融入北京更是遥不可及。

在笔者跟熊小妹聊天时，她7岁的儿子趴在旁边一个破凳子上，就着昏暗的光线做作业。她说，儿子在老家出生，但在北京长大，在菜场旁边的一个公立小学读二年级，虽然放学后也偶尔与附近小区的本地孩子玩，但依旧看得出来他是个外地孩子。不过，正是因为孩子在附近读小学，她的丈夫也会尽量参加学校的家长会，由此也会与本地家长发生一定的联系。实际上，我们在多个访谈中都看到，孩子与本地的联系，是拓展父母这一辈流动人口与本地发生联系的一个重要纽带。

前面提到，东南四环外有两栋专为流动人口建造的简易公寓，两人一间，每月每人租金1 200元。因这里还不算太远，交通也比较方便，故聚集了若干青年流动人口，多数是大学毕业后在此就业或"漂着"的"蚁族"。调查发现，他们多从事房地产销售、电话营销、电子产品销售、保险推销、IT等工作，工作不固定，基薪很低，收入随业绩而变化。他们且干且等，希望将来有更好的发展机会。

24岁的小姜来自四川西部一个县级城市，毕业于四川一所大学，父母是中学教师和校长。2012年毕业后，他通过一位在北京的老乡找到了现在的工作，单位不错，一家国营上市公司，很正规，从事技术工作，同事基本都是本地人，他的待遇跟有本地户籍人口一样，各方面的锻炼机会也很多，与本地人没有什么差别。小姜精干也能干，但没有户口，一直就这么"漂着"。2014年，一家国有银行招聘，他通过关系也报上了名，参加了考试，希望能借此获得北京户籍，但最终因种种原因而未能如愿。小姜说，他们老家的熟人大多认为他就是北京人了，父母碍于面子，也没有跟人说破，他也就不好明说。

虽然我不知道我究竟是四川人，还是北京人，但不会回老家，在这里"漂着"也比回老家强。我回去的话，也可以找个好的工作，父母有不少学生在政府部门，肯定会帮忙的，但您说我回家干什么？生活倒挺舒适，但没有什么前途。我爸妈在那里工作了一辈子，也不过如此。我每年春节回去看看，挺好的，跟老家也保持联系，也跟同学们保持联系，喝喝茶，摆摆龙门阵，轻松几天。如果没有到北京来，这种日子可能也习惯了，但是，现在要我回去过那种日子，恐怕回不去了。

小姜接着说，因从外地毕业后来京，原来的朋友不多，不得不交北京朋友，当然主要是同事朋友。虽然基于他的工作能力，同事对他的态度也都很友好，但城市生活充满了艰难、无处不在的打击以及那些随时都存在的"看不起"，特别是在交女朋友方面——跟他同年就业的一个发小，因为户口解决了，就谈上了女朋友，而各方面条件都差不多的自己，却因外地户籍，依旧单身一人。拿到北京户籍，成为名副其实的北京人是他最大的梦想。

来自湖北鄂州某个小镇的小章，如今在一家国际知名企业工作，他希望有一天能够成为该公司在中国区甚至亚洲区的 CEO，他也是向这个方向努力的。

我家四口人，父母、我和妹妹。我在北京上的大学，本来一个亲戚能够帮我把户口留在北京，但由于英语四级考试没过，而我毕业那年四级考试成绩是一个硬杠杠，所以就没有办成。第二年，这个杠杠就取消了，我的亲戚还能帮我办，但阴差阳错，我父亲说老家有个去俄罗斯的机会，硬是让我把户口转回湖北了，后来，俄罗斯没有去成，北京的户口也泡汤了，我还是我，漂在北京。

小章的父亲在老家有些关系，只要小章参加考试，找一个公务员的工作不成问题，但小章不愿再回到小城去。在老家从小学上到高中，在北京上大学，他清楚自己喜欢哪里。在父母眼里，小章太不安分，放着好好的工作不干，还要在北京这么漂着，这让父母十分头疼，他与父亲的关系是针尖对麦芒，一点就着［即吵架——笔者注］。

我是三代单传，老爹对我寄予厚望，我跟老爹说不拢。他总是说我应该回家，说什么"回家了，不仅自己好，还能把一家人、亲戚都照顾好。在北京有什么好的？家里没有一个亲戚朋友能托上福，读书有什么用"。你看，多老套，观念还停留在他的时代，想要一个稳定的日子和生活，我们两人最好不说话。为了避免跟老爹见面，我就满天飞，一个月至少有 20 天在外面跑。反正家里有他们照顾，我也不用担心。这很有好处的：既可以多赚些钱，也避免了很多矛盾。单位还认为我工作非常努力，我的职位提升得比较快。国际知名企业嘛，收入是严格与职位挂钩的。我说不定比你还赚得多哦。

小章个性开朗、阳光，哪怕是在说与父亲的紧张关系，也始终笑着，显得精神而自信。小章也很健谈，愿意与笔者分享他的经历。毕业之后，他去过好几个单位，包括亲戚开的公司，但因为收入都不高，且看起来没有发展前途，感到都不是自己想要的，跳过来、跳过去，现在总算找到自己喜欢的工作。由于打算长期待在北京，2008年就在南边买了一套70多平方米的住房。有了孩子后，爸妈到北京帮助带孩子，原来的房子就小了。于是，2011年，在邻近的地方换了一套130多平方米的房子。妹妹毕业后也留在了北京，并解决了北京户口。他的原生家庭已经实现了在北京的团聚。

我毕业已经10年了，年轻不懂事，毕业就结婚了，很快就生了第一个孩子，第二个孩子也在去年出生了，两个都是儿子。大儿子去年［2014——笔者注］上的小学，就在我们家附近，是XY小学的分校区。上学前在附近的一个私立幼儿园上，都没有遇到太多的麻烦。我们这一片年轻人多，绝大多数都是外地的，在北京毕业后就留在这里，很多还没有结婚生孩子。这一片新的小区也很多，为了吸引客户，配套设施也还是比较完善的。不过，我的一个表姐，她的女儿上初中时，附近好一点的学校还是难进的，就送回老家去读了。还有一个朋友就到天津武清买了房，把户口迁到那里去了，孩子也到那里去读高中了。

我的负担很重啊，现在家里有六口人：爸爸妈妈，我们夫妻二人，还有两个儿子。爸妈有退休费，经济上还能贴我们一些。老婆在一家出版公司上班，"五险一金"都是有的，但现在出版行业不景气，收入低，只能顾她自己。小儿子现在还小，有爸妈带，费用倒也不是很多。大儿子上学的花销虽然很少，但各种兴趣班还是要花不少钱的，时间成本和经济成本都很大。再就是还房贷，每个月要还1.2万元，这就像一座大山压在我的头上一样，让我喘不过气来。

这么多年，我一直都在给北京缴税啊！我的企业正规得很，我的收入较高，税就更重了，自动就扣了，不是你想逃就逃得了的。当然，能缴税说明我有能力，哈哈。但我们夫妻俩都没有北京户口，享受不到北京的福利房。我们单位有个年轻人，是门头沟的，他就抽到了一套经济适用房，不到2万元一平方米。我的收入高又如何，能顶得上一套低价的房子吗？想一想也觉得挺不公平的。

好在我的房子买得早，现在也有房住，还不至于"流落街头"。你看，我们一大家子都在这里，爸爸开始非常非常的不习惯。不过，他患过一场大病后，慢慢地也开始习惯了。就算他们要回湖北，我们也是不会回去的，老婆也不愿去湖北［她是湖南人——笔者注］。留北京是肯定的，会在这里长期住下去，要回去毕业时就回去了。北京人口调控，那也调不到我的头上，我们企业在国内是新兴服务性企业，属于要大力发展的类别。

希望有一天也能像你们一样，当别人问我"是哪里人"的时候，会理直气壮地说"北京的"，而不是说"在北京工作"；也希望我的儿子们将来能够顺利地在北京读小学、读初中，读完初中读高中，读完高中读大学。至于大学以后，他们做什么，那我就管不着啰。

毕业后结婚生子，买房购车，小章的人生旅途看起来一帆风顺，职业发展也风生水起。然而，由于没有户口，他对未来还是有些担忧，但更多的是期望。在这种担忧的背后，正是"北京人"与"在北京工作的人"之间的身份区隔。或许，除非真正进入"上层社会"，不然，身份的不确定性带来的隐忧怕总是如影随形吧。

在过去二三十年中，巨量的流动人口被时代发展的滚滚洪流裹挟着，或跌跌撞撞或随波逐流，或幸运地闯入现地，或已为现地服务了大半辈子，或为初来乍到之人，但似乎都彷徨、迷茫，是依旧找不到家的归属感的漂泊者。晨光乍现时，他们已投入工作；日薄西山后，他们拖着一身疲惫回到简陋的安身之所，起早贪黑、披星戴月，多少个日日夜夜，多少个岁岁年年，初心不改。他们用青春和汗水为城市的建设书写了辉煌和荣耀，但多数人未能实现华丽的转身，也没有赢得热烈的掌声。许多人在难以为城市继续挥洒汗水的时候，落寞地踏上回乡的旅程；劳动力被挤榨完毕之日，也是其缤纷梦想破碎之时。而他们的子代甚至孙辈，又沿着他们的足迹，开始了新一轮的流动。

"中国梦"是当今社会的一个热词，普通百姓耳熟能详；而"中国梦"是由每个人的梦想支撑起来的。流动人口受心中的梦想所召唤，带着"我的未来不是梦"的激情，从乡村和小城镇向大城市、特大城市进发，融汇到时代和历史发展滚滚潮流之中，希望在现地找寻到自己的一片天空，为更好的生活而奔忙，期望地域的流动能带来心灵的自由，成为一个对家庭、对社会有用的人；他们怀揣发家致富的梦想，希望能够过上有尊严的生活；他们怀着买房安居的梦想，希望不要再两地"漂泊"；他们期待着病有所医、老有所养、伤有所偿，生活更无忧虑、更有保障；他们希望子女能像现地同龄孩子一样，接受更多、更优质的教育，开创明天美好的未来；他们也希望能在现地举家团聚，融入现地火热的生活之中，实现自己的"中国梦"。

自由之梦、发家致富之梦、安居之梦、子女求学之梦、保障之梦、融入流入地成为本地人之梦，是萦绕在每一个来自不同地域，有着不同经历的流动人口心头的几大梦想。为了实现梦想，他们都在默默奋斗、努力拼搏。

第四章

梦想的困境与呐喊

梦想是人生路上的灯塔，为尘埃般渺小的芸芸众生指引方向。流动人口带着梦想驻守城市，他们渴望经济独立、改善生活，热盼筑巢城市、举家团聚，坚守病有所医、老有所养，希冀优质教育、普惠子女，渴望获得认同、扎根城市，期待在心之所向、身之所往之地将梦想变为现实。致富梦、安居梦、保障梦、教育梦、融入梦，这些多彩的梦想促使他们远行，是他们在他乡坚持奋斗的目标，是他们在异地生活的精神寄托，也是家庭发展的重要推动力，更是托举中华民族复兴梦的基石。

梦想的实现需要行动、需要拼搏，个人梦想的实现也要基于社会现实，流动人口为梦离家、努力工作，但他们梦想实现的程度究竟如何呢？本章的目的就是基于个案访谈资料，深入流动人口的内心世界，听一听他们的声音，看一看他们梦想实现的程度，想一想他们对流入地诸多现实要素的态度，包括社会制度、结构、态度、观念、行为要素等。换言之，通过倾听流动人口在城市逐梦过程中的种种心声，试图发现多维梦想实现的制约或促进因素，解析他们城市逐梦过程中最真实的感受及深层逻辑。同时，本章的发现也可为第三部分定量研究中变量选择提供学理支撑，也可为第四部分困境解析和政策启示提供理论依据。本章的逻辑依从第三章，始于收入，终于融入。

一、涨薪乐业之殇

获得自由的农民流向城市，是为了获得更多的就业机会和更高的收入，提升生活质量，实现向上的流动。但现实并不美好，在各种因素的制约下，尤其是农村外来人的身份，使得流动人口的就业层次低，就业行业集中，就业圈层极其边缘化，职业声望不高，因此，流动人口的起点收入低，薪资涨幅并不大。尽管随着时代推移，流动人口的工资收入不断上升，但若考虑非工资性收入，他们与城镇户籍人口之间的相对收入差距是不断扩大的，涨薪致富之梦难以成真。

（一）收入劣势成为流动人口的主要标签

2012—2015 年，流动人口的收入也有较大变化。在 2012 年前后的受访对象中，月收入一般为 1 500～2 500 元，年收入为 2 万～3 万元；而在 2015 年的访谈对象中，流动人口的月薪约为 2 500～3 500 元，在经济发达地区，月薪水平更高；如果算上城一城流动，流动人口的平均工资就会被进一步拉高。

在第三章我们听到，赚钱涨薪是绝大多数流动人口的首要梦想。因此，流动人口中的个体工商户会延长营业时间，而在私营企业或非正规企业就业的流动人口底薪较低，工资又多按件发放，只得加班加点工作以获得更高的收入。延长劳动时间，以超长劳动时间换取相对更高的报酬在流动人口群体中是普遍现象。

个体工商户、小商店老板等超时经营属于常态，在各地访谈的结果均莫能外。小杨，32 岁，来自安徽六安，一家三口都在苏州，和丈夫经营一家小食店。每天早晨她和丈夫 4 点（有时 3 点）起床，开始和面、做准备工作，大约 5：30～6：00 开始，就会有络绎不绝的顾客。小杜（男，31 岁，四川遂宁人）则是深圳的一位熟食店老板，他说冬天一般是早上 5 点开始工作，到晚上 7 点才休息；夏天常常是早上 3 点起来干活，晚上 12 点才休息。

这些个体工商户的工作时间很长，非常劳累，但相对自由，还可间或休息一下。而在工厂的工人甚至连休息时间都没有。小赵（2013 年访谈对象），37 岁，来自湖南，是深圳市一家服装加工厂的流水线工人，平均每周至少工作 70 小时，才能赚到大约 4 000 元：

我在缝纫厂打工，底薪只有 1 000 元多一点。每天从早上 6 点到晚上 10 点，一天到晚吃饭也坐在那里（做衣服），没有休息，每天中午吃了饭就坐着（做衣服），那吃了饭不坐着（做衣服）是挣不到钱的。就是这样，每个月也只有 4 000 多元。我算是中等水平吧，不算高也不算低；我们这里也有手快的，每个月能赚 6 000 多元呢，但新手比我赚的少，有的还不到 3 000 元呢。

这些小型加工厂不仅工作时间长，劳动强度大，而且环境极其恶劣，很多加工厂的车间温度极高且空气流通差。26 岁的小赵（2011 年访谈对象）从甘肃来到宁波，在一家小规模的私人皮革厂工作，平常要从早上 8 点工作到晚上 8 点，赶单时，工作时间会更长。她说，作为年轻人，这倒不算什么，还能多赚点钱，但最让她受不了的是厂房里的环境：

  车间一共不到50平方米，几十个人在里面缝皮革，气味难闻极了，也没有空调什么的。我刚来的时候，真是受不了，简直就要吐了，过一会儿要出去透透气什么的。夏天更是受不了。但有什么办法呢，想找个赚钱多的事情也不容易。这些活当地人是不干的，他们只干管理的工作，坐在办公室里，跟我们不在一起。

  虽然流水线工人的工作环境已稍稍改善，但流动人口工作的整体环境仍然十分恶劣。电焊工小杨（2015年访谈对象），来自河南平顶山，在北京跟着一个远房的包工头叔叔做电焊。访谈时正值暑假，他在一个三层的架子上焊接框架，没有任何遮阳之物，汗如雨注，电光闪烁，特别刺眼。在我问他为什么不戴防护罩之类的保护性设备时，他说：

  我有眼罩啊，但戴着不方便，有时汗掉到眼罩上就看不清楚了，影响工作进度，所以不喜欢戴。我们都要赶工的，老板催我们催得紧，我焊接完了，后面的工才能做，否则其他人就干等着。就这么两三层高，我都习惯了，没有什么不安全的。我不能带毛巾，不安全。我们都是这样的，年轻嘛，挺一挺就过去了。

  但是，真的是"挺一挺就过去了"吗？很多研究发现，虽然流动人口长时间工作可换取更高收入，满足流动的初衷，但劳动强度大、工作环境恶劣的负面影响则是长远的：一是损害身体健康。高强度的劳动、恶劣的环境会显著降低流动人口的健康水平，使其疾病多发，且长时期透支体力极易引发劳动事故，致使该人群"过劳死"的现象频有发生。二是损害心理健康。富士康员工的"十四连跳"事件就是最好的例证。三是延缓融入速度。过长时间的劳动减少了流动人口与本地市民、组织发生联系并增进了解的机会，不少流动人口在流入地的生活就是"吃饭、干活、睡觉"，少有时间与劳动群体以外的人群进行交流和互动，远离市民与城市生活，延缓融入流入地社会的进程。

（二）相对收入差距大导致流动人口更加弱势

  收入较低使得流动人口致富之梦难以实现，而与本地市民的相对收入差距较大，则进一步加强了流动人口的被剥夺感，弱势心理更易蔓延。在经济发达之地，流动人口的收入与支出都相对较高，因此，就经济状况而言，流动人口仍处于相对劣势地位。即便流动人口与本地市民在同一单位工作，也很难做到同工同酬；即便拿相同的工资，可能还有福利性差别；即便所有待遇都相同，流动人口还需要租房居住，花费甚高，即减去消费支出后，他们的净收入会明显低于本地市民。地区经济越发达,净收入的差别就越明显——在经济发达省份,流动人口的绝对经济水平较高、但相对经济水平较低,而在经济欠发达省份,流动人口绝对经济水平较低、但相对经济水平较高。

以经济较为发达的中山市为例,2012年男性流动人口的月工资可达4 000元左右甚至更高,但他们的花费一般会高于本地市民。小朱(2013年访谈对象),43岁,来自江西赣州,在访谈时给我们算了这样的一笔账:

你知道四千元钱能干什么?一天你要吃饭、买菜,就三四十元了,再加上一些其他的开支,一天50多元就不见啦,一个月下来,就1 500元了。你还要房租,这是硬的,省不掉的,又2 000元没了。再加上七七八八的其他开支,4 000元就没有多少剩下了。所以说,这个收入还是低了一点。

中山市的一位女性商店店员,37岁,在访谈时的话语也印证了这一说法:

有时,他们那些外地人一份工资养一家人,主要是要交房租。有的(还有)老人在这里啊,小孩在这里啊;有的还要寄钱回家啊什么的。我们本地人不用每个月拿出钱交房租,生活上我们肯定比外地人好,我们还可以开开冷气什么的。而他们一人工作,这么多人花一份工钱,那也是没办法的,收入就这么点。

就业和收入状况是流动人口在流入地生活与发展的基础和根基。流动人口就业层次普遍较低且收入较少,但基本的生活消费支出却并不低,加之租房费用较高,净收入更少,这种生活窘困、生存艰难的现实使得流动人口难以考虑其他更长远的问题。

(三)外来身份隔离城市主流就业机会

流动人口收入低与就业层次较低紧密相关。从访谈资料来看,流动人口被隔离在流入地的主流就业市场之外,处于就业边缘地带,其主要阻碍就是"外来身份"这一标签。流动人口找工作并不难,难的是获得一份工资收入及福利待遇都较好的工作。但现实局面则是,流动人口(尤其是乡—城流动人口)的就业渠道相对狭窄,主要依靠初级社会网络,多在制造业、建筑业、低端服务业等行业的低层次岗位就业,工作脏、累、险、苦、差;本地市民则多在管理和技术岗位就业,工作干净、相对轻松、安逸。郑州的小郑司机(2014年访谈对象)对流动人口的就业机会和就业层次有这样的描述:

据我所知(流动人口和本地市民在找工作方面)不一样,你看报纸上那个招聘,不管任何一个方面,基本上首先是郑州市户口。它这个不限制户口有哪几种行业嘞?首先是服务行业,其次是建筑行业,这些行业可能对外来人口好一些。为什么呢,因为这些行业条件艰苦一些,本地人不愿意做。

本地市民也认为，流动人口的就业层次与本地人有较大差别，中山市的一位本地市民（女，19岁，社区助理）这样说：

（外地人）如果是做一下保安啊、清洁工啊之类的、在工厂里面做工人就比较容易一点，但是高一点、好一点的（工作）基本没有外地人。可能是本地人不愿意做的，那些比较脏的工作都是外地人做的。

与流动人口就业层次低形成鲜明反差的是，（2012年访谈）本地市民中多从事体面的管理性工作。中山市一位本地的私营老板（男，38岁）如是说：

我也有朋友是做生意的嘛，一般管理性的工作都是用本地人，重要一点的，像采购啊，都是找的本地人，放心一点是吧，要不把这个钱给拿走了。如果是技术性一点的是看你的学历什么的。（2012年访谈）

流动人口的收入不高、就业层次低已成为共性的事实。流动的初衷是获得稳定的收入以维系并推动家庭的发展，但涨薪致富梦难以实现，净收入不高且与本地市民的收入差距日渐拉大，在城市的生活质量难以获得保障。毫无疑问，在中国依旧存在城乡分治且城乡差距在短时间内还不能消弭的现实情境下，流向经济发展较好的地区仍是获得较高收入的首要选择，尽管在城市的净收入并不是很高，但资源分布不均导致的地区收入差异，仍然促使大量人口离开故土，奔向陌生的城市，人口流动还会持续加强。

二、安居相守之怅

近年，流动人口在流入地的住房问题，作为一个十分重要的民生问题，得到相关政府部门及学界的关注。考察流动人口住房状况、了解流动人口住房意愿、分析流动人口住房问题，既是把握流动人口生存生活状况、推动流动人口梦想进程的重要内容，也是城市发展规划、人口管理、住房保障、规范租赁市场等工作的重要基础。

就流动人口个体来看，他们从异地他乡步入现地，不仅需要获取一份收入较高的稳定工作，也渴望像城市户籍人口一样拥有自己稳定的住所，过上举家团聚的幸福生活。房子不仅仅是遮风避雨的建筑物，更是家的依托，是对一个地方产生归属感的基础。"租来的是房子不是家"道出了无数人对房子的渴求，但也道出了现实生活中的无奈与辛酸，而流动人口对房子的追逐，实际上是对安居的渴望，是对家的期盼，是对自己在陌生城市中拥有一片小天地的热盼。中国自古有安居乐业之说，但在当下的情境下，坚守故土，乐业就难以实现，若想获得足够的收入和物质资源维系安家,他们必须选择外出,安家之梦破碎。人口流动家庭化趋势的不断加强,实际上也反映了流动人口渴望在城市安家。而拥有基本居所的流动人口,也希望居住质量可以获得提升,期盼着有一天能够居住在本地的核心圈层,而不是偏僻的远郊、城中村,对住所远近以及圈层结构位置的追求,折射出流动人口对美好生活的向往以及对社会地位的追求。

(一) 居所是漂泊后的停泊港湾

当代中国人对于房产的重视程度丝毫不亚于旧时代农民对土地的重视程度。房产的有无在很大程度上决定了流动人口能否融入当地社会,也影响着他们融入城市的决心与态度。如果在流入地有属于自己的一间房子,将极大地提高流动人口的居留意愿和融入程度;没有自己的房子,流动人口将始终处于一种漂泊状态,难以在流入地安定下来,最终会回到有房子的老家生活。当前,流动人口在流入地的居住以租房为主,只有极少数的成功人士在流入地拥有自己的住房。无房是流动人口在流入地生活、定居、养老的最大障碍。

小唐,43 岁,来自湖南娄底,两个孩子已经成人,一个在湖南读大专,另一个在深圳打工。她与丈夫在中山待的年头也不短了,目前暂无工作,跟别人合租一个两居室的商品房,他们住一间:

我倒是想把这里当成第二个家,但是不可能在这里待一辈子的,人老了,租一辈子房子是不可能的。(2012 年访谈)

小王,30 岁,来自成都内江,在中山市一个茶叶店做店员,他认为无房就是"无根儿"。

我觉得主要是这边的房价比较高。让我们这些打工的没有一个固定地点(居住)。有一个固定的点可能会觉得好一些。今天住这个地方搬一下,明天住那个地方又得搬一下,就感觉一直都是在(漂泊),没有一个扎根儿的地方。(2012年访谈)

拥有住房是流动人口扎根城市的基础。流动人口在城市拥有自己的住房,预示着在异地他乡有了自己的专属空间,也有了在城市停留的底气。但房价高企,涨薪乐业都尚未实现,又如何能够购房安居?尽管梦想与现实相去甚远,但流动人口却展现出为此不懈努力的态度与决心。

(二) 居所在核心区而非边缘位置

房子是流动人口是否能够安稳生活、实现家人团聚最基本的依托,而住房区位与位置则蕴含着另外的意义：住房离城市中心越近，生活越便捷，离城市的主流生活圈也越近，也越利于与本地市民的交流互动。但住房的位置决定了住房租金的高低，住房离市中心越近，租金就越贵，流动人口经济负担就越大；住房离市中心远，租金相对减少，流动人口居住负担就较轻，即租房的经济负担与生活便利度成反比。若愿支付较高的租金，流动人口的居住位置就离城市中心较近，交通成本和时间成本也会大幅度缩减。但绝大多数流动人口会选择城中村或远郊的住房，尽可能将租房成本压至最低。

访谈中，从南溪来到成都的一位商店管理员（女，33岁）这样讲道：

住是一个最大的问题。因为现在拆迁也特别厉害，这块地铁一修好的话，这块繁华地段打工的人肯定也比较多了，因为这条街上市场也比较多。（但是）周边有住宅的地方特别少，有些外地来的上班族住的也特别远。在这附近住的话，房租高、住的也不是很好；住远点吧，房子能便宜点也能好点，但是特别远，每天要起早坐公交车。（2014年访谈）

除交通便捷与否外，住房的区位还影响流动人口与本地市民的交往频度。从理论上看，如果流动人口集中居住在工厂厂房或专门为流动人口建造的集体宿舍区（即"集宿区"）中，与本地市民存在一定的空间距离，则他们很少有机会能够与本地市民来往和交流，双方缺乏沟通，自然难以融合到一起。相反，如果流动人口混居在本地市民较多的居住区内，有助于双方之间进行经常性的来往和交流。深度访谈结果也表明，若流动人口在当地居民较为集中的核心区域租房，与本地市民的来往随着时间推移会不断增多，彼此之间的包容和理解也日渐增强。

深圳市的一位本地市民（40岁，女性）表示，她的邻居是从陕西来的，相处了很多年，关系比较好，就像朋友一样：

下雨时会互相帮助收衣服，做了好吃的饭菜也会互相赠送；有的来这十几年、二十年了，是第二故乡，比家里都熟了，过年都来往，跟亲戚一样的；外地人春节回老家了，你认识他时间久了，他老家过节吃的东西，他老家的特产，都带给你尝一尝。（2013年访谈）

当然，这是一种较好的状况，在笔者的访谈中并不多见。更常见的则是，很多本地市民从主观上就不愿意与流动人口混居在一起。本地房东只要有条件，就会搬离流动人口集中居住的地方，搬到本地市民集中的新社区，而把旧房子租给流动人口。在这种行为的背后，是对流动人口的不信任和不认同，透视出的是心理上的隔离。

郑州市的小郭，19岁，刚刚中专毕业，现在一家理发店做洗头工，他说：

希望本地人和外地人分开居住。在一起就是不习惯，比如卫生什么的，他们也不像我们这里的这些人嘛。两类人在一起肯定有不习惯，还有不方便嘛，我肯

定是不会跟他们一起的。(2013年访谈)

流动人口的居住区位对其工作和生活产生着重要影响，既影响到他们的工作便利程度，也影响到他们与本地市民的互动与交流。从访谈的结果来看，流动人口的住房位置离城市中心越近，与本地市民的空间距离就越近，双方的交流互动机会增多，可见住房位置在流动人口实现梦想的进程中十分重要。但是，流动人口真正需要跨越的不是表面的空间距离，而是心理距离，而该距离不仅由本地市民对外来人口的态度和认知决定，而且也取决于流入城市的制度和政策态度。

实际上，居住空间的区隔划定了贫富的界标（尽管流动人口中也不乏经济上的成功人士）。在一个贫富分化已经是一个既成事实的社会，穷人与富人分野已经是一种无法否认的存在，穷人的尊严问题就不可避免地提出来了（孙立平，2015）。住房是影响流动人口生存与发展最重要的问题之一。没有自己的房子，流动人口需要花费相当一部分的收入来租房居住，充满没有家的漂泊感；而居住位置既影响到租费高低，也影响到工作的便利与否，更影响到与本地市民的交往机会。安居才能乐业，安居才能为家人的相聚相守提供港湾。为了安居之乐，绝大多数流动人口在城市默默奋斗与坚守，但现实是，他们的安居之梦十分遥远，终究难以在城市拥有属于自己和家人的专属空间。在人口流动持续推进的背景下，无数流动人口仍在为安居梦而努力，他们对安居梦的渴望，折射出了对家的追求与向往，承载了无数个家庭的梦想与责任。

（三）家人团聚受到诸多因素的阻碍

流动人口对住所渴望的背后是希望家人在流入城市团聚。举家团聚、和乐融融是中国人自古以来追逐的和谐状态，家庭的温暖也是人们的精神归属与寄托。流动割裂了很多家庭成员之间的地域共时性，家人相守甚至成为一种奢侈之物。对于流动人口而言，或通过举家迁移、实现在流入城市的团聚，或放弃流入地较高的工资收入、实现在流出地的团聚。就前者而言，流动人口虽在城市谋得一份工作，多数从事职业链条中较低端的体力劳动，收入有限，难以支付举家迁移后的生活成本；再加上子女就学等现实的考虑，完全实现家庭团聚也不现实。若放弃流出，在老家能实现家人团聚，却失去了获取更高工资收入的机会，家庭经济福祉和长期发展能力难以得到改善或提高。谁都向往家的温馨和温暖，但很多流动人口因收入的约束，即使难以实现在流入地的举家团聚，也难以舍弃流入地的工作和发展机会而回归家乡。

收入水平不高带来的经济压力成为制约流动人口举家团聚的关键和核心性因

素。人口流动的首要目标是，获得比流出地更丰厚的收入，并在此基础上，更好地满足其他方面的生活诉求。若是举家迁移，则对衣食住行等各个方面的要求都会更高，生活成本提高，生活负担进一步加重。新家庭经济学的迁移理论告诉我们，无论是永久性迁移还是流动，终极目的就是让家庭利益最大化，提高家庭生活质量。因此，尽管流动会导致家庭成员之间的地域割裂，但作为一种理性考量，能赚取更高收入的家庭成员而且可能是家庭的核心劳动力会选择向外流动，年长的父母与年幼的子女在家留守，这种理性安排在某种程度上实现了家庭效用最大化。但若实现了家庭的团聚（无论是举家迁移至城市，抑或是留守在老家），均有可能会降低家庭的经济生活质量。

27 岁的小郑（2014 年访谈对象）来自河南确山，在郑州开出租车。他对家庭团聚是这样理解的：

（家庭没法儿团聚）最大的因素就是经济问题。我始终认为只有一个经济问题。如果说我有钱的话，（如果）我这个收入能和当地人（的收入一样）的话，我就有能力把他们（家人）接过来跟我一起生活。我现在一个人在这边开车，每天起早贪黑，也就收入四千块钱。虽然郑州消费没有你们北京高，但在我们河南还是很高的嘛。我要是把老婆孩子都接过来，至少要租一个一居室的房子吧？我现在跟人挤在一起，能省很多钱的。孩子还小，老婆不能工作，一家三口要吃要喝，赚的钱一多半就没了。我有个哥们，一儿一女，租了两居室，一个月花两千多，看看多贵啊！那开销花不起嘛。有（高）收入也就不存在这种问题了，什么两地分居、思念啊，其他都不是问题了。但现在没有办法。

随迁子女上学难也是阻碍流动人口家庭团聚的主要因素，且作用更甚。学龄儿童面临的首要问题是就学，但是，因户籍制度的限制，多数流动儿童（或随迁儿童）难以进入公立学校，只能就读于教学质量相对较差的打工子弟学校或普通的私立学校。无论是哪一类学校，往往需要缴纳择校费、借读费等（近年有所好转），因此，流动儿童在流入地就学的代价甚大。同时，随迁子女的生活成本也比在老家高，进一步加大了在流入地的经济负担。多数流动人口难以给随迁子女找到合适的学校或难以负担优质教育所需的费用（包括各类课外费用），不得不牺牲与子女的团聚。这也是成都市 34 岁的皮具店老板小陈为什么不把子女接来一起居住的主要原因：

儿子呀，儿子现在老家云南思茅，我和老婆两人在这边。儿子今年差不多 12 岁了，快就要上初中了。有想过（把儿子接过来）。可是我们（户籍）不属于当地，择校方面可能会有比较大的困惑吧，或者不方便……因为我们的户口没过来，你到（当地）学校去的话，有些学校好一点的话可能不收（择校费），（差一点的）最起码你要给它赞助费或者择校费……价格不等。有几千的，有上万

的。(2015 年访谈)

家庭难聚既包括子女，也包括父母。子女远离家乡，留守父母难以获得精神慰藉。计划生育实施 30 多年，现在进入老年的一大批人都只有一个或者两个子女，而他们的子女现在正是流动人口的主力军，子女数量少、流动性强使得众多老人面临空巢家庭的困境。小郑说：

可能思想上会有影响，(老爸老妈)会思念我们。小孩养这么大，本来身边有一个人围着转的，人老了就想儿孙满堂围着，但没有，感觉有种寂寞、空洞。你把父母留在家里面没人照顾，就两个老人，也于心不忍，但是也没办法。生活也只能这样，没有别的选择。好在我离家比较近，有时回去看看老婆孩子，也看看他们。

除心理慰藉外，留守父母的日常照料、生活照顾也面临困境。特别是当父母生病时，更是需要子女的照料和陪伴。亲代和子辈都是两难：老人希望子女回家，而子女又不能放弃事业发展。正如来自甘肃陇南、目前在中山一家企业做行政管理的邱先生（50 岁）一样，对父母心存愧疚：

我现在对老家太不了解了。我十五年都没回老家了。差不多都是我老婆回家，因为春节公司里很多事都要我来处理……想哦，去年我妈妈摔了一跤就更想我了……现在父母都是七十几的高龄，人老了身体一年不如一年。在这种情况下，对他们的关照，尤其是在他们生病的时候，我们没有照顾到他们，这是很愧疚的。有时不是钱不钱的问题，关键是你不在她身边，有时需要照顾的，需要有人在身边。(2013 年访谈)

早在 20 世纪初，社会学功能学派就认为，随着工业化的发展和人口的自由流动，许多成年子女将在地理上与父母产生较大的空间距离，中国大规模人口流动形成的大量的留守父母、留守儿童就是这一论述的具体呈现。虽然个别或部分家庭成员的流动是家庭经济利益最大化的理性选择，但却牺牲了家庭的情感利益：留守父母情感慰藉缺乏、留守子女无法获得照料。国内外的许多研究发现，子女流迁可能对留守父母的生活照料产生负面影响：留守父母身边的子女数减少，子女与父母聚少离多，代际感情逐渐疏松，导致潜在供养照料人数减少和家庭养老质量降低，并最终造成留守父母福利和健康状况的恶化。对于高龄老人来说，情况尤其严重，而且由于配偶可能已经去世，也无法获得配偶支持。如果潜在的支持者（即子女）又外出打工，他们的生活照料、情感孤独等问题将更加严峻（杨菊华，2011）。对于留守儿童来说，父母关爱的长期缺失，不仅可能给子女教育带来负面影响，而且也可能不同程度地导致子女敏感、自卑的心理。子女是家庭的希望，虽然父母外出的收入是其就学、生活的经济来源，但是缺失了子女成长过程中必不可少的陪伴、关爱与鼓励。

三、社会保障之乏

　　社会保障是降低个体未来风险、提高对未来积极预期的制度性安排。工伤保险是流动人口就业工作的防护网，可免除流动人口劳动生产的后顾之忧；养老保险是安居乐业的保护器，可促进流动人口家庭的和谐与稳定；医疗保险是生命周期的安全阀，可保护流动人口的身心健康；失业保险是失业期间基本生活的兜底罩，可保障流动人口的最低生活质量；生育保险是对女性生育价值的认可，可在生活和健康方面为孕妇的顺利分娩创造有利条件。因此，社会保障的有力实施，既有利于流动人口梦想的实现，也有助于增进社会融合。

　　然而，流动人口社会保障状况不容乐观。根据国家统计局《全国农民工监测调查报告》可知，2006—2010 年，农民工的养老保险始终徘徊在 10 个百分点以下，城镇就业人员的养老保险覆盖率超过一半以上；随时间推移，农民工养老保险逐年上升，并于 2013 年升至 15.7%，但远低于同年份城镇就业人员的 63.2%。虽然流动人口的参保率呈现上升的趋势，但与城镇就业人员的差距也越来越大，相对劣势愈加凸显。而对 100 多位在业流动人口的深度访谈结果也表明，他们作为城镇职工的社会保障水平很低。

（一）低工资与高保费的悖论

　　就个体因素而言，低工资是个体不参与社会保障的重要因素之一。成都的一位商场管理员（本地男性，42 岁）认为，工资不高是流动人口参保率较低的主要原因：

　　　　像临时工（工资低），（保险）再扣他点钱，我相信十个里面肯定有八个不是很愿意（交）的。反正低端（工作）工资也不是很高，他们也不愿意交，年轻人的想法（大多是这个样子）。

　　成都市人力资源与社会保障局的一位工作人员则认为，低工资与高保费的矛盾阻碍流动人口将参保意愿转换为实际的参保行为：

　　　　就是愿意（参加社会保障），当然都很愿意，但是现在这个社保太高了，大部分农民工，就是流动人员的工资啊都是很低的，像一般的流动人口，绝大多数工资在 1 500 元左右这个层面上。但是社保、各种保障下来，乱七八糟交的，有好几百块钱，对他们来说，是一个沉重的压力。（2012 年访谈）

当然，少量年轻流动人口认为暂时还没有购买养老保险、医疗保险的必要，这种想法也是导致流动人口社会保障水平较低的原因之一。前面提到的在深圳市做熟食生意的小杜，就持有这种观点：

社会保障暂时还没买，还没想到那去。感觉现在还年轻，没想到，没想到老了以后拿什么养老保险，还没想到这些事情。（2014年访谈）

表面来看，缺乏前瞻意识是流动人口参保率较低的主要原因。然而，尽管绝大多数流动人口是乡—城流动人口，受教育水平以初中为主，但他们未必没有意识到社会保障防范风险的作用。实际上，流动人口认为当下的经济收入更重要，而不是预防未来风险的发生，这是一种理性选择，是低收入、低工资约束下的无奈之选。透过个体的迷雾，我们看到的是：这个看似个体主动选择的结果，实则是制度安排不善所致。

（二）续接手续不完善带来的安全感缺失

社会保障制度的不完善降低了流动人口对社会保障的积极预期。现阶段，我国的社会保障多由本地财政支持运转，主要是服务于本地市民。而且，目前既缺乏统筹流出地与流入地社会保障续接的有效措施，职业变换的保障续接也面临诸多问题。流动人口地理空间位置变化较大，多面临保费缴纳不连续、缴纳地与保障利用地不一致等多重矛盾，因此，社会保障在制度层面的转移接续问题是降低流动人口参保率的重要原因。

在深圳的一位流动人口（女，29岁，企业行政管理）认为，转接不便导致很多流动人口不愿意缴纳社会保障的相关费用：

打工的工人是不愿意买保险，他老是感觉自己出一部分这个钱啦，以后不一定能拿到手里。我们厂里有一个这样的，因为他本来刚开始想买的。想买的话他就是矿里的，然后转到家里去有一个程序，他恐怕以后程序很麻烦；或者是说，就中间出现漏洞，或者是现在交的高了，以后少了，拿的钱少了（于是就不交了）。好多员工（都是）这种心理。（2012年访谈）

就社会保障在地区之间续接不畅的问题，中山市人力资源与社会保障局的一位工作人员这样跟我们解释：

主要是接收地问题，接收地是很麻烦。比如说，你不要说转回四川、转回湖南，你就说（从中山）转到珠海（也是很麻烦的）。涉及资金的一个转移，还有很多很复杂的计算方法。你在这里交的基数高，比如说，你到四川交的基数低。这边转出去好办，那如果你转进来的话，那我承不承认你的缴费年限呢。我不能按四川你的低缴费来计算中山的退休金的嘛，这样算是很不合理的嘛。（2013年

访谈）

成都市人力资源与社会保障局的工作人员也讲到了类似的原因：

（社会保障的转移接续）操作起来目前还不太方便。就是说国家大方向是好的，但是具体的细则，各省市之间，还在研究，因为很复杂。咱国家的社保体系，它不像其他，像国外都是一块给。我们有很多很多社保对象，城镇职工的、机关事业单位的，还有未参保集体职工的，太多了。而且，就是各参保（对象），缴纳的钱数也不一样，转移接续还有年限等，很复杂的！（2013年访谈）

（三）用工制度不完善引发参保漏洞

一方面，低工资与高保费的矛盾、社会保障转移续接难，经过理性考量后，流动人口并不愿意牺牲当下的工资收入，购买目前来说看不见、摸不着的未来保障。另一方面，企业尤其是中小型企业和个体经营者，也乐得不给职工购买保险。

小田，34岁，来自河南新乡，夫妻二人和一儿一女。10年前硕士毕业后，他就留在了北京，先是在一家大型出版公司上班，做销售工作，慢慢积累了一些经验和人脉，时机成熟后就自己开了一个小规模的打印店。目前，他的店里有5位员工，负责排版、复印、打印、照相、照片冲洗等。

大姐，您看哈，我的这些员工年纪都很小，他们不会看重社会保障的。他们那么年轻，哪有什么病啊灾的，一个个身体特别棒。养老嘛，那就更远了。谁知道将来社会会怎么变呀？我们这里也不会有什么工伤啊、失业啊，除了他们自己不想干了。他们自己今天在我这里，明天也不知道去那里了呢。……我的店子小本经营，赚不了多少钱，哪有能力给他们上保险啊？我就是每个月给他们多发200元，作为保险补贴吧。他们也乐意，多拿200元，哪个不愿意啊。也不是我一个人这么做，我们其实都是这样的。（2015年访谈）

在他的员工中，有一位年纪比较大的女性，做排版工作。她却有不同说法：

我啊，在北京待了很多年。我以前啦，是跟一个亲戚做，是做出版的。他的公司比这个公司大得多，200多个人呢。是一个合资企业，也是不给我们上保险，但收入比较高。后来公司越来越不景气，就倒闭了。我现在的老板是我在工作过程中认识的，他给我的条件不错，比其他员工高。我其实很想有保险的，但老板不愿意给我上，老板都要赚更多的钱。我要是有钱，我也愿意当老板。

就工作地点来看，流动人口是城镇职工，但其社会保障水平较低。地区之间统筹不善、转移接续不便、经营成本控制等都是重要的原因。目前，社会保障的保费缴纳与低工资之间的矛盾，抑制了流动人口参保的积极性；转移接续的不规范和不统一，降低了流动人口对社会保障的积极性预期；中小型企业尤其是个体企业逃避保险的行为，也进一步降低了流动人口的参保率。总之，完善真正将流动人口纳入其中的社会保障体系尚有很长的一段路要走。

四、子女教育之难

望子成龙、望女成凤是中国每个家长的共同心声和殷切期望。教育是实现子女成才的重要途径，对寒门子弟而言，它可能是改变身份和阶层的唯一出路，虽然依靠教育实现阶层流动的机会在当前稳定的社会阶层下愈发狭隘，但不接受教育而想实现阶层跨越更是难上加难。尽管教育公平倡导了多年，但如第一章所见，教育资源城乡和区域分配不均等的局面在短期内难有改变。接纳流动人口较多的流入之地教育相对发达，似乎为流动儿童受教育打开了另一扇窗，但流动儿童几乎不能融入当地的教育系统之内，只能徘徊在各类公立学校、高额的私立学校门槛之外。就留守在老家的儿童而言，他们所在之地的教育资源稀缺，享受的教育质量很差。常有上了大学，甚至念到研究生的寒门子弟吐露，到上大学以前，没有接触过普通话，授课的老师也多为中小学学历，乡村小学教师遇到农忙时节，甚至停课回家割麦收稻。这样的情形今天虽有改观，但无论是在发达的大城市流动的儿童，还是驻扎在乡村或小城镇的留守儿童，可及的教育资源依旧受限。在第一章，我们系统回顾了教育资源极度失衡的情势；除制度约束、地区资源的非均等性分配外，流动导致的家庭割裂及其功能丧失，对子女教育到底产生什么样的影响，也是值得深层次探讨的问题。

（一）制度安排缺陷阻碍就学机会

流动儿童就学类型一般有公立学校、私立学校、民工子弟学校三类。虽然国家强调流动儿童的入学以公立学校为主，但由于地方行政管辖的保护，地方公立学校会优先满足本地儿童的就学需要；只有当公立学校在满足本地儿童需要之后，多余的就学机会才会分配给外来儿童。而从学校类型来看，很大一部分的流动儿童是在普通的私立学校[①]、打工子弟学校读书，其中，绝大多数学校的教学

[①] 私立学校可分为两类，一类是普通的、收费较低的学校，很多是由原来的打工子弟学校演变而来，吸引了很多流动人口子女。另一类是高端的、收费昂贵的学校，对普通的流动人口，尤其是乡—城流动人口而言，可望而不可即。

质量低，设施有限并陈旧，往往是其他学校淘汰下来的物件，办学条件非常差。实际上，对本地儿童而言，教育资源尤其是优质的教育资源的竞争压力都极大，流动儿童就更难在流入城市享受公立的优质的教学资源。比如中山市西城区在2012年有12 000名在读的流动人口子女，仅有2 000余名在公立学校就读，其余均分散在普通私立学校和打工子弟学校。

总体而言，打工子弟学校和普通私立学校的师资力量、教学设施与公立学校差别显著。就师资力量而言，打工子弟学校和普通私立学校没有良好的经济基础，教师待遇较差，无法吸引高素质的教师。在课题组访谈的一些地区，打工子弟学校的教师工资只有公办学校的一半左右，五险一金等社会保障水平也远远不及公办学校，因此，在打工子弟学校的老师往往没有教学经验，缺乏专业训练，不具备相应的教师资格证书。而就教育设施而言，与公立学校的差别也很大，绝大多数打工子弟学校教学设施极度缺乏，不仅学校的安全、卫生条件等得不到保障，甚至连基本的办学条件也令人担忧，教学质量更无法得到保障。

小张，北京某高校研究生，从大一开始至今5年，一直在北京北五环外的一个打工子弟学校做志愿者，对该校的教育质量和教育模式了解甚深。这所学校最初是未经教育行政部门批准的打工子弟学校；在北京市大力清理农民工子弟学校的过程中幸存了下来，后改为一所私立学校，受政府管理：

我在2010—2015年间，每周大约到这里做两次义工。这是我见过的最乱、最差、最破的学校，教学质量差，环境又脏又乱。学校的周围是本地农民的房子，还有一个垃圾回收站和满地的菜贩子在做生意。你想，差不多有1 000名学生吧，从幼儿园到初三，一共有20多个班。全校所有的教职员工加起来也只有三十几个人。这里的教学设备很差，很多都是周围的人捐的，或者是教育部门调配过来的——听说好像是其他学校淘汰下来的，但不敢肯定。

我的总体印象是，教师对学生不尽心，实际上是想尽心也没办法尽心，学生也不好好学，想好好学的学生可能就不到这里来了。特别是在高年级的时候，往往是老师在上面讲，学生在下面讲，认真听讲的学生不多；有时，老师不得不对学生大声嚷嚷；甚至还经常会有学生在教室中走来走去，边走边跟旁边的同学说话。一方面，是正常的教学秩序得不到保证，日常教学显得十分混乱、无序，课堂纪律也很涣散和随意。另一方面，学校对学生也没有适当的要求，唉，也可能是有要求也做不到吧，因为我看到，学校对各个年级虽然都有明确和统一的教学进度安排，对具体的教学点和知识点也都有指导，但学生基础差，整个学校的学风也差，老师就不会去钻研怎样教得更好，能混过去就混过去，得过且过吧。一节课堂的安排通常是，老师简单讲讲，然后让学生抄写。甚至还有为了能收到学生，故意让学生在考试中作弊的现象发生。其实，有些新的知识点，老师自己也

讲不清楚。(2015 年访谈)

深圳市的一位本地市民(女，40 岁，计生专干)的话也从侧面印证了打工子弟学校与公办学校的设施差别较大：

这种民工子弟学校和我们本地学校之间在教学质量、师资配备上、设施上有些差别吧。我看我女儿的小学(公办学校)，上电脑课的时候每人一台电脑，像他们(打工子弟学校)就老师在讲台上有一台电脑。……我女儿的学校还有正规的操场、图书馆、实验室、咖啡厅什么的，你看他们那些学校，哪里有这些条件啊。我没有看过的，但我跟人聊过啊，听说条件挺差的。(2013 年访谈)

教育尤其是高质量的教育具有稀缺性，是教育部门牟利或抬高门槛的根基。为此，从 2009 年开始，国家陆续取消了公办学校学费、学杂费、教材费等费用的缴纳。但是，政策在减轻居民教育负担的同时，或显性或隐性地提高了流动儿童进入公立学校的门槛。

小庞来自四川宜宾，是一位 26 岁的流动母亲，在深圳市做仓库保管员。她在外地打工时遇到了现在的丈夫，早早就生了孩子。访谈时，孩子刚好 6 岁，到了入学的年龄：

现在问题就是公立学校你比较难进啊，说的是公立造福于民啊，但是反倒是公立现在还不好进，想让孩子进公立。本地人进公立理所当然，本地人有钱、有关系，占天时地利人和。……我去年就开始看学校，但谁知道甜甜(她女儿)能不能进呢？

学校是分开的，外来的民工子弟学校，只有一两个到蓝天小学(公立学校)一起读的。他们(指流动人口)要满足条件，计划生育不能超的，要办理居住证，择校费我也不清楚，听他们说是有的。居住证要求很多方面的，各个部门要盖章，教育局、劳动局、工作情况、有没有交养老保险，派出所也要盖章，有没有作案记录，都符合才给居住证。

恩，一个学校名额都是有数的，报名啊，比方一个班招多少人啊，如果满了，可能就进不去了，它有数的。比方一个班招五十个人，肯定是先就本地人这里，然后你外地的再插。如果生源不够了，可以，如果生源满了，不可能再招(外地学生)，是不是啊，这是肯定的，就是这样子。(2013 年访谈)

一方面是公立教育资源的紧缺，另一方面，本地市民也不愿意自己的孩子与流动人口子女同一个学校、同一个班级学习。深圳市一位 49 岁的男性本地市民(也是社区工作人员)如是说：

可能还是有想法的，一般来说呢，民工子弟就要到民工子弟学校，有的老板，比如说有点小钱，到我们当地人的小学去念书。去念书的话呢，多了以后呢家长就有意见。多了就有意见了，一个两个没关系，多了以后(本地人)就要

上访的。(2013年访谈)

由于进入公办学校非常困难、手续烦琐,再加上许多本地市民对流动儿童到他们子女所在的公办学校读书的不满,除了少量受教育程度较高且比较有社会关系的流动人口(主要是城—城流动人口)外,更多的流动人口不得不将子女送往打工子弟学校或普通的私立学校,最好的也就是让孩子在本地市民的子女腾出来的学校上学。

公立学校门槛高,打工子弟学校与普通私立学校也并不好进。尽管打工子弟学校和普通私立学校的教学质量低,但也需要缴纳一定的费用才能进入,特别是私立学校,更需要缴纳对流动人口而言并非小钱的学费和借读费。国家财政部和发改委早就下发通知,要求自2009年1月1日起取消义务教育阶段借读费,教育部也于2010年颁布《关于修改和废止部分规章的决定》,删除了《小学管理规程》中可向非本地户籍学生收取借读费的规定。但高昂的借读费、择校费只是更换了形式,以更为隐性的方式存在。而且,这一变动缺乏后续的配套措施,反而使流动儿童失去了一块敲门砖,流入地的入学门槛不降反升。当然,在访谈中我们也听说,有些私立学校因为要提高知名度,也愿意无偿甚至以提供奖学金的方式,接受成绩好的学生,只不过,多数流动儿童的成绩并不是很突出。

成都市一位58岁的流动父亲,是一个服装店的老板,2012年,他儿子在成都上学时,需要缴纳借读费,一年大约7 000元。深圳一位开服装厂的流动母亲(28岁)介绍在私立学校读小学的儿子的缴费状况时说,他儿子刚刚上第一学期,交了1万多元。但是,交钱并不能保证较高的教学质量。

流动儿童的就学问题成为困扰流动人口的一大难题。不可否认,公办学校的师资力量、教学质量都要好于普通私立学校和尚存的打工子弟学校。但是,公办学校条件越好、费用越低,其大门对流动儿童来说就越难进。流动人口子女往往只能投向民工子弟学校和普通私立学校,接受低质量的教学。尽管乱收费的现象在近年受到制度的遏制,但贴在这两类学校(其实,多半就是一类学校)身上的标签,既使得这类学校各方面的情况越发变差,也形成了难以洗去的刻板影响,而在这种印象的背后,至少部分地是制度建构的产物,家长和孩子则是这种制度的牺牲品。

(二)家庭教育功能弱化

家庭教育是一切教育的基础。具体到知识学习,家庭教育的作用主要体现在两个方面:一是直接的教学辅导,二是教育观念的形成。

任何一位父母都盼望子女健康成长,希望子女学习成绩在班级甚至于在年级名列前茅，考上一所好大学，支撑起家庭未来的希望。为此，很多父母牺牲自己的工作、生活，将精力投放到子女的教育当中，充当子女教育的第二教师。但是，对于流动人口来说，无论是子女随迁还是留守，其家庭教育功能都是弱化的：多数流动人口自身受教育程度不高，而且受工作时间、工作强度等客观因素制约，不能很好地实现家庭的教育功能；子女留守在家，主要是由（外）祖父母照顾，但多数的（外）祖父母受教育水平较低，留守儿童的家庭教育功能基本也呈缺失状态。

就流动儿童（随迁子女）而言，家庭教育缺失的原因主要有三点：一是多数流动人口工作时间长、劳动强度大，空闲时间少，没有时间和精力来辅导子女的功课。二是部分流动人口受教育程度较低，没有能力辅导子女功课，心有余而力不足；或经济能力受限，难以对子女教育有更多的投入。三是有相当一部分流动人口对家庭在子女教育方面的功能认识不清，对子女的教育期望不高，认为教育就是学校的事情，自己完全撒手不管。

28岁的小孙，来自四川简阳，跟丈夫在深圳开了一家小型服装厂。她的大儿子在深圳一家公立学校上学，小女儿在家，由婆婆照看：

像我们这样，哪里有时间教儿子？一天忙到晚，晚上很晚回家。我们也是希望孩子多学点，哪个做父母的不这样想啊？好不容易找人托关系，让他进了公立学校，不就是这么想的嘛？但我们要照看厂子。……再说了，就是想教也教不了啊。我和我老公都是初中毕业，10多年了，什么东西都忘光了，都还给老师了，怎么教？（我们这样的水平，辅导孩子）一年级、二年级还差不多（能辅导）；上了三年级只怕是会搞不懂了，像现在的英语根本是搞不清了。……有一天，我儿子回来问我一个智力急转弯的问题，我根本就转不过弯，嘿嘿。我们还算幸运的，儿子进了公立学校，老师们也都挺负责任的；我们有些工人的儿女在普通私立学校，真的是没有人管。（2013年访谈）

对很多父母来说，除了正规的学校教育外，第二课堂或课外学习对孩子综合素养的提高和课堂学习内容的巩固也至关重要。我们访谈过的流动人口中，大部分意识到辅导班在子女受教育过程中的重要作用，也有部分家长会给孩子报多个课外班，但更多的则非如此。究其原因，主要有两类：一是认为课外辅导没必要；二是受限于经济状况，心有余而力不足。

小周，42岁，来自江西新余，是中山市的一位车间工人，他有两个孩子，一个孩子在老家，一个孩子在本地，就认为辅导班是老师获得额外收入的途径，自己负担不起，没有必要让孩子去上，当被问及为何不让孩子上兴趣班时，小周说：

没有。……（沉默了一会）我们过去谁上过什么班？现在是什么社会，没有什么东西不要钱,上课老师不好好教,让你课后去找他补课,拿了工资以外,又拿一份。我就是一个工人,哪里来(那么多)钱?(2012年访谈)

来自成都、在中山的一个茶叶店工作的小王,则为笔者详细地讲解了兴趣班收费的具体情况:

舞蹈(班)的话一个月就是80(元),美术(班)也是80(元),我给他报了一个手工艺(班),那个是50(元)。你要是上的话,每个月都得交,一个学期也要好几百。……这还都只是一些艺术班,如果要上课外辅导班,比如,英语、数学什么的,那还更贵啦。我们打工的,一个月就那么点钱,怎么够啊?(2012年访谈)

对很多人来说,这一收费标准并不高,但对流动人口而言,这一额外支出会进一步加重经济负担。即变作花样的收费,成为流动人口子女兴趣班和课外辅导班不足的主要原因。我们不能排除少量父母在主观上不愿对子女教育投入更多,但更主要的是,工作劳累、能力不足、收入低下阻碍了他们对抚育和培养子女的投入。处理好经济利益与子女教育之间的关系,处理好学校教育与家庭教育的关系,也是很多家庭需要面对和学习的技能。

(三)部分父母对子女的教育期望不高

子女的教育不仅是学校的责任,而且也是包括家庭在内的多方面的共同责任。作为实现阶层流动的重要途径,特别是对于社会地位低下、社会关系薄弱的群体来说,教育很可能是实现社会阶层流动的唯一出路。然而,绝大多数流动人口的受教育水平不高,只能从事一些低层次工作。通过自身的经验与教训,大多数流动人口也认识到上学读书的重要性。

重庆籍的小韩,49岁,是一位两个孩子的母亲,目前在中山市的一家制药厂当工人。她对子女的教育有着较高的期盼,她期待子女能够通过教育实现身份的转变和阶层的上升:

我没有读过多少书啦,我的姐妹多,那个时候也很穷,想读书也没有书读。现在不同了。因为(现在)这个时代不同了,多上一点学比少上一点好,都是他自己……最少、最起码要让他上个大学。……只要他读得进,能读多少我都愿意。哼嗯。可能天下做父母的都有这种想法,望子成龙,我想是这样的。(2012年访谈)

尽管已经意识到教育的重要性,但就学难的现实困境、教育回报越发降低等原因,仍然使得部分流动人口对子女的教育期望较低。这种低的教育期望一方面是缘于子女处于边缘化的教育圈层,学习成绩一般;另一方面是家庭鲜有多余的资源去进行子女的教育投资,导致子女的教育发展十分受限。因此,虽然说子女教育承载了家庭的希望,但终究也只是一种美好的愿望与设想,流动人口对子女的教育期望终究败给了现实与无奈,其教育期望比户籍人口低很多。

江西新余的小周跟笔者分享了这样的原因:

看起来有点区别,这里本地人对孩子的期望特别高,希望他考大学。我们现在是希望尽他们的努力,能考多少考多少。考不上的话,强往里塞也不是个事儿。我希望他能读到自己不想读的那天,至于他想读到什么程度,只要你想读,我始终供你读,如果你实在读不下去了,我们也没办法。你都读不下去了我有什么办法,不求他成龙成凤,只求他成人。

流动人口对子女的教育期望颇有"听其自然"的意味,而户籍人口对子女的教育期望则会采取更主动的手段,通常会动用全家的资源和力量,使子女接受更好的教育,让他们不输在任何一个起跑点上,从而为子女更美好的未来奠定坚实的基础。而这种差异并非全部来源于流动人口的无知,更多的是现实的无奈。

作为一位流动母亲,成都市 34 岁皮具店老板小陈的观点可能也解释了另一部分原因:

你想他(指流动人口)没有稳定的工作,做生意也不稳定,他靠打工,他自己生活都没有保证,他怎么来管孩子,你想一想,是不是啊。(2014 年访谈)

对留守儿童来说,父(母)的陪伴、教育和互动几乎是完全缺失的,(外)祖父母多年事偏高且受教育程度往往更低,很难对孙子女的教育发挥作用。而且,留守儿童的家庭结构发生了明显变化,从双亲家庭变为临时性的单亲家庭或无亲家庭。父(母)亲照顾的缺失可能使子女缺乏必需的或足够的行为引导,比如必要的日常生活照料、情感呵护和心理支持以及足够的学业辅导和行为监管。加之,留守儿童所在的农村地区教育质量较为落后,甚至难以与城市的普通教育资源相比,留守儿童的教育状况更亟须改善。

前面提到的车间工人小周这样描述留守儿子的教育状况:

像在广东这边,教育质量肯定比家里要好一点,教育素质也要好一些。就是家里读书的话一般老师就上几节课,有时,(学生)在里面玩,(老师)也不怎么管。孩子很少上课外辅导班,也不像这边,有那么多的辅导班上。没有人请,也请不起的。像我们请人哪里请得起啊,像我们那上学都得走好几里路。

留守儿童缺少父母的监督与教育,家庭教育几乎缺失。小周接着说:

(爷爷奶奶)就是关心他吃的饭喽,按时写字了没有喽。问他写了作业没有,他每天都说,写了写了。他奶奶说他没有写,还写作业,每天回来就玩,就跟小孩子去玩,他没有写作业,他骗你的!

我那个小孩上小学、上初中的校门是什么样的我都不知道,我很失职的。我只有在他们说没钱的时候给他们打点钱，现在跟儿子沟通都好像显得疏远。

尽管在第三章我们提到，留守儿童未必成为问题儿童，但留守儿童家庭的不完整和父母监护的不到位的确不利于孩子良好生活习惯的养成、学习成绩的提高、身心健康的发展。不少留守孩子的学习和教养处于全真空或半真空状态，他们更易遭遇心理障碍和行为异常。留守儿童逃学、厌学、辍学、行为失范等现象比一般儿童严重。

诸多研究表明，人口流动对于改善家庭经济条件，提升父母投资子女教育的实力和能力，改变父母教育子女的理念、加深他们对教育在职业声望的获得和纵向社会流动方面重要性的感性和理性认识，提升他们对子女未来成就的期望等方面都有显著作用，但本课题组的调查访谈则充满了消极之意，流动人口子女在哪上学、能上什么学校、上到什么程度等现实问题尚未解决，未来的教育回报又如何能看清，因此，部分流动父母对子女的教育期望和教育投入并未表现出更积极的态度。根据马斯洛需求理论，生存是个体最基础的需要，发展要以生存需要的满足为前提。而流动人口就业层次低、工作不稳定，家庭生活尚且难以保障，对子女教育期望不高也就不足为奇了：一方面，由于家庭经济困难而上学费用昂贵，流动父母虽然期望子女接受良好的教育但却无力承担；另一方面，生活的艰难促使部分流动父母希望子女也能够分担部分家庭重任而早点步入社会。

总之，流动子女就学具体表现为：其一，父母的流动性决定了他们难以在家乡读公立学校，必须到流入地读书学习；其二，在流入地往往难以进入公办学校，多数只能进入教学质量较差的打工子弟学校或普通的私立学校；其三，父母就业层次和收入水平"双低"决定了流动儿童难以像户籍儿童一样参加各种课外辅导班和兴趣班，使流动儿童的学习表现明显不如户籍儿童；其四，尽管流动人口的教育观念相比未流动的农村人口有很大提高，但流动父母的教育期望仍低于户籍父母。流动父母外出工作的首要目标是为了改善家庭经济地位，为子女创造更好的未来，但现实是，流动儿童（也包括留守子女）并未呈现出较为明显的教育优势，他们仍处于被制度遗忘、家庭教育忽视的重要对象。而且，虽然多数流动父母对于子女的教育问题非常重视，但许多人将焦点局限于为子女提供经济支持而忽视对子女教育的精力投入。对于那些还在为生活打拼的人来说，他们对子女的求学之路不仅充满了无奈，也饱含了生活的艰辛与不易。我们不能苛责他们对子女教育的忽视，而忘了生活中努力奋斗的波折和这种遗忘忽视背后的心酸。

五、主观融入之路

第二章我们了解到，流动人口在经济立足后，希望更好地熟悉周围的社会环境，适应各种复杂的人际和社会关系，对流入地有一定的认同感和归属感。在对访谈资料的进一步深入分析后发现，流动人口的心理融入牵涉几个层次：先是融入于人，它反映了流动人口与本地市民之间的关系与态度，属于人与人之间交往的范畴；次为融入于地，它透视出流动人口对流入城市的喜爱，愿意成为当地的一员；再次是长期居留打算，表示流动人口不仅喜欢流入城市，而且愿意在此地长久居住；最后是户籍迁入意愿，这是基于制度的更深层次融入的主观意愿。成为本地市民、共享本地的基本公共服务，无疑是绝大多数流动人口梦寐以求的夙愿。但是，如同其他方面的梦想一样，他们心理融入的梦想进程也面临一系列的制约。

（一）刻板印象加大流动人口"融入于人"的难度

流动人口步入某个城市，首先面临生活习惯问题。公共空间日常生活习惯是判断个人素质的重要依据，例如，是否随地吐痰、公共场所是否会大声喧哗、是否会自觉排队、是否经常参加体育锻炼等。这些也都是流入地居民对流动人口个人素质的判断依据，影响着流入地居民与流动人口之间的理解和相互支持，也成为影响流动人口社会融入的重要因素。本课题组在深圳、成都、中山、郑州四地的深度访谈结果表明，流动人口与本地市民日常生活习惯不同，以及少部分流动人口的举止行为不当，导致部分本地市民的不认可和不认同。

成都市一名当地的女性居民（47岁）小金，从事仓库管理员工作。她明确地将流动人口与本地市民区别开来：

额，生活习惯，我觉着还是有差别。人家（流动人口）是按人家那个的生活习惯走，咱们（本地人）是按咱们当地生活习惯走。（2014年访谈）

正因为流动人口和本地市民各有各的日常习惯，各有各的生活方式，本地市民形成了对流动人口的刻板印象。无论这一刻板印象是对还是错、符不符合流动人口的实际情况，都反映了本地市民对流动人口生活方式的一种态度，会影响到两者之间的交往和互动。深圳市和中山市的多个受访者都明确表达类似的意思：

他们（指流动人口）素质比我们（指本地市民）要低，生活习惯方面，文化方面要比我们落后；像他们的小孩子随地大小便什么的，我们这的小孩都不会这样子的；在卫生打扫中，你在前面打扫，他可能就在后面吃点心、随便扔垃圾；外地人车子随便乱放，乱扔，你就跟他们说你车子放得好一些，有些人随便你喇叭怎么叫，他就是放着；外地人住多了，要跟我们这里人一模一样，那肯定不太可能的，是吧。

矛盾肯定会有的啊，本地人会觉得外地人，一部分啊，素质低，就是在高楼上面把垃圾扔下来砸到人，那玻璃瓶都扔下来，然后有一次砸到人警察都来了；就他们煮菜放的那个辣椒，辣的我们旁边的人想死，很大意见啊；有些外地人晚上整天在那大吵，就不睡，大吵大闹，到很晚都不睡；有时候我们开车，红灯了，他们可能都不停的，都急着过马路这样。（2013年访谈）

不仅是生活方式和日常行为，本地市民对于流动人口"引起"的一些治安问题意见也怨声载道。例如，深圳市的一位政府工作人员如是说：

对外来人口、流动人口，我们本地人可能看法比较多的一点是，就是（他们给）社会治安方面带来的一些问题呢。其实，外来人口闯下的祸是比较大的和比较多的。例如，偷盗啊、小偷小摸啊，我们现在有时候庄稼地里的一些水果经常没有的啦。（2013年访谈）

深圳市一位超市老板（女，46岁）更是讲述了自己的亲身体会：

本地人嘛，反正都是一般啦，都是好的，他买就买，不买就不买。外地人呢，你来的话，他偷也把你偷走的，看也看不到。那他转来转去，他几个人来的话，转来转去转来转去，他一下子把你（的东西）拿去了。（2013年访谈）

其实，个体的不当行为与是否流动无关，低素质人口在本地市民与流动人口群体中都存在，但外来身份的标签使得这些行为举止被无限放大，而已经形成的集体印记和刻板印象，又对新进入的流动人口的形象产生负面影响。因此，很多本地市民会对流动人口不满，引发群体之间的张力，两者之间的关系更难达到和谐状态。

生活方式与生活习惯是在一定的场域内形成的，因此，不同地区的人群之间存在差异是不可避免的。换言之，流动人口的行为习惯与本地市民之间有差距是必然的。他们进入流入地后，很难在短时间内改变已经形成的生活习惯；而且，他们的日常交往对象多数是家乡人（老乡、亲戚、同乡），初级社会网络模式会进一步固化、强化既有的生活习惯。毫无疑问，无论是本地市民还是外来人都需要遵守流入地社会的公序良俗，如不随地吐痰、不横穿马路等。行为习惯之间的客观差异对流动人口和本地市民同时提出了挑战：流动人口需要尽快适应新的文明；本地市民也需要有包容与理解之心。本地户籍居民的"主人"或"鄙视"意识，以及对流动人口形成的僵化的刻板印象，必然会影响两类人群的交流和沟通，阻碍相互之间的交往与互助。

（二）初级网络限制流动人口"融入于人"的广度

人际交往是人类特有的存在方式，是人与人之间发生社会关系的中介，是以物质交往为基础的全部经济、政治、思想文化交往的总和。在信任的基础上，人们相互交往的频率高，相互之间也能够给予更多的支持和帮助。流动人口人际交往分为两个阶段：在生存阶段中，是围绕血缘、地缘等同质关系构成的强关系，而信任是这一交往的基础和纽带；在发展阶段中，农民工除了利用已有的同质性关系以外，还利用具有异质成分和制度因素的弱关系，来参与社会活动和人际交流。简而言之，流动人口的社会关系具有从以亲缘、地缘为纽带的人际交往逐渐向以友缘和业缘为纽带的人际交往转变的特征（李培林，2003）。

深度访谈的结果表明，即便流动人口在流入地居住了数年，其社会网络关系依旧以血缘、亲缘、地缘的初级关系网络为主，他们很少与本地市民进行深度交流与沟通。这种社会关系模式使得流动人口与本地市民交往的机会减少，这并不利于消除本地市民的刻板印象，形成的心理隔膜则进一步限制了他们与本地市民之间的情感互动与建设。因此，虽然两个群体同属一个城市、甚至同为社区邻友，但却不相往来、各过各的生活。

在访谈中我们了解到，流动人口工作时间长、早出晚归，是影响他们与本地市民发生交往的重要因素。前面提到的江西新余的小周是这么说的：

生活当中反正就是不太接触。主要是我们在这里上班，回家还得做饭、带小孩、洗衣服，完了就赶紧休息，要准备第二天上班那。小孩也要早点睡觉。没有多余的时间跟朋友一块出去玩、坐在外面谈一谈。

因此，尽管很多流动人口已在流入地生活工作多年，其朋友圈并未拓展至本地市民。小谭是湖南籍的一位女性个体老板，她虽然年轻，只有28岁，但在深圳已居住六七年时间。不过，在深圳生活除了业务往来外，她的主要交往对象仍然是自己的老乡：

那相比之下呢，一般来说，我最常交的朋友、能说真心话的朋友，那就是自己的老乡，跟老乡一起待得多。……就是沟通方面合得来一点，像一般本地的说话都是要用普通话什么的，就没那么好沟通些。比如说，又有老乡，又有本地人，更愿意和谁交往呢？那……那应该是老乡吧。毕竟都是老乡，说话也比较那个（方便），比较熟吧。(2013年访谈)

但是，也有少部分适应能力比较强、融入程度比较高的流动人口，在流入城市发展了自己的业缘和友缘关系，与本地市民往来的比较多。朋友圈扩大后，事情就好办多了，有困难时，就有更多的帮手。的确，困难时的求助对象是反映一个人的社会交往、社会网络、社会支持的最有效标志。在遇到困难之时，流动人口求助之人，才是他心理最认同的人，才是流动人口最亲近之人。如果流动人口在遇到困难时，还是只有家人或老乡，而没有本地市民可以求助，则很难对流入地产生认同感和归属感。

36岁的小马来自广元市，受访时在成都的一个商场做经理，在成都居住了10年：

现在的话我工作基本上在成都，联系多得可能主要是成都本地的朋友。以前的同事，最后就发展成朋友，这样的私人交往比较多。……（对于困难求助）得说是帮哪一方面的忙了。比如说特别小的事儿，一块上班的同事也可以；大一点的事儿不方便跟他们说，就要跟我们（老乡说）。肯定和自己从小玩到大的朋友交情深一点，有些事儿可以给他们说。（2014年访谈）

语言尤其是方言，是影响流动人口与本地市民交往的另外的重要因素。与老乡语音相似、方言相通，交流起来就更为轻松。而与本地市民的交流就可能因语言的不同而不够方便。

深圳一位本地市民（女，45岁，妇女主任）这样描述她与流动人口的沟通交流：

比如人与人之间的沟通那个很成问题。如果说，像我们这里的话呢，就是普通话一点也不标准的，他认为我们是在骂他的了。你跟他说话，一定要赔着笑脸的跟他说。如果你板着脸跟他说，他认为你肯定不是在跟我说好话，他以为是在骂人呢。（2013年访谈）

但是，语言的不通其实只是表面现象。更重要的是，在语言（或方言）的背后，更有一种附着于文化同源基础之上的甚至是与生俱来的一种熟悉和信任，或者因文化不同源所产生的陌生和隔阂。流动人口与本地市民之间的隔膜或互不信任，成为影响交往的潜在原因。

上文提到的成都的小金就是这样认为的：

恩，从信任度上，你比方说你有啥事情，你可以叫他（本地邻居）。但是外来人，她来的时间不长，咱们了解不深，有些事情，过深的事情，不能那个啥。你比方说我要今天出门，我就可以，时间长，我住了20年的邻居，我就可以把钥匙交给他，但是这流动人口我不会把钥匙交给他……（如果外地人也在这住了十年二十年）关系还是不行，还是不行。

人际交往与沟通是促进人与人之间相互信任、互相认同、彼此融入的重要桥梁和关键纽带。如果人与人之间互不熟悉，在日常生活中少有交往，那么注定是陌生人。初级社会网络为流动人口在异地他乡的逐梦之旅提供了重要的情感支持,但却也限制了他们与本地市民之间的交流互动。而仅限于流动人口之间的互动是狭隘的,这种交往互动的后果是流动人口将流出地的部分人际交往迁移至流入城市,成为流入城市中的一个特殊的甚至是被隔离开的群体。

流动人口也往往认为本地市民对他们有歧视从而不愿与本地市民交往。30岁的小沈来自河南信阳,丈夫在郑州开了一家餐饮店。自己基本上不工作,在家带孩子,偶尔到丈夫的店里帮一会儿忙。

我平时来往的这些人主要是本地人还是外地人?当然主要都是我的老乡。……别看信阳离这里不远,但差别大着嘞。……我都不想跟本地市民来往。我觉着他们还是有些瞧不起我们这些人,有时候说话语气感觉不舒服那种,像有时候,(给他们)打开水……他们都不看你一眼,就是喂喂的。(2013年访谈)

时间有限是阻碍流动人口与本地市民交往的客观因素,文化差异则是背后的深层因素;认为"受到歧视"是流动人口不愿主动融入的重要因素,对流动人口的不认同则是本地市民不愿主动接纳的主要原因。因此,从客观与主观、流动人口与本地市民而言,流动人口"融入于人"都是阻碍重重。

(三) 社区参与缺乏阻碍"融入于地"

社区组织的各种活动有助于流动人口与本地市民的交流与沟通,包括文体活动、娱乐活动、公益活动、宣传活动等,都是既能锻炼身体、有益健康,也能促进流动人口社会融入的步伐,提高流动人口的社会融入程度。但是,质性访谈结果却是,参与社区活动的流动人口并不多。

一方面,部分流动人口虽有参与社区活动的意愿,但却忙于工作、忙于家庭事务而没有多余时间参加。42岁的小钱,来自河南新乡,一家四口都在武汉,目前在武汉开了一家副食店。因为她的两个孩子都在武汉上学,一个上初中,一个上高中,为节约成本,租住了一个距离副食店较远的两居室的房子,她和女儿住,丈夫和儿子住。

我在这边(大东门附近),我们社区在关山那边,有活动啊,我没时间。我租个门面在这边,我很想回去参加活动,但是不方便啊,做生意利益为重,两个小孩上学。我在这边做生意很少回去,我们那边参加活动蛮少。(2015年访谈)

武汉市的一位计生专干(女,24岁)也从自身参与社区服务与管理的经验中证实了这位副食店老板的说法:

外地人会参加一些活动,但是多数外地人不是不愿意,是没时间。对啊,他是来糊口的,养家糊口的,绝大部分都是做生意的,他不是说过来玩的,不是说有很多空闲时间给你干这个干那个的。再就是在外面打工的,一天朝九晚五,可能这个还是很好的工作。他们比如说很早就出去了，很晚才回来，我们登记有时候一天两天都碰不到人，就是这种人，一天到头很辛苦的，根本就没有时间留给你搞什么活动，不会像有些小区，比较闲的，专职太太什么的，通常活动还乐意参与。流动人口也许他乐于参与，但是他没时间，也没有这个条件来参加你的活动，给你大量的时间。

另一方面，也有部分流动人口明确拒绝参加社区组织的各种活动，认为这些活动多流于形式，对他们并没有实际帮助。前面提到的郑州司机小郑就明确地表达了这一观点：

平心而论，我是不会去参加（社区活动）的，我没那个时间也没那个精力，其次来说因为会浪费我时间，我用那点时间还不如家里去打扫卫生……应该来说，举行活动是好的，但是那个活动它不要走形式，因为现在很多活动是为了做形式，所以请我我也不会去。搞面子工程，所以说我不愿意去。

理论上而言，社区活动是促进流动人口行为适应的重要手段。比如，社区举办的宣传活动和教育活动等，有助于流动人口对当地生活习惯、风土民情等有更深层次的了解；社区举办的法律普及、维权教程等活动，有助于流动人口更好地规范自己的行为、维护自己的权益；社区举办的歌舞比赛、厨艺比拼等文体、娱乐活动，有助于增加流动人口与本地市民的接触机会。但是，各地的社区活动都未能有效满足流动人口的需求，在组织策划时也并未很好地考虑和配合流动人口的休息时间，故各项活动对流动人口的吸引力并不高。

（四）主观归属不强阻隔"融入于地"

归属感是某一个体对特殊群体及其从属关系的认同和维系，是流动人口对自我身份的认知以及对流入地生活方式的认同。身份是在特定社会结构模式中所占据的一个位置（林顿，1936），身份认同是个体在与他人的关系中对自我的理解。流动人口的身份认同具有情感与现实的冲突性：一方面，初级关系网络可以满足他们的情感需要，稳定且密切的关系网络有助于他们在流入地产生安全感；另一方面，由于工资收入差异、户籍制度带来的福利待遇差别等导致流动人口的物质需要并不能获得满足。所以，尽管有些流动人口长期工作生活在流入地，且已成为流入地劳动力的主要组成部分，但由于户籍制度的固化、本地市民有意无意地排外，多数流动人口仍将流入地社会视为"外在的"和"他们的"，而并不是"我们的"，更难以变客为主。

前面提到的小谭对"他们"与"我们"的划分是十分明确的：

你在外面买菜啊，你在公交车上啊，觉得本地人对流动人口有歧视。他们说我们是外地人嘛，老是说。嗯，听得出来的。老是说"外地人""外地人"。他们骂我们那个……我也说不清是什么意思，反正听懂就是骂你。……所以呢，你看，我也要打扮得漂漂亮亮的，免得让人觉得你是外地人啦。

中山市一位19岁本地户籍的社区助理认为本地市民对流动人口的歧视是相当伤人的：

本地人都是会歧视他们（外地人），说他们一些很难听的话。就是说他们是那些……我不知道用普通话怎么说那些话，我觉得这样说会很伤人家自尊心。（2012年访谈）

因此，无论在流入地生活多久，流动人口的身份认同仍以老家认同为主，与老家的联系与距离并不随着流动时间的延长而发生质的改变。特别是对有歧视之感的流动人口，更是如此。比如，小谭就认为：

你问我觉得你自己是本地人呢还是外地人，我觉得这个问题好奇怪。自己还是……那还是外地人。你说说看，我还能是哪里人，当然是湖南人。……对，我感觉好像这种隔阂在于人与人之间那种交往，还有他们说话的这种……

虽然很多流动人口因各种原因而不太认同流入地身份，但也有一些流动人口由于常年在流入地居住生活，对自己流入地的身份认同超过对老家的身份认同，认为自己是流入地居民的一分子。小皮是一位在成都居住了多年的浙江籍流动女性（45岁），是一个个体经商户，她在成都居住了20多年，很喜欢这里：

我感觉我是属于成都的吧，因为我在家（一年）都只待二十几天，还是在成都待的时间长。……这里的气候好，人也挺好的，我很习惯这里了，我也有很多朋友在这里。（2013年访谈）

在中山市，我们访谈到在一家外企做行政管理的女性流动人口，25岁。与老家相比，她对现居住地明显有更强的认同感：

我现在更多地融入了中山了。是新中山人啦。前几年，中山推行积分入户制了，因为工作太忙，都没时间整理资料，但是我看积分我已经够啦。评百佳时，我也把指标让给别人了，西区每年只有两个名额。（2013年访谈）

还有部分流动人口的身份认同模糊。一方面，在流入地居住时间长、与本地市民交往互动多等因素促进了流动人口对流入地的认同感。同时，他们也忘不了对家乡的感情和依恋，从而产生了处于城乡夹缝生存的矛盾心理，既不认同流入地身份，也不认同家乡的身份。一位在成都工作了八年的茶具店老板（男，43岁）这样说：

我现在哪里人都不是，在成都是外地人，回老家是客人，所以说现在哪里人都不是。（2014年访谈）

在中山的一个陶瓷厂打工的重庆籍女生小宋，20岁，她认为：

如果您要问我是什么地方的人，是中山人啊还是重庆人，那我会说，一半重庆人一半中山人吧。……我也不是重庆的，我是重庆下面的万州的。(2013年访谈)

不同特征的流动人口对身份认同的差异甚大，既有强烈拒绝流入地身份而认同老家身份的，也有明确表明自己流入地居民身份的，但流动人口主要还是以老家身份为主要认同归属。

（五）落叶归根之源促回乡

树高千丈，落叶归根，流动人口离开故土的时间再长，对故乡的眷恋仍会促使他们回归家乡。研究显示（杨菊华、张娇娇，2016），真正打算在流入地长期居住的流动人口占比仅约为四成。居留意愿偏低的事实说明，虽然流动人口表示具有融入流入地的意愿，但他们驻扎城市之心并不坚定。即使已经认同流入地身份的流动人口，也并不意味着他们有长期居留的决心，他们愿意融入当地的生活，只是对当前生活状况的认可，而对于未来更长远的打算，还需要更仔细和更理性的思量。

养老是人最后的归属和落脚点，养老地点代表了流动人口对某地的认可或最高程度的认同。如果流动人口打算在流入地养老，那么其融入程度和居留意愿则非常高。访谈结果显示，流动人口回乡养老的意愿非常强烈。

前面提到的来自湖南、在深圳服装厂打工的37岁小赵只说了寥寥数字：

养老在家里嘛，哪有在外边的。

短短的语言道出了很多流动人口的心声。他们在外面漂泊半生，不辞辛苦，挣钱养家，最终还是要回到故乡养老。中国自古讲究落叶归根，他乡虽好，也不如自己的故乡亲切。她接着说：

如果养老的话，那我肯定希望在老家。因为你在外面城市里，生活节奏各方面都非常快，到了那个年龄的话就是为了休息。在农村会比较安静，空气比较好，环境会比较好。而且人与人之间会特别熟悉。不像在城里，一个楼层里把门一关，就跟你没关系了。在农村就不一样，有些事情（邻居）就给你操心着，你出去了他就给你看门，不需要锁门。

少量流动人口没有表现出明确的养老意愿，而是根据家庭、生活需求等进行适度的调整。深圳那位做衣服的流动女性这样解释：

一般我们那边都是（子女）结婚了有小孩了，做婆婆的就在家带小孩，他们到哪里我们就到哪里。

而成都那位茶具店老板如是说：

经济发达了两头都可以的。那要看气候了，冷、热天选成都，春秋季选江苏。

综上来看，流动人口虽有一定的融入意愿，但终究少有群体将城市作为家乡与最终的归宿之地。表面上看，流动人口是矛盾的，远离家乡到城市打工，是贪恋城市的工作机遇；与此同时，他们也眷恋故土的温柔与情怀，不愿意在城市落地；但实际上，与流入地的距离感主要源于户籍制度的排斥，流动人口很难发自内心地对流入地产生认同感，他们不敢越轨，不敢高攀。对他们来说，故土的包容才是值得怀念的，故土的接纳才是温暖的。如果在消除户籍制度的约束后，让流动人口再次进行融入意愿选择，绝大部分流动人口是愿意以流入城市为主要的生活场所的。毕竟，相当部分流动人口已经在城市生活多年，且（大）城市的资源、工作机会、社会保障是农村地区、小城镇难以比拟的。因此，看似无意的主观不融入，实则是受制度排斥后的无奈。

六、小结与简论

梦想还是要有的，万一实现了呢？这句心灵鸡汤式的表达，似乎对流动人口的生存状态进行了再合适不过的描述。涨薪致富不如意、安居乐业不顺心、社会保障不可得、子女教育不可盼，成为绝大多数流动人口最真实的状态。但是，流动人口仍然为获得直接的收入报酬坚持着、奋斗着、努力着。梦想难实现的原因是多样化的，个体人力资本与禀赋差异是直接原因，而户籍制度的约束则是根本性因素。北京市、深圳市、中山市、成都市和郑州市五地（和少量其他地方）丰富的访谈资料，揭示了流动人口经济收入、安居团聚、社会保障、子女教育、社会融入等梦想实现的影响因素、潜在原因、作用机制等。

一是收入之怅。就业和收入状况是流动人口在流入地生活与发展的基础和根基，就业层次和收入水平"双低"是制约流动人口梦想实现的核心因素，只有稳定就业、提高收入，流动人口才能在流入地干得稳、住得下、做得好、融得进。但外来身份隔离了他们在流入城市主流的就业机会，他们只能从事低层次的、临时性的、不稳定的工作，获得的福利待遇较差，与期望的"致富梦"相去甚远。

二是安居之难。住房是安身立命之所，既是流动人口城市梦想的一部分，也是实现其他梦想不可或缺的重要基础。由访谈资料可知，流动人口在流入地拥有住房的比例极低，且多居住在边缘化的城乡接合部地区，以较高的时间和交通成本来降低租房支出，整体居住环境较差。而资源分布的地区不均、经济发展的地区差异促使流动人口远行,经济窘迫则是流动人口难以实现安居团聚的主要原因,留守老人和留守儿童的情感慰藉和生活照料存在不同程度的缺失。

三是保障之忧。社会保障是流动人口社会经济生活的保护器、安全阀、防护网。与安居一样,社会保障既是流动人口城市梦想的要素,也能显著影响他们其他梦想的实现程度。流动人口社会保障水平普遍偏低不仅源于个体的主动选择,更是制度安排弊端导致的后果。就个体因素来看,低工资与高保费之间的矛盾是个体不参加社会保障的重要因素之一;从制度上来看,流出地与流入地的社会保障续接不完善、职业变换的社会保障统筹缺乏等问题,都显著降低了流动人口对社会保障的预期,企业用工制度的不完善也在一定程度上降低了流动人口的参保率。总之,现实的无奈驱使他们主动选择或被动放弃参与社会保障。

四是教育之思。流动儿童大多在普通的私立学校或打工子弟学校读书,接受高等教育的可能性低。一是制度安排缺陷阻碍就学机会。由于地方行政管辖的保护,流动儿童很难与本地儿童拥有同等的就学机会,即便进入公立学校,也多是本地儿童剩余下来的学位,而这还未谈及高考制度。二是家庭教育功能缺失。无论是留守还是随父母流动,流动人口子女都难以享受到全面的家庭教育。对于留守儿童而言,父母长期缺位使其个体成长容易失范;而至于流动儿童,虽与父母同住,但忙于工作的父母也难以给予其充分的陪伴和教育。

五是融入之艰。本地市民刻板印象以及流动人口依赖初级交往网络加大了"融入于人"的难度:刻板印象突出显示在对流动人口公共行为的非良好性标签,初级网络导致流动人口的交往圈更多限制在老乡、亲戚、朋友等熟人圈。社区参与缺乏、认同感和归属感不强阻碍"融入于地":他们虽有参与社区活动的意愿,却缺乏实际参与行动;他们对流入地身份认同的不足直接切断了融入城市的决心与动力。个体长期思量的背后实际上是安居所需的高昂的住房成本、是户籍制度约束下的社会保障之失、是外来身份背后的歧视与不公。而落叶归根的心理也促使他们回归故乡,流动人口的根本归宿还在老家。

人口流动的势头在新的时代背景下并无根本的衰退之势,为什么梦想难以实现而继续在坚持与坚守?虽然外来身份阻碍了涨薪致富之幸,收入低下隔断了安居乐业之梦,非正规就业打破了社会保障之期,外来身份与收入劣势的双重因素导致子女求学梦的破碎,但他们作为家庭的核心脊梁骨,担负着家庭发展的责任与重担,子女的教育、父母晚年的生活、家庭发展以及家庭延续等,是他们在诸多困境中仍然选择在城市坚守的不二原因。

当然,上一章和本章都只是一些个体的故事,我们不能拿这些个人故事来进行总体人群的推导。为此,下面五章将通过大规模的定量调查数据,进一步考察流动人口城市逐梦的现状,分析他们面临的困境及其影响因素。

第三篇

逐梦的过程与现实的困厄

第五章

致 富 梦

我原来一个月赚两三千块钱，我老婆在这边一个月赚两千多，每个月还要租房，加上各种花费，一年下来也存不了多少钱。我的孩子5岁多了，现在放在老家让我妈带着，我和我老婆总想儿子，那也没办法，这点工资我是不敢把他带过来的，老家上学，一个学期才几百块钱，这边要贵很多。我年前把工作辞了，现在想看看有没有更好的工作，能赚钱更多一些，想着将来赚钱多了，就可以把我儿子接过来。（2015年访谈）

一位河南农村户籍的打工者如是说。28岁，男性，在苏州打工4年，2015年年前辞工回老家过年，2015年3月回到苏州，寻找新的赚钱更多的工作机会。

我来北京已经十几年了，一直做卖水果的生意，房价便宜的时候，在这边买了两套房子，两个儿子每人一套，你别看我们在这边买了房，我们是靠辛苦、卖命赚的啊，每天早上天不亮就去批发市场，天黑了才回家，没有星期天，也没有假期，夏天你们都在空调房里上班，我们还得四处开车卖水果，冬天更是冷得很。趁我们现在还能做得动，继续努力赚钱，多存点钱。

一位河南农村户籍的个体商贩如是说。55岁，男性，在北京10年以上，起早贪黑，只为赚更多的钱。

我爸爸在英吉沙工作，两个星期回来一次，早上天一亮，就去那边打工。到晚上天黑，有时候，还要工作的，他一个月的工资是两千多元。我妈妈心脏不好，但是，她不工作的话，我和姐姐（新疆大学大一）就没有学费，所以要收入嘛，为我们好好地上学，就是为了我们而工作嘛。我妈妈的工资也特别低，就是800元，就是为了我们。（2013年访谈）

一位在新疆的流动人员如是说。17 岁，女，高中在读，她父母努力工作赚钱供两姐妹念书。

我老公现在是在外面开个车子跑跑，给人家运运货物什么的，嘿嘿，没有文化就……［自嘲口吻］，只有打点零工，他工资不是很固定。我身体不太好，现在不再上班了，在家带孩子，我们现在的条件也不是很好，第一个吧现在住房都还没有呢。

一位安徽农村户籍在家带孩子的流动人口如是说。38 岁，女性，在合肥 10 年以上，家庭条件和境况不好，一直仅微量积累甚至入不敷出。

这些被称作"中国吉普赛人"的河南人和来自全国各地的流动者，都怀着获取更高收入、赚钱致富的强烈愿望，遍布中国大地。无论身处哪个城市，无论从事何种职业，也无论是被称作"农民工""老板"，抑或是"白领"的流动人口，都有一个最为朴实的梦想——赚钱致富。一份坚实的收入意味着更高质量、更有保障的生活，意味着子女更好的教育，意味着家庭团聚的早日实现，意味着出人头地，成为老家人眼中的成功者，意味着扎根城市新生活的逐渐稳固和幸福生活的坚实基础。为此，他们满怀激情在异乡他城打拼着、努力着，挥汗如雨、加班加点，期待梦圆时分的早日到来。据国家统计局数据显示，2009—2013 年，农民工工资增速分别为 5.7%、19.3%、21.2%、11.8%、13.9%。2010 年后，每年工资涨幅都超过两位数：2011 年增速高达 21.2%，2012 年、2013 年则有所回落。张车伟认为，假定工资抽样调查的误差不变，则 2010 年、2011 年农民工工资的猛增可能与 2008 年中国政府开始投向"铁公基"的 4 万亿元资金密切相关[①]。不可否认的是，随着经济社会的不断发展以及各项政策的日趋完善落实，流动人口将会越来越接近自己的涨薪梦、赚钱梦、致富梦的愿景，但同时，流动人口基于制度而被赋予的身份地位以及个体的禀赋特征，与社会经济发展相互杂糅，使他们的逐梦之旅也更为复杂；如第三章个案访谈所示，逐梦过程也更为艰辛。

对于流动人口的致富梦，本章力图从历时变动趋势和最新现状两个角度出发，全面描述流动人口的收入总体状况和重要子群体特征。就历时变动趋势而言，首先描述 2005—2014 年流动人口收入的总体变动趋势，将城—城流动人口、乡—城流动人口、本地市民三个群体收入历时变动情况进行群间比较；同时，选取北京、太原、上海、深圳、成都五个城市，借用原国家人口和计划生育委员会、现国家卫生和计划生育委员会 2009—2014 年"流动人口动态监测调查"数据，进行不同城市流动人口群体内部的收入比较，以期全面、综合了解流动人口

---

① 资料来源：财新网《2013 年农民工涨薪近 14% 增速将持续》，http://ucwap.caixin.com/2014-02-20/100641340.html，2015 年 4 月 13 日查阅。

收入的变动趋势和区域特点。在把握流动人口的绝对收入变动趋势和相对收入水平后,利用 2014 年国家卫生计生委在八城市实施的《流动人口社会融合调查》,更详细地描述流动人口收入的最新状况,并对影响其收入的要素进行模型分析,离析出影响收入的制度和个体因素,从而为推进流动人口致富梦的实现提供学理支撑和相关政策依据。

一、2005—2014 年流动人口收入变动趋势

收入有绝对和相对之分。绝对收入,是指现期、绝对、实际的收入水平;而所谓相对概念,则存在一定的比较内涵,即流动人口相对于现地人群的平均收入水平。

(一) 2005—2014 年全国分户籍收入变动趋势

由于人口普查没有问及收入问题,故对于流动人口的收入,并没有一个相对全面而确切的把握。虽然在 20 世纪 80 年代后期和 90 年代,相关研究关注了打工者的收入,但基本上都是单个地方、几个城市的样本,难以进行地区间的比较。

2005 年全国 1% 人口抽样调查问及包括流动人口在内的受访人群的收入。通过对 16~55 岁人群收入的计算发现,流入地人群的平均收入水平为 1 111 元,本地市民(1 123.2 元)略高于而流动人口(1 091.7 元)略低于总体平均水平。但是,并不是所有流动人口的收入都低于流入地的平均水平:不论是绝对还是相对水平,城—城流动人口的收入水平最高,而乡—城流动人口的收入水平最低,二者分别为 1 636.1 和 973.4 元,这表明前者的相对收入约高于本地市民 46%,后者低于本地市民 13.3%(杨菊华,2012)。可见:(1) 不同户籍群体收入有别,流动人口群体内存在明显的因户籍制度而产生的社会分化;(2) 在城—城流动人口规模日趋扩大的情势下,探讨流动人口致富之梦时,不能只关注乡—城流动人口或将具有不同特征的流动人口混为一谈。只有进行必要的区分,才能从户籍安排、社会结构等视角出发,准确地判断流动人口致富进程。否则,得出的结论难免有失偏颇。

自 2006 年国务院关于农民工问题的决定发布以来,占流动人口绝大多数的农民工的收入水平有了很大提高。据国务院新闻办 2014 年 2 月 20 日的新闻发布

会提供的数据显示，2013 年，中国农民工人均月收入 2 609 元，较 2012 年上涨 13.9%，是 2010 年以来连续四年保持两位数的工资增速①。2014 年，外出农民工月平均收入则达到 2 864 元②。未来，随着中国劳动力人口绝对数量的下降，农民工工资将持续快速增长。

显然，国务院农民工办提供的信息只针对农民工，而非全部流动人口。如第一章所言，城市之间和地区之间的发展差异，不仅驱动了农村人口向城市转移，而且驱动了不少城镇户籍人口从一个城市来到另一个城市寻梦、逐梦，城市间转移人口也成为流动人口的重要构成部分。因此，讨论流动人口，绝不能忽略城—城流动人口的存在。

国家卫生计生委（原国家人口计生委）组织实施的 2009—2014 年的"流动人口动态监测调查"（以下或简称"监测调查"），均问及流动人口的月收入；在多数调查时点，收入不仅涵盖工资性收入，而且也包括其他所有来源的收入。调查数据为我们提供了分析研究不同户籍流动人口收入水平与变动趋势的第一手资料。

图 5 - 1 展示了 2005—2014 年，全国层面流动人口收入的变动趋势。2010 年的调查在全国 120 个城市进行，2011—2014 年均以省为单位，在全国范围内随机抽样，故在一定程度上具有全国代表性。每次调查数据的样本量极大，均超过 10 万人，2013 年和 2014 年均约为 20 万人③。出于纵向趋势的变动性分析，这里也将 2005 年全国 1% 人口抽样调查数据置于其间，考察过去 10 年（2005—2014 年）流动人口的收入变动状况（为与下一节 5 个城市进行比较，纵轴单位均定义为 1 000 ~ 7 000 元）。

由于收入仅询问在业人口，故这里乡—城流动人口的收入也就是农民工的收入。一个总体趋势是，在历次调查中，流动人口的收入水平呈不断上升态势。2005 年，农民工的收入不足千元，流动人口总体的收入仅略超过千元。但 2005—2010 年间，这一情况得到很大改善，流动人口总体的收入从 1 111 元涨至 1 824 元，涨幅为 64.2%；城—城在业流动人口的收入升至 2 257 元，而农民工的收入跃至 1 745 元，涨幅分别为 37.9% 和 79.2%，后者收入增幅大大超过前者。2010—2011 年，收入水平都进一步提升，总体人群和分户籍人群的涨幅均约为 28%，比 2010 年均有较大回落。2011—2012 年，流动人口的收入进一步上升，涨幅为

---

① 资料来源：国务院新闻办公室新闻发布会《国新办举行农民工工作有关情况新闻发布会》，http://china.caixin.com/2014-02-20/100641284.html，2015 年 3 月 5 日查询。

② 资料来源：国务院新闻办公室《国务院新闻办公室新闻发布会》，http://www.scio.gov.cn/xwfbh/xwbfbh/wqfbh/2015/20150228/index.htm，2015 年 3 月 5 日查询。

③ 关于历次调查的抽样、样本量、样本分布等详细情况，请分别参考 2010 年、2011 年、2012 年、2013 年、2014 年、2015 年《流动人口发展报告》，这里不做详细介绍。

32%~34%。不过,在 2012—2013 年,城—城流动人口的收入水平降低了 2.8%,而农民工的收入仍旧提升了 3.7%。收入增速趋缓与整个宏观经济增速放缓和传统的经济模式有一定关系,国家经济增速放缓一定程度上影响了包括流动人口在内的居民工资收入的提升。不过,收入涨幅趋缓在 2014 年得到逆转,整体流动人口的收入上涨了 15.6%;其中,城—城流动人口的涨幅更大,为 20.5%,乡—城流动人口为 14.3%。

图 5-1　2005—2014 年流动人口收入变动趋势

资料来源:2005 年数据来自全国 1% 人口抽样调查的 20‰ 再抽样数据;其余年份数据来自历年"流动人口动态监测调查"。

若从 10 年的时间跨度考虑,将 2014 年与 2005 年的收入进行对比就会发现,在这 10 年间,流动人口的收入上涨了 235.0%;其中,农民工的涨幅达到 267.9%,城—城流动人口的涨幅略低,为 173.3%;而同一时期,城镇居民人均可支配收入的涨幅为 174.9%。两相对比可知,流动人口的收入涨幅明显快于城镇人口平均收入的涨幅;同理,若将农民工的收入与同期农村人口的收入涨幅(203.9%)相比,农民工的优势也甚为明显。

需要指出的是,从方法上看,这样的比较是有风险的——比如,这几类收入统计的口径存在明显差异:城镇居民人均可支配收入、农村居民人均纯收入都计算了相应的全部人口,而这里的农民工和城—城流动人口仅为在业人口。同样,即便是"监测调查"数据,一方面,历次的口径不完全一致;另一方面,调查地点和受访问人群也不尽相同,这些都制约了数据的可比性。不仅本图和本节下面的图表如此,而且第五章的安居梦和第六章的保障梦的纵向趋势比较部分都存在类似的问题,后面不再一一指出。因此,对于基于该调查数据进行的纵向比较,特别是在进行相关判断时,都需要十分谨慎。比如,从图 5-1 的分析结果可知,在过去 10 年中,流动人口的收入水平得到很大提升,但是,我们不应据此简单得出"流动人口的收入已经很高"的结论。尽管有这样的局限,但因为地域的覆盖面广、调查的样本量大、人群的异质性强,这样的比较还是有意义的。特别是在缺乏其他更适合的数据的情况下,它可以较好地呈现不同人群收入水平的变动趋势和基本特征。

(二) 2009—2014 年五城市分户籍收入变动趋势

图 5-1 呈现的是 2005—2014 年全国各年流动人口收入的平均水平及其变动趋势。但是,城市之间发展水平和经济结构不同,人们的收入也有很大差异。出于可比的目的,下面仅选择在 2009—2014 年均参加过"监测调查"的北京、太原、上海、深圳、成都五个城市,对各城市流动人口的收入状况进行比较分析。与其他时点调查不同,2009 年的调查仅在上述五个城市进行。这五个城市既有直辖市,也有省会城市,还有沿海发达城市,覆盖长三角、珠三角、京津冀和西南地区。尽管它们都是大都市或省会城市,流动人口的收入可能偏高,不能有效代表整体流动人口的平均收入水平,但至少可以反映地区间流动人口收入的历时变动情况。

在进行收入比较前,先检查各城市流动人口样本情况,看看各自是否拥有足够的样本量,是否具有进行比较的可能性。一是检查五城市流动人口的样本总量,二是检查不同户籍流动人口的样本量。表 5-1 展示了五城市每期调查流动人口的样本总量。显而易见的是,时点之间和城市之间差别很大,但除 2011 年成都外,其余年份各城市的样本量都超过 1 000 人,可进行纵向比较。

表 5-1   2009—2014 年流动人口动态监测调查样本   单位:人

城市	2009 年	2010 年	2011 年	2012 年	2013 年	2014 年
北京	5 623	1 740	2 060	4 958	7 223	7 323
太原	3 450	1 515	1 093	1 863	1 900	1 648
上海	5 464	1 720	2 243	12 633	7 099	7 120
深圳	4 412	1 602	2 080	3 171	1 738	1 705
成都	5 706	1 893	345	1 035	1 605	1 915
样本量	24 655	8 470	7 818	23 660	19 565	19 711

资料来源:历年"流动人口动态监测调查"。

由于历次调查中城—城流动人口的占比较少,故在每个时点,两类流动人口的样本量差异甚大。

2009 年,城—城流动人口共 4 112 人,占全部样本的 16.7%;乡—城流动人口共 20 543 人，占 83.3%；

2010 年，城—城流动人口共 1 700 人，占全部样本的 20.1%；乡—城流动人口共 6 770 人，占 79.9%；

2011 年，城—城流动人口共 1 876 人，占全部样本的 24.0%；乡—城流动人口共 5 942 人，占 76.0%；

2012 年，城—城流动人口共 5 541 人，占全部样本的 23.4%；乡—城流动人口共 18 119 人，占 76.6%；

2013 年，城—城流动人口共 4 267 人，占全部样本的 21.8%；乡—城流动人口共 15 298 人，占 78.2%。

由此可知，尽管城—城流动人口总量相对较小、占比较低，但绝对来看，依然具有较大的样本规模，足够做进一步的分析。

图 5-2 展示了过去 6 年间，五个城市流动人口的收入状况及其变动态势。从中可以进行以下几点初步判断。其一，与图 5-1 显示的同一时点的全国平均水平相比，五城市流动人口收入水平明显偏高。2010 年，全国流动人口的平均收入是 1 824.4 元，而五城市流动人口的平均收入为 2 286.2 元，二者相差 440 多元，五城市是全国的 1.25 倍。这是因为，如上所言，除太原和成都外，其余三个城市分别是位于长三角的上海、珠三角的深圳、京津冀的北京，皆为人口流入大市，也都是全国经济社会最发达之地，所有人群的收入相对都较高，无疑也会提高流动人口的收入水平；反之，高收入与流动人口的聚集相互促进，较高的工资收入必然吸引更多的流动人口。

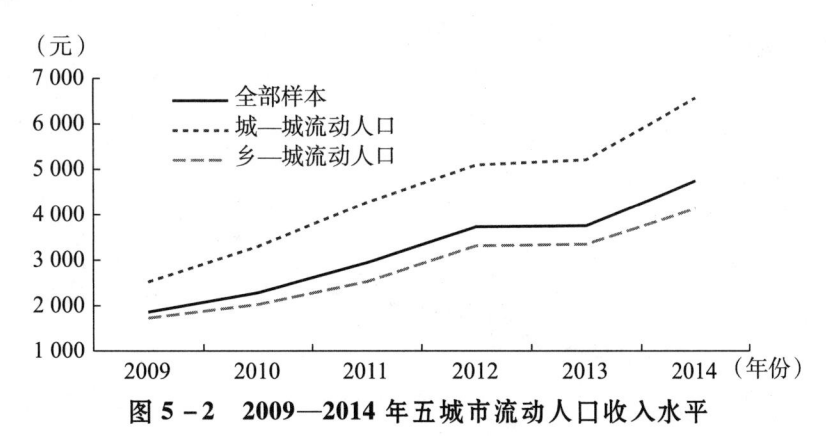

图 5-2　2009—2014 年五城市流动人口收入水平

资料来源：历年"流动人口动态监测调查"。

其二，与全国的模式类似，6 年间五城市流动人口的收入总体呈上升态势。从绝对收入水平来看，2009 年五城市流动人口的收入为 1 867.0 元，2014 年为 4 746.2 元，6 年间增长 2 879.2 元，涨幅达 154.2%。

其三，不同户籍人口收入差距异常显著，城—城流动人口的收入大大超过乡—城流动人口。2009 年，前者与后者的收入分别为 2 524.7 元和 1 735.4 元，相差近 800 元，前者的收入是后者的 1.4 倍；2010 年，二者的收入差距持续扩大：城—城流动人口的为 3 307.5 元，乡—城流动人口的为 2 029.8 元，相差几乎达到 1 000 元，倍差超过 1.5；2011 年，二者的差距有所缩小；2012 年后，两类人群的收入差异继续攀升；2014 年，两群体收入分别为 6 568.0 元和 4 141.9 元，绝对差距增至 2 426.1 元，倍差升至 1.6。这反映出：一方面，长期形成的城乡二元结构及其导致的人力资本差异亦对流动人口群体收入差异产生较大影响；另一方面，随着时间的推移，户籍（和其他因素）的收入回报更倾向于城镇户籍流动人口。

将五城市分户籍流动人口的收入差距与全国的平均水平进行对照发现，五城市城—城流动人口与乡—城流动人口之间收入的平均差距远大于全国的差距：就全国平均水平而言，城—城流动人口与乡—城流动人口的差距也随时间的推移而上升，且在 2014 年差距达到最大，但差距不到 900 元，明显小于上述五城市中两类流动人口之间的差距。细察两种差距，可以有一个基本判断，越是发达城市，人力资本对收入的回报越大，不同户籍流动人口之间的差异越是明显。

（三）2009—2014 年五城市收入水平比较

上面描述的是五城市流动人口总体收入水平及其变动状况。那么，在这五个城市之间，不同户籍流动人口的收入是否也有明显的差距呢？如图 5-3a（城—城流动人口）和图 5-3b（乡—城流动人口）所示，答案是肯定的，且随时间的推移，城市之间的差距持续扩大。基于对两图的分析，可以得出以下判断：

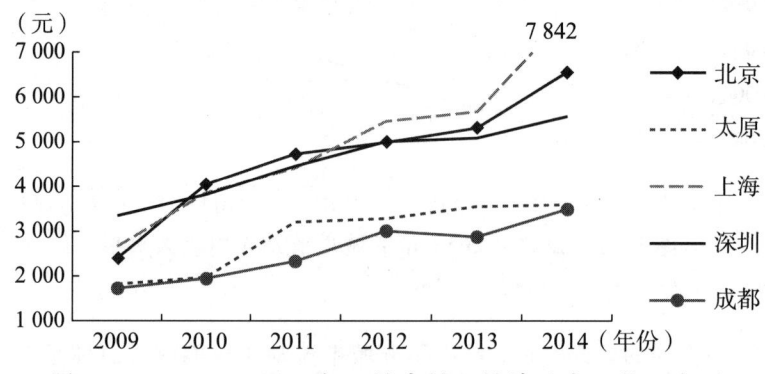

图 5-3a　2009—2014 年五城市城—城流动人口收入水平

资料来源：历年"流动人口动态监测调查"。

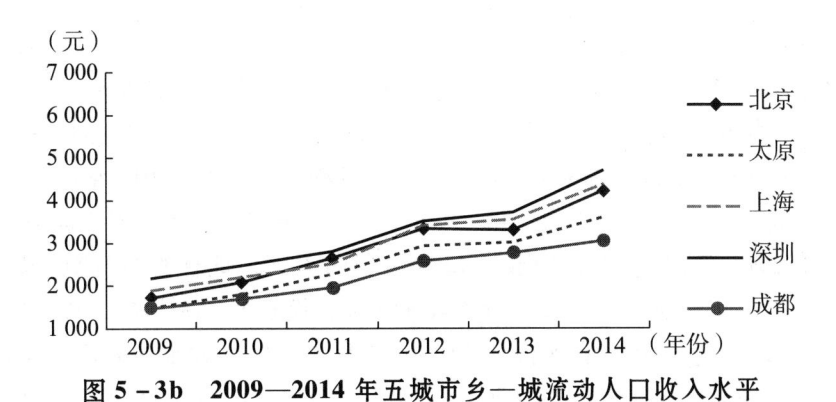

图 5-3b 2009—2014 年五城市乡—城流动人口收入水平

资料来源：历年"流动人口动态监测调查"。

其一，从城市角度进行比较，无论是城—城流动人口还是乡—城流动人口，也无论是哪个调查时点，成都流动人口的收入均最低。太原的收入水平虽略高于成都，但亦处于低水平：2011—2014 年 4 个时点的收入均高于成都，却均低于其他 3 个城市。同时，无论是城—城流动人口还是乡—城流动人口，在 2009—2014 年间，城市之间的差距都在扩大。就城—城流动人口而言，在这 6 个时点中，成都与收入最高的城市（尽管有变动）相比，收入分别低 1 616.0 元、2 095.9 元、2 396.4 元、2 453.6 元、2 797.3 元和 4 347.6 元；特别是 2014 年，上海城—城流动人口的收入是成都同类人群收入的 1 倍以上。乡—城流动人口也呈现同样的变动特征：与收入持续最高的深圳相比，在这 6 个时点中，成都同类人群的收入分别低 707.6 元、787.1 元、852.9 元、926.5 元、944.4 元和 1 645.0 元，绝对差值随年份推移而持续且快速攀升。由此或可推断，内陆城市（包括西南和华北地区）流动人口的收入具有相对弱势，而东部沿海地区流动人口的收入则具有明显的优势。

其二，从户籍比较可见，在五个城市中，城—城流动人口与乡—城流动人口的收入变动模式尽管总体趋势类似，但也存在着不可忽视的差异。比如，五个城市之间城—城流动人口收入的变动幅度较大，代表各城市收入的曲线更为交叉错落；特别是在 2013 年前，北京和上海这两个超大城市流动人口的收入互有高低；而乡—城流动人口的变动较为平缓，各城市的曲线具有更明显的规律性，在不同时点基本平行。这说明，随着社会的发展，无论何种户籍人口，都会享受到经济社会的发展成果，但城—城流动人口的收入水平高位发展，透视出越是发达之地，城镇户籍人口收入回报更大的现实。

其三，从不同户籍和城市内部来比较，在城—城流动人口内部，不同城市之间的收入分层也十分突出。上海市的收入持续稳步上升、后来居上，并于 2014 年位于五城市之首；深圳市的收入水平涨幅相对缓慢，优势地位逐渐下降，2012

年后收入水平低于上海和北京。各城市城—城流动人口的收入涨幅各异，导致城—城流动人口收入最高城市的排位相应变动。2009年，无论是城—城流动人口还是乡—城流动人口，深圳市的收入都是最高的，比位列第二的上海高出近700元，是收入最低的成都的近1倍；在乡—城流动人口中，2014年深圳样本的收入超过成都1 200多元，而在2009年，它们的差距还不过500元。但是，2010年，北京市城—城流动人口的收入超过深圳和上海，此优势持续到2011年。2012年，上海市流动人口的收入持续快速增长，超过北京和深圳，成为收入水平最高的城市；该优势一直保持到2014年，且与次之的北京的差距越来越大：2014年，上海城—城流动人口的收入高出北京1 277.6元，高出深圳2 271.6元，高出成都和太原4 200多元，差别巨大。

综上所述，图形结果或可解释近些年流动人口越来越向特大城市、超大城市集中的现象。大城市的经济发展水平和产业结构能够为流动人口提供更多的发展机遇和更高的收入回报，他们的涨薪梦、致富梦可以得到更好的实现。尽管中央政府三令五申，要加大对特大城市的人口控制，而诸如北京、上海这样的特大城市也如同得到尚方宝剑一般，采取强制性的调控手段，尝试阻止低端行业流动人口（实际上主要就是农民工）进入，但流动人口到大城市追逐高薪的脚步并未得到明显抑制。同时，在国家政策调控下，二线城市、中小城市的户籍管控越来越宽松，鼓励流动人口进城落户。这些政策举措旨在调整各城市之间流动人口的分布，鼓励流动人口有序流动，特别是从大城市向中小城市转移，以达到合理分布的目的。国务院农民工办公室2014年发布的消息称，2013年，外出务工的农民工的工资仅增长1.7%，同比增幅也有所回落，但从五城市的结果来看，农民工监测的结果未必反映了真实情况。同时，农民工办还指出，从区域分布看，东部省份农民工总量比2012年减少了0.2%，中部地区则增长了9.4%，西部地区增长了3.3%，认为这是农民工出于离家较近、降低生活成本、便于照顾家庭等考虑所带来的结果，并认为这样的趋势可能会继续导致中西部地区农民工总量持续较快增长。毫无疑问，政策因素（尽管政策因素与流动人口分布变动的关系尚有待验证）与家庭照料因素相结合，流动人口向大城市、东部发达城市集聚的势头可能有所抑制，但从实际情况来看，只要地区间收入差距较大，仍会有源源不断的流动人口向北京、上海（和广州）等特大城市集聚。"天下熙熙，皆为利来；天下攘攘，皆为利往"，上海、北京、深圳流动人口的收入大大超出省会城市成都和太原的事实表明，这也许就是流动人口舍近求远追寻梦想的最佳答案——他们的收入梦和涨薪梦只有在沿海地区、特大城市，才能更好、更快地实现。

虽然大城市的生活成本相对其他地区较高，但多数流动人口并不追求城市的物质生活方式，他们往往只要满足衣食住行等基本需求即可，而会把大部分收入积攒下来以作其他用途。其中，若不考虑各种发展性消费需求，无论城市大小，"衣食"的费用大体相同，且大城市可能还有更多的低价选择；至于"行"，对绝大多数人而言，每年仅一次来回，交通成本着实有限，尤其是交通的便捷极大地降低了"行"的成本；此外，为达到赚钱的目的，大多数流动人口选择忍受廉价、逼仄的居住环境。换言之，流动人口获得发达城市较高的工资收入，却以小城镇最基础的生活标准消费，成为城市消费圈外的特殊群体。综合考虑，因可收获更多结余，高收入、高生活成本之地对流动人口而言依旧具有吸引力。虽然人们流动的原因多种多样，但赚钱、存钱依旧是多数人最原始和最直接的梦想。在高收入的大城市，流动人口所积累的收入—消费剪刀差优势得到更好的体现，从而驱动流动人口持续流向北上广深等经济发达区域。

二、影响流动人口收入的主要因素：简要文献梳理

从收入分配理论入手，国内外学者将影响流动人口收入的因素区分为两个方面，一是微观个人层面的内生性因素，而其中个人禀赋要素尤为重要；二是宏观制度层面的外生性因素，而这又可区分为制度因素和结构因素。大量的研究表明，在追逐赚钱致富的梦想之路上，流动人口必须经受制度结构排斥的考验，也经历着各类资本要素和其他因素的制约。

（一）个体因素

个体因素包括多个方面：人口学因素、劳动就业因素、流动因素。

1978 年，美国学者 Chiswick 利用 1970 年美国人口普查数据，以 25～64 岁、在 1969 年至少工作一周的白人男性为样本，对国际移民的收入进行分析后发现，新移民的收入显著低于本地人，但随着时间的推移和职业声望的提升，10～15 年后，他们的收入与本地人在统计上已无显著差异，这表明其经济收入已融入当地社会，且在控制其他因素后，移民的收入甚至超过本地人。此后，其他学者采用类似的研究方法，使用不同的数据来源，分析了美国移民的收入融入过程和模式，并得出类似的结论（Borjas, 1982, 1995; Borjas, 1993; Long, 1980; Carliner, 1980）。这是因为，随着移民在流入地居住时间的延长、劳动经验的积累、语言能力的提高、人力资本的改善，收入的回报率也相应提高（Chiswick, 1978）。

可以说，移民是一个高度自我选择性的群体，他们不仅比本地人更能吃苦耐

劳，而且相当一部分人比本地人更能干，赚钱的动力也更足；国际移民（Chiswick，1999）和国内流动人口都是如此。此外，在进入流入地之后，优胜劣汰的法则也在发挥着作用，能留下来的移民收入可能也较为令人满意。如果潜在的外来移民在流入地都极力追求收入的最大化（income maximization），并且在流入流出地之间的收入预期存在差异，那么移民就会通过流动来获得更高的收入（Chiswick，1978）。实证研究发现，移民来源地的不同会作用于其收入水平。比如，来自西欧国家的人口战后流入美国，收入普遍都在增长；而来自发展中国家的移民在美国劳动力市场上的表现却较差，他们的收入普遍都在下降（Borjas，1987）。

在国内，大部分研究以教育为核心变量，认为流动人口的性别、年龄、受教育程度、婚姻状况等人口学特征会显著作用于该群体的收入水平（向书坚、李芳芝、李超，2014；严于龙、李小云，2006）。同时，流动人口的工作年限、劳动合同签署等特征也是影响该群体收入的重要因素（张娜、雷怀英，2013；刘林平、张春妮，2007）。具体而言，大量的研究发现，年龄与收入或呈线性关系（卢志刚、宋顺峰，2006），或呈先升后降的曲线关系（严于龙、李小云，2006；侯建明、李晓刚、叶淑萍，2016），或呈负向关联（周井娟，2008）；绝大多数研究发现，男性（邓曲恒，2007；方震寰，2008；蒯鹏州、张丽丽，2016）、在婚（周井娟，2008）、健康水平较好（周井娟，2008）、受教育程度较高（邓曲恒，2007；方震寰，2008；高慧、周海旺，2007；卢志刚、宋顺峰，2006；张永丽、杨志权，2009）、有工作经验、签订劳动合同、就业时间长（卢志刚、宋顺峰，2006；严于龙、李小云，2006；张文宏、雷开春，2008）、跨省流动者（王朝明、周宗社，2015）等都与农民工的收入水平正向相关。其中，农民工的性别工资差异与"女子不如男"的传统思想、企业对女性家庭和工作冲突的担忧、女性工作时间和培训参与率绝对水平偏低有关（蒯鹏州、张丽丽，2016）。受教育程度对收入的作用尤大，但教育的收入回报因人而异（邓曲恒，2007）：流动人口的回报率远低于本地市民，流动女性的收益率最低。签订劳动合同的农民工的劳动报酬水平明显高于未签订劳动合同的农民工的劳动报酬水平，且签订劳动合同将导致男性农民工和女性农民工的劳动报酬水平分别提升15%和31%（张世伟、张娟，2017）。虽然人力资本和社会资本都是导致农民工工资差异的重要因素，但人力资本的影响效应显著大于培训、社会网络等特征下的社会资本（李根强、谭银清、陈益芳，2016）。

（二）结构因素

因在流入地社会资本匮乏，加之流入地政府在就业上的地方保护主义，流动人口特别是乡—城流动人口往往被排斥在正规的劳动力市场之外，这种就业的结构性状况，对流动人口的收入产生了一定的影响。研究发现，单位类型、就业行业等也都作用于农民工的收入状况（卢志刚、宋顺峰，2006；高慧、周海旺，2007）。职业培训、最低工资制度都会提高农民工的收入水平（蔡昉，2004；方震寰，2008；卢志刚、宋顺峰，2006；严于龙、李小云，2006；赵延东、王奋宇，2002；张蕾、王桂新，2008）。职业隔离与就业歧视也成为影响流动人口（农民工）收入的重要因素，造成流动人口处于职业歧视中，从而造成工资水平的下降（赵海涛，2015）。另外，正规就业和非正规就业的工资差异，源自于劳动力市场的分割，且市场对非正规就业者的歧视也不容忽视（杨凡，2015、2016）。随着经济社会的发展，特别是近年政府和学界对流动人口问题的持续关注，就业结构日趋合理，成为提高他们收入水平的重要推手。

除就业结构外，流入地的经济社会结构也是影响流动人口收入水平的重要因素。流入地的人均 GDP 也与流动人口的收入正相关（严于龙、李小云，2006）。相反，流入地的失业率对流动人口的收入产生负作用（Chiswick and Miller, 2002）。此外，预期最低工资、来源地（严于龙、李小云，2006）、社会网络与资本等也作用于收入水平（赵延东、王奋宇，2002）。

（三）制度因素

就业结构是附着在制度安排之上的衍生物，对流动人口的生存和发展状况而言，中国长期以来的户籍制度无疑是最重要的制度性因素。户籍类型和户籍地点将流动人口区分为城—城流动人口和乡—城流动人口，而乡—城流动人口作为农村人、外来人，在流入地承受双重劣势，在收入上不仅低于本地市民，还大大低于城—城流动人口，呈现出"融入不足"的特点（杨菊华，2011）。制度层面，城镇户籍（卢志刚、宋顺峰，2006）和持有有效暂住证对收入都有显著的正向影响（田林楠，2014）。这些发现说明，因户籍类型造成的城乡分割以及附着其上的各种相关制度和结构性因素使得流动人口在现地社会难以合理分享更多的社会发展成果。

通过上述分析，我们发现，结构性因素往往是制度安排的结果，即户籍制度将平等的国民分为本地城镇人口、本地农村人口、城—城流动人口和乡—城流动人口等多个群体。户籍歧视严重影响着我国农村劳动力的工资水平，同时在低工资劳动力市场形成逆歧视效应，在造成低工资市场就业壁垒的同时也造成农民工工资水平的恶性循环（李国正，2016）。不同群体因制度先赋获得个体身份，而结构性因素就是根据这一身份标准进行就业等相关安排，进而在流入地社会形成区隔的社会结构。因此，如果将制度安排与结构安排结合而看的话，后者主要体现在城乡二元社会结构上，经济发展的不平衡引发了劳动力市场分割，导致不同户籍人群和流动人口之间的收入差距不断扩大（张杨珩，2007；卢志刚、宋顺峰，2006）。由户籍和地域分割所带来的歧视造成乡—城流动人口的工资显著低于城—城流动人口与本地工人（王静、张卓、武舜臣，2016），且这种歧视在低学历、劳动密集型等低端行业就业的差异更明显（罗俊峰、童玉芬，2015）。就城乡户籍与户口所在地来看，户口所在地滋生的内外之别比城乡户籍对农民工工资差异的影响更大（陈传波、阎竣，2015）。

尽管收入水平随在现地居留时间的延长而提高（高文书，2006；李树茁、杨绪松、任义科、靳小怡，2007；张文宏、雷开春，2008），但户籍及其附着制度带来的排斥及结构性因素的拒纳，可能形成与市场因素相抗衡的力量，使本应由市场和个人禀赋决定的收入，在流动人口群体中呈现出更为复杂和多样化的特点。

三、2014年八城市《流动人口社会融合调查》

流动人口收入水平虽逐年增加，但水平与增速在不同主体间存在巨大的差异，那么，这一差异的作用因素到底有哪些？下面使用与2014年《流动人口动态监测调查》同时进行的在八个城市实施的《流动人口社会融合调查》数据，对此问题进行探讨。在此之前，有必要对数据的基本情况予以简要介绍。这是因为，虽然本章仅关注致富梦，但本章与后面的安居梦、保障梦和融入梦所用数据相同①，在这里对调查和数据的基本特征进行统一介绍，可避免各个章节的重复描述。尽管每章针对的人群（比如，致富梦仅使用了流动人口数据，而其他三类梦想还使用了本地人口数据）和关注的变量（比如，融入梦没有使用劳动就业特征，而其他梦想都使用了劳动就业特征变量）有所差别，但流动人口数据基本一致。

（一）调查地点及调查对象

前面介绍的2014年数据源自全国范围的"监测调查"和全国调查中的五个

---

① 另一类梦想，子女求学梦，使用2013年《流动人口动态监测调查》数据，其基本情况将在求学梦中单独介绍。

城市调查。此外，2014年还在北京市朝阳区、青岛市、厦门市、深圳市、中山市、嘉兴市、郑州市、成都市进行了《流动人口社会融合调查》（下称"融合调查"）。在本章和后面章节中，只要是八城市数据，所指均为"融合调查"，但有时与"监测调查"交叉使用。

"融合调查"与"监测调查"相当于长问卷和短问卷。一方面，前者的调查内容在全国性的问卷上，增加了诸多与社会融合有关的问题；另一方面，出于可比性的目的，调查对象增加了本地市民。之所以选定这八个城市，主要有以下原因：其一，它们都是国家卫生计生委流动人口社会融合试点城市，也是国家公共服务均等化试点城市，具有较好的融合基础。其二，八个城市的地理分布、发展水平、流动人口构成等多个要素具有很强的异质性。比如，在地理分布和城市性质上，它们既包括东南沿海发达城市，也囊括内陆省会城市；既包括直辖市，也包括普通城市，每个类别城市中的产业结构各具典型意义。故此，虽然八个城市并非随机抽样，但空间的分散性和城市类型的多样性，在一定程度上兼顾了所搜集的数据在全国层面上的典型性，或许能够讲述不同城市流动人口逐梦过程中不同的或精彩或无奈的故事。关于抽样框的确立、抽样等方面的具体情况，请参考国家卫生计生委流动人口服务与管理司《2015年流动人口发展报告》。

相较于目前对流动人口收入、住房、保障、认同等诸多相关研究领域大多只关注某个特定城市的小样本调查来说，本调查样本具有多项优势。

一是覆盖的城市较多，且具有一定的代表性。调查覆盖八个异质性很强的城市，样本具有更大的差异性，反映出来的特征也更为丰富。而且，在每个城市内，样本均为随机抽样，故市内样本对各自城市具有代表性（北京市朝阳区样本只对该区具有代表性）。

二是覆盖的对象较广。既包括众所周知的农民工，也包括他们的家人，还包括城—城流动人口。更为重要的是，出于比较的目的，调查对象还包括了本地市民。需要指出的是，本地市民的样本涵盖了一定比例的农村户籍人口，因为考虑到他们或许不是流动人口的参照对象，故在分析中将他们剔除在外。

三是样本量较大。每个城市分别调查4 000个样本，2 000个流动人口，2 000个本地市民。由于数据的缺失，用于每章分析的样本有所差别，但总量依旧很大，可以进行多个方面的比较，如本地市民与流动人口、城—城流动人口与乡—城流动人口，1980年前出生、1980—1990年出生、1990年后出生流动人口、跨省流动人口和省内流动人口等。

四是收集的资料较丰富。调查除了问及受访者人口学特征、劳动就业特征等常规问题外，还询问了更多的流动人口的住房、社会保险、心理认同等诸多方面的信息（尽管不同方面问到的详细程度有别），而这些正是我们关注流动人口城市逐梦的重要成分。对于流动人口，还详细询问了流动特征，包括流动目的、居留时间、来源地和现居地、家庭成员的详细情况等。此外，本地市民和流动人口的问题基本对应，可以进行直接对比。数据的这些特性，能较好地满足本研究关注的问题所需要的变量和对比性分析，为我们在深入了解流动人口缤纷的梦想之后，探讨梦想的进程及其背后更普遍、更全面的原因，提供了很好的资料。

五是调查的时效性较强。流动人口是一个具有高度流动性特征的群体，时间变幻、空间移动，使流动人口的变动更新速度很快。该数据搜集于2014年5~6月份，具有很好的时效性，提供的信息更能反映时下流动人口的基本特征以及他们逐梦过程中面临的具有代表性的问题。

因此，虽然与"监测调查"相比，"融合调查"的地点不多，样本量较小，调查地点的代表性受限，但调查对象不仅涵盖了流动人口，而且还覆盖到本地市民，调查内容涉及面更广，提供的信息更多。因此，为了更全面地了解流动人口多维度梦想，并充分利用"融合调查"提供的信息，我们将其作为致富、安居、保障、融入定量分析的主要数据。

（二）变量界定

通过访谈而了解的流动人口五彩缤纷的梦想是本书关注的核心对象。由于每一类梦想都有各自具体的测量指标，故本章仅介绍自变量，包括解释变量和控制变量。

1. 解释变量

对于致富、安居、保障和融入梦，解释变量都大同小异。无论是哪一个梦想，我们最关切的都是流动特征，包括流动身份、流入（所在）城市、离开户籍地时长、流动原因、流动区域、流动模式。除前两个变量外，其余四个变量均仅适用于流动人口，也仅用于进行流动人群内部的比较。为遵循本书的基本格调（即突出叙事性），同时也尽可能保证定量研究的科学性和严谨性，这里对全部样本的主要特征加以描述，而这也是定量分析的基础性工作。

（1）流动身份：三分类变量，分别代表乡—城流动人口、城—城流动人口与本地城镇居民，以进行群间比较，即比较两类流动人口与本地市民在致富、安居、保障（和融入）方面是否存在差异；该变量也可同时进行两类流动人口群体内部的比较。

（2）流入城市：前面已经谈到，八城市分别位于不同的地理和经济区位，各方面都具有较大的差异，对流动人口的吸引力也不相同，故在分析流动人口逐梦问题时，不能忽视这个因素，必须进行城市间的对比分析。

（3）离开户籍地时长：采用连续测量，用来预测在流入地不同居留时间对流动人口收入、安居、保障和融入水平的影响。

（4）流动原因：采用二分类处理。流动人口虽然主要是为务工经商而流动，但也有一部分人因其他原因而流动。由于务工经商者的占比很高，故这里将因工作调动、分配录用、学习培训、拆迁搬家、婚姻嫁娶、随迁家属、投亲靠友、寄挂户口、出差、其他等而发生流动的群体进行合并，统称"其他"，形成一个二分类变量：务工经商或其他原因。

（5）流动区域：流动跨越的行政区域之所以可能与流动人口的梦想有关，其原因在于：流动跨越的区域越大，流动人口受到的区域阻隔、地区文化、社会交往的差异也就越大，从而可能不同程度、不同性质地作用于他们的致富、安居、保障和融入梦想的进程。为此，基于户籍所在省份、户籍所在地区、流入地行政地区等变量提供的信息，生成一个三分类的虚拟变量，即跨省流动、省内跨市、市内跨县。

（6）流动模式：随着时代的变迁，越来越多的流动人口逐渐由个体单独流动向家庭成员共同流动变化，这是迁移流动发展的进步和必然趋势。在融入梦中，会将流动模式——界定为家庭式流动、半家庭式流动、非家庭式流动——纳入数据分析中。

2. 控制变量

在比较、分析流动人口与本地市民以及不同户籍流动人口的致富、安居、保障和融入状况时，为辨识前述因素对各自梦想的独立影响，必须同时控制可能影响人们不同梦想实现进程的其他因素。基于本章前面和在后面章节所进行的文献梳理，并考虑到数据的可得性，我们主要控制以下因素：流动人口出生队列（定义为：1980年出生、1980—1990年出生、1990年后出生）、性别（将女性界定为1、男性为0）、民族（界定为汉族与少数民族，分别赋值为1和0）、婚姻状况（界定为在婚与不在婚，分别赋值为1和0）、教育（界定为小学及以下、初中、高中、大专、大学及以上）、就业行业（定义为制造业、建筑业、服务业、机关企事业单位）、职业类型（定义为干部、商业服务人员、生产人员、其他职业者）、劳动合同的签订（界定为签订了任何形式的劳动合同和没有任何合同，分别赋值为1和0）。此外，书中还在合适的章节控制了三个主观因素：即"融入于地"、户口迁入意愿和流动人口对本地市民的态度感知（简称"态度感知"）；除户口迁入意愿外，其余两个指标均为多变量合成的综合指数（详见"第九章 融入梦"）。

（三）样本的基本特征

表 5-2 描述了本章和安居、保障、融入梦所用数据的基本特征。如前所言，不同章节的样本量有所出入，但大同小异，为避免重复，仅在这里做较为详细的陈述。表 5-2 中的数据包括全部样本、本地市民样本、全部流动人口样本和城—城流动人口样本。尽管表格并未展示乡—城流动人口的特征，但结合全部流动人口与城—城流动人口的特点，即可推断出乡—城流动人口在这些变量上的基本分布情况。需要指出的是，在剔除本地农村户籍人口外，剩余样本量为 25 621 人；其中，本地市民为 9 625 人，流动人口的样本量为 15 996 人。不过，这些样本量并未剔除本书所用变量中有缺失的个案，呈现的是单个变量的有效样本分布。换言之，在本章和后面章节的相关分析和模型分析中，样本量将会不完全等同于本表提供的样本量。

表 5-2   样本基本特征分布   单位：%

变量	全部样本	本地市民	全部流动人口	城—城流动人口
流动身份				
乡—城流动人口	53.69	—	86.00	—
城—城流动人口	8.74	—	14.00	—
本地城镇市民	37.56	—	—	—
流动区域				
跨省	—	—	54.82	62.23
省内跨市	—	—	41.47	32.46
市内跨县	—	—	3.71	5.31
务工经商	—	—	94.94	93.75
居留时间（年）	—	—	4.21	4.75
流动模式				
非家庭式流动	—	—	28.10	27.54
半家庭式流动	—	—	41.17	38.35
举家流动	—	—	30.74	34.11

续表

变量	全部样本	本地市民	全部流动人口	城—城流动人口
流入城市				
北京市朝阳区	14.14	16.88	12.50	26.92
青岛市	9.97	5.76	12.50	10.09
厦门市	13.05	13.95	12.50	7.99
深圳市	15.59	20.72	12.50	18.84
中山市	10.40	6.91	12.50	8.39
嘉兴市	14.06	16.65	12.50	7.23
郑州市	11.12	8.82	12.50	5.31
成都市	11.67	10.31	12.50	15.22
出生队列				
1980年前	47.77	63.18	38.50	40.63
1980—1990年	37.19	27.18	43.21	49.02
1990年后	15.04	9.64	18.28	10.36
女性	44.86	44.62	45.01	44.20
汉族	97.05	97.98	96.48	96.79
在婚	75.73	79.96	73.18	74.02
受教育程度				
小学及以下	8.36	6.61	9.41	3.17
初中	39.66	21.59	50.53	20.36
高中	26.89	29.50	25.32	28.97
大专（≤大专）	14.21	21.35	9.91	24.42
≥大学	10.89	20.96	4.83	23.08
就业行业				
制造业	24.20	14.79	28.93	18.98
建筑业	4.53	3.64	4.98	4.06
服务业	49.19	39.69	53.96	47.90
机关企事业单位	22.08	41.89	12.14	29.06

续表

变量	全部样本	本地市民	全部流动人口	城—城流动人口
就业身份				
雇员	71.95	78.11	68.85	73.97
雇主	6.57	4.95	7.38	8.66
自雇	19.02	11.37	22.87	15.95
帮工	2.46	5.56	0.90	1.42
职业类别				
干部	19.20	38.28	9.62	23.24
商业服务人员	52.00	38.36	58.86	57.68
生产人员	25.06	15.88	29.68	17.07
其他职业者	3.73	7.49	1.85	2.01
签订了劳动合同	75.00	83.91	48.15	85.12
收入	3 982.80	4 176.26	3 884.15	4 977.54
收入分类				
≤25%	19.98	23.93	17.97	11.93
26%~50%	28.84	14.80	35.99	26.89
51%~75%	24.70	30.98	21.50	18.70
≥76%	26.48	30.29	24.54	42.47
融入于地	—	—	75.08	77.93
户口迁入意愿	—	—	49.60	70.04
态度感知			28.55	26.32
样本量	25 621	9 625	15 996	2 240

首先，我们来看全部人群共有的特征。从出生队列分布来看，1980年前和1980年后出生人口几乎各占一半，但若对1980年后群体进行分解可知，1990年后群体占比最低（15.0%），1980年前出生人口占比最高（47.8%）；男性人口略高于女性；汉族（97.0%）流动人口占绝大多数，样本人群也多数在婚（75.7%）；绝大部分人受教育程度偏低，大专及以上人口仅占25%；就业行业以服务业（49.2%）、雇员（71.9%）、商业服务人员（52.0%）为主，且

75.0%的人签订了劳动合同；整体人群的平均收入为3 982.8元，且略超一半的人收入在均值以上，但仍有近二成的人处于下四分位点之下。

其次，就流动特征来看，其中，乡—城流动人口占86%，城—城流动人口占14%。他们的流动区域较大，跨省流动超过一半，而市内流动仅为3.7%；城—城流动人口也呈现出相同的流动区域特征，且跨省流动的占比更高。超过90%的人口因务工经商而流动，说明赚钱和其他机会仍然是时下人口流动的主要驱动力。城—城流动人口的居留时间超过全部流动人口，且整体居留时间超过四年。家庭化流动已经成为常态，不论是何种类型流动人口，家庭或半家庭式流动人口均过七成，而单人流动不到三成。在不同城市中，两类户籍流动人口的分布差异甚大：在各城市中，北京朝阳区城—城流动人口占比最高，而郑州最低，前者约为后者的五倍。

最后，代际差异十分明显。就本地市民与流动人口以及两类不同户籍流动人口的人口学和劳动就业特征比较而言，本地市民以1980年前出生人口居多，占比超过六成，而流动人口则以80后出生人口居多，尤其是城—城流动人口，80后出生人口近六成，说明在样本中，流动人口比本地市民更为年轻；与全部样本人群呈现的特征、规律相似，无论本地市民还是流动人口、城—城流动人口，男性占比均略高于女性，且以汉族、在婚为主。受教育程度随人群身份呈现出明显差异：城—城流动人口最高，本地市民次之，乡—城流动人口最低；城—城流动人口大专及以上教育人口接近一半，尤其是大学教育人口占比超过两成，不仅远远高于流动人口整体水平，也高于本地市民。这说明，城—城流动人口是一个具有高度选择性的群体，具有更高的人力资本；若是在一个自由的劳动力市场环境下，他们可能不仅比乡—城流动人口而且也比本地市民更具竞争力。

本地市民和流动人口在就业行业、就业身份、职业类别、劳动合同四方面与全部样本人群具有类似特征，即以服务业、雇员身份、商业服务人员为主，且绝大部分签订了劳动合同，但更多的本地市民就职于机关企事业单位。全部流动人口与本地居民收入差距不相上下，各个收入段的比例分布甚为接近，但城—城流动人口的收入不仅高于全部流动人口，也高于本地市民的平均水平：超过四成人的收入在3/4分位点以上。

就三个融入指标而言，不同户籍流动人口之间差异甚大。超过3/4的流动人口具有较为强烈的融入当地的意愿，城—城流动人口的意愿强于乡—城流动人口；但是，愿意迁入户籍的流动人口不到50%；其中，70%的城—城流动人口愿意将户口迁入本地，反过来说明在乡—城流动人口中，愿意迁入户口的比例低于50%。整体上看，流动人口对本地市民的态度感知比较积极，"融入于地"的得分和迁入户口的比例均较高，而负面的态度感知得分却较低。

四、2014年八城市流动人口收入的相关分析

测量致富梦最直接、有效的指标莫过于收入。八城市流动人口的人均收入约为3 884.5元,其中城—城流动人口和乡—城流动人口的收入分别为4 977.5元和3 708.0元,但不同城市间的收入差距甚大(见表5-3)。其中,北京市朝阳区、深圳、厦门三个城市流动人口的收入高于八城市平均水平,其余五城市流动人口的收入都低于均值。其中,北京市流动人口的收入最高,次为深圳市,两地流动人口的收入水平大体相当,均近5 000元,收入居于第三位的是厦门市,月均4 020元。而收入最低的是成都市,与北京的差距近2 000元;中山市流动人口的收入略高于成都,郑州市流动人口的收入也较低,仅有3 518.3元。由此可见,无论我们使用哪些城市进行比较分析,大城市和特大城市的收入水平终归是较高的,而中西部城市的收入相对偏低。即便是在同一个地区,不同城市之间的差距也不容忽视。比如,与深圳毗邻的中山市,流动人口收入水平就要低得多,城—城和乡—城流动人口收入均比深圳相应群体的收入低将近1 300元。这样的差距可能与两地经济结构的差异有关。

表5-3　　　　　　　八城市流动人口月平均收入　　　　　　　单位:元

城市	全部流动人口	乡—城流动人口	城—城流动人口
北京市	4 947.52	4 223.66	6 669.64
青岛市	3 558.87	3 523.52	3 845.40
厦门市	4 020.01	4 008.19	4 145.00
深圳市	4 891.87	4 698.56	5 570.47
中山市	3 487.89	3 403.84	4 266.16
嘉兴市	3 619.68	3 531.19	4 659.86
郑州市	3 518.34	3 509.84	3 652.35
成都市	3 127.44	3 053.53	3 494.44
八城市平均	3 884.46	4 977.54	3 707.97

注:(1)融合样本不完全等同于全部样本。2014年,北京市共调查了7 000多流动人口,分别在不同区进行,而融合调查仅在朝阳区进行,样本量为2 000人。因此,本节展示的北京市的数据不会完全等同于上一节,但差距不大。

(2)t检验和方差分析结果表明,城乡间、城市间、同城内的城乡收入差距都极为显著。

2014年，被调查各城市（区）的居民人均可支配收入分为三个梯次：排在前三位的分别是北京市朝阳区①（44 646元）、嘉兴市②（42 143元）和深圳市③（40 948元），均超过4万元；处于第二梯队的是厦门市④（39 625元）、青岛市⑤（38 294元），接近4万元；中山市⑥（32 847元）、成都市⑦（32 665元）和郑州市⑧（29 095元）均略超过3万或接近3万元，属于第三梯队。以上居民收入分布的集群现象很好地体现出不同城市间的同质性和异质性，也表明不同城市流动人口的收入可能是对城市经济发展水平的直接反映。

尽管北京和深圳流动人口总体收入水平基本相同，但两地因户籍因素所导致的收入差异甚为突出。在深圳，城—城流动人口与乡—城流动人口之间存在约千元的差距；而在北京，该差距为2 400多元，表明在朝阳区，户籍类型带来的差距极为突出。这说明，经济社会发展程度越高，流动人口群体内部的收入差异可能越大。

除了城市之间的差异外，八城市中流动人口的收入在不同人群中也有明显差别。就流动特征（界定为流动区域、流动原因、流动模式）来看，无论是城—城流动人口还是乡—城流动人口，跨省、省内跨市、市内跨县流动者的收入依次递减：跨省者最高，次为省内跨市者，市内跨县流动人口的收入最低（见图5-4）。由于跨省流动者多聚集于东部沿海地区或特大城市，故这些地区流动人口的人均收入也相应地高于其他地区。

同时，我们也看到，并不是所有务工经商的流动人口都会有更高的收入：虽然对于乡—城流动人口而言，务工经商者的收入高于因其他原因流动的人群，但城—城流动人口的情况却刚好相反。这可能与有效样本（即收入无缺失）有关：

---

① 资料来源：北京政府网《我区城乡居民人均收入稳步增长 2014年分别增长8.8%和9.8%》，http：//www.beijing.gov.cn/zfzx/qxrd/cyq/t1289222.htm，2014年10月25日查询。

② 资料来源：嘉兴政府网《2014年嘉兴城镇居民人均可支配收入增长9.0%》，http：//www.jiaxing.gov.cn/jxgdd/tjxx_9544/tjsj_9546/201504/t20150407_480982.html，2014年10月25日查询。

③ 资料来源：赢商网《深圳2014年人均可支配收入超4万 吃和住方面花最多》，http：//sz.winshang.com/news-446681.html，2014年10月25日查询。

④ 资料来源：新闻中心《2014年厦门公共财政收入、居民人均收入均列全省第一》，http：//news.xmhouse.com/bd/201501/t20150128_570681.htm，2014年10月25日查询。

⑤ 资料来源：青岛新闻网《2014年青岛市城市居民人均可支配收入38 294元》，http：//minsheng.qingdaonews.com/content/2015-03-30/content_10986792.htm，2014年10月25日查询。

⑥ 资料来源：腾讯网《中山居民收入超6成靠工资》，http：//gd.qq.com/a/20150507/010025.htm，2014年10月25日查询。

⑦ 资料来源：中国网《2014年成都市城镇居民人均可支配收入32 665元》，http：//news.china.com.cn/live/2015-02/05/content_31243098.htm，2014年10月25日查询。

⑧ 资料来源：中国网《2014年郑州市城镇居民可支配收入29 095元》，http：//news.china.com.cn/live/2015-03/12/content_31769141.htm，2014年10月25日查询。

约98%的人流出目的为务工经商，约1.7%的人为随同流动，极少数人的流动是出于婚嫁、拆迁、投亲、出生或其他目的，同归之于"其他"这个类别中，两类户籍流动人口大体都是如此。由于城—城流动人口的样本总量较少，故"其他"人群样本数更少，可能并不能代表城—城流动人口的一般水平。

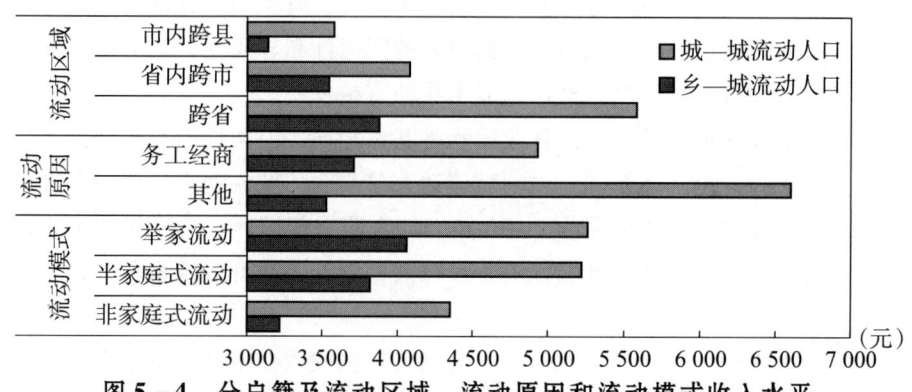

图5-4 分户籍及流动区域、流动原因和流动模式收入水平

举家流动者的收入超过半家庭式流动者的收入，后者又超过非家庭式流动者的收入，三类人群的收入从高到低递减。家庭式流动者和半家庭式流动者之间的差距不大，但与非家庭式流动者之间的差距十分明显，在乡—城流动人口中更是如此。这与流动人口流动模式的高度选择性有一定关系，即只有当流动者的收入较高且能够负担一家人在流入地的生活时，半家庭式流动或举家流动才会发生。

文献回顾表明，随着流动人口在流入地居留时间的延长，流动人口的收入也会随之提升，国内、国外都是如此。图5-5提供的信息也证实了这一点。虽然在流入地居留10年以上与8~10年的差距甚微，但总体特征是：无论是乡—城流动人口还是城—城流动人口，均呈现出居留时间越长，收入水平越高的特点。

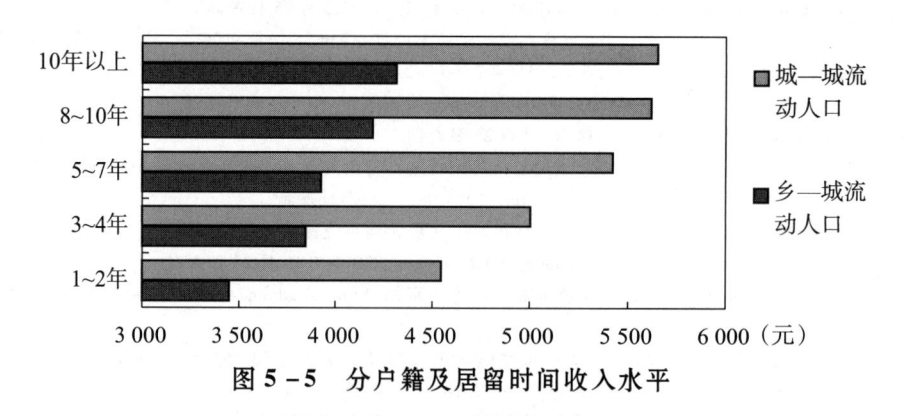

图5-5 分户籍及居留时间收入水平

此外，流动人口的收入水平也与出生队列（即年龄）、性别、民族（见

图 5-6a)、婚姻状况和受教育程度（见图 5-6b）密切相关。就出生队列而言，1980—1990 年出生的流动人口收入最高，次为 1980 年前出生的流动人口，收入最低的是 1990 年后流动人口。与 1980—1990 年出生人口相比，1990 年后出生人口的收入低约 2 000 元。1990 年后流动人口总量已经超过 4 000 万，日渐成为真正的新生代流动人口，但他们由于初入劳动力市场，工作经验不足，人力资本积淀薄弱，在收入方面弱势地位明显；相反，1980 年前出生人口与 1980—1990 年出生人口的收入差别不大。

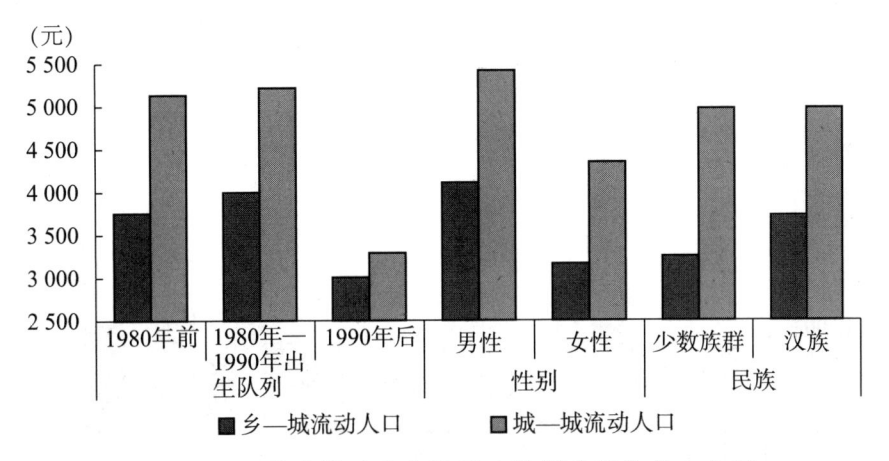

图 5-6a　分户籍及出生队列、性别和民族收入水平

收入的性别差异也十分明显。在城—城流动人口中，两性的收入分别约为 5 420 元和 4 350 元，男性收入超过女性约 1 100 元，是女性收入的 1.2 倍；在乡—城流动人口中，二者收入分别为 4 109 元和 3 164 元，男性超过女性 900 多元，是女性的 1.3 倍。可见，无论是何种类型的户籍，女性都处于收入的弱势地位；农村女性则受到性别和农业户籍的双重排斥，收入最低。在汉族与少数民族人口之间，如果只看城—城流动人口，收入的民族差异几乎可以忽略；但若考察农民工的话，则民族之间的差异较为显著：汉族乡—城流动人口的收入大约超出少数民族乡—城流动人口 500 元。

如果说收入的性别差异和民族差异与预期一致的话，那么，出生队列与收入之间的关系和近些年社会上一些普遍流行的观点有悖，却与我们利用 2005 年全国 1% 人口抽样调查数据以及 2009—2013 年历次"监测调查"数据的结论一致。我们认为，本节的结论应该更符合实际情况，因为收入一定是与人力资本挂钩的，而人力资本除正规教育外，还包括工作经验、职业技能等因素。在这些方面，1980 年前流动人口、1980—1990 年流动人口无疑是有优势的。时下，1980—1990 年流动人口的收入与 1980 年前流动人口的收入差距不大，但若将他们与 1990 年后流动人口一起考察，则其优势就被抵消。数据也显示，1980 年前流动人口的平均收入为 3 952.8 元，略高于 1980 年后（包括 1990 年后出生人口）流动人口的 3 840.8 元。

经济学领域的相关研究证明，步入婚姻对人们的收入具有正向的推动作用。图 5-6b 提供的信息清晰地表明，在婚流动人口的收入明显高于不在婚者的收入。当然，这其中极可能有婚姻的作用——结了婚的人负有养家糊口的责任，必须努力赚更多的钱，而未婚者的考虑则相对简单；但是，这里也可以有年龄和出生队列（故而人力资本）的作用，因为不在婚者往往是青年人——绝大部分 1990 年后属于不在婚状态。我们将在后面的模型分析中来进一步离析各因素对收入的影响。

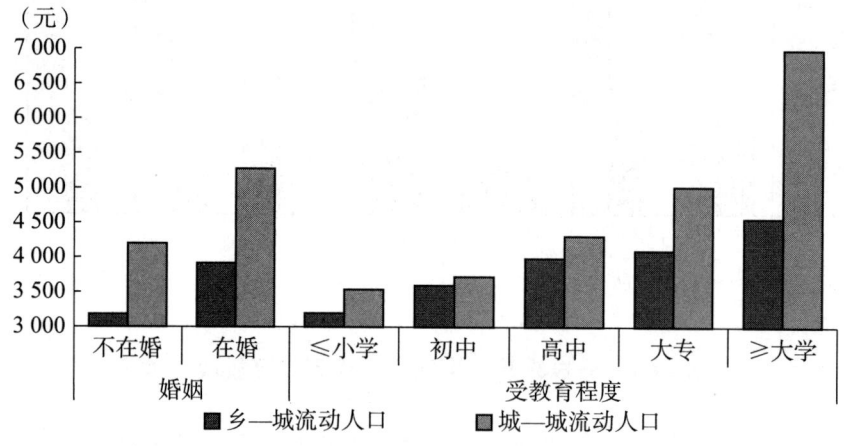

图 5-6b　分户籍及婚姻状况和受教育程度收入水平

不同的教育层级与收入呈明显的梯次关系。受教育程度越高，收入水平越高。在受过初中和高中教育的城—城流动人口和农民工中，收入差距并不大，但在大专尤其是大学学历人口中，城乡户籍的差异再一次凸显出来。换言之，如果说高中及以下教育的收入回报存在城乡户籍之别，那么，大专及以上流动人口中，教育回报存在着极大的户籍不公，教育水平为大专及以上的城—城流动人口的收入远高于受过同等教育的乡—城流动人口的收入。这也反映出，在当今的社会情境下，农村学子通过接受高等教育而改变命运的渠道不再通畅。

劳动就业状况直接决定人们的收入水平。图 5-7 提供的信息告诉我们以下几点：其一，在不同行业中，就职于机关企事业单位与在建筑行业就业的流动人口收入大体相当，也是各行业中收入最高的，但建筑行业的乡—城流动人口的收入略高于机关事业单位的乡—城流动人口。其二，从就业身份来看，无论户籍在哪儿，都是雇主的收入最高；在城—城流动人口中，身为雇员与自雇者的收入差别不大，但乡—城流动人口中，自雇者的收入远远高于雇员。其三，流动人口的收入因职业差异而存在较大区别：干部技术人员、商业服务人员、普通工人和其他人员的收入水平依次降低，梯次特征十分突出。其四，从理论上看，劳动合同的签订可以更好地保护流动人口的劳动权益，提升他们的收入水平，但实际情况是，对于城—城流动人口而言，是否签订劳动合同与收入之间的关联不大；而对乡—城流动人口而言，签订劳动合同与收入负相关——未签订合同者与签订了合同的人相比，收入明显更高。这可能是因为，签订了劳动合同的人往往是工厂的工人，而普通工人的收入相对较低；没有签订合同者多是自营和私营者，他们的赢利所得均归自己所有，故收入反而更高一些。

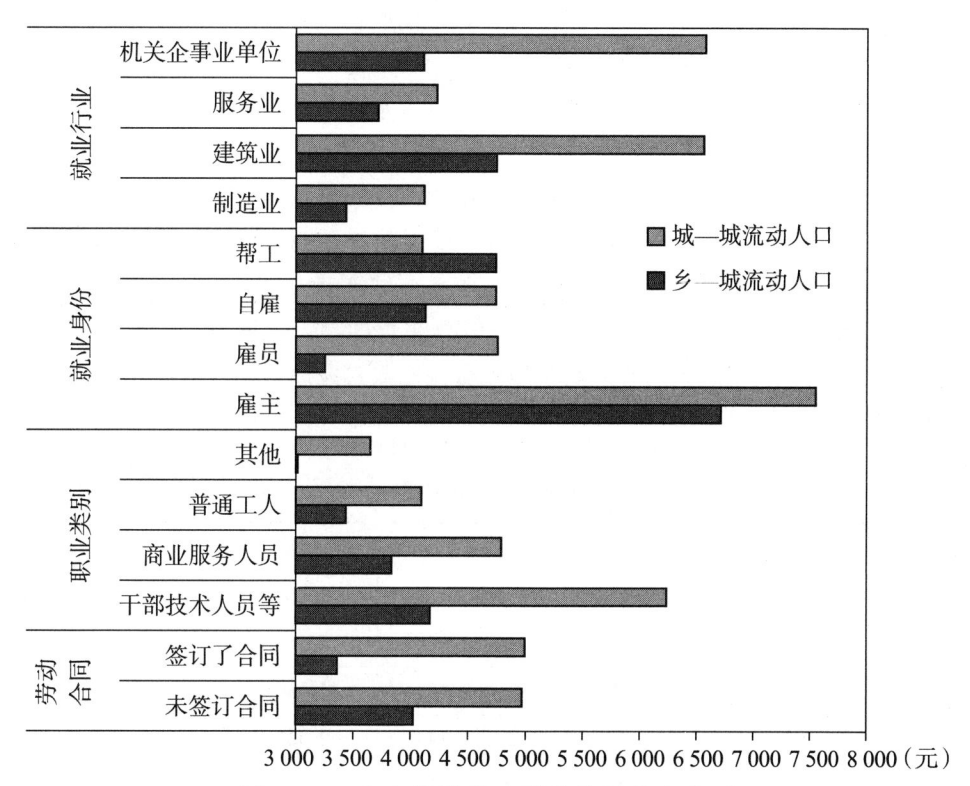

图 5-7　分户籍及劳动就业状况收入水平

五、2014 年八城市流动人口相对收入水平 OLS 模型分析

如前所言，收入既具有绝对意义，也具有相对意义。除了将城—城流动人口的收入与农民工的收入进行比较外，更主要的是要与本地市民进行对照。2014

年八个城市的"融合调查"也访问了相应数量的本地户籍市民。然而,本地市民的样本多居于城乡接合部,且有相当一部分本地农村户籍人口(受访的1.6万位户籍人口中,40%的为农村户籍),样本点属于村委会的占43%,故户籍人口的样本有较大偏差,可能难以代表流入城市户籍人口的平均水平。

那么,如何比较流动人口与本地市民的收入呢?我们借助国家统计局公布的八个城市的数据进行比较(数据及其出处均已在前一节列出)。当然,统计局公布的数据是以家庭为单位,而非在业流动人口的个体收入,在比较过程中可能需要做出一定的调整。不过,"融合调查"也问及流动人口在流入地的所有家庭成员以及在流入地的家庭总收入,据此可计算出他们在流入地的人均收入。需要承认的是,这里计算的流动人口的收入不一定是可支配收入;而且,流动人口的家庭成员或许并不完整,从而有可能影响相对收入水平的测算。

比较的具体结果见表5-4。在这八个城市中,深圳市城镇居民人均可支配收入最高,郑州市最低;在流动人口中,中山市的家庭人均收入最低,其次为青岛,均不足1 500元。但是,若区分户籍,中山和青岛两市城—城流动人口家庭人均收入的差别较小,只有几元之差;至于乡—城流动人口,家庭人均收入最低的是中山市,比次之的青岛市低55元。值得注意的是,八城市中,唯有厦门市乡—城流动人口的家庭人均收入高于城—城流动人口家庭人均收入,尽管只高出40多元。

表5-4　　　　　　　　　分人群八城市月收入　　　　　　　　　单位:元

城市	城镇居民人均可支配月收入	流动人口家庭人均月收入		
		全部	乡—城流动人口	城—城流动人口
北京市	3 360.08	2 786.02	2 469.07	3 519.78
青岛市	2 935.58	1 452.37	1 439.32	1 554.80
厦门市	3 446.67	2 017.14	2 020.95	1 978.38
深圳市	3 721.08	2 062.85	1 949.94	2 485.07
中山市	2 856.17	1 400.29	1 384.85	1 549.11
嘉兴市	3 257.25	1 890.54	1 851.29	2 335.90
郑州市	2 217.92	2 465.60	2 452.57	2 671.61
成都市	2 497.33	1 989.81	1 913.04	2 363.07

图5-8描述了八城市城镇居民人均可支配收入与乡—城流动人口、城—城流动人口家庭人均收入之差,正的取值表明,流入城市城镇居民人均可支配收入

高于城—城、乡—城流动人口在流入地的家庭人均月收入；反之，负值则表示流入城市城镇居民人均可支配收入低于城—城、乡—城流动人口在流入地的家庭人均月收入。如此，只有北京市朝阳区的城—城流动人口、郑州市的城—城和乡—城流动人口的收入高于各自城镇居民可支配收入，其他六城市流动人口收入均低于城镇居民，深圳市乡—城流动人口低于本地市民近1 700元，本地城镇居民优势明显。进入北京朝阳区的城—城流动人口，收入水平超过了当地的平均水平，而该地区的乡—城流动人口收入仍处于较低水平，这透视出，北京地区更适合人力资本偏高且更具竞争力的城—城流动人口追逐梦想。同理，进入郑州市的流动人口，无论城乡，收入水平都超过当地人口的收入，透视出郑州市城镇居民收入普遍较低的特点。在其余各市中，除厦门外，都是乡—城流动人口与本地市民的收入差距最大。

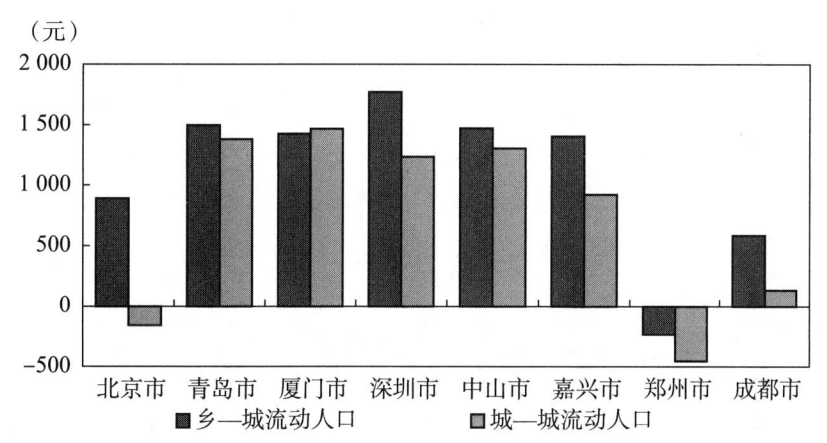

图5-8 八城市城镇居民人均可支配收入与流动人口收入之差

那么，我们进而要问，哪些因素拉大、哪些因素缩小三群体之间的差距呢？回答该问题需要对数据进行模型分析。分析分为两个步骤，一是针对全部流动人口；二是分别针对城—城流动人口和乡—城流动人口。

（一）全部流动人口模型分析结果

表5-5涵盖两个模型：模型1仅纳入流动身份、流动区域、流动原因、居留时间、流入城市等与流动直接相关的变量；模型2则在此基础上，进一步纳入了出生队列、性别、民族、婚姻状况、受教育程度以及一系列劳动就业特征变量。在此基础上，可以考察不同特征对流动人口相对收入的影响。

从模型分析结果来看，在其他条件相同的情况下，城—城流动人口与本地居民的收入差距明显小于乡—城流动人口与本地市民的收入差距。流动人口是一个高度选择性的群体，流入地之所以对他们有吸引力，一个重要的原因可能就是良好的就业机会和较高的劳动报酬。城—城流动人口之于乡—城流动人口而言，愿意放弃原生城市的生活圈和社会关系到现地打拼，可能本身就具有较高的人力资本和职业技能，希冀在现地获取更好的发展机会，闯出新的事业；虽然在现地发展并非易事，但人力资本方面的优势使其在现地仍具一定的竞争优势。特别是，与教育和社会保障相比，收入在很大程度上取决于市场调节和个体禀赋，制度性和结构性的干预相对较小。而乡—城流动人口大多通过体力劳动换取工资，也不具有累积提升机制，从而使其收入水平与其他两类人群存在差距。从这个方面来看，城乡之分明显大于内外之别。

表5-5 流动人口与现地城镇居民人均可支配收入之差OLS模型分析结果

自变量	模型1 系数	模型1 标准误	模型2 系数	模型2 标准误
乡—城流动人口（城—城流动人口=对照组）	496.43	42.56***	179.69	48.17***
流动区域（跨省=对照组）				
省内跨市	161.84	39.21***	186.06	40.84***
市内跨县	251.15	84.34**	286.42	85.64***
务工经商（其他原因=对照组）	-893.97	66.36***	232.74	104.69*
居留时间（年）	-16.26	3.45***	-7.86	3.70*
流入城市（朝阳区=对照组）				
青岛市	150.15	66.78*	100.72	70.45
厦门市	554.09	61.95***	574.42	65.36***
深圳市	646.25	59.20***	578.51	63.13***
中山市	290.69	59.09***	233.20	64.83***
嘉兴市	492.24	58.37***	388.87	64.76***
郑州市	-567.93	67.72***	-498.79	70.06***
成都市	-164.54	66.83*	-209.08	69.50**
出生队列（1980年前=对照组）				
1980—1990年	—	—	-95.00	36.40**
1990年后	—	—	293.68	57.24***

续表

自变量	模型 1 系数	模型 1 标准误	模型 2 系数	模型 2 标准误
女性（男性 = 对照组）	—	—	322.55	30.54***
汉族（少数民族 = 对照组）	—	—	-131.12	81.23
在婚（不在婚 = 对照组）	—	—	200.87	60.35***
受教育程度（≤小学 = 对照组）				
初中	—	—	-92.47	55.03
高中	—	—	-308.12	61.73***
大专	—	—	-392.94	75.71***
≥大学	—	—	1 121.08	96.49***
就业行业（制造业 = 对照组）				
建筑业	—	—	-357.11	76.36***
服务业	—	—	172.71	56.48**
机关企事业单位	—	—	-151.14	63.50*
就业身份（雇员 = 对照组）				
雇主	—	—	-1 391.10	66.26***
自雇	—	—	-575.58	48.83***
帮工	—	—	-431.85	160.81**
职业类别（干部 = 对照组）				
商业服务人员	—	—	199.24	61.16***
生产人员	—	—	138.31	63.27*
其他职业者	—	—	528.96	122.73***
签订了劳动合同	—	—	-113.89	40.92**
截距	-270.42	86.02**	-1 133.39	176.09***
样本量	15 998		14 667	
F	451.28		201.41	
R^2	0.28		0.31	

注：$*p<0.05$，$**p<0.01$，$***p<0.001$。

跨省流动和在现地居留时间的延长都伴随着更高的相对收入水平，即居留时间会缩小流动人口与本地市民的收入差距。就流入地区而言，八个城市中，与北京朝阳区相比，除郑州、成都外，其他地区流动人口的收入与本地市民的收入差距更大。

从年龄与收入之间的关系来看，1980—1990年流动人口的收入最高，收入最低者为1990年后流动人口，故年龄与收入的关系呈倒U型。女性的相对收入水平大大低于男性。汉族、不在婚流动人口与本地市民的收入差异分别小于少数民族、在婚者。在所有自变量中，扩大或缩小流动人口与本地市民收入差距的最重要因素是受教育程度。随着受教育程度的提升，流动人口与本地市民的收入差距不断缩小。

从显著性判断，就业行业、职业、就业身份及劳动合同的签订与否和流动人口与本地市民之间的收入差距显著相关。与制造业相比，就职于建筑业、机关企事业单位的流动人口与本地市民的收入差距较小，相比而言，干部由于职业声望高，收入回报远高于其他职业的流动群体。与描述性分析结果不同的是，在其他条件相同的情况下，签订劳动合同的流动人口收入回报率明显高于未签订劳动合同者。可见，较高的职业声望和劳动合同的保驾护航都是促进流动人口实现致富梦的有利因素。

（二）分户籍流动人口模型分析结果

城—城和乡—城流动人口与本地市民间收入差距是否因其他因素而存在差别呢？换言之，不同因素对这两类人群的收入是否产生不同影响？如前所示，不少因素（如流动特征）对这两类人群的影响不同，表明户籍与流动特征要素之间存在互动。在进行模型分析时，可以将户籍与其他因素加以互动，也可以分别对他们进行平行模型分析。互动模型结果（这里没有展示）显示，一些因素对二者的作用性质、作用程度的确有别。出于解释便利和全方位考察的目的，我们对两类人群分别进行平行模型分析。表5-6的模型3和模型4为我们展示了各类因素对城—城流动人口和乡—城流动人口相对收入水平的影响。

与模型1和模型2中流动区域、流动原因、居留时间均显著的情况相比，城—城流动人口和乡—城流动人口在这些方面展现出了不同的特征。对于前者，流动区域的影响已不显著，而流动原因和居留时间的作用与模型2中的效果一致，且显著性有所上升，即居留时间仍会缩小城—城流动人口与本地市民的收入差距；与其他原因相比，务工经商者与本地市民的收入差距明显，验证了相关分析的发现。对乡—城流动人口而言，流动原因和居留时间的作用变得不再显著，流动区域展现出较高水平的显著性影响,即与跨省流动者相比,省内跨市、市内跨县的乡—城流动人口与本地市民的收入差距更大,收入相对更低。

从流入城市来看,城—城流动人口保留了模型 1 和模型 2 中的部分特征,而乡—城流动人口的情况则更为错综复杂。具体而言,前者除了进入郑州市和成都市的人与进入北京市的人之间没有显著差别外,进入其余五个城市的人与进入北京市的人相比,收入水平均相对较低。而乡—城流动人口的情况是,以北京市朝阳区为对照组,青岛市和中山市的情况不显著,郑州市和成都市流动人口的收入与本地市民差距较小,而厦门、深圳、嘉兴流动人口收入的回报率都相对较低。

在人口学特征方面,1990 年后出生人口、女性城—城流动人口与本地市民收入差距显著更大,收入水平相对更低;在乡—城流动人口中,1980—1990 年出生人口收入水平显著较高的特点也与模型 2 相一致。但是,婚姻的影响作用却发生了颠覆性的变化:在婚群体反而与本地市民间的收入差距更大;对乡—城流动人口而言,已婚者可能属于携妻带子甚至带领老年父母随迁的家庭式或半家庭式流动,而一旦将流入地的所有家庭成员都计入在内,在婚者的家庭人均收入与单人流动者相比相应降低。从受教育程度看,无论对于哪一类流动人口,教育水平的提高对收入均有很大的促进作用,但进一步从系数差异来看,不同教育层级为城—城和乡—城流动人口带来的收入回报亦有性质上的差别:对于受教育程度在高中及以下人群而言,乡—城流动人口的回报更大,而对于大专及以上人群,城—城流动人口的回报更大。

表 5-6 分户籍流动人口与现地城镇居民人均可支配收入之差 OLS 分析结果

自变量	城—城流动人口(模型3) 系数	标准误	乡—城流动人口(模型4) 系数	标准误
流动区域(跨省=对照组)				
省内跨市	226.27	130.74	176.67	42.36***
市内跨县	129.02	242.67	284.34	90.66**
务工经商(其他原因=对照组)	1 149.24	305.99***	15.33	109.98
居留时间(年)	-34.33	11.91**	-2.67	3.81
流入城市(朝阳区=对照组)				
青岛市	624.78	212.33**	-64.20	74.41
厦门市	1 172.71	218.78***	382.27	68.50***
深圳市	807.75	161.09***	423.80	69.29***

续表

自变量	城—城流动人口（模型3）		乡—城流动人口（模型4）	
	系数	标准误	系数	标准误
中山市	562.01	212.01**	80.71	68.01
嘉兴市	520.72	225.88*	265.90	67.53***
郑州市	-63.37	266.67	-674.98	72.49***
成都市	187.57	197.10	-380.14	74.16***
出生队列（1980年前=对照组）				
1980—1990年	123.91	118.01	-126.82	37.56***
1990年后	813.86	203.31***	206.06	58.59***
女性（男性=对照组）	379.30	100.89***	317.48	31.36***
汉族（少数民族=对照组）	-68.11	278.99	-142.76	82.89
在婚（不在婚=对照组）	-30.95	183.46	236.37	63.01***
受教育程度（≤小学=对照组）				
初中	-43.40	312.58	-88.06	53.82
高中	-278.50	310.15	-322.82	61.33***
大专	-513.72	319.08	-365.12	79.31***
≥大学	-1 223.33	330.64***	-691.94	124.34***
就业行业（制造业=对照组）				
建筑业	-761.42	279.31**	-317.36	77.41***
服务业	79.21	183.96	173.55	58.44**
机关企事业单位	-571.34	188.40**	-20.56	67.68
就业身份（雇员=对照组）				
雇主	-1 272.07	232.04***	-1 404.26	67.93***
自雇	-750.22	201.70***	-536.63	48.89***
帮工	302.32	442.85	-620.16	172.45***
职业类别（干部=对照组）				
商业服务人员	252.87	145.70	162.15	68.47*
生产人员	150.54	191.61	120.24	67.63
其他职业者	709.49	370.35*	480.62	129.31***

续表

自变量	城—城流动人口（模型3）		乡—城流动人口（模型4）	
	系数	标准误	系数	标准误
签订了劳动合同	-68.98	168.44	-121.15	40.93**
截距	-2 688.09	598.90***	-490.13	178.13**
样本量	2 044.00		12 623	
F	32.38		176.41	
R^2	0.34		0.31	

注：$*p<0.05$，$**p<0.01$，$***p<0.001$。

分就业行业来看，两个群体的收入影响因素既有共性也有个性。以制造业为对照组，城—城和乡—城流动人口在建筑业和机关企事业单位就业的收入水平与本地市民间的差距均显著较小，收入的水平相对较高，尽管后一类行业的显著性仅见于城—城流动人口；相反，与对照组相比，在服务业就业的流动人口与本地市民的差距更大，收入回报相对较低，尽管只有乡—城流动人口的差距具有显著意义。在就业身份方面，城—城和乡—城流动人口群体表现出较多的一致性：与雇员身份相比，两个群体中的雇主和自雇身份均会显著提高收入的回报率；对乡—城流动人口来说，帮工身份也表现出同样的特征。

不同的职业类别对应着不同的收入差异：城—城和乡—城流动人口中，干部身份在收入方面均具有显著优势，两个群体中其他职业者的收入水平都显著较低，乡—城流动人口中的商业服务人员也表现出与本地市民较大的收入差距。最后，签订劳动合同虽会减小流动人口与本地市民之间的收入差距，但在模型中只对乡—城流动人口具有显著作用，即签订了劳动合同的乡—城流动人口的收入水平相对较高。

可见，流动特征、人口学特征及行业职业特征对不同户籍流动人口群体相对收入的作用方向和程度存在一定的差异，这就使得对于流动人口致富梦影响因素的研究更为困难，也使得不同群体在比较中呈现出更为复杂的特点。

六、小结与简论

本章通过比较乡—城流动人口、城—城流动人口的绝对收入及变动趋势，以及其与本地居民的相对差距,描绘出了一幅关于流动人口致富梦的画卷,探讨了影响流动人口增收梦想实现的因素。主要分析结果总结如下:

其一,流动人口绝对收入不断增加,相对收入仍处劣势。在过去10年间,他们的收入水平呈现出不断上升的态势,无论是从整体水平上来讲,还是分户籍来看,收入均有大幅提升,他们的致富梦正在逐步实现。然而,我们不能忽视流动人口收入起点低的关键性事实,尽管他们的绝对收入随时间推移不断提升,但相对来看,他们与本地城镇市民的收入差距始终较为明显。把流动人口的收入与经济发展水平结合来看,其收入增长难以抵消物价水平的增长,尤其是在子女教育、住房、医疗等公共服务尚未覆盖流动人口的情况下,其增长后的收入仍显无力,大部分流动人口希冀通过流动而提高收入水平的道路还较为艰辛。

其二,"城乡差分""内外之别"共同作用于流动人口,但有着不同的影响模式。城—城流动人口的收入水平靠近,而乡—城流动人口的收入水平明显低于本地市民,分别折射出"适度融合"和"融入不足"的特点。该特点意味着,乡—城流动人口既受到"农村人"和"外来人"双重排斥,也受到自身较低的人力资本和社会资源的限制,致富梦更为遥远;而城—城流动人口同本地城镇市民一样,拥有城镇户籍,在流入地遇到的障碍更少(没有"城乡差分"这一障碍),加上其较高的人力资本作用,故其收入比乡—城流动人口具有绝对优势。在收入问题上,两类流动人口的致富之路呈现出较为不同的图景,他们之间出现了明显的社会分化。出于经济理性和机会成本考量,城—城流动人口需要比流出城市收入更高,而乡—城流动人口需要比流出农村收入更高时,流动才会发生。也就是说,两者虽都具有高度选择性,但城乡收入的差异以及选择起点的不同决定了他们在流入地必然拥有不同的竞争力,进而获得不同水平的收入。据此判断,"城乡差分"对流动人口收入水平的影响大于"内外之别"。这也进一步表明,在探讨流动人口的社会融入时,必须区分不同户籍,否则将混淆人群差异,会忽视城—城流动人口的优势地位,弱化乡—城流动人口的劣势处境。

其三,与"城乡差分"和"内外之别"所形成的制度和结构性排斥密切相关的流动特征(流动跨越的行政区域、流动原因、流动模式)对于流动人口的收入至关重要。他们既对全部流动人口产生作用,也通过不同机理作用于流动人口内部的收入分化。比如,流动区域对乡—城流动人口收入获得作用更大,且在乡—城流动人口中,跨省者收入最高;乡—城、城—城流动人口均随居留时间的延长而离致富梦更近,但是对乡—城流动人口的作用不显著,这与乡—城流动人口多从事不具备累积提升机制的一线生产工作或非正式工作相关;就流动原因而言,务工经商群体与本地市民的收入差距显著更大,但对乡—城流动人口来说,流动原因并未对其发挥显著作用。

其四，经济发展程度既影响绝对收入，也决定收入的相对差异。经济发达地区的流动人口收入更高，而郑州等欠发达城市流动人口收入明显偏低，在经济欠发达地区，尽管流动人口的绝对收入低，却更易获得与本地市民相近的收入水平。不过，乡—城流动人口受"城乡差分"和"内外之别"的双重排斥，无论绝对还是相对收入，在发达城市均处于较低水平。区分户籍的子样本模型显示：青岛、成都乡—城流动人口与本地市民收入差距更小，相对收入更高，说明人文环境浓郁的城市更具开放性和包容性，也折射出经济中等城市居民收入起点相对偏低、城乡居民收入差距较小的事实。综合看来，流动人口作为具有高度自选择性的群体，在不同发展程度的城市中具有不同的经济地位；经济发展程度高的城市往往是人才的聚集地，也更利于人力资本较高的城—城流动人口的生存发展，而乡—城流动人口或许更能在普通城市找到自我竞争优势。

其五，影响流动人口致富之梦的因素是多元的，除了上述与流动相关的要素外，还受到流动人口自身年龄、受教育程度、婚姻状况以及劳动就业特征等诸多因素的作用。这些因素主要从资本禀赋视角发生作用。从两个群体内部来看，个体因素和人力资本对城—城流动人口与乡—城流动人口的收入获得具有不同的影响效应，呈现出较大的群体差异。1990年后乡—城和城—城流动人口收入最低，而1980—1990年乡—城流动人口收入较高，1980年前城—城流动人口收入更高。受教育程度对乡—城流动人口的回报更为明显，而只有当受教育程度达到大专及以上，才对城—城流动人口的致富梦产生明显的促进作用。劳动合同的签订虽会缩小流动人口与本地市民之间的收入差距，但在模型中却仅对乡—城流动人口具有显著作用，而这可能源于他们多就业于非正规单位和部门，签订劳动合同则表明他们拥有更加稳定的工作，进而获得更高的收入。单独由代际差异导致的收入差别同样不容忽视。1980—1990年流动人口的收入最高，收入最低者为1990年后流动人口，但如果将1980年前流动人口统一作为一个类别，那么1980年前的收入显著高于1990年后群体，可见1990年后流动人口的收入处于绝对劣势。1990年后群体作为新生代流动群体，构成当前以及未来城市社会发展的主力与核心部分。尽管1990年后受教育程度较老生代有了大幅度提升，但其初入城市时间不长，收入劣势明显。新生代自诩自由、追求个性，一方面缺少扎根工作的勇气，另一方面也缺少沉淀城市的阅历，大多处于在多个城市、多种工作之间的游荡状态。因此，对于新生代群体而言，需要加大引导，通过正确的职业培训与规划增强他们对自我以及对职业的认知，从而更好地适应工作，实现较高水平的收入。对于更早期的老生代、中生代流动人口而言，虽然整体的工作积累较为丰富，但受制于较低的受教育程度，也需要更多的职业培训以及正规的劳动就业的保障。

涨薪致富、丰衣足食，是对流动人口在城市拼搏状态最真实的描述。自古以来,乐业安身、乐于所业是国家、国民追求的重要目标之一,成为衡量生活幸福的重要标尺。流动人口远赴异地他乡,关键原因在于受城市工作和发展机遇的吸引力拉动,与之相对应的是流出地不能实现"乐业"。在流出地,尚能够实现家人团聚的"安居",却不能有效实现"乐业",但乐业作为安家的基础,只有通过职业获得稳定的报酬与收入后才能维系家庭的持续性发展。流动割裂了流动人口安家与乐业的统一。因此,大量流动人口以牺牲"安居"为代价,流入到城市追寻更高额的工资。与社会倡导的职业价值观"乐于业"所不同的是,流动人口往往较少为工作本身而乐,更多的是希冀工作背后的回报。与流出地的老家生活相比,流动人口虽然获得了相对更为丰厚的工作报酬,但少了一份安家的宁静,总是奔走于城市,来来往往,难以停留。诸多现实与辛酸背后,谁能了解他们对于安居乐业兼而有之的期盼?流动人口怀揣着增加收入的美好梦想,尽管他们的身份不同、经历各异,接近梦想的程度不一,通往梦想的道路也不尽相同,但他们都奋斗在致富之路上。为了获得理想收入,他们需付出更多的劳动;从事相同的工作,他们却不能"同酬"(郭菲、张展新,2012;韩嘉玲、张妍,2011;刘林平、郑广怀、孙中伟,2011),但他们依然在坚守;对于这样一个执着的群体,社会、政府有义务去帮助他们,推动致富之梦不断前行。

第六章

安 居 梦

首先，我最希望的就是能有个自己的居所，就算是蜗居也好。

一位湖北城镇户籍的流动人口如是说。32岁，女性，研究生毕业后就在京从事白领工作，至今已有8年。

我睡在哪里都可以忍受，但我不希望我的孩子也是这样！如果他也是这样，在外面熬了这么多年，就是白熬了啊。我不想我的孩子也像我这样。但是，你看，我住的这样，怎样让我的孩子来呀？就是希望有一天能够买得起自己的房子，小一点也是自己的窝。

一位四川农村户籍的打工者如是说。33岁，男性，18岁开始外出打工，在中山的一个陶瓷厂工作。

我们一家人都在北京，但丈夫跟我不在一起住。一方面是我在别人家当保姆，另一方面也是我们自己租房花费太贵了。孩子跟我们一起，也在北京。我不想把他们留在老家。以前爷爷奶奶和外公外婆都照看过，但他们也快要上学了，就把他们接到北京来。我旁边就有一个学校，据说像我们这些打工的人的孩子都可以去上学的。孩子们现在主要跟我一起凑合着住。但是，上学后怎么办？还不知道我做的这一家是不是愿意让他继续住在这里。就算是同意，上学后孩子的事情就多了，也不能总住在别人家呀。

一位户口在成都，却在北京工作了7年的女性如是说。她的丈夫跟人搞装修，满北京跑。她自己带着孩子住在别人家的半地下室，虽然条件不算很差，但也不是长久之计。

古往今来，安居乐业便是仁政的基本标志。《老子》一书中即有"安其居，乐其俗"之说；东汉班固在《汉书·货殖列传》篇中指出，民"各安其居而乐其业，甘其食而美其服"，只有安于所居，才能乐其所业。"安居"既是个人生活美满、家庭幸福的一个重要指征，也是国泰民安、衣丰食足的具体呈现，直接关系到整体社会的和谐与稳定。正因如此，政府已认识到推动全民安居问题的重要性，采取多项政策举措，致力推进"居者有其屋"的目标。的确，在过去20年中，随着经济社会的发展和住房制度的改革，中国国民的住房条件整体得到了巨大改善，城乡莫不如是。

随着人口流动的日趋频繁和规模的持续高涨，安居对流动人口意义更为重大，可有效预防和降低失范行为，帮助他们逐步融入流入地社会；而居无定所则易引发违法犯罪行为，亦不利于流动人口实现融合，并阻遏城镇化质量的提高。为此，流动人口的居住问题在近年成为社会广泛关注的重大议题，政府也出台了多项政策，解决他们的安居问题。但是，由于各种结构性和制度性因素的制约，到目前为止，流动人口的居住现状依旧堪忧，"脏、乱、差"屡见报端，安居之梦似乎还很遥远。

本章主要借助住房来源这一指标，一方面描述近10年流动人口住房来源的基本特点和变动趋势，另一方面通过比较2014年流动人口与本地市民的住房来源差异，深入探索流动人口住房获得的影响要素，为推进流动人口居住融合的政策制定提供一定的参考，也为流动人口安居梦的早日实现提供实证支撑。

一、流动人口住房问题：简要文献梳理

住房是人类生存的刚性需求，是安居必需的生活资料，是个人财富与社会地位的凝聚与物化。马克思、恩格斯在《德意志意识形态》中指出，"人们为了能够'创造历史'，必须能够生活。但是为了生活，首先就需要吃喝住穿及其他一些东西"。住房在中国社会更有着特别重要的意义，往往被视为"安身立命之所"。对于流动人口而言，住房也是其在城市从事相关活动的基础。拥有住房就意味着结束漂泊，是稳定生活的基本标志。

（一）住房来源

住房是体现流动人口是否融入城市社会的重要标志。近年来，关于流动人口

居住状况的研究层出不穷，主要得出如下结论：第一，以租赁住房为主，房屋拥有率极低，基本被排斥在保障性住房体系之外（梁土坤，2015）。第二，流动人口与流入地居民存在居住隔离（杨菊华、朱格，2015）。第三，流动人口内部也出现了明显的社会分层，流动人口的住房来源存在着流入地、流动者个体特征、流动范围、流动模式、就业等多方面的差别（谢宝富，2015；朱祥波等，2015）。

具体来看，流动人口在流入地的房屋拥有率极低，其住房来源主要以形式多样的租赁房为主。虽然部分租赁房位于一般的居民区，但多数通常被隔离在租金较低且各方面条件都较为恶劣的区域，如城郊（王宗萍、邹湘江，2013）、远郊、近郊的农村社区（刘婷婷等，2014）、城中村、老城区等，"边缘化"特征凸显，形成基于来源地的聚集"飞地"（enclave）或"跨越边界的社区"，如"浙江村""河南村""新疆村"（魏立华、闫小培，2005；蓝宇蕴，2005；任焰、梁宏，2009；李志刚等，2011），具有明显的血缘、亲缘、族缘、地缘的集聚特征。近些年，大部分城市实行城中村、老旧城区的改造工作，这无疑极大地改善了本地市民的居住条件，也在一定程度上改善了流动人口的住房状况（尽管也可能对流动人口的居住空间形成挤压），因为本地市民将淘汰下来的老旧居所租给流动人口，使得流动人口居住在地下室、建筑工地的简易宿舍或工棚（董昕，2013）、就业场所（如小卖部）等非正规居所的比例有所减低。但是，总体而言，多数流动人口的住房条件，特别是与本地市民相比，依旧比较恶劣，面积小、设施少、环境差、总体居住质量较低（侯慧丽、李春华，2013），面临多方面的住房窘境，与安居之梦相距甚远。

段成荣、王莹（2006）对流动人口的居住进行了较为全面的分析，发现流动人口与户籍人口在居住地存在明显隔离，且该状况随时间推移并没有得到改善。广州市的"湖北村"等城中村现象也说明了流动人口主要居住在条件恶劣的隔离环境之中（李志刚、刘晔，2011）。虽然流动人口自我的主动选择一定程度导致了居住隔离，但不同层面制度、经济和住房结构的束缚和桎梏对居住隔离的影响更大（杨菊华、朱格。2015）。

同时，流动人口的住房来源具有区域差别、队列差别、流动范围差别、流动模式差别和就业性质差别（姜凯、侯明喜、龚海婷，2017）。特大城市流动人口住房以租住私房为主，住房基础设施较差且住房支出压力较大，另外，还表现出经济能力较差的农业户口、新生代、随迁人数少、流入村委会的流动人口更偏向于租住私房等分层特征（刘厚莲，2016）。比如，流入东南沿海（如广东、浙江、福建等地）的流动人口大都只能通过租房解决住房问题，但一些到中西部省份的流动人口则有更大的可能性自建房或购买商品房（林李月、朱宇、梁鹏飞、肖宝玉，2014）。又如，在流动人口群体内，代际之间的住房来源也有差别。相对而言，很多老生代流动人口在建筑行业谋生，工随地变，这种不稳定性会抑制购房需求；而新生代流动人口更多地集中于制造业和服务业工作，稳定而有规律的作息时间使其产生强烈的住房需求，故租住私房的比例更高（王宗萍、邹湘江，2013），房源也多分布在单位宿舍和租赁私房中。经济发展方式不断优化、产业结构转型升级的新常态发展格局必然强化这一特点，安居梦的渴求也更加迫切。此外，1980年后或1990年后流动人口也正步入婚育高峰期，这也会产生大量独立租房和购房的现实需求。再如，流动范围越大的流动人口出于购房或建房成本的考虑，越倾向于选择租住房或免费房。随迁人数越多的流动人口越倾向于选择自有住房或租住高价房（石智雷、薛文玲，2014）。非正规就业流动人口的住房来源不同于正规就业者（仇楠楠、周利兵，2015），也有不少居住在临时性的工棚或非正规性的居所。无论如何，城市流动人口的居住设施、住房类型、居住隔离和居住空间等对个体的健康状况具有重要的影响，较差的居住质量毫无疑问对其身体健康产生负面影响（易龙飞、朱浩，2015）。

（二）居住状况

影响流动人口居住状况的因素涉及多个方面，包括基于自身素质所形成的社会分层、制度性因素、用人单位要素等。流动人口在城市工作生活，无疑也占有了一定城市资源，但与城市居民相比，他们的资源占有十分有限，是被排斥在正式城市居民之外的非正式城市群体（李强，2004）。住房作为一种刚性需求属于城市中的稀缺资源，由于户籍制度及附加在其上的其他制度安排，流动人口的地域变动并未彻底改变其农民身份或外地人身份，仍处于"人居分离"状态（刘传江、程建林，2009），仍是漂泊在城市中的"蜗居"族。

在个体层面，这与流动人口的职业、经济能力、流动特征及消费心态与理念（周大鸣、高崇，2001）等都有密切关系。多数流动人口来自农村，受教育水平和工作技能等人力资本存量都较低，在劳动力市场的竞争中处于劣势地位，致使收入水平较低，甚至无力租赁市场上价格较高但居住条件和环境较好的住房。特别是与持续攀升的房价相比，通过购买支付获得住房的念想基本上无法实现。同时，工作的频繁变动使得他们时常更换住处，居住状况亦不稳定，形成居住方面的"贫困文化"（仇楠楠、周利兵，2015）。

流动人口的住房消费观念也影响其在流入地的住房状况。特别是老一代农民工，作为城市中的"匆匆过客"，多数人终将回归农村，故可能将流入地住房视为临时的安身之所，不愿投入高成本在流入地购房或租住条件较好的住房（仇楠楠、周利兵，2015）。相反，他们进城务工的首要目的就是打工挣钱寄回老家，提高家人的生活水平，而自己往往只留下生活必需费用。同时，较强的流动性也制约着他们在流入地购房安身的意愿，加上收入的不确定性和长久以来的农村消费习惯，使得他们在流入地的消费行为更趋保守和谨慎（周滔、吕萍，2011），缺乏实现安居梦的坚定信念。

尽管住房状况与流动人口个体要素有关，制度性和结构性因素导致的基本住房保障缺失却发挥了最主要的作用。现行的住房保障体系虽已建立，但只有极个别流动人口因当地政府出于政绩的"作秀"需要而获益，对于绝大多数流动人口而言，以户籍制度为母体的城乡和内外分割将他们排斥在流入地住房保障制度之外。

一方面，政府希望通过市场来满足流动人口的住房需求，但因商品房价格水平远超出流动人口承受能力，致使出现原本供小于求的情况变为表面上"供大于求"的虚假情形，政府则可归因于个体的能力差别而转移矛盾焦点（朱东风、吴立群，2011）。相反，由于政府投入较少，不仅可供流动人口租住的公共房源严重不足，还对该群体的租住制定了一系列或隐或显的刚性制约——在廉租房、经济适用房的申请上，设置居留时间、收入、社保缴纳年限等多种条件，而仅社保一项，就将参保水平极低的乡—城流动人口阻挡在公租房、廉租房之外。建设保障房需要土地和财政支出，而中央除提供政策和立法指导外，并无有力的财力支持。对地方政府而言，若将保障房覆盖到流动人口，则无疑会增加财政支出，从而可能削弱本地市民的既得利益，引发户籍居民的强烈反对。为避免这一冲突的发生，地方政府的保障房政策会毫不犹豫地向本地户籍居民倾斜，特别是当流动人口保障房建设与政府政绩无关且无硬性规定和行政问责机制监督时更是如此；地方政府基于公共选择的经济理性，很难积极地将流动人口纳入保障住房体系之中（丁富军、吕萍，2010）。同时，由于保障房制度尚未形成良性的动态准入和退出管理机制，政策存在漏洞，不能使真正需要保障之人得到惠顾，这种"无作为"也给流动人口的安居梦蒙上了阴影。此外，现行的集体建设用地流转措施、土地收购储备政策及工业用地划拨方法，均对农民工住房性质的定位不清，也给流动人口安居梦的实现带来了负面影响，安居梦实现确非朝夕之功。

另一方面，部分政策缺乏可操作性。比如，2007年国家建设部提出，应使住房公积金制度覆盖范围扩大到包括在城市有固定工作的农民工在内的城镇各类就业群体。其出发点虽好，却难以执行（王晓营，2010），雇佣双方的积极性都不高。在雇主一方，由于住房公积金制度需要工作单位定期补贴流动人口相同额度的资金，增加企业的成本，故雇佣流动人口的单位缴纳公积金的积极性不高；

在雇员一方，由于诸多问题没有得到解决，流动人口也缺乏缴纳住房公积金的热情。比如，住房公积金按照职工的收入比例每月扣缴，但大部分流动人口（特别是农民工）就业于低端产业，在流入地属于绝对的低收入群体，故缴纳的住房公积金很少，可享受的贷款也相应较低，对他们购买住房所起作用不大；同时，流动人口的地域流动性和单位流动性都较高，公积金转移接续麻烦，也使得他们不愿缴纳。因此，采用何种措施鼓励低收入的流动人口缴纳住房公积金？如何解决他们转换工作单位时公积金的衔接？这些问题未能得到有效回答。

"据福建省建设厅住房公积金监管处资料显示，福建省在岗职工300多万人，缴纳住房公积金的不足150万人，绝大多数是国家机关、事业单位、国有企业人员，而沿海一带的泉州、厦门、福州等市由于农民工多，缴存比例非常低。泉州市有93万劳动工人，20多万人缴纳了公积金，没缴的大多是农民工，目前缴纳公积金的只有安利、肯德基、沃尔玛等大型外资企业，还有几家是需要到香港上市的企业"（贺小燕，2010）。

在企业方面，虽然政府为承建保障性住房的房地产商提供各方面的优惠，但由于开发保障房的利润空间较低，建设过程和建设标准的限制更为严格，加之为中高收入阶层提供住房的收益更大，使得保障房供给量小，而商品房供给大于需求，最终影响到流动人口保障性住房的数量和质量。同时，用工企业的短视及趋利特性使得他们将流动人口安居梦的实现推向政府或个人，并不践行"谁用工，谁负责"的原则，只考虑廉价使用流动人口的劳动力，而不注重解决他们的住房需求，未能履行应尽的社会责任（娄文龙、高慧，2013）。

可见，政府和企业的相互推诿，中央与地方对流动人口的管理出现真空层，使得住房公积金制度对流动人口（特别是农民工）而言往往是一纸空文，也使得流动人口的安居之梦依旧遥不可及。

（三）新政下的安居梦

作为与个体息息相关的问题，住房保障向来是从中央到地方首抓的一项民生要务。经过多年的探索，住房保障已形成了"初具规模"的网络。目前，中国所有城市都已建立起以住房公积金制度、经济适用房制度以及廉租房、公租房制度为主的住房保障体系，对不同收入家庭实行不同的住房供应政策，在保障城市弱势群体住房权益的基础上兼顾社会公平（贺小燕，2010）。但是，从经济适用房到廉租房再到公租房、两限房，这些不断翻新的"名堂"，为城镇中低收入居民解决住房问题起到了重要作用，但对象依旧未跨越拥有本地户口的原则。虽然近些年政府对流动人口（主要是农民工）的住房问题也十分关注，中央及主管部委相继出台了一系列有关农民工住房政策的文件和措施,但在流入地生活的外来务工人员的住房问题一直处于无解状态。

2006年,《国务院关于解决农民工问题的若干意见》中就明确要求,"要多渠道改善农民工居住条件";2007年《关于改善农民工居住条件的指导意见》提出,解决农民工住房需要"政策扶持,用工单位负责";《国家新型城镇化规划(2014—2020年)》就农民工住房问题指出,需要"采取廉租住房、公共租赁住房、租赁补贴等多种方式改善农民工居住条件",并"审慎探索由集体经济组织利用农村集体建设用地建设公共租赁住房,把进城落户农民完全纳入城镇住房保障体系"。2013年2月20日召开的国务院常务会议提出,年底之前,"城镇保障性安居工程基本建成470万套、新开工630万套的任务""地级以上城市要把符合条件的外来务工人员纳入当地住房保障范围"。

近几年,在新政策的导向下,各地纷纷积极响应中央号召,制定了积极的面向外来务工人员的住房政策措施,公共租赁住房的开放程度更高。比如,天津市在企业集中地兴建"蓝领公寓";四川《2013年全省住房保障工作要点》规定,将农民工的住房作为硬性指标纳入保障性住房体系,同时还专门研究将农民工扩展进公积金缴存范围等支持政策;其《2014年县域经济发展改革工作要点及责任分工方案》提出,大力实施"农民工住房保障"行动,将当年竣工公共租赁住房房源的30%定向出租给农民工。不过,公租房不同于廉租房,其成本较高,故租金也相对较高,且位置较远。这类住房对收入较高的流动人口或许适用,而大多数收入偏低的外来人只能望房兴叹。因此,在不少城市(如上海、武汉、郑州、昆明等),出现公租房遇冷甚至"退房潮"的尴尬局面。这也表明,将流动人口全面纳入住房保障体系之路依旧举步维艰,任重而道远。

尽管如此,一系列新政或举措的出台,无疑为流动人口安居梦的实现平添了新的期冀与动力,让他们距离安居梦的实现似乎更近一步;同时,这也有利于流动人口获得更加公平的社会竞争和个人发展机会。在这样的现实语境下,科学探究流动人口住房的纵向变动状况,为该群体实现安居梦的核心症结把脉,对于推动流动人口安居之梦的实现,具有非常重要的意义。

二、2005—2014年流动人口住房来源变动趋势

根据已有文献,在过去10年中,流动人口的住房情况似乎并未得到明显改

善。不过，我们也应当明确，社会政策的效果难以立竿见影，在出台与效果显现之间往往会有一个时滞期，故最好使用具有纵向可比性、时效性且具有全国代表性的数据，来分析流动人口的居住状况。

"安居"无疑是个多维度的概念，但由于数据的局限，本章仅从"住房来源"来进行考察。这里使用的数据来源等同于"致富"一章，即2010—2014年《流动人口动态监测调查》数据。同理，分析思路亦然，先纵向描画流动人口住房来源地的变动情况，然后对2014年流动人口租住公屋或拥有住房的影响因素做进一步的深入分析——但该分析仅使用八个城市的数据。

2010—2014年《流动人口动态监测调查》均问及流动人口的住房来源，虽然问法前后略有差别，对住房来源的分类也愈加细致，但前后基本一致。此外，结合2005年全国1%人口抽样调查数据，纵向分析在近10年中流动人口住房来源的变动（或不变）情况，进而考察安居梦的实现境况。

图6-1描述了2005—2014年流动人口的住房来源情况。综观6幅饼图，无论在哪个年份，租住私房或商品房总占据绝对比重，而其他几种住房来源的比例加总后，除了2005年外，基本上都在35%之下波动。这是因为，2005年的数据来源与其他5个年份不同，划分的住房类别不同，流动人口的口径亦有差别，其中包括了部分市内人户分离人口。不同类别的住房来源在不同时点具有明显的变动趋势。首先，租住私房、商品房的比例持续高位运行，2010年的占比最高，达65.4%；2011年和2012年虽有所回落，但2013年又重回65%的水平，在过去5年间并无太大波动。

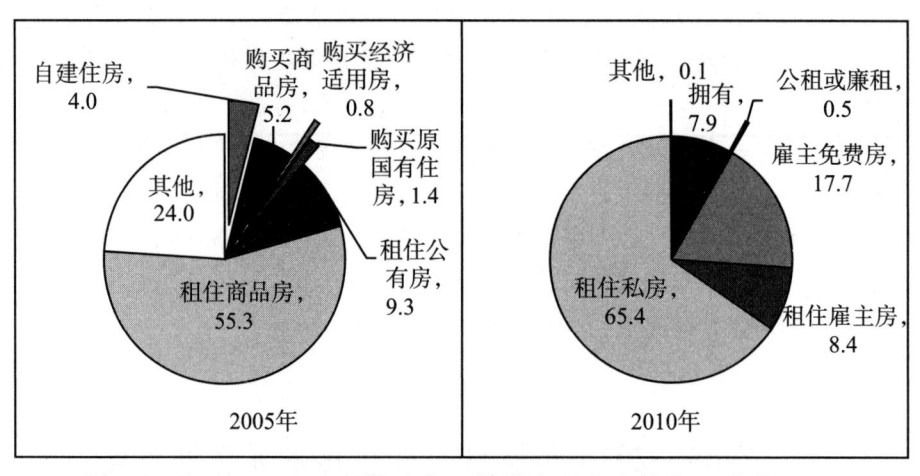

图6-1 2005—2014年流动人口住房来源变动趋势（单位：%）

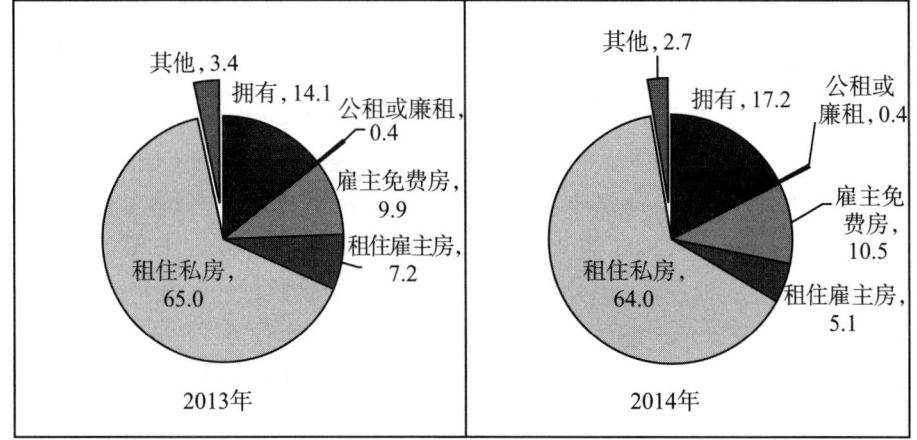

图 6-1　2005—2014 年流动人口住房来源变动趋势（单位：%）（续图）

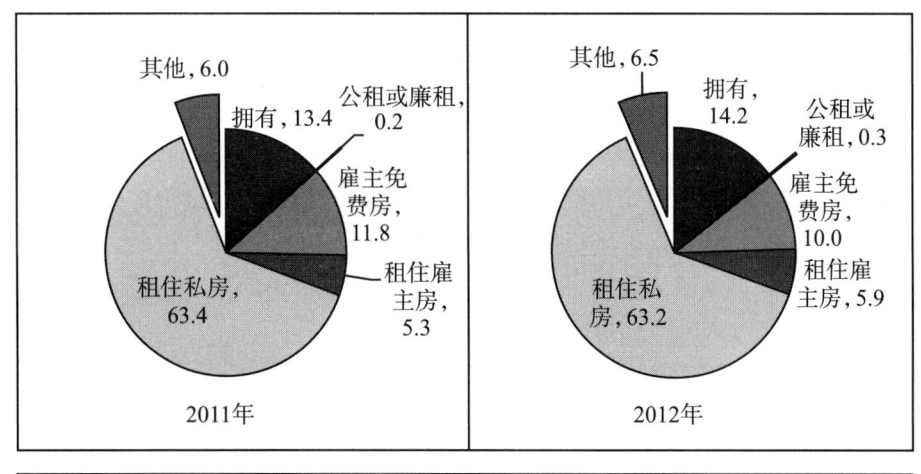

注：在上述各个年份中，"其他"类别的变化较大，这是由不同调查时点"其他"类别涵盖的内容不同所致。其中，2010 年，"其他"类别仅包括其他住房来源，但不知道究竟是何来源，而其占比也格外低（$N=139$，在总样本中仅占 0.11%）；2011 年的"其他"住房来源更为细化，且占比较高，包括三个类别：借住房（$N=2\,396$，在总样本中占 1.87%）、就业场所（$N=4\,748$，在总样本中占 3.71%）和其他非正规居所（$N=483$，在总样本中占 0.38%）；同理，2012 年的其他住房来源包括三大类：借住房（$N=2\,970$，在总样本中占 1.87%）、就业场所（$N=6\,185$，在总样本中占 3.90%）、其他非正规居所（$N=1\,071$，在总样本中占 0.68%）；2013 年也是如此：2 962 人（占 1.49%）居住在借住房中，5 671 人居住在就业场所中，占比为 2.85%；居住在其他非正规居所的共有 1 035 人，占到总样本的 0.52%。2014 年，居住在借住房中之人为 2 250 人，占 1.12%；4 447 人居住在就业场所，达到 2.21%；984 人居住在其他非正规居所，仅占 0.49%。

资料来源：2005 年数据为 2005 年全国 1% 人口抽样调查 0.95‰ 的抽样数据；其余数据均来自各个年份的《流动人口动态监测调查》的全国性调查数据。

其次，雇主提供免费住房比例不断下降，从 2010 年的 17.7% 降到 2011 年的 11.8%、2014 年的 10.5%。这意味着，更多流动人口必须靠自己寻找房源。相反，租住雇主房的比例波动较大，各年间在 5%~8.5% 起伏。租住公屋的比例极低，除 2005 年占比达到 9.3% 外，其余时点占比均不足 0.5%，且波动下降。但是，流动人口拥有住房的比例逐步上升，从 2011 年开始，占比始终保持在各种住房来源中的第二位，仅次于租住私房的比例。这说明，一部分流动人口正在逐步实现安居梦想，也明显透视出流动人口内部社会分层不断扩大的现实，即从基本上无房，向部分人拥有住房变动。

那么，在样本人群中，谁最可能居住在其他居所，而谁又最可能拥有住房或居住在公共住房中呢？为避免使问题过于复杂，下面仅对不同户籍流动人口进行比较分析，结果如图 6-2 所示。从中可以看出，在 2010—2014 年，不同户籍流动人口拥有住房和享受公共租房的比例均呈现波动上升的局面，二者的变动趋势也十分类似。不过，在所有时点，乡—城流动人口和城—城流动人口之间的差距始终巨大，丝毫未有削减的迹象。具体而言，城—城流动人口在 2010—2011 年，经历了从 18.3% 到 26.6% 近 9 个百分点的急剧上升，但在此后的各年份中缓慢波动上升，最终达到近三成。乡—城流动人口虽然也经历着相同的上升趋势，但各年份比例都较低，从不足 7% 升到约 15%，起点和终点的绝对值比城—城流动人口分别低了近 12 个和 11 个百分点；即便在 2014 年，乡—城流动人口的占比也比城—城流动人口 2010 年的起点水平低约 5 个百分点。因此，若将流动人口作为一个整体来看，无疑极大地低估了乡—城流动人口安居梦想的难度，也会降低城—城流动人口实现安居梦的优势。但是，对于更具优势的城—城流动人口，直到 2014 年，也只有大约三成流动人口拥有自己的住房或有机会居住在公共租房中。

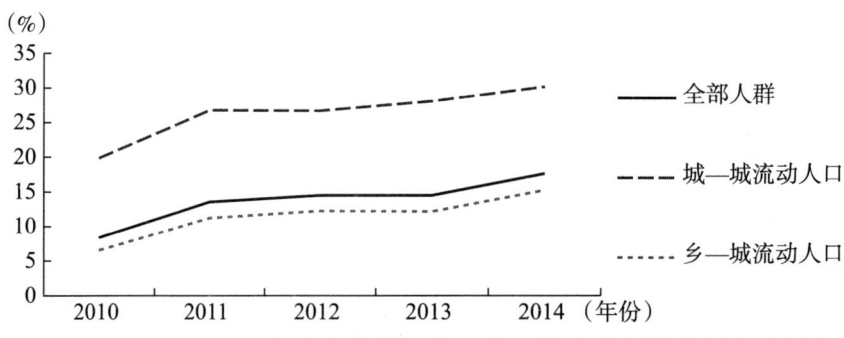

图 6-2　2010—2014 年分户籍流动人口拥有住房或租住公屋变动趋势

通过图 6-2 可知，相对而言，城—城流动人口的安居梦得到更好的实现，而乡—城流动人口则遭遇安居梦更难圆的现实。考察分户籍流动人口借住或居住在非正规居所的变动情况,这一特点更为突出。如图6-3所示,在所有借住或居住在非正规居所的流动人口中,乡—城流动人口的占比从2010年的近77%,波动升至2014年的近90%;与此相对应的是,居住在这两类居所中的城—城流动人口的占比却随时间的推移而不断下降,从2010年的23.0%降至2014年的11.21%。由此可知,一方面,两类不同户籍人口在住房起点上就存在着天壤之别;另一方面,城—城流动人口住房境况的改善程度更快、更大,从而拉大了两类人群之间的差距,不仅本地与外来,甚至流动人口次群体间也出现了"马太效应"(即差者更差),尽管城—城流动人口的状况也不甚理想。

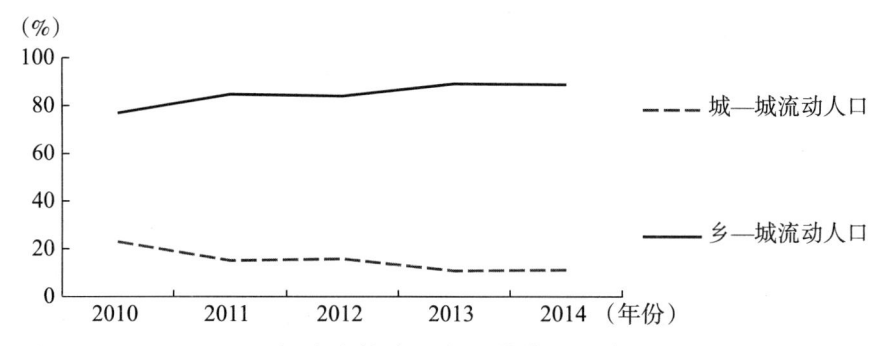

图6-3 2010—2014年分户籍流动人口借住或居住非正规居所变动趋势

三、2014年八城市流动人口的安居梦

在初步了解近年流动人口住房来源的基本情况后,接下来的篇幅中,我们将通过对包含更多样化人群的数据进行更为细致深入的分析,考察流动人口安居梦的最新特点和影响要素。前一部分的描述是建立在历次全国性《流动人口动态监测调查》数据的基础上,但全国性的数据仅调查了流动人口,却没有本地市民的相关信息。而要把握流动人口的安居梦,最好能与本地市民的居住情况进行对照。2014年《流动人口动态监测调查》的《流动人口社会融合调查》在八个城市进行,相同的问卷除针对流动人口外,还同时调查了这八个城市中的本地市民(本章的本地市民仅包括城镇户籍人口),为这一比较分析提供了宝贵的数据。

这八个城市(区)分别是:北京市朝阳区、山东青岛市、浙江嘉兴市、福建厦门市、广东深圳市和中山市、河南郑州市、四川成都市。这八个市(区)的选择并不是随机抽样,但是在地理分布上兼顾了东西南北中、沿海和内陆。其中，既有偏北的首都北京、东部沿海的青岛和嘉兴，中部内陆的郑州、西南地区的成都，也有南部沿海的深圳、中山、厦门等。在城市发展阶段和水平上，既有一线特大城市，也有内陆的省会城市，还有在周边区域较为发达的二三线城市。每个类别的城市中的产业结构也各有千秋，有以制造业和服务业为主的深圳和中山，也有旅游服务业较为发达的厦门、青岛等。这就保证了各个城市作为流入地，吸收的流动人口也会具有较强的代表性，较好地浓缩了全国的总体情况，尽管我们不能基于这里的发现来推断全国流动人口的总体情况。

下面，将通过对这八个市（区）的分析，考察流动人口的住房来源及其安居之梦的实现情况。该分析将进行两类比较：（1）外来与本地（即流动人口与本地市民之间的比较）；（2）外来与外来（即两类流动人口之间的比较）。

（一）三类人群的住房来源

户籍制度的"双二元属性"（即城镇与农村、本地与外来）以及与之相关的其他因素的持续作用，使得流动人口和本地市民之间以及流动人口内部存在着诸多差异。如果以金字塔结构来类比各流动身份人群的相对地位，那么乡—城流动人口兼具农村人和外来人的双重弱势，位于住房金字塔的最底层，而城—城流动人口和本地市民通常具有较高的人力资本和社会资源而处于中层或顶层。不同类型之人因各自的特征有别，其住房来源亦会有异。

1. 分户籍住房来源

表 6-1 展示了乡—城、城—城流动人口和本地市民的住房来源频数分布情况。据此，我们可以得到以下初步结论：一是八个城市的分析结果与前面全国性的分析结果类似，租住私房为流动人口主要的住房来源；二是流动人口与本地城镇市民住房来源不可相提并论：城镇居民无住房者不足 1/10；而在无房的本地市民中，近三成享受政府提供的公租或廉租房。

表 6-1　　　　　　　三类人群不同住房来源基本分布

自变量	拥有住房	租住公屋	雇主提供免费住房	租住雇主房	租住私房	其他	行频数
乡—城流动人口							
频数（人）	1 053	71	1 561	1 021	9 862	190	13 758
占比（%）	7.65	0.52	11.35	7.42	71.68	1.38	

续表

自变量	拥有住房	租住公屋	雇主提供免费住房	租住雇主房	租住私房	其他	行频数
城—城流动人口							
频数（人）	531	5	222	150	1 315	17	2 240
占比（%）	23.71	0.22	9.91	6.70	58.71	0.76	
本地城镇市民							
频数（人）	8 713	246	242	140	267	17	9 625
占比（%）	90.52	2.56	2.51	1.45	2.77	0.18	
列频数（人）	10 297	322	2 025	1 311	11 444	224	25 623
列占比（%）	40.19	1.26	7.90	5.12	44.66	0.87	

注：（1）"拥有住房"类别包括已购政策性保障房、已购商品房、自建房；"其他"类别包括借租房、就业场所、其他非正规居所。

（2）住房来源与户籍性质和户籍地点的卡方检验结果显示，卡方值分别为1 700，在统计上高度显著，表明户籍制度与住房来源之间具有显著的关联。

具体而言，首先，乡—城流动人口主要租住私房，比例超过了70%，次为雇主提供的免费住房，略高于11%，而拥有住房和租住雇主房的比例接近，在7.5%上下波动，占比最低的住房来源是公租房或廉租房，仅超过0.5%。拥有住房或租住公屋的比例相加，也仅略超过8%。其次，城—城流动人口住房来源情况稍好，主要表现在拥有住房的比例超过23%，约高出乡—城流动人口16个百分点；与此相对应的是，租住私房的比例比乡—城流动人口低约13个百分点。尽管如此，城—城流动人口也未能享受公租或廉租房，其比例只有0.22%，甚至比乡—城流动人口还低0.3个百分点。这其中固然有城—城流动人口样本总量较少的缘故，但是也折射出户籍制度的"外来效应"在流动人口住房来源上表现得较为明显，无论他们是来自农村还是其他城市，只要没有本地户口，就很难享受政策保障房。另外，在城—城流动人口的住房来源中，雇主提供免费住房的比例高于租住雇主房3个百分点，类似于乡—城流动人口的情况。最后，在本地城镇市民的住房来源中，拥有住房的比例"一枝独秀"，占比高达九成以上，反映出"有房才算有家"的观念在人们的思想中根深蒂固，其他几种住房来源比例均略高于2.5%，最低的为租住雇主房的比例，不到1.5%。

综合来看，对两类外来人口来说，租住私房仍是最主要的住房渠道，雇主提供免费住房、租住雇主房次之，这可能与用工企业的行业性质有关，或是以"包吃包住"为条件，招徕更多的流动人口为其打工卖力（同时隐性地降低其工资水平,当然,省去租房的烦恼也是部分流动人口选择此类住房的重要原因)。但是,值得深思的是,这其中,公租或廉租房等保障性住房的来源占比最低,不到1.3%,即相对于大部分拥有住房的本地城镇居民,更需要公租、廉租房保障的流动人口群体租住公屋的比例极低。在各地政府不时下决心、许诺言,要加大保障房建设以改善居民的居住条件的背景下,在社会舆论不断宣扬公租、廉租房等保障安居工程建设取得新成就的大环境中,这些数据显得极为突兀,极不和谐,在冰冷的数字背后,揭示出真实客观又十分残酷的社会现实。

2. 分户籍和流入城市住房来源

需要说明的是,有些住房来源的频数较少,若对数据做进一步分析,则可能出现单元格频数甚至为 0 的现象(见表 6-1)。因此,在下面的分析中,对部分住房类别进行合并:(1)将拥有住房和租住政府提供的公租房、政府提供的廉租房合并为一个分类,统称为"拥有或租住公屋";(2)将其他住房来源与租住雇主房进行合并,依旧称为"租住雇主房";"其他"住房来源主要包括就业场所或其他非正规居所,故这样的合并更为合适。合并后的变量共有 4 个分类,即:拥有或租住公屋,雇主提供免费住房,租住雇主房,租住私房。后面的分析均基于此进行。

在将频数较少且类别相近的住房来源进行合并后,我们进一步考察在八个城市中三类人群的住房来源情况(见表 6-2)。概而言之,对住房来源种类进行合并后,三类人群的住房来源结构并未发生太大变化。在任何一个城市,流动人口租住私房的占比都是最高的;对八个城市的本地居民来说,拥有或租住公屋的比例占绝对优势。至于其他三类住房来源的占比,不同城市互有高低,这可能与各地不同的经济社会发展水平和住房政策的差异有关。

表 6-2　　　　　　分户籍和流入城市住房来源　　　　　　单位:%

流入城市	拥有或租住公屋	雇主提供免费住房	租住雇主房	租住私房
乡—城流动人口				
北京市	3.87	13.25	12.89	69.99
青岛市	16.91	8.91	3.33	70.86
厦门市	5.11	11.20	4.34	79.35
深圳市	7.29	3.17	7.16	82.38
中山市	11.42	8.22	12.91	67.44
嘉兴市	3.43	16.10	5.77	74.70

续表

流入城市	拥有或租住公屋	雇主提供免费住房	租住雇主房	租住私房
郑州市	6.86	11.54	13.29	68.31
成都市	9.83	18.21	11.46	60.49
城—城流动人口				
北京市	24.05	11.11	5.47	59.37
青岛市	33.19	8.85	3.10	54.87
厦门市	13.97	6.15	2.79	77.09
深圳市	18.96	4.50	6.16	70.38
中山市	47.87	6.38	8.51	37.23
嘉兴市	24.07	9.88	6.17	59.88
郑州市	10.92	15.97	15.13	57.98
成都市	20.23	17.01	15.25	47.51
本地居民				
北京市	88.62	4.06	4.74	2.58
青岛市	89.35	3.07	1.26	6.32
厦门市	96.72	1.56	0.30	1.41
深圳市	90.27	3.06	1.81	4.86
中山市	96.54	1.95	0.90	0.60
嘉兴市	99.00	0.19	0.25	0.56
郑州市	90.93	4.36	2.00	2.71
成都市	93.15	2.42	0.60	3.83

注：卡方检验结果显示，乡—城流动人口、城—城流动人口、本地市民住房来源在不同城市间具有显著差别；卡方值分别为854.79、211.26及334.39。

具体来看，对乡—城流动人口来说，深圳和厦门作为东南沿海发达城市的代表，在八个城市中租住私房的占比最高，约80%；成都市最低，略超过60%。在拥有或租住公屋上，青岛和中山市走在八个城市的前面，比例均超过了10%；北京市和嘉兴市比例最低，只分别接近4%和3.5%。在成都和嘉兴，雇主提供免费住房的比例最高，分别超过18%和16%；深圳最低，仅略高于3%。在租住雇主房方面，北京朝阳区和中山市占比最高，近13%；厦门和青岛市最低，不到3.5%和4.5%。总体看来，在经济相对发达、流动人口更为集中的流入城市，就业和生存竞争更加激烈，雇主更少提供免费住房，流动人口更少拥有或享受保障房，更多地需要租住私房或雇主房，流动人口安居梦的实现需要打拼和付出更艰辛的努力。

在居于这八个城市的城—城流动人口群体中，同样也是生活在厦门和深圳的人租住私房的比例较高，均超过了七成，厦门更是高达77%，但最低的比例是中山市，仅为37%。该特点出乎人们的意料，是否与当地具体的房屋政策有关还有待进一步的探究。在拥有或租住公屋方面，中山和青岛的比例依旧排在前两位，一个接近50%，一个超过30%，远高于其他城市的水平。与乡—城流动人口类似，成都雇主提供免费住房的比例最高，超过17%；紧随其后的是郑州，近16%；深圳的占比最低，为4.5%。成都和郑州城—城流动人口租住雇主房的比例最高，均略超15%，厦门最低，仅不到3%。

八个城市中，嘉兴本地市民拥有或租住公屋比例最高（99%）；其后依次是厦门和中山，均接近97%；最低的是北京朝阳区，约为87%。至于其他三类住房来源，在八个城市中的占比均不超过5%。可见，无论是哪个城市，本地居民与流动人口的安居现状都存在本质差别。

综合前面的数据分析结果，通过描述和比较，可以得出几点初步结论。

一是从全体流动人口的居住状况来看，虽然拥有住房和租住公房的比例处于波动上升之中，但二者相加，占比仍然极低，主要住房来源仍是租住私房。保障性住房对绝大多数外来人口而言，依旧遥不可及，流动人口在流入地虽有一席立锥之地，但安居之梦仍长路漫漫。

二是流动人口内部存在明显的社会分层。乡—城流动人口拥有住房的比例大大低于城—城流动人口，无论在经济发达地区还是经济欠发达地区，莫不如是。可见，流动人口内部的异质性很强，社会分层十分突出，乡—城流动人口的安居梦想最为遥远。

三是通过比较流动人口与本地市民的住房来源可知，后者无论是拥有住房的比例还是在公租或廉租房方面均有无可比拟的优势，而流动人口唯有望房兴叹。进一步将稍具优势的城—城流动人口与本地市民进行比较后发现，在住房来源方面，二者展现出较大差异：（1）城—城流动人口的住房拥有率仅为23.7%，远低于本地市民90.5%的比例；（2）从住房来源来看，更高比例的本地市民享有公租或廉租住房，而城—城流动人口相应的比例仅为0.2%。比乡—城流动人口更具住房优势的城—城流动人口，在本地市民面前也尽失优势，体现出户口所在地对保障性住房的巨大限制与影响。

（二）流动特征与住房来源

除了地域差别外，流动特征与流动人口的住房来源之间是否显著相关呢？如前所述，具有不同流动特征的流动人口，其生存状态和生产生活状况有着差异性的取向，也受到不同程度的制度和结构性制约，进而决定各自群体不同的住房来源。在这里，流动特征包括以下指标：流动跨越的行政区域、流动原因（区分为因务工经商或因其他原因而流动）、居留时间和流动模式。交叉分析结果表明，住房来源与这几个因素之间的关系都显著相关。

1. 分户籍和流动区域住房来源

迁移距离直接影响到购房或建房的成本（石智雷、薛文玲，2014）。虽然迁移距离与流动跨越的行政区域并不能完全等同，但二者也有较大的交叉，故在与住房来源的关系上可能具有相似性。如图6-4所示，随着流动跨越的行政疆界的扩大，乡—城和城—城流动人口租住私房的比例均相应增加，拥有或租住公屋的比例梯次降低。从数值上看，不同流动区域的乡—城流动人口租住私房的比例均高于相对应的城—城流动人口10~15个百分点，而在拥有或享受公租或廉租房上则相应低10~18个百分点。可见，一方面，流动人口的住房来源的确与地界的跨越相关，但另一方面，即便跨越相同的行政距离，户籍的差分始终未见消失，不同流动人口群体在住房来源上的分层不因所跨相同的行政区划而有明显的缓解。

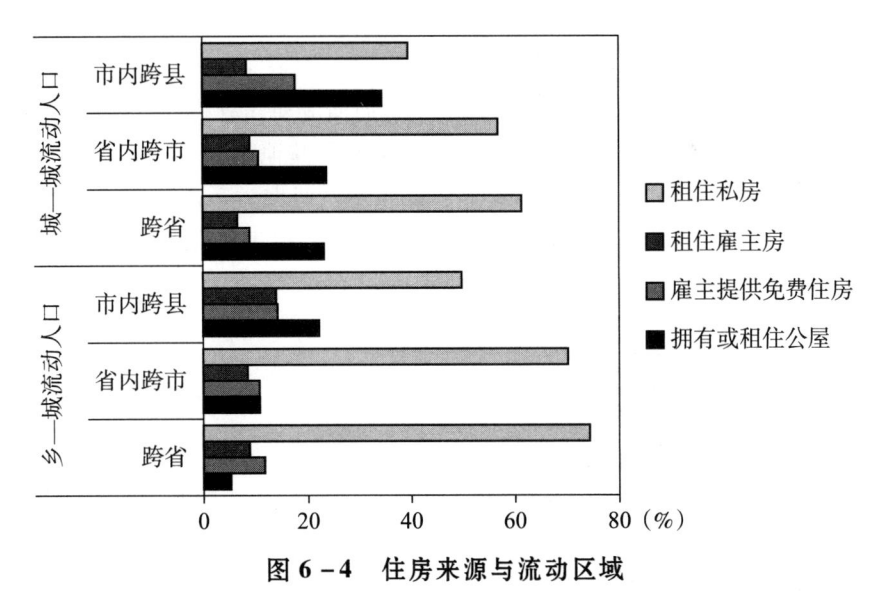

图6-4 住房来源与流动区域

注：乡—城流动人口和城—城流动人口住房来源与流动区域之间的关系均在0.001的水平上高度显著，卡方值分别为302.91（乡—城流动人口）及28.07（城—城流动人口）。

详细考察两类人群在不同地界上住房来源的差异，可以进一步看出，在城—城流动人口中，六成左右的跨省流动者租住私房，约超过省内跨市者5个百分点、市内跨县者 20 个百分点。反之，在拥有或租住公屋的比例上，省内跨市和跨省流动群体差不多，均约为 23%，但市内跨县的比例高约 10 个百分点，近 35%。可以说，流动人口距流出地越近，越容易实现安居的梦想。随着流动范围的扩大，雇主提供免费住房的比例不断下降，从市内跨县的近 1/5，到跨省流动者的不足 1/10。对乡—城流动人口来说，随着流动范围的扩大，租住私房的比例从市内跨县的近一半增加到了省内跨市的超七成、跨省的近 75%；而拥有或租住公屋的比例则从市内跨县者的超五成，降到省内跨市者的刚过 1/10 以及跨省者的略超 5%；在雇主提供免费住房和租住雇主房上，省内跨市和跨省的情形差不多，比例分别在 8% 和 11% 上下，而市内跨县的情况稍好，比例分别高出两者近 5 个百分点。

综上所述，由于跨地区或跨省流动者多是流入发达地区和大城市，流动人口大量聚集，对于城市有限的资源会产生竞争。按照辖区利益优先原则，跨省或跨地区流动者在流入地受到的结构性排斥通常更为明显，往往无缘保障性住房，更无力购买住房；而市内或地区内流动者或流入相对欠发达地区的流动人口，遭受的制度性和结构性排斥相对较小，或者利用便捷的社会资本，更可能在流入地获得公租或廉租房甚至是建房或购房，改善其居住条件。两相对比之下，随着流动所跨越的行政区划越大，离家越远，安居的梦想面临着更大的挑战和阻碍。

2. 分户籍和流动原因住房来源

在本数据中，超过九成流动人口因务工经商而流动，故将因其他原因而流动的类别进行合并，将流动原因区分为务工经商和"其他原因"（包括随同流动、婚嫁、拆迁、投亲、学习、参军、出生、其他等）两大类。通过图 6-5 提供的数据可以发现，无论是乡—城还是城—城流动人口，租住私房的比例在各种不同流动原因中仍占最高比例。

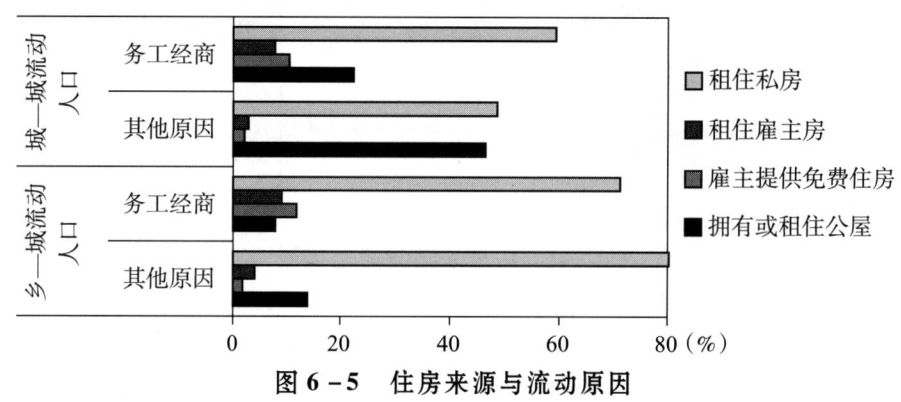

图 6-5 住房来源与流动原因

注：卡方检验结果显示，乡—城流动人口和城—城流动人口住房来源与流动原因的卡方值分别为 110.21 和 47.53，在统计上均高度显著。

就租住私房而言，因务工经商而流动的乡—城流动人口比因其他原因而流动之人租住私房比例低约10个百分点，而城—城流动人口的情况与此正好相反：务工经商者比因其他原因流动者租住私房的比例高约10个百分点。若看拥有住房或租住公屋则可发现，务工经商的乡—城流动人口居住这类房源的比例不足8%，因其他原因而流动的乡—城流动人口的相应比例也不足14%。在城—城流动人口中，约有一半因其他原因而流动的人拥有或租住公屋，与租住私房的比例不相上下；务工经商者居住这类房源的占比不到其他原因流动者的一半，只有22.4%。由此可见，同是因务工经商而流动，城—城流动人口相较于乡—城流动人口，在住房来源方面更少租住私房，更多拥有或享受公共住房；而在其他原因流动者中，城—城流动人口拥有或享受公共住房的比例均超过乡—城流动人口30个百分点。无论是哪一类流动人口，因其他原因而流动之人的住房来源优于务工经商者。如前所言，"其他原因"包括婚嫁、拆迁、学习等，这无疑会提高拥有住房或租住公屋的比例。

3. 分户籍和居留时间住房来源

流动人口在流入地的居留时间是一个相对客观的指标，反映人口流动过程中的行为选择，既受到流动人口自身年龄、性别、收入、职业等人口学特征和社会经济特征的影响，也可以反映出该群体的主观居留意愿，对住房来源有着不言而喻的重要性。将在流入地的居留时间区分为五类可知（见表6-3），总体而言，在居留时长的每个分类中，城—城流动人口拥有或租住公屋的比例都大大超过乡—城流动人口。具体而言，在居留10年以上的乡—城流动人口中，拥有住房或租住公屋的比例仅约超过居留1~2年的城—城流动人口1个百分点；两个群体之间的差距从居留时间1~2年时的约10个百分点扩大到10年以上时的近27个百分点；居留10年以上的城—城流动人口租住私房的比例低于乡—城流动人口20多个百分点。

表6-3　　　　　　　　住房来源与居留时间　　　　　　　　单位：%

自变量	拥有或租住公屋	雇主提供免费住房	租住雇主房	租住私房
乡—城流动人口				
1~2年	6.02	14.33	9.89	69.75
3~4年	7.33	8.58	7.91	76.18
5~7年	9.30	8.07	7.59	75.04
8~10年	12.82	7.50	7.12	72.55
10年以上	17.36	6.47	7.06	69.11

续表

自变量	拥有或租住公屋	雇主提供免费住房	租住雇主房	租住私房
城—城流动人口				
1~2年	16.33	12.85	8.12	62.71
3~4年	22.44	8.78	7.80	60.98
5~7年	25.73	7.60	6.14	60.53
8~10年	37.56	6.83	9.76	45.85
10年以上	44.35	5.24	4.03	46.37

注：卡方检验结果显示，乡—城流动人口和城—城流动人口的卡方值分别为362.63和126.19，在统计上均高度显著，表明居留时间的长短与住房来源之间具有显著的关联。

不过，流动人口拥有或租赁公共住房的比例都随在流入地居留时间的延长而得到改善，且提升幅度均较大。其中，乡—城流动人口的比例从1~2年的6.0%上升到10年以上的17.7%，城—城流动人口从1~2年的16.3%提高到10年以上的44.4%。可见，随着时间的流逝，流动人口在流入地慢慢站稳脚跟，虽然安居之梦的实现非一夕之功，租住私房比例仍旧很高，但拥有住房或租住公屋的比例也在不断上升，逐渐向安居梦靠近。

4. 分户籍和流动模式住房来源

观察图6-6可以看出，流动人口住房来源与流动模式间显著相关。一个突出的特点是：随着流动模式逐渐由非家庭式流动向举家流动演变，不论是乡—城还是城—城流动人口，拥有住房或租住公屋的比例都不断上升，前者从2.4%上升到15.4%，后者更是从7.0%上升到37.3%，二者分别上升了13和30个百分点。这说明，一方面，家庭团聚所带来的共同打拼的力量是巨大的，流动人口辛勤工作，就是为了让家里人能够过上更好的生活，给孩子提供更好的条件；另一方面，二者之间具有双向的因果关系，即家里人都来了，需要更好的生活空间，从而驱动流动人口购买住房。但是，也应该注意到，不论是乡—城还是城—城流动人口，不论是哪种流动模式，租住私房的比例均超过一半以上，在乡—城半家庭式流动人口中的比例更是接近80%。此外，还有一个必须注意的特点是：乡—城和城—城非家庭式流动人口租住雇主房和雇主免费提供住房的比例较之其他两种模式均有显著提升，反映出流动人口在"单枪匹马"的情况下更可能居住在雇主提供的房屋中。

图 6-6 住房来源与流动模式

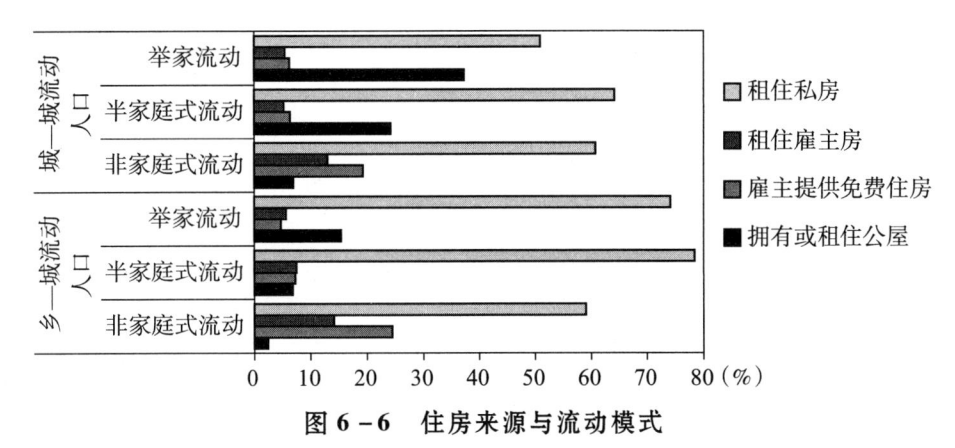

注：卡方检验结果显示，乡—城流动人口和城—城流动人口的卡方值分别为 11 600.00 和 254.25，在统计上均高度显著。

（三）三类人群的人口和社会经济特征与拥有住房或租住公屋

有些研究认为，多数乡—城流动人口或许并不奢望在流入城市安居，但不是"不愿"，而是因现实条件的制约而"不能"（任远、姚慧，2007；简新华、黄锟，2007）。一方面，他们遭遇户籍制度的"社会屏蔽"，无权分享流入地包括廉租房在内的各项保障、福利和其他公共资源；另一方面，由于自身收入水平很低，更不可能承受连户籍居民都"谈房色变""望房兴叹"的商品房的市场价格。各种正式和非正式的制度，限制了流动人口在流入地的安居生活，难以体会梦想照进现实的喜悦。拥有住房或租住公屋与人口、经济和社会特征之间的关系进一步显示出了这一特点。

我们认为，流动人口的人口学特征〔包括年龄（用出生队列来测量）、性别、婚姻状况、受教育程度〕、劳动就业特征（包括就业行业、就业身份、职业类型、收入水平）、融入意愿（包括通过对本地的认同感来测量融入意愿和未来三年的户口迁入意愿）等因素都可能作用于流动人口的安居之梦。其中，收入和融入本地意愿均为连续测量，相关分析结果（这里没有展示）表明，二者均与住房来源显著相关。其他变量均为分类变量，与住房来源的关系详见表 6-4。

出于简洁的目的，表 6-4 中仅仅列出了三类人群拥有或租住公屋与人口、经济和社会特征之间的关系。除性别变量外，对于每一个人群，其余所有变量与拥有住房或租住公屋之间的关系都高度显著，且三个人群的模式基本一致，只是程度差别甚大。

表 6-4　拥有或租住公屋与人口和经济社会特征的相关分析　　单位：%

自变量	乡—城流动人口	城—城流动人口	本地市民
出生队列			
1980 年前	10.46	32.20	93.70
1980—1990 年	8.34	20.13	91.40
1990 年后	3.34	9.48	93.75
性别			
男性	7.80	22.48	93.00
女性	8.62	25.76	93.18
婚姻			
不在婚	3.56	9.62	90.93
在婚	9.87	28.95	93.62
受教育程度			
≤小学	5.79	26.76	96.23
初中	6.66	16.45	94.51
高中	10.55	23.42	91.93
大专	12.81	23.58	92.55
≥大学	16.02	31.14	92.76
就业行业			
制造业	7.39	22.16	97.25
建筑业	5.26	25.30	91.42
服务业	7.96	19.51	92.48
机关企事业单位	9.70	27.27	92.39
就业身份			
雇员	6.64	20.63	92.55
雇主	15.01	40.68	97.53
自雇	9.11	20.55	95.35
家庭帮工	3.88	31.03	92.44
职业类别			
干部	15.38	28.42	92.41
商业服务人员	7.63	21.03	92.57
普通工人	6.54	19.77	96.84
其他	4.78	19.51	91.49

续表

自变量	乡—城流动人口	城—城流动人口	本地市民
户口迁入意愿			
未打算迁入	6.17	15.80	—
打算迁入	10.49	27.41	—

注：除性别外，拥有或租住公屋与所有其他变量的关系都在 0.01 的水平上显著，三类人群都是如此，卡方值没有展示。职业类型中，"干部"类别包括党政机关公务员、企事业单位工作人员、专业技术人员等。

除因户籍类型及地点的不同造成的差别依旧凸显外，三类人群中，三个出生队列之间的差别也十分明显。显而易见的是，在两类流动人口中，租住公屋或拥有住房的占比均随出生队列的临近而降低，即年纪越轻，拥有住房或租住公屋的比例越低，呈梯次性降低模式，且在 1980—1990 年和 1990 年后之间还有一个明显的跳跃。具体而言，在乡—城流动人口中，1980 年前出生的拥有住房或租住公屋的占比最高，为 10.5%；1980—1990 年的流动人口次之，约为 8.3%；1990 年后最低，不到 4%。同样的模式也见之于城—城流动人口群体，拥有住房或租住公屋的比例从 1980 年前的近 1/3 降至 1990 年后的不到一成。本地市民的模式有所不同：无论哪个出生队列，拥有住房或租住公屋的比例均超过九成，且 1990 年后的占比略超过 1980 年前和 1980—1990 年出生人口，表明在该群体中，三个出生队列与这一住房来源的关系略显 U 型。

无论哪个人群，女性拥有或租住公屋的比例都略高于男性，但性别差异十分微弱，卡方检验结果也显示，二者的关系在三类人群中均不显著。相反，婚姻状态与这一住房来源的关系十分显著：在乡—城流动人口中，在婚者比不在婚者拥有住房或租住公屋的比例高约 6 个百分点；在城—城流动人口中，二者之差高达近 20 个百分点。不过，由于九成以上的本地市民拥有或租住公屋，样本的变异很小，故二者之差仅有 3 个百分点。由此或可推断，已婚流动人口距安居梦更近一些，而这同样也是自我选择的结果，即他们是沉淀下来的一批人。

如果说前面的几个人口学特征与住房来源的关系在三类人群中基本一致但程度有别的话，受教育程度与住房来源的关系在三类人群中却呈现出三种不同的模式。一是清晰的线性模式：乡—城流动人口拥有住房或租住公屋的比例随受教育程度的提高而不断提升。二是难解的倒 U 型模式：在城—城流动人口中，初中、高中、大专之人拥有住房或租住公屋的比例低于小学及以下之人，但大专及以上者拥有住房或租住公屋的比例却最高，即二者的关系是中间低、两头高；该群体中，小学及以下教育程度者的占比很低（3.17%，样本数为 71），其中的 19 人拥有住房或租住公屋。这既可能与样本量较小有关，也不能忽略这样的可能，即受教育程度较低者用其本该在学校学习的时间进城打拼，来得早并赶上了低房价的时机。三是本地市民的"L"型模式：即96%的本地市民拥有或租住公屋，而大学及以上者只有不到93%，其背后的原因同样令人不解。这可能需要从拥有住房和租住公屋的要求不同来看，购房对经济基础的要求较高，而公屋的申请与租住面向的通常是城市中经济较为困难的群体。

就业行业、就业身份、职业类型等均属于劳动就业特征变量。如表所见，行业与住房来源的关系在三类人群中同样有别：比如，就职于机关和企事业单位的流动人口租住公屋或拥有自己居所之人的占比最高，但在本地市民中，在制造业就业的人口拥有这类住房的占比最高；就占比最低的行业类别来看，乡—城流动人口和本地市民均发生在建筑业中，而城—城流动人口却发生在服务业中。这可能是因为，虽然同为建筑业，人力资本相对低下的乡—城流动人口只能作为一线工人且工作地往往变动较大；而人力资本水平相对较高的城—城流动人口可能从事级别较高的管理和设计工作，且工作更为稳定；本地市民亦是如此，既要考虑就业行业，亦应关注具体就业岗位。就业身份与住房来源的关系在流动人口群体中较为一致：即雇主拥有住房的比例最高，而家庭帮工拥有住房或租住公屋的占比最低。对于雇员和自雇，乡—城流动人口和本地市民的模式是一样的：自雇者的占比明显高于雇员，但二者在城—城流动人口身上基本无差别。职业类型与拥有住房或租住公屋之间的关系在三类人群中的特点既有一致性，也有差异性：他们中占比最低的均为"其他"职业类别，其中包括了农业劳动者、打零工者等；至于占比最高的分类，两类流动人口是一致的，出现在"干部"（包括党政机关、企事业单位负责人、普通公务员和专业技术人员等）这个类别上；而出乎意料的是，在本地市民中，它却出现在"普通工人"这个类别上，其背后的原因是什么，还需要深入思考。流动人口能够租住公屋的人数极少，而本地市民中的普通工人却不少。一方面，本地户籍的普通工人可能享受了政府的福利分房或优惠购房；另一方面，收入较低的本地户籍工人更易享受到租住公屋待遇，故可能提升这一人群拥有住房或租住公屋的比例。

流动人口是否在本地购房无疑在很大程度上与融入本地的意愿和户口迁入意愿相关。从理论上看，若打算在本地长期居留，且愿意将户口迁入本地，则在本地购房可能性更大。的确，数据结果显示，若流动人口打算在未来三年内将户口迁入本地，则其拥有住房或租住公屋的比例显著超过没有这种打算之人——当然，也可能是因为他们拥有住房或可以租住公屋，故有更强烈的融入意愿。

四、2014年流动人口安居梦的影响因素

在掌握了因变量的基本分布及与其他变量的相关特征后，接下来我们所要关心的问题是，在其他条件相同的情况下，因户籍身份造成的差别是否依旧存在？可否将这些差异解释为制度性和结构性要素的影响？回答这些问题，要求我们对数据进行模型分析。

出于简洁的目的，本节沿用第三节相关分析的思路，同样将住房来源的四个分类进行合并，将其处理成一个二分类变量：1 表示"拥有或租住公屋"、0 表示其他住房来源（如前所言，分别有 8.2%、23.9% 和 93.1% 的乡—城流动人口、城—城流动人口和本地市民在现居地拥有住房或居住在政府提供的公租房或廉租房中）。基于因变量的测量性质，采用 Logistic 模型对数据进行分析，首先分析全部人群和全部流动人口，然后区分不同户籍流动人口。

（一）三类人群

针对八个城市全部人群和流动人口的模型分析结果见表 6-5。其中，模型 1 用来对比三类人群拥有住房或租住公屋的概率，故该模型不包括流动特征变量。而如上所示，流动到哪里、因什么原因而流动、在流入地住了多久、以什么样的方式而流动、是否愿意融入本地等因素都与住房来源显著相关，故也需要考虑在其他条件相同的情况下，这些因素对住房来源的影响或与住房来源的关系，故模型 2 专门针对全部流动人口进行分析，并在模型中纳入流动特征变量。

统而观之，我们发现，两个模型的结论大同小异：无论对于全部人群还是流动人口，大部分自变量对因变量都产生显著且性质大体一致的影响（尽管程度有别），且与前面相关分析结果的模式十分类似，表明即便控制了其他因素，多数自变量与因变量之间的关系并无本质上的改变。

第一个模型中，在其他条件相同的情况下，本地市民、朝阳区（与除深圳外的其他城市相比较）、1980 年前出生人口、女性、在婚、较高的受教育程度、在制造业就业、雇主或自雇身份、干部、有较高收入的流动人口拥有住房或租住公屋的概率更高。显然，尽管本表的系数值与前面图表的相关内容有所不同，但流动人口即便与本地市民拥有类似的人口学、人力资本和劳动就业特征，居住在相同地区，安居之梦也依旧停留在梦想阶段。

表 6-5　三类人群拥有住房或租住公屋概率 Logistic 模型分析结果

自变量	全部人群 系数	全部人群 标准误	流动人口 系数	流动人口 标准误
流动身份				
乡—城流动人口（对照组）				
城—城流动人口	1.00	0.07***	0.72	0.08***
本地城镇市民	5.19	0.07***	—	—
流动区域（跨省=对照组）				
省内跨市	—	—	0.71	0.08***
市内跨县	—	—	1.37	0.14***
务工经商（其他原因=对照组）	—	—	0.16	0.05**
居留时间（年）	—	—	0.07	0.01***
流动模式				
非家庭式流动（=对照组）				
半家庭式流动	—	—	1.07	0.14***
举家流动	—	—	1.75	0.14***
流入城市（北京朝阳区=对照组）				
青岛市	1.43	0.10***	0.93	0.15***
厦门市	0.48	0.10***	-0.49	0.16**
深圳市	0.20	0.10*	-0.14	0.14
中山市	1.26	0.10***	1.10	0.13***
嘉兴市	0.80	0.11***	0.05	0.16
郑州市	0.53	0.11***	0.42	0.16**
成都市	0.86	0.10***	0.48	0.15**
出生队列（1980 年前=对照组）				
1980—1990 年	-0.46	0.06***	-0.42	0.07***
1990 年后	-0.40	0.11***	-0.44	0.15**
女性（男性=对照组）	0.22	0.05***	0.37	0.06***
在婚（不在婚=对照组）	0.66	0.08***	0.02	0.14

续表

自变量	全部人群 系数	全部人群 标准误	流动人口 系数	流动人口 标准误
受教育程度（≤小学＝对照组）				
初中	0.15	0.10	0.27	0.13*
高中	0.67	0.11***	0.96	0.14***
大专	0.92	0.12***	1.26	0.16***
≥大学	1.03	0.14***	1.69	0.18***
就业行业（制造业＝对照组）				
建筑业	－0.44	0.14***	－0.39	0.17*
服务业	－0.08	0.09	－0.12	0.11
机关企事业单位	－0.02	0.10	0.02	0.12
就业身份（雇员＝对照组）				
雇主	0.71	0.10***	0.46	0.11***
自雇	0.22	0.07**	－0.02	0.09
家庭帮工	－0.03	0.18	－0.03	0.33
职业类别（干部＝对照组）				
商业服务人员	－0.25	0.08***	－0.59	0.10***
生产人员	－0.19	0.09*	－0.32	0.11**
其他职业者	－0.36	0.14*	－0.90	0.27***
收入（对数）	0.50	0.05***	0.65	0.06***
融入本地意愿	—	—	0.02	0.00***
户口迁入意愿	—	—	0.40	0.07***
截距	－8.26	0.45***	－10.41	0.60***
样本量	22 019		14 622	
Log likelihood	－5 947.11		－3 748.59	
Likelihood ratio	17 279.13		1 946.48	
Pseudo R^2	0.59		0.22	

注：$*p<0.05$，$**p<0.01$，$***p<0.001$。

在全部人群模型中，与预期一致，相较于乡—城流动人口，城—城流动人口和本地市民拥有住房或租住公屋的概率更高，而人群之间鸿沟之巨大更令人震惊：城—城流动人口拥有住房或租住公屋的发生比（表中没有列出，通过取系数的对数可得，下同）是乡—城流动人口的 2.7 倍，而本地市民的发生比更是乡—城流动人口的 179.4 倍。乡—城流动人口拥有住房或租住公屋的概率如此之低，清晰地折射出作为外来人和农村人在流入地安居方面的双重劣势，也透视出制度性要素和结构性要素对他们的双重排斥。同理，在只有流动人口的模型中，城—城流动人口拥有住房或租住公屋的发生比依然显著超过乡—城流动人口 1 倍，即便该模型又进一步考虑了流动区域、流动原因、居留时间、流动模式、融入意愿和户籍迁入意愿等流动特征及主观因素。这样的结果再次凸显出，乡—城流动人口处在住房金字塔底层的残酷现实。还必须提及的是，即便其他条件相同，即便都拥有城市户籍，由于是外来人口，城—城流动人口与本地市民在拥有住房或租住公屋之间的差距也是巨大的：本地市民的发生比是前者的 66 倍还多。

  生活在不同城市的流动人口，拥有或租住公屋的概率也极为不同。与北京朝阳区流动人口相比，在全部人口模型中，只有深圳市流动人口拥有住房或租住公屋的概率更低（约低于 18%），而其余六个城市流动人口拥有住房或租住公屋的概率更高；青岛市流动人口的发生比是朝阳区流动人口的 4.2 倍，中山、嘉兴和成都市均约超过对照组 1 倍以上，厦门和嘉兴市流动人口拥有或租住公屋的概率也都显著超过朝阳区流动人口。不过，在仅有流动人口模型中，情况有所变化：深圳和厦门流动人口拥有住房或租住公屋的发生比低于朝阳区，但前者与对照组之间的差距已经不再显著。特别值得一提的是，中山市流动人口拥有住房或租住公屋的发生比是对照组的 3 倍还多，其次为青岛市，发生比是对照组的 2.5 倍。可见，相较于进入中西部城市的流动人口而言，流入特大城市和大城市特别是沿海发达城市的流动人口，安居梦的实现似乎要背负更重的负担和成本——虽然这些地方的收入较高，但与高额的房价相比，较高的收入并未在住房上带来较为明显的优势。

  流动人口的安居之梦也因其人口学特征而异。首先，不同代际群体的安居之梦差异甚大。相较于 1980 年前出生的流动人口，1980—1990 年和 1990 年后出生人口拥有住房或租住公屋的概率更低，其发生比均不到前者的 40%，反映出随着年岁的增长，经济收入和社会地位积累的增加，安居之梦也会渐行渐近；同时也因为，1980 年后群体，尤其是 1990 年后群体，有相当一部分未婚，单人居住对住房要求比已婚者要求低。而且，单人迁移流动成本较低，难以在一个城市长期停留，年轻自由的人可能更向往在不同城市追逐经历与体验，相应地降低了对住房质量的要求。与之相对应，从现实需求来看，1980 年前流动群体多为举家迁移，在城市的生活之路上对于住房的需求多且更为急迫；从情感归属来看，1980 年前群体在流入城市的时间更长，更倾向于拥有自己的住房以实现在城市的安居。1980 年后群体的住房需求弱于 1980 年前群体，但并不意味着 1980 年后流动群体的安居梦不强烈，1980年前群体的安居之梦也是1980年后群体未来必然经历的。随着1980年后群体在城市的足迹延长，他们在成家立业后的迁移过程中，仍然会加大对住房的需求。一方面是有住房需求的1980年前群体住房保障不足，另一方面是住房需求不甚强烈的1980年后群体住房保障处于绝对劣势；如果将1980年前流动人口的住房劣势沿着时代推移传递到1980年后流动人口，那么安居梦依然只是城市中的海市蜃楼，代际的轮回中永远无法实现一己之所。

其次，流动人口的安居之梦随着其他人口学特征的变化而发生变动。相较于男性来说，女性拥有住房或租住公屋的发生比均较高，且前面相关分析中并不显著的关系在这里变得十分显著了。进一步的详细分析（这里没有展现）可知，带来这种差异的因素包括流动身份、就业行业和就业身份。

婚姻状况在全部人群的模型中与因变量之间依旧保持显著的关系，在婚状态显著提高拥有或租住公屋的概率。这样的结果表明，就住房而言，流动人口无论是否在婚，在其他条件相同的情况下，它并不给流动人口带来有差异的回报。当然，我们知道，不在婚之人有相当一部分是青年人，即便将婚姻状态和出生队列分别置于两个不同的模型（这里没有展现），这一结论依旧成立。就受教育程度而言，除"初中"这一层级在全部样本模型中与对照组（即小学及以下）差别不显著外，高中、大专、大学及以上学历均显著提升包括本地市民在内的所有人口拥有住房或租住公屋的概率，且提高的程度随着教育层级的上升而不断加大，大学及以上学历的人口是小学及以下人口相应发生比的2.8倍，而在流动人口模型中更是达到5.4倍；通过正规教育获得的人力资本对实现安居梦的作用和效果可见一斑。

同样，在这两个模型中，劳动就业特征均对因变量具有显著作用。在就业行业方面，与在制造业就业之人相比，在其他三类行业就业者拥有住房或租住公屋的概率更低，但只有在建筑业就业之人与对照组之间的差别具有统计意义。在其他条件相同的情况下，与雇员相比，雇主和自雇者的住房来源更好，但在流动人口模型中，仅有雇主拥有住房或租住公屋的概率最高——前面的描述结果表明，在城—城流动人口中，雇员的情况略好于自雇者，从而可能带来这样的结果。无论模型是否包括本地市民或流动特征，职业与因变量的关系都是一样的：与干部相比，商业服务人员、生产人员、其他职业者拥有住房或租住公屋的概率均显著降低，其中生产人员的降幅较小，在两个模型中分别为19%和32%，其次为商业服务人员，最大降幅出现在其他职业人员中。收入的增加则会显著提升人们拥有住房或租住公屋的概率，且这种效应在流动人口的模型中表现得更为明显。这一发现给我们的启示是：坚实的物质或经济基础是实现安居梦的重要前提，但在不同规模城市中，收入的作用效力有别。

最后，流动人口若有较高的融入意愿，打算在未来三年内将户口迁入本地，则他们拥有住房或租住公屋的概率比融入意愿较低、没有户口迁入打算之人更高。

（二）分户籍流动人口

上述分析结果表明，几乎所有自变量对因变量都产生一定的显著效果。但是，对全部样本的分析不能回答以下问题：自变量对城—城流动人口与乡—城流动人口的影响是否一样？流动特征变量对流动人口的住房条件是否产生显著作用？它对城—城流动人口与乡—城流动人口的作用是否一致？又是否能够调节模型中其他自变量与因变量的关系？为了回答这些问题，下面单独分析流动人口样本，并按照户籍身份进行平行模型分析（见表6-6）。

表6-6　分户籍流动人口拥有住房或租住公屋概率 Logistic 模型分析结果

自变量	城—城流动人口 系数	标准误	乡—城流动人口 系数	标准误
流动区域（跨省=对照组）				
省内跨市	0.56	0.17***	0.71	0.10***
市内跨县	1.20	0.28***	1.39	0.16***
务工经商（其他原因=对照组）	0.13	0.09	0.18	0.07**
居留时间（年）	0.08	0.01***	0.07	0.01***
流动模式				
非家庭式流动（=对照组）				
半家庭式流动	1.13	0.27***	1.04	0.17***
举家流动	1.75	0.26***	1.75	0.17***
流入城市（朝阳区=对照组）				
青岛市	0.77	0.26**	1.08	0.20***
厦门市	-0.59	0.33	-0.34	0.21
深圳市	-0.27	0.21	0.00	0.21
中山市	1.57	0.24***	1.10	0.19***

续表

自变量	城—城流动人口 系数	城—城流动人口 标准误	乡—城流动人口 系数	乡—城流动人口 标准误
嘉兴市	0.50	0.29	0.00	0.22
郑州市	-0.08	0.39	0.62	0.21**
成都市	0.35	0.26	0.68	0.21***
出生队列（1980年前＝对照组）				
1980—1990年	-0.69	0.14***	-0.32	0.08***
1990年后	-0.45	0.34	-0.40	0.17*
女性（男性＝对照组）	0.46	0.13***	0.31	0.08***
在婚（不在婚＝对照组）	0.04	0.27	0.05	0.17
受教育程度（≤小学＝对照组）	0.06	0.26	0.04	0.17
初中	-0.23	0.38	0.30	0.14
高中	0.23	0.37	1.00	0.15*
大专	0.54	0.38	1.32	0.18***
≥大学	0.99	0.40*	1.76	0.25***
就业行业（制造业＝对照组）				
建筑业	0.04	0.34	-0.47	0.21
服务业	-0.18	0.23	-0.02	0.13*
机关企事业单位	0.01	0.23	0.07	0.15
就业身份（雇员＝对照组）				
雇主	0.38	0.22	0.50	0.13
自雇	-0.23	0.20	0.06	0.10***
家庭帮工	0.70	0.50	-0.46	0.53
职业类别（干部＝对照组）				
商业服务人员	-0.06	0.17	-0.81	0.14
生产人员	-0.21	0.24	-0.41	0.13***
其他职业者	-0.19	0.49	-1.21	0.34**
收入（对数）	0.89	0.13***	0.55	0.07***

续表

自变量	城—城流动人口		乡—城流动人口	
	系数	标准误	系数	标准误
融入本地意愿	0.01	0.00***	0.02	0.00***
户口迁入意愿	0.71	0.16***	0.37	0.08***
截距	−11.17	1.24***	−9.68	0.72***
样本量	2 044		12 618	
Log likelihood	−843.44		−2 853.09	
Likelihood ratio	492.95		1 213.74	
Pseudo R^2	0.24		0.19	

注：$*p<0.05$，$**p<0.01$，$***p<0.001$。

我们注意到，两个模型的分析结果既有较大的共性，也有各自独特之处。共性主要表现在，无论是对于城—城流动人口还是乡—城流动人口，绝大部分自变量对因变量的影响性质是一致的，但可能由于样本量的差异和现实的差别，在乡—城流动人口模型中，更多的自变量对因变量的影响具有显著性，且由于其样本量较大，该群体的模型结果与表6-5中流动人口模型的结果十分相似。总体而言，流动区域越小、因务工经商而流动、居留时间越长、家庭化模式流动、流入青岛（或中山和成都）、1980年前出生人口、女性、受教育程度越高、雇主、干部、收入越高、有融入本地意愿、有迁入户口打算的流动人口，拥有住房或租住公屋的概率都比相对应的人群更高。

具体来看，就流动区域而言，在城—城流动人口中，与跨省流动者相比，省内跨市、市内跨县的流动群体拥有住房或租住公屋的概率依次提高，城—城流动人口尤其如此，市内跨县者的相应发生比较跨省流动群体提高3倍还多。可见，离家近、不远游的流动人口由于受制度的制约较小且生活在房价相对较低之地，故拥有更多资源来实现安居梦想。相比于因其他原因而流动的群体，务工经商者拥有住房或租住公屋的发生比更高，但只在乡—城流动人口模型中显著。随着居留时间的不断推延，两类流动人口拥有或租住公屋的概率都显著提升，其背后的原因可能是，居留时间越长，流动人口在流入地越可能积累了更多的经济资源和其他资源，提升其建房、购房能力（虽然因变量包含了有房和租住公屋，但后者的占比极低）。

观察流动模式对流动人口拥有住房或租住公屋的影响，两个模型的分析结果同样一致，且影响程度也极为接近，表明该变量与这两类住房来源之间的关系十分稳健，不因流动人口的户籍类型而异；随着流动模式日益家庭化，相应的概率均显著梯次提升。这一方面可能是因为，流动人口在生存条件得到改善后才敢把家人接到身边；另一方面，家庭在流入地团聚后，可能更会驱动流动人口努力打拼，以早日实现安居之梦。

一旦将样本按照户籍进行区分，则流入地区的影响大大减弱，且模式与全部流动人口模型相比也有所变化。对城一城流动人口来说，相比于北京朝阳区，只有青岛市和中山市的流动人口拥有住房或租住公屋的发生比显著更高；而对于乡一城流动人口来说，除青岛市和中山市外，郑州市和成都市的发生比也高于朝阳区，这可能与各城市的具体住房政策有关，需要进一步考量。这也表明，不同户籍类型的流动人口进入同一个城市，其住房状况可能有别。另外，即便厦门（和深圳）流动人口住房不如北京朝阳区，但它们之间没有显著差别，这也再次印证了前面的判断，即城市越大，流动人口越难安居，即便这里的模型控制了流动人口的融入意愿和户口迁入意愿。

在这两个模型中，人口学特征对拥有住房或租住公屋的影响大大减弱，但出生队列的影响依旧存在，且一如前模，尽管1990年后群体与1980年前群体的差别只在乡一城流动人口模型中具有显著性。性别、婚姻状况的作用同全部流动人口模型结果相似。不同的受教育程度与城一城流动人口的住房保障的差别不大，但与小学及以下群体相比，初中、高中、大专、大学及以上乡一城流动人口拥有住房或租住公屋的概率显著依次提高，大学及以上的发生比更是小学及以下的5倍还多。这似乎表明，对城一城流动人口而言，人力资本的提升虽然有助于推进他们的安居梦想，但在这个群体中，只有到了大专尤其是大学及以上，其提升作用才是明显的，而对于同样是外来的乡一城流动人口，教育的推动力要大得多，或许是因为，教育效应是他们实现安居梦想的主要途径。乡一城流动人口受教育水平普遍较低，教育在此人群中无疑是一种稀缺的社会资本，故与人力资本相对较高的城一城流动人口相比，教育对他们安居梦的推动作用可能更大，但具体原因还需要进一步探究。

同理，就业行业、就业身份、职业类别等变量在城一城流动人口模型中均不显著，但在乡一城流动人口模型中，与表6-5中的流动人口模型的结果基本一样，不再重述。不过，收入在两个模型中均显著提高流动人口拥有住房或租住公屋的概率。

最后，融入本地和户口迁入意愿均显著提高两类流动人口拥有住房和租住公屋的发生比。有了主观上的融入意愿，就会在流入地更努力地奋斗和辛勤地劳动，加之相关政策的倾斜，安居梦的早日实现成为流动人口新的盼头。

五、小结与简论

住房不仅是人们遮风挡雨的物理空间,更是流动人口在流入地的生活环境和社会交往场所,是获得其他城市资源,积累人力和社会资本,实现社会融合的重要窗口和平台。"租来的是房子不是家"道出了无数人对房子的渴求,对属于自己小天地的热盼,也道出了现实生活中的无奈与辛酸。流动人口在流出前,也过着家人团聚、安居的生活,但由于"乐业"难以实现,维系"安家"的收入与物资资源极度缺乏,迫使他们外出谋求更高的收入保障。随着越来越多的流动人口怀揣梦想奔向城市,随着他们的流动模式从个人外出"独闯"向举家流动的转变,他们在流入城市生活的时间越来越长,对于城市生活又有了新期待,也梦想着能够在城市立足,家人在城市中也拥有自己的住房并团聚。在因务工经商而收入不断增加的同时,他们也更加注重家庭团圆、子女教育和生活质量的改善,一些人还希望从临时性的劳动力转变为流入地的户籍居民,而实现这些诉求的一个重要保障就是稳定的居所。住房对于个体的意义是重要的,对于流动人口来说却更具有特殊的意义,它不仅承载了流动人口在城市奋斗的希望,更是凝结了流动人口对家人团聚的渴望以及对家的期盼。因此,一直以来,安居始终是流动人口较为关注和迫切希望实现的梦想之一。

然而,就住房拥有或租住公屋的情况而言,流动人口与本地市民之间的差距依旧过大,且乡—城流动人口与本地市民的差距几达180倍。对于从广袤农村或中小城市进入大城市打拼的亿万流动人口来说,虽然一代接着一代,随着改革开放大潮的洪流洗脚进城(而他们进城也使得这股洪流更为强大),但他们依然无法获得定居城市的平等权利,更无力在城市中拥有属于自己的安居之所。背井离乡的他们只能蜗居在城中村、城乡接合部等狭窄拥挤的出租房或是控制严密的工厂宿舍中。

深究其因,流动人口之所以安"家"困难,主要在于户籍、住房保障等制度性、结构性因素的制约,以及城镇化发展的不健全和相应的配套政策的不成熟,透视出在社会转型或从计划经济向市场经济过渡时期,制度设计对外来人群产生的相对剥夺和结构性排斥效应。当然,也不能完全摒弃个体的人力资本与能力禀赋在住房获得上的重要作用。城—城流动人口虽不乏职业地位较高、收入水平较丰,故有能力租住条件较好的住房,甚至购买商品房者,但同乡—城流动人口一样,绝大部分城—城流动人口受到现有住房保障制度的排斥,难以享受流入地的经济适用房、廉租房和公租房，很多人也不能享受住房公积金或其他形式的住房补贴（见第七章）等保障性待遇。而由于受先赋要素和自致要素的局限，乡—城流动人口更遭到户籍制度的制度性和结构性双重排斥及其衍生制度的制约，在劳动就业、职业、收入等方面不能摆脱弱势地位，属于流入地的低收入阶层，故除少量地区（市）内流动人口外，基本无力购买商品房。因此，尽管多数流动人口希望能在流入地有个像样且稳定的"家"，有个可以享受天伦之乐的地方，但实际情况往往是他们不停地在城乡之间游走，过着候鸟式的"流"而不"留"的漂流生活，或与本地市民之间形成明显的居住隔离，过着"寄居式"而非"家庭式"的生活。我们在多个地点的定性研究资料也表明，流动人口对现有的住房制度和子女入学制度最不满意。

随着城镇化的深入发展，使流动人口从寄居走向安居是一项重要的民生需求，也是推进新型城镇化建设，实现"人的城镇化"的重要指标，更是维持社会稳定的一个重要途径。如何有效突破现有住房保障体系的制度瓶颈，逐渐适当降低保障性住房的门槛，放宽其申请标准并扩大覆盖面，真正将流动人口纳入流入地住房保障体系和住房公积金政策范畴，是政府和用人企业必须共同有效应对的问题。同时，加强流动人口自身的内功修养同样十分必要。从长远来看，改善其受教育水平可显著提高流动人口的住房条件，其重要性仅次于收入、流动身份和流动原因等，同时教育也可通过职业和收入间接影响流动人口的居住状况。从近期来看，提高流动人口收入水平是改善其住房拥有的直接推手，但要提升租住公屋的概率，非政府力量不可为。

流动人口安居梦的实现还要历经多长多久的辛酸旅程才能实现，目前尚无答案，但有一点是确定的，仅凭流动人口一己之力，而政府、社会、企业不介入的话，安居梦对多数流动人口而言，可能永远只是水月镜花、海市蜃楼。

因此，各地政府应转变以"本地人"利益为中心的思维方式和政策导向，革除将流动人口视为"公共资源掠夺者"的传统观念。这样的社会能看到流动人口为当地做出的巨大贡献，也会关注和维护这一群体的居住权利，助力安居梦的实现。我们也欣喜地看到，一系列关于流动人口住房保障的新政不断涌现并相继落地实施，各地政府在助力流动人口安居梦的实现方面付出很多心血，部分流动人口通过自身的努力已经实现了安居梦。我们也希望，流动人口的安居之路越来越平坦，更多的流动人口在流入城市居住的不仅是租来的屋子，更是温馨的家。

第七章

保 障 梦

养老保险啊……我还没有什么养老保险，我都不懂诶，政策什么的。我也不知道，所以我到现在一直都没有，人都说你应该买个什么保险的，但是在我上班的地方从来都没买过，我从来也不知道应该去哪里买。听说人家正规的公司都给办，但之前都是在附近的小公司里，没去大的厂里面上班过，公司也没有这块的配套措施。医疗的，好像在农村的时候买了一个什么保险吧，我也不知道了，就是讲在户口地的时候给你交的嘛，那个有，好像每年在村里面收的吧，因为我父母还在那边嘛，所以每次都是他们帮我交一下。那个大病医保的话，有说超过一万块钱的话可以报销的，但具体的不懂，是要在什么情况下可以用。我在这边每次去医院都是自己缴费。

这位安徽籍的省内无业流动人员如是说。26岁，女性，2015年时，已在合肥生活了5年以上。

像他们年轻的没有问题，像我们这种年老的，谁都不要，60多岁了。我女儿一个月1000块钱，我们房租要400块钱，我女儿28岁了，还没找对象，不敢找，她出嫁了，到时谁给我们付房租，我也干不成活儿，老汉躺在床上，还得给老汉看病。他的户口在延津那边，在那边买新农合的话得住到那地方。我们不愿回去，不愿住在那里，也没买。

一位新疆籍的无业流动人员如是说。61岁，女性，2013年时在乌鲁木齐生活了多年，虽然她因为自己的丈夫卧病在床而非常急需医疗保险，且被告知，可以直接回户口所在地办理，但是，她仍坚持认为，不住过去就没法办理。

这个有好多手续，身份证复印件、病例、诊断证明回老家，拿上新农合的本、户口本才可以办理报销。报销则需要审核、落实,还是比较麻烦的,我们希望医保能够实现全国一卡通。

一位河南籍的个体商贩如是说。50 岁,这位女性是 20 世纪 90 年代初到乌鲁木齐。

社会保障是经济社会发展的"安全网""稳定器",其覆盖对象和保障水平,折射出社会资源再分配中公平、公正原则的落实状况。而对于城市"次群体"——流动人口而言,社会保障的有无和多寡,不仅透视出他们在流入地的保障梦,而且还在一定程度上代表了其经济社会地位。陈锡文在全国政协十二届二次会议新闻发布会上表示,进城农民工融入城镇起码要解决四大问题:就业、住房、社会保障及子女就学。除此之外,在户籍制度改革过程中,社会保障成为大城市控制人口的重要手段,也成为个体能否享受其他公共服务的新标尺。比如,2014 年起,非京籍儿童的入学在五证的基础上,还对父母双方的社保缴纳方式提出了更为具体的要求,无自有房屋者,需提供父母一方或双方(大兴)"在本区"的务工就业、社保缴纳证明,社保缴费日期限定三个月至一年不等。父母无社保,子女就没学上,不仅公立学校梦断,私立学校也在五证及社保面前变得门槛更高。真可谓是,"断保虽易,连续不易,缴保不难,难在适时适地,且缴且珍惜"。在社保面前,常使"英雄泪沾襟,无数英雄竞折腰",融入城市的梦想化为乌有。流动人口可以忍受工作的重压、居住之陋,但子女求学无门往往成为"压死骆驼的最后一根稻草"。可见,"保障梦"不仅对流动人口的发展至关重要,而且成为其子代教育的敲门砖,越来越成为流动人口最为迫切和更为现实的需求。做好流动人口的社会保障工作,维护这一日益庞大的社会群体的利益,不仅有助于流动人口个体的发展及家庭福利的改善,而且对于社会保障改革的顺利推进、统筹解决人口问题、落实科学发展观、构建和谐社会、实现加快城镇化步伐的战略目标都具有重要的现实意义。

一、社会保障理论解析

社会保障制度是经济社会发展到一定历史阶段的必然产物,是国家根据一定的法律法规,通过国民收入的分配与再分配,依法保障社会成员的基本生活水平,提高其生活质量的制度和事业的总称。

社会保障是实现公民安全的主要措施,是针对危及人们基本生活安全的社会风险,基于公平与效率相结合的基本原则进行的保障性制度安排,具有福利特征,也具有激励特征。由国家相关法律体系、政府相关政策方案和社会化服务系统构成。在社会变革时期,它具有减震器功能;在社会进步时期,它具有加速器功能。它也是检验国家政治民主、理财能力和社会和谐与否的重要指标(杨燕绥,2011)。

世界各国由于政治经济制度、经济发展阶段、价值取向、法律文化传统等方面的不同,社会保障的项目内容体系各有差异(胡勇、李宝龙,2008),社会保障的概念界定也不尽相同。但是,总的来讲,社会保障的概念内涵可以从以下几个方面来理解。

其一,社会保障的责任主体是国家与社会,在现代社会,国家为公民提供社会保障是其义不容辞的责任,公民享受社会保障是法律赋予的权利。这里,没有施舍与怜悯,不需要感恩戴德(许琳,2005)。

其二,社会保障的对象是全体社会成员。社会保障应该使所有社会成员都有受益的可能,无论贫富贵贱。

其三,社会保障的依据是国家立法。国家立法以及相应的行政措施是社会保障得以进行的必要条件。

其四,社会保障的手段是国民收入的再分配。社会保障是解决社会经济问题的杠杆。

其五,社会保障的本质是维护社会公平、正义,促进社会稳定和谐发展。社会保障不仅仅是为满足国民的基本生活需求,更重要的是通过各种形式,调整人们的社会关系,维护社会秩序,促进社会协调和可持续发展(刘波、孟辉,2011)。

社会保障具有普遍性、保障性、互助性、福利性、强制性等多种特征,是每个社会成员应公平享有的公共利益。从社会的角度来看,社会保障是实现社会公平、正义的手段,可以保障每个公民的生存权、发展权、享受权(赵万水,2011)。它犹如一张安全网,表达了相互联系、相互依存的人们对摆脱危险、恐惧的社会安全与自由的向往(张邦辉,2011)。作为一项涉及所有社会成员基本利益的跨时期的制度安排,公平和正义是社会保障的核心价值(刘佳宁,2012)。然而,由于中国特殊的国情和管理体制,社会保障部分地失去了公共物品属性,其竞争性和排他性使大量社会弱势群体被排斥在保障体系之外,未能给予所有人以安全保障,助力个体逐梦圆梦;相反,它与传统户籍制度相契,成为个人或群体身份的象征。城市居民与农村居民、正规就业者与非正规就业者、体制内与体制外等不同群体所享受的社会保障待遇差异明显(吕世辰,2012)。流动人口,尤其是乡—城流动人口成为非正规、体制外就业的典型代表,其社会保障之梦始终可望而不可即,只有辛苦劳累之义,却无享受社保之权。

二、2005—2014 年流动人口社会保险参与情况变动趋势

经过 20 多年的改革，中国初步形成了包括社会保险、社会福利、优抚安置、社会救助和住房保障等多层次的社会保障体系框架。该体系的核心是社会保险，即失业保险、养老保险、医疗保险、工伤保险、生育保险，统称为"五险"。其中，养老保险、医疗保险和失业保险是由企业和个人共同缴纳的保费，工伤保险和生育保险完全由企业承担，个人无须缴费。在第十一个五年计划（2006—2010 年）中，中国正式提出要建立基本的社会保险和社会保障网络，在"十二五"规划中，社会保障被列为建立健全基本公共服务体系的重要组成部分。党的十八大将民生保障和社会建设融为一体，提出"要多谋民生之利，多解民生之忧，解决好人民最关心、最直接、最现实的问题，在学有所教、劳有所得、病有所医、老有所养、住有所居上持续取得新进展，努力让人民过上更好的生活"。在社会保险体系完善和社会保障网络建设成为"中国梦"重要组成部分的同时，两亿多流动人口无疑是需要重点关注的群体。

但是，迄今为止，各种社会保障体制改革的思路，基本上还是以户籍或居住地为基础。流动人口因其具有户籍地和居住地双重属性，又恰逢整体社会保障改革进程之时，难以在户籍地与现居地之间寻求一种有效的保障衔接方式，从而陷入制度陷阱、不公平陷阱和低水平陷阱（黄匡时，2012），其保障问题成为我国目前社会保障面临的两大主要考验之一（另一个是社会在面临老龄化时凸显的养老保险问题）。正因如此，作为农村人或外来人，或既是农村人也是外来人，流动人口（尤其是乡—城流动人口）虽然在城市建设中付出了辛勤的劳动，做出了巨大的贡献，却仍被排斥在社会安全网之外（段成荣、吕利丹、邹湘江，2013），难以享有本地人所拥有的住房、医疗、失业、养老、子女义务教育等方面的社会福利（程瑜、陈瑞文，2008；邓大松、胡宏伟，2007；杜鹏、李一男、王澎湖、林伟，2008；甘满堂，2001），其参保率普遍低于本地城镇户籍人口（刘娟凤，2012），社会保障程度很低（王桂新、张蕾、张伊娜，2007；刘传江、董延芳，2007），普遍存在着养老、工伤和疾病医疗等方面的后顾之忧（张伯生、田书格，2008）。

出于数据可得与研究一致性的双重考虑，下面的社会保障分析仅针对社会保险展开。同时，基于调查数据的可及性和研究内容的偏好性，近十年间，流动人口社会保障的基本状况及变动趋势可以根据对象的不同大致分成两部分：一是农

民工的社会保障变动状况；二是包括农民工在内的流动人口整体及内部次群体社会保障变动趋势。

（一）2006—2013 年农民工社会保险参保率变动趋势

近年来，农民工各项社会保障参保率均有一定的增长，但仍呈现低水平、低速度发展的特征。表 7-1 列出了 2006—2013 年农民工的社会保障状况，出于比较的目的，表中还列出了城镇就业人员的参保比例。总体而言，农民工的参保率随时间的推移而上升，且上升的幅度快于城镇就业人员。然而，这种"优势"实则因其起点过低、基数过小所致，故其总体保障水平依旧远远低于城镇就业人员。比如，参加医疗保险的农民工由 2006 年的 11.1%上升到 2010 年的 14.3%、2013 年的 17.6%；参加养老保险的农民工由 2006 年的 6.7%上升到 2010 年的 9.5%、2013 年的 15.7%。参加失业保险的比例更低，从 2006 年的 3.5%到 2010 年的 4.9%、2013 年的 9.1%。相反，虽然城镇在业人口保险比例的增长趋势与流动人口相比不尽如人意，但参与各个险种的比例都是农民工的数倍，尤以医疗和养老保险的倍差更大。

表 7-1　　　　　2006—2013 年农民工与城镇
就业人员社会保险参保率　　　　　单位：%

保险类别	2006 年	2007 年	2008 年	2009 年	2010 年	2011 年	2012 年	2013 年
农民工（万人）	21 271	21 906	22 542	22 978	24 223	25 278	26 261	26 894
养老	6.7	8.43	9.8	7.6	9.5	13.9	14.3	15.7
工伤	11.9	18.2	24.1	21.8	24.1	23.6	24.0	28.5
医疗	11.1	14.3	13.1	12.2	14.3	16.7	16.9	17.6
失业	3.5	5.3	3.7	3.9	4.9	8.0	8.4	9.1
生育	—	—	2.0	2.4	2.9	5.6	6.1	6.6
城镇就业人员（万人）	28 310	29 350	30 210	33 322	34 687	35 914	37 102	38 240
养老	49.9	51.7	54.9	53.2	55.9	60.0	61.9	63.2
工伤	36.3	41.5	45.6	44.7	46.6	49.3	51.2	52.1
医疗	40.9	45.7	49.6	49.2	51.3	52.8	53.5	53.6
失业	39.5	39.7	41.0	38.2	38.6	39.9	41.0	42.9

续表

保险类别	2006 年	2007 年	2008 年	2009 年	2010 年	2011 年	2012 年	2013 年
生育	22.8	26.5	30.6	32.6	35.6	38.7	41.6	42.9

注：对于每个社会保障指标，本表的比例均低于前面引用的比例，也低于后面将要提到的 2005 年的 1% 人口抽样调查数据的比例。差异与不同调查研究中分子、分母的具体数目可能都有关系。限于篇幅，这里没有详细介绍本文的计算步骤与方法。有兴趣的读者请直接与作者联系。

资料来源：（1）农民工人数及保险情况：2008—2012 年分别来自国家统计局历次《全国农民工监测调查报告》，2006 年、2007 年数据由"中国农民工调研报告公布 2004 年农民工数量为 2 亿左右，结合 2008 年数据"推测获得。

（2）城镇就业人员各项数据均来自国家统计局历年统计年鉴。

同时，大量的地区性资料也显示出类似的特点。比如，2004 年江苏省参加养老保险的农民工约 100 万人，参保率不到 20%，其中绝大部分还只是参加当地农村养老保险，而截至 2003 年 11 月底，辽宁省 90% 以上的农民工没有参加养老保险（华迎放，2004）。2004 年，在北京市流动人口中，没有任何保险的占 78.8%，仅有不到 1/3 的农民工拥有社会保险（杜鹏、丁志宏、李兵、周福林，2005）。同样，对浙江省杭州、嘉兴、湖州、绍兴、舟山、金华等 20 个城市（镇）的 413 位进城农民工的调查结果也表明，仅 25.2% 拥有失业保险，3.4% 拥有城市居民最低生活费保障，31.5% 拥有养老保险，6.8% 拥有医疗保险（钱文荣、张忠明，2006）。深圳（杨德华、程锦泉、彭绩等，2002）和广州市黄埔区（程瑜、陈瑞文，2008）农民工的医疗保险问题亦未得到重视，参保比例明显低于户籍职工。此外，程瑜、陈瑞文（2008）的定性研究还发现，农民工在就医方面根本谈不上保障待遇，在劳资纠纷、工伤事故险等方面也处于弱势地位。大部分农民工没有任何正式的雇佣合同，基本保障权益常常受到侵害（王凡，2007；王桂新、罗恩立，2007）；即便是保障生命健康的工伤保险，有的单位都不愿办理（郭星华、杨杰丽，2005）。

可见，尽管随着我国社会保障制度的不断完善和政府对流动人口的关注，该群体的社会保障水平也在不断改善（杜鹏等，2005），但全国性和地方性数据都表明：与本地市民相比，乡—城流动人口在社会保障方面仍存在明显劣势。尽管拥有社会保障的比例在不同地区高低有异，但乡—城流动人口参保覆盖率基本未超过 1/3，且在过去的十多年中都没有实质性的变化。

（二）2005—2014 年流动人口社会保险参与情况变动趋势

农民工仅是流动人口中的一部分，他们与城—城流动人口群体在个体资本、流动原因和劳动就业特征等方面都存在较大差异，这些差异可能正是决定流动人口社会保障迥异的关键因素，故仅以农民工的情况来代表流动人口总体难免有失偏颇。同时，农民工与城镇就业人员的比较可解释流动人口因户籍性质（城市与农村）而产生的社会保障差异，却在一定程度上忽视了户籍地（本地与外来）这一重要因素的影响。

为充分了解流动人口群体内、流动人口与本地市民之间社会保障的差异，本研究利用涵盖相关且兼容的信息、具有纵向可比性的 2005 年全国 1% 人口抽样调查和 2009—2014 年《流动人口动态监测调查》数据，对上述问题做进一步的分析。尽管 2009—2014 年调查的相关内容存在一定差别，但都问及城镇职工医疗保险、养老保险、工伤保险、失业保险和住房公积金五项内容。2005 年的调查虽缺失工伤保险和住房公积金两类，但包括了基本医疗保险、养老保险和失业保险三项内容，这有助于我们纵向考察过去 10 年中，流动人口医疗、养老和失业保险的纵向变动趋势。

需要说明的是，由于大多数自雇人口往往未购保险，故下面的分析对象仅包括就业身份为"雇员"的一类人，这是本章有别于其他章节之处。

1. 2005—2014 年流动人口社会保险拥有量

图 7-1 展示了 2005—2014 年这 10 年间，全国流动人口社会保险拥有总数。除 2005 年数据外，其余年份均为城镇职工医疗保险、养老保险、工伤保险、失业保险和住房公积金的加总。2005—2014 年，流动人口拥有社会保险的数量小幅平稳增长，且乡—城流动人口与城—城流动人口社会保险数量增长趋势基本一致，但城—城流动人口社会保险拥有数量对这一增长的推动起到了决定性作用。具体看来，主要有以下两个特征：其一，乡—城流动人口社会保险拥有总量大大低于城—城流动人口，2005 年的参保总数分别是 0.5 和 1.3，前者不到后者的 1/2。其二，城—城流动人口社会保险拥有数量在部分年份上的变动程度较乡—城流动人口更大，如在 2009 年实现了由 1 到 2 的转变，而乡—城流动人口却在 2010 年才实现平均 1 类的数量；且 2014 年，在乡—城流动人口社会保险拥有数量与前几年无异的情况下，城—城流动人口社会保险拥有数量从 2.1 增长到 2.5。毫无疑问，尽管城—城流动人口社会保障总数水平不高，但与乡—城流动人口相比，处于绝对优势地位。

2. 2009—2014 年五城市流动人口社会保险拥有量

中国地区发展极不平衡，图 7-1 展示的全国平均水平很可能掩盖了地区差异，从而需要对地区之间进行更细致的探讨。由于 2009 年的调查仅在北京、太原、上海、深圳、成都五个城市进行，出于可比的考虑，下面在考察社会保险的纵向变动趋势时，主要针对这五个城市进行。图7-2呈现的是五个城市全部流动人口和分户籍流动人口社会保险拥有总量，计算方法同上。

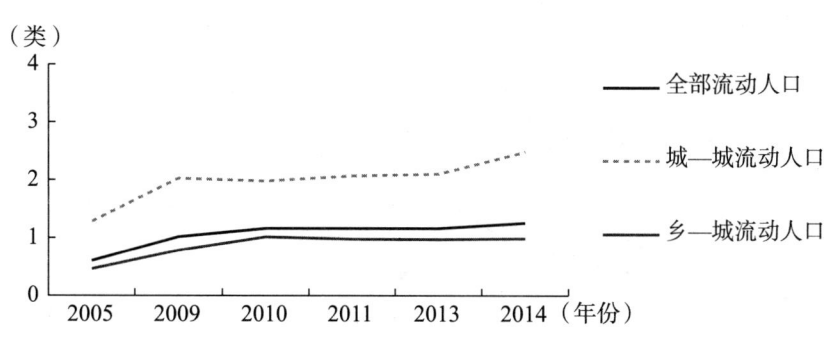

图7-1 2005—2014年全国流动人口社会保险拥有总数

注：分析对象仅为雇员（下同，不再一一注明）。

资料来源：2005年数据来自2005年全国1%人口抽样调查，只有医疗、养老和失业三类保险；2009年数据来自北京、太原、上海、深圳、成都五个城市；2010年数据来自2010年全国120个城市《流动人口动态监测调查》；2011—2014年数据来自全国《流动人口动态监测调查》（下同，不再一一注明）。

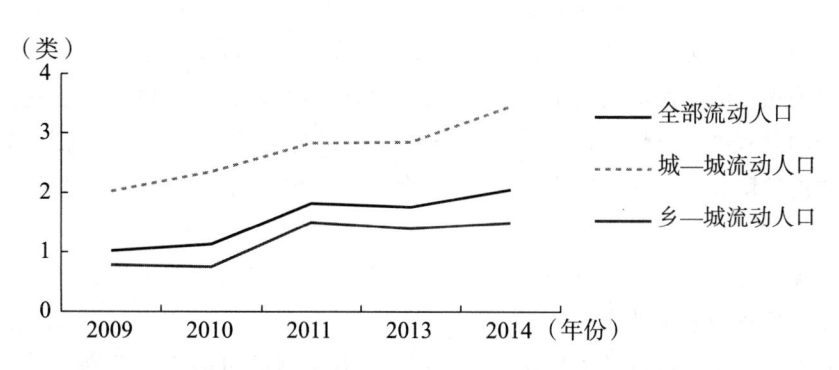

图7-2 2009—2014年五城市流动人口社会保险拥有总数

五城市两类流动人口社会保险的拥有量高于全国平均水平，尽管增长模式及差异程度与全国平均水平基本一致。五城市中，北京、上海、深圳的经济发展水平很高，流动人口的社会保障水平也较高，从而推进了五城市的整体水平。2011年、2013年和2014年，流动人口拥有的社会保险数量分别为1.8类、1.7类和2.1类，而全国平均水平在这几年都低于1.4类。分户籍的情况也是如此，但同样，城—城流动人口的拥有量大大超过乡—城流动人口，2014年的均值达到3.5类，超过后者1倍以上，且在过去5年间，二者的差异呈扩大趋势。

从流动人口拥有社会保险的数量上，可大致判断其社会保障的基本水平，但总数的计算同样掩盖了不同险种之间的差别。不同年份，流动人口拥有某些险种的比例不同，且拥有某些险种的比例大大超过拥有其他险种的比例（见图7-3）。

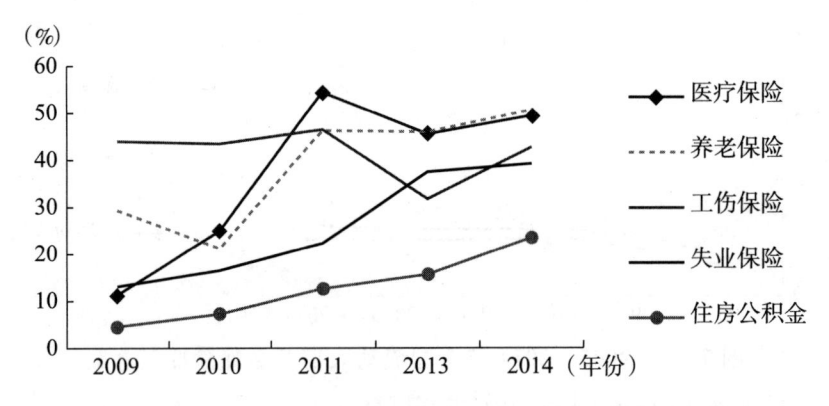

图7-3 2009—2014年五城市流动人口分保险类别参保率

2009年，拥有工伤保险的流动人口占44%，大大高于养老保险的30%、失业保险的14%、医疗保险的11%和住房公积金的5%。而2010—2011年，拥有医疗保险的流动人口的比例直线上升，由25%升至55%，成为各类社会保险比例最高的一个险种。近几年，流动人口拥有各险种的比例差异略微不同，但其拥有住房公积金的比例却均列末位。不过，应当指出的是，在其他险种享受比例曲折上升的过程中，流动人口享受住房公积金的比例逐年平缓上升，且2014年有较大幅度的增长（近10个百分点）。结合中国人的传统观念——"住有其所"，特别是拥有一套属于自己的房子，一直是所有人较为强烈的"保障梦"，这一比例的平缓上升，说明可能有一部分流动人口拥有较为强烈的留城意愿，且这类人群每年保持较为稳定的增长。

同理，不同户籍流动人口在五个城市中，社会保障可能亦有差别。通过对五城市城—城流动人口和乡—城流动人口拥有保险总数的比较可知，二者的确差异甚大（见图7-4a和图7-4b）。除太原市，五城市中城—城流动人口拥有社会保险总数基本超过2类；与之形成鲜明对比的是，除2011年和2013年的深圳外，在其他各城市的各年份中，乡—城流动人口拥有社会保险的数量均在2类以下，且大部分都在1.5类以下。

进一步分城市来看，北京市城—城流动人口和乡—城流动人口拥有保险总数差异最大，前者基本在3类以上，而后者在2009年和2010年拥有社会保险数量却分别只有0.8类和0.7类，此后三年有较大幅度增加，但依旧不足1.5类。城市规模越大，经济发展水平越高，对劳动力的吸引力越大。北京、上海、深圳等大城市除了吸引大量从事个体、建筑、低端服务业的乡—城流动人口外，还吸纳了大量中小城市甚至大城市具有较高教育水平和技能的城—城流动人口。因个体能力、职业分布、社会资本等诸多方面的差异，同样是流动人口，不同的户籍身份难免带来不一样的社会保障水平。人群差异的存在十分正常，若相关研究不对流动人口次群体进行细分，就会有大量的乡—城流动人口"被保障"，那他们追逐的"保障梦"也有可能会成为"白日梦"。

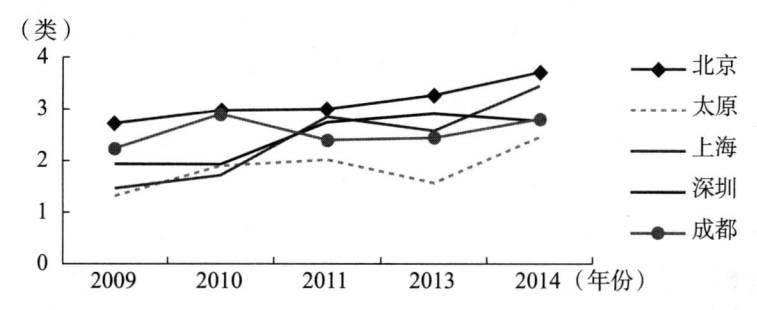

图 7-4a 2009—2014 年五城市城—城流动人口社会保险拥有总数

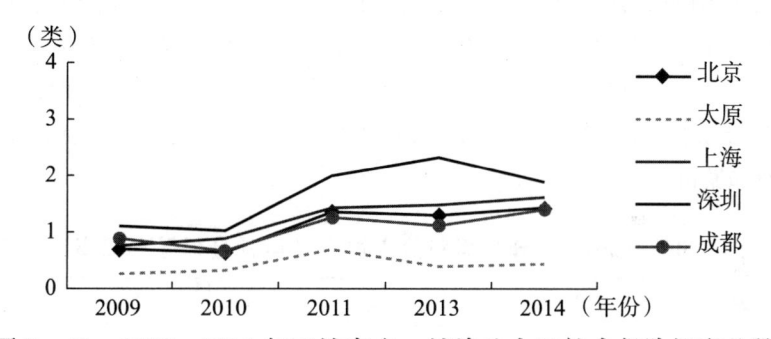

图 7-4b 2009—2014 年五城市乡—城流动人口社会保险拥有总数

五城市流动人口社会保险拥有总量的差异及其变动趋势的差别，可以通过图 7-5 得到进一步证实。显而易见的是，在深圳、北京和上海等城市，流动人口拥有社会保险总数明显超过太原和成都等普通省会城市，这与相关城市的经济社会发展水平、流动人口数量与结构，以及吸纳流动人口的历史有很大关系。从历时来看，各城市流动人口拥有社会保险总数的增长模式和趋势也存在一定差异。北京与上海具有相对较高的起点，且在 2009—2014 年稳步提高；深圳的起点较高（1.4 类），2010 年略微下降，2011 年和 2013 年虽有较大幅度增长，2014 年却明显下滑。太原与成都流动人口社会保险拥有总量在 2009—2011 年均逐步增加，但 2013 年都出现下滑，而 2014 年又有回升。

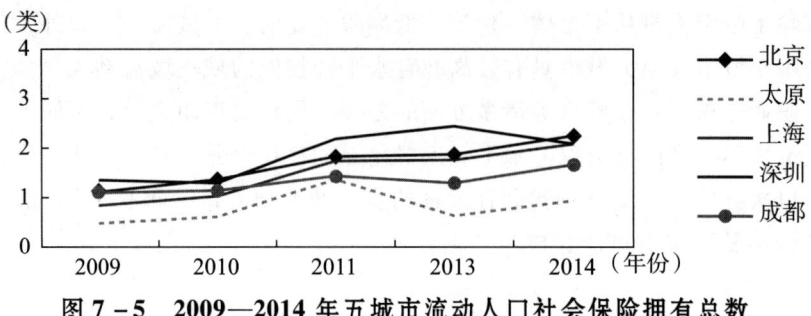

图 7-5　2009—2014 年五城市流动人口社会保险拥有总数

接下来，我们对过去 6 年间流动人口各类社会保险进行更为详细的分析。表 7-2 显示，一直以来，城—城流动人口拥有各类社会保险的比例都高于乡—城流动人口。以此处作为起点的 2009 年为例，二者除工伤保险相差 14 个百分点外，城—城流动人口享有医疗、养老、失业和住房等险种的比例都是乡—城流动人口的数十倍；5 年后，这一差距有所缩小，除失业保险和住房公积金差距甚大外，就其余险种而言，乡—城流动人口的拥有比例基本也只有城—城流动人口的 1/2；加上他们的基数甚大，这一差距意味着未享受各类社会保险的乡—城流动人口的绝对数量巨大。此外，在历次时点，北京、上海、深圳三市流动人口拥有各类保险的比例也相对较高。以北京市流动人口医疗保险拥有率为例，历年的占比分别为 15.2%、27.7%、48.9%、40.1% 和 50.1%，明显高于太原和成都等北部和西部城市。

表 7-2　2009—2014 年分户籍和流入城市各类社会保险参保率　　单位：%

变量	医疗保险	养老保险	工伤保险	失业保险	住房公积金
2009 年					
户籍					
城—城流动人口	34.38	60.38	55.83	34.67	17.41
乡—城流动人口	5.81	21.97	41.15	7.97	1.56
流入城市					
北京	15.15	22.99	45.49	18.14	9.48
太原	9.52	13.29	13.16	8.00	4.37
上海	3.71	27.68	45.82	4.42	2.79
深圳	13.88	46.17	60.84	11.30	3.37
成都	15.38	29.51	37.83	24.08	2.75

续表

变量	医疗保险	养老保险	工伤保险	失业保险	住房公积金
2010 年					
户籍					
城—城流动人口	57.07	54.50	60.21	39.87	23.63
乡—城流动人口	14.87	10.75	38.19	9.16	2.07
流入城市					
北京	27.66	26.64	41.12	27.76	13.27
太原	11.30	11.13	21.40	10.27	7.02
上海	29.96	7.35	49.88	11.07	4.27
深圳	29.85	32.76	55.43	9.24	2.05
成都	18.74	24.95	37.39	22.79	10.36
2011 年					
户籍					
城—城流动人口	72.65	69.88	58.96	47.87	34.06
乡—城流动人口	48.64	38.74	42.53	14.22	5.91
流入城市					
北京	48.93	42.62	44.61	31.41	15.05
太原	37.10	32.46	24.64	23.77	18.55
上海	53.41	49.13	43.65	17.30	10.16
深圳	71.11	55.14	60.91	15.48	15.58
成都	40.35	34.31	35.13	27.90	5.86
2013 年					
户籍					
城—城流动人口	68.20	70.80	44.24	61.55	40.60
乡—城流动人口	37.96	37.70	27.60	29.47	7.39
流入城市					
北京	40.12	42.51	45.25	40.44	18.94
太原	14.02	13.36	17.53	10.85	7.85
上海	57.11	53.37	13.27	38.69	13.11
深圳	47.96	56.31	66.88	45.45	27.46
成都	30.40	34.45	32.07	26.17	6.26

续表

变量	医疗保险	养老保险	工伤保险	失业保险	住房公积金
2014 年					
户籍					
城—城流动人口	76.77	77.90	64.60	72.03	53.67
乡—城流动人口	38.42	39.71	33.90	26.03	11.46
流入城市					
北京	50.10	51.11	47.38	47.91	28.52
太原	22.48	22.48	18.57	16.29	14.17
上海	56.28	58.27	38.44	34.30	20.76
深圳	39.39	39.66	60.52	38.04	31.03
成都	40.16	40.79	36.98	35.95	12.62

三、流动人口社会保险参与影响因素：简要文献梳理

由上可知，虽然在过去 5 年、10 年中，流动人口的社会保障水平都得到明显改善，但总体而言，无论是全部流动人口还是分户籍、分城市流动人口，他们的保障水平依旧十分低下。保障的不足不是体现在某类险种上，而是体现在所有险种上，尽管类别之间的差异也十分明显。提高流动人口的社会保障水平，逐渐消除群体、地区及险种之间的差异无疑是实现流动人口整体"保障梦"的根本任务。社会保障不仅能有效降低流动人口未来风险，且对其回流意愿具有显著的负向影响（石智雷、薛文玲，2015），即在促进流动人口的城市融入上发挥着重要作用（韩俊强，2017）。而提高其水平、消除其差异的基本前提是，科学分析影响保障水平的主要因素，深入挖掘其实现"保障梦"的根本障碍。

（一）制度因素

前面第四章的定性访谈资料表明，制度安排是流动人口参保率低的根本性要因。中国长期实行城乡分割的户籍登记制度，而实行社会保障及各种社会福利待遇均以户籍登记为基础。这使得在外地务工的流动人口得不到流入地的基本社会保障，却又因离开了户籍地而难以享受流出地的社会福利。农业户口的乡—城流

动人口更难以享受城镇的社会福利，体制的分割是造成他们参保率较低的主要原因（韩枫，2016）。同时，户籍除了具有城乡的二元属性外，还兼具外来与本地的另一个二元属性；即使具有城市户口，作为"外来人"的流动人口也无法获得与本地市民同等的社会保障待遇。例如，虽然城—城流动人口的社会保障高于乡—城流动人口，但参保覆盖率不到本地居民的一半（宋全成、王赞，2016）。因此，在宏观制度背景中，户籍制度无疑是导致流动人口社会保障程度极低的最主要原因（蔡昉，2004；邓大松、胡宏伟，2007；郭星华、杨杰丽，2005；李春玲，2006；刘传江等，2007；任远、邬民乐，2006；王凡，2007；王桂新、罗恩立，2007；张国胜，2007）。

社会保障制度设计本身的缺陷也是影响流动人口社会保障的重要因素（郑秉文，2008）。虽然在国家相关政策的规制下，流入地为流动人口打开了社保之门，但由于保险转账制度的局限，社保基金区域统筹与跨省流动的冲突，人们在异地（尤其是跨地区）流动时只能带走个人账户资产，不能带走单位支付的保险费用，这就大大降低了流动人口的参保热情，也使他们的参保过程存在中断以及频繁退保的现象（付炎龙，2010）。在此过程中，因我国养老保险统筹层次低，区域经济发展不平衡，地方政府之间存在利益博弈，流入与流出地养老保险基金权益与义务不均等利益冲突导致了养老保险关系转移接续不畅（常仁珂，2017）。

社会保障相关法律法规的系统性和有效性也在一定程度上成为影响流动人口社会保障的因素。当前中国流动人口所应享有的各项社会保障权益均是以一系列的"办法""通知""条例"和"意见"等形式出现的，而这些政策文件散见于不同部门，相互之间尚未构成一个较为系统的法律法规体系。而且，这些规章制度大多较空泛，缺乏可操作性，尚不构成有效保障流动人口各项权益的具体措施，从而使得这些规制缺乏实际和强制的约束力（谢欣宸，2013）。

（二）个体因素

研究发现，个体的人口学、经济社会、流动特征和区域特点等都可能制约流动人口的社保福利，但不同研究得出的结论可能大相径庭。由于相关文献很多，读者可参考杨菊华（2013）的文献综述，这里不再详细列举。比如，在其他条件相同的情况下，有的研究发现，年龄对是否参保没有显著影响（姜向群、郝帅，2008）；而其他研究却发现，随着年龄的增长，参加社保的概率随之增高（张展新、高文书、侯慧丽，2007）。又如，就教育水平来看，对2006年北京市流动人口的研究显示，只有大专及以上的教育程度对流动人口是否参加社会保障有明显作用（姜向群、郝帅，2008），但对 2003 年北京、天津、上海等五大城市的研究却表明，基本养老保险、医疗保险、失业保险的概率均随教育程度的提高而得到改善（张展新等，2007），一项专门针对城—城流动人口的研究同样也表明，受教育程度越高，参保可能性越大（石人炳、陈宁，2015；秦立建、王震、葛玉好，2015）。

行业类别、单位性质均与社保概率密切相关：与建筑业相比，在制造业、社会服务行业就业的流动人口参保的概率更大；与个体企业相比，国营企业、集体企业、三资企业的职工享有更高的社保可能性（张展新等，2007；梁土坤，2017）；是否签订劳动合同对参保的影响十分显著（姜向群、郝帅，2008；张展新等，2007）；但就业身份对 2006 年北京市流动人口是否参加社保的影响不显著（姜向群、郝帅，2008）。此外，即便控制了其他因素，流动人口的参保概率仍存在很大的地区差别。地区差异对参保与否的影响结果比较一致，东部地区流动人口各类参保率均高于中东部地区（秦立建、惠云、王震，2015；石人炳、陈宁，2015）。

（三）现存研究局限

简要的文献收集、梳理和分析结果，结合这里没有展现的前期文案工作，帮助我们得出以下三点结论。

其一，现存研究使我们对乡—城流动人口社会保障的现状、特点及影响因素有了一定的了解。就其保障现状而言，全国性和地区性数据得出的结论虽然存在较大差异，但基本特征是类似的，即保障水平极其低下。影响个体社会保障有无或比例高低的因素也是多样的，既有个体人口学和社会经济因素，也有宏观政策制度因素。但这些宏观因素是否独立地作用于该群体的社会保障水平尚需进一步斟酌。

其二，为数不多的实证研究在某些相同的问题上并未得出完全一致的结论。这里既有方法上的，也有时代变迁等的影响。比如，学者的研究对象不同，变量的定义不同，分析方法有异，模型构成不同。另外，由于数据和研究设计的局限，现存研究遗漏了一些重要的变量。比如，在流入地居留时间、流动原因、流动范围等因素可能直接作用于流动人口的社会保障水平。因此，现存研究的说服力和代表性都值得商榷。

其三，如杨菊华（2013）所言，现存研究三个很大的问题是，除极少数研究（张展新，2007；张展新等，2007）外，现存研究忽视了内外之别，忽视了实证研究，忽视了个体差异。由于数据和相关研究的缺失，我们对城—城流动人口社会保障的情况所知甚少。其社会保障的现状如何？作为"外来人"，他们与本地户籍人口之间是否存在差异？作为城镇市民，他们与乡—城流动人口之间是否存在差异？是"外来人"身份的差异更大，还是"户籍墙"的差异更大？这些问题都有待回答。

针对现有研究的局限，下面我们将利用 2014 年《流动人口动态监测调查》中的《融合调查》数据，分析流动人口社会保障的基本情况和影响要素。关于调查和数据的具体情况，请参照"致富梦"一章以及 2015 年国家卫生计生委流动人口司《中国流动人口发展报告》。

四、2014 年八城市流动人口社会保险参保率

如前所言，我们最关心的问题是，在业流动人口是否享受城镇职工应该享有的各类社会保险，故分析对象仅针对调查时在业的受访对象。本节描述现状和基本特征，下一节将在此基础上，进一步分析各类因素对社会保障享有情况的影响。

2014 年流动人口动态监测询问所有的受访者是否参加失业保险、基本养老保险、医疗保险、工伤保险、住房公积金。每种保险均为有、无两个选项。本文将其处理成虚拟变量，0 表示没有参加保险，1 表示参加了保险。基于此，将因变量衡量为两种方式、三个变量（但本节的描述仅针对部分测量进行）：一是二分类变量。流动人口只要参加了其中任何一项保险，即被赋值为 1，而没有参加任何保险者则被界定为 0。二是计数变量。首先，累加社会保障种类，生成一个取值介于 0~5 的计数变量：若某个个体同时享有五类保险，其取值为 5；若一个受访者没有参加任何保险，则其取值为 0；该方法考察受访者共享有几类保险，哪些因素提升其享有更多种类保险的概率。其次，差值变量，即用流动人口社会保险参加总数减去流入地城市本地市民的平均参保数。

（一）分户籍和险种参保率

图 7-6 描绘了三类在业人群拥有五类社保的占比。比较本地市民与流动人口可知：首先，本地城镇居民社会保障状况优于流动人口，尤其优于乡—城流动人口，五类保险都呈现高度的一致性。乡—城流动人口受农业户籍、人力资本和社会资源所限，职业地位较低，故保障水平也最低。其次，在三类人群

中，不同险种的占比差异甚大，本地城镇居民医疗保险率最高（65.2%），乡—城流动人口住房公积金最低，不同群体之间呈现出明显差异。最后，无论是流动人口，还是本地城镇居民，养老保险和医疗保险覆盖面更大，住房公积金最低，而乡—城流动人口住房公积金（8.4%）更低，不到城镇居民（45.39%）的1/5。极低水平的住房公积金透视出来的是，流动人口"住有所居"的安居梦与其他梦想相比，可能更为遥远，对经济社会地位处于劣势的乡—城流动人口更是如此。

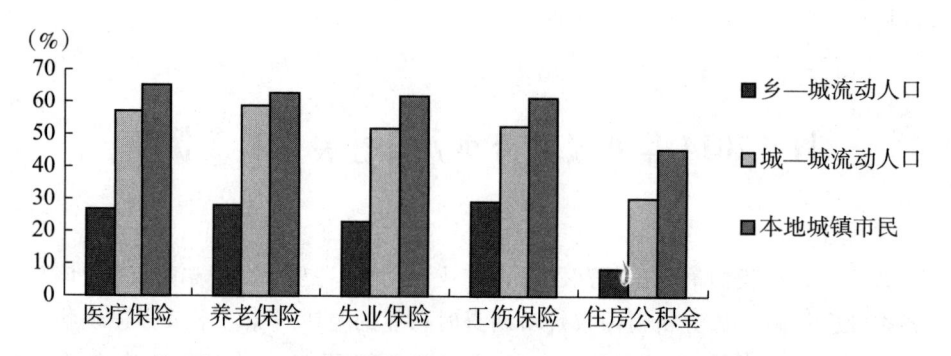

图 7-6 八城市分户籍流动人口社会保险参保率

进而，比较不同户籍的流动人口可知，他们内部也呈现出明显的社会分层。首先，在被调查的五类保险中，城—城流动人口的参保比例均大大超过乡—城流动人口，具有明显的领先优势。其次，与城—城流动人口相比，乡—城流动人口与本地市民在社会保险方面的差距要大得多，其各类保险的参与比例均不到本地市民的一半。以住房公积金为例，8.4%的乡—城流动人口拥有住房公积金，仅约为城—城流动人口（30.2%）的1/4。而两类流动人口之间的差异，无疑与各自的户籍、教育、职业、收入等密切相关，它们也共同促成了流动人口内部的分化和差异。

（二）分户籍、流入城市和险种参保率

不同城市因人文环境、历史背景、社会氛围及经济结构等方面的差异，逐渐形成了各自的独特性，进而可能对生活于其中的流动人口的保障福祉带来不同的影响。以下针对各单项保险，分别讨论城市间不同户籍群体社会保险的差异。

图 7-7 展示了 8 城市分户籍流动人口医疗保险的基本情况。本地城镇居民医疗保险优于城—城流动人口，城—城流动人口优于乡—城流动人口，这是八城

市高度一致的特征趋势。在不同城市间，具有以下特点：首先，本地市民的社会保障呈现三级梯度。北京、厦门水平最高，保险水平超过75%以上；成都、青岛、嘉兴和郑州次之，保险水平介于60%~70%；中山、深圳垫底，保险水平略超过50%。其次，在城市之间，城—城流动人口的保险水平差距甚大。北京朝阳区一枝独秀，参保率高达80%；厦门市紧随其后，覆盖率近70%；成都市也达到约60%；其余五市的参保率均在50%及以下——其中，郑州最低，约为21.9%，不到朝阳区的1/3。最后，就乡—城流动人口而言，厦门的保险水平最高（54.4%），其余城市均在30%或以下，与相应城市的城—城流动人口和本地市民差距甚远。

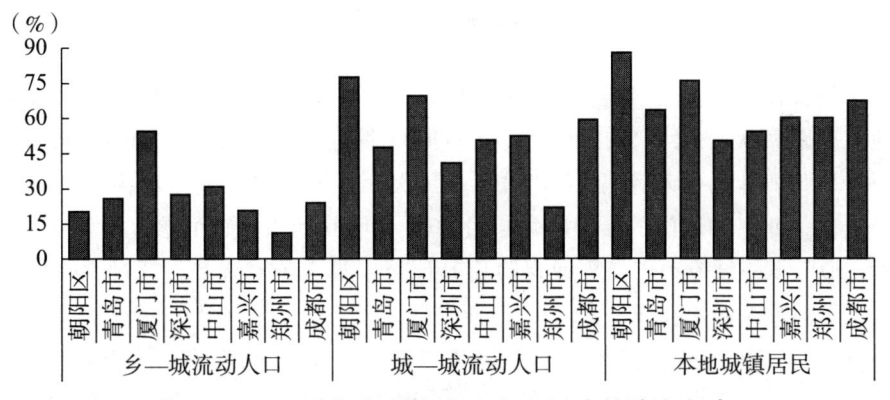

图7-7　八城市分户籍流动人口医疗保险参保率

养老保险（见图7-8）具有以下特点：首先，八城市中本地市民的养老保险与医疗保险的分布趋势大同小异。同样是北京、厦门的覆盖率最高，分别为81.1%和75.0%；成都、青岛、嘉兴居中，分别为65.7%、65.6%和62.6%；保险率最低的是中山、深圳、郑州三地，占比分别为50.2%、45.9%和53.2%。深圳作为经济发展领先城市，在本地市民医疗保险和养老保险上并未展现出与经济同步发展的高水平。其实，这里主要关注基本医疗保险和养老保险，但随着收入水平的提高，可能越来越多的人选择商业性保险服务或其他形式的保险服务，追求更多元化高水平的养老服务和医疗保障；换言之，数据中展现出来的深圳市民的保险水平可能并未完全反映出当地市民保险的实际情况。另一种情况是，本地市民中有相当一部分并未就业，从而可能拉低整体参保水平。其次，不同城市流动人口社会养老保险差异明显。厦门两类流动人口的养老保险水平均处于优势地位，而郑州这两个流动人口子群体的保障水平均处于各城市排名末端，分别为22.8%和11.7%，分别不到厦门的1/3和1/4。受制于城市经济发展程度和产业结构，城市间流动人口养老保险的差距也很大。

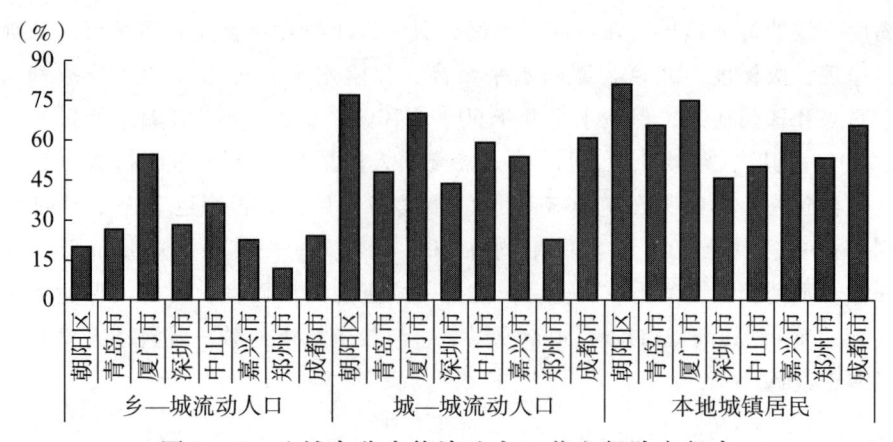

图 7-8　八城市分户籍流动人口养老保险参保率

不同群体失业保险（见图 7-9）具有以下特点：首先，本地市民失业保险的地区差距两极分化明显，北京市民的保险覆盖率高达 90%，而青岛、嘉兴、中山、郑州四地的保险率均不到 50%。其次，各城市城—城流动人口失业保险两极分化，北京和厦门的参保率均超过 60%，而其他六城市的参保率不到 50%。最后，厦门乡—城流动人口失业保险比其他城市具有绝对优势，超过 50%，而其他城市的同类人群均在 30% 以下；即便是厦门，乡—城流动人口享受失业保险的比例也分别低于本地市民、城—城流动人口 21 个、12 个百分点。这说明，乡—城流动人口与本地城镇居民之间的差距并不会因为城市本身社会保障水平的升高而缩小，而这一差距也成为乡—城流动人口融城难的重要原因。

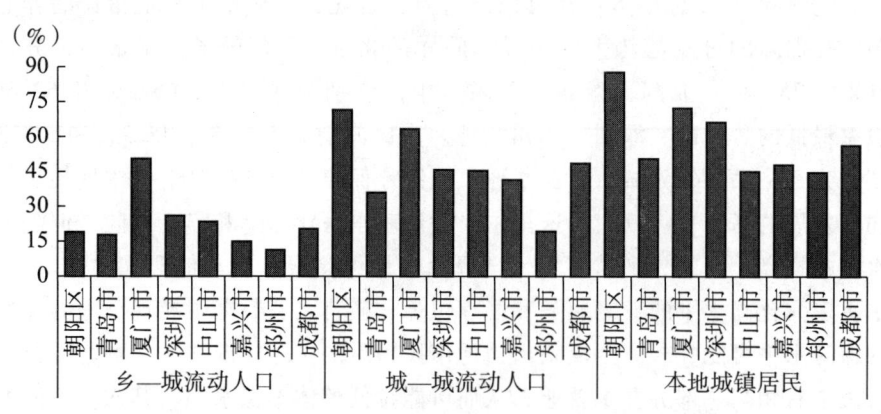

图 7-9　八城市分户籍流动人口失业保险参保率

在工伤保险方面，城市间、群体间差异依旧较大（见图 7-10）。在作为国际大都市且拥有巨量流动人口的北京，本地市民享受工伤保险的比例在八城市中最高（近 80%），也有 62% 的城—城流动人口享受工伤保险，而乡—城流动人口享有工伤保险的比例不足 20%，在八个城市中倒数第二。群体差异最小的是拥有较长接收流动人口历史的厦门市和深圳市：在厦门市，乡—城流动人口享受工伤保险的比例低于城—城流动人口 12 个百分点，低于本地城镇市民 18 个百分点；在深圳，乡—城流动人口享有工伤保险的比例分别低于城—城流动人口、本地城镇居民 10 个、15 个百分点。本地市民工伤保险的地区分化明显，北京、深圳、厦门三城市的参保率占据领先位置，均在 70% 左右，而其他五个城市都在 60% 以下，郑州最低，参保率不到 50%。北京作为全国的政治中心，本地居民完善的社会保障系统对外来人口而言依旧可望而难即。但同时，北京聚集了大量的知识精英和技术精英，且相当部分来自其他城市，他们成为城—城流动人口的中坚力量，有能力在激烈的竞争中获取一席之地。因此，作为现代大都市，北京更适合城—城流动人口的生存和竞争，而乡—城流动人口则因缺乏较高的教育水平、核心的工作竞争力而不得不从事初级或低端工作，难以像城—城流动人口那样，获得依附于职业和经济—社会资本的保障福利。

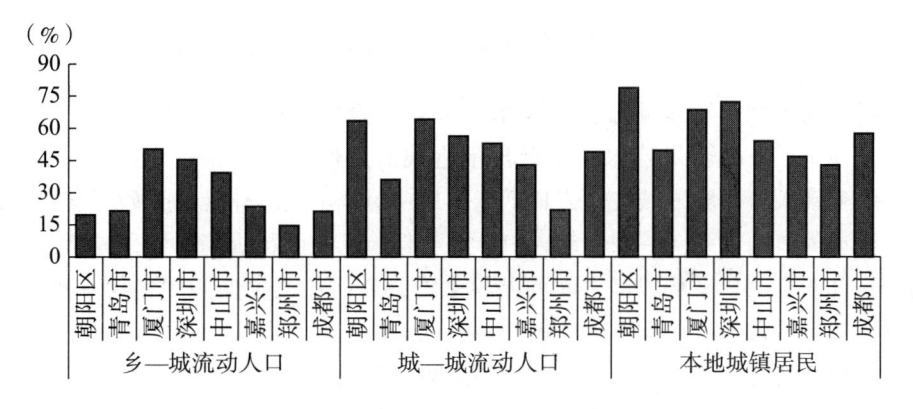

图 7-10　八城市分户籍流动人口工伤保险参保率

从图 7-11 中可以看出，无论在哪个城市，乡—城流动人口的住房公积金享有比例都极低，最高的深圳也不过 19.3%。其次，除郑州市外，其他城市乡—城流动人口住房公积金享有比例都低于 10%，而郑州市乡—城流动人口住房公积金的享有比例仅次于深圳，虽然不高，但排名靠前，与其失业保险、养老保险和工伤保险排名情况（都处于倒数第一位置）形成鲜明对比。这说明，虽然保障水平普遍偏低，但郑州市各项社会保险的发展速度与程度较为均衡。乡—城流动人口极低的住房公积金享受比例，无疑导致他们与其他人群（特别是本地市民）在住房条件上的巨大差异。不同城市之间，本地市民住房公积金的差异也很大，形成了以北京和深圳独具优势、以成都和嘉兴最为劣势的等级分化格局。在城—城流动人口内部，北京、深圳继续保持优势，住房公积金水平遥遥领先，分别为

46.2%、39.5%，其他6城市的参保率均不足30%。住房公积金的覆盖率直接与城市的经济发展水平相联系，经济越发达，保障体系越完善。因此，尽管城市落户艰难且遥远，但不断有大量人口涌入大城市发展，旨在寻求更多的工作机遇，获得更好的生活保障。

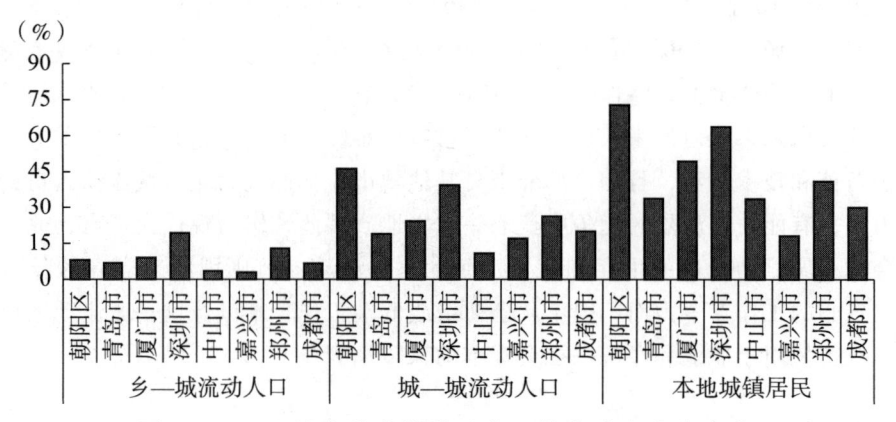

图7–11　八城市分户籍流动人口住房公积金享有率

通过对各城市整体社会保险及单项社会保险拥有情况的系统分析，我们发现，八城市五项社会保险水平呈现出最直观的共性趋势：乡—城流动人口低于城—城流动人口，城—城流动人口低于本地市民，不同群体社会保险差异分化明显。流动人口尤其是乡—城流动人口，社会保险水平亟待提高，特别是水平极低的住房公积金项目。从城市之间的差异来看，厦门在五类保险中整体水平最高，郑州整体水平最低；北京本地市民和城—城流动人口在各类保险中占有绝对优势地位，而相比之下其乡—城流动人口的劣势十分明显。无论是本地市民还是流动人口，深圳的住房公积金和失业保险参保率都较高，但医疗、养老及工伤保险居于中等水平。成都虽然在养老、失业、医疗、工伤保险方面不太低，但住房公积金劣势明显，从而拉低了其总体水平。

比较八个城市之间的差别可知，城市经济发展水平和经济结构，城市的包容性、人文环境均会对流动人口的社会保险产生较大影响。北京和厦门作为经济发达和开放城市的代表，不仅为本地市民提供了较高水平的保障，而且在维护流动人口保险权益上具有城市先进性。成都作为人文环境浓郁和休闲城市的代表，在实现城市居民和流动人口的保障方面也体现出独特的优势和竞争力，但因其经济结构的制约，在住房公积金方面难以展现出更多的优势和保障。同样，受经济水平限制更多的郑州市，无论哪类保险都体现出绝对的弱势。较高的经济发展水平并不一定带来较高的保险福祉，但较低的经济发展条件一定不会带来较高的社会保障。从个人来说，"老有所养，病有所医，住有所居"的保障梦依赖于自我不断的奋斗和努力，通过经济地位的不断提升而慢慢实现；从城市来看，经济结构及社会政策的协调运行，可为城市发展和居民提供更多的物质基础；从国家角度来讲，宏观经济政策及就业政策联动发力，可保障公民的就业公平和发展机会。但就社会保障而言，乡—城流动人口的保障梦尚无清晰的实现路径。作为一个特殊群体，他们的劳动与报酬属于"现收现付"（通过当前的劳动支付获得即时报酬），而未能通过现时劳动支付获得未来的累积收益，因此，无论在哪个城市，无论何种险种，流动人口均处于劣势地位，保障梦何其之远！

（三）分流动特征和险种参保率

除城市间的差异外，流动人口的社会保险在不同特征人群中也存在明显差别（见表7-3）。就流动特征（界定为流动跨越的行政区域、流动原因、流动模式）来看，跨省、省内跨市、市内跨县流动者的社会保险呈现"倒U"型：市内跨县和跨省流动人口的参保率相对较高，省内跨市者的保险水平最低。一方面，跨省流动人口主要向东部沿海地区聚集，其产业和经济结构比较合理，规模企业较多且用工制度更为规范，有能力为较多的流动人口提供各种形式的保险；另一方面，市内跨县流动区域小，属于市区范围内的流动，保险转移接续的障碍相对较小，从而也有助于参保率的提高。

表7-3 分流动特征各类社会保险参保率　　　　单位：%

变量	医疗保险	养老保险	失业保险	工伤保险	住房公积金
流动区域					
跨省	32.09	33.53	27.88	34.98	11.13
省内跨市	29.27	30.16	25.27	28.86	11.38
市内跨县	36.74	39.43	30.82	34.95	16.85
流动原因					
其他	23.10	25.08	21.78	23.76	12.21
务工经商	31.26	32.50	27.01	32.61	11.44
居留时间					
1~2年	27.69	28.82	25.11	31.51	11.81
3~4年	32.85	34.21	28.01	33.88	11.61
5~7年	33.79	35.16	28.16	32.17	10.09
8~10年	37.55	38.61	30.17	33.33	11.87
10年以上	38.12	39.97	30.67	34.74	10.84

续表

变量	医疗保险	养老保险	失业保险	工伤保险	住房公积金
流动模式					
非家庭式流动	31.36	32.25	29.34	34.71	14.84
半家庭式流动	29.00	30.16	24.57	31.71	9.09
举家流动	33.68	35.43	27.64	31.10	11.26

注：卡方检验得出以下结果。

（1）流动区域与五类保险之间的相关关系均高度显著，$pr<0.001$；

（2）流动原因与医疗保险、养老保险、工伤保险的相关关系均在 0.01 的水平上显著，与失业保险的相关关系在 0.05 的水平上显著，与住房公积金无显著关系；

（3）居留时间与医疗保险、养老保险、失业保险的相关关系均在 0.001 的水平上显著，与工伤保险和住房公积金无显著关联；

（4）流动模式与五类保险之间的相关关系均高度显著，$pr<0.001$。

从流动原因来看，务工经商者比其他群体在医疗、工伤、养老、失业保险方面具有绝对优势，但两者住房公积金的参保比例持平。这种现象的出现，可能是因为务工经商者的收入较其他原因而流动者的收入高，而社会保险与经济收入紧密相关。随着流动人口在流入地居留时间的延长，除住房公积金外的其余四类社会保险的参与率都相应提升，但这种正向变动趋势在住房公积金方面发生逆转：居留时间为 3～4 年之人的住房公积金最高（11.6%），而居留时间在 5～6 年之人的住房公积金最低（10.1%）。相对于不同的流动模式，流动人口在不同险种上的参保率也存在差异，举家流动者的医疗和养老保险的参保率最高，非家庭式流动者的失业、工伤保险及住房公积金水平最高，而半家庭式流动者的各类参保水平均处于最低水平。

（四）分人口特征各单项社会保险参保率

人口学特征亦与流动人口的社会保险参与情况显著相关（见表 7-4）。无论是哪一类保险，与出生队列的关系均呈"倒 U"型分布，即中间群体（1980—1990 年出生人口）的社会保险水平最高，1980 年前出生的"老生代"次之，1990 年后出生者社会保险水平最低，仅为 1980—1990 年群体的 1/2。在涨薪梦的部分已经初步证实，1980 年前以及 1980—1990 年流动人口收入存在较大优势，1990 年后群体处于绝对的收入劣势。收入依托职业存在，社会保险同样也是依托于职业，故良好的职业地位不仅带来较高的经济收入，也带来更高水平的社会保障；故与收入的代际差异相一致，1990 年后流动人口的社会保障也处于绝对劣势。这充分反映出，1990 年后流动人口作为城市新生的主力军，整体步入职场的时间不长，人力、经济和社会资本三重缺失，经济社会地位低下，故保障福祉也处于明显的劣势。

表 7-4　　　　　　　分人口特征各类社会保险参保率　　　　　　　单位：%

	医疗保险	养老保险	失业保险	工伤保险	住房公积金
出生队列					
1980 年前	44.06	44.05	38.47	41.12	23.07
1980—1990 年	45.66	45.50	42.98	47.20	25.88
1990 年后	28.92	29.45	27.05	31.33	13.67
性别					
男性	42.36	42.29	38.51	42.25	23.53
女性	42.65	42.79	38.66	41.82	21.77
民族					
少数族群	40.79	39.73	35.05	42.15	22.21
汉族	42.54	42.58	38.68	42.07	22.82
婚姻					
不在婚	38.53	38.51	37.02	40.43	22.33
在婚	43.78	43.80	39.08	42.61	22.96
受教育程度					
≤小学	23.85	25.00	18.26	22.58	3.51
初中	27.79	28.82	21.75	26.93	7.01
高中	43.40	43.79	40.14	43.49	21.39
大专	62.28	60.57	61.32	63.09	42.25
≥大学	79.53	76.52	79.01	78.58	69.80

注：性别仅与住房公积金有显著关系（Pearson 卡方 = 9.3797, $pr = 0.002$）；民族与五类保障之间均缺乏显著关联；婚姻与五类保障之间的相关关系均在 0.01 的水平上显著，出生队列和受教育程度与五类保障之间的相关关系均在 0.001 的水平上显著。

社会保险的性别差异并不显著，两性之间参与各单项社会保险的比例基本持平。汉族各类保险率均高于少数民族，但两者差距不大。这也许说明，性别和民族差异在社会的包容和开放中逐渐缩小，人们获得社会经济地位的关键在于自身的能力禀赋和相关的人力资本、社会资本。婚姻的建立有助于经济社会地位的提升；在中国，不在婚者往往比在婚者年龄小，绝大多数为青年群体，相应的人力资本和经济社会地位较差，还处于人生初步的奋斗阶段，其社会保险参与率略低也在情理之中。

受教育程度越高，参保率越高，且在各单项保险中均呈一致的正向相关关系。同时，不同的教育层级与除住房公积金外的其余四类社会保险的参保率之间呈现出三级梯队的分布：初中及以下教育群体的参保率最低，不到30%；受过高中教育群体的社会保险率居中，处于40%左右的水平；受过大学及以上教育群体的社会保险水平最高，参保率超过70%，表明教育投资可带来较大的保障回报。值得注意的是，在不同的教育层级中，住房公积金的差异最大：大学及以上群体的住房公积金覆盖率为69.8%，而初中及以下群体的拥有率不到10%。住房公积金作为社会保险的重要组成部分，需要雇主相应地支付大量的保险金，成本较高，故而雇主为雇员投保的积极性不高。因此，从现实情况来看，除在较好的正规单位就业且与用人单位签订了正式劳动合同之人外，绝大多数学历低且受雇于工厂、建筑工地、低端服务业之人，难以享受住房公积金；特别是在各类社会保险的参保率均有待提高的情况下，住房公积金更成为一种奢求。

五、2014年八城市流动人口社会保险模型分析

相关分析结果表明，制度因素（如户籍类型和户籍地点）、结构要素（如流入地和流动跨越的行政区域）以及许多流动人口的自身特征都与其社会保险的参与情况显著相关，但我们也发现，其中的不少因素都是相互关联的。那么，究竟是哪个（些）因素对其社会保障福祉、对其保障梦的实现真正发生作用呢？下面通过模型分析来回答这一问题。

（一）模型分析方法

本部分主要采用模型分析，比较、探讨在其他条件相同的情况下，乡—城流动人口、城—城流动人口与本地市民在社会保障方面的差异，不同流动特征对流动群体社会保障的影响，个体和宏观因素对流动人口社会保障的作用。

回归模型的选定依赖于研究目的、数据结构，尤其是因变量的分布。如前所述，本文共有三类、四个因变量。其中，第一类因变量为二分类变量，采用Logit分析模型；第二类因变量为计数变量，属于Poisson分布，故需要采用Poisson 回归模型。第三类因变量是连续性变量，采用 OLS 回归（这里将因变量大致等同为随机连续性变量，但存在变量值取值范围偏小和集中的缺点。但在当前取值特点下，OLS 最为合适）。

（二）模型分析结果

1. 保险总数与 Poisson 模型分析结果

从保险总数的分析结果来看（见表 7-5），全样本人群中，在其他因素相同的情况下，本地市民、城—城流动人口的社会保险参与总数显著高于乡—城流动人口。模型的系数值显示，城—城流动人口比乡—城流动人口参与社会保障的发生比高 41.9%（$e^{0.35}-1$），而本地市民比乡—城流动人口参与社会保障的发生比高 63.2%（$e^{0.49}-1$）。这说明，流动人口的社会保障并不完善，与本地城镇居民存在较大差距。同时，乡—城流动人口的社会保险低于城—城流动人口，这是由于城—城流动人口整体的职业地位较高，更易获得依附在正规职业上的医疗、养老和工伤保险。单独对流动人口样本进行分析可知，在控制了流动特征等因素的基础上，城—城流动人口社会保障的总体参与水平依旧优于乡—城流动人口，与全部样本人群模型的分析结果相一致。

流动特征是流动群体特有的属性，流动的空间、时间差异带来社会保险参与概率的差异。流动区域越小，在流入地居留的时间越长，社会保险参与情况越好。流动区域在一定程度上反映了区域管辖格局和辖区关系，流动跨越的区域越大，表明流动者距离其户籍管辖中心越远，越难以被纳入流入地的制度之内，也难以享有与当地市民平等的社会保障权。同时，从社会保险的续接制度来看，跨越区域越大，越难以形成有效的统筹系统，从而加大社会保险转接的难度，进而削弱流动人口的社会保险福祉。随着在流入地居留时间的延长，流动人口在潜移默化中逐渐认同城市观念和价值，并在不断建立城市中的人际交往圈、扩展社会网络的同时，提高个体的职业地位及依附于其上的社会保障水平。同时，务工经商者的社会保障参与情况优于其他群体。一方面说明，收入对社会保障的影响显著；另一方面也表明，流动群体具有明确的目的导向，而获得较好的社会保障也是该群体不断追求、不断实现的目标之一。所在城市的不同导致了不同程度的社会保险参与水平。如同前面的描述性结果，厦门市流动人口的整体参保情况优于其他城市，而在这八个城市，经济社会发展水平较低的郑州市，流动人口的保障水平也最低。

表7-5　　社会保险总数泊松模型分析结果（计数变量）

自变量	全部人群 系数	全部人群 标准误	流动人口 系数	流动人口 标准误
流动身份				
乡—城流动人口（=对照组）				
城—城流动人口	0.35	0.02***	0.26	0.02***
本地城镇市民	0.49	0.01***	—	—
流动区域（跨省=对照组）				
省内跨市	—	—	0.16	0.22***
市内跨县	—	—	0.42	0.04***
务工经商（其他原因=对照组）	—	—	0.17	0.06**
居留时间（年）	—	—	0.02	0.00***
流入城市（北京朝阳区=对照组）				
青岛市	-0.11	0.22***	-0.13	0.04***
厦门市	0.24	0.02***	0.45	0.03***
深圳市	-0.14	0.02***	0.00	0.03
中山市	-0.22	0.02***	-0.03	0.03
嘉兴市	-0.20	0.02***	-0.32	0.03***
郑州市	-0.39	0.02***	-0.51	0.04***
成都市	-0.05	0.02*	-0.09	0.03**
出生队列（1980年前=对照组）				
1980—1990年	-0.05	0.01***	0.00	0.02
1990年后	-0.25	0.02***	-0.13	0.03***
在婚（不在婚=对照组）	0.04	0.01**	0.07	0.02***
受教育程度				
≤小学（=对照组）				
初中	0.19	0.03***	0.19	0.03***
高中	0.48	0.03***	0.47	0.04***
大专	0.59	0.03***	0.63	0.04***
≥大学	0.64	0.03***	0.76	0.04***

续表

自变量	全部人群 系数	全部人群 标准误	流动人口 系数	流动人口 标准误
就业行业				
制造业（=对照组）				
建筑业	-0.41	0.03***	-0.54	0.04***
服务业	-0.24	0.02***	-0.26	0.03***
机关企事业单位	-0.07	0.02***	-0.01	0.03
职业类别				
干部（=对照组）				
商业服务人员	-0.15	0.01***	-0.16	0.02***
生产人员	0.00	0.02	-0.02	0.02
其他职业者	-0.30	0.04***	-0.21	0.07**
签订了劳动合同（否=对照组）	1.09	0.01***	1.46	0.02***
收入（对数）	0.08	0.01***	0.17	0.02***
截距	-0.57	0.04***	-1.42	0.16***
样本量	22 037.00		14 661.00	
Log likelihood	-35 246.11		-20 298.60	
Likelihood ratio	24 977.04		16 149.90	
Pseudo R^2	0.26		0.28	

注：*$p<0.05$，**$p<0.01$，***$p<0.001$。

就控制变量来看，无论在全部样本模型还是在流动人口样本中，不同出生队列人口的社会保障存在差异，1980年前群体通过工作年限的累加优势比1990年后群体获得更好的保障。教育程度与参保概率显著相关。与从事制造业的人相比，从事建筑业及商业服务业的人社会保险参与概率更低。同样，在婚者、签订了劳动合同、收入水平较高者拥有更多社会保障的概率也分别高于不在婚者、未签订劳动合同者和收入水平较低者。

2. 流动人口与本地市民社会保险总数差值OLS模型分析结果

那么，哪些因素扩大差距并让流动人口离保障梦越来越远呢？为此，我们用流动人口社会保险的总数减去本地市民保险总数的均值,得到二者差值,生成一个差值变量。若差值为正,则流动人口的保险总数超过本地市民的平均水平,反之亦然。结果表明,二者差值为 -1.54 类,说明前者的保障水平低于后者的普遍水平,乡—城流动人口与本地市民的差值更大(-1.69)。表 7-6 是二者差值的 OLS 模型分析结果。

表 7-6　流动人口与本地市民社会保险总数差值 OLS 模型分析结果

自变量	全部流动人口 系数	全部流动人口 标准误	城—城流动人口 系数	城—城流动人口 标准误	乡—城流动人口 系数	乡—城流动人口 标准误
乡—城流动人口	-0.50	0.04***	—	—	—	—
流动区域						
跨省(=对照组)						
省内跨市	0.18	0.03***	0.19	0.09*	0.18	0.03***
市内跨县	0.48	0.07***	0.28	0.16	0.53	0.07***
务工经商	0.18	0.08*	0.07	0.20	0.23	0.09**
居留时间(年)	0.03	0.00***	0.02	0.01**	0.03	0.00***
流入城市						
北京朝阳区(=对照组)						
青岛市	1.31	0.05***	0.80	0.14***	1.47	0.06***
厦门市	1.52	0.05***	0.81	0.15***	1.70	0.05***
深圳市	1.07	0.05***	0.46	0.11***	1.29	0.05***
中山市	1.65	0.05***	1.08	0.14***	1.82	0.05***
嘉兴市	1.36	0.05***	1.16	0.15***	1.49	0.05***
郑州市	1.29	0.05***	0.37	0.18*	1.46	0.06***
成都市	1.25	0.05***	1.12	0.13***	1.35	0.06***
出生队列						
1980 年前(=对照组)						
1980—1990 年	0.02	0.03	-0.03	0.08	0.02	0.03
1990 年后	-0.14	0.04***	-0.10	0.14	-0.14	0.05***
在婚(不在婚=对照组)	0.14	0.03***	0.22	0.09***	0.13	0.04***

续表

自变量	全部流动人口 系数	全部流动人口 标准误	城—城流动人口 系数	城—城流动人口 标准误	乡—城流动人口 系数	乡—城流动人口 标准误
受教育程度						
≤小学（=对照组）						
初中	0.16	0.04***	0.25	0.21	0.16	0.04***
高中	0.50	0.05***	0.78	0.21***	0.48	0.05***
大专	0.85	0.06***	1.11	0.22***	0.80	0.06***
≥大学	1.45	0.07***	1.59	0.22***	1.37	0.10***
就业行业						
制造业（=对照组）						
建筑业	-0.64	0.06***	-0.61	0.19***	-0.64	0.06***
服务业	-0.39	0.04***	-0.41	0.12***	-0.39	0.05***
机关企事业单位	-0.02	0.05	-0.09	0.13	-0.01	0.05
职业类别						
干部（=对照组）						
商业服务人员	-0.57	0.05***	-0.36	0.10***	-0.63	0.05***
生产人员	-0.37	0.05***	-0.17	0.13	-0.42	0.05***
其他职业者	-0.52	0.09***	-0.74	0.25**	-0.53	0.10***
签订了劳动合同（否=对照组）	1.51	0.03***	1.74	0.08***	1.46	0.03***
收入（对数）	0.19	0.02***	0.25	0.07***	0.17	0.03***
截距	-5.23	0.22***	-5.18	0.65***	-5.14	0.24***
样本量	14 661		2 044		12 617	
F 值	428.65		57.31		355.79	
R^2	0.44		0.42		0.42	

注：$*p<0.05$，$**p<0.01$，$***p<0.001$。

鉴于该变量的特性，若回归系数为正，则表明流动人口与本地市民的差距缩小，流动人口离保障梦更近；若回归系数为负，则表明他们与本地市民的差距更大。结果显示，户籍性质、流动区域、流入地等流动特征均对差值产生显著影响。相对于乡—城流动人口，城—城流动人口与本地城镇居民之间的差值显著缩小；省内跨市、市内跨县者比跨省流动者与本地市民之间的差距更小。同样，相比于北京，其他各城市流动人口与本地市民社会保险差距更小；教育程度提高、在本地的居留时间越长、签订了劳动合同、在婚、收入增加等因素均缩小了流动人口与本地城镇居民社会保险的差距，但1990年后出生队列流动人口却与本地市民之间的差距拉大。与制造业相比，在建筑业、服务业就业的流动人口与本地市民社会保险的差距更大；同样，与干部相比，流动人口中的商业服务人员、普通工人和本地市民之间的保险差距更大。虽然因程度有别而使系数的取值不同、显著性不完全一样，但分户籍流动人口的模型分析结果与全部流动人口样本模型的结果几乎完全一样，这里不再赘述。

3. 拥有任何一种保险 Logistic 模型分析结果

前面两个模型考察的是保险拥有总量及其在人群之间的差值。那么，流动人口与本地市民在至少拥有一类保险方面是否存在差别？表7-7的数据为我们提供了这个问题的答案。

表7-7　　拥有任何一项保险概率 Logistic 模型分析结果

自变量	全部人群 系数	全部人群 标准误	流动人口 系数	流动人口 标准误
流动身份				
乡—城流动人口（=对照组）				
城—城流动人口	0.79	0.07***	0.83	0.07***
本地城镇居民	1.23	0.05***	—	—
流动区域（跨省=对照组）				
省内跨市	—	—	0.31	0.06***
市内跨县	—	—	0.85	0.13***
务工经商（其他原因=对照组）			0.45	0.17**
居留时间（年）			0.05	0.01***
流入城市				
北京朝阳区（=对照组）				
青岛市	-0.37	0.08***	-0.30	0.11**
厦门市	0.75	0.08***	1.14	0.10***

续表

自变量	全部人群 系数	全部人群 标准误	流动人口 系数	流动人口 标准误
深圳市	0.37	0.07***	0.93	0.09***
中山市	0.45	0.08***	0.99	0.10***
嘉兴市	-0.44	0.08***	-0.41	0.10***
郑州市	-0.86	0.08***	-0.84	0.11***
成都市	-0.15	0.07***	-0.18	0.11
出生队列				
1980年前（=对照组）				
1980—1990年	-0.25	0.04***	-0.33	0.09***
1990年后	-0.68	0.07***	0.17	0.07*
在婚（不在婚=对照组）	0.21	0.06***		
受教育程度				
≤小学（=对照组）				
初中	0.39	0.07***	0.36	0.09***
高中	0.96	0.08***	0.94	0.10***
大专	1.32	0.09***	1.34	0.12***
≥大学	1.97	0.12***	2.03	0.16***
就业行业				
制造业（=对照组）				
建筑业	-1.18	0.10***	-1.12	0.12***
服务业	-0.60	0.07***	-0.63	0.08***
机关企事业单位	-0.10	0.08	-0.08	0.09
职业类别				
干部（=对照组）				
商业服务人员	-0.69	0.07***	-0.78	0.10***
生产人员	-0.40	0.08***	-0.38	0.10***
其他职业者	-0.98	0.11***	-0.81	0.19***

续表

自变量	全部人群		流动人口	
	系数	标准误	系数	标准误
签订了劳动合同（否＝对照组）	2.16	0.04***	2.30	0.05***
收入（对数）	0.25	0.04***	0.28	0.05***
截距	-3.28	0.32***	-4.66	0.45***
样本量	22 018		14 661	
Log likelihood	-9 348.26		-6 321.73	
Likelihood ratio	11 752.46		7 214.23	
Pseudo R^2	0.39		0.36	

注：$*p<0.05$，$**p<0.01$，$***p<0.001$。

显而易见的是，在全部样本模型中，在其他条件相同的情况下，城—城流动人口和本地市民至少拥有一类社会保险的概率分别是乡—城流动人口的2.2倍和3.4倍。即便控制流动特征，城—城流动人口拥有至少一类社会保险的概率不降反升。该结果与表7-5中总的社会保险的结果十分相似。可见，无论使用何种测量方法，因城乡户籍类型、本地外来户籍地点的不同所带来的保障差异都是一致的。

六、小结与简论

上述有关三个人群与五类社会保障指标的分析结果呈现出一幅复杂的画面。从这样一个画面中，我们可以看出，流动人口的保障覆盖（概）率低，梦圆之路甚是遥远。这里还仅仅是从社会保险的参保情况来测度流动人口的保障梦圆状况，若对已有参保人群的参保水平和保障额度进行分析，保障的差距或许更大。

其一，社会保障的内外之别。虽然现行的社会保障法律条文明确规定，劳动者参与社会保险以与用人单位发生劳动关系为准，不受本地户籍的制约，从而对流动人口敞开了参加社会保障的大门（劳动和社会保障部，2006），但从法律规定到条文落实需要经历许多中间环节，从而使流动人口的社会保障尚未得到根本改善。一方面，没有本地户籍的流动人口难以获得地方公共服务，且缺乏稳定的就业途径，流动性较强。当他们跨统筹地区流动时，既需要在新的地区接续失业保险，又不能带走就业单位为其缴纳的基本养老保险费和医疗保险费。另一方面，一些保险的准入门槛较高，绝大多数乡—城流动人口难以支付。因此，就业稳定性和缴费连续性与大量跨省区流动的现实之间存在尖锐的矛盾。这些制约使得流动人口的参保意愿较低，或参保后经常退保（郑秉文，2008）。

其二，保障梦圆的城乡之分。由于控制了基本人口特征、人力资本变量和地区因素，我们有理由相信，城乡分隔的户籍制度是导致乡—城流动人口社会保障之梦更为遥远的主要原因。虽然户籍制度只是其中的一个成分，还有许多其他的、源于户籍制度且与户籍捆绑在一起的因素（如农村各种资源缺乏、个体发展能力偏低）在发生作用，但户籍类型、户籍地点的双重隔离使乡—城流动人口处于双重弱势地位。因此，要改善乡—城流动人口的社会保障福利，任重而道远；除松动户籍制度之外，调整与户籍制度挂钩的相关福利和资源的分配政策也是非常必要的。

其三，虽然城乡差分大于内外之别，但二者共同作用于流动人口的社会保障。每一个保障指标都显示出类似的特点，即差异主要表现在乡—城流动人口与本地人口之间，而城—城流动人口与本地人的差别相对较小。而且，与城—城流动人口相比，乡—城流动人口的社会保障福利水平显著偏低。这些特点说明，城乡差分是导致不同人群之间社会福利差异的主导因素。然而，同样是城镇户口，且城—城流动人口的个人发展能力、社会经济状况等都超过本地市民（因而从理论上看，应该拥有更高的保障水平），但他们的保障水平依旧低于本地人。该发现表明，在社会保障方面，本地人与外来人的"内外之别"十分重要。户籍所在地及其衍生物的关系（即地方保护性质）使得带有外来流动人口印记的高收入群体也部分地被排斥在当地的社会保障体系之外。

其四，不同城市间各户籍群体社会保险既呈现一定的共性，也表现出诸多的差异性。北京、厦门等发达城市除了本地城镇居民保障水平处于领先位置外，其流动人口保障水平也相对较高。成都以其特有的文化氛围和经济产业结构，在完善本地城镇居民和流动人口社会保障方面发挥了独具特色的优势。郑州受限于其经济发展能力，保险水平较低。因此，城市经济发展水平在为社会保险提供更多物质支撑的同时，其人文环境和文化氛围也发挥着软作用，这既凸显了城市现代性发展，也是城市文化氛围的传承。

其五，人各有异，梦亦不同。相比于1990年后群体来说，1980年前群体的工作相对稳定，职业累积优势明显，也更容易获得依附工作而存在的社会保险。在婚、高收入不仅促进了乡—城流动人口，也提高了城—城流动人口的保障水平。受中国传统家庭文化观念影响，加之在婚者的年龄优势，在婚者比尚未进入婚姻者具有更高水平的社会保障。高收入一般主要从稳定的职业中获得，且收入越高，职业等级越高，越容易获得固定的社会保险。因此，高收入者、在婚者以及1980年前三群体之间具有一定的交叉性，从而在社会保障方面具有相似性。

　　社会保障作为社会基本公共福利的典型代表，是国家对其公民的基本责任。它从来就不是少数人的安乐窝和俱乐部，而是全体人民安居乐业的大厦（杨燕绥，2012）。然而，对2.53亿流动人口而言，他们的社会保障权利在制度区隔中沦为空谈，许多人将他们的社会保障权视为城市政府的一种恩赐，是富人对穷人的一种施舍，而没有将其作为流动人口应得的一种权利（喻名峰，2012）。流动人口的社会保障水平低，近乎游离于社会安全网之外的现实表明了社会公平、正义的缺失，昭示了流动人口保障梦圆道阻且长。

第八章

子女教育梦

女儿获得公平的教育机会是我的梦想。我们从1997年来到北京，一直在这里打拼，开办了自己的公司，在我们这个领域也还算成功吧。女儿也已经7岁了，但去年为了她上学的事情，真是颇费周折。现在上了一个重点小学的分校，上小学的问题总算解决了。希望将来小升初没有那么费劲。不过，看北京这样的情况，将来就学只能越来越难的，我也做好了两手准备，准备移民国外。

——位48岁的湖北籍城—城流动人口如是说。

我们两夫妻一个月加起来也就四五千块钱，没办法把孩子带到苏州来，我们是流动人口，在这边上学需要很多证件，经济条件也不允许，只能放在老家，让我爸妈带着，将来也只能在老家上学。

——位30岁的河南籍乡—城流动人口如是说。

我们看看吧，如果不能在北京这边上学，我就带着两个孩子回石家庄，他爸爸在这边赚钱，只能这样了。我们在那边买了房子，在重点学校都认识人，孩子从小到大都可以在重点学校上学，北京这边郊区县的学校教学质量也不见得比老家好。

——位33岁的河北籍城—城流动人口如是说。

我们来北京很多年了，我们家孩子从小学到初中一直在这边上，今年他该初中毕业了，我们在这边还有生意，小儿子也还在这边上幼儿园，我们一时半会儿也回不去，考虑到将来也不能在这边参加高考，打算让他去上职业学校了。

——位40岁的河南籍乡—城流动人口如是说。

我最大的愿望就是跟我妈妈在一起，在北京上学。3岁时跟我妈妈一起来到北京,在这里上完小学,妈妈说,为了我上小学,花费了不少钱。小学毕业后就回湖北读初中了。妈妈说,在北京上初中很困难,我们周围没有好的初中,到城里上初中成本太高了;加上妈妈很忙,没有人照顾我,妈妈就把我送回来了。妈妈在市里买了一个房子,让外公外婆照顾我。我现在已经上初三了,真希望将来能考到北京去,跟妈妈一起生活。我在北京还有一个好朋友,她们家到天津武清买了房子,她现在在那里读初三,将来可以考天津的高中,以天津人的身份参加高考了。读小学的时候,班上有不少学生都是像我们这样的情况,因为我们住在郊区嘛,外来学生挺多的,但很多都回老家了。

2014年,一位15岁的湖北籍留守女孩如此描述她的教育经历。

"万般皆下品,唯有读书高",一句话将古人对教育至高无上的期待表现得淋漓尽致。对寒门之子而言,教育是实现纵向社会流动的主要途径;对社会上层群体来说,教育是维持既有社会地位的重要手段。新中国成立以来,中国政府致力于发展教育,消除阶层之间的教育差异。如果说中华人民共和国成立后的前30年,中国人口的教育机会相对趋于公平的话,那么近30多年来,改革后出现的"中国特色群体"——流动人口却让我们看到了这种相对公平中的群体不公。义务教育的发展让每个孩子都获得了接受教育的机会,高等教育扩张式发展提升了大学中农村学生的比例,但是,人群之间的教育差异是否就消除了呢?城乡差异、地区差异使中国逐渐成为一个"流动的国家",附加在户籍制度上的教育制度能否赋予横向流动的学龄儿童同等的受教育权利呢?如前所示,许多流动人口在流入地努力奋斗拼搏、坚忍前行的一个重要原因在于,为子女提供更好的受教育机会。那么,子女的教育梦在流入地能否实现?本章描述了流动儿童(界定为跟随父、母或父母亲一同流动的孩子,也称"流动少儿""随迁子女")追逐教育梦的历程,并尝试解释梦想实现过程中面临的问题和障碍。具体回答三个问题:

(1)流动少儿的教育福祉处于怎样的状态?
(2)哪些因素与学前流动儿童的教育机会相关?
(3)哪些因素与流动少儿的教育质量相关?

一、流动少儿教育福祉:简要文献梳理

随着职业的稳定与收入的增长,流动人口在流入地的居留时间越来越长,生活逐渐稳定。这会驱动流动人口将配偶和子女带在身边,实现家庭团聚,由此带

来城市中流动儿童的数量不断增长，他们在流入地的教育问题日渐突出。事实上，很多父母进行地域流动，正是为了让孩子接受更好的教育，通过教育实现向上的社会流动。

（一）流动少儿总量及变动趋势

资料显示，在过去十多年中，0～17周岁流动少儿数量急速增加。2003年，《全国流动儿童抽样调查》结果显示，18周岁以下的青少年为1 982万人，占全部流动人口的19.4%；2005年为2 533万人（段成荣、杨舸，2008）、2010年为3 581万人（段成荣、吕丽丹、王宗萍、郭静，2013），在全部27 891万同龄儿童中，占比为12.8%；在2005—2010年，流动儿童平均每年新增200多万人。

据《中国流动儿童数据报告》（新公民计划，2014年），在2000—2010年，乡—城流动儿童的涨速较快。来自农村的流动儿童数量从2000年的1 405万人，增至2005年的1 938万人、2010年的2 877万人。从占比来看，三个时点分别为70.9%、76.5%和80.3%。虽然城—城流动儿童在流动儿童总体中的占比有所下降，但绝对数量从2000年的577万人增至2010年的704万人。

2010年，3 106万流动少儿生活在城镇，约占城镇儿童的1/4。他们主要分布在东南沿海地区：流动儿童数量从多到少排前五位的省份分别是：广东（408万人）、浙江（280万人）、江苏（214万人）、山东（194万人）、四川（191万人）。五省流动儿童人数之和达1 287万人，约占全国流动儿童总量的35.9%。

同年，各年龄段流动男童均多于流动女童。年龄结构上，除两头（0～2岁流动儿童数量较少，15～17岁流动儿童数量较多）外，中间年龄段流动儿童的数量并无太大的性别差异。15～17岁流动少儿数量最多，流动男孩与流动女孩在全部流动儿童中的占比分别为18.2%和17.9%（新公民计划，2014年）。他们中的大部分可能并非在流入地求学就读，而是已经就业或在寻找工作机会。

从不同时点来看，流动儿童跨越的行政范围存在一定差异（见图8-1）。2005年与2010年的数据均显示，在不同年龄段，省内流动和跨省流动少儿的占比有明显变化。总体趋势是，在低龄阶段，跨省流动儿童的占比超过省内流动儿童的占比，但随着年岁的增长，前者的比例降低，而后者的占比上升；不过，不同时点的升降情况有所差别，模式并不完全相同。2005年，在4岁之前，跨省流动儿童的占比超过省内流动儿童，但在5岁前后，跨省和省内流动儿童的占比发生逆转，省内流动儿童的占比随年龄的增长而持续上升，直到16岁；17岁时，跨省流动少儿的占比跳跃式上升，从8.3%升至16.9%，涨幅达到100%。2010年，低龄阶段跨省或省内流动儿童占比的模式与2005年的模式相同，但持续的时间有别。直到 11 岁，跨省流动儿童的占比都超过省内流动儿童；12 岁时，两类儿童的占比大体相当，但此后，省内流动少儿的占比持续超过跨省流动儿童。

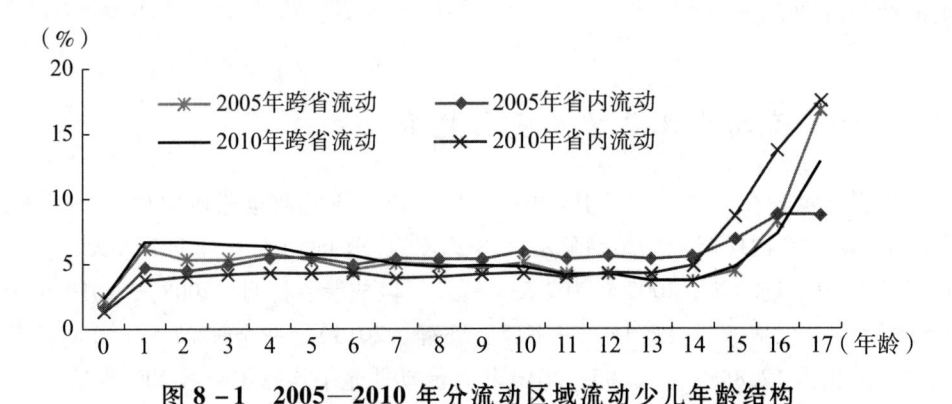

图 8-1 2005—2010 年分流动区域流动少儿年龄结构

资料来源：《中国流动儿童数据报告》（新公民计划，2014 年）。

（二）流动儿童教育福祉基本状况

流动儿童在流入地面临生活、安全和教育等诸多方面的问题；因父母往往需要超长时间的工作，他们在生活上往往得不到应有的照料，难免出现身体和心理上的安全隐患。除此之外，最具普遍性的问题当属教育。新世纪以来，国家和地方政府采取了一系列措施，确保流动儿童享有与流入地儿童同等的教育权。2001 年国务院《关于基础教育改革与发展的决定》，提出了流动儿童教育的"两为主"方针，即"以流入地政府管理为主，以全日制公办中小学为主，依法保障流动人口子女接受义务教育的权利"。2003 年，国务院办公厅转发教育部、中央编办、公安部、发展改革委、财政部、劳动保障部联合出台的《关于进一步做好进城务工就业农民子女义务教育工作的意见》，明确了流入地政府及各职能部门的责任，并要求流出地政府积极配合并采取灵活的收费方式。2006 年，国务院颁发《关于解决进城务工农民问题的若干意见》，指出"两为主"要"按实际在校人数拨付学校公用经费""不得违反国家规定向农民工子女加收借读费及其他任何费用"。新修订的《义务教育法》第十二条也明确规定："父母或者其他法定监护人在非户籍所在地工作或者居住的适龄儿童、少年，在其父母或者其他法定监护人工作或者居住地接受义务教育的，当地人民政府应当为其提供平等接受义务教育的条件。具体办法由省、自治区、直辖市规定。"

在相关研究上，通过对多个不同数据库检索和文献梳理可知，对流动儿童这个群体的关注约始于 20 世纪 90 年代中期（王毅杰、高燕等，2010；周皓、荣珊，2011）。经过约20年的发展，其关注度不断提高（周皓，2012；师保国、王芳、刘霞、康义然，2014）。在过去近20年中，社会、学界和政府对他们的关注从总量、规模、特征逐渐转向生存发展、健康水平、社会融合等多方面，而与儿童发展直接相关的教育问题自然成为重中之重。不过，尽管方方面面的努力使得流动儿童的教育问题得到很大改善，但囿于现有教育体制和教育资源的配置政策，流动儿童在流入地依旧难以公平地接受正规教育。姑且不论教育结果，仅就教育机会、教育过程、教育质量而言，流动儿童也都面临着一系列不公平。

1. 教育机会

在流动人口随迁子女的教育梦中，首要问题就是"有没有学上"的问题。在过去数年中，政府、社会都致力改善流动儿童上学难的问题，从而使得这一难题得到很大缓解。不同地区的数据显示，在2000年前，流动儿童的在学率均低于70%（周皓，2001）；2000年人口普查数据显示，11~14岁流动儿童的在学率为91%（杨菊华、段成荣，2008）；2005年全国1%人口抽样调查表明，6~14岁流动儿童的在学率达到94.9%（段成荣、黄颖，2012）；2009—2014年国家卫生计生委《流动人口动态监测调查》数据都显示，义务教育阶段流动儿童的在学率均在92%~95%。但是，若将他们与留守儿童、流入地户籍儿童进行比较则发现，流动儿童的教育机会最低，在控制了其他因素后，在学概率不到其他两类儿童的2/3（杨菊华、段成荣，2008）。

如果说在义务教育阶段，流动儿童"上学难"的问题得到很大改善的话，教育机会的不公更多地体现在学前教育（顾微微，2012；虞永平，2010）和后义务教育阶段。学前儿童上不了幼儿园（或公立幼儿园）、后义务教育年龄段的孩子难以在流入地就读高中，依旧是很多学龄儿童面临的困境。这些问题造成的后果是，孩子要么被留在原籍（而成为留守儿童），要么不能适龄上学，要么早早失学或辍学，未及真正成年，就跟随父辈、亲戚或同伴，过早地踏上打工之路（冯帮，2011）。就学机会过少与家庭较低的社会经济地位是紧密相连的，家庭地位越高，辍学的可能性越低（许庆红、张晓倩、吕昭河，2016；庄西真、李政，2015）。

由于全国性的数据较少，有关学前阶段和后义务教育阶段的数据多具有地区性，致使不同研究得出有一定差异的结论。研究发现，3~6岁流动儿童的在园率大约只有六成（张翼、周小刚，2012），大大低于城市儿童的在园率（邹泓、屈智勇、张秋凌，2005；宋月萍、李龙，2012），与该群体对学前教育的需求严重脱节。若区分流动儿童的户籍可进一步发现，乡—城流动儿童的在园率更低：

国家卫生和计划生育委员会流动人口司（2013）的数据表明，北京、江苏、上海学前流动儿童的在园比例分别仅有59.2%、58.5%、56.5%。但是，也有一些地方性的调查结果显示，流动儿童的在园率超过七成（邹敏、王中会，2011；马国才、王留柯，2011）。无论是五成还是七成甚至八成，流动儿童的在园率都低于本地户籍同龄儿童，学前教育问题依旧未能得到有效解决（谢宝琴、吴思妮、陈俊英，2011）。

在后义务教育阶段，流动儿童的教育遭遇两大瓶颈：一是初中升高中；二是高中升大学。流动儿童不仅"上学"难，且"升学"更难，而高中升大学更是难上加难（冯帮，2011；吴晓燕、吴瑞君，2009）。这一困境无疑有个体和家庭因素的作用，但归根到底还是制度要素起着决定性作用，即流动儿童教育面临流入地社会的"福利制度排斥"（李宇鹏，2010）。孩子的成绩不够理想，是他们上不了高中、升不了大学的表面原因，其本源因素却在于目前的升学制度对外来人口、农村人口的排斥，以及城乡教育质量的差异。某些流入地区的教育部门规定，中考报考必须具备本地户籍，从而直接将户籍在外地的流动儿童排斥在后义务教育的范畴之外。高考政策也明确规定，考生必须在户籍地报名，将流动儿童排斥在流入地的高考体制之外。即便流动儿童可在本地参加高考，但由于流出地与流入地的教材设置差异，流动儿童在应试考试中自然地处于劣势地位，难以与本地儿童一样实现大学梦。

2. 教育过程

教育过程相对于教育机会而言，具有边界的模糊性，这里从三个方面来考虑：一是是否及时上学；二是能否顺利完成某个层级的教育；三是上学过程中面临的问题。研究表明，部分流动儿童未能适龄上学。2000年，4.0%义务教育年龄段的流动儿童未按要求入学，辍学率为0.8%（段成荣、梁宏，2004）；2003年《中国流动儿童抽样调查》公布的结果显示，流动儿童的失学（包括辍学）比例达9.4%，远远高于普查结果；2005年适龄儿童"未上过学"的比例为2.7%，"辍学"比例降至0.5%（段成荣、杨舸，2008）；2006年，3.9%的民工子女处于失学状态（王桂新、罗恩，2007）。尽管不同来源的数据得出的结论差别甚大，但都透视出不公平的教育过程。

地方政府或隐或显的保护主义不仅降低了中央教育政策实施的有效性，也经常阻断流动儿童的教育过程。虽然政府出台了大量的政策，明确规定流入地政府必须对流动儿童同等对待，不得收取借读费、赞助费或其他各类隐性费用，但不少地方政府从本地利益出发，在执行中央文件精神——免借读费招收流动人口子女进入公立学校时，都设置了一些关卡，不少流动少儿仍被剥夺或无力享有与城市儿童平等进入公办学校的资格。例如，2010年教育部发布《教育部关于修改和废止部分规章的决定》中，要求取消"借读费"等不公平的规定，但大部分学校仍以其他方式（如"捐资助学"等）收取高额费用。流动人口在城市一旦丧失工作或经济收入减少，其子女往往会辍学或回流到户籍地就读，流动儿童很难顺利完成教育。

同时，父母参与等家庭环境因素也影响流动儿童的教育过程。除抚养责任外，父母还应参与到子女的学校教育中——通过与教师和学校沟通，共同确定子女的教育目标，在家庭和学校之间建起一座良性互动的桥梁，从而为子女提供一个健康的家庭学习环境（李燕芳、管益杰、楼春芳、周英、董奇，2005），帮助他们解决学业和学校中的问题。流动父母虽然十分重视教育，但如前面定性访谈所示，他们或因工作时间过长而无暇顾及，或因自身教育程度（特别是乡—城流动人口）较低而有心无力，或因对学校的过度依赖（周国峰，2015）等，他们在子女的教育参与方面严重缺位，参与程度低，参与能力弱。同时，流动父母往往过于强调子女学习成绩好坏的结果，忽视了子女在学习过程中的心理发展、人格建设等多方面的因素；甚至流动父母多次工作的变化以及流动空间的转换，导致子女学习环境不稳定（胡玉萍、张亚鹏、于珍珍，2015）。这些无疑都会对流动儿童的教育过程产生较大的负面影响，不利于他们接受应有的正规教育。

3. 教育质量

教育质量相对而言具有一定的主观成分，但学校性质往往是一个有效的客观指标。在不考虑学费高昂的"贵族学校"的情况下，城市中的公立学校因拥有较多的政府资金支持和大量高技能教师而比一般的私立学校特别是打工子弟学校，具有更高的教育质量，从而成为流动儿童梦寐以求的就学场所。但是，2002年9月"全国流动儿童教育与健康状况抽样调查"数据显示，只有25.5%的流动儿童在公立学校就读（杜娟、叶文振，2003）。如上所言，2001年、2003年和2006年，国务院和相关职能部门一再重申，流动儿童的义务教育实行"两为主"方针，从而帮助越来越多的流动儿童在流入地上学，十余年前公立学校中流动儿童占比很低（谢敏，2012）的现象大大改观。然而，在义务教育年龄段流动儿童的就学问题基本得到解决之时，其内部的差异性仍需进一步考量。事实上，第四章的访谈结果告诉我们，迄今为止，流动儿童所上学校的性质依旧包括三个类型。

一是打工子弟学校（陶红、杨东平，2007；王毅杰、高燕，2010；蔡禾、刘林平、万向东，2009；徐丽敏，2009）。虽然在打工子弟学校接受教育的孩子越来越少，但这类学校并未消失。2011年，北京市关停24所打工子弟学校，绿园小学、苗苗小学、新希望学校和红星小学相继关闭，其中的流动儿童陆续被分流到公立学校的分校。但是,由于流动儿童数量巨大,具有15年历史的"行知打工子弟学校"依然承担着流动人口子女的教育工作。

二是质量较差的私立学校(其中一部分就是打工子弟学校;虽然不乏质量很高的私立学校,但这不是乡—城流动儿童可及的)。尽管相较于农民工子弟学校,这类学校基本符合国家的办学标准,办学条件和资质都相对稍高,但无论是农民工子弟学校还是乡—城流动儿童能够上得起的私立学校,由于得到的政府支持力度较小,各方面的经费没有保障,故办学条件差(如教学设施设备简陋,存在安全隐患)、教学质量低(如教师队伍总体专业化水平低,大多没有教师资格证,缺乏教育教学经验)、管理水平低(如管理松散,教学工作随意性大),很多学校的办学条件实际上并未达到国家或地方规定的基本要求。

三是质量较差的公立学校。多数流动儿童愿意在公立学校就读(田慧生、吴霓,2010;王东,2010;中国进城务工农民子女教育研究及数据库建设课题组,2010),且目前大部分义务教育年龄段的流动儿童也能进入公立学校就读。2012年全国教育统计数据显示,当年全国义务教育阶段在校生总数为14 459万人;在7 415万城镇在校生中,流动儿童总量高达1 394万人(约占19%);其中,广东、浙江、福建、江苏、山东等省分别拥有最多义务教育年龄段的流动儿童,占全国义务教育年龄段流动儿童总量的50.1%,人数之和达669.9万人;他们中约69%进入当地公立学校就学,约三成(205万人)流动儿童未能进入公立学校(新公民计划,2014)。而在公立学校就读的流动儿童中,不少人只能进入公立学校的分校或质量较差、本地少儿不愿进的公立学校。除要交纳(或隐性地交纳)本地儿童无须交纳的费用外,流动儿童与本地儿童可能还会出现相互隔离的情况。一些地方要么采取分班制,流动儿童单独成班,要么是本地儿童淘汰下来的学校(因为生育率降低,本地儿童数量减少,学校有剩余学位),这使流动儿童依旧难与本地儿童享受同等待遇。若是分校,区隔自然不言而喻;即便合校,校内同样可能形成新的内与外的分化。

当然,不能否认的是,打工子弟学校、质量较差的私立或公立学校在一定程度上疏解了流动儿童就学压力,在实现基本的教育功能上起到了积极的作用。

与义务教育年龄段的孩子都能在公立学校就读相比,流动儿童的学前教育可能遭遇更大的瓶颈。学前流动儿童同样可能进入三类幼儿园:一是未经过审批的"黑园"或"山寨园"。其规模较小,安全卫生条件较差,但收费低廉、就近入学,接收了一定数量的学前流动儿童(方建华、王玲艳,2007;张燕、李相禹,2010;虞永平,2010;马国才、王留柯,2011)。二是办学条件一般,但收费相对较低的注册私立幼儿园。多数学前流动儿童自选择或被选择进入这类幼儿园,使其成为接受学前流动儿童的主要教育机构(杜丽,2011;马国才、王留柯,

2011；邹敏、王中会，2011）。三是公立幼儿园。由于它的门槛很高（柳倩、谢萌、何幼华、梁莹，2010；赵嫦雪，2012），故不到30%的流动儿童进入这类机构（马国才、王留柯，2011；国家卫生和计划生育委员会流动人口司，2013）。此外，还有一些民间力量介入学前流动儿童的教育，包括公益性学前教育机构，其性质介于公立和民办教育机构之外，被称为"第三方力量"（张燕，2011），但这类机构很少，且不正规。

二、2013年流动少儿教育福祉最新状况

前面从机会、过程和质量三个方面回顾了既往研究中流动儿童教育福祉的基本情况。但是，如前所见，由于系统性和全面性的研究不足，多数研究只是基于地区性的小样本数据、针对某个年龄段流动少儿教育情况的分析，故研究结论之间差异甚大，使流动少儿的教育福祉依旧处于底数不清、现状不明的情形。下面将利用2013年《流动人口动态监测调查》的全国性数据，同样从教育机会、过程和质量这三个领域，对3~18岁流动少儿的教育情况进行较为系统和详细的考察。之所以使用2013年数据，一是因为它涵盖了流动儿童的教育信息，二是由于调查在全国进行，样本的抽取具有随机性，故数据具有全国代表性，三是因其样本量大，可以比较不同年龄段流动少儿的教育状况。关于2013年调查及数据的基本情况，请参考《2014年中国流动人口发展报告》。

我们的分析对象为3~18岁的流动少儿（因18岁已经不再是儿童，故下面也将3~18岁人口称为少儿）。显然，这里对于少儿的界定有别于上引文献。从理论上看，3~5岁的孩子属于学前期，6~11岁的孩子处于义务教育的小学时期，12~14岁的孩子属于义务教育的初中时期，15~17岁的孩子处于后义务教育的高中期（这里仍采用一般的划分标准，尽管有些城市和地区试点将高中教育纳入义务教育阶段，但绝大多数地区的义务教育仅包括小学和初中）。但是，如后面的分析结果所示，不少流动少儿未能适龄就学，故无论在哪一个教育层级，年龄的分布均较为分散。鉴于此种情形，宽松的界定似乎更为合理，故下面分析孩子在调查时点所处教育阶段时，也会给予一个相对宽松的年龄区间。

（一）样本年龄分布和性别结构

2013年《流动人口动态监测调查》针对16~59岁的流动人口而展开，同时

问及每个孩子的基本情况,包括年龄、性别、是否在学、教育层级等,为分析流动少儿的教育梦提供了所需信息。

在全部样本中,3~18岁流动儿童总量为94 602人;其中,城—城流动儿童10 118人,乡—城流动儿童84 484人,二者分别占10.7%和89.3%。在每个年龄段,城—城流动少儿的绝对数量都远低于乡—城流动少儿数量。这一方面是因为,相对于乡—城流动人口,城—城流动人口的总量较少,相应地,城—城流动人口的子女也偏少,故不同户籍流动儿童的样本量相差近九倍;另一方面,多数城市家庭往往只有一个孩子,而农村家庭多有两个孩子甚至多个孩子,这样进一步拉大了城乡子女之间的数量。

从图8-2中,我们可以看出以下几个特点:其一,无论是城—城还是乡—城流动少儿,自4岁起,占比都随年龄的增长而逐渐下降。在目前的流动人口中,1980年后出生人口达到60%以上。他们也正值最佳生育时期,故流动少儿的年龄分布更偏向年龄较小儿童;相反,对于年龄较大的流动人口,他们的子女可能多已成人,并已度过接受基础教育的时期。其二,学前年龄段的少儿数量占比最高,6岁及以下的城—城和乡—城流动儿童均超过8%,表明在孩子尚幼时,父母倾向于把子女带在身边亲自照顾;而在很多地方,6周岁即可开始接受义务教育,故不少流动少儿会在6周岁后返回原籍接受小学教育。其三,在7岁之前,城—城流动儿童的占比超过乡—城流动儿童的占比,且差距甚大。其四,与学前幼儿相比,义务教育年龄段的少儿比例呈明显且基本稳定的下降趋势;其中,乡—城流动少儿的变动较为平缓,而城—城流动少儿的降低趋势则呈现明显的波浪形。

图8-2 3~18岁流动少儿各年龄占比

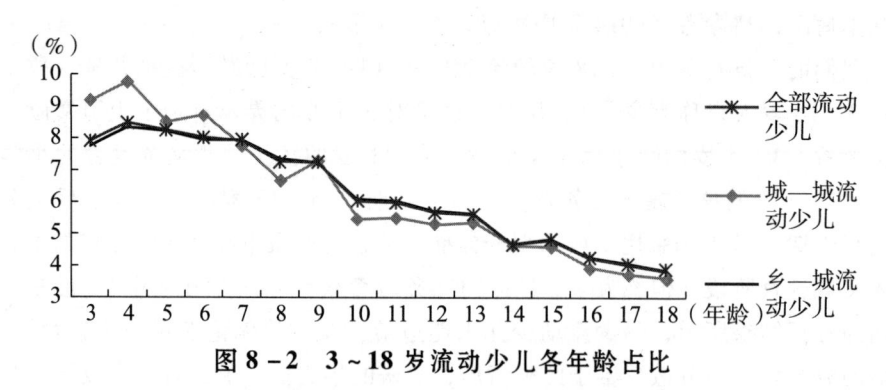

图8-3展示的是分户籍女性流动少儿在各年龄段的占比(相对应的就是男孩占比)。由此可知:其一,无论是全部还是分户籍流动少儿,女孩的占比始终低于男孩,且在各个年龄段趋势相同:全部样本中,流动女孩的占比介于43%与46%。这可能存在两方面原因,一是少儿性别比偏高,流动人口家庭也可能与全国的普遍水平一样,男孩的数量多于女孩,从而导致流动少儿中男孩数量也

相应多于女孩;二是因性别偏好带来的父母携带偏好,即流动父母更倾向于将男孩带在身边照顾,而将女孩放在老家由祖父母或其他亲戚照料。其二,在各个年龄段,无论户籍类型,女孩占比的变动模式大体一致,即基本上呈现同升同降的特征。其三,除少数年龄点(如5岁、10岁、15岁、17岁和18岁)外,城—城流动少儿中,女孩占比明显高于乡—城流动少儿,尤其是在3岁、8岁、12岁及16岁;但在17岁后,城—城流动女孩的占比低于乡—城流动女孩。其四,在各个年龄段,乡—城流动女孩的占比变动较为平缓,而城—城流动女孩的占比随年龄波动十分剧烈。在前面提到的3岁、8岁、12岁以及16岁这几个年龄点,几乎均为子女升学(入学)时点,比如,3岁入幼儿园,12岁小学升初中。子女在学龄期间随同迁移,一方面是为了获得更好的教育资源和教育机会,而城—城流动家庭随迁子女中女孩占比较高,说明他们比乡—城流动人口更注重女儿的教育问题,更希望子女能在流入地接受教育;另一方面,这或许间接验证了携带偏好或性别偏好——因农村传统重男轻女观念更甚,故乡—城女性流动少儿所占比重低于城—城女性流动少儿。

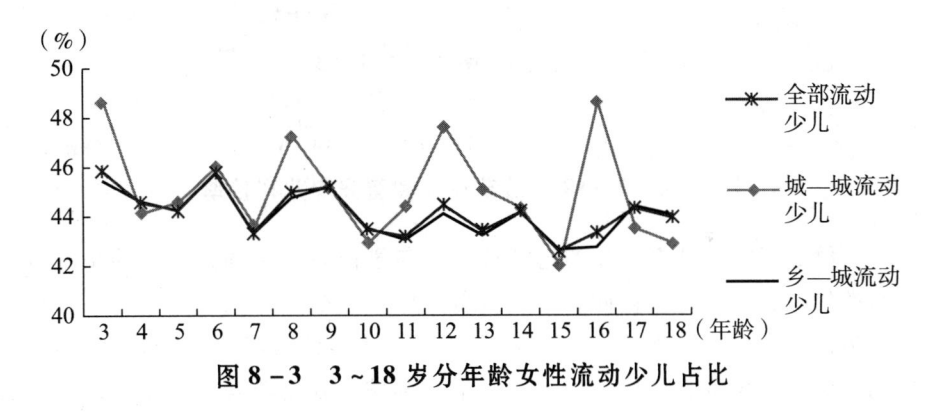

图8-3 3~18岁分年龄女性流动少儿占比

(二)流动少儿教育福祉现状与特点

无论是什么户籍,无论户籍在哪个地方,每个孩子都应享有均等的受教育机会、过程和质量,即便难以出现平等的教育结果。本节分别借助是否在学、什么时候在学、在什么样的学校三项指标对上述三个方面进行考察。

1. 教育机会——在学情况

数据中,84.4%的3~18岁流动少儿受访时在学,但具体比例因年龄而异。如图8-4所示,整体而言,无论是城—城、乡—城还是全部儿童,他们的在校比例随年龄呈现出相同的变动模式，基本是"倒 U"型，但也有少儿群体呈现"M"形。具体来看：学前阶段，流动儿童的在校比例急速上升；其中，城—城流动少儿的在学比例增速快于乡—城少儿，说明城—城流动父母更早地将孩子送入学校。在 7 周岁，乡—城流动少儿的在学比例增加至 8.8%，与城—城流动少儿的比例大体相当。7~17 周岁，乡—城流动少儿的在学比例平缓下降，并高于城—城流动少儿在学比例。相比之下，城—城流动少儿在此年龄段的在学比例变动较为剧烈，在 8~10 岁期间呈现先增后降趋势，且降低幅度明显快于乡—城少儿；特别是 9~10 岁，城—城流动少儿在校比例从 8.5% 降至 6.2%；而在 10~13 岁则基本稳定不变。

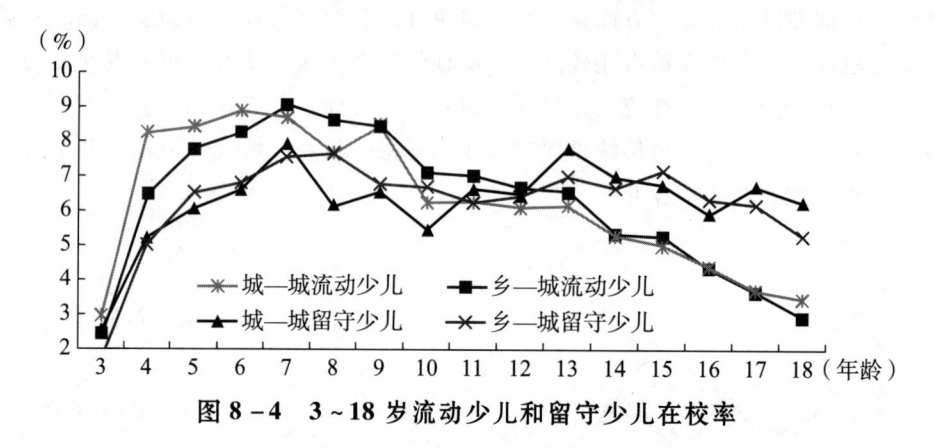

图 8-4　3~18 岁流动少儿和留守少儿在校率

个中原因可能与其多元化的选择有关。与学前教育不同，基础的小学教育是强制性的，且得到普遍认同，也一直备受家长重视。在流入地具有隔离性的教育政策面前，城—城流动人口或许会对流入地学校与流出地学校进行对比，若当地空余的学位不及流出地的教育水平，则城—城流动人口可能选择让子女在户籍地接受教育，前面提到的那位 33 岁的城—城流动人口就是一个鲜明的例子。而这一对比对乡—城流动人口而言并无太大的必要，因为流入地空出学位即使比本地其他学校差，教学质量一般也高于农村的教育水平。因此，只要条件许可，乡—城流动人口基本上会毫不犹豫地让子女在流入地接受正规教育。正是流入地、流出地城市和流出地农村不同学校对流动少儿教育的可及性以及不同地点教育质量和水平的差异，让城—城流动少儿与乡—城流动少儿在义务教育阶段的在学比例呈现出不同的变动模式。从初中阶段开始，流动子女的在校比例持续下降。对乡—城流动儿童而言，他们基本上有两个选项，一是从流动变为留守，回到原户籍地上学，二是在年龄稍长之后逐渐结束学习生涯，提前步入劳动力市场，加入流动大军；对城—城流动儿童而言，除了少量辍学外，大多数回户籍地或其他地点就学。

出于比较的目的，我们也分析了留守少儿的在校比例。数据中共有 42 166 位留守少儿，占 3~18 岁少儿的 30.3%。从图中可清晰地看到，无论是留守儿童还是流动儿童，7 岁时的在学（包括幼儿园和小学）比例几乎都达到最高水平，但留守少儿与流动少儿之间的就学模式表现出较大的不一致：虽然在学前年龄段，留守儿童的在学特征与流动儿童较为相似，但在义务教育和后义务教育阶段，留守少儿的在学模式并未随年龄的增长而持续走低；相反，它一直呈现波浪式的起伏，且在高中年龄段，在校比例始终超过流动少儿。这不难理解，由于异地高考的无望，除少部分流动少儿选择出国留学、进入高职高专或辍学外，多数人还是为了将来能顺利地参加高考而回到户籍地就学。

令人颇难理解的是，在 9 岁、10 岁年龄段，无论是乡—城流动少儿，还是城—城流动少儿抑或是城—城留守少儿的在学比例，均经历了由高到低的急剧转变。11 岁时，乡—城流动少儿、城—城流动少儿的在学率有一定的回升，此后缓慢下降；与此不同，城—城留守少儿 11 岁在学率上升后，各年龄段在学比例与乡—城留守儿童一直缓慢提升。这说明，9 岁、10 岁、11 岁儿童在学情况变动较大，而与留守少儿相比，流动少儿在波动中辍学的少儿复学的比例较少。这可能与该年龄段正是小学三年级这个转折点有一定的关系。

结合图 8-3 和图 8-4 可知：一方面，就学前教育而言，在本地就学的流动少儿的比例略高于留守儿童的在校比例，说明此时在老家的孩子上学的比例相对较低，与父母在一起的孩子更可能进入幼儿园。这与两者所处的环境有较大关系。因工作需要，流动儿童会被送入幼儿园；而留守儿童一般由祖父母照顾，在学前阶段无须进入需要收费的幼儿园。另一方面，从图中提供的信息还可推测，与留守儿童相比，部分流动儿童在完成义务教育前，处于反复的辍学状态中。这在一定程度上也可解释为什么随着孩子年龄的增长在校的占比持续下降的现象，而留守儿童并无此特征。可见，相对于在老家上学的儿童，在流入城市就读的儿童未能完成义务教育的可能性更大。同时，我们也不能忽略客观的原因。由于很多流动人口密集的大城市（如北京、上海等）将高考与户籍绑定，没有户口意味着无法在当地参加高考，只能被迫回到户籍地继续完成高中教育。因此，我们可以基本判断，随着年级的上升，优质的教育资源越来越紧缺，部分流动学生受到流入地排斥，无法继续获得相应的资源；换言之，流动少儿的占比及其在校比例的变化除了人口因素外，也深受教育体制的影响。同时，由于流动儿童的学习成绩和综合素质与当地孩子有一定的差距，有可能主动放弃继续就学；此外，流动儿童也可能迫于家庭经济压力，主动放弃学习机会，外出打工糊口。无论是家庭因素还是社会因素，都会影响到他们是否在流入地继续学习并生活下去。故而，我们看到，超过一半的流动儿童的受教育程度仅停留在初中阶段。其背后的故事可能是，有人对高等教育充满期待，但在异地高考难以实现的现实面前，不得不回到户籍地，或者成为留守少儿，或者与家人共同回归。不可否认，有人对学习缺乏兴趣与激情，勉强接受完义务教育就步入社会，完成从流动少儿到流动人口的转变；而更多的流动少儿放弃学业，可能是迫于现实的残酷，难以获得正常的升学途径，折射出他们在求学之路上的无奈与辛酸。

基于上述分析，我们可以做出基本判断：一是流动少儿的在校比例在小学入学时期（6岁、7岁）达到顶峰，随后则随年龄的增长而呈下降趋势。其中，城—城流动少儿在小学时期的波动偏大，且在学比例高于乡—城流动少儿，二者的比例在14岁后逐渐趋于一致。二是整体而言，学前儿童在流入地就学的比例超过学前留守儿童，但随着年龄的增长，流动少儿未能完成义务教育学业、未能进入高中就学的比例超过留守儿童。

2. 教育过程——就学年龄

表8-1呈现了不同年龄的流动少儿在各教育层级的分布情况。对于在校生而言，随着年龄的增长，接受相应教育等级的少儿比例也在增加，但不同教育层级具有不同的特点；总体上看，在各年龄段，流动儿童都面临着不能适龄就学的问题。

一是在学前阶段，部分幼儿未能适时接受学前教育。正常情况下，满3周岁的儿童可以进入幼儿园，并在3~6岁完成幼儿园教育。从表8-1可以看到，绝大多数流动少儿在7岁时完成了学前教育，但也有极少数8~11岁儿童依旧在接受学前教育。从数据判断，我们不知道是因为填报错误还是这些流动儿童就是未能适时在学。同时，在3~5岁，随着年龄的增长，虽然越来越多的少儿开始接受学前教育，但这个阶段的整体在学比例依旧偏低。

表8-1　　　　　分年龄流动少儿在各教育层级分布　　　　　单位：%

年龄	幼儿园	小学	初中	高中	中专/职高	大专及以上	不在学	样本量
3	26.76						73.24	4 812
4	66.39						33.61	4 847
5	79.05	1.45					19.50	4 502
6	70.03	17.61					12.36	4 206
7	21.78	74.15					4.08	3 917
8	2.32	96.37					1.31	3 484
9	1.18	97.08					1.74	3 304

续表

年龄	幼儿园	小学	初中	高中	中专/职高	大专及以上	不在学	样本量
10	0.74	97.44					1.82	2 653
11	0.71	95.92	1.15				2.22	2 621
12		85.31	12.86				1.83	2 440
13		49.16	49.12				1.72	2 519
14		11.05	84.40	0.79	0.23		3.53	2 190
15		3.08	81.62	6.27	1.14		7.88	2 318
16		1.55	48.81	31.07	4.74		13.83	2 150
17		1.18	16.97	48.44	9.36	0.60	23.45	2 203
18		0.97	7.15	46.64	8.23	2.82	34.19	2 075
	21.98	41.49	14.43	5.39	0.96	0.13	15.62	79 826

二是在义务教育阶段，流动儿童的在学比例较高，但还是有不少孩子未能适龄上学。国家规定："凡年满6周岁的儿童，其父母或者其他法定监护人应当送其入学接受并完成义务教育；条件不具备的地区的儿童，可以推迟到7周岁。"因此，按照小学6年推算，在大部分地区，提前入学的少儿6～11岁上小学，正常入学的少儿则是7～12岁上小学。而实际上，仍有49.2%的13岁、11.1%的14岁、3.1%的15岁乃至少量的16～18岁的少儿就读于小学。而且，在7岁的孩子中，只有3/4在上小学，超过两成依旧在上幼儿园，另有4.1%的流动儿童尚未上学。这表明，未能适龄上学的流动少儿占比较大，不少孩子至少推迟1～2岁才开始进入小学。同理，我们不知道是数据填报错误还是真实情况就是如此。如果数据反映的情况属实，则可能与当地资源紧缺、政策限制或父母能力有限等相关；流动地点的频繁更换也会导致流动儿童上学的不稳定性，从而延误子女适龄入学。同样，由于受到前两个年龄段入学时间的影响，初中年龄段孩子的分布比例、年龄跨度也非常大；且据数据判断，依然存在一定比例的少儿在18岁时仍处于初中就读阶段。

三是在后义务教育阶段，不在学的占比随年龄增长而持续升高。进入后义务教育阶段（包括普高、中专和职高）后，不在学的比例由初中的平均2%开始翻倍上涨，即每个年龄段均以超过10个百分点的速度激增；18岁时，不在学的比例近34.2%，甚至低于4岁幼儿上幼儿园的比例。由此可见，流动少儿在后义务教育阶段，在流入地接受教育的机会大幅度下降。当然，除受家庭经济条件限制、子女过早进入劳动力市场外，这也可能反映了流动人口迫于无奈的"自主选择",即由于高考制度的制约,很多读高中的孩子留在或返回流出地就学。而这种"自选择",正反映了教育制度的排斥与不公。

3. 教育质量——学校性质

是否有学上是一个方面,上什么样的学对于流动少儿未来的发展前景同样非常重要。在所有在校的样本中,74.9%、23.1%和2.1%的流动少儿分别在公立学校、私立学校和打工子弟学校就学。就读什么样的学校(即学校性质)因孩子的教育层级而异(见表8-2)。在幼儿园时期,流动儿童上私立学校的比例远高于上公立学校的比例。从小学开始,上公立学校的比例一直超过88%。这主要是因为,学前教育资源十分紧缺,公立幼儿园更是供不应求,很多家庭只能选择将子女送入私立幼儿园。同时,我们也看到,过去农民工子女大量就读于打工子弟学校的情况得到很大改观。无论是在学前还是义务教育阶段,进入这类学校就读的占比均低于3%,高中时期更低于1%。一方面,打工子弟学校主要针对学前教育和义务教育;另一方面,初中毕业后继续进入高中学习的流动少儿学习相对优秀,故更可能努力争取进入当地的高中(但也可能是能够进入当地高中的孩子留了下来)。

表8-2　　　　　分教育层级流动少儿就读学校性质

教育层级	公立 频数(人)	公立 占比(%)	私立 频数(人)	私立 占比(%)	打工子弟 频数(人)	打工子弟 占比(%)	样本量
幼儿园	6 736	32.40	13 764	66.21	289	1.39	20 789
小学	34 869	88.85	3 283	8.37	1 092	2.78	39 244
初中	12 452	91.19	986	7.22	217	1.59	13 655
高中	4 761	93.37	310	6.08	28	0.55	5 099
中专/职高	824	90.85	75	8.27	8	0.88	907
大专及以上	112	89.60	13	10.40	0	0.00	125
样本量	59 754	74.86	18 431	23.09	1 634	2.05	79 819

显然,绝大多数在私立学校或打工子弟学校上学的孩子都处于学前教育或义务教育阶段。我们的定性访谈和很多其他相关研究都表明,这类学校往往存在于流动儿童较多但本地教育资源不能完全接纳和吸收的大城市。尽管教室简陋,师资条件落后,甚至缺乏正式教育资质,不能提供与本地公立学校同等的教育,但也在一定程度上为部分漂泊于他乡的流动少儿解决了基础教育问题,为其成长提

供了一个临时驿站，也为他们追逐梦想开辟了一片天空。

（三）相关变量基本分布

在了解了流动少儿教育的基本状况后，下面将进一步分析教育机会和教育质量的相关因素。基于其他研究发现，前面的定性访谈资料和数据的可得性，相关分析主要从流动特征、姊妹结构、家庭背景三个方面展开。其中，流动特征包括户籍类型、户籍地点、父母的流动原因和居留时间、流入地区五个方面。户籍类型在一定程度上透视出制度的制约，流入地区和流动跨越的区域均可反映结构性的排斥，居留时间折射出流动人口对流入地方方面面的熟悉程度等，而流动原因则反映了流动人口的不同期待与需求。姊妹结构既是家庭特征，也是孩子自身的特点，主要透视出家庭资源的分配模式和每个孩子可能获得的教育资源的多寡，这里主要考察姊妹的年龄、性别和数量。就家庭背景而言，这里主要关注父母（即受访者）的受教育程度和在流入地的收入水平。父母的受教育程度和收入水平是反映家庭经济社会地位的重要指标，而子女教育机会的获得也与此有着直接的联系：家庭经济社会地位越高，子女能够获得的资源越多，教育机会、过程和质量也更有保障。由于初中、高中流动儿童在打工子弟学校就学的占比很低，故下面对于这三类学校的分析主要针对学前儿童和小学阶段的儿童进行。对于高中、中专或职高而言，我们将学校性质合并为两类：一类是公立学校，另一类是非公立学校。

透过表8-3，我们可以看到流动少儿在流动特征、姊妹结构与家庭背景等方面的基本情况。户籍结构已如前述，这里不再重复。跨省流动少儿（47.6%）与省内流动少儿的占比（52.4%）不相上下，基本各占一半；其中，省内跨市流动少儿（31.7%）明显多于市内跨县者（20.7%），说明大多数流动少儿随父母流动跨越的区域较大。流动少儿中，父母务工经商者占比高达88%，这既在一定程度上反映出流动人口进入城市的主要目的，也说明务工经商者更愿意将孩子带在身边（与其相对自由的工作环境有关）。一半以上的流动父母在现地的居留时间超过5年，近二成的流动父母居留时间达10年以上。华东地区因经济优势而吸引了最多的流动少儿，占比达到23.8%，而兵团地区流入少儿仅占2.47%，在各地区中最低。同时，流动少儿的地区分布在某种程度上也反映了地方排斥——北京、上海等大城市拥有巨量的成年流动人口，各自的流动少儿却仅占3%；而西北、西南地区流动人口总量相对较少，但流动少儿均超过10%。

表 8-3　流动特征、姐妹结构、家庭背景变量的基本分布　　单位：%

变量	占比	变量	占比
乡—城流动少儿	89.30		
流动区域			
跨省流动	47.58	姊妹结构	
省内跨市	31.71	独生子	24.91
市内跨县	20.71	男孩有一个姊妹	26.11
务工经商	88.01	男孩有两个姊妹	3.94
居留时间		男孩有多个姊妹	0.72
1~2年	21.31	独生女	15.06
3~4年	22.86	女孩有一个姊妹	23.50
5~7年	23.54	女孩有两个姊妹	4.65
8~10年	13.37	女孩有多个姊妹	1.10
10+年	18.92	家庭背景	
流入地区		父母教育	
北京	2.99	≤小学	19.02
上海	3.29	初中	60.37
华北	13.75	高中	16.17
东北	5.52	大专	3.13
华东	23.83	≥大学	1.31
华中	10.05	收入水平	
华南	12.48	≤25%	32.46
西南	10.45	26%~50%	31.39
西北	15.17	51%~75%	15.96
兵团	2.47	>75%	20.19

从姊妹结构来看，独生子女占比较高，达 40%。同时，流动少儿拥有一个姊妹的情况也较为普遍，基本上占流动家庭的一半（49.6%），而拥有两个尤其是多个姊妹的占比较小，后者的占比极低，约为 1.8%。同时，我们也看到，独生子的占比超过独生女约 10 个百分点，而流动女孩拥有两个或多个姊妹的占比均超过流动男孩。

流动少儿的父母受过初中教育的比例最高，超过3/5；小学及以下次之，占两成；接受过高中教育的比例进一步下降，为16.2%；大专及以上教育程度者仅为4.4%。换言之，超过95%的流动少儿的父母仅受过高中及以下教育，约80%仅受过初中及以下教育，整体受教育水平偏低。不过，进一步的详细分析（这里没有展现结果）发现，城—城流动父母的受教育水平大大高于乡—城流动父母——前者几乎1/4受过大专及以上教育，而后者不到2%；同理，超过一半的家庭收入水平在均值以下，整体收入水平有待提高，但同样，不同户籍之间的差异甚大——约三成城—城流动人口的收入位于上四分位，超过乡—城流动人口约10个百分点。

三、学前流动儿童教育机会相关因素

鉴于绝大多数义务教育年龄段的孩子都已在学，故是否在学仅针对3~6岁学前幼儿进行分析。

（一）是否在园与流动特征

图8-5展示了流动特征与流动儿童是否在园之间的关系，从中我们可以发现如下信息。

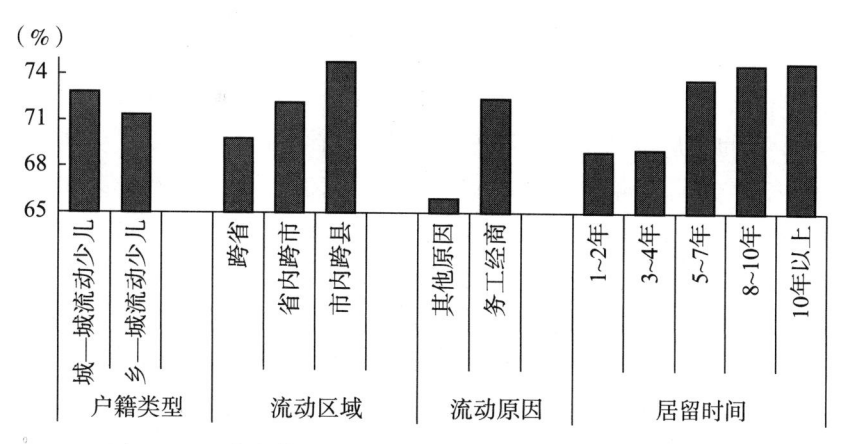

图8-5 分户籍类型、流动区域、居留时间的在园率

注：卡方检验结果显示，在园与否与流动儿童的户籍类型仅在0.05的水平上显著相关，与其余三个因素均在0.001的水平上显著相关；卡方值分别为4.36、68.87、95.35、127.42。

其一，户籍类型与学前流动儿童是否在园的关系较弱，但城—城流动儿童的在园比例依旧显著高于乡—城流动儿童。这一现象可能主要是由于城、乡居民对子女学前教育的重视程度不同所致——一般而言，城—城流动人口自身的教育程度较高，甚至超过流入地户籍市民（杨菊华，2013），深知教育对子女未来发展的作用。同时，与农村相比，城市拥有的幼儿园数量更多，学前教育更普及，城—城流动人口幼儿时可能也上过幼儿园，故更加认可并注重幼儿园的作用，也更可能送子女入园。但是，尽管乡—城流动少儿的入园比例显著偏低，但二者相差的幅度很小，不能过于强调或夸大二者的实质性差别。相反，无论是城—城还是乡—城流动人口，在流入地工作时间长、工作压力大，难以从繁杂的工作事务中匀出时间照顾子女，自然会将随行幼儿送入幼儿园。

其二，流动跨越的行政区域与流动儿童的在园比例关联程度很大。随着流动区域跨度的加大，子女入园的比例依次降低：3/4 的市内跨县流动儿童在园，超过跨省流动儿童 5 个百分点。当流动区域跨度较小时，流入地与流出地的行政界分较小，各方面的制度性和结构性区隔也相对较小；而当跨度较大（特别是跨省）时，流动人口必须面对更为陌生的环境，面临更大的择园难题，包括对幼儿园地点、费用等多方面的选择和考虑，加之户口、政策等限制，可能造成流动儿童入园受阻、在园比例较低的情况。

其三，务工经商者与因其他原因而流动者相比，学前子女的在园比例更高，二者相差约 6 个百分点。务工经商一直是迁移流动最主要的驱动力，多数流动人口背井离乡，莫不是为了获得更好的工作机会和经济保障，故在城市中有比较明确的发展规划。对于携带子女等家庭式流动的务工经商者来说，子女在城市中停留的时间也会相应较长，从而为入园学习提供了时间保障。相对而言，其他流动人口具有短期性和变动性，难以保障学前教育的时间需求，从而降低了子女入园的比例。

其四，父母的居留时间与子女是否入园之间存在正向、跳跃式关系。当居留时间为 1~2 年或 3~4 年时，入园比例几乎没有区别，均在 69%。若居留时间为 5~7 年、8~10 年或 10 年以上，在园比例也基本相当，均为 74%。换言之，5 年的居留时间似乎是一个临界点，超过此点，则子女的入园比例出现跳跃式提升，且随着居留时间的持续延长，在园率缓慢稳步上升。较长的居留时间一方面意味着，流动父母积累了一定的社会资本和经济资本，另一方面也可能因为他们对所在城市的认同感不断增强，更为接受城市的教育观念、文化和行为，对当地的政策规定与教育环境也更加了解。当子女面临入园问题时，他们更有能力帮助其子女接受学前教育。

其五，不同地区，流动儿童的在园情况亦有显著差别。如图 8-6 所示，东北和华中地区流动儿童的入园比例最高，均超过77%；上海、华南、西北地区和新疆生产建设兵团流动儿童的入园比例较低，介于65%~67%。北京、华北、华东和西南地区相对居中。东北和华中地区（特别是后者）主要为流动人口输出地，而流入人口相对较少，对基础教育资源产生的挤压作用相对较弱，故各方面的教育资源整合在一起，可以满足大部分流动儿童学前教育之需；西北和兵团地区（尤其是前者）的基础设施相对落后，不仅是流动儿童，就连当地儿童的学前教育需求也难以完全满足；北京、上海、华南等发达地区（主要是广东省）流入人口集中，对教育资源需求极大，供需矛盾十分突出，华南地区尤甚——流动人口高度聚集致使资源供给的缺口更大，从而使得学前教育资源更多地向本地儿童倾斜。同时，家庭资源和社会关系的不足，可能也直接导致流动儿童入园机会缺乏。

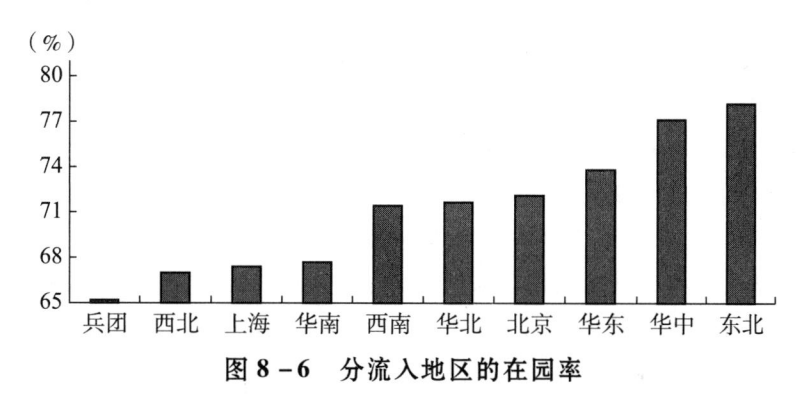

图 8-6 分流入地区的在园率

注：卡方检验结果显示，在园与否与流入地区之间的关系在0.001的水平上显著相关，卡方值为244.80。

需要指出的是，同样作为超大城市，北京地区流动儿童的入园比例明显优于上海，二者相差约5个百分点。其原因可能与两地教育资源的多寡、对待外来人口的包容程度，以及语言文化差异有关。

（二）是否在园与姊妹结构

在生育率较高的情境下，孩子的姊妹构成（如姊妹数量、姊妹性别）与教育机会密切相关，姊妹（包括兄弟和姐妹）数量越多尤其是兄弟越多，教育机会可能受到不利影响（张克中、陶东杰、江求川，2013；郑磊，2013）；但也有研究发现，姊妹数量和性别对义务教育没有影响（叶华、吴晓刚，2011），这可能因为，中国生育率持续偏低，导致姊妹数量大大减少，性别偏好大大减弱。但是，无论是过去的研究还是目前的研究，主要关注的是普通儿童群体。那么，姊妹结构是否也与流动学前儿童的教育机会有关呢？在3~6岁孩子中，28.2%为独生子，23.2%的男孩有一个姊妹，2.9%的男孩有两个姊妹，0.5%（样本量为165）的男孩拥有多个姊妹；21.6%的孩子为独生女，20.4%的女孩拥有一个姊妹，2.7%的女孩拥有两个姊妹，另有0.5%（样本量为165）的女孩拥有多个姊妹。

图8-7描绘的是分性别流动儿童的姊妹结构与是否在园之间的关系。显而易见的是，流动儿童是否在园因性别、姊妹结构的不同而呈现明显的差异：姊妹数量越多，入园比例越低，男孩、女孩均是如此。流动男孩群体中，74.0%的独生子在园，有一个姊妹者的在园比例降低约3个百分点；若有两个姊妹，则在园比例降低14个百分点；若有多个姊妹，在园比例仅为56.5%。在流动女孩群体中，有两个或多个姊妹的在园比例不到60%，而仅有一个姊妹或独生子女的在园比例超过70%。这可能透视出，较少的子女可能反映了父母更强的优生优育理念，对子女的教育更重视，也更有能力送为数不多的子女入园（当然，这里的样本并未都完成生育）。相反，如前所述，由于多数流动儿童在私立幼儿园就读，成本较高，对一个家庭来说，两个孩子同时入学（无论是幼儿园还是其他教育层级）或可应付，而当孩子数量增多、经济压力更大时，姊妹之间对家庭的教育资源形成竞争。当家庭难以同时满足所有子女的入学需求时，便只能牺牲孩子的入园机会（因为相较于其他教育层级，幼儿园不是那么迫切），而将这笔钱用在其他孩子（可能是年长孩子）身上。另一种可能性是，姊妹较多的少儿有同伴陪伴，在一定程度上缓解了无人看管的问题，故入园率不高。

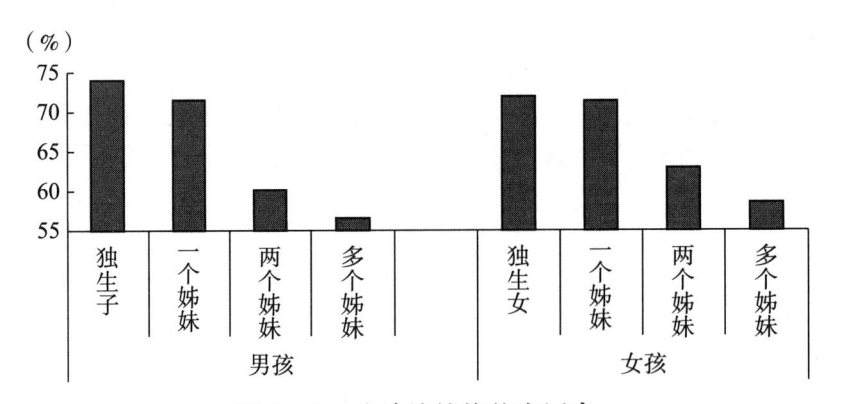

图8-7 分姊妹结构的在园率

注：卡方检验结果显示，在园与否与姊妹数量在0.001的水平上显著相关，卡方值为191.13。

在两性儿童在园特点较为一致的前提下，二者的占比略有差异：独生子的入园率略高于独生女的入园率，尽管差距不大。而当流动女孩有两个或多个姐妹时，与具有相同特征的流动男孩相比，入园率略高。在学前教育阶段，影响儿童是否入园的因素不在于性别差异，更多在于家庭姊妹之间对家庭教育资源的竞争。这也从侧面反映出，在幼儿教育阶段，对儿子和女儿的教育投入较为平等，这与义务教育、高等教育阶段投入的性别不平等的相关研究结论呈现出一定的差别（郑真真、连鹏灵，2004）。这种差异与流动人口的群体特征无疑具有紧密的关系：其一，流动父母选择将孩子带在身边，或已基本具备保证其教育、生活的条件，否则可能将孩子留在原籍；其二，流动父母大多工作繁忙，让子女进入幼儿园既是保证其学前教育机会，同时也受制于照顾时间的可及性，若没有时间照顾男孩，自然也没有时间照顾女孩。因此，流动少儿学前教育在性别上的差异，可能会大大小于子女年龄上的差异。

当然，这里的数据分析还不可避免地存在漏洞，因为若想深入探讨姊妹结构与是否在园之间的关系，还应明确区分姊妹是男孩（兄弟）还是女孩（姐妹）。从独生子和独生女的占比已经可以看出，在教育问题上，对待男孩和女孩仍然存在差别。因此，姊妹的性别不同，对教育也可能造成不同的影响。这也是后续研究需要进一步详细考察之处。

（三）是否在园与家庭背景

相关研究指出，家庭背景（或家庭出身）与子女教育之间存在紧密关系。那么，父母的受教育程度和收入水平等家庭背景因素与流动儿童在园与否是否显著关联呢？如图 8-8 所示，在园比例与父母的受教育程度呈"倒 U"型关系：从小学到高中，入园率先快后慢地增长；而高中以后，入园比例开始快速、稳定下降。当父母的受教育水平大于等于大学时，子女的在园率仅占 66%，甚至低于小学父母的 67%。显然，高中是一个明显的分水岭：此前比例增高，此后比例下降。父母心中都有"望子成龙""望女成凤"之梦，尤其在自身受教育水平偏低的情况下，普遍希望子女能够接受更好的教育，寻求未来更大的发展，从而对子女各阶段的教育十分重视。而父母的受教育程度较高，对子女的教育无疑也会更为重视。从这个意义上讲，大专及以上教育应与较高的在园率相对应，而数据结果却刚好相反，这着实令人费解，还需进一步探究。是不是因为他们的父母至少有一人跟随流动，照顾子女呢？抑或是这与高学历者的孩子的年龄结构有关系？从流动儿童各年龄段的入学率来看，3 岁入园的比例较低。在这种情况下，如果高学历父母的孩子年龄较小，再加上高学历流动人口总数较少，即使极少数年龄较小的幼儿没有入园，也会对这一群体流动儿童入园率产生较大影响。的确，在大学及以上学历中，流动儿童 3 岁未上幼儿园的占比高达 77.4%，低于其余四个教育层级的相应占比。还有一个可能的原因是，部分高学历者的教育理念比较"另类"或者"超前"，选择自己教育孩子或通过其他形式对孩子进行学前教育。

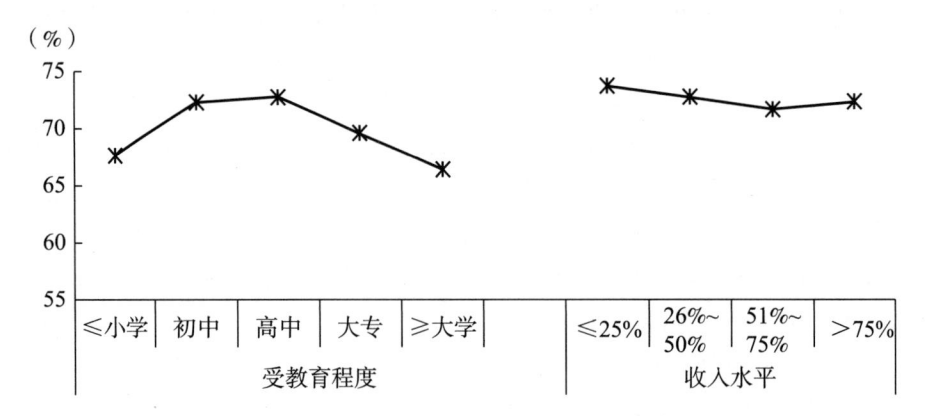

图 8-8　分父母受教育程度及收入水平的在园率

注：卡方检验结果显示，在园与否与父母受教育程度之间在 0.001 的水平上显著相关，卡方值为 63.47（$p<0.001$），与收入之间的卡方值为 3.1854，8.10（$p<0.364$）。

图 8-8 还显示，随着父母收入水平（这里以分位数来测量）的提高，流动儿童的在园率呈现先下降再上升的趋势，但在园率在各收入组之间并没有显著差别。当家庭收入为 0~25% 的水平时，子女入园率最高；而家庭收入为 51%~75% 的水平时，子女的在园率最低；收入位于最高四分位数家庭中子女的入园率也低于第一、第二分位家庭。这也与常识不符，也许，如同前面受教育程度与在园之间的关系一样，这可能与高（学历）收入流动人群的年龄结构相关，或许也与孩子对幼儿园的适应有关。在访谈中我们了解到，部分孩子对家人的依赖性很强，对幼儿园的适应能力较差，入园后非哭即病，故部分家长会选择让孩子推迟入园，且收入越高，越可能接家人前来照料子女或雇人照料孩子。这也从一定程度上反映出，学前教育是非强制性教育，具有较强的自选择性和独特性。因此，人们对学前教育的态度以及子女入园背后的原因也更为复杂多样，难以有普适性的发现。

四、流动少儿教育质量相关分析

在了解流动儿童学前教育的相关因素后，本节分析流动少儿在学前、义务和后义务三个不同的教育层级，就读学校性质的相关因素。这里之所以也覆盖后两个教育层级，主要是因为前面的描述性结果显示，不仅在幼儿园阶段，其他两个教育阶段流动儿童接受的教育质量可能也相对较低。如同前节，本节的相关分析也分别针对流动特征、姐妹结构和家庭背景三个方面进行。

（一）学前教育

1. 幼儿园性质与流动特征

从表8-4我们了解到，不同地区、不同居留时间等流动特性与流动少儿所上幼儿园的性质具有很强的关联程度。整体而言，就读于私立幼儿园的流动少儿占比高于公立幼儿园，且远高于打工子弟学校：公立幼儿园少儿平均占比在三成左右，而私立幼儿园则为六成至七成；仅有约1%的少儿就读于打工子弟幼儿园。原因可能在于：一方面，目前我国公立幼儿园资源紧缺，不仅仅是流动家庭，就连很多本地家庭也只能选择将其子女送入私立幼儿园，再加上制度排斥，以及在本地相对薄弱的社会关系，更多流动父母只能为子女选择私立学校，以满足子女的教育需求；另一方面，乡—城流动人口因其本身社会资源和经济资源积累的劣势，在流动人口整体受到排斥的情况下，其子女教育受到的排斥更为明显，与城—城流动人口子女教育相比，只能更多地选择私立学校，甚至少量群体只能选择打工子弟幼儿园。若进一步分析不同流动特征与流动儿童就读幼儿园性质的具体关系，可得出以下几点结论。

表8-4　　流动儿童幼儿园类型与流动特征相关分析　　单位：%

变量	学校性质			相关检验	
	公立	私立	打工子弟	卡方值	p值
户籍类型				25.30	0.000
城—城流动少儿	36.03	63.05	0.92		
乡—城流动少儿	31.30	67.27	1.44		
流动区域				289.67	0.000
跨省	36.11	61.67	2.23		
省内跨市	28.17	71.19	0.64		
市内跨县	27.35	72.21	0.44		
流动原因				15.02	0.001

续表

变量	学校性质			相关检验	
	公立	私立	打工子弟	卡方值	p 值
其他原因	29.96	69.29	0.75		
务工经商	32.16	66.38	1.47		
居留时间				161.20	0.000
1~2 年	27.87	70.94	1.18		
3~4 年	28.78	69.87	1.35		
5~7 年	32.75	65.74	1.51		
8~10 年	37.73	60.68	1.60		
10 年以上	38.64	60.05	1.32		
流入地区				1 300.01	0.000
北京	27.97	67.03	5.00		
上海	53.66	38.12	8.22		
华北	31.21	68.14	0.64		
东北	27.25	72.55	0.20		
华东	32.73	65.69	1.58		
华中	24.00	74.84	1.16		
华南	18.71	80.49	0.08		
西南	36.15	63.46	0.38		
西北	38.28	61.08	0.64		
兵团	78.98	20.74	0.28		

其一，流入地区因素与幼儿园性质的关系最为显著。其中，上海、兵团是唯一两个公立幼儿园占比明显高于私立幼儿园的地区，兵团流动少儿就读公立幼儿园的占比高至近八成（私立幼儿园仅占两成）；与此形成鲜明对比的华中、华南地区的公立幼儿园占比明显小于其他地区，尤以华南地区为代表，其流动儿童就读公立学校的占比仅为 18.71%（私立学校占 80.49%）。而在上海、北京地区，打工子弟幼儿园占比分别达 8.22% 与 5%，反映了社会通过自组织满足社会底层儿童受教育需求的能力与流入地经济、文化环境有较大关系；其余地区的打工子弟学校占比相对均衡，在 1% 上下徘徊。

其二，流动区域与学校性质之间互动作用明显：流动儿童所跨区域越大，公立学校以及打工子弟学校的在园率越大，而私立学校在园率越小，且这种差距在跨省与省内（包括省内跨市与跨县）流动之间表现最为明显。跨省流动少儿在公立幼儿园就读的占比高于省内流动者近一成；反之，其私立幼儿园占比低于省内流动者一成。此外，有2.23%的跨省流动少儿就读于打工子弟幼儿园，而后者仅为0.5%左右。出现这一现象的原因可能有二：第一，跨省流动者多进入大城市，而如前所述，大城市无疑具有较强的基层自组织能力，数量较多的打工子弟学校得以生存，故收入较低的乡—城流动人口也更有机会将孩子送至此类学校。第二，在打工子弟学校数量较多的大城市，城—城流动人口所占比重会比中小城市有所增加，而其中一部分城—城流动人口具有较高的受教育程度、较好的工作、较高的收入和较多的社会资本，更有能力将孩子送至公立学校，即在大城市会有更多有能力将孩子送往公立学校的流动人口。当然，由于当前中国经济社会转型比较剧烈，制度与经济的影响能力可能不存在明确的孰轻孰重的界分，同时，在人情关系为基础的中国，社会资本的作用仍不可低估。这也就使得某些现象的具体原因难以获得可靠的答案。同样是流动人口，跨省者的能力往往更强，更有能力将子女送入幼儿园接受学前教育；另外，在省内流动者的流入地多发生在中西部城市，近年来兴起的优质私立幼儿园也颇受欢迎。

其三，流入地居留时间与幼儿园性质的关系呈现较固定的变动趋势：居留时间越长，少儿进入公立幼儿园的占比越大，而进入私立幼儿园的占比随之降低。居留时间超过10年的家庭，其子女就读于公立幼儿园的在园率高出新流动者近10个百分点。而居留时长对是否进入打工子弟学校影响较小，就读于打工子弟学校的比例并未随居留的延长而呈现稳定的增长或降低趋势。

2. 幼儿园性质与姐妹结构

表8-5反映了不同年龄段及不同姊妹结构与幼儿园性质的相关关系。随着儿童年龄的增长，他们进入公立幼儿园的比例随之增加，从3岁时的24.2%增长到7岁时的38.2%，涨幅超过50%；与此相反，进入私立幼儿园的比例随年龄的增长而降低；无论在哪个年龄段，打工子弟学校占比均非常小。

姊妹结构与幼儿园性质之间的关系较弱。无论是独生子还是独生女，进入公立、私立和打工子弟幼儿园的比例几乎相同。与独生女或独生子相比，有一个或多个姊妹的流动儿童上公立幼儿园的占比更高，尽管差别并不显著。另外，如上文所述，此处对姊妹结构的分析稍有欠缺，除关注姊妹数量外，还应考虑姊妹的性别。由于残留的性别观念因素，男孩是否有姐妹、女孩是否有兄弟可能会对自己的教育福利带来影响。但是，为避免问题过于复杂，这里未区分姊妹的性别。

表 8-5　　　　流动儿童幼儿园类型与孩子特征相关分析　　　　单位：%

变量	幼儿园性质			相关检验	
	公立	私立	打工子弟	卡方值	p 值
年龄（岁）				105.06	0.000
3	24.23	74.33	1.45		
4	30.07	68.77	1.16		
5	32.95	65.54	1.51		
6	33.37	65.16	1.47		
7	38.19	60.65	1.16		
姊妹结构				21.59	0.087
独生子	30.83	67.78	1.39		
男孩有一个姊妹	32.16	66.29	1.55		
男孩有两个姊妹	36.23	62.75	1.01		
男孩有多个姊妹	33.33	65.33	1.33		
独生女	30.93	67.70	1.36		
女孩有一个姊妹	33.74	64.98	1.28		
女孩有两个姊妹	29.46	69.64	0.89		
女孩有多个姊妹	37.18	62.82	0.00		

3. 幼儿园性质与家庭背景

目前，学前教育（尤其是优质学前教育）资源较为紧缺。公立幼儿园作为一种公共产品，存在很大的竞争性和排他性，而这势必会对缺乏社会资源、经济地位较低的群体产生排斥。这也就是说，相对于本地市民，流动儿童进入公立幼儿园就读的机会可能受到挤压。但是，家庭背景（如父母的受教育程度和收入水平）可能调节制度性的排斥，从而使流动儿童的学校性质发生变动。

数据分析结果显示，父母的受教育程度和收入水平与流动儿童所上幼儿园的性质显著相关（见表 8-6）。当父母的受教育水平在小学及以下时，子女进入公立幼儿园的比例为 37.2%，仅低于父母受过大学及以上教育的儿童。总体而言，父母仅有初中教育水平的流动儿童进入公立幼儿园的比例最低。我们推测，这里可能有几种潜在的可能，从而导致教育层级与子女上公立学校的关系呈现"U型"特征：一是受教育程度较低的父母可能更加希望子女通过接受良好的教育而改变自己的命运，同时也将自己未完成的教育之梦寄托在子女身上，希冀子女延续曾经未能实现的梦想。对于小学文化甚至是没有接受过正规教育的父母来说，这种想法可能更为强烈。毫无疑问，接受过高等教育的父母，更有能力在城市中为子女选择教学质量相对更优的公立学校。而受教育程度处于一般水平（初中、高中阶段）的群体，相当部分在流入城市从事个体经营或成为个体工商业主。对比小学及以下受教育程度者从事的最为基本的建筑业、工厂流水线等工作来说，个体经营需要一定的教育水平，但并不需要达到高等教育阶段的水平。个体经营者整体收入较高，在城市中也能获得不菲的经济收入，他们或许持有"读书无用"的观点，对子女的教育希冀可能没有小学及以下受教育程度者高。很多个体经营者（如饭店老板、铝合金小型加工场老板等）父传子业，尽管不能与"家族企业"媲美，但也能带来较丰厚的经济回报，从而不太重视教育。二是受教育程度中等的流动父母，选择质量较好的私立学校，这可能与他们大多从事个体经营或个体工商业，经济实力相对较强有关；同时，他们更可能无暇接送子女，进而选择私立寄宿幼儿园（尽管这里我们无法区分私立学校是寄宿还是非寄宿，也无法区分私立学校的质量）。另外，私立幼儿园离家近，方便接送孩子，多数私立幼儿园在入学时间上并无严格限制，孩子可以随来随学。既无公立幼儿园的种种限制，又兼具便利性，因此成为既无社会资本可用又对孩子学前教育无太高期盼的受教育程度中等的流动父母的理性选择。

表8-6　　　　流动儿童幼儿园类型与家庭背景相关分析　　　　单位：%

变量	幼儿园性质 公立	私立	打工子弟	相关检验 卡方值	p值
父母教育				80.96	0.000
≤小学	37.23	61.22	1.55		
初中	30.28	68.29	1.43		
高中	31.59	67.16	1.25		
大专	34.37	64.51	1.13		
≥大学	43.38	55.98	0.64		
收入水平				25.66	0.000
≤25%	31.27	67.36	1.37		
26%~50%	32.55	66.07	1.38		
51%~75%	30.23	67.81	1.97		
>75%	34.30	64.74	0.96		

父母的收入水平与流动儿童所上幼儿园性质的关系类似于父母受教育水平与幼儿园性质的关系，亦同样呈现"U型"；换言之，流动儿童进入公立幼儿园的比例并未随父母收入的增长而呈现稳定的增长态势。虽然收入水平位于上四分位的家庭，其子女进入公立幼儿园的占比最高，但未与其他收入等级拉开差距。而且，当收入的分位数介于51%~75%时，进入公立幼儿园的比例最低（与初中教育水平的父母，其子女进入公立幼儿园的占比最低是一致的）。这似乎表明，对于学前教育阶段，无论父母的受教育程度、家庭收入的高低如何，他们总是在现有条件下，倾向于让子女接受更好的教育；而在当前，除部分收费昂贵的幼儿园外，更好的学前教育就是公立幼儿园提供的教育。

（二）义务教育

接受义务教育是每个学龄少儿的基本权利和义务。受制于户籍管辖和制度安排，流动子女难以像当地儿童那样享受同等的教育资源，进而使流动儿童和当地城镇户籍儿童就读的学校性质存在一定的差异。但是，如前所言，由于义务教育是强制性的，资源相对充裕，故流动儿童并未被完全排斥在公立学校体制之外。而且，如果流动发生在地区或省区之内，在流入地的居留时间较长，家庭拥有较好的背景以及较为充足的社会资源和经济资源，就可以更为有效地保证子女进入公立学校，完成义务教育。那么，具有哪些特征的流动儿童更可能在公立学校上学，而具有哪些特征的流动儿童更可能被排斥在公立学校之外呢？

1. 学校性质与流动特征

表8-7展示了流动儿童义务教育学校性质与流动特征的相关分析结果。若结合表8-4对比考察可知，公立学校的比例分布在学前阶段与义务教育阶段相差巨大：无论是乡—城还是城—城流动儿童，在公立学校接受义务教育的比例均高达90%。其中一个重要原因在于，学前教育不属于义务教育，国家的政策支持相对较少，故公立幼儿园的数量也较少；而义务教育则相反，公立小学、中学的数量远多于私立学校，故学生数量的分布必然会出现"一边倒"的情形。此外，私立学校学费昂贵，学校的选择甚至成为家庭经济地位的象征，子女就读私立学校费用越高，父母的经济社会地位越高。流动群体整体而言，家庭经济受限，在公立学校资源可得的情况下，很少会支付高额费用，让子女进入私立学校。

表8-7　流动儿童义务教育学校类型与流动特征相关分析　　单位：%

变量	义务教育学校性质 公立	义务教育学校性质 私立	义务教育学校性质 打工子弟	相关检验 卡方值	相关检验 p值
户籍类型				43.94	0.000
城—城流动少儿	91.29	7.51	1.20		
乡—城流动少儿	89.25	8.13	2.62		
流动区域				391.44	0.000
跨省	87.70	8.51	3.79		
省内跨市	90.07	8.49	1.43		
市内跨县	92.38	6.47	1.16		
流动原因				40.07	0.000
其他原因	91.15	7.53	1.32		
务工经商	89.24	8.14	2.62		
居留时间				147.18	0.000
1～2年	87.30	10.32	2.39		
3～4年	89.61	8.03	2.36		
5～7年	89.14	8.20	2.66		
8～10年	89.10	8.00	2.90		
10年以上	91.80	6.02	2.18		
流入地区				3 800.01	0.000
北京	83.06	10.66	6.28		
上海	80.66	9.61	9.73		
华北	93.29	6.08	0.63		
东北	96.94	2.18	0.88		
华东	86.97	7.59	5.43		
华中	93.71	5.13	1.16		
华南	75.67	22.85	1.48		
西南	87.87	9.87	2.26		
西北	96.67	2.79	0.53		
兵团	98.17	1.05	0.77		

我们同样发现，虽然学前流动儿童进入公立幼儿园、义务教育年龄段流动儿童进入公立学校就读的比例差异甚大，但与二者相关的要素却体现出高度的一致性：流入地区与学校性质的关联程度最显著，流动区域、居留时间与其关联程度次之，户籍类型和流动原因与其关联程度相对较弱。

就流入地区来看，流动儿童无论生活在哪里，都是在公立学校就学的比例最高，打工子弟学校的占比最低。但是，不同地区流动儿童在公立学校就读的比例呈现三级分化模式：在兵团、西北、东北、华中、华北等地，九成以上的流动儿童在公立学校接受义务教育；华南地区不到八成；华东、西南、北京、上海地区居中，介于80%~90%。我们认为，兵团、西北等五个地区流动儿童之所以更多地进入公立学校就读，可能与这些地区私立学校较少且流动儿童较少有关。与之相应，华南地区流动儿童在私立学校就读的比例最高，达到22.9%，远远超过其他地区；在上海市，几乎一成的流动儿童在民工子弟学校就学，远远高于除北京以外的其他地区；而北京的流动儿童在这类学校上学的比例也不低，为6.3%。民工子弟学校数量的减少和质量的改善反映政府对农民工子女教育的重视，但同时也反映出农民工子女的弱势地位，尤其是在流动人口大量聚集的北京、上海、广东等地。不过，我们也看到，北京和上海应对流动儿童义务教育的途径不同于华南（即广东），前二者通过打工子弟学校，后者通过发展私立学校来满足随迁子女的教育需求，当然，二者之间有时也没有明确的界线。

2. 学校性质与姐妹结构

表8-8体现了年龄及姐妹结构与义务教育阶段学校性质的关系。显而易见的是，随着年龄的增长，流动儿童在公立学校就读的比例逐步提高，而在私立及打工子弟学校就读的比例逐渐降低。13岁及13岁前，流动儿童进入打工子弟学校就读的比例超过2%，而14岁后，在这类学校就读的占比明显回落，降至2%以下。其原因可能在于：一是有初中部的打工子弟学校数量减少，流动少儿小学毕业后，部分进入当地的中学；二是相对于就读本地公立学校和私立学校的少儿，就读于打工子弟学校的儿童整体家庭社会经济地位偏低，孩子的学习成绩也相对较差，部分家庭对继续学习的重要性认识不足，或因为孩子不愿读书而放弃，致使部分在打工子弟学校就学的流动儿童小学毕业后就提前步入社会——学习手艺或是开始打工，从而使在民工子弟学校就读的比例进一步下降。

就姐妹结构而言，无论是男童还是女童，与其就读的学校性质之间的关系都呈现出相同的变动趋势：即随着姐妹数量的增多，就读公立学校的比例略微降低，而就读私立学校的比例缓慢上升。打工子弟学校的就读比例似乎与姐妹结构缺乏显著关系。这主要是因为，打工子弟学校在流动儿童教育中起到兜底作用，无论姊妹数量如何，除了失学，并没有其他更差的选择了。

表8-8　流动儿童义务教育学校类型与孩子特征相关分析　　单位：%

变量	义务教育学校性质			相关检验	
	公立	私立	打工子弟	卡方值	p值
年龄（岁）				160.48	0.000
5	87.61	8.85	3.54		
6	84.30	13.68	2.02		
7	87.13	9.99	2.88		
8	89.14	8.10	2.76		
9	89.30	7.98	2.72		
10	89.29	7.81	2.90		
11	89.56	7.48	2.97		
12	90.20	7.44	2.35		
13	90.05	7.41	2.54		
14	90.89	7.64	1.47		
15	90.83	7.51	1.66		
16	91.63	6.94	1.44		
姊妹结构				90.73	0.000
独生子	90.23	7.43	2.34		
男孩有一个姊妹	88.79	8.48	2.73		
男孩有两个姊妹	88.09	9.24	2.67		
男孩有多个姊妹	86.47	11.28	2.26		
独生女	91.65	6.65	1.70		
女孩有一个姊妹	89.22	8.26	2.52		
女孩有两个姊妹	87.63	8.94	3.43		
女孩有多个姊妹	86.12	12.07	1.81		

3. 学校性质与家庭背景

随着父母受教育水平的提高，子女进入公立和私立学校的比例整体上都呈现出缓慢上升的态势，尽管二者的上升幅度都不甚明显（见表8-9）。比如，若父母受过大专教育，子女就读于公立学校的比例最高（91.3%），但这仅比最低比例（89.2%）高2个百分点。无论父母受教育水平处于哪个阶段，就学于打工子弟学校的流动儿童均不足5%。尽管如此，父母的教育水平越低，子女在打工子弟学校就读的比例越高:若受访者仅受过小学或以下教育,其子女进入打工子弟学校就读的比为 3.2%;而若受访者受过大专及以上教育,其子女在这类学校就学的比例不到 1%,二者相差 3 倍之多。这说明,随着父母受教育水平的提升,他们既希望也有能力让子女接受更高质量的教育。

教育水平与家庭经济地位紧密相联,较高的教育水平往往带来较好的职业地位和较高的收入水平,从而有助于父母为子女获取更多、更优质的教育资源。但是,这仅仅是理论上的判断,数据分析结果并不完全支持这一阐释。子女教育质量获得与父母受教育水平之间呈现出复杂关系。随着家庭收入水平的提高,流动子女进入公立学校的比例呈略微下降趋势,而进入私立学校的占比略有提升,尽管整体升降幅度偏小,且各类收入水平之间在就读学校性质方面的差异不大(见表 8-10)。结合父母受教育水平和家庭收入来看,无论流动儿童的家庭收入和父母的受教育水平处于哪个阶段,子女义务教育学校的性质并不存在太大差异,而这在很大程度上与义务教育资源的相对饱和有关。

表 8-9　　流动儿童义务教育学校性质与家庭背景相关分析　　单位:%

	义务教育学校性质			相关检验	
	公立	私立	打工子弟	卡方值	p 值
父母受教育水平				71.80	0.000
≤小学	89.40	7.42	3.18		
初中	89.20	8.29	2.50		
高中	90.21	8.06	1.73		
大专	91.28	8.13	0.59		
≥大学	91.18	8.12	0.70		
收入水平				67.69	0.000
≤25%	90.27	7.48	2.26		
26%~50%	89.32	7.84	2.84		
51%~75%	87.94	8.99	3.07		
>75%	88.45	8.99	2.56		

表 8-10　　流动少儿就读公立高中与家庭背景相关分析　　单位:%

变量	就读公立学校比例	卡方值	p 值
父母受教育程度		7.11	0.13
≤小学	93.14		

续表

变量	就读公立学校比例	卡方值	p 值
初中	92.97		
高中	93.65		
大专	87.2		
≥大学	93.88		
收入水平		17.65	0.001
≤25%	94.72		
26%~50%	92.61		
51%~75%	92.46		
>75%	90.75		

(三) 后义务教育（包括高中和职高）

由于目前具有高中阶段教育的打工子弟数量过少，且私立高中的数量远少于公立高中，我们在后义务教育阶段，主要关注流动特征与流动少年就读公立学校的关系，公立学校之外的占比就是其他学校类型，包括私立学校和打工子弟学校。分析对象是，在调查时点在高中（包括中专、职高、技校等所有类型）就读的流动少儿。

1. 就读公立高中与流动地区

在后义务教育阶段，流入地区与就读公立学校的关系较为显著，流动区域以及居留时间与流动子女是否进入公立学校也显著相关，但不同流动区域、不同居留时间与公立学校的占比均在90%以上，实质性的差别不大；而流动原因和户籍类型与就读于公立学校之间的关系并不显著，故图8-9仅描述了流入地区与就读公立学校之间的关系。

如其所示，兵团和西北地区流动儿童在公立学校就读的比例最高，分别为96.2%与97.4%，与学前教育和义务教育保持同样的趋势。而上海、华南与北京的流动儿童在公立学校就读的比例居于末尾，与兵团相差近10个百分点。因此，无论在学前教育、义务教育或后义务教育阶段，在华南、北京和上海的流动儿童，进入公立学校就读的比例相对较低，兵团和西北地区流动儿童进入公立学校就读的比例最高。

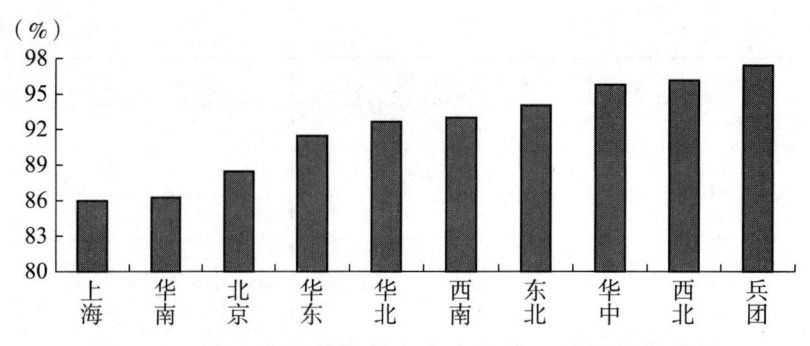

图 8-9　流动少儿就读公立高中与流入地区相关分析

注：卡方检验结果显示，是否就读于公立高中与流入地区在 0.001 的水平上显著相关，卡方值为 80.92。

2. 就读公立高中与姐妹结构

后义务教育阶段，流动子女的年龄特征和就读公立学校的关系与前两个教育层级呈现出相同的特征：随着年龄的增长，就读公立学校的比例缓慢且稳定地上升（这里没有展示），但从统计意义上来讲，二者之间缺乏显著关系。

而在公立高中就读的比例与姊妹结构显著相关：不论是独生子还是独生女，若有多个姊妹，就读公立学校的比例呈现下降趋势（见图 8-10）。总体而言，有一个姊妹的女孩上公立高中的比例最高，次为独生女；相反，有多个姊妹的男孩的占比最低，次为有多个姊妹的女孩，最高与最低之间相差 12 个百分点。

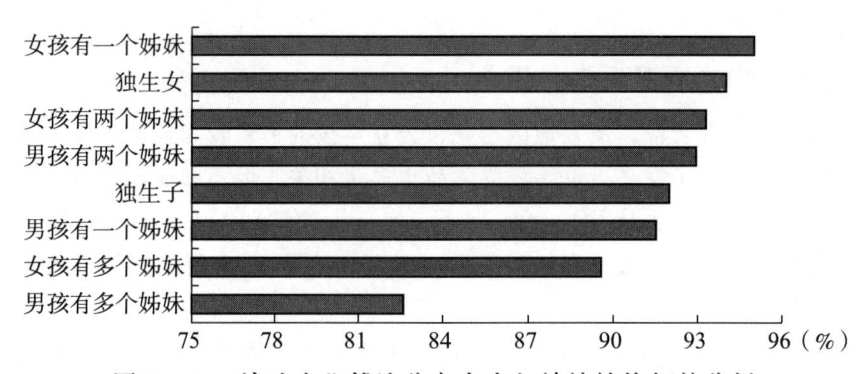

图 8-10　流动少儿就读公立高中与姊妹结构相关分析

注：卡方检验结果显示，是否就读于公立高中与姊妹结构在 0.01 的水平上显著相关，卡方值为 23.31。

另一个显著特征是，在姊妹结构相同的情况下，男孩就读公立学校的比例低于女孩。出现上述现象的原因可能比较复杂：其一，与学前教育不同的是，后义务教育阶段私立学校较少，而其中收费高、质量好的私立学校占比却相对增加，换言之，男孩进入私立学校的比例高于女孩可能是因为父母将更多的教育资源（表现在经济投入上）留给儿子。若果真如此，则性别观念依旧透过优质教育资源的配置而显露出来。其二，现有调查研究发现，女性少儿学习更优异（吴岚，2002），更有能力进入通过正规招考的公立学校。其三，受教育规定所致：外地户籍少儿若要获得流入城市正规学校的就学资格，必须"五证"俱全。若孩子有多个姊妹，他（她）自己或姊妹可能属于计划外生育，故在办理入学申请时，超生子女比独生子女或仅有一个姊妹的孩子的手续更为复杂。这一定程度上限制了流动家庭申请公立学校的积极性而转向其他类型的学校。在性别偏好依旧较盛的农村地区，为达到生育儿子的目的，有儿子的家庭超生情况相对更为严重，从而可能降低了男孩进入公立学校的就读比例。

3. 就读公立高中与家庭背景

表8-10反映出父母受教育程度和收入水平与后义务教育阶段子女就读公立学校的相关关系。相对于学前和义务教育阶段，父母经济社会地位与这一阶段公立学校就读比的关系更弱。随着父母收入水平的提高，子女就读公立学校的比例逐渐下降。家庭收入决定是否能够将更多的资源投入子女教育，随着越来越多的高收入家庭对子女教育多样化的需求和选择，私立学校成为满足高收入家庭子女教育的一种独特方式，一方面是让子女接受更好的教育，另一方面也显示出家庭的经济地位。而父母受教育程度的高低与流动子女就读于公立学校的比例没有显著的统计关系。

纵观各教育阶段与就读学校性质的关系可知，与学前教育和义务教育学校性质显著相关的不少因素在高中时期已经不再显著。我们据此推测，高中（包括职高）教育属于后义务教育阶段，流动子女是否继续就读、就读于怎样的学校除受制于家庭背景、社会期望、国家政策等多方面的因素外，更多地受制于子女个人主观因素和自我选择。例如，是否愿意读书，是否能考上高中，能否融入当地的班集体，成绩是否优良，能否有机会考上大学，等等。而这些个体因素往往成为子女是否继续接受高中教育的关键因素。由于数据的不可得性，这里未能将这些因素加以考虑。

五、小结与简论

随着人口流动规模的扩大，流动进程的加深，流动人口家庭化趋势的增强，作为家庭核心的子女在流入地的教育问题不容忽视。获得正规、高质量的学校教育既是流动儿童的学习梦，也是流动父母在城市艰难打拼的动力，更是实现家庭社会流动的梦想之基。本章利用 2013 年《流动人口动态监测调查》数据，对不同年龄段（学前教育年龄、义务教育年龄、后义务教育年龄）教育机会、教育过程及教育质量的现实状况进行翔实的描述，并根据相关教育理论对部分相关因素进行了进一步的探索。通过上述研究，可对流动儿童"教育梦"的实现情况和相关因素得出以下几项结论。

（1）在不同教育层级，教育机会获得程度不等。流动儿童获得了基本的义务教育机会，在学率超过 95%。而与义务教育机会形成鲜明对比的是，其学前教育和后义务教育机会相对较差，前者最高不足 80%，而后者的最高水平更低于 50%。凸显出学前教育和后义务教育阶段亟待关注的现实。

（2）流动少儿的教育进程明显慢于非流动儿童。通过比较分析发现，在各年龄段，流动儿童都面临着不能适时就学的问题。正常情况下，满 3 岁即应进入学前教育机构接受教育，而流动儿童幼儿园的在学比例却在 5 岁达到最高，且仅有 79.1%。小学阶段也是如此，国家法定小学入学年龄为 6 岁或 7 岁，但流动儿童 7 岁时的小学在学比例仅为 74.2%，直到 10 岁才达到 97.4% 的最高值。

（3）教育不公由教育机会向教育质量（即学校性质）转移。在教育制度及相关制度改革的推进下，流动少儿获得了基本的教育机会，特别是义务教育机会，但教育差别并未消除，而是向教育质量不公转移。从流动少儿总体来看，近 1/4 的流动少儿就读于私立学校或打工子弟学校，而在教育资源最为稀缺的学前教育阶段，这一不公尤为明显，在私立和打工子弟幼儿园就读的流动少儿占比高达 68%。

（4）制度和结构因素依然与流动少儿的教育机会和教育质量密切相关。通过对流动少儿的学前教育、义务教育、后义务教育各阶段学校性质的相关因素分析可知，户籍类型、流动区域和居留时间等流动特征对流动少儿内部（城—城流动少儿与乡—城流动少儿）或对流动少儿总体的受教育情况发生较为显著的影响；特别值得注意的是，无论在哪个教育层级，进入不同地区的少儿具有显著不同的教育机会、过程和质量；而与欠发达地区相比，发达地区并未给流动儿童提供更好的教育福祉，结构性的排斥暴露无遗。在制度改革（户籍制度、教育制度）不断推进的过程中，流动少儿获得了更多的教育机会，但教育公正不仅是教育机会的均等化，更是要赋予每个少儿平等获得更高质量教育的权利。在城乡、地区"双二元"教育制度结构等因素的共同作用下，流动少儿教育公正之梦的实现仍有赖于社会改革的进一步推进。

（5）姊妹结构与学前儿童的在学机会及流动少儿的教育质量显著相关。即便在低生育率的情境下，若不考虑其他因素，不同的姊妹数量和性别依旧带来姊妹之间对家庭教育资源有差异的竞争，进而影响孩子的教育福祉。在学前教育、义务教育甚至后义务教育阶段，流动少儿就读的学校性质与姊妹数量均有较强的相关关系。

（6）家庭背景与流动少儿的教育机会、过程和质量之间的关系并不如早期研究所发现的那么重要。从父母受教育程度、收入水平等角度来看，流动儿童的在园率、各教育阶段就读的学校性质并未与其家庭背景呈现出较一致的相关关系；流动少儿的教育与家庭背景的关系呈现出多元化的特征。除了家庭及父母因素外，既与大城市、中小城市的整体教育资源及配置有关，又与不同学校教学质量参差不齐有非常大的关系，同时，也与不同教育阶段的具体特点有关。

在中国，流动少儿"教育梦"的实现状况既深深烙上了社会制度改革的印记，也是流入地教育资源再分配的结果。教育制度改革的程度与力度决定教育公正的实现程度，进而决定流动人口子女在流入地能否就学、能否适时就学、能否平等地获得优质的教育资源。当流动少儿入学率特别是义务教育阶段入学率不断提高并与流入地儿童不相上下时，学前流动儿童的教育机会、流动少儿的教育质量（上什么样的学校）成为流动父母更为关注的问题。而或隐或显的教育保护主义依然让流动少儿的教育处于总体教育层级之末。百年大计，教育为本。流动人口子女的"教育梦"不仅是孩子的"学习梦"，也是父母共同的"望子成龙梦"，更是实现社会良性流动、保证社会公平正义的"中国梦"。在深化社会体制改革的进程中，只有消除户籍差异、地区差异，为"中国的未来"——少年儿童提供公平的教育，才能真正推动流动少儿"教育梦"的实现。

第九章

融 入 梦

我最大的愿望就是成为一个北京人!

——一位河南农村户籍的打工者如是说。46岁,男性,在京从事个体商贩工作长达15年。

我的梦想是落户北京,孩子可以在这边上学。我2002年就来到北京,在这里结婚、买房、生子,而现在我不得不离开了,因为我的孩子该上小学了,原来想着让他在这里上学,但是需要一大堆证件,这边划片的学校也不是很好,而且将来还不知道能不能在这里高考,所以,我们要离开这里,回到老家去,这样孩子可以直接上老家的重点学校。

——一位黑龙江非农户籍的打工者如是说。35岁,女性,在京工作长达13年。

我的梦想是,有一天能够加入深圳户籍。

——一位湖北农村户籍的打工者如是说。36岁,男性,在深圳的一个灯具制造厂打工,前后待了6年。

我很喜欢成都,地方好,人也好,好吃的东西多,也不贵。希望留在这里。

——一位户口在贵州,但在成都一个事业单位打工的22岁女性如是说。两年前,她在成都的一所大专毕业后留在这里,其间换了两个单位,尽管对单位不太满意,户口还未能解决,但对成都市充满了期待。

跟我的老家比,这里(青岛——作者注)真好,我好喜欢!希望能在这里安家落户!

——一位湖北农村户籍的打工者如是说。26岁,男性,16岁初中毕业后,由一个在青岛工作的亲戚带来,一待就是10年。

我来武汉打工已经20多年了，中间换了很多个工作，后来觉得做早点很赚钱，就做这一行了。到现在已经十多年了。儿子媳妇孙子一家人都在这里。现在也不想回老家了，就想将来能成为真正的武汉人。但是，我的户口依然还在安徽的农村老家。不喜欢别人问我是哪里的人，我是哪里的人？今年春节都在这里过的。在这里生活这么多年，已经完全熟悉了武汉的生活，也喜欢这里，武汉话也会说了，将来老了也希望在这里养老。你看我像武汉人吗（自嘲式的大笑）？本来以为政府放宽落户条件后，我们也可以申请落户武汉，但一打听，我们家还不符合落户条件。不过，也许我女儿一家将来可以，她是在××大学毕业的，找到了正式的工作。现在她还没有武汉户口，不过，她有交社保什么的，她肯定将来能成为武汉人（开怀一笑）。

一位四川农村户籍的打工者如是说。48岁，女性，20年前随丈夫来到武汉打工，一待就是20多年。

我们在2012—2015年的访谈中了解到，在北京、武汉、成都、深圳、杭州……在沿海各大城市的小巷弄堂里，在工厂车间，在窗明几净的写字楼内，生活着无数从事各色工作，但普遍租住廉价房屋的打工者。他们中的大多数人被称作农民工，也有部分被称作城—城流动人口、高学历流动人口、蚁族。虽然其中有相当一部分人表示，并未打算在这里长住，而是走一步看一步，但多数都希望有朝一日能不再以一个流浪的打工者或寄居者身份生活在现地，而是真正成为本地的一分子。面对残酷的现实，有些人梦碎了，伤心离开；而更多的人依旧坚守梦想，继续前行，期待梦圆时刻的到来。

本章旨在向读者展示流动人口怀揣"本地梦"的原因，"本地梦"的实现程度，影响其圆梦的主要障碍及其在圆梦之路上的诸多努力。

一、中国社会转型与流动人口实现融合梦想的必要性

30多年来的中国社会变迁，从一开始就是在明确的设计和规定下进行的（刘少杰，2014）。尽管在经济体制变迁中不断显示出经济、政治、文化与社会变迁的联动性要求，但集中注意力发展经济的战略方针，自觉或不自觉地限制了其他领域里的发展变迁。应当充分肯定，集中注意力发展经济的战略方针，对于在短期内改变中国经济严重落后局面，创造巨大物质财富，提高人民群众物质生活水平，做出了不可否认的贡献。但是，一个严重的后果也日益清晰地表现出来：孤军深入的经济体制改革与市场经济发展，并没有引起社会其他构成因素的协调

发展，相反，在经济迅速增长的同时，利益分割、官员腐败、贫富分化、群体冲突、市场秩序紊乱等大量社会问题却日益尖锐地摆在人们面前。而"流动人口"这一概念便是中国社会转型过程的表征（吕俊彪，2016），其在流入地的经济、政治、文化和社会融合更是中国社会转型的重要目标。

2010年10月18日，中共中央第十七届五中全会通过了《关于制定国民经济和社会发展第十二个五年规划的建议》，要求以科学发展为主题，以加快转变经济发展方式为主线，从粗放式增长转向集约型增长，从投资推动型增长转向创新推动和消费投资协调型增长，从外向主导型转向内需主导型，实现更有效率、更有质量、更加环保的科学发展和高增长，目的是让全体人民共享改革发展成果，让每一个中国人都过上幸福而有尊严的生活。坚持共享发展，必须坚持发展为了人民、发展依靠人民、发展成果由人民共享，朝着共同富裕方向稳步前进。人民是发展的主体，共享发展也被称为包容性发展，强调以人为本的发展观念，是保障民生福祉、实现全体人民共同迈向全面小康社会的根本要求。同时，就业乃民生之本，教育乃民生之基，收入乃民生之源，社保乃民生之依。在共享发展中，全会关注教育、就业、收入分配、社保、医保等民生问题，强调国民的收入和经济增长要同步的任务。而对于为中国工业化、城镇化和现代化做出巨大贡献的流动人口而言，他们增加收入、享受基本社会保障、子女能够在流入地接受教育的过程就是个人和家庭实现社会融入的过程。

因此，流动人口社会融合既是中国经济社会转型的重要内容，亦是实现中国经济社会转型必须解决的问题。

二、缘何怀揣"本地梦"：简要文献梳理

为什么想成为本地人？这是一个既简单又复杂的问题，说它简单，是因为受访者给出的答案几乎是一致的，不外乎就是成为当地的城镇居民，大至孩子就学、住房、医保，小至买车等方面，能和本地居民一样，甚至还有很多优惠可以享受。在北上广深这些特（超）大城市，户口就是福利，即使历经万难，人们仍趋之若鹜。说它复杂，是因为这个理想的实现受到很多因素的制约，不是仅靠个人努力就一定能够实现的。现实证明，没有本地户口，流动人口在流入地遭遇诸多方面的社会排斥，生活在城市的空间边缘和社会边缘，成为名副其实的外来人。户籍及其附着制度相互交织，构成制度性网络，将外来人口排斥在外。不能取得本地户籍，就意味着他们不能为本地制度所接纳，就意味着在公共服务和公

共福利方面无法享受同城待遇，也意味着他们简单的融城意愿难以实现。除部分少数民族外，中国当前的差异更多地表现为城乡和地区差异两方面，而差异的具体形式往往是社会福利的水平及享受情况。流动人口强烈的"本地梦""融入梦"是流入地福利排斥的结果，也是流入地较高公共服务吸引的结果。

（一）新政点燃"本地梦"

近年政府在户籍制度方面进行了诸多改革，且鼓励农业转移人口市民化，这些政策激发了流动人口的"本地梦"（"融入梦"）。新世纪以来，农民工的城市社会融入问题开始引起政府、学界和社会公众普遍关注和高度重视。国家"十二五"规划中明确提出，"要把符合落户条件的农业转移人口逐步转为城镇居民作为推进城镇化的重要任务"。2013年11月15日公布的《中共中央关于全面深化改革若干重大问题的决定》提出，推进农业转移人口市民化，逐步把符合条件的农业转移人口转为城镇居民。创新人口管理，加快户籍制度改革，全面放开建制镇和小城市落户限制，有序放开中等城市落户限制，合理确定大城市落户条件，严格控制特大城市人口规模。此决定一经颁发，就引起社会各界的广泛关注。一方面，它让许多外来的打工人员有了成为真正的"城里人""本地人"的政策优惠；另一方面，它实际上抬高了人们更为希冀的特大城市、超大城市门槛。

《国家新型城镇化规划（2014—2020年）》明确提出，"按照尊重意愿、自主选择、因地制宜、分步推进、存量优先、带动增量的原则，以农业转移人口为重点，兼顾高校和职业技术院校毕业生、城镇间异地就业人员和城区城郊农业人口，统筹推进户籍制度改革和基本公共服务均等化。"2014年7月30日，国务院正式印发《国务院关于进一步推进户籍制度改革的意见》（以下简称《意见》），提出"严格控制特大城市人口规模，改进城区人口500万以上的城市现行落户政策，建立完善积分落户制度"。《2015年政府工作报告》亦明确指出，"抓紧实施户籍制度改革，落实放宽户口迁移政策。对已在城镇就业和居住但尚未落户的外来人口，以居住证为载体提供相应基本公共服务，取消居住证收费。"

根据《关于开展国家新型城镇化综合试点工作的通知》及《国家新型城镇化综合试点方案》，各地区相继采取了系列户改措施。比如，北京通州推进积分落户政策，以具有合法稳定就业等为主要指标，设置积分分值，达到一定分值的可以申请落户。这一政策唤醒了"沉睡"的通州，增强了无数个在北京拼搏、渴望坚守的流动人口的信心，点燃了他们的融入激情。不过，"积分落户制度"标准看似简单，主要是"以具有合法稳定就业和合法稳定住所（含租赁）、参加城镇社会保险年限、连续居住年限"等为主要指标，设置积分分值，但积分指标的构成具有很大的限制性,特别是对乡—城流动人口而言。因此,虽然多地早已实行该制度,但真正通过积分落户之人少之又少,其效果如何,尚需进一步观察。

(二)不同户籍身份融入路径

公共福利均等,基本权利共享,流动人口的"本地梦"就是"融入梦"。流动人口的融入意愿,是对流入地的身份认同和心理认同(尽管这两个概念有更为复杂的内涵,也涵盖更为多样化的人群),即"对城市生活方式、工作方式、城市文化、市民价值观念、市民群体的日常运作逻辑等的赞同、认可、渴望与同化,并将城市人作为自己的参照群体和评价标准"(李超海、唐斌,2006)。由于人们流动的目的不一样,"融入梦"自然有别,进而对所居城市具有不同程度的认同感和归属感。

在融入的道路上,流动人口群体内存在两个链条。对于乡—城流动人口而言,这个链条是"农民→农民工→市民",伴随他们的是进城、冲击、适应、认同、融入这一漫长的过程(郭星华、姜华,2009);对于城—城流动人口而言,则是"市民→新市民→市民",伴随他们的同样是进城(另一个城市)、冲击、适应、认同和融入。当然,二者面临的冲击和需要适应的内涵有差别:乡—城流动人口的冲击来自制度和结构两个方面,而城—城流动人口的冲击主要来自结构因素。对流入地的认同是实现融入之梦的必经路径。他们的认同受到内外两种力量的夹击:一方面是来自流入地社会的排斥(即外部排斥),一方面是来自自身的拒入(即自我"蜷缩")。这两方面形成巨大的张力,相互对抗、冲击,内在张力得不到释放。

针对农民工城市融入和定居意愿的研究很多(熊波、石人炳,2007;Zhu,2007;Zhu and Chen,2010;Fan,2011),既有全国性的分析,也有地区性的研究;既有政府公布的数据,也有学者的研究结果。国家统计局 2006 年的专项调查结果表明,超过五成(55.14%)的农民工希望未来在城市发展和定居(国家统计局课题组,2007);2009—2013 年《流动人口社会融合调查》数据的分析结果显示,流动人口对流入地均有较为强烈的融入意愿,希望成为流入地社会的一分子(具体请参看相应年份的《中国流动人口发展报告》)。不过,多数关于流动人口融入意愿的研究来自地方层面的数据。比如,Zhu and Chen(2010)在福建省的调查结果表明,从趋势来看,农民工的城市定居意愿似乎逐年增长;从现状而言,57.5%的农民工希望永远留在城里,但其中只有 35.8%的农民工愿意在当前城市定居,其余 21.7%计划去其他城市。类似的研究还有很多,但不同研究因为关注的城市、关注的对象、关注的指标不同，得出的结论差别甚大，这里不再一一列举。

（三）多因素作用下的融入意愿

流动人口的融入意愿受多种因素的影响与制约，其中既有客观因素，也有主观因素；既有个体因素，也有家庭因素。这些因素都不是孤立的，而是相互作用、相互影响，共同作用于流动人口的融城决定。为使梳理更易于跟进，下面从制度、家庭和个体三个方面进行简要叙述。

1. 宏观制度的双向作用

基于制度排斥产生的不愉快的经历直接影响流动人口对所居城市的主观感受和归属感（Nielson et al., 2009；Zhang et al., 2009），进而影响他们长期定居的意愿和成为本地市民的决策。直至当下，一个普遍的看法是，融城意愿主要受制于户籍制度，因为制度带来了身份的歧视与排斥，带来了职业和经济地位等方面的融合困境（李强，2002），也带来农民工子女教育的制度歧视，而这些都会影响农民工对其所居城市的认同（张国胜，2007）。同时，户籍制度带来的城乡二元分割，使人们具有很强的城乡差分意识。流动农民的城乡差分意识越强，在城市生活中对城乡的差别认识越深刻，与城市居民进行某种比较时，则越容易强化或再次确认自己的"农民"身份意识。但是，这种差分意识也可能激发流动农民对城市生活和市民身份的强烈向往：改变自己的居住地，改变自己的农民身份（王毅杰、倪云鸽，2005）。

制度要素覆盖的范围很广，除了本源性的户籍制度外，还包括教育制度、保障制度和土地制度等。这使得制度因素对融入意愿的影响也比较复杂，并非只要取消户籍，流动人口就能马上成为城市人；也并非实行了居住证制度，他们的融入问题就会迎刃而解，融入梦想就会马上实现。户籍改革真正落到实处必须通过许多其他具体制度配套改革来实现。以土地制度为例，现有的土地制度将流入地与流出地户籍政策紧紧地联系在一起，也与乡—城流动人口的切身利益密切相关，是影响他们融城意愿和打算的关键环节，因此，对于拥有土地的乡—城流动人口，必须要辅以土地政策的调整。由此看来，必须同时对城镇和农村两个系统的户籍制度进行改革，剥离农业户口背后的各项权利待遇，以推进农民工城镇化的进程（李飞、杜云素，2016）。但是，从相对剥夺的视角看，相比于城市迁移者，农村迁移者比城市户口的迁移者表现出更强的摆脱原居地、融入城市和当地社会的愿望，获得本地户籍后能更有效地减少剥夺感，而这一改善对城市迁移者而言并不明显（史毅，2016）。

2. 家庭团聚的正向推升

研究表明，流入地和流出地的家庭因素同样会作用于流动人口的融城意愿。比如，流动模式（即个人流动、半家庭式流动、家庭式流动）影响流动人口对流入地的认同感和归属感。与举家流动者相比，个体单飞和半家庭式流动者对流入地的认同感显著降低，前者降低的幅度更大（杨菊华，2015）。类似地，Fan（2011）的进一步研究发现，家庭的流动安排不同（如单身家庭、夫妻双方一起流动、无孩家庭流动、家庭流动等）会对农民工的长期居留意愿产生影响。家庭式流动的农民工更愿意在流入地定居（任远、邬民乐，2006）。这与全家都在城里的农民工相比，只有夫妻在城里或单独在城里的农民工在城市归属维度上得分更低（贵永霞，2010）；与配偶不在一起的流动农民相比，配偶或恋人在同城的农民工更愿意在城市定居（王玉君，2013），虽然更认可制度所赋予的农民身份，但也更愿意扎地生根而不是落叶归根（返回家乡）（王毅杰、倪云鸽，2005）。一项针对新生代流动人口的研究也说明，举家迁移的新生代流动人口也更容易形成对城市的归属感，削弱与家乡的乡土联系（盛亦男，2017）。

经济理性视角被用于解释流动人口迁移模式，我们进而可以看到其对流动人口居留意愿的间接作用。Fan等（2011）在分析北京城中村农民工家庭流动模式时，认为非举家流动或循环式流动的主要原因在于家庭的劳动分工模式，而主要目的在于使家庭经济利益最大化——一部分家庭成员在流入地赚钱，而一部分人留在老家，可以获得老家的福利。故此，循环流动有助于流动人口家庭兼得鱼和熊掌。同时，农民工是否携带子女在很大程度上还取决于孩子的年龄和父母的可及性。韦小丽、朱宇（2007）对福建省沿海地区流动人口的研究表明，即使没有户籍制度，许多流动人口仍会根据其家庭相关能力和利益对其有限的家庭资源在流入地和流出地之间做出理性配置，采取全家分两地就业和居住的家庭策略，使得他们在就业不稳定、工资水平低的情况下，既能充分利用在家乡可支配的资源（即土地和房屋），又可避免全家一起迁入流入地所产生的迁移成本（包括流入地较高的生活开支），从而使全家在迁移流动中的收益最大化。这主要是因为，"双向流动""循环流动"而非定居模式可以更好地应对社会保障水平低下可能带来的预期风险，并将之作为一个策略选择（朱宇，2004；Zhu，2007；Fan，2011）。流动人口也存在一定的时空记忆，居留意愿会受到家庭内部的代际影响，父代的流迁行为将对子代的居留意愿产生正向影响，有助于未来子代实现"留城"（盛亦男，2017）。

3. 个体因素的综合作用

但是，融城还是流动的打算还受制于个体因素（Fan，2011；侯红娅、杨晶、李子奈，2004；杨菊华，2015），包括人口特征、劳动就业特征、社会网络特征、流动特征以及主观态度性要素等。

就个体的人口特征和人力资本来看，国际移民的研究表明，年龄、性别、教育程度、收入都会影响人们的定居决策（Massey，1987）。关于农民工对流入地认同的年龄差别，王春光（2001）在十多年前就给予了关注，区分了新生代和老一代农民工的差别。此后，相关研究分别从队列和时期角度关注年龄差别，得出了不同的结论：一类研究区分年龄，但并未有意识地比较代际差别。比如，年龄的影响总体趋势表现为先上升后下降，在 25~35 岁出现一个较为明显的拐点，即"倒 U"型关系（崔岩，2012）；褚荣伟、熊易寒、邹怡（2014）发现，年龄越大，城市认同度越高，但当控制住经济成功变量和社会环境变量后，这种影响变得不再显著；才国伟和张学志（2011）认为，年龄与农民工的城市归属感负向相关。另一类研究则从代际视角出发，比较老生代和新生代农民工之间的认同差异。比如，郭科（2009）的研究表明，年龄越小的新生代农民工越倾向于认同城市人身份，尤其是 22 岁以下的年轻人；又如，30 岁以下成年流动人口及 50 岁以上的成年流动人口与其他年龄组相比，对北京的整体性认同更高：前者有一半认为北京很好，后者有相同认知的占比高达 58.3%（方志，2007）。

就性别而言，虽然女性对城市的认同略高于男性（曾文佳，2012；王卓梅，2012），但性别对定居意愿影响并不显著（黄乾，2008）。郭科（2009）、崔岩（2012）还进一步发现，性别与新生代农民工的身份认同没有必然联系。与未婚者相比，在婚者的分类意识强，更认为自己是农民身份，将来也更倾向于返回家乡，而未婚者更愿意在城市定居（王玉君，2013）。这可能是由于婚姻带来的是责任和义务，在婚者需要考虑维持家庭经济、能否与家人尤其是孩子团聚、如何保证子女上学等各种具体事务（王毅杰、倪云鸽，2005；王卓梅，2012），因此更倾向于回到家乡，否则融不进的城市带来的只是子女就学难、家庭团聚难。但是，郭科（2009）、崔岩（2012）认为，婚姻与新生代农民工的身份认同没有必然联系，无论婚姻状况如何，他们都倾向于认同自己的农村人身份。

大量研究表明，受教育程度是影响流动人口融城意愿的重要因素，即受教育程度越高，城市融入及地域归属得分越高（贵永霞，2010；王卓梅，2012；王玉君，2013）。仅有初中及以下文化程度的新生代农民工更倾向于认同自己的农村人身份，而具有高中及以上文化程度者倾向于认同自己的城市人身份或持模糊不清的态度（郭科，2009）。而且，母亲的受教育程度也会影响流动儿童的城市认同水平，尤其是在价值认可维度的表现更为显著（刘欣，2013）。但黄乾（2008）的研究表明，受教育程度对定居意愿缺乏显著作用。

个体的劳动就业特征也与融城意愿密切关联。张红丽、朱宇（2010）发现，稳定的工作和家庭收入对农民工长期居留也产生积极影响。收入水平越高，城市融入得分越高（贵永霞，2010；王卓梅，2012），而褚荣伟、熊易寒、邹怡（2014）进一步指出，收入地位只有群体内比较时才显著提升城市认同度。一种解释是，积累了足够的经济资源后能够自主选择身份认同；另一种解释是，社会阶层的上升往往能够扩大社会认同类别（如中产阶层认同），而不是文化身份（城里人或农村人）。家庭收入不仅影响流动人口本人，也会作用于随迁子女的认同感（袁晓娇、方晓义、刘杨、蔺秀云、邓林园，2010）：家庭经济地位越高，生活、消费、娱乐形式越接近当地人，流动儿童越可能形成对城市的认同感，而降低对老家的认同。从职业上看，雷开春（2009）指出，职业地位和经济地位高的城市新移民，社会认同程度高于其他人。无论是社会认同还是地域认同，个体工商户的城市归属得分最高，而体力工人的得分最低（贵永霞，2010），但崔岩（2012）的结论是，工作类型对流动人口的社会认同没有显著影响。非正规就业的流动人口的融入水平显著低于正规就业的流动人口，而户籍制度的安排导致绝大多数流动人口处于非正规就业状态中（杨凡，2015、2016）。劳动权益保障同样对农民工市民化意愿产生显著影响，超时劳动农民工市民化意愿不如未超时劳动农民工强烈；接受过技能培训的农民工市民化意愿强于未接受过技能培训的农民工（王晓峰、温馨，2017）。

社会保险的参与情况同样影响流动人口的融入。在本地参加城镇职工医疗保险的农民工，市民化意愿强于未参保的农民工（王晓峰、温馨，2017）；住房公积金制度对流动人口的城市定居意愿与城市购房有显著的促进作用，且能够强化定居意愿对城市购房的正向影响，这是因为，公积金的缴付有助于提高农民工在城市定居的心理预期，从而对城市融入产生积极的作用（汪润泉、刘一伟，2017）。但是，也有研究表明，流动人口的居留意愿并非一定随着参保而增强，社会保险具有一定的"门槛"效应，具有良好支付能力者的居留意愿显著更高（乔楠、冯桂平，2017）。

李叶妍、王锐（2017）利用劳动权益保障程度、公共服务享受范围、社会保险参加情况等指标，构建了城市包容度指数，并发现流动人口的长期居住意愿越强，落户越容易，就业越稳定。可见，良好的职业地位、就业权益保障、公共服务供给、社会保障等都是促进流动人口融入意愿的关键性因素。

社会网络直接作用于流动人口的融城意愿。交友人群对融城意愿有不同的影响，与老乡交朋友并不会增强乡村认同，与上海人交朋友则会显著增强城市认同，与其他省市的人交朋友的意愿显著降低对流入地城市的认同，且同时增强乡村认同（褚荣伟、熊易寒、邹怡，2014）。流入地的亲人数，朋友中的本地人数量，日常生活中与本地人的交往频繁程度等代表社会适应因素的指标对新生代流动人口定居意愿具有显著的正向影响（梁土坤，2017）。社会资本的构建，事实上在迁移之初可能依赖于同乡或其他外来人员，但到后来真正实现融合则需要摒弃这种网络（李培林、田丰，2011）。流动者在流入地与当地人有频繁的社会互动或更广泛的社会网络会对他们选择永久定居产生正面的影响（Reyes，2001；Korinek et al.，2005；王玉君，2013）。然而，出于工具性的诉求或现实的无奈，流动人口的社会网络往往以初级群体为基础，社会关系依旧十分促狭，社会资本仍非常薄弱，从而可能阻碍农民工对城市的认同与归属，故新型的社会资本在农民工社会地位的提高和城市融入中的作用愈发凸显（赵延东、王奋宇，2002）。而农民工在城市中所遭受的社会关系网的排斥源于一种空间策略，是一种"污名化"的叙事和话语系统，一种对社会资源垄断的偏好，一种社会距离的自觉生成（郭星华、姜华，2009）。

在流动特征要素中，对流入地语言的掌握能力会影响其经济收入（Chiswick and Miller，2007）和社会融入水平，进而影响定居决策——说不同语言或方言、有不同口音的人都会被归类到不同的身份群体，而当地话的流利程度会增加城市认同的概率（董洁，2014；褚荣伟、熊易寒、邹怡，2014）或增强定居意愿（王玉君，2013）。时间因素也十分重要，在流入城市的工作时长（任远、邬民乐，2006）、进入城市的时间和在城市生活时长（熊易寒，2009；刘欣，2013）都会增强流动人口的认同感和归属感。国外的研究也发现，在流入地居住的时间长短对定居意愿产生积极的影响（Khraif，1992）。若从小就生活于此，对城市就会更加熟悉和了解，行为举止更城市化，更容易建立对城市的认同感（袁晓娇等，2010）。也有研究发现，在成年人口中，不同的打工时长对农民工社会认同并不带来显著差异（曾文佳，2012），尽管与归属认同的关系先降后升，而与归属评价的关系先升后降，且都是8~12年为最低点或最高点。此外，对新生代农民工而言，不同打工年限与市民化意愿及心理认同指标亦无显著差异（才国伟、张学志，2011）。不同的流入地区也导致流动人口融入的差异。虽然从整体上看，流动人口户籍迁移意愿不高，但等级高、规模大的城市流动人口的户籍迁移意愿很高，而等级低、规模小的城市流动人口的户籍迁移意愿低；沿海城市群流动人口的户籍迁移意愿高，其他城市流动人口的户籍迁移意愿低，内陆部分省会城市和交通区位与资源禀赋较好的中小城市也已经形成了一批流动人口的户籍迁移意愿高值区（林李月、朱宇，2016）。新生代流动人口居留意愿的地区差异也呈现出较为类似的特征，即在大城市的居留意愿强，中小城市的流动性强和特大城市的返乡意愿强的特征（盛亦男，2017）。

除上述因素，流动人口的社会认同感还与当地市民的接纳程度密切相关。融城意愿不仅是个体心理和行为的过程，也是个体与他人双向互动的一种结果，既包括了流动人口对城市社会的认可和赞同，也包括了城市社会对他们的包容、接纳态度。现在的情况是，城乡二元的社会结构不仅在制度上对流动人口进行隔离，还引发了城市市民在心理和行动上对农民工的排斥，人们总是把城市社会治安恶化、交通拥堵、环境卫生变差等问题归罪于农民工，并通过各种渠道甚至是政治渠道去表达自己的这种呼声，造成了流动人口的边缘孤独感，使他们在城市陷入尴尬境地（杨川丹，2011）。而这样的经历无疑会通过影响归属感而间接地作用于其城市定居意愿（王玉君，2013）。

前面所引的诸多文献中，关于流动人口融入意愿的表述多样且含糊，融城意愿、居留意愿、认同意愿等都是常用概念；当使用在"城市定居"或"留在当前居住的城市"等术语时，"城市"覆盖的人群和地域空间差别甚大：前者实际上仅适用于乡—城流动人口，后者则可能包括所有流动人口；同时，前者的地域十分宽泛，可能指普通意义上的城市，而后者则有鲜明的地域空间。这样的模糊性、不确定性和不可比性可能也是造成上述研究中，出现多种矛盾结果的重要原因。为此，我们下面的测量将对概念进行较为明确的界定。

三、如何测量"融入梦"

如果说，前面章节中介绍的收入、住房、保障和子女教育梦是具体、明确、客观的梦想指标的话，"融入梦"却是一个具有强烈主观性的指标，而如何测量主观指标难度相对更大。研究融入意愿有一个不可避免的内生难点：若流动人口已经发生户籍变更，就已不是流动人口，也就不再是本研究的分析对象了。换言之，对于融入意愿，只能分析尚未转变户籍的流动人口；而那些曾经是流动人口但已入籍之人，我们无法考察他们是如何实现梦想的。

本章使用2014年《流动人口社会融合调查》数据，分析流动人口的融入意愿。就样本而言，融入意愿与收入和城镇社会保障章节存在两点不同：一是融城意愿对所有受访流动人口都是适用的——与"安居梦"相同，故后面分析的样本覆盖了全部流动人口。其中，城—城流动人口为2 240人，占14%；乡—城流动人口共13 756人，占86%。二是融入意愿从理论上对本地户籍市民并不适用，故本章不做"内与外"的比较，而只进行群体内部"城与乡"的比较。

调查中有多个可以反映流动人口融入意愿的问题，这里主要使用三个指标、四个测量：两个心理感知指标，长期居留打算，户口迁入意愿。这三类指标之间既有紧密的联系，也有一定的差别。联系主要是指三者均是意愿性的指标，而不是实际发生的结果。差别是指心理感知牵及人与人（这里仅指理论上的外来人口与本地市民）之间的互动、人与地（外来人口与流入城市）之间的互动，在这三类指标中具有最强的主观含义。而对于居留打算，人们更可能考虑流入城市的经济结构和各类资源（如职业流动、收入水平、发展机会、子女教育等）的可及性和可得性等客观现实。户口迁入意愿除了考虑到前一个指标所要顾及的问题外，还有实际对本地户籍承载的福利与老家户口利益的权衡问题。因此，在融入意愿的程度方面，虽不尽然，但它们之间具有一定的递进性，即从流动者对流入地的心理感受和态度，到在本地长期居留意愿，再到户口迁入意愿，逐层递进。

现有研究也表明，农民工的城市归属感是其定居决策的关键影响因素（才国伟、张学志，2011；王玉君，2013）。王玉君（2013）在对现有文献进行系统综述的基础上指出，此前研究多关注农民工的人口、经济、社会变量、社会网络与互动和流动经历对农民工城市定居意愿的影响，但较少关注这些因素特别是城市体验（包括住房、社会交往、语言交往能力、流入地的社会网络）对农民工定居意愿的微观机制的影响。她的研究发现，城市体验影响农民工对流入地的归属感，进而间接地对城市定居意愿产生影响。同时，"制度建构"范式过于偏重政策和制度，忽视了城市文化的差异性对外来人口身份认同过程多样性的影响，并且无法解释在不利的政策和制度环境下，那些选择继续留在城市的外来流动人口的身份认同状况（张广利、张瑞华，2012）。事实上，外来流动人口中的每一个行动个体，与本地居民的交流和接触会因为各自的生命历程以及不同城市的文化氛围而有所差异（李蔚、刘能，2015）。

与融入意愿的递进性相对应，流动人口实现不同层面融入意愿的进程也具有一定的递进性：最主观的意愿可能最易实现，而最客观的户口迁入（即完成户籍规制下的身份转变）可能最难（但城市之间差别甚大），即是一个从主观认同到客观认同、从个体归属到社会接纳的过程。与社会融合的一般过程不同，在当前"制度大于人"的现实中，客观身份的转变可能滞后于主观身份的认同。因为流入地在经济、文化和社会福利等方面对流动人口有强大的吸引力，流动人口"心向往之"，因此，在不考虑客观可能性的前提下，主观认同比较容易实现；同时，主观认同折射出流动人口的自选择：如同大浪淘沙一样，沉淀下来的流动人口基本上都是对流入城市有着这样或那样的期盼；换言之，尽管关于流动人口的研究基本上都摆脱不了选择性问题，但在这个方面，这种自选择性表现得更为明显。客观认同却相反，制度区隔、利益再分配等远非个人或某一群体所能改变，故而也更难实现。

（一）认同感和归属感

在这四个指标中，认同感和归属感的测量相对复杂，在此以量表（尽管不是完整意义上的量表）的形式出现，由八个意愿性的主观问题组成，每个问题都有四个选项，从完全不同意、不同意、基本同意到完全同意。而第二类指标和第三类指标的测量较为简单，均为二分类变量。

从表9-1可知，绝大多数流动人口对流入地持积极态度，愿意融入流入地。在前四个指标中，受访者"完全同意"共居、同事、为邻、交友的比例逐层提高；后四个指标认同的层次也具有逐渐递进之意，选择"完全同意"的比例从愿意融入社区到感到自己属于该城市的比例则逐渐降低，从43.2%降至32.7%，相差超过10个百分点。这似乎表明，流动人口可能通过对流入地之人的好感、认同而增强对流入地区的认同和归属。

进而，采用因子分析方法，对这8个问题进行简化处理，形成两个因子。每个因子的负载、特征根和解释比例见表9-2。其中，前一个因子主要关注流动人口对本地人的认同态度，涵盖四个问题，从愿意与本地人共居、同事、为邻、交友，逐层推进，代表了其对流入地的认同感、归属感。显而易见的是，这四个成分均在一个因子上负载，每个成分与潜在因子之间的关联系数分别高达0.89以上，特征根约为3.3，潜在因子可以解释这五个成分总变异的82%，表明这四个成分是该潜在因子的显性表现。因为这些成分都是与人相关的问题，故我们将之命名为"融入于人"。

表9-1　　　　流动人口融入意愿原始变量基本分布　　　　　单位：%

问题	完全不同意	不同意	基本同意	完全同意
我愿意与本地人共同居住在一个社区	1.01	1.31	46.35	51.33
我愿意与本地人做同事	0.88	1.17	43.36	54.59
我愿意与本地人做邻居	0.93	1.13	41.94	56.01
我愿意与本地人交朋友	0.76	1.16	40.76	57.31
我愿意融入社区/单位，成为其中的一员	0.80	3.57	52.46	43.17
我把自己看作这个城市的一部分	1.24	8.09	54.88	35.79
我觉得我是这个城市的成员	1.43	10.54	53.59	34.43
我感觉自己是属于这个城市的	1.68	12.60	53.00	32.72

表9-2　　　　　　　　融入意愿因子分析结果

因子成分	因子1负载	因子2负载	未解方差
融入于人			
我愿意与本地人共同居住在一个社区	0.8859	—	0.2152
我愿意与本地人做同事	0.9207	—	0.1524
我愿意与本地人做邻居	0.9209	—	0.1519
我愿意与本地人交朋友	0.8908	—	0.2065
融入于地			
我愿意融入社区/单位，成为其中的一员	—	0.8049	0.3522
我把自己看作这个城市的一部分	—	0.8862	0.2146
我觉得我是这个城市的成员	—	0.8911	0.206
我感觉自己是属于这个城市的	—	0.8511	0.2756
特征根	3.27403	3.47613	
解释比例	0.8185	0.7592	

后四个问题主要考察人地关系，把握流动人口对流入地的归属感和认同感，从愿意融入居住的社区，成为其中的一员，把自己看作这个城市的一部分，觉得自己是这个城市的一员，到感觉自己属于这个城市，也具有逐层递进的含义，它们一起构成第二个因子。这四个成分与潜在因子之间的关联程度都超过0.80，高度相关，特征根接近3.5，潜变量约可解释这四个成分总变异的76%，表明它们都很好地代表了潜变量的特点。因为社区、城市等成分都与地域空间相关，故我们将这个因子命名为"融入于地"。

基于因子分析结果，预测出两个综合变量，分别称之为"融入于人"和"融入于地"，并利用极值方法对二者进行标准化处理，使之介于0~100，取值越大，表示融入意愿越强。近1.6万流动人口对他们居住的城市有较高的融入意愿，"融入于人"的指数得分为84分；"融入于地"的指数得分虽然略低，但也高达75分，透视出他们对流入地有较高的预期。不过，具有不同特征的人群在融入意愿方面各有特点。比如，因人力资本、社会资本、经济资本等诸多方面差异甚大，故城—城流动人口中，"融入于人"和"融入于地"的得分分别为85.8分和83.7分，分别超过乡—城流动人口的77.9分和74.6分。

（二）长期居留打算

基于流动人口对"未来5年，您打算在哪儿工作生活"这个问题的回答，生成一个长期居留意愿变量，1表示在本地生活，0表示不在本地生活（用"其他"表示，包括老家和其他地方）。样本中，59.1%的人表示，在未来5年内打算在本地生活。其中，城—城流动人口中，打算长期居住的占比显著超过乡—城流动人口：七成城—城流动人口表示愿意长期居住，超过乡—城流动人口12个百分点，说明城—城流动人口的长期居住意愿比乡—城流动人口更强烈。

（三）户口迁入意愿

基于流动人口对"按当地政策，您是否愿意把户口迁入本地"的回答，生成一个二分类变量，1表示愿意，0表示不愿意。样本中，大约一半的流动人口表示，在当地政策允许的情况下，愿意把户口迁入本地。其中，70.0%的城—城流动人口、46.3%的乡—城流动人口表示，愿意将户籍迁入流入地，而这同样也表明，前者有更为强烈、更进一步的融入本地的意愿。

四、2014年八城市流动人口融入意愿与流动特征

前面的文献数据告诉我们，融入意愿与流动特征密切相关。本节着重分析不同城市、不同流动特征（如流动跨越的行政区域、流动原因等）与融入意愿之间的相关关系。除单重相关外，相关分析还会控制第三个因素，比如，分析流动区域时，也会同时考虑各城市内部的差异。

（一）融入意愿

城市之间因经济结构、文化传承、社会氛围而差异甚大，故流动人口的融入意愿也存在较大差别。如图9-1所示，无论是"融入于人"还是"融入于地"，城市之间都有显著差距。其中，"融入于人"指数得分从低到高的排序分别是：深圳、北京、中山、郑州、嘉兴、厦门、青岛和成都，得分最高的成都与得分最低的深圳相差13分。就"融入于地"而言，深圳的得分最低，嘉兴次之，而其余六个城市

的排序与"融入于人"一致。同时,我们也观察到,无论是哪个城市,"融入于人"的得分均高于融入于地的得分,流动人口对流入城市之人有更强的认同。

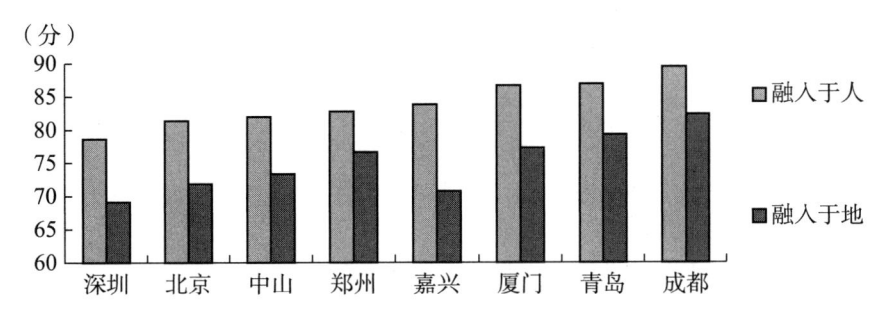

图 9-1 八城市流动人口融入于人和融入于地指数得分

从这样的特征中,我们可以得出什么样的基本结论呢?首先,"融入于人"与"融入于地"是紧密联系在一起的。无论在哪个城市,只有流动人口愿意融入当地的人群中,他们对地方才会有较高的期许。其次,对流动人口而言,经济发展水平较高的城市并不必然成为其融入的理想之地。珠三角、长三角、京津冀的部分城市可能更多的只是流动人口的落脚城市,却难让人产生归属之感;相反,位于海西地区的厦门、黄海之滨的青岛和西南经济、社会、文化中心的成都,无论是人还是地,都更让流动人口有亲近感、亲切感,也有更强的融入意愿。深圳、北京、中山、嘉兴在这两个指标上的得分都低于均值,而厦门、青岛、成都的得分均高于均值;位居中部地区的郑州因为区位优势缺乏,经济社会发展相对滞后,对流动人口的吸引力同样较低。即便在户籍与地区差异裹挟后,不同城市流动人口的融入意愿更为复杂,基本特征也没有本质的变化。由此可见,尽管流动人口总体上对流入地有很强的期许,但他们对于不同地区的心理感受是不同的。

同理,长期居留打算在八个城市之间的差异也是明显的(这里未用图表展现其结果):青岛流动人口愿意长期居住的占比最高,次为成都和厦门,二者均约为66%,而最低是郑州市,占比仅为47.8%。这个指标呈现出来的特点与"融入于人"和"融入于地"之间有一定的差别。一方面,厦门、成都、青岛这三个城市的流动人口依旧具有较高的长期居留打算,但成都的排位与青岛的排位进行了互换;另一方面,长期居住占比最低的不再是深圳,而是郑州,但北京排位不变。无论是城—城流动人口还是乡—城流动人口,郑州、北京、嘉兴流动人口打算长期居住的占比分别为倒数第一、倒数第二和倒数第三。换言之,缺乏较多、较好发展机会的郑州对流动人口最没有吸引力;但是,发展空间并不是流动人口长期居留打算的唯一相关要素,公共政策和公共服务的准入门槛、流入城市的社会氛围等可能也是很重要的原因。比如,无论从何角度,北京市都是发展空间最大的城市之一,但流动人口的居留意愿却较低。相反,就业与发展机会不如北京等发达城市但准入门槛相对较低的青岛,流动人口的居留意愿却很高甚至最高;同时,有"天府之国"之称的成都和有着"国际大都市"之称的厦门虽然经济社会发展程度不如北上广深,但依旧让流动人口心有所属,愿意长期居留。在这八个城市中,就整体的长期居留意愿而言,深圳和中山位居中间。

研究发现,农民工因户籍制度的限制而被边缘化,故乡—城流动人口的长期居留意愿明显低于城—城流动人口,且在八城市呈现相同趋势,成为中国社会的第三类人群。同样是流动人口,城—城流动人口仅受到外来属性的单重排斥,故其长期居留打算高于乡—城流动人口(见图9-2,按照乡—城流动人口的得分,对城市得分从低到高进行了排序):郑州、深圳、北京城—城流动人口拥有长期居留打算的占比最低,也低于八城市的平均水平。它们一个是中部欠发达城市,一个是京津冀城市群中在公共服务和公共福利的准入门槛上设置了较高条件的城市,一个是位于珠三角、得改革开放风气之先而发展起来且如今已成为特大城市的深圳,它们的区位分布本身就代表了全国各个城市经济发展和城市文化的缩影,而不同城市有差异的占比再一次显示出,经济水平不是融入意愿的唯一相关要素。

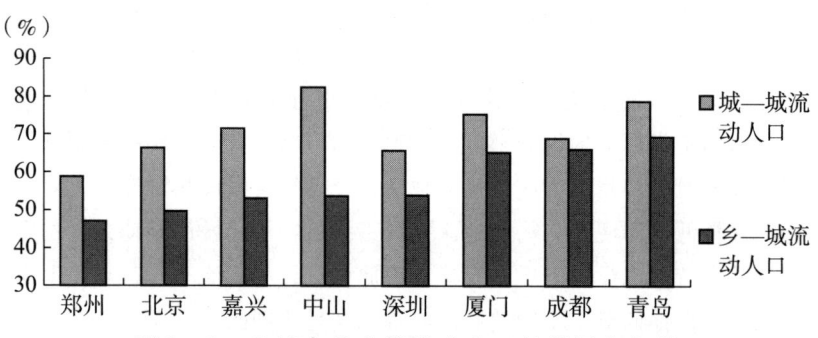

图9-2 八城市分户籍流动人口长期居留打算

在8个城市中,依旧只有青岛、成都和厦门三个城市的流动人口,无论是城—城流动人口还是乡—城流动人口,长期居留打算的比例都处于领先位置,且两类人群长期居留意愿占比均超过八城市均值。可见,流动人口倾向于安居在城市人文氛围浓郁、更具包容性的开放城市,而经济条件高度发达的大城市(如北京)、经济水平落后的普通城市(如郑州),都不是流动人口的意向之地。值得一提的是,中山市城—城流动人口居留意愿的占比独占鳌头。

融入意愿和长期居留意愿更倾向于态度认知和心理感受,更多地受制于受访者当时的心境和情绪,具有较强的即时性和随意性,而户籍迁入意愿则更贴近现实的行动选择。目前,相对而言,中小城市基础设施差、创造的就业岗位少、工资水平低;相反,北京、上海、深圳及省会城市,几乎集中了当地最为优势的教育、医疗等资源,这些特大城市和大城市提供的就业岗位多、工资水平高,故对流动人口更具吸引力,他们也更愿意迁入户籍。

数据分析结果显示,户籍迁入意愿指标呈现出来的特点与前两个指标差异甚大(这里未用图表展示结果):在这 8 个城市中,郑州市流动人口迁入户籍的意愿最低,不足 1/3;嘉兴次之,仅为 1/3。即便是在前三个指标得分很高的成都,也只有 36.1% 的流动人口愿意将户籍迁入;相反,在前三个指标得分很低的北京,户籍迁入意愿最高,超过八成,高出位居第二的厦门 20 个百分点,高出位居第三的深圳 23 个百分点。大城市、特大城市户口上附加的各项福利及各种优质社会资源,令其他城市望尘莫及。对于理性的个体来说,虽然融入大城市困难重重,但其户籍的含金量极高,使流动人口期盼到此落户。而从现实来看,中小城市户口的可及性更大(因户籍改革的着力点在于逐步放开中小城市的户籍限制),但其户籍含金量小,人们不能从户口转变中获得更多的实惠,从而限制了个体的落户意愿。

若将八城市的样本按照户籍加以区分,其结果与上述覆盖全部流动人口样本的结果基本类似,尽管不同户籍之间有较大差异(见图 9-3)。其中,北京的差距最小,表明无论是城—城流动人口还是乡—城流动人口,都有一个共同的梦想,就是将户口迁到北京;青岛两类流动人口的差距次之,表明无论何种户籍,在青岛的落户意愿也基本一致;相反,郑州两类人群的差别最大,城—城流动人口愿意将户籍迁入郑州的占比超过乡—城流动人口 24 个百分点,次为深圳,相差也超过 20 个百分点。这种较大的差异无疑是流动人口个体理性选择的结果。含金量不高的城镇户籍与不断升值的农村户口相比,乡—城流动人口更倾向于选择具有"托底"保障作用的农村户口,这也是多数农民倾向于进城却不愿转户的真实原因;而对于城—城流动人口而言,一方面无地可恋,另一方面若不迁户,则无法享受到流入地户籍带来的种种福利,故迁户对他们来讲可能是个更好的选择。

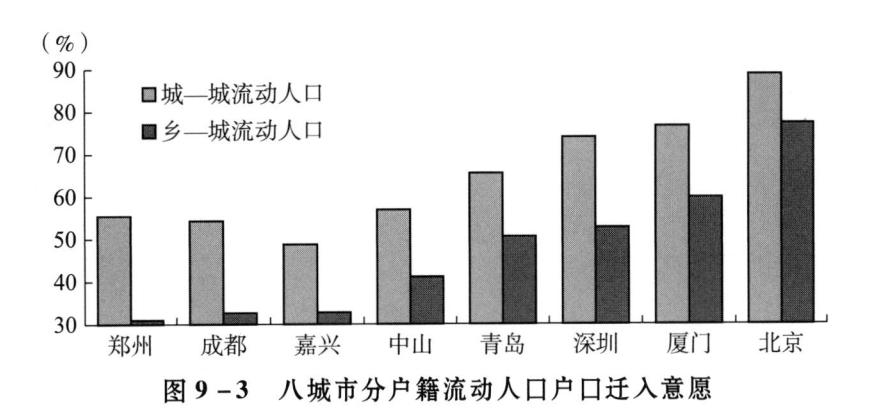

图 9-3 八城市分户籍流动人口户口迁入意愿

（二）融入意愿与流动特征

1. 流动区域

我们在解释城市之间的差别时，不能脱离各地流动人口的结构和流动的原因[①]。若将流动跨越的行政区域（流动距离）作为三个分类，可知融入意愿，无论是"融入于人"还是"融入于地"，都是随着行政区域跨度的增大而越来越弱。比如，跨省流动人口"融入于人"的得分为82.3分，省内跨市的得分为85.7分，而市内跨县的得分为89.7分，最高分和最低分之间相差7分多；同理，就"融入于地"而言，跨省者的平均得分为72.3分，次为78.0分，而市内跨县者的得分为84.3分，相差12分。流动跨越不同的层级带来不同的心理感受和预期，离家越近，越容易对流入城市产生认同预期，跨越不同区域之人的融入意愿表现出明显的梯次差序格局。

在八个城市中，在跨越不同区域的流动人口中，融入意愿是否有别？表9-3的结果告诉我们，省内流动和跨省流动之人在"融入于人"、"融入于地"这两个指标上的差别并不如预期的那么大，尽管方差分析结果表明，这两个指标在城市之间的差别依旧显著。总体特点是：除郑州和成都外，省内流动人口融入于人的意愿略强于跨省流动人口；对于融入于地，除郑州外，也都是省内流动人口的意愿强于跨省流动人口。

表9-3　八城市分流动区域融入于人、融入于地指数得分　　　单位：分

城市	融入于人		融入于地	
	省内流动	跨省流动	省内流动	跨省流动
深圳市	80.06	77.97	71.94	67.79
嘉兴市	86.81	83.58	76.42	70.30
北京市	—	81.40	—	71.84
中山市	85.56	81.16	75.72	72.78
厦门市	87.26	85.97	78.25	76.19

---

① 流动特征当然还包括在本地的居留时间。但是，它与融入意愿之间具有双向因果关系，即有更强融入意愿的人，居留的时间可能较长，反之亦然，故本节不对二者的关系进行分析。在后面的模型中，也会控制居留时间，其目的只是为了考察它对因变量与其他自变量的干扰和调节作用，而并非探讨因果关系。

续表

城市	融入于人		融入于地	
	省内流动	跨省流动	省内流动	跨省流动
青岛市	87.20	85.76	79.87	77.10
郑州市	82.78	82.84	76.57	77.21
成都市	89.46	89.64	82.40	82.04

将上述思路应用于另外两个融入指标——长期居留打算和户口迁入意愿，得到的结果却有明显不同。总体而言，约64.5%的省内流动人口有长期居留打算，高于跨省流动人口10个百分点。但总体特征掩盖了城市间的差异，特别是在各个城市内，跨省流动者和省内流动者之间的差别明显较大（见图9-4）。

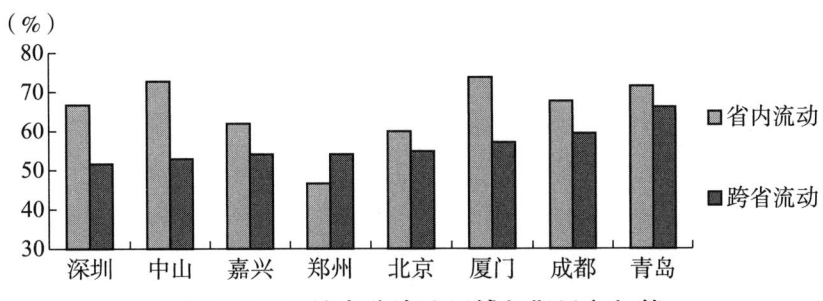

图9-4 八城市分流动区域长期居留打算

除北京外，其他各城市之间的差距都是显著的（这里未展示结果）。特别值得一提的是，在中山、厦门和深圳三市，省内和跨省流动者长期居留打算之差超过15个百分点，成都、嘉兴和青岛的差异也都是显著的。同时，我们也看到，在长三角和珠三角城市的省内流动人口，相较于同城的省外流动人口而言，在本地长期居留的意愿更强烈，而且省内、省外的差距更大。正是在这些城市，省外流动人口的数量占绝对优势。相反，在省内流动人口数量占绝对优势的成都、青岛和郑州，省内和跨省的差异相对较小，其背后的原因也可以用前面提到的城市之间的结构、制度、社会等宏观差异来解释。不过，郑州的模式与其他城市的模式刚好相反，即跨省流动者有更强烈的长期居留打算——这与现有研究结果相悖。现有研究结果认为，与远距离跨省流动者相比较，中短距离的跨县市流动者具有更强的居留意愿（蔚志新，2013）。这也许需要从郑州的区域独特性以及流动人口准入门槛相对较低方面来考虑；同时，郑州市跨省流动人口占比很低，而这部分人可能正是因为希望融入才会留在郑州工作、生活。

表 9-4 的分析结果表明，无论是哪个城市，城—城流动人口都表现出比乡—城流动人口更强的迁户意愿，尽管不同城市流动人口的落户意愿相差甚大，这也再一次印证了农村户籍流动人口在面对土地权益与落户城市之间的理性度量，暗示着他们在迁户问题上比城—城流动人口更为谨慎。除嘉兴外，几乎所有的城市，省内流动人口的迁户意愿都高于跨省流动人口。北京户籍因附着极大的公共福利，对各类流动人口均极具吸引力。值得一提的是，嘉兴作为一个区域性的中等城市，其尴尬地位在迁户意愿中呈现出鲜明的特点：八城市中，嘉兴流动人口的户籍迁入意愿最低；而且，与其他城市中省内流动人口户口迁入意愿高于跨省流动人口户籍迁入意愿不同，省内流动人口表示愿意将户籍迁入嘉兴的占比低于省外流动人口 6 个百分点，因为浙江省各地区之间经济社会发展程度相差不大，故省内流动人口比例低，且不愿意迁户。

表 9-4　　　　八城市分户籍和流动区域户籍迁入意愿　　　　单位：%

城市	户籍		流动区域	
	城—城流动人口	乡—城流动人口	省内	跨省
北京市	88.72	77.15	—	80.64
青岛市	65.49	50.51	53.55	46.72
厦门市	76.54	59.80	70.75	50.05
深圳市	73.93	52.60	64.41	53.70
中山市	56.91	41.11	55.62	39.78
嘉兴市	48.77	32.81	28.57	34.54
郑州市	55.46	31.05	33.41	27.51
成都市	54.25	32.69	36.36	36.43

2. 流动原因

另一个重要的流动特征变量是流动原因。若流动人口进入流入地的目的在于务工经商，则其对流入地的期望可能与出于其他原因而流动的人群有别——或许务工经商者更愿意在深圳、中山、厦门、北京等有更多就业机会的城市长期居留。由于约 95% 的样本是务工经商者，因其他原因而流动之人加起来只占 5%，故本节将流动原因区分为两类：务工经商和其他。

数据分析结果显示，流动人口融入于人、融入于地的意愿并不因流动原因而有显著不同。前者的得分均为 83 分，后者的得分均为 75 分。若将流动人口的户籍一起考虑，那么城—城流动人口有更为强烈的融入意愿。虽然各城市中因其他原因而流动之人的样本量很小，成都只有 46 人，嘉兴只有 76 人，其余各市这类人群大约为 100 人，但还是可以区分城市来看看不同流动原因之人的融入意愿。结果表明，同城之中，不同流动原因之人的差别较小，相差均不超过 5 个百分点。

对于长期居留打算，务工经商者与其他人群相比较而言，有此打算的占比偏低，分别为 65.9% 和 58.9%。在城—城流动人口内部，流动原因带来的差距较大：因其他原因流动者在未来 5 年内打算继续在当前住地居住的占比高达 80.0%，超过务工经商者 11 个百分点；而在乡—城流动人口中，这一差距不甚突出：两类人群的占比分别为 62.5% 与 57.1%。而在区分了流入省份后发现（见图 9-5），其一，部分城市的模式与图 9-5 的模式较为接近，即青岛、成都、厦门三个城市的务工经商者对各自城市有着更高占比的长期居留意愿，但其他城市的情况却有所不同。其二，在上述三个城市，"其他"类别的流动人口的长期居留打算非常接近，而务工经商者的占比也很接近。其三，北京、中山和深圳三市，流动原因与长期居留打算之间的关系不明显，特别是前二者，务工经商者与因其他原因而流动者之间几乎没有差别。

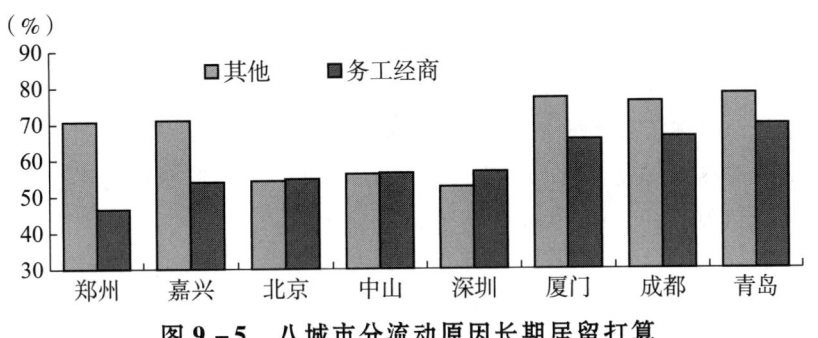

图 9-5 八城市分流动原因长期居留打算

进而，从户籍迁入意愿来看，北京、厦门、深圳作为经济发达城市，毋庸置疑地成为务工经商者迁户的首要选择（见图 9-6）。与其他流动特征（流动区域、户籍类型）相似，无论因何原因而流动，流动人口打算将户口迁入嘉兴的意愿较低（29.0%）。青岛、厦门、中山、郑州、成都五个城市中，均表现出因其他原因流动者的迁户意愿更高，但在青岛，流动原因与迁户意愿之间并无明显的相关关系；厦门、中山较为相似，因其他原因流动者的迁户意愿高于务工经商者约 10 个百分点；而在郑州、成都，因其他原因流动者的迁户意愿明显高于务工经商者，均超出约 20 个百分点。

图 9-6　八城市分流动原因长期居留打算

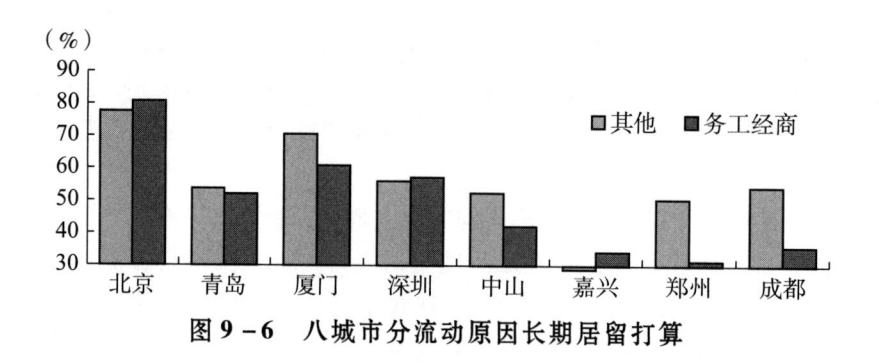

五、2014 年八城市流动人口融入意愿与代际差异

大多数研究认为,与老一辈相比,新生代流动人口对流入地有更强烈的融入意愿;但也有少量研究发现,老生代由于经过了较长时间的沉淀和选择,融入意愿可能更强。那么,这八个城市究竟会给我们呈现出哪一种情形呢?本节对此进行比较分析。

需要说明的是,现在通常所说的新生代是指 1980 年后出生人口,包括 1980—1990 年和 1990 年后出生人口这两个类别。但是,1980 年后出生人口随着年龄的增长而出现了很大的分化,群内的差异性很大,人力资本、社会资本、经济资本等方面莫不如是。比如,1980—1990 年出生人口现在成为许多行业和领域的主力军和顶梁柱,而 1990 年后流动人口大多刚刚步入劳动力市场。因此,我们将代际区分为三个分类:1980 年前出生,也就是现在通用的"老生代",1980—1990 年出生人口,也就是现在通常说的新生代的主体,我们称为"中生代",1990 年后出生人口,我们称为"新生代"。数据显示,1990 年后新生代流动人口约占全部流动人口的 16%。若按 2013 年全国流动人口总量为 2.69 亿人计算,其总量超过 4 000 万人。他们体力精力充沛,现代性强,具有进取精神,是打造"升级版"经济发展方式的中坚力量。

本数据中,1980 年前出生流动人口(老生代)占比最高,为 45.8%;其次是 1980—1990 年出生人口(中生代),占比为 38.0%;1990 年后出生人口(新生代)占比为 16.2%。

然而,在这三个出生队列中,老生代与中生代、中生代与新生代在"融入于人"和"融入于地"的意愿上几乎没有差别,而老生代与新生代仅有微小差别。差异虽小,但其反映出来的是,老生代对流入地城市有着更强的融入意愿,这样的发现与当下流行的看法相悖。究其原因,可能与老生代在城市的居留时间较长有关，毕竟老生代是已经沉淀下来的一批人，既适应了流入地的生活，也拥有较强的经济社会资本。

在八个城市内，不同出生队列之间的差异稍大（见表9-5，表中数据按1990年后的得分排序）。流动人口融入于人呈现出两个方面的明显特征：一是在不同城市，虽然代际之间有别，但城市间的模式大同小异。比如，无论是老生代、中生代还是新生代，深圳"融入于人"的意愿依旧最低，而成都依旧得分最高，在三个出生队列中，与得分最低的城市相差均约10分。这说明，即便区分代际，结论一如前文，即经济发达和机会越多并不意味着流动人口就更容易产生"融入于人"的意愿。二是以"北漂族"聚集而著称的北京，新生代的得分低于中生代，后者又低于老生代，即新生代离融入大城市的梦想更为遥远。从"融入于地"来看，融入度最低的分别为北京、深圳、中山、嘉兴，与其他城市相差近10个百分点，而它们恰好代表了京津冀、珠三角和长三角地区，地域的社会政策和文化环境等因素使这里的流动人口融入于地的意愿相对低下。

表9-5　　八城市分出生队列融入于人、融入于地指数得分　　单位：分

城市	融入于人 1980年前	1980—1990年	1990年后	城市	融入于地 1980年前	1980—1990年	1990年后
北京	82.36	81.66	79.34	北京	73.13	72.62	68.11
深圳	79.18	77.94	79.61	嘉兴	71.15	71.81	68.14
中山	82.00	81.90	81.89	深圳	69.74	68.34	70.15
郑州	82.78	82.87	82.70	中山	73.59	73.18	72.34
嘉兴	83.85	84.41	82.71	青岛	79.43	80.09	74.64
青岛	87.04	87.49	83.21	厦门	78.16	77.26	75.79
厦门	86.33	86.82	86.98	郑州	78.14	76.46	75.84
成都	89.33	89.63	89.72	成都	81.92	82.82	82.81

在长期居留打算方面，代际差异的总体特征依然如故，但差异十分明显：出生队列与长期居留意愿负向相关，即年纪越轻，长期居留意愿越低（见表9-6）。在全部样本中，约2/3的流动人口打算未来5年在本地工作和生活；在中生代流动人口中，该比例降至六成，而只有不到四成的新生代流动人口愿意在本地长期居留。区分户籍后，这一模式不变，尽管具体人群的占比有明显差别。比如，城—城流动人口中，3/4的老生代打算在本地长期居住，超过同队列乡—城流动人口的12个百分点；68.5%的中生代有此打算，超过同队列乡—城流动人

口约 10 个百分点；也有近一半的新生代城—城流动人口打算长期居住，依旧超过乡—城流动人口约 10 个百分点。

表 9-6　　　　　　分户籍和出生队列长期居留打算　　　　单位：分

出生队列	全部样本	城—城流动人口	乡—城流动人口
1980 年前	67.68	77.69	65.94
1980—1990 年	60.48	68.49	58.97
1990 年后	37.81	46.12	37.10

通过比较分析，我们发现地区代际差异大于户籍代际差异。在中山市，只有 27.3% 的新生代流动人口有在此长期居留打算，而与此相对应的是老生代的 61.3%、中生代的 57.0%。在八个城市中，老生代长期居留打算占比最高的是厦门，而中生代和新生代占比最高的是青岛。总体而言，融入于人、融入于地得分较高之地，也是长期居留占比较高之地。反之，融入于人、融入于地得分较低之地，也是长期居留打算不强之地，说明了二者之间的协同性。

进而，我们对各城市内不同出生队列的差值进行计算，可以更清晰地观察到同城之中代际之间的差别。

其一，用 1980—1990 年出生人口长期居留意愿的占比减去 1980 年前出生人口长期居留意愿的占比，得到这两个群体长期居留意愿的差值，可对老生代和中生代进行比较；

其二，用 1990 年后出生人口长期居留意愿的占比减去 1980—1990 年出生人口长期居留意愿的占比，得到这两个群体长期居留意愿的差值，可对中生代和新生代进行比较；

其三，上述两个差值之和所代表的是新生代与老生代之间的差异。

图 9-7 展示了不同出生队列之间长期居留意愿的差值。从图中可以得出以下初步结论：一是在各个城市中，都是新生代与中生代的差值较大，老生代与中生代的差值相对较小。不过，尽管差值较小，但也都是负值，即在八个城市中，都是随着出生代际的延后，长期居留打算减弱，即 1980—1990 年出生的中生代及 1990 年后出生人口的长期居留打算显著低于 1980 年前出生的流动人口。即便将 1980—1990 年和 1990 年后出生人口合并为一个分类，用当下流行的说法界定新生代，结论的性质也是如此。前面已经解析过，这可能与年龄有关，1980 年前出生的流动人口年纪较大，经过了筛选和沉淀，而 1990 年后出生人口年纪尚轻，在职业和居所上还有很大的不确定性，故后者的居留意愿尚需进一步观察。但是，无论是何原因，无论是在哪个城市，当前我们都不能得出新生代流动人口

对流入城市有更强烈向往的结论。二是城市之间的差距很大。中山、厦门和北京1990年后流动人口与他们的前辈之间差距甚大，中山和厦门的差值均为30个百分点，北京相差24个百分点。即便较受流动人口喜爱的青岛，这两个出生队列之间也有22个百分点之差。在1980年前和1980—1990年出生流动人口之间，差距普遍较小，但郑州是例外——1980—1990年出生流动人口与1980年前出生人口之间相差16个百分点。在八个城市中，代际之间差异最小的当属深圳，在1980年后两个次群体中更是如此。

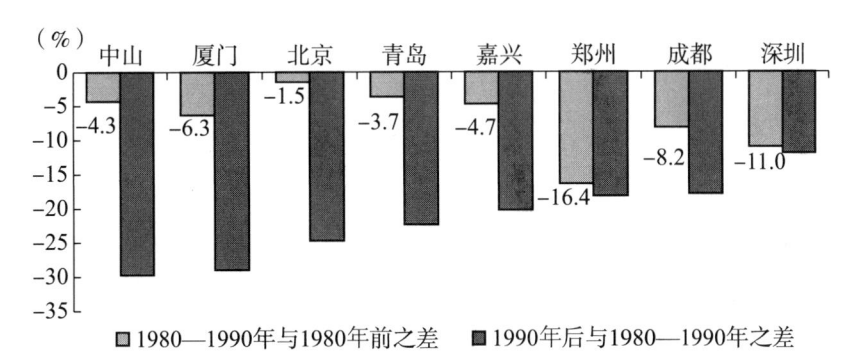

图 9-7 八城市分出生队列长期居留打算

注：按1990年后与1980—1990年的差值排序。

在不同代际或出生队列中，流动人口的户口迁入意愿又与上面三个指标有所不同：总体而言，中生代流动人口迁入户口的意愿最强（53.7%），新生代流动人口的迁入意愿最弱（44.2%），老生代迁入意愿居中（47.6%）。在区分户籍后，无论是哪一个出生队列，城—城流动人口迁入户籍的意愿都超过乡—城流动人口20个百分点以上；但在城—城流动人口中，1990年后流动人口的户口迁入意愿略高于1980年前流动人口。

在同时区分流动人口的出生队列、流入城市和户籍后，我们又得到新的信息（见表9-7）。在不同城市，同一个出生队列的差别极大：就乡—城流动人口而言，老生代愿意迁入户籍占比最低的郑州与占比最高的北京之间相差43个百分点，而在中生代中，二地差距更是达到51个百分点——在新生代中，得分最低的嘉兴和最高的北京的差别也达到45个百分点。城—城流动人口的特点与乡—城流动人口不完全相同：比如，1990年后人群有着最强的将户口迁入北京的意愿，高出1980年前流动人口约11个百分点；老生代迁入意愿最强的是厦门，最弱的是嘉兴，而中生代和新生代分别是北京和嘉兴。由此可见，流动人口最不愿意去的地方就是中部不够发达的郑州和在东部发达程度相对一般的嘉兴。虽然不同代际和不同户籍之间，嘉兴、郑州、中山、成都四个城市的排位有些错落，但青岛、深圳、厦门和北京的排位都是相同的,均为流动人口愿意迁入之地,特别是北京。

表 9-7　　　　八城市分户籍和出生队列户籍迁入意愿　　　　单位:%

城市	城—城流动人口			乡—城流动人口		
	1980 年前	1980—1990 年	1990 年后	1980 年前	1980—1990 年	1990 年后
北京	82.45	91.41	92.59	73.27	82.33	73.63
青岛	62.38	72.73	33.33	51.69	51.03	43.02
厦门	83.56	72.62	68.18	59.97	63.08	52.22
深圳	73.99	73.66	75.00	53.45	53.49	48.33
中山	52.78	66.67	25.00	38.05	46.32	33.14
嘉兴	46.43	50.00	60.00	32.64	36.17	27.59
郑州	57.14	56.60	52.63	30.43	31.99	30.29
成都	52.26	55.86	56.10	30.47	33.70	37.70

与 1990 年后城—城流动人口相比,1990 年后乡—城流动人口并未展现出比他们的前辈更为强烈的融入北京的意愿。其背后的原因可能还是在于,对于乡—城流动人口而言,特别是处于三重弱势地位的 1990 年后乡—城流动人口而言,将户籍迁入北京往往难于"上青天",与其空守不现实的梦想,不如看清现实,筑梦于能够留得下来的城市。

六、2014 年八城市流动人口融入梦模型分析

　　本节在描述性分析的基础上,对八城市流动人口的融入意愿进行回归分析,进一步考察各因素与融入意愿之间的关系,明确因素之间的互动关系,并进一步剥离其他因素对于上述因素与融入意愿之间关系的干扰和调节。
　　如同前文所引,本地市民的态度与流动人口的融入意愿有很强的关联性。调查问到流动人口对与本地人关系的感受(实际上,这是流动人口从自身立场出发,对于本地市民对自身态度的一种投射),共由三个问题构成(见表 9-8)。总体而言,流动人口感受到的本地市民的态度比较正面。
　　出于简洁的目的,我们利用因子分析方法,对三者进行简化,并通过主成分法,提取了一个因子。如表 9-8 最后一列所示,这三个成分高度相关,潜在因子

可解释它们总体变异的84%，表明它们的确是潜变量的显性表征。由于三成分涉及的是态度问题，故将该因子命名为"态度感知"，并利用极差法将其标准化，使其取值介于0~100，取值越大，表示对本地人的不接纳甚至歧视的感受越强烈。在后面的分析中，将态度感知纳入模型，作为一个影响融入梦的变量。

表9-8　　　　　　　流动人口对本地市民的态度投射　　　　　　单位：%

	完全不同意	不同意	基本同意	完全同意	因子负载
我感觉本地人不愿与我做邻居	26.07	58.58	12.13	3.21	0.8881
我感觉本地人不喜欢我	28.93	60.33	8.44	2.30	0.9434
我感觉本地人看不起我	32.05	57.30	8.30	2.36	0.9174
特征根					2.52035
解释比例					0.8401

（一）融入于人和融入于地 OLS 模型分析结果

融入于人和融入于地均为线性测量，故使用常规的线性回归模型进行分析（结果见表9-9）。总体而言，在其他条件相同的情况下，无论是"融入于人"还是"融入于地"，乡—城流动人口的融入意愿均低于城—城流动人口，且两群体"融入于地"的差距更大。

表9-9　　　流动人口融入于人和融入于地 OLS 模型分析结果

自变量	融入于人 系数	融入于人 标准误	融入于地 系数	融入于地 标准误
乡—城流动人口（城—城流动人口=对照组）	-1.57	0.41***	-2.24	0.43***
流入城市				
北京（对照组）				
青岛	3.59	0.54***	5.87	0.56***
厦门	3.18	0.53***	3.75	0.55***
深圳	-2.42	0.52***	-2.41	0.54***
中山	0.22	0.53	1.43	0.56***
嘉兴	1.54	0.53**	-1.21	0.56*
郑州	0.52	0.53	4.64	0.56***
成都	6.00	0.53***	8.88	0.56***

续表

自变量	融入于人 系数	融入于人 标准误	融入于地 系数	融入于地 标准误
跨省流动（省内流动=对照组）	-1.10	0.35**	-1.79	0.37***
务工经商（其他原因=对照组）	0.61	0.67	1.66	0.71*
居留时间	0.17	0.03***	0.24	0.03***
流动模式				
非家庭式流动（对照组）				
半家庭式流动	0.26	0.49	0.42	0.52
家庭式流动	1.53	0.50**	1.98	0.52***
出生队列				
1980年前（对照组）				
1980—1990年	0.28	0.32	-0.16	0.33
1990年后	0.71	0.50	-0.19	0.52
女性（男性=对照组）	-0.27	0.27	0.39	0.29
在婚（不在婚=对照组）	0.24	0.53	0.55	0.56
受教育程度				
≤小学（对照组）				
初中	0.72	0.47	2.25	0.50***
高中	1.13	0.53*	3.30	0.56***
≥大专	1.34	0.62*	3.66	0.65***
收入分组				
≤25%（对照组）				
26%~50%	-0.81	0.39*	-0.59	0.41
51%~75%	-0.51	0.44	-0.82	0.46
≥76%	-0.42	0.45	0.51	0.47
缺失	-0.90	0.63	0.35	0.66
态度感知	-0.23	0.01***	-0.22	0.01***
常数项	87.67	1.11***	74.63	1.17***
样本量	15 996			
F值	102.91			
R^{-2}	0.14			

注：* $p<0.05$，** $p<0.01$，*** $p<0.001$。

流入城市对流动人口的融入意愿影响显著。显然，在其他条件相同的情况下，各城市与两个融入指标之间的关系与前面的描述性结果有一定的差别。相比而言，除深圳在这两个指标的得分、嘉兴在融入于地的得分均显著低于对照组北京外，流入其他城市的流动人口无论是融入于人还是融入于地的意愿均高于北京，成都、青岛、厦门三个城市更是如此。就连嘉兴，其流动人口融入于人的得分也高于北京；郑州和中山流动人口融入于地的意愿显著超过北京。流动区域、居留时间、流动模式等因素，呈现出流动跨越的行政区域越小，居留时间越长以及家庭式流动者越倾向于"融入于人"、"融入于地"的特点。而本地市民对流动者的态度直接影响流动人口的融入意愿，受歧视、排斥感越强，融入意愿越低。

从模型分析结果来看，流动者的个体特征对其在这两方面的融入意愿并无显著影响。无论是哪个出生队列、男性还是女性、在婚还是不在婚，收入水平是高还是低，对融入于人和融入于地基本上都缺乏显著作用。不过，受教育程度对二者均有显著作用，且对融入于地影响更大。

（二）长期居留打算和户口迁入意愿概率 Logistic 模型分析结果

长期居留打算和户口迁入意愿均为二分类测量，使用 Logistic 回归模型（结果见表 9-10）。即便模型控制了其他要素，乡—城流动人口无论是长期居留打算还是户口迁入意愿的概率均低于城—城流动人口。这也许表明，城镇户籍流动人口因为有城市的生活经历，流入城市与原先生活的城市有很多共性，尤其是在生活方式、消费理念等方面具有明显的一致性，因而对流入城市可能有一种天然的亲近和认同。同时，乡—城流动人口在老家多有土地，而土地因具有重要的经济和保障作用往往成为他们难以割舍的资源，进而影响到乡—城流动人口的长期居留打算和户口迁入意愿。

表 9-10　流动人口长期居留打算和户口迁入意愿 Logistic 模型分析结果

自变量	长期居留打算 系数	长期居留打算 标准误	户口迁入意愿 系数	户口迁入意愿 标准误
乡—城流动人口（城—城流动人口 = 对照组）	-0.18	0.06***	-0.55	0.06***
流入城市				
北京（对照组）				

续表

自变量	长期居留打算 系数	长期居留打算 标准误	户口迁入意愿 系数	户口迁入意愿 标准误
青岛	0.23	0.09**	-1.72	0.09***
厦门	0.26	0.08***	-1.19	0.08***
深圳	-0.06	0.07***	-1.27	0.08***
中山	0.01	0.07	-1.70	0.08***
嘉兴	0.20	0.07**	-1.96	0.08***
郑州	-0.12	0.08	-2.40	0.09***
成都	0.28	0.09***	-2.38	0.09***
跨省流动（省内流动=对照组）	-0.43	0.05***	-0.36	0.05***
务工经商（其他原因=对照组）	-0.20	0.09*	-0.09	0.09
居留时间	0.10	0.01***	0.02	0.00***
流动模式				
非家庭式流动（对照组）				
半家庭式流动	0.81	0.07***	0.44	0.07***
家庭式流动	1.41	0.07***	0.79	0.07***
出生队列				
1980年前（对照组）				
1980—1990年	-0.12	0.04**	0.12	0.04**
1990年后	-0.33	0.07***	-0.05	0.07
女性（男性=对照组）	0.00	0.04	0.04	0.04
在婚（不在婚=对照组）	0.04	0.07	-0.41	0.07***
受教育程度				
≤小学（对照组）				
初中	0.11	0.07	0.12	0.06
高中	0.41	0.07***	0.38	0.07***
≥大专	0.74	0.09***	0.57	0.08***
收入分组				
≤25%（对照组）				
26%~50%	0.04	0.05	0.04	0.05
51%~75%	0.23	0.06***	0.17	0.06**
≥76%	0.56	0.06***	0.28	0.06***
缺失	-0.06	0.09	0.09	0.08

续表

自变量	长期居留打算		户口迁入意愿	
	系数	标准误	系数	标准误
态度感知	-0.003	0.00 ***	-0.003	0.00 ***
融入于地	0.02	0.00 ***	0.01	0.00 ***
常数项	-1.66	0.18 ***	0.75	0.18 ***
样本量	15 996			
Log likelihood	3 223.25		2 659.74	
Likelihood ratio	3 223.25		2 659.74	
Pseudo R^2	0.15		0.12	

注：$*p<0.05$，$**p<0.01$，$***p<0.001$。

与融入于人、融入于地的分析结果不同，流动人口的长期居留打算与户口迁入意愿不仅与流入城市、流动区域、流动原因、居留时间、流动模式等存在显著的相关关系，而且与流动者的出生队列、婚姻状况、受教育程度、收入等个体因素也显著相关。城市之间，长期居留意愿与户口迁入意愿的模式几乎相反。与北京相比，除深圳和郑州外，其余城市流动人口的长期居留意愿都更强，尽管只有青岛、厦门和嘉兴的系数值具有统计显著性。反之，与北京流动人口相比，其余所有城市流动人口迁入户籍的意愿都显著更弱，即北京市流动人口迁入户籍的意愿最强。这不由得让人想起那句著名的歌词："如果你爱他，就送他去纽约；如果你恨他，就送他去纽约"。对于流动人口而言，或许"如果你爱他，就送他去北京；如果你恨他，就送他去北京"更为恰当。

其他流动特征变量与表9-9模式大体相同，这里不再重述。但是，值得一提的是，出生队列对长期居留打算和户口迁入意愿的作用十分显著。年龄越轻，长期居留打算意愿越弱。就年龄对户口迁入意愿的影响而言，两者之间的关系更为复杂，呈现出1980—1990年流动人口户口迁入意愿最强，1990年后流动人口的迁入意愿最弱的特点，尽管后者并不显著。这可能是因为，1980—1990年出生人口正处于有学龄孩子或孩子即将步入学龄期的阶段。与流出地相比，流入地往往拥有较多且较优质的教育资源，而为了让子女能获得这样的资源，其户口迁入意愿也相应更为迫切。个体的受教育程度越高，收入越高，感受到的排斥越小，融入于地的意愿越强，长期居留意愿和户口迁入意愿的概率也都越高。这表明，若现实与梦想之间的差距较小，且在个体能够掌控的能力范围内，个体会倾向于努力圆梦；反之，则可能回归理性现实。尽管代际与融入意愿的负向关系发生了一些波动，但仍然呈现出流动者年龄越轻，城市融入意愿越弱的特征；将

1980年前作为一个群体与1990年后进行比较后可知，无论是相对浅层的融入意愿，还是更深层次的长期居留意愿及户籍迁入意愿，1990年后流动人口均是最弱的。1990年后群体作为新生代流动人口的生力军，与1980年前及1980—1990年等老（中）生代相比，他们与城市之间的心理距离更远。老生代在流入地时间长，与城市的联系除了"挣钱"，关注点更集中于户籍、医保、子女就学等公共制度；新生代初入城市的首要任务是生存，对上一代流动人口关注的焦点问题还来不及关心。因而，对于所居住的城市而言，老生代比新生代流动人口与城市的联络更为紧密。也正是因为新生代阅历较浅，对一切充满了新鲜感，在流入城市尚未沉淀，对城市的融入意愿也更为淡薄。新生代往往更多的只是实现了衣着、消费上的表面融入，真正的城市归属感尚未建立。

七、小结与简论

　　通过上述分析，我们看到的是，在外部的人文情景极不认同、在制度环境拒纳排斥、在政策惠顾缺位的大背景下，流动人口却对流入地怀抱强烈的认同感，不仅希冀融入于人、融入于地，还执念融城之梦，突破制度的铁网。他们为了心中的乌托邦，忍辱负重，努力前行，这就是中国流动人口最可爱的地方。

　　在流动大军之中，城—城流动人口拥有最为执着的融入梦，他们没有乡—城流动人口的土地羁绊，也没有对日益升值的农村户籍的不舍，而且他们有着更高的受教育程度，更为稳定的职业，更为丰厚的收入和更好的发展前景，也因此而具有更强的融入能力。即便如此，户籍制度的内外之分依旧使其奔波于融入之路上，踯躅前行。

　　不同城市由于经济结构、文化传承、社会氛围的差异，对人口的吸引程度不一，流动人口的融入意愿也表现出巨大的地域差异。从融入于人、融入于地以及长期居留意愿来看，珠三角、长三角、京津冀的部分城市更多的只是流动人口的落脚之地，流动人口对其缺乏强烈的认同感与归属感。相反，那些拥有较多就业与发展机会且准入门槛相对较低之地，如青岛、厦门、成都，更易让流动人口产生亲近感、亲切感，他们也因此有更强的融入意愿。然而，一旦真正考虑到更为现实的户籍利益，大城市、特大城市户口极高的含金量则使得流动人口哪怕历经万难也要在此落户生根，尽管圆梦的可能性很小；相反，郑州由于缺乏区位优势，经济社会发展水平较为滞后，虽然落户的门槛极低，但因为无法从户口转变中获得更多的实惠，流动人口的户口迁入意愿并不强。同理，嘉兴虽然位于东部，但与其他东部城市（尤其是临近城市——如杭州）相比，各方面的资源同样受限，对流动人口缺乏吸引力。

当然，流动人口的融入之梦，除受到户籍制度的限制以外，还受到流动区域、居留时间、流动模式、流入地居民的态度以及流动者个体特征等多种因素的影响，呈现出流动跨越的行政区域越小，居留时间越长，融入意愿越强的特点。相比而言，家庭式流动者的融入意愿比其他流动模式的流动者更强。出生队列、婚姻状况、受教育程度、收入等个体因素对人们融入意愿的影响却不尽相同。从融入于人、融入于地来看，流动者的个体特征对这两方面的融入意愿并无显著的影响。而从居留意愿与户籍迁入意愿来看，流动者个体之间的差异表现明显。个体的受教育程度越高，收入越高，排斥感受越弱，融入于地的意愿越强，则长期居留意愿、户籍迁入意愿越强。流动者的年龄越轻，长期居留打算意愿越弱，1980—1990年流动人口的户籍迁入意愿最强，而1990年后的户籍迁入意愿最弱。可见，从融入于人、融入于地这些相对较为浅层的融入意愿来讲，人们更多地考虑主观的感受，而从更深层次的长期居留意愿以及更为现实的户籍迁入意愿来看，他们则要考虑就业、收入、子女的教育等客观现实。

曾经有一个报道，在北京一家高级酒店的大堂中，一个中年女人坐在真皮沙发上，正努力向手机那头的人要求着什么，但遭到了拒绝。她忽然提高了嗓音，显然，她气愤至极，正宗的北京腔不断颤抖，对手机那头的"外地人"骂骂咧咧。这样的场景似曾相识，在现实生活中，当此类情景发生在我们周遭时，羞辱感便向我们每个人袭来。从某种意义上说，不管现在我们是谁，住在哪里，多数人的先辈，可能都来自他乡，或者乡村。当今社会，流动人口已成为这个时代规模庞大的群体阶层，但他们与本地居民之间横亘的鸿沟依旧难以跨越。现地人的优越感时刻刺痛流动人口的神经，也在拷问我们的良知。尽管户籍人口的日常生活已经离不开流动人口，尽管二者也试图彼此接纳，但他们其实很难接触，也难以彼此理解；他们的生活隔得很远。

同时，我们欣喜地看到，流动人口的融入之梦已引起各方的广泛关注，新政的陆续出台或许能使流动人口离梦想更近一步，尽管新政实际上也抬高了特大城市、超大城市的门槛，但制度上的创新和突破仍激发无数流动人口新的城市梦。然而，唯有制度的破冰还不够，流动人口融入梦的实现还需要他们立足于自身客观的禀赋条件，在努力提升自身人力资本与社会资本水平的同时，一步一个脚印，向着梦想之门迈进。

第四篇

梦想的制度困境与破局的探索

第十章

梦想缘何难成真

　　流动人口进城筑梦和逐梦现地，是为了过上更好的生活，或为自己或为后辈。然而，前面的个案研究和群体分析双重结果都表明，对于他们中的大多数人而言，这种简单、朴素的期望在"理想向左而现实向右"的情境下，在"理想很丰满，现实很骨感"的环境中，却难以实现。这样的困境使得多数流动人口与现地发生断裂，沦为现地社会的新底层；而长期的底层境遇，则会使其梦想停留于"梦空、幻想"阶段，从而陷入一种恶性循环，并可能滋生严重的后果。

　　流动人口梦想难圆无疑是多种因素综合作用的结果：既有内生因素，也有外在原因；既有历史因素，也有现实原因；既有先赋因素，也有后致原因；既有主观因素，也有客观原因。梦想人人皆有，但逐梦之旅各不相同。差异固然在一定程度上取决于自身的努力程度，但社会文明和制度包容程度可能直接影响个体努力的结果。当前，中国处于经济社会多元复合转型时期，因社会体制改革长期滞后于经济体制改革，体制的模式化和固化日益显现，并成为流动人口梦想难圆的根本要素，是中国社会阶层断裂的根本原因。鉴于收入、教育、住房、社会保障是流动人口梦想实现的难题，下面主要从这四个方面出发，深入挖掘流动人口梦想难圆的制度因素。这些要素之间有着千丝万缕的联系，皆源于户籍制度这个"母体"，故下面针对它们分门别类的叙述只是出于行文的方便；同时，因个体主观能动性受制于制度环境，也因制度环境是政府和社会可有所作为之处，因此分析的重点在于制度要素，但并不否认流动人口主体在实现梦想方面的重要性。

制度因素和个体的禀赋差异，使得不同流动人口拥有不同的逐梦经历，梦想的实现程度亦差别甚大。为此，在综合考虑全体人群的基础上，也会重点突出几类人群差异，进一步丰富对流动人口子群体逐梦之旅的认识。

一、梦想之地梦难圆

如前文所述，涨薪梦、安居梦、保障梦、子女求学梦以及融入梦是萦绕在流动人口心头的五大梦想。但是，质性资料表明，个体在逐梦过程中遭遇各种制度性、结构性和禀赋困厄。尽管通过不同指标测出的梦想实现程度有别，个体与群体特征也存在一定差异，但总体而言，流动人口的逐梦过程十分艰辛，在筑梦之地，梦想却难成。那么，何梦近在咫尺，何梦触不可及？孰人梦近，孰人梦遥？本章在前面定量分析的基础上，对这些问题做进一步的总结和提炼。

（一）何梦更难圆

工欲善其事，必先利其器，明确的测量指标是研究的基础。涨薪（赚钱）梦测量的是本地市民和不同户籍流动人口的绝对收入水平以及本地市民与流动人口收入水平的差距，正值表示流动人口与本地市民的差距更大，反之亦然。安居梦是通过在流入地是否拥有住房或租住公屋（包括公租和廉租）来体现的。保障梦通过三类保障指标进行测量：拥有总量（养老、医疗、工伤、失业和住房公积金的加总），"总量之差"（流动人口保险总数减去本地市民的保险总数，故正值表示差距更小，而负值表示差距更大），至少拥有一项保险（只要流动人口拥有上述五类险种中的任何一种即可）。子女教育通过不同教育层次的求学机会（即是否在园，是否在学）及学校性质（即公立、私立或打工子弟学校）测量的教育质量来反映[①]。融入梦采用了四个指标进行测量：其中，融入于人和融入于地属于综合指标，取值越大，意愿越强；长期居留打算通过流动人口在未来5年内是否有继续在本地居住的意愿来测量；户籍迁入意愿更进一步，关心的是流动人口是否愿意将户籍迁入现地。透过定量数据以及真实生活的个案分析发现，流

---

① 由于在打工子弟学校就读的流动少儿占比比较低，也由于私立学校的界限不清，即一部分私立学校可能就是打工子弟学校，故在对流动少儿的求学之梦进行模型分析（第七章并未展示模型分析结果）时，将私立学校和打工子弟学校并为一类。但是，合并也存有问题，因为一部分私立学校可能属于质量较高、收费昂贵的私立学校。

动人口梦想的实现状况并不乐观。

一是涨薪（赚钱）梦渐行渐近，但群体差距明显。近年来，随着中国经济社会的发展，无论何种户籍类型，流动人口的绝对收入水平都有了大幅提升，平均从2005年的略超千元的水平升至2010年的近2 000元，再到2014年的近4 000元的水平，涨幅达到235.5%。虽然乡—城流动人口的涨幅（267.9%）超过城—城流动人口（173.3%），也超过本地城镇户籍人口（174.9%）和本地农村人口（203.9%），但高涨幅正映衬出他们收入的起点低、梦想的物质基础薄弱这一现实。实际上，不同群体间的绝对收入差距依旧巨大，外来人与本地人以及流动人口内部的分层仍十分明显。2014年，城—城和乡—城流动人口的收入相差2 426.1元，前者是后者的1.6倍；而且，城市经济社会越发达，不同户籍流动人口之间的差异越明显。从总体上看，虽然东部沿海城市流动人口的收入较之内陆城市更具优势，从而持续驱动流动人口越来越向特大城市聚集，但流动人口在收入增加的同时也更深刻地承受着巨大的收入差距带来的相对剥夺感。

二是安居梦群体差异凸显，乡—城流动人口处于极端劣势。与九成以上本地城镇市民拥有住房相比，租住私房仍是流动人口的主要住房选择，2005—2014年均占65%。拥有住房的比例虽也在上升，但依旧处于低位运行，最高的2014年也不超过17.2%；至于租住公屋，比例更是"低得可怜"，2010—2014年均在0.5%徘徊。此外，不同户籍流动人口拥有住房或租住公屋的差距始终巨大，不论是基数还是改善的幅度都是如此，即城—城流动人口住房状况均大大好于乡—城流动人口。由此一来，本地市民、城—城流动人口、乡—城流动人口在住房保障上形成了由高到低的层级结构。同时，在经济相对发达、人口更为集中的城市，就业和生存竞争往往更为激烈，流动人口安居梦的实现也更堪忧。

三是保障梦缓慢前行。与收入梦想实现的情况类似，虽流动人口的参保率随时间推移不断上升，幅度快于城镇就业人员，但由于起点过低、基数过小，这一态势不应掩盖流动人口总体保障水平仍远低于本地城镇户籍就业人员的现实，也不应掩盖流动人口群体内部的差异。2013年，乡—城流动人口医疗、养老、失业保险比例依旧保持在17.6%、15.7%和9.1%的较低水平，不仅低于本地市民，而且也低于城—城流动人口。后者在2009年就实现了社会保险平均拥有总量从至少1类到至少2类的转变，2014年平均增至2.5类，而乡—城流动人口在2010年实现平均1类的突破后，一直维持在这个水平上。不过，特大城市、沿海地区流动人口的保障水平好于中小城市、内陆地区的保障情况，保障梦在这些社会经济较发达的地区更容易找到生根发芽之希望，特别是医疗保险和养老保险更是如此。同时，过低的住房公积金拥有率，印证了上文对于安居梦的阐释，也遏制了安居梦的实现。

四是子女求学梦亦近亦远。从教育机会看，学前阶段流动儿童的在校比例急速上升，在小学入学时期（六七岁）达到顶峰，之后随年龄的增长而呈现下降趋势。其中，城—城流动少儿在学比例高于乡—城流动少儿，但两者在14岁后逐渐趋于一致。在学前儿童中，流动儿童的入园比例超过留守儿童，但之后未能完成义务教育、未能进入高中的比例也超过留守儿童。从教育过程看，部分幼儿未能适时接受学前教育。在义务教育阶段，流动儿童的在学比例较高，但仍存在不少孩子未能适龄上学的情况。在后义务教育阶段，不在学的占比随年龄的增长而持续升高，呈现出年龄越长，求学之梦越发遥远的特点。从教育质量看，在幼儿园时期，流动儿童上私立学校的比例远高于公立学校；但在义务教育阶段，约90%的流动儿童在办学条件和教学质量更好的公立学校就读。可见，在新的时代语境下，流动少儿的求学梦被注入了新的内容。

五是融入梦梯次减弱。流动人口总体上对现居住城市都有较高的融入意愿，"融入于人"的指数得分为84分，"融入于地"为75分，其中城—城流动人口的两项得分均相对较高，为85.8分和83.7分，分别比乡—城流动人口高出约8分和9分。在居留意愿方面，总体上约六成的流动人口表示，在未来5年内打算在本地生活，且城—城流动人口的长期居留意愿更强烈，比例约为70%，高出乡—城流动人口12个百分点。在户口迁入意愿方面，大约一半的流动人口表示愿意把户口迁入本地，其中城—城流动人口的比例高达70%，高出乡—城流动人口约24个百分点。

同时，我们也看到，五类梦想的实现程度有明显差别。总体来说，涨薪梦在绝对水平上已经较好的实现，流动人口手中的"票子"日渐厚实。但是，"安得广厦千万间，大庇天下寒士俱欢颜"的安居梦似乎仍很遥远，在流入地拥有住房或租住公屋的比例还有很大的提升空间。在保障方面，流动人口（特别是乡—城）与本地市民之间存在很大的差距，这对流入地公共服务和社会保障的均等化提出严峻挑战。流动人口高度重视关系到下一代前途命运、寄托着这一代未尽希望的子女求学之梦，虽然有了较大进展，基本实现了"一个都不能少"的目标，但是教育过程、教育质量、教育机会仍是亟待突破的瓶颈。流动人口虽拥有较强的融入梦，却往往因流入地的各项制度阻碍和本地市民的排斥而使得梦想难以落地。

即便是同一梦想，不同测量指标之间同样有异。比如，流动少儿的学前教育与义务教育差异、教育机会与教育质量差别、不同层级教育质量差距均莫不如是，说明梦想的实现是逐步前行的。又如，从"融入于人"到户口迁入，流动人口相应得分和意愿比例梯次降低——随着融入梦的逐渐深入和现实化，他们需要更多的时间来体会城市的接纳或排斥，进而对自己的定居之所做出更理性的考量。

（二）何人之梦更难圆

梦想难圆的影响或相关因素涉及制度（如户籍）、结构（如地域、劳动就业特征）、资本禀赋等多个维度，宏观、家庭和个体等多个层次。笔者试图在这些维度的指导下，从不同主体特征出发，对前文主要模型分析结果进行汇总。在五类梦想中，四类针对成年人，一类针对少儿，二者的分析对象有别，数据分别来自不同年份，故将他们的分析结果分别加以呈现。对成年人而言，无论是哪种梦想，可能都有较为一致的影响（或相关）要素，但不同梦想的实现也有自身独特的潜在动因或障碍，故我们将看到，尽管针对成人梦想的分析因素大多较一致，但也不尽相同。此外，这里描述的规律和模式与按流动人口户籍区分的模型结果有一定的差异，本章不对具体差异做进一步深入讨论，读者可参考前面的各个章节。

主要分析结果汇总于表 10-1 和表 10-2。

1. 来自农村者，逐梦之旅更坎坷

无论是进行流动人口群体内（即不同户籍流动人口）的比较，还是进行本地市民、城—城流动人口和乡—城流动人口的三群体比较，我们都清晰地观察到，户籍类型和户籍地点均对流动人口的逐梦之旅产生巨大的作用。一方面，与乡—城流动人口相比，城—城流动人口离梦想更为接近，流动人口内部因户籍造成的分层十分明显；另一方面，与本地市民（此表没有展现）相比，城—城流动人口的这一优势无法与流入地的结构性排斥相抗衡。结构性排斥主要表现在福利的享有方面，故无论安居梦还是保障梦，两类流动人口均与本地市民之间差别甚大，而这一点在安居梦方面表现得尤为明显。

就子女的求学梦而言，户籍性质的影响因测量指标的不同而异，对学校性质的影响大于对在园机会的影响，对学前和后义务教育的影响小于对义务教育学校性质的影响。一个基本特征是：在其他条件相同的情况下，与城—城流动少儿相比，乡—城流动少儿在学前和义务教育阶段，更不可能就读于公立学校，户籍类型的差别在流动少儿身上也同样显现出来。

表10-1 流动人口五类梦想模型分析结果汇总

变量	涨薪梦	安居梦 全部人群	安居梦 流动人口	保障梦 拥有总量 全部人群	保障梦 拥有总量 流动人口	保障梦 总量之差	保障梦 拥有一项社保概率 全部人群	保障梦 拥有一项社保概率 流动人口	融入梦（流动人口） 融入人	融入梦（流动人口） 融入干地	融入梦（流动人口） 长期居留打算	融入梦（流动人口） 户口迁入意愿
乡—城流动人口	+++	n/a	---	n/a	---	---	n/a	---	---	---	---	---
流动身份												
城—城流动人口	n/a	+++	n/a	+++	n/a	n/a	+++	n/a	n/a	n/a	n/a	n/a
本地城镇市民	n/a	+++	n/a	+++	n/a	n/a	+++	n/a	n/a	n/a	n/a	n/a
流动区域												
省内跨市	+++	n/a	+++	n/a	+++	+++	n/a	+++	++	n/a	+++	+++
省际跨市	+++	n/a	++	n/a	++	+	n/a	+++	+	+	-	+++
务工经商	+	n/a	+++	n/a	+++	+++	n/a	+++	+++	+++	+++	+++
居留时间（年）	-	n/a	+++	n/a	+++	+++	n/a	+++	++	+++	+++	+++
流动模式												
半家庭式流动	n/a	+++	---	---	---	---	---	---	---	---	---	---
举家流动	n/a	+++	+++	+++	+++	+++	+++	+++	++	+++	+++	+++
流入城市												
青岛市	+++	+++	+++	---	+++	+++	+++	+++	+++	+++	++	---
厦门市	+++	+++	-	+++	+++	+++	+++	+++	++	+++	+++	---
深圳市	+++	-	+++	+++	+++	+++	+++	+++	+++	+++		---

续表

变量	涨薪梦	安居梦 全部人群	安居梦 流动人口	保障梦 拥有总量 全部人群	保障梦 拥有总量 流动人口	保障梦 总量之差	保障梦 拥有一项社保概率 全部人群	保障梦 拥有一项社保概率 流动人口	融入梦（流动人口）融入于人	融入梦（流动人口）融入于地	融入梦（流动人口）长期居留打算	融入梦（流动人口）户口迁入意愿
中山市	+++	+++	++	--		+++	+++	+++	++	+		--
嘉兴市	+++	+++	++	--	--	+++	---	---		-	++	--
郑州市	---	+++	++	---	-	+++	---	---	+++	+++	+++	--
成都市	---	+++	++	---	-	+++	---	-				
出生队列												
1980—1990 年	---	---	---	---		-	---	---			--	++
1990 年后	+++	+++	+++								--	--
女性	+++	n/a	n/a	n/a	n/a	n/a	n/a	n/a	n/a	n/a	n/a	n/a
汉族	+++	+++	+	++	+++	+++	+++	+				
在婚	+++	+++	+++	+++	+++	+++	+++	+++	+	+++	+++	--
受教育程度												
初中	---	+++	+++	+++	+++	+++	+++	+++	+	+++	+++	+++
高中	---	+++	+++	+++	+++	+++	+++	+++	+	+++	+++	+++
大专	---	+++	+++	+++	+++	+++	+++	+++	n/a	n/a	+++	+++
≥大学	---	+++	+++	+++	+++	+++	+++	+++	n/a	n/a	n/a	n/a

续表

变量		涨薪梦	安居梦		保障梦				融入梦（流动人口）			
			全部人群	流动人口	拥有总量		总量之差	拥有一项社保概率		融入干人	融入干地	长期居留打算	户口迁入意愿
					全部人群	流动人口		全部人群	流动人口				
就业行业	建筑业	- - -	- - -	-	- -	- -	- -	- -	- -	n/a	n/a	n/a	n/a
	服务业	+ +			- - -					n/a	n/a	n/a	n/a
	机关企事业单位	-			- - -					n/a	n/a	n/a	n/a
就业身份	雇主	- - -	+ + +	+ + +	n/a	n/a	n/a	n/a	n/a	n/a	n/a	n/a	n/a
	自雇	- - -	+ +		n/a	n/a	n/a	n/a	n/a	n/a	n/a	n/a	n/a
	帮工	- -			n/a	n/a	n/a	n/a	n/a	n/a	n/a	n/a	n/a
职业类别	商业服务人员	+ + +	- - -	- - -	-	-	-	-	-	n/a	n/a	n/a	n/a
	生产人员	+	-	- -						n/a	n/a	n/a	n/a
	其他职业者	+ + +	-	- - -	-	-	-	-	-	n/a	n/a	n/a	n/a
签订了劳动合同		- -	n/a	n/a	+ + +	+ + +	+ + +	+ + +	+ + +	n/a	n/a	n/a	n/a
收入（对数）		n/a	+ + +	+ + +	n/a	n/a	n/a	n/a	n/a	n/a	n/a	n/a	n/a
收入分类	26%～50%	n/a	n/a	n/a	n/a	n/a	n/a	n/a	n/a	-			

续表

变量	涨薪梦	安居梦		保障梦				融入梦（流动人口）			
		全部人群	流动人口	拥有总量		总量之差	拥有一项社保概率		融入于人	融入于地	长期居留打算	户口迁入意愿
				全部人群	流动人口		全部人群	流动人口				
51%~75%	n/a	n/a	n/a	n/a	n/a	n/a	n/a	n/a			+++	++
≥76%	n/a	n/a	+++	n/a	n/a	n/a	n/a	n/a			+++	+++
缺失	n/a	n/a	n/a	n/a	n/a	n/a	n/a	n/a				
融入本地意愿	n/a	n/a	+++	n/a	n/a	n/a	n/a	n/a	n/a	n/a	n/a	n/a
户口迁入意愿	n/a	n/a	+++	n/a	n/a	n/a	n/a	n/a	---	---	---	---
态度感知	n/a	n/a	n/a	n/a	n/a	n/a	n/a	n/a	---	---	---	---
融入于地	n/a	n/a	n/a	n/a	n/a	n/a	n/a	n/a			+++	+++
样本量	14 667	22 019	14 662	22 037	14 661	14 661	22 018	14 661				15 996

注：(1) 各分类变量的对照组分别为括号中的分类：乡—城流动人口（城—城流动人口）；流动身份（乡—城流动人口）；流动区域（跨省务工经商（其他原因）；流动模式（非家庭式流动）；流入城市（北京）；出生队列（80前）；流动身份（汉族（少数民族））；女性（男性）；受教育程度（≤小学）；就业行业（制造业）；就业身份（雇员）；职业类别（干部）；签订了劳动合同（未签订合同）；收入分类（≤25%）；户口迁入意愿（无）。
(2) "+++" 或 "---" 表示 p 值小于 0.001。"++" 或 "--" 表示 p 值小于 0.01；"+" 或 "-" 表示 p 值小于 0.05；"+" 或 "-" 表示自变量与因变量没有显著关系；n/a 表示模型未使用该变量。涂色部分表示自变量与因变量没有显著关系；n/a 表示模型未使用该变量。

表 10 – 2　　　　　流动少儿求学之梦模型分析结果汇总

变量	是否在园	幼儿园性质	义务教育学校性质	高中学校性质
乡—城流动人口			- - -	
流动区域				
省内跨市		- - -	+ + +	
市内跨县	+ + +	- - -	+ + +	
居留时间（年）	+ + +	+ + +	+ + +	+ +
流入地区				
上海		+ + +	-	
华北		+ + +	+ + +	
东北	+		+ + +	
华东	+	+ + +	+ + +	
华中	+ + +		+ + +	+ +
华南		- - -	- - -	
西南		+ + +	+ + +	
西北	- -	+ + +	+ + +	+ + +
兵团		+ + +	+ + +	+
小儿年龄	+ + +	+ + +	+ + +	
姊妹结构				
男孩有一个姊妹	- - -			
男孩有两个姊妹	- - -			
男孩有多个姊妹	- - -			
独生女				
女孩有一个姊妹	- - -			+ +
女孩有两个姊妹	- - -		-	
女孩有多个姊妹	- - -		-	
父母教育				
初中	+ + +	-	+ +	
高中	+ + +		+ + +	
大专	+		+ + +	- - -
≥大学		+ +	+ +	
父母职业类别				
商业服务人员	-			

续表

变量	是否在园	幼儿园性质	义务教育学校性质	高中学校性质
生产人员	- -	- - -		
其他职业者	- -			
务农者	- - -	+ + +	+ + +	
收入（对数）			- -	- - -
样本量	24 654	16 770	43 627	5 248

注：（1）是否在园和各类学校性质的测量分别是：1表示在园、在公立幼儿园或学校；0表示不在园、在私立或打工子弟幼儿园或学校。

（2）各分类变量的对照组分别为括号中的分类：乡—城流动人口（城—城流动人口）；流动区域（跨省）；务工经商（其他原因）；流入地区（北京）；姊妹结构（独生子）；父母教育（≤小学）；父母职业类别（干部）。

（3）"+"表示正向影响（或关系），"-"表示负向影响（或关系）。"+"或"-"表示 p 值小于0.05；"++"或"--"表示 p 值小于0.01；"+++"或"---"表示 p 值小于0.001。涂色部分表示自变量与因变量没有显著关系；n/a 表示模型未使用该变量。

2. 源于省外者，逐梦旅程更远

流动区域与不同梦想之间并未展现出一致的关系。对于涨薪梦而言，流动跨越的行政区域越小，离涨薪梦的距离就越远，而离开户籍地越远，流动人口越可能实现涨薪梦。跨省流动人口一般前往东部沿海地区，而这类地区往往市场化程度更高，故个体禀赋要素所起的作用也就更大。而省内流动尤其是市内流动人口一般在中西部地区或东部地区经济发展程度相对不足的城市，故流动人口的机会也较缺乏，获得的收入可能相对较少。但是，如果梦想的实现需要更多地依赖制度扶持，则跨省流动者的劣势就暴露无遗了，除了涨薪梦，所有其他梦想指标都是如此。这是因为，流动跨越的行政区域与各类统筹层次相契合，统筹级别越高（比如，就社会保险而言，跨省需要全国统筹，省内跨市只需省级统筹，而市内跨县只需市内统筹），省与省之间、市与市之间需要协同的问题也就越多，公共资源的重新配置和利用障碍也就越大。目前，尚缺乏有效的统筹协同系统，衔接不同地区之间的社会保障和基本公共服务。另外，受中国行政划分和区域管辖的影响，不同地区各自担负着辖区内公共服务的提供和供给，政府会以本地区居民利益为中心，满足辖区内户籍居民的基本公共权利，外来人口所跨区域越大，距离辖区管理中心越远，越难纳入公共服务的供给对象中，即辖区利益高于全局利益，跨省流动者多被排斥在辖区福利范围之外。这些既会影响流动人口的逐梦过程，也会通过种种途径最终作用于逐梦结果。

子女教育机会和教育质量同样因流动跨越的行政边界而有别。与跨省流动人口相比，省内跨市和市内跨县学前儿童在园、在私立幼儿园就学概率都更高，学前教育阶段更多地遭遇排斥。这可能是因为，省内流动人口多分布于中西部地区，学前教育资源极为有限。而在义务教育阶段，跨省流动少儿进入私立或打工子弟学校的概率更高，省内流动少儿更可能进入公立学校。其原因可能在于，义务教育资源是按照户籍儿童的数量进行配置的，而省内流动人口较多之地，也是流出人口较多之地，部分户籍少儿可能外出，空出了一定数量的名额，从而增加了省内流动少儿进入公立学校的可能性。

3. 去往不同城市者，逐梦轨迹有别

在表10-1所列各要素中，流入城市与不同梦想之间的关系变动最大，影响程度也很深（尽管此表无法辨识）。具体特点是：就涨薪梦而言，相较于北京，厦门、深圳、中山、嘉兴四市流动人口与本地市民的收入差距显著更大，而郑州和成都两市则显著更小。其原因可能在于，后两个城市本地市民的收入也低，而在其他城市，本地市民的收入较流动人口具有更大的优势。就安居梦而言，与北京相比，除深圳和厦门流动人口更难实现外，其余城市流动人口在现地更可能拥有住房或租住公屋；八城市中，住房保障最差的是深圳和厦门，次为北京。北京、深圳、厦门都是经济最发达且流动人口最集中之地，故在相对稀缺的公共资源方面，对流动人口的拒纳情形更为严重。不过，社会保险又有所不同，除青岛市外，其余城市流动人口的社会保障情况均不如生活在北京的流动人口。若仅考虑是否至少拥有一项保险，则厦门、深圳、中山又好于北京。前三者均位于东南沿海地区，是改革开放的前沿阵地和对外窗口，长期保持着较快的发展，对劳动力有着集中且迫切的需求，也积累了较多的社会管理经验；同时，它们在国际金融危机时遭遇过民工荒，故对外来工人的依赖进一步彰显出来，由此倒逼地方企业不得不提供与就业关联的社会保险，以便吸引并留住人力资源，从而形成了有利于流动人口参加社会保险的政策取向，建立起了相对完善的劳动保障与社会保险制度。此外，这些地区的流动人口多为产业工人，所服务企业规模相对较大，便于统一纳入社会保障体系进行管理。而在其他城市（尤其是内陆的中小城市），流动人口多为低端服务业从业人员，企业规模大小不一，相对较难监管。因此，其流动人口的社会保障水平会低于深圳、中山等地。

各城市之间流动人口的融入意愿差异甚大，也因意愿测量指标的不同而有别，但总体而言，北京地区的流动人口在当地长期居留的意愿较弱，但对其户籍的获得有着强烈的渴望；而其他城市流动人口则有着较强的长期居留意愿，但对

当地户籍的获取意愿显著低于北京地区流动人口。更有趣的是，流动人口中愿意融入深圳的概率显著低于愿意融入北京的概率。相对于南方工厂流水线上的产业工人，北京作为首善之区，是无数人心中向往的圣地；北京经济的发展、人文氛围以及包容性的开放空间，给予了流动人口更多的想象空间；对北京的向往，不仅是对就业机遇以及未来发展的追求，也是对祖国首都的莫名崇拜与强烈的精神归属感，是作为国人的赤诚追求和向往。因此，除资源丰富等显性和硬性因素外，这些隐性和软性情愫可能也是流动人口愿意迁入北京的动因。

不同城市流动少儿的求学之梦亦有差别：与进入北京的流动儿童相比，进入上海、华北、华南、西南地区和兵团的流动儿童是否在园概率并无显著差别，但进入东北、华东和华中地区的流动儿童有着更好的学前教育机会；就进入公立幼儿园的概率而言，除东北、华中地区与北京没有差别外，华南地区低于北京，其余地区均显著高于北京；换言之，华南（主要的广东）和北京流动儿童学前教育机会更少、质量更差。在义务教育阶段，与北京相比，只有进入上海和华南地区的流动儿童更不可能进入公立学校就读，而其他地区的流动儿童更可能在公立学校接受义务教育。在不同流入地区，高中学校性质的差别不大，尽管华中、西北和兵团流动少年进入公立学校的概率显著高于进入北京公立学校的同龄人。可见，无论是学前教育还是义务教育，华南地区流动少儿受到的歧视和排斥更大，次为上海和北京。这些特点可能与这几个地区流动少儿总量巨大相关：这三地属于流入人口高度聚居地，而流出人口甚少，流动少儿就学无疑会对当地有限的公共资源产生挤压，地方出于对辖区内居民利益的保护，可能提高流动少儿进入公立学校就学资格的门槛；同时，它们又是流动人口大量涌入之地，流动人口的服务管理建设起步较早，打工子弟学校较多，相对于其他中西部地区，流动少儿在一定比例上被分流到这类学校。

4. 居留时间较短者，逐梦之途更遥远

居留时间与五类梦想的逐梦过程均展现出正向关系：居留时间越长，流动人口就越靠近赚钱梦、安居梦、保障梦、融入梦：与本地市民的收入差距更小，更可能拥有住房或租住公屋，拥有多种保险的概率和至少拥有一种保险的概率更高，与本地市民的保险差距更小；同时，他们也有更强的"融入于人"、"融入于地"、长期居留和户口迁入意愿；其子女也更可能进入幼儿园，就读于公立学校。这表明，居留时间的确可以减弱流动人口初来乍到时对城市社会的各种不适应，使之逐渐摆脱各种制度和政策的藩篱，逐步获得相对平等的发展机会，共享城市发展成果，推动流动人口多彩梦想的前行。

有趣的是，与因其他原因而流动的人口相比，务工经商者与本地市民的收入

差距更大，却有较大的实现安居梦和保障梦的概率，在"融入于人"和户口迁入意愿方面没有显著差异，但有着更强烈的"融入于地"、更弱的长期居留打算。总体而言，相较于客观的收入、住房和保险而言，流动原因与主观融入意愿的关联程度较弱。也就是说，大部分流动人口在流入地工作生活过程中，会根据自身社会经济资本与流入地经济社会环境，对可见未来的居留计划做出"理性"选择。

5. 单人流动者，梦想之途更崎岖

在考察流动人口的安居梦和融入梦时，我们也考虑了流动模式（测量为核心家庭的团聚情况）与它们的关系。如前所言，流动人口是一个具有高度选择性的群体，故该因素与这两个梦想之间的关系可能是双向的，但这里不关注因果关系，只描述它们的相关性。显然，与非家庭式流动（即单人流动）相比，无论是半家庭式还是家庭式流动，与安居之梦都更近一步。当然，离安居梦更近的流动人口，可能至少部分地实现了家庭团聚。同理，举家流动者也有更强烈的融入意愿，无论是"融入于人""融入于地"，还是长期居留打算和户口迁入意愿；也可以说，有更强烈融入意愿的流动人口，更可能带来家人，在流入地实现家庭团聚。因此，它们之间具有相关关系，但还不能辨识因果关系。

6. 年轻者，梦想旅程更漫长

时下，社会和学界大多认为，新生代流动人口各方面的情况都好于老生代，但我们的分析结果与此相反。本分析将出生队列区分为三个类别：1980年前、1980—1990年、1990年后。虽然他们与不同梦想之间的关系有别，但一个总体趋势是，1980年前流动人口离梦想更近，而1990年后流动人口离梦想更远，几乎所有指标均是如此。同时我们也看到：（1）1990年后流动人口与本地市民的收入差距显著大于1980年前出生人口；（2）1980—1990年流动人口更愿意迁入户籍；（3）在其他条件相同的情况下，三个出生队列在"融入于人"和"融入于地"方面没有显著差别。若将1980年前、1980—1990年和1990年后出生流动人口分别称为老生代、中生代和新生代的话，新生代并没有更强的融入能力。事实上，我们过去和现在在多个数据的分析结果都反复证明，在多地的访谈结果也都提醒我们，流动人口的代际差别可能主要显现在以消费为代表的生活方式上，在工作和生存现状上则更多地表现出延续传承的特性，而非彻底革新。

7. 受教育程度较低者，梦想成真更困难

如同居留时间一样，流动者的受教育程度是实现梦想的一个重大推力，与所

有梦想的关系性质都高度一致。受教育程度越高，流动人口与本地市民之间的收入和保险差距越小，离安居梦和保障梦越近，融入意愿也更强；不同教育层级间的梯次提升也很明显。对于所有梦想，高中似乎是一个临界点，其系数取值比初中的系数取值有较大提升。这样的结果表明，任何一个教育层级对于流动人口的逐梦之旅都十分重要，或阻碍或推动梦想更接近现实，但层级作用程度有别，在突破某个临界值后，影响程度呈现几何式的变化。

教育水平不仅影响流动人口的逐梦之旅，而且也作用于其子女的求学之梦，与流动儿童的学前和义务教育机会与教育质量之间的关系大体同于预期。我们认为，父母的受教育程度越高，子女在公立学校上学的比例和概率也会越高，一来因为在中国，公立学校往往意味着更多和更优质的教育资源，二来因为较高受教育程度的父母对子女有着更高的期望。的确，父母的受教育程度影响子女的求学之梦，但也透视出两个方面的差异性。

其一，与学前子女的求学梦呈"倒 U"型关系：父母受教育程度最低或最高者，子女接受正规学前教育的概率都更低，而受教育程度居中的父母，其子女学前教育的概率更高。这在一定程度上印证了"极端相通"原理：一方面，父母较低的受教育水平可能使其更认同自身的社会地位，再加上短期内教育的成本大于收益，难免使其忽视孩子接受教育的重要性和意义。另一方面，较高受教育程度的父母，往往具有更前瞻和开明的思想、更合理的期望，但可能因在现地难以进入较好的幼儿园而选择自己教育孩子，也更有能力将父母接到流入地，共同照看子女。受教育程度居中的父母可能更会向上比较，意识到教育对于实现向上流动的重要性，期望孩子能够实现自己未能实现的梦想，望子成龙、望女成凤，对孩子寄予更大的期待，努力赋予孩子一个更高的起点。

其二，对幼儿园、基础教育和后义务教育学校性质的作用并不完全一致：总体而言，受教育程度越高，子女在公立学校就学的比例和概率越高，但仅对义务教育阶段的学校性质作用显著。出现这种情况的原因可能在于，对于流动儿童的义务教育，国家有明确规定，各地的教育资源也相对富余；此情此景中，父母的受教育程度以及由此带来的社会经济资本可较有力地决定子女的教育质量。至于学前教育和高中教育，现地的公共资源本来受限，满足本地户籍儿童尚有难度，覆盖全部流动少儿就更加困难；在资源受限的情况下，地方政府可能以邻为壑，故流动人口子女的教育不能与本地市民的子女一视同仁。因此，父母的受教育程度与当地的教育政策共同作用于子女的教育获得，当教育政策适当向流动儿童倾斜时，较高受教育程度的父母更可能会让子女获得高质量的教育资源；而当教育政策更多地保护户籍儿童的就学利益时，无论父母的受教育程度如何，均需受制于当地的教育政策分配，从而使父母教育及其经济社会地位所能发挥的作用受限。另外，在访谈中还发现一种情况：受教育程度较高的流动人口，在流入地的收入水平也往往更高，当子女因户籍阻隔而无法在当地参加高考时，他们中有能力者会将孩子早早送到国外就读高中，或者在当地的优质私立高中就读，以便顺利出国读大学。

8. 具有不同就业特征者，梦想进程各异

数据显示，与男性相比，女性的收入更低，与本地市民的差距更大，但更可能拥有住房或租住公屋；同理，与不在婚人口相比，在婚人口与本地市民的收入差距更大，更可能安居，拥有更多社会保险的概率越高，与本地市民在保险总量方面的差距越小。不少现有研究发现，婚姻与收入之间呈正向关系，尤其是对男性的收入有提升作用，而对女性的收入有抑制作用，但因我们这里没有区分性别，故而可能得出不一样的结论。不过，婚姻的确对住房和社会保险具有保护作用。

劳动就业特征的影响主要表现为就业行业、就业身份与职业类别三方面。首先，在流动人口较为集中的制造业，其从业者的安居与保障梦更易实现。其次，就涨薪梦与安居梦而言，在建筑业就业的流动人口的收入更高，故与本地人的差别更小；雇主、自雇者和家庭帮工与本地市民的收入差距相对更小。最后，在职业类别上，商业服务人员、生产人员和其他职业者与本地市民的收入差距都显著更大，其安居和保障梦的实现程度始终难以与干部群体相提并论，表明较高的职业地位有助于消解逐梦过程中的一个个壁垒。同理，若流动人口签订了劳动合同，也更可能实现涨薪梦和社会保障梦。收入之于安居梦和保障梦也至关重要，但收入的高低对"融入于人"和"融入于地"并无显著影响。

父母的职业对子女教育的影响小于父母受教育程度的作用，但对学前教育机会的影响较大，且同于预期：父母是干部的流动儿童，在现地接受学前教育的概率更高，但父母的职业与各教育层级学校性质的关系都较弱。它与幼儿园和义务教育学校性质的关系更令人不解：与父母是干部的流动儿童相比，父母务农的流动儿童更可能就读于公立幼儿园和公立学校。其原因必须深究，我们的初步认识是，这可能是因为样本较小，进而影响数据的稳定性；另外，可能务农者通常在城市郊区或城乡接合部生活，这些地区的公立幼儿园和学校竞争较小，故其子女进入公立教育机构就学的机会较大。

父母的收入与学前儿童的教育机会和教育质量均缺乏显著关联。同样让人费解的是：父母收入越高，义务教育年龄段的子女就读公立高中的概率越低。基于第四章的质性访谈资料，我们推测，可能有两方面的原因：其一，较高的收入不一定是较好的职业带来的——流动人口可能多在流水线上工作，通过长时间的加

班加点来增加收入。如果这个判断成立的话,收入较高不表示流动人口就一定会重视教育,反而可能因为自身较低的受教育水平也取得了不错的经济收入和金钱回报而低估教育的价值,认为学做生意、子承父业才是正事。其二,若较高的收入的确源自较高的受教育程度、较高的职业地位的话,则这样的流动人口更可能送子女到虽昂贵但质量更高的私立学校就读,甚至早早送孩子出国读高中。

结合父母教育,我们认为,相较于义务教育和后义务教育而言,父母的受教育程度和职业对流动儿童的学前教育更为重要,但二者的作用模式并不相同;总体而言,父母受教育程度对子女求学梦的正向作用大于职业和收入。这也再次表明,虽然国内外大量研究都证实,亲代的经济社会地位对子代的教育获得至关重要,但对流动少儿来说,不是完全如此。当然,这种特殊性的原因可能是,受教育程度更高、职业更具优势、收入更高的流动人口对子女的教育拥有更为多元化的选择。

9. 感受歧视者,梦想路程更不平

梦想的实现也依赖于是否有相应的梦想。因此,对于安居之梦,我们也考虑了流动人口是否有融入本地并将户口迁入本地的意愿,结果如同预期,但如前所言,它们的关系可能也是双向因果关系。此外,收入、职业地位等劳动就业特征与安居梦有着十分密切的正向联系,收入越高、职业地位越高则对融入本地,迁入本地户籍有着更强的意愿。最后,对于融入梦,除了上述变量外,模型还纳入态度感知因素。流动人口越感觉到本地市民的不接纳、歧视和排斥,他们"融入于人"、"融入于地"、长期居留和户口迁入意愿都越弱;同理,若流动人口"融入于地"的意愿越强,则长期居留打算和户口迁入意愿的概率越高。

10. 较多姊妹者,教育福祉更低

从少儿自身特征的角度来看,我们的研究发现,流动儿童年龄越大则越可能进入公立幼儿园和公立小学、初中。对于高中学校质量而言,年龄对其影响较小,但亦正向相关。年龄的特点实际上在一定程度上反映了教育过程的劣势,即不能适龄入学。抑或孩子在入学年龄时,没有排上公立学校的号,但又特别想上,或不满周岁,只好晚一年再入学。

如前所言,从理论上看且不少实证研究也认为,姊妹结构与少儿福利(包括教育和健康)显著相关,但本研究有些出乎意料,即姊妹结构对少儿求学梦的影响主要见于学前教育,而且主要出现在教育机会方面,对教育质量的作用不大。与独生子相比,其他所有姊妹结构(除独生女外)均与学前教育机会负向相关。该发现表明:对少儿教育而言,姐妹的数量重于姊妹的性别,有没有姊妹比有几

个姊妹似乎更为重要；换言之，与没有姊妹的孩子相比，有姊妹的情况会降低流动儿童的学前教育概率。尽管从整体上看，姊妹结构与学校性质的关联性很弱，但特别值得一提的是，在义务教育阶段，姊妹结构对学校性质有一定的影响：与独生子相比，有两个或多个姊妹的女孩就读于公立学校的概率显著更低。这既透视出性别的影响，也折射出数量的作用，从这个意义上讲，姊妹的性别和数量又都是重要的。姊妹结构对除学前教育以外的其他教育阶段效果缺失或很小，与现有理论相悖。一方面，这可能表明，在低生育率情势下，无论是家庭还是社会，都有能力支持孩子接受所需教育；另一方面，它也可能揭示出，在现有制度制约的前提下，家庭因素和个体因素的作用均受到抑制。

二、梦想缘何难成真：户籍制度的"双二元属性"

由上可知，宏观层面的制度和结构、家庭背景和个体经济社会特征等诸多要素共同作用于流动人口的圆梦之旅。与此同时，结合定性资料发现，在现有制度特别是户籍制度的作用下，个体与家庭能力的积极作用受到较大限制。归根结底，户籍制度依旧是流动人口逐梦圆梦过程中最主要的障碍，它所造成的"城乡之分"和"内外之别"，使流动人口背负着沉重的逐梦成本。

如第一章所述，新中国成立以来的户籍制度始于20世纪50年代初期，但区隔城乡的制度却源于1957年或1958年，经过20世纪60年代和70年代的发展而逐步定型，成为城乡分治的制度性根源。当时，其主要目的是为阻止新中国经济建设过程中过多的人口流入城市，避免城市人口膨胀而滋生社会问题（谢建社、胡世光，2009）。在当时的社会情境下，户籍制度不仅执行人口统计和身份识别的功能，而且服务于政府的其他目标。随着时代的演变，户籍制度逐渐成熟与坐大，明确将中国居民严格地区分为农业户口和非农户口、本地户口和外来户口，人们从一出生，就与某种固定的身份挂钩，成为行政上的身份管制或迁移壁垒。这种僵化性、强制性分类的居民身份制度，在城乡分治的行政建制基础上，逐步形成了城乡隔离的二元社会制度（华伟，2000）；除个别情况外，农村人口向城市的迁徙几乎不可能。

户籍制度并非中国独有，很多国家和地区也推行类似的人口与行政管理制度。但是，在其他国家或地区，市民与农民仅仅标识个体的职业或居住地，涉及行政建制、辖区划分、政府组织与职能的简繁。而在中国，它的功能被发挥到无以复加的程度。人们的衣食住行、生老病死、入学就业、福利保障，在一定程度上都以户口为标准（陆益龙，2008）。一幕幕关于户口的悲喜剧，使人被人为地异化（谓军，2000）。

随着中国改革开放进程的深入推进和经济社会结构的多元复合转型，国家与地方层面均对户籍制度进行了深度改革，但其在社会区隔中的消极作用依旧凸显。这主要是因为，长期以来户籍制度"双二元属性"所造成的城与乡、内与外的隔离尚未消除，且与之相关联、通过实体制度来实施的社会福利和公共服务尚未有效剥离。

（一）"城镇—农村"户籍类型带来"农村人效应"

当代中国最基本的社会结构可被归纳为城乡差别（Cheng and Selden，1994），这种差别既辐射到城镇与农村户籍人口之间方方面面的差异，也折射出城市和农村地区的经济社会鸿沟。具有刚性和世袭特征的户籍类型人为地在城乡之间树起一道藩篱（蔡昉，2001），将中国人口区分为泾渭分明的两类人——城市人和农村人，并为这两个群体分别贴上了界限鲜明、与户籍身份相对应的标签（刘传江、程建林，2009）。秦晖（1998）认为，在当代中国，农民与非农民的界限既非种田人与不种田人之间，亦非大型聚落（"城市"）和小型聚落（"乡村"）之间，而在于两个世袭或准世袭的身份等级之间；农民就是那些未经特别批准便只能世代属于"农业户口"者，而非农就是世代拥有"非农业户口"身份者；身份的划分是非竞争性的，而是一种"传统的安排"，不依赖于个人的努力或机会；"外部权势的支配"使农民作为一种凝固的身份群体被整合进社会；这种身份制的社会必然是个人权利极不发达的社会。其最大的弊端是深刻的，不是基于人的能力而是根据先天因素形成的身份歧视及不平等（彭希哲、赵德余、郭秀云，2009）。由国家支付、通过单位享受"高福利"的城里人，便成为农民可望而不可即的"城市贵族"（何家栋、喻希来，2003）。

户籍类型的差异，决定了人们享有不同的权利和社会福利（悦中山、李树苗、靳小怡、费尔德曼，2011），造成农民与市民在生存权和发展权方面的巨大差距。城市人得益于"市民"身份，多就业于正规和主要劳动力市场，不仅职业声望更高，收入水平更丰，社会保障更好，而且在教育、住房等其他权益的享有方面也有着得天独厚的优势。农村人受制于"农民"身份，被屏蔽在分享城市社会资源集团之外，未能获得与城市居民平等分享的权益。

对于乡—城流动人口而言，他们虽然成功地实现了由农民向工人的第一次职业流动，或实现了从长期以来被视为贫困、愚昧、保守、落后的农村向富裕、文明、现代和进步的城市的地域流动，但在身份上未能同步实现由农民向市民的转变。他们虽然在城市工作和生活，甚至在城市长期居住，但身份依然是农民。可见，农村户籍是乡—城流动人口进城后无法享受与城市居民同等待遇的主要制度根源（谢建社、胡世光，2009），也是影响他们融入现地的制度性障碍（王胜今、许世存，2013；庄海茹、崔永军、孙中宁，2013）。

（二）"本地－外来"户籍地点带来"外来人效应"

城镇户籍相对于农村户籍而言具有"贵族"特性，但同时我们也看到，在现有的户籍制度下，城镇人口一旦离开了户籍所在地的城市，其"贵族"身份就大打折扣。这是因为，户籍制度的另一个维度——户籍登记（或所在）地，把流入地人口区分为本地人和外来人。这一界分使人们从一出生就不是一个地域上的自由人，而是被标记了某个具体"地点"的人。由于各地政府有权出台地方的户籍政策及与之相关的其他制度，而这样的政策或措施往往立足于本地户籍人口利益，由此带来城市内部的"新二元结构"，即与"农村人效应"相对应的另一个效应——"外来人效应"，使得流动人口在现地无法平等享受基本公共服务和公共福利，进而使得相应的梦想难以实现。

除了极个别学者（李骏，2011；杨菊华，2010，2011，2013，2017；张展新，2007；张展新、高文书、侯慧丽，2007），以往研究只关注城镇居民与农村居民的对比，而忽略了户籍地点这一维度。然而，对规模巨大且总量持续攀升的流动人口而言，户籍地点的这一特性与户籍类型具有同等的重要性。

与出生于欠发达地区的人口相比，出生于发达地区人口自出生之日（甚至出生之前）起，就能享有更好的社会福利和更优质的公共服务，也预示着更顺畅的发展前景。虽然中央政府多次倡导，要对流动人口实行"属地化管理"和"市民化服务"，但受资源总量的制约，出于保护本地人福利待遇的原则，与流动相关的地方保护性政策和措施仍然以显性或隐性的方式普遍存在。大量事实证明，时下，最为发达之地对流动人口方方面面的排斥不仅未消减，反而更加强化。没有流入地户籍的流动人口，在劳动就业、正规教育、住房保障、社会保障等诸多方面都会受到相关制度的歧视，流入地把大多数流动人口排斥在本地公民的基本权利之外（李强，2002；刘林平、孙中伟，2011；王胜今、许世存，2013），城—城流动人口也不例外（杨菊华，2017）。

（三）"双二元属性"带来"双重排斥效应"

由此可见，中国的户籍制度具有双重属性：一是城镇、农村的二元户籍类型，二是本地、外来的二元户籍登记地点（杨菊华，2017）。无论把人登记为城里人还是农村人、本地人还是外地人，本身并无不可。但是，中国的户籍制度和基于户籍的身份制度，其意义远远超过了登记功能，而是在把人区分为"是谁""从哪里来""与他人关系"的基础上，将每一位公民进行双重的身份划定（Chan and Zhang，1999），将现地看上去毫无二致之人，烙上三六九等之印。更为重要的是，它不仅把人区分为城里人（市民）和农村人（农民），构成差序格局和等级意识（如资历、资格、等级、级别），而且主要依据身份及身份之间的关系来配置资源，生硬地把流动人口排斥在现地公共服务体制之外。因此，户籍制度最大的问题并非登记管理制度本身，而是对应于登记的城市与乡村的差别、大城市和小城市的差别（彭希哲等，2009），进而导致公民间的身份差异。这样一种制度令流动人口从进入现地之日起，就处于二等公民的境地。

"城乡差分"与"内外之别"的双二元户籍属性分割制度将流入地人群区分为四大类别——本地城镇户籍人口、本地农村户籍人口、城—城流动人口、乡—城流动人口，由此带来了双重效应和歧视："农村人效应"和"外来人效应"（杨菊华，2017），既针对农村人，也针对来自其他城市的外来人。这样的"双二元属性"和"双重效应"使得改变了生活场所和职业的流动人口仍然游离于现地体制之外，造成他们在生活地域边界、工作职业边界与社会网络边界等方面与流入地人口形成区隔，游离于城市体系与农村体系、体制内与体制外、正规市场与非正规市场、传统产业与现代产业之间，与流入地社会处于一种非整合状态（徐祖荣，2008）。

这样一种边缘化的状态使我们不由得想起世界体系理论（Wallerstein，1974，1979）对于国与国之间关系的精辟论述。该理论将全球各国划分为核心、半边缘和边缘三个圈层，构成世界体系的基本结构。核心国家在世界体系中占据主导地位，可以控制和支配其他国家。边缘国家在国际贸易与分工中受到核心国家的控制和支配。半边缘国家介于核心与边缘之间，在某种程度上既可以控制边缘国家，也受控于核心国家。在世界权力模式崩溃之前，核心——半边缘——边缘的结构不会改变，但各国在世界体系中的地位是可变的。边缘国家可以升至半边缘国家甚至核心国家，核心国家也有可能降为边缘国家；地位的升降是由世界体系的整体状况来决定的。

将该理论用于解释流动人口与现地户籍居民之间的关系并不妥当，但户籍制度"双二元属性"的确将现地人群进行了等级划分：核心——半核心——半边缘——边缘。虽然这四类划分与现地四类人群并不完全契合，且互有程度不同的交集，但总体而言，本地城镇户籍人口居于顶端、乡—城流动人口居于底端的权利支配模式和等级格局差异是相似的。后面将会对此思路进行详述。

在过去三四十年中，中国的社会结构发生了巨大变化。在发展社会主义市场经济的过程中，与民生直接相关的公共资源和社会福利（如教育、医疗、住房）逐步由政府转向市场，市场承担了越来越多的公共职能。虽然市场运行规则受到政府的调控和管制，但定价权、供给量决定等主要由市场掌控，甚至形成市场利益联盟与政府对立抗衡，从而使这些与民生紧密相关的公共物品的价格持续飙升。与此同时，普通群众收入水平的增长却相对滞缓，弱势群体尤其如此。面对持续走高的物价，底层的民生需求难以得到有效满足。政府缺位、市场失灵、收入与支出增长"一缓一急"，进一步加剧了社会的分化。当这样的特征与流动人口发生链接时，就会进一步加剧该群体日益边缘化的困境。

规模庞大的流动人口创造了过去三十多年中国经济的奇迹，是未来新型城镇化的动力之源。但是，一方面，在快速工业化和高速土地城镇化过程中，在经历过快过猛转型的经济和社会结构里，普惠性的社会政策并未落到实处，忽视甚至剥夺了流动人口群体的利益；另一方面，普惠的缺位和排斥性体制机制使流动人口特别是占绝大多数的乡—城流动人口，基本权利无法得到保障，从而遭遇进一步边缘化的困境，沦为城市社会的新"贫困"阶层（Wang, 2004；Wu, 2004）。这无疑印证了十多年前孙立平（2004）的判断：在经济社会急剧且多元复合转型进程中，越来越多的人被甩到社会结构之外，社会断裂悄然发生。

这种二元分割的排斥性体制具有刚性稳定特征，社会核心组织层对边缘群体表现出排斥效应，使社会结构显现出明显的断裂带。处于强势的社会核心组织边界封闭功能强大，而处于弱势的边缘群体则不具有整体向核心集团融入的能力。这种状况并不会因经济发展而得到改善。恰恰相反，经济的发展只会为强势的核心组织层提供更多的社会资源来加强其边界的排斥能力。而且，这种排斥性组织具有单向交流特性，一旦这种排斥体制的边界形成，工农等底层弱势群体的社会地位就会进一步边缘化，并会成为一种不可逆转的趋势（于建嵘，2010）。

可见，身份的刚性制度化具有极强的张力，辐射到人们经济生产和日常生活的各个领域，造成城市与农村之间的断裂、"市民"与"农民"之间的鸿沟、"本地"和"外来"的区隔。看似简单的一纸户口，却因附着其上的各种红利，使多数流动人口纵然苦苦奋斗，但理想却依旧是梦想。而一出生就拥有高含金量的户口者，可以坐享户口带来的种种利益，他们从出生起就被赋予了更高的起点、更多的机会。

图10-1基于"市民"与"农民"、"本地"与"外来"的"双二元属性"，将流入地社会人群区分为四类（本地农村户籍人口不是我们关注的对象，但出于完整性，图中也将他们标出）。我们认为，四类人群之间并不是截然区分的，而是互有交叉。比如，城—城流动人口与现地城镇户籍市民和乡—城流动人口之间

存在交叉，或同为城镇居民，或同为外来人口。而在现地资源的享有上，他们与本地户籍农民之间亦会有高低（但这里不再关注）。同理，乡—城流动人口与城—城流动人口和现地户籍农民可能在某些特征上也有交叉，或同为外来人口，或同为农村人口。两个完全不可能交叉的群体是本地城镇户籍市民和乡—城流动人口，户籍的双重界分将他们完全割裂开来。

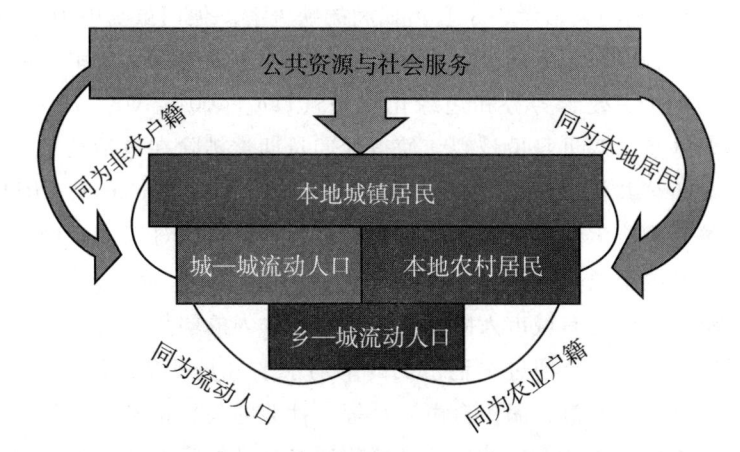

图 10-1　户籍制度的双二元性体系

注：箭头宽窄表示资源供给量的多寡。

无须证明的是，本地城镇户籍市民处于现地人群金字塔的顶端，坐拥作为本地人和城市人的双重利益。与城—城流动人口相比，他们具有作为本地人的优势；与本地农业户籍人口相比，他们是城市人口。他们是城市资源分配的直接获得者，是城市社会保障体系的主要覆盖群体，其子女也是城市社会高等教育接受的主体……他们位于城市中心，凌驾于其他群体之上。本地城镇户籍是他们对公共资源享有的"入场券"，也正是这张"入场券"，驱使外来人口接踵而至，一代又一代，前赴而后继。

同样无须证明的是，处于最底层的是乡—城流动人口，他们既属于空间形态上的外来人口，也无城镇户籍的优势，同时受制于本身资本缺失的局限，在现地处于极度劣势地位。他们无法享受到正规的工资保障，还有可能受到流入地体制和本地市民的排斥，与其他三类人群基本上没有交集。与本地农村户籍人口相比，虽同为农民，他们多了"外来"的标签；与城—城流动人口相比，虽同为流动人口，他们没有非农的资本与优势。长久以来，他们一直贴着"外来乡下人"的标签，贴着农民工的标签，在各大城市飘零。他们实实在在地生活于现地之中，但这里却不是他们的安身之家；他们寄居于逼仄的出租屋中，日复一日地奔波忙碌而前途迷茫（梁鸿，2013）。高强度的体力劳动耗费着他们的青春，排斥性的制度环境令他们的生活缺乏尊严,歧视性的社会环境让他们感到压抑委屈,等待他们的是一个漂泊的当下与不确定的未来。他们虽然是"中国奇迹"的基石,但同时也是现地的"四缺"人员——一缺资本(所有类型资本都较为匮乏),二缺权力,三缺关系,四缺声望。尽管拼命工作,但"四缺"现实使得他们与本土居民相比,经济上更趋贫困,体面生存受到威胁,是住房保障的"真空人",是话语权利的失语者,是政治权利的缺失者。他们虽是中国近30年经济腾飞的主要推手,但在服务国家、贡献社会的同时,因为没有城镇户籍和当地户籍,在劳动力市场中处于劣势和边缘化状态(Fan, 2001;Wu, 2002)。基于户籍类型和户籍地点的双重身份歧视,使得他们长期被排除在包括教育、就业、住房、医疗等城市公共福利体系之外(Tao and Xu, 2007;Xu et al, 2011),长期面临工作环境恶劣、生活负担沉重等种种困境,不但自己难以实现向上流动,就连子女向上流动的渠道也越来越窄(胡建国,2010)。

城—城流动人口既有城市人的优势,也有外来人的弱势。他们拥有较高的人力资本,受教育水平甚至超过本地市民的平均水平(杨菊华,2013),从欠发达地区的城市来到发达城市,渴望自由、平等、社会的公平正义,渴望获得体面的工作,过上更美好和更有尊严的生活,希望通过自己的隐忍和努力实现梦想。虽然他们的境况好于乡—城流动人口,但如同后者一样,制度的不认同,即现地的经济排斥、政治排斥、公共服务排斥、社会关系排斥(潘泽泉,2007),同样使他们在一定程度上被挤压到社会主流关系网络之外,不能正当获取经济、政治、公共服务等资源,特别是难以获得凭本地户口才能享受的权利和资源;加上缺乏获得政治资本和组织资本的途径,他们同样饱受制度排斥之痛。在吸引了大量来自城—城和乡—城流动人口、发展程度较高的沿海地区和大城市,本地农村户口的"含金量"甚至可能超过外地城市户口。从这个意义上讲,城—城流动人口与本地市民的关系更为复杂。

因此,在本地农村户籍人口与外来城镇流动人口之间,在资源的可及和享用方面可能相互交错,互有优势与劣势。只要涉及稀缺公共资源(如公共教育和公共住房)的分配,城—城流动人口就会处于弱势,哪怕是本地农村户籍人口,在这些资源的享有方面也会比外来城镇人口更受优待;而当市场力量更大(即个体禀赋因素能发挥更大作用)时,城—城流动人口作为城里人的优势才可能凸显出来(如收入)。可见,他们处于半边缘化地位,在获得更多流动机会的同时,也在承担着多种制度带给他们的不确定风险(陆益龙,2008)。

大城市的农业户籍人口虽不在城市公共管理体制之内,随着城市向周边的扩建和发展,也不断享受着城市建设发展带来的利益,并可能一夜之间成为当地"新富人群",这种对优势资源的获取是外来人口可望而不可即的梦,对于学历高、素质强的城—城流动人口亦是如此。

由此可见，由于深受制度固化之苦，多数（乡—城）流动人口与现地主流群体的差距日益扩大；即便在现地生活很久，依旧难以逾越群体之间森严的壁垒，纵向社会流动空间受限，渠道受阻，难以实现就业梦、高收入梦、住房梦、保障梦、子女教育梦。在经济快速发展的宏大画卷中，并没有出现（乡—城）流动人口同等获益的美好景象。

三、梦想缘何难成真：户籍制度的附属制度

户籍本身虽然只是一个空壳，这个空壳却由实体制度（如教育培训、劳动就业、社会保障）所承载，构成实体制度的"母体"，从而使之远远超越了单纯的人口登记与统计。就业、住房、教育、医疗、养老等一系列福利制度都抛却了原有的公共物品属性，具有完全的排他性，并通过户籍身份来实现。由此，户籍背后是公共福利和公共服务等一系列权利的不平等待遇。不同的户籍身份意味着农村人和其他城市的外来人难以自由择业、接受教育、均等享受社会保障。如果说户籍制度是构成流动人口实现梦想的本源性障碍，附着在其上的其他制度就是直接的、显性的、切实的和客观的障碍。

（一）教育体制下的贫困再生产

舒尔茨（1987）曾说，"一个受传统农业束缚的人，无论土地多么肥沃，也不能生产出许多食物。节约和勤奋工作并不足以克服这种类型农业的落后性"。而掌握知识和技能，提高文化素质对于农业的现代化和农民的转型发展至关重要。因此，作为实现社会公平的重要工具和机制，教育对绝大多数人而言，是纵向社会流动最基本和最主要的途径。

中国的教育法和义务教育法均明确规定，必须保障所有公民平等受教育的权利。《国家中长期教育改革和发展规划纲要（2010—2020年）》提出，要"建成覆盖城乡的基本公共教育服务体系，逐步实现基本公共教育服务均等化，缩小区域差距"。然而，教育平等并非政治权利平等的自然衍生物，法律条文所规定的教育平等并不意味着人人即可享有相同的受教育的机会，都能平等接受教育（张爱梅，2003）。如第一章所介绍，长期以来，由于受到公共政策向城市和发达地区倾斜的影响，教育作为一种公共资源在城乡之间和地区之间的配置极为不均，

致使各人群获得的教育资源差异巨大。所谓"十年树木,百年树人",这种不公所带来的影响极其深远。

1. 教育的城乡和地区差异

个体的教育获得是后致因素,但教育制度作为先赋要素,制约个体的教育水平。作为户籍制度的一个重要载体,教育制度是造成流动人口与本地市民之间受教育机会和教育获得差异的首要推手,也是掣肘流动人口实现城市梦的重要瓶颈。

在第一章中,我们对城乡和地区间的教育差距进行了介绍。教育投入和人才资源的极不均等带来双重长远后果。一方面,农村人口的受教育水平大大低于城镇人口,导致流动人口内部的教育分层。数量较少、占比较低的城—城流动人口的受教育程度较高,超过 1/3 受过高等教育;而占流动人口绝大多数的乡—城流动人口受教育程度较低,约 2/3 仅受过初中及以下教育。过低的受教育水平看似后致,实则因先赋要素所决定。另一方面,地区差异也不容忽视。若将户籍类型和地点结合起来看,不同城市四类人群的差别也十分明显。在前述八个城市数据中,就受过大专及以上教育的占比而言,北京本地农村户籍人口的占比为 25.7%,青岛的为 3.9%,厦门的为 13.1%,深圳的为 33.3%,中山的为 18.5%,嘉兴的为 13.1%,郑州的为 6.4%,成都的仅有 2.6%(见图 10-2);对于本地城镇人口,上述八个城市的占比分别为:53.0%、28.9%、38.5%、57.8%、47.5%、20.6%、47.47% 和 33.6%。可见,无论是本地城镇户籍还是农村户籍,各个城市受教育水平的城乡差别都是巨大的,分别超过了近 30 个百分点。若将外来人口的受教育水平与本地人口进行对比则可发现,在多数城市中,外来城—城流动人口的受教育程度较高,而乡—城流动人口的普遍较低(青岛和郑州除外)。

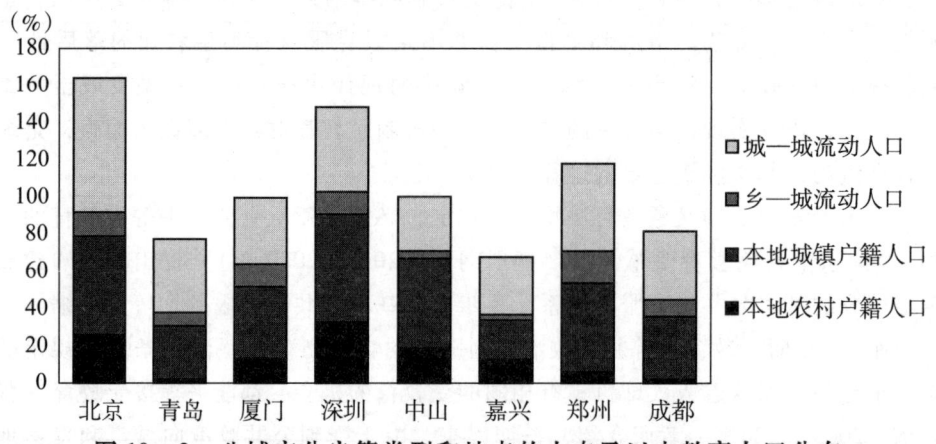

图 10-2 八城市分户籍类型和地点的大专及以上教育人口分布

由此可见，尽管高校扩招为更多人带来了接受高等教育的机会，加宽了教育的独木桥，但能过桥梁之人更多分布在较大城市尤其是东部大城市，农村和中西部地区之人受惠较少。过去，农村人口实现纵向流动的主要途径是当兵、上学、顶职或为数不多的招工，而教育又是最主要的渠道；时下，在更多的城市人和发达地区之人获得高等教育机会的同时，对许多农村人及中西部地区之人而言，通过教育实现向上社会流动的梦想却变得越来越不现实。更令人担忧的是，近些年，由于教育带来的直接经济利益的减少及利益回报周期的延长，加之大学毕业找不到相称的工作、难以获得预期收入等原因，部分农民对子女教育重视程度有所下降。这种心态与沉渣泛起的"读书无用"思潮发生反应，进一步减弱了欠发达地区父母对子女的教育期望和培养动力，加剧了市民与农民（尤其是欠发达地区的农民）的教育差别，致使贫困文化不断再生产。

人力资本不足必然使得个体发展能力低下，实现梦想的能力不足。从理论上看，流动人口的人力资本与其逐梦、圆梦的过程和结果之间必然存在密切的关联。多数流动人口的劳动生活场景与其土生土长的地域和文化情景不同；获得与流入地相适应的基本素养和相匹配的人力资本无疑有助于推进流动人口的逐梦旅程。在流入前获得的正规教育在一定程度上反映出可观察到的个体能力、综合素质、视界与潜能，进而提升他们吸收新思想和新观念、掌握新技术、适应新环境的能力。同时，教育能够增强人们的公平意识，改变就业意识，提高劳动力市场双向选择的效率（Haveman and Wolfe, 1984），促进就业和职业选择，提升劳动生产率。受教育程度越高，对公平待遇的要求也越高，且更为敏感，从而驱使他们在选择就业单位和就业岗位时更倾向于相对公平的就业环境，以使其合法权益得到更好的保障，并在社会交往方面具有更大的优越性和竞争性，向上流动的可能性也越大（孟兆敏、吴瑞君，2011）。此外，较高的教育程度可降低回流或频繁流动的可能性，进而有助于他们在一个地方较为稳定地生活。而且，在过去数年中，一些地区也将教育年限与就业、落户挂钩。2015年北京通州积分落户试点办法明确规定，"985工程"或者中科院系统研究所硕士毕业在积分上占有最高权重。受教育程度较高的流动人口面临较少的社会排斥，更可能找到稳定的工作，获得流入地户籍（张文宏、雷开春，2008）。

在缺乏人力资本的前提下，乡—城流动人口的圆梦之旅便也十分坎坷，并陷入一个恶性循环：择业能力越低，就业渠道越窄，工资收入就越低，故而难以满足正常的城镇生活所需，也难以依靠自己参加职业技能培训或投资子女的教育，这不仅使得他们自己甚至使得他们的子代和孙辈也不断重复类似的故事。

2. 流动儿童的教育不公

固化的户籍制度及其制度遗产对人的尊严、自由和平等权利的剥夺与侵害并未停留在一代人身上，而会延及多代人的利益，这一点在教育问题上显得尤为突出。随着家庭式流动的日益普遍，越来越多的流动儿童随迁现地，成为所居城市的一个重要群体，其教育问题也成为现地社会的一个重大问题。

中国现行的义务教育体制明确规定，适龄儿童应在户口所在地接受九年义务教育，教科书设置标准、教学标准、经费标准、建设标准、学生公用经费等都需要具有统一性，所需教育经费由当地政府负责筹措。但是，当地政府只需对本地学龄少儿义务教育的普及负责，没有义务也不会去承担外来少儿的教育义务。这样的政策规定所带来的后果是：一方面，在流入地的外来人口只是流入地社会的劳动力，而不享受当地的基本公共服务；另一方面，它直接将流动儿童排斥在流入地社会义务教育体制之外，他们的教育需求遭遇制度的忽视，教育权利遭遇制度的排斥。

尤其是2006年以来，流入地社会也对流动儿童敞开了公立教育资源的大门，拓宽了他们的教育途径。如前所示，绝大多数流动儿童就读于公立小学和初中，义务教育的公平问题得到较大改善。然而，我们从多个地点的个案访谈中了解到，流动少儿接受的教育质量与户籍少儿之间差距甚大，其所上公立学校多是本地市民子弟淘汰下来的学校，且往往位于村改居社区、城乡接合部社区、未经改造的老城区等地，主要生源为流动儿童；相反，本地户籍少儿往往进入市区较好的学校就学。这就印证了美国社会学家提出的"最大化维持不公"和"最有效维持不公"的理论。前者所指的是，若上等阶层对某个层级教育的需求已经饱和，则不同阶层之间在这些教育层级的差异会逐渐消失，但阶层差异可能在更高一个层级表现出来；"最有效维持不公"的基本观点是，即便所有层级教育的需求都达到饱和，阶层差异亦会通过教育质量的高低表现出来。

因此，在肯定流动儿童教育机会和质量得到改善的前提下，也必须看到，教育资源的梯次下移似是对外来儿童的一种恩赐；在本地人看来，是他们"让外来儿童进入了公立学校"；而且，这种进入在很多地方依旧是有条件的，即本地少儿的需求得到满足，同时必须缴纳额外的费用。此外，我们也了解到，在本地儿童占比更高之地，流动儿童可能难以受到公平对待，难以与本地同龄孩子同班学习，平等参与各类评奖评优、集体活动；而在流动儿童占比较高之地，他们可能实现"向下"融入，就像美国部分族裔的第二代移民所经历的"区隔融入"一样，丢失梦想，失去自尊和自信，滋生厌学情绪，或过早失学，或因成绩不好而无法升学。无论是哪种情形，都会阻碍流动儿童的教育获得和质量提升，进一步拉大城乡和地区人口之间的教育差距，父代的边缘地位通过教育劣势推延到子代身上，阻遏其城市梦想的实现。

可见，在当前社会阶层结构和利益结构固化且教育资源分配不公、教育制度安排不合理的语境下,寒门子弟指望通过接受良好的教育实现社会阶层的流动显得奢侈,他们背负着求学之梦而颠沛流离,依靠教育和知识改变命运的梦想也难以实现。在新型城镇化的过程中,流动少儿的教育问题,不只是流动人口的家事,更是实实在在的国事。作为"失语的边缘人",他们的受教育状况透视出与现代化进程极其不匹配的"现代不文明"。这是对社会人身份高低的划分,是对"社会底层"的教育排斥,即本应是由全体成员承担的社会转型成本,却转嫁给社会地位低的群体,社会的文明进程进一步滞后。流动少儿本应因家庭经济条件的改善和社会资源的丰富而获得更好的发展基础,成为更有希望的一代,但若教育环境和质量得不到有效改善,只能使他们绚烂的梦想越来越远,却与"毁掉的一代"渐行渐近。

(二)劳动就业制度与机遇不平等

户籍是劳动力就业保护的制度基础(蔡昉、都阳、王美艳,2001)。改革开放以来,地方政府一直是各种经济社会发展政策举措的主要实施者,保障本地户籍人口的劳动就业权利成为地方政府的重要工作方针,并自觉或不自觉地形成了一系列基于户籍地的隐性或显性的地方保护措施,从而使外地人口在地方的劳动力市场上无法获得同等的对待。

劳动力市场对流动人口的排斥方式多种多样。比如,一些地方长期实行"先城镇、后农村,先本地、后外地"或"本市户口优先"的原则(白书祥、刘立宏,2007)。为满足或保护本地市民的就业需求,地方政府要求当地企业,特别是一些具有垄断性且待遇好的单位仅雇佣本地居民(刘志强、刘瑞瑞,2005);有些城市甚至要求企业辞退农民工,录用本市居民(谢建社等,2009)。即便企业可以招收流动人口,政府也会限制招收比例。青岛市曾于1995年规定,将外来劳动力招用数量控制在市属企业职工总数的14%以内,使用外来劳动力需缴纳费用。又如,限制流动人口的就业行业和工种。1996年,北京市限制使用外地人员的行业和工种为14个,而这样的限制在1997年增加到32个,并规定商业企业不得招用外地务工人员从事营业员工作,其他限制使用流动人口的岗位还包括会计、出纳、话务员、公交车司机、售票员和出租车司机等[①],1999年进一步扩展到了103个细类。再如,要求流动人口办理相关证件并缴纳各种变相费用。进城需办暂住证、居住证、就业证、健康证、婚育证明等各种证明,办证手

---

① 资料来源:北京市人力资源和社会保障局《北京市劳动局关于限制使用外地人员从事商业营业员有关问题的通知》,http://www.bjld.gov.cn/LDJAPP/search/fgdetail.jsp?no=2611。2015年4月2日查询。

续复杂，徒增了时间成本和经济成本①。随着城市失业和下岗现象日趋严重，北京市规定，下岗待业人员达到 10 人的企业，原则上不准招用外地务工人员（杨聪敏，2010）；外来农民工及雇主还被要求每月向用于帮助下岗工人的基金缴纳 30 元，外来农民工支付 20 元，雇主支付 10 元（谢桂华，2007）。所有这些措施显然都是对流动人口就业变相设定的门槛。当本地人和外来人就业发生矛盾时，流入地政府会对本地居民就业和再就业提供特殊优惠政策，外来劳动力不仅享受不到类似的待遇，反而在城市就业困难时，成为首先被清退的对象。

近些年，随着"用工荒"或劳动力结构性短缺的出现，以及劳动力市场的逐渐完善与成熟，中央和地方政府都相应出台了一系列政策法规，要求各地保障流动人口就业权益。为此，各大城市相继取消了对流动人口的就业歧视政策。尽管大部分显性的歧视逐渐消弭，但变相的、更为隐蔽的间接性雇佣歧视并未消退，且已形成潜规则。这种城乡分割和内外有别的劳动就业制度使得本地人的劳动权益得到较好的保护，而外来人口的相关权益却受到损害，在一定程度上减少了流动人口的就业岗位，增加了他们的求职成本（Zhang，2010）。于是，在现地劳动力市场上，本地户籍在就业市场的竞争中可以获得更好的岗位，即使是行业中较差的工作岗位，本地城镇户籍亦可带给个体附加的竞争优势（乔明睿、钱雪亚、姚先国，2009）。而与本地市民相对应的是，外来劳动力大多受雇于非国有经济部门和次级劳动力市场，难以在正规部门和体制内就业。故此，他们的工作稳定性较差，就业层次较低，就业面较窄且结构亦不合理，职业声望低下，收入水平不高，未被纳入现地的公共服务和公共福利体系中，权益没保障，晋升缺机会。这样的特点在我们以前的研究、其他学者的相关研究，以及本书前面的数据分析中都得到了很好的印证。

如果说城—城流动人口借助于较高的人力资本，尚有机会进入大型国企、外资企业、规模较大且较正规的民营企业的话，乡—城流动人口由于受教育程度较低，更多地集中于制造业、建筑业、低端服务业等。在这些行业中，他们所从事的又是大城市户籍市民不愿干（尽管他们的父辈都干过）的工种，起到补缺作用，集中于更低端的岗位（莫艳清，2009），整群地被排挤到职业阶梯中的最底端（韩嘉玲、张妍，2011；刘林平、孙中伟，2011；叶迎，2009），与其他人群相隔离，与主流劳动力市场相割裂（万向东，2008）。即使在相同的行业就业，本地人也更多地就职于管理岗位，乡—城流动人口从事的多是"脏、险、苦、累、差"一线工作，劳动时间长（徐颢、梅轶竹，2013），劳动强度大，几乎完

---

① 资料来源：人民网《一张未婚证六十五，一张边防证几百元》，http：//www.people.com.cn/GB/paper53/5622/574197.html，2002 年 3 月 6 日。

全被排除在现地的主流社会之外（韩嘉玲、张妍，2011；王美艳，2005；悦中山等，2011）。第四章的质性研究充分印证了这一点。

（三）住房保障制度与"无巢之鸟"

不仅就业和教育制度，而且社会保险、住房保障等公共福利和公共服务制度也与双二元户籍制度直接对接（蔡昉，2004；李春玲，2006；刘传江等，2007；任远、邬民乐，2006；王桂新、罗恩立，2007）。在改革开放进程中，农民工曾被比喻为"风中的无脚鸟"，随中国经济大潮的涨落而往返于城乡或地区之间，无枝可依，耗尽力气后只能重回故园。

与劳动就业等制度相比，与流动人口有关的住房制度或政策出台的数量更少，出台的时间更晚，覆盖的范围更窄，惠及的人群更少。2004年前，关于流动人口的住房政策几乎缺失，属于政策空白期；此后进入政策密集期，政府先后出台了诸多措施（董昕，2013）。从理论上看，大量的新政可能进一步改变地方政府对流动人口常住本地的消极态度，为该群体的住房保障提供了纲领性支持。的确，在国务院及各部委政策出台的密集期，地方政府也进行了一些具体政策和实践的探索，逐渐形成了解决流动人口住房问题的五大模式：（1）将符合条件的流动人口纳入城市住房保障体系的北京模式；（2）在工业园区内集中建设流动人口公寓的上海模式；（3）将城市中分散的空置或烂尾楼改造为流动人口公寓的重庆模式；（4）利用城乡接合部的农村集体土地建设流动人口公寓的长沙模式；（5）建立适应流动人口特点的住房公积金制度的湖州模式（董昕，2013）。但是，这些探索还仅仅是局部性的，流动人口普遍的居住权益依旧无法得到保障，居住需求依旧未能得到满足，住房状况仍然不容乐观，突出表现在以下三个方面。

一是难以享受政府提供的公共住房。"公共产品"按户籍人口配置的方式以及公共住房保障的刚性效应，使得经济适用房、廉租房等公共住房几乎不对流动人口开放，或者以户籍、社保等苛刻条件为开放标准，将流动人口拒斥在外。2010年10月，《流动人口动态监测调查》数据显示，农业户籍的流动人口中，仅有0.5%住在政府提供的廉租房内，0.1%购买政策性保障房，几乎所有人仍游离于城镇住房保障体系之外，享受政府住房保障的流动人口只是极少数（董昕，2013；王建平、谭金海，2012）。前面的数据分析结果也显示，该局面在过去数年中没有明显变化，从而使得流动人口的住房保障成为当前社会保障的一个真空层。

二是房价持续高涨，让流动人口望而却步、望房兴叹。据央行调查，过半居民认为目前房价高，难以接受①。房价过高对本地城镇人口来说，都可谓高不可及，更何况对于外来人口，尤其是"四缺"的乡—城流动人口，实现在流入的大城市购房，几乎是不可能达成的目标。当然，对于本地户籍人口来说，尤其是土著的城市人口来说，继承父母房产或集体分房、单位分房使其在住房上有着天然的资源优势；对于本地农村户籍人口而言，受益于经济发展以及城市扩建，也越来越多地获得集体拆迁房和保障房。这种资源优势是很多高学历外来人口都难以实现的：尽管他们可能学识渊博，为梦想从不曾停歇，但要想城市有一己之室，也要付出无限的辛劳。在连租住费用都难以支付的现实制约下，在城市购房安家对于流动人口尤其是乡—城流动人口仅是黄粱一梦。

三是居住隔离明显。流动人口在外出过程中主要基于血缘、地缘等初级社会网络关系，在流入地形成明显的地域聚居特征，如"浙江村""河南村""新疆村"，导致他们居住的"边缘化"和生活的"孤岛化"（王春光，2001；韩嘉玲、张妍，2011）；同时，一些城市专门为流动人口修建集宿区，初衷是解决流动人口的住宿问题，但在客观上促成了居住隔离。这种隔离使得他们很难有机会与本地市民进行实质性的接触和交流，缺乏融入城市主流社会的机会，反过来也阻止了他们住房梦的实现。2014年《流动人口动态监测调查》数据显示，约一半流动人口的邻居主要是外地人，国内的外来人口之间形成了如同国际移民那样的族群飞地（enclave）。

（四）社会保障制度与广覆盖困境

2013年《全国农民工动态监测调查报告》和统计年鉴资料显示，2013年农民工养老保险率仅为15.7%，而城镇就业人员为63.2%；农民工失业保险率为9.1%，而城镇人员为42.9%，城镇就业人员保障水平是农民工的4倍以上。在本书所用数据中也是如此，2014年流动人口平均拥有社会保险项目的数量仅刚刚超过一项，而本地城镇户籍人口则接近三项。

郑秉文（2015）指出，无论是从政策上（即费率和费基不一致，统筹层次高低不齐，同一个统筹层次的不同模式等），还是制度上（即不同群体建立众多的小制度），社会保障的碎片化现象都十分严重；而有关流动人口的社会保障要么缺失，要么仅有少数实际上缺乏保障功能的社会保险。

近十年来，中国政府对城乡分割、区域封闭的社会保障制度进行了一系列改

---

① 资料来源：腾讯财经《央行调查：过半居民认为目前房价高，难以接受》，http://finance.qq.com/a/20141223/009221.htm，2014年12月23日。

革,出台了针对性较强的政策,整体人群的保障状况得到很大改善,如农村养老金制度从老农保向新农保的转变,一改传统保障权责不清、保障水平低的劣势局面,极大地提升了农村人口的社会养老保障力度。然而,由于历史和现实的局限,社会保障制度的传统格局没有根本性改变,城乡区隔与地区区隔依旧明显。尽管2009年建立的"新农保"制度实行统账结合的"统筹养老金"模式,通过财政转移支付而首次实现了惠及农民的养老保障体系,其历史意义不小于取消农业税,但仍未从根本上解决城乡差距和保障不公的问题。在作为新农保"元年"的2009年,统筹养老金每月55元的替代率是12.8%,但到2012年降到8.3%。与城镇养老金水平相比表现出较大的差距(郑秉文,2014)。流动人口来自农村或其他城市,离开了户籍所在地,统筹区域增大,故其社会保障政策尚处于探索发展阶段,存在着"碎片化"、流动性欠缺、转移接续不通畅等一系列难题(张晓杰,2014)。

一是门槛高。相对于流动人口的工资水平,包括养老保险等在内的社会保险缴费比例过高,阻止了缴费能力有限的农民工进入社会保障领域(郭菲、张展新,2012;谢建社等,2009)。学者问卷调查显示,只有不到六成的农民工认为缴费基本合理(杨聪敏,2010)。尽管较多流动人口意识到社会保障对自身安全和未来风险防护的重要性,但在经济资源约束下,他们只能先满足基本的生存需要,然后才会谋求社会保障等长远的利益和诉求,故保险水平低,住房公积金几乎缺失。

二是累计年限过长。现行《社会保险法》规定,"参加基本养老保险的个人,达到法定退休年龄时累计缴费满15年的,按月领取基本养老金。"可见,保险权益的实现条件非常严格,只有男性年满60周岁,女性年满55周岁,连续缴费15年以上,才有资格在退休后逐年领取保险金(张晓杰,2014;郭菲、张展新,2012;谢建社等,2009)。流动人口职业稳定性弱,很难达到这一要求,从而使得他们面临着参保权益中断、受损的风险。

三是"碎片化"现象严重。由于历史原因、区域特点、人群差别、参保类型等多种因素的影响和作用,中国社会保障仍然处于城乡分割、区域封闭的状态,导致了流动人口社会保障的"碎片化"现象(黄匡时,2012;张晓杰,2014)。与流动人口有关的社会保障政策主要有三类:(1)将他们的社会保障纳入当地城镇基本保险制度中;(2)将他们纳入农民基本保险制度内;(3)专门针对流动人口制定有关社会保障政策体系(郑秉文,2008)。这种"碎片化"、多制度并存的社会保障政策使流动人口似乎既可归之于城镇类别,又可归之于农村类别,但实际上又哪里都靠不上。这不仅增加了管理成本,而且往往使流动人口无所适从,既弱化了他们的参保意愿,也降低了他们的参保水平。

四是转移接续手续复杂烦琐。虽然《社会保险法》明确规定，"个人跨统筹地区就业的，其基本养老保险关系、基本医疗保险关系随本人转移，缴费年限累计计算"，但这一规定的真正落实需要一系列配套政策的完善，距离真正自由流动与接续的实现目标还有一定的现实差距（张晓杰，2014）。换言之，缺乏整体设计的社会保障制度，使各区域、各地区之间社会保障的转移接续异常复杂和烦琐。流动人口因劳动就业的临时性和与之相适应的居住流动性，使得社会保险的转接和地区间的接续问题更加重要（杨聪敏，2010）。特别是在跨省流动时，严苛且繁杂的保险异地转移接续手续使很多人选择退保，而退保时仅能领取个人账户部分，社会统筹部分的权益完全丧失（谢建社等，2009）。加上由于保险制度激励性较差，农民工参保意愿低下，参保比例很低，基本没有被覆盖进来（郑秉文，2014）。

五是财政投入不足、转移支付政策体系不健全。受长期存在的二元结构影响，流动人口社会保障的公共财政扶持力度严重不足。这主要表现在以下几个方面：（1）相关公共服务经费的支出标准主要基于户籍编制，流动人口往往没有被涵盖在内；（2）基本没有根据本地流动人口与常住人口数量比例特点，编制地方和部门预算，没有将流动人口纳入公共财政覆盖范围；（3）中央财政未对流入地配备流动人口专项资金；（4）社会保障转移支付的政策体系依然不健全。目前中央转移支付只分配到省一级，市、县级政府才是资金主要支付的承担者（林治芬，2002）。但分税制改革使地方政府财力不足，难以承担筹资责任。一方面是财政收入不断上移，另一方面是支出责任不断下移，收入与支出责任不匹配，地方财政在落实本地户籍人口的民生政策时已捉襟见肘，就更无暇顾及流动人口的社会保障需求了（赵斌、王永才，2009）。

四、流动人口内部出现明显分化

户籍制度对当代中国社会有着深远的影响，也是时下流动人口概念中核心的要素之一。尽管所有流动人口都是外来人口，难免遭遇"外来人效应"，但其内部也产生了明显的分化和分层。即便在排除其他要素的影响后，不同户籍流动人口之间的差异依旧是巨大的。

（一）乡—城流动人口成为现地社会最底层

毫无疑问，与城—城流动人口相比，来自农村的外来人口处于城市底层社会的最底层，无疑面临着更多的逐梦困境。长期以来，恶劣的工作环境，超长的劳动时间，日益高涨的房价，区隔化的子女教育和日益沉重的生活负担，让他们越来越看不到未来的希望，通过辛勤劳动而实现梦想的信心几乎泯灭。更让人无望的是，他们的子女同样要经受向上流动道路狭窄之痛。非义务教育成本的大幅提升，使得流动人口难以支撑孩子的教育；大城市房产价格的高涨，使他们看不到迁居城镇、实现市民待遇的梦想（胡建国，2010）。

他们的艰辛体现在生活和工作的方方面面：更多地忍受骨肉分离的折磨，压抑正常的生理需求，忍受漫长的孤独与寂寞；更多地牺牲自尊，抛却虚荣与面子，忍受流入地人群异样的目光、鄙夷的神情；更多地过着简朴的生活，吃着最差、最廉价的食物，在烈日炎炎之下不断地舔着干裂的双唇，看着他人把饮料喝完，再捡走被扔的塑料瓶。所有这一切，不过都是为了节省城里人所不屑的几块钱，多赚一毛钱，就是为了能让未来的日子、让后代的日子过得更有尊严，创造属于自己的幸福；而为了实现哪怕是卑微的梦想，他们甚至不惜站在屋顶、趴在窗沿，以性命为赌注，不是出于表演，而是为了讨回几千块血汗钱。

在业乡—城流动人口给我们留下的这些画面往往挥之不去：建筑工人在炎炎夏日中，抬着滚烫的钢筋，稍不注意就会把肩上的皮肉烫坏；站在脚手架上，甚至连眼罩、头盔都不戴就进行电焊工作，为的是加快工作进度；站在小小的桩基中挖桩，因桩基太窄、太小而只能弓腰驼背，久而久之形成罗圈腿，甚至患上骨关节炎和类风湿等疾病。装修工人在灰尘铺天盖地的房屋中拆墙、铺地、上油漆、刷墙壁，为雇主装修居所，刺耳之声不绝于耳，刺鼻之味不绝于鼻，刺眼之光不绝于眼，刺喉之尘不绝于喉。生产车间内，工人在密不透风、味道极其难闻、卫生程度极差的皮革制品厂缝纫箱包。在低端服务行业，他们是每天跑遍城市角落之人，顶着烈日、冒着风雪骑车上百公里，为人们传递信息、递达祝福；他们是流入城市起得最早的一批人，在严寒酷暑中为市民清扫马路，为市民准备餐食蔬果；他们也是流入城市睡得最晚的一批人，为了生计和梦想不得不贪黑加班到深夜。更有少数流动人口从事极为危险的工作：在沿海或沿江的修造船企业，干着油漆、电焊、搬运、检测等工作；在煤炭行业，井下作业的多属他们的身影，爆炸的风险随时可能夺去他们宝贵的生命……他们干着最苦最累的工作，但其劳动力价值被严重低估，他们的工作甚至会被户籍人口所鄙视。

很多人说过，也许还会有人继续说（或心里想），农民工工作时间长，工作条件艰苦，但他们也获取了比以前更高的收入。言下之意是，造成这样的生存局面是他们自己选择的结果。而问题是，为什么他们需要工作那么长时间，才能获得稍微像样一点的收入？同样生活在中国，同样生活在一个城市，为什么本地市民不愿意在建筑工地、服装厂、皮革车间干活而多赚些钱？这才是真正值得我们深思的问题。

乡—城流动儿童给我们留下的烙印同样挥之不去：他们有着黝黑的皮肤、憨厚的脸庞，明亮的眼睛带着惊恐的眼神，他们躲在大人的背后，探出头来看着外面的世界。他们坐在父母的菜摊前玩耍或做作业，把手或衣角含在嘴里，衣着脏、破，面部留下用衣袖擦过的鼻涕；他们就读于专为农民工子弟开设的学校，虽然教学设备也得到改善，但所学知识却不能与本地户籍同龄儿童相提并论；他们可能因为无人看管，难免发生种种事故，健康安全受到威胁。

同样，有人也许会说，他们的父母为什么不照顾他们而只顾赚钱呢？这样的父母多么不负责任啊！然而，如果流动父母有能力更好地照顾子女的话，怎么会不这么做呢？父母更多地赚钱，都是为了子女将来有更好的生活和发展前景；如果花太多时间照顾子女，就会影响工作，外出打工的意义也就大大减弱了。定性访谈资料提醒我们，如果能在 8 小时之内获得像样的收入，流动人口也会像本地人一样，在子女身上投入更多的时间。他们对子女的"忽视"，归根结底是因他们在劳动力就业市场上的弱势。所以，无论是哪一代人的梦想，逐梦之旅和梦想的实现程度都不是个体禀赋所能完全决定的。

（二）城—城流动人口"逃离北上广"与"逃回北上广"

在一个稳定性的社会里，高等教育是寒门学子鱼跃龙门的重要途径，是普通人群实现纵向流动的主要阶梯，是改变社会地位的主要渠道。然而，在社会转型的今天，教育并非如扩招之初人们想象的那样惠及社会底层家庭的子女；相反，由于扩招后高校全面收费和高校毕业后就业难等问题，底层人口通过教育实现向上流动的渠道变得越来越窄（胡建国，2010），使教育对于缺乏社会关系和社会背景的学子来说，失去可能是唯一的依托。

而这一困境对于流动人口更是如此。在城—城流动人口中，相当一部分人受过高等教育。他们直接在特大城市和大城市就学，与所在城市血脉相连，或在外地接受教育后进入现地，从心向往之到落脚于此。他们呐喊着"家乡太小，容不下我的理想"，怀揣梦想，带着更为强烈的出人头地、衣锦还乡的期许，奔赴北上广深等各大城市，筑梦、逐梦。

北上广深，令无数青年大学生倾心向往，也一次又一次地令他们心碎。他们宁愿放弃中小城市可能闲适的生活，背井离乡，在汗水与泪水中苦苦打拼；他们宁愿蜗居陋室，聚居于租金低廉的郊区或城乡接合部，变成特大城市中颇具特色的"蚁族"[①]（廉思、刘昕亭，2013）。据估计，北京至少有15万"蚁族"（廉思，2011）。很显然，北上广深并不欢迎这些在"经济上和心灵上均处于无根状态的人"；他们自己也很清楚，此地不宜久留。但是，不欢迎并不表示不需要。与其说他们选择了现地，毋宁说现地也选择了他们，而选择的仅仅是他们的智慧和体力。未能充分就业，或就业层次和就业结构与其受教育程度难以匹配，梦想在不友好、不接纳、受排斥的现实面前，显得苍白无力，逐梦之旅障碍重重，龙门一跃难以实现。

梦想之地，梦难圆。既然"去之地"不可求，何不选择"来之地"呢？近年，媒体和社会对于"逃离北上广"与"逃回北上广"现象进行了大量报道和分析。基本共识如下：

一是中小城市资源缺乏，发展空间受限。特大城市和大城市是政策创新、产业设计的起源地，其产业结构与布局更为多样，就业信息多且传播快，垄断着金融与高层管理资源，技术革新、商业创新最为活跃，即拥有"起点高、平台宽、机遇多"的优势。鳞次栉比的写字楼里，驻扎着全国乃至世界500强企业，这意味着更多、更高端的就业机会，以及潜力更大的发展空间等，为高学历者提供了更多的就业机会和更美好的职业发展前景。反之，中小城市各项资源有限，发展活力相对不足，产业布局和结构亦多不合理，既无有效激发人才创新的机制，亦无创新的社会氛围。诸多城市只依靠投资或土地拉动GDP，缺乏安置高学历人才的岗位和机会，高学历、强资质、新巧思均无处施展。因此，不愿在中小城镇日渐老去的他们，除了逃回北上广深，别无选择。

二是中小城市收入低，物价高。中小城市甚至省会城市的生活并非想象中那么惬意，亦非田园般美好。一方面，与北上广深相比，中小城市的工资收入偏低，而物价却相对较高。比如，2014年，湖北东南部的一个地级城市，城镇居民的人均可支配收入为22 970元，农村居民的人均纯收入为11 332元[②]，分别只有北京的52.3%和56.0%[③]；当地一个批发市场的肉价是每千克20元，与北京市各大批发市场的肉价大致相当，甚至高于部分批发市场。而一名新毕业的大学生的月收入仅为2 000元左右。尽管当地的房价远低于北京，但若仅靠工资收入，亦需工作数年方可拥有自己的独立居所。

[①] 所谓"蚁族"，主要是指受过高等教育的1980年后、1990年后，特别是指大学毕业后，无法找到工作或工作收入很低而聚居在城乡接合部的大学生。他们之所以被称为"蚁族"，是因其与蚂蚁有许多相似的特点——高智、弱小、群居。其中，相当一部分人来自其他城市，但也有农村户籍流动人口。

[②] 资料来源：鄂州市人民政府网《鄂州市2015年政府工作报告》，http：//www.ezhou.gov.cn/dg-iShow.aspx？iid＝5017，2015年3月27日查询。

[③] 资料来源：北京统计信息网《北京市2014年国民经济和社会发展统计公报》，http：//www.bjstats.gov.cn/xwgb/tjgb/ndgb/201502/t20150211_288370.htm，2015年3月27日查询。

三是中小城市社会关系复杂，缺乏公平的竞争环境。社会关系在任何社会都普遍存在，但如当前中国这样，密密麻麻的关系网复杂到无以复加程度的并不多。在这样的环境中，北上广深作为城镇化和现代化的最前沿城市，国际化程度很高，虽难逃熟人社会的窠臼，但由于大量外资企业、外来人口的融入，带来了很多新的气象，人情关系的重要性相对减弱。加之权力的制约和舆论的监督，政府和企事业单位在用人方面（招聘环节和晋升环节）相对更加重视相关人员的专业能力，程序更为规范和公平，多"不逾矩"。这就为缺乏社会关系，但有知识、有能力、有抱负、有理想的年轻人提供了实现向上流动的机遇。换言之，虽然北上广深等特大城市生活艰辛，但只要肯努力，至少可以看到未来的曙光，即便蜗居城市，即便要奋斗18年"才能与你坐在一起喝咖啡"或"不是为了和你一起喝咖啡"。相反，中小城市的关系网渗透到社会的各个角落，正所谓"北上广深拼钱，中小城市拼爹""北上广深拼实力，中小城市拼关系"。城市越小，熟人社会的特征就越突出。若以池塘喻之，大城市虽然鱼多且难免会有碰撞，但每条鱼皆可自由流动，生存空间也相对较大；反之，中小城市是小鱼塘，无论大鱼抑或小虾，可以自由流动和生存的空间都较为狭小。中西部地区或中小城市的竞争不如特大城市或大城市激烈，房价没有那么高昂，生活似乎更为轻松，且看似有广阔的发展空间，是大有作为的天地，而倘若真回归于此，落后的经济、不公的竞争环境只会使他们的未来更加迷茫。

四是中小城市基础设施落后，服务条件差。（特）大城市拥有相对廉洁高效的政务部门，更完善的基础设施，更现代、更有质感、更丰富的生活细节：最好的学校，最先进的医疗条件，最浓厚的文化艺术氛围，最密集的奢侈品旗舰店，最多的成功故事……而在中小城市，各方面的基础设施和服务水平都相对落后，文化环境逼仄而促狭，生活单调且枯燥，难以满足他们及其子女的需求。

《南方周末》记者周华蕾等在采访了北漂、蚁族后发现：是继续留在北上广深当"沙丁鱼"，还是选择回家乡当"死咸鱼"？是逃离大城市的压力，还是迷失于小城市的平庸与不甘？（青年）流动人口左右为难。北上广深是拥堵的、昂贵的、奢侈的、排他的，家乡是势利的、关系的、拼爹的。尽管北上广深房价高昂，尽管歧视无处不在，但"如同受神祝福而水草丰茂的应许之地，它们形成罕有的顶端优势……"①

你还能在这些选择中犹豫，说明你无比幸福，因为你们的下一代和下下一代

---

① 资料来源：南方周末《"逃离北上广"续篇：做沙丁鱼，还是做咸鱼》，http：//www.infzm.com/content/64660/，2014年8月8日查询。

可能不会再有任何选择的机会。假如你最终选择留在了一个生活安逸、风景如画的小城镇，你也许会幸福地过完一生，但在你的子女到了你这个年纪的时候，很可能他们有且只有一个选择，那就是——逃离他们终将衰落的家乡[①]。

五、从父辈到孙辈：梦想难圆的代际轮回

国内和国外一些著名的社会学家早已告诉我们，社会分层具有代际传递性，即某些（尤其是中上层）社会成员，其子女在未来获得更高或保持已有社会地位的可能性大于其他成员；反之，处于社会底层的成员，其子女在未来获得更低社会地位的可能性也更大。换言之，虽然经济社会的发展激活了社会的竞争机制，且个人能力禀赋的作用超过了计划经济时代，在一定程度上弱化了"父承子业"的代际传承性，但在当前群团利益结构稳定、分层明显的时代，社会地位的代际传递依旧明显。（乡—城）流动人口作为现地社会的新底层代表，各种弱势通过代际轮回和世代传递，可能传续到子代甚至孙辈身上，梦想难圆上演着世代轮回。

（一）从老生代到新生代的漂泊

媒体曾经通过一双鞋子，很形象地描述了农民工命运的世代轮回。二三十年前，一个进城的农民工与这个城市的唯一联系，就是他脚上的那双"回力牌"球鞋。那是当时最廉价、最平常但需要用现金购买的鞋子（而不是母亲或妻子的手工产品），那也是第一代农民工在城市生活的见证，是他们理想中现代性和城市人的标志。如今，我们看到一个变化和一个不变：变化的是，曾被城市市民认为陈旧过时的农民工足尖潮品，已然成为城中潮人、各类明星的时尚挚爱。而不变的是，老一代农民工还穿着"回力牌"球鞋，他们与城市之间的关系依旧没有发生本质变化，依然疏离如昔、断裂如昔；同时，虽然新一代农民工也穿着"回力牌""耐克"或"阿迪达斯"的平底运动鞋，但他们与城市的关系一如老一代农民工，依旧是城市的边缘化人群。这种种不变，本身就是社会阶层的固化！如果说二三十年前，仅从外表就可判断一个人是本地人还是外来人、是城里人还是农村人的话，在今天，这种标准已很难判断一个年轻人的户籍类型和户籍

---

① 资料来源：城市数据团《逃离你终将衰落的家乡》，http://chuansong.me/n/1328789。

地点。换言之,过去的疏离是显性的,今天的疏离则更多地表现在市民待遇、社会地位和心理认同等隐性因素上。

尽管本地和外来、城市与农村的年轻人在外形打扮上日渐趋同,但"农二代""穷二代""农三代"等称呼的出现,却很好地彰显和诠释了父辈经历的延续和社会不公的代际传递。今天的年长流动人口很多都是过去的青年流动人口。青年时期的他们,虽然具备传统农民的基本特征,受教育程度较低,但如同今天的青年人一样,对未来同样充满色彩缤纷的期许,为了离梦想更近而离乡进城。因此,在城市逐梦这个问题上,过去的和今天的青年流动人口,有的只是因时代变迁而造成的生活经历和具体梦想的差别,到城市逐梦的理想却是相通的,是共同体。随着岁月的流逝,虽然老生代(即传统意义上的)流动人口都已经拥有自己的家室,他们就像三明治中间的夹层一样,上有老下有小,需要养家糊口、抚养子女、盖房子、娶媳妇、照料孙辈,而就是在岁月的侵蚀和磨砺中,他们梦想的光彩也慢慢褪色。但是,不能忽视的是,一方面,丰富的生活阅历和较高的劳动技能可能赋予他们更强的逐梦能力;另一方面,他们在现地可能较长的居留时间,也会增强他们对所居城市人与地的感情,使其有着更为强烈的融入意愿。

当下的青年流动人口与老生代流动人口有同有异。一方面,如同父辈年轻时一样,今天的青年流动人口尤其是乡—城流动人口是现地社会底层的主要构成;另一方面,成长时代及与年龄和生活阅历有关的诸多方面的不同也使代际之间有别。因此,社会普遍认为,青年农民工不如父辈那么吃苦耐劳,不愿加班加点,动辄跳槽,但他们的整体受教育水平、职业声望、收入水平都超过父辈,工作时间却大大短于父辈——由此可能带来圆梦结果的差别。的确,从理论上看,首先,他们多出生于 20 世纪 80 年代之后,出生于 90 年代后的流动人口也成长起来,总量高达 4 000 万之多。1990 年后出生的乡—城流动人口基本上都是从学校到城市,毕业后直接进入工厂、企业打工,对田地的感情十分淡漠,既没有耕田种地的经验,也缺乏对农村的认同感和归属感;相反,他们对城市、对未来的期许更多,年轻的心希望飞得更高更远。其次,越来越多的 1990 年后新生代农民工出生于城市,与父辈一起成长于就学和就业之地,对于农村和土地完全是陌生的,故更难以适应农村的生活方式。对他们而言,家乡是父辈的家乡,不是他们的家乡;家乡的风土人情、生活习惯也是父辈的,而他们对这些都倍感陌生。相反,他们对生于斯、长于斯的城市更有熟悉感、亲切感,对城市文化和行为方式更为认同,亦具有强烈的市民化意愿和能力(董延芳、刘传江、胡铭,2011);他们的生活习惯、思维方式、言谈举止均与父辈有别,但趋同于城市同龄人,已经很难(如果不是不可能)再回到父辈的家乡。他们的职业规划和心理预期也都高于父辈，希望通过当"工人"而摆脱土地的羁绊，通过居住于城市而把自己变成城里人，通过融入城市而成为真正的城市人。

新生代虽然意愿强烈，但城市并未真正接纳他们。上述刻板印象虽为合理推测，但数据告诉我们的事实却恰恰相反：除融入梦之外，1990年后流动人口与1980年前流动人口相比，距离梦想的实现更为遥远，表明在起步不久的逐梦旅途上，他们必须直面更多的问题，克服更多的困难；即便是1980—1990年出生的流动人口，在诸多方面也不如1980年前流动人口。由此可见，虽然因时代不同，青年流动人口的受教育程度略高，择业期望也较高，但就业行业和职业地位与父辈并无本质差别，亦未能有效享受各类社会保障，更不用奢谈住房公积金了。但作为追求自由个性的一代，他们的权利意识可能强于父辈，对劳动权益要求更高，不愿像父辈那样逆来顺受，面对不公待遇、隐性或显性的歧视，可能更敢于抗争。

无乡无土亦难在城市立足，新生代流动人口又被称为"无根的一代"。在笔者看来，"无根的一代"主要是1990年后农民工，也包括同龄城—城流动人口。他们最没有"乡土情结"或"家乡情结"。他们虽然对流入地持有强烈的认同意愿，但因流入城市的排斥而未能培育出真正的归属感和认同感。这样的分析结果也进一步印证了几年前笔者在《对新生代流动人口的认识误区》一文中的推断。

新生代乡—城流动人口问题具有明显的特殊性和复杂性……需要对新生代乡—城流动人口去标签化。虽然他们说标准的普通话，听流行音乐，使用手机，染彩色头发，梳时髦发型，衣着款式与城里人无异，但他们既不是农民，也不是完全意义上的工人，即便一直做工人的工作；虽然他们不愿、在短时间内也不太可能回乡务农，但其居留于城市、融入城市的渴望又面临着各种制度障碍和其他壁垒。他们也许比父辈读了更多年的书，但其受教育水平远远不足以得到一份理想的工作；他们也许希望跳出建筑工地等最苦、最脏、最累的行业，但他们的专业技能、工作经验都使他们在行业和职业选择中处于劣势地位，他们可能是娇生惯养的一代，但并不是不能吃苦耐劳的一辈。相反，他们的劳动时间最长、居住环境最差；他们也许更愿意投资于自己的健康、养老，但制度阻碍、行业特性、低收入水平等使他们的愿望难以实现；他们也许更渴求参与城市生活、融入城市社会中，但他们的行为参与、心理认同度都折射出不同户籍之间难以逾越的隔墙。新生代乡—城流动人口的进城梦想与现实困境构成强烈的反差和冲突。可见，流动人口（特别是新生代乡—城流动人口）融入到流入地社会绝不是一朝一夕的事情，也不是凭主观意愿就能达成的。这缘于由来已久、显失公平的城乡二元分割体制以及依附于户籍制度的各种福利制度。在这种制度藩篱短时间内难以有较大改变、根本不可能消除的情势下，新生代乡—城流动人口进城打拼、争取在城里落地生根的美好理想要变成客观现实更是难上加难；在目前这样的制度环境、经济环境、教育环境下，很难期望新生代乡—城流动人口与先辈们在本文分析的 8 个指标上会有质的飞跃。从本质上看，他们依旧延续、重复着 20 世纪 80 年代、90 年代同龄乡—城流动人口的故事。

虽然上面这段话主要是针对乡—城青年流动人口的社会融入问题而言的，但融入与圆梦本身有很大的交叉和重叠；且在代际差异上，青年城—城流动人口与乡—城流动人口又有很大的相似性；对于城—城流动人口而言，他们在现地同样处于漂泊不定的状态，有着"无根一代"的特性。抱负遇见重重阻碍，希望遇到残酷现实，结构和制度障碍，一切的一切，都在炙烤着他们的梦想。

（二）从祖辈到孙辈的轮回

从父辈到子代的轮回传递并未终结，而是进一步传递给孙辈。从整个时代变迁来看，流动人口在城市的边缘地位由过去的新生代、如今的老生代传递到如今的中生代和新生代；从代际传递的角度来看，祖辈在城市漂泊逐梦的艰辛经历延续至子辈、孙辈，时代传递与代际轮回交织在一起，共同记录着几代流动人口在城市长期不懈地追逐梦想的努力。

十多年前，有一首在乡—城流动人口中颇为流行的草根歌曲《我是谁》，后来也被改为《心里的话》。其内容因时而异，但基本思路前后相继。歌词十分口语化，表达方式平民化，唱出了游走在城乡间、地区间农民工及其子女的集体心声、困惑和对未来的期冀。也正是这首歌，唱出了第三代流动人口融入城市生活的迷茫。

2004 年，秦继杰版《我是谁》

要问我是谁/过去我总羞于回答/因为我怕/我怕城里的孩子笑话

他们的爸爸妈妈/送他们上学/不是开着本田/就是开着捷达

而我/坐的三轮大板车/甚至没有装马达

要问我是谁/过去我总羞于回答/因为我怕/我怕城里的孩子笑话

他们的教室宽敞明亮/大操场上/有跑道，还有足球和鞍马

而我/低矮昏暗的教室/像鸟笼，困住我自由活泼的心灵

要问我是谁/过去我总羞于回答/因为我怕/我怕城里的孩子笑话

他们渴望的 2008/被音乐老师谱成了歌/被英语老师译成 "very good"

而我/只能用加减法/算出自己还没到十八

要问我是谁/现在我可以回答/因为爸爸盖的高楼很高/妈妈扫的马路很宽大

刚刚开过的人代会/要把我们的教育写进宪法

老师说，打工子弟和城里小朋友/都是祖国的花/中国的娃/都生活在城市的屋檐下

2004年，北京电视台版《心里的话》

要问我是谁/过去我总不愿意回答/因为我怕/我怕城里的孩子笑话

他们的爸爸妈妈送他们上学/不是开着本田/就是开着捷达

我们的爸爸妈妈送我们上学/一路都不说话/埋头蹬着板车/裤腿沾满泥巴

我们的校园很小/放不下一个鞍马/我们的教室很暗/灯光只有几瓦

我们的桌椅很旧/坐上去吱吱哑哑/但我们的作业工整/我们的成绩不差

北京的2008/也是我们的2008

老师把她谱成了歌/同学把她画成了画

作文课上，老师说了这样的话/不要怕，不要怕/我们打工子弟/和城里的小朋友一样/都是祖国的花/都是中国的娃/都生活在首都的蓝天下

不要怕，不要怕/大声说出心里的话/要问我最想说什么/我爱我的妈妈/我爱我的爸爸/因为——妈妈把首都的马路越扫越宽/因为——是爸爸建起了北京的高楼大厦

2007年，中央电视台"春晚"版《心里话》

要问我是谁/过去我总不愿回答/因为我怕/我怕城里的孩子笑话

我们的校园很小，放不下一个鞍马/我们的校舍简陋，还经常搬家/我们的教室很暗，灯光只有几瓦/我们的座椅很旧，坐上去吱吱哑哑

但是，我们作业工整/我们的成绩不差/要问我此刻最想说什么/我爱我的妈妈，我爱我的爸爸

因为，是妈妈把城市的马路越扫越宽/因为，是爸爸建起了新世纪的高楼大厦

北京的2008，也是我们的2008/老师把她谱成了歌/同学把她画成了画

作文课上，我们写下了这样的话/别人与我比父母，我和别人比明天

打工子弟和城里的小朋友一样/都是中国的娃，都是祖国的花

亲爱的爷爷奶奶/爸爸妈妈/全国的小朋友们，我向你拜年啦

歌词是积极的、向上的，对未来充满了期待，但其间透视出来的深层意义值得深思，孩子们对自身底层意识的社会认同也值得警醒。他们期待把自己的教育问题写进宪法，期望2008年的北京是他们的北京，期冀能在同一片蓝天下与本地少儿比明天。但迄今为止，这些期待多数依旧还是期待。可以想见，当年唱这些歌的孩子，有些可能沿着父辈的足迹，在井底挖桩，在市场卖菜，在车间打工，在餐馆端盘子……

中国的改革开放，的确让越来越多的人过上了更为体面的生活，个体的绝对

财富有了前所未有的增长，尤其自 2008 年金融风暴以来，流动人口的收入水平有了较大幅度的提高，拖欠工资的现象得到很大缓解。但是，在过于强调"让一部分人先富起来"，强调经济发展而忽视公平正义和民生福祉的情境中，相对于本地市民而言，流动人口境遇的改善都是滞后的，是在不触动本地人利益的前提下进行的。他们至今都难以平等共享经济社会的发展成果，甚至成为社会改革的牺牲品，被程式化和长期固化的体制机制所抛弃，并在被边缘化的同时，进行着有意或无意的自边缘化。

城市——这个理应每个人的梦想都可实现的应许之地，却没有让更多的底层之人谋得更大更好的发展。"人生代代无穷已"；一波又一波流动人口为现地的建设和发展，源源不断地输送着青春和体力，为城市岁岁年年节节高的发展图景贡献着必需的人力，但是"农民工"这个身份标签在世代更替轮回中，从父辈贴到子代，如今又贴在了孙辈身上，而标签上面的文字更是附加了"社会底层"的含义。

（三）梦想难圆、代际传递的社会后果

这种消极的代际传递可能带来的危害极大。通过《我是谁》或《心里的话》可以判断，客观和主观边缘化相结合，流动人口的"底层化意识"[①] 得以强化，同时也强化了他人对该群体的刻板印象，并通过代际传递而延续到子女身上，形成负面的"双强化"效应。

从长远来看，这种意识一旦形成，将会对社会的和谐与稳定带来巨大的潜在威胁。一方面，它不仅认同流动人口处于底层的现状，更在于其从意识上觉得难以通过自己的努力改变已有的社会地位，由此可能造成他们失去追求梦想的动力，甚至失去理想，重拾"宿命论"，并逐渐习得或养成无助的咸鱼心态。他们不仅对自己如此，而且对子女的教育和发展也可能失去信心，而这无疑会造成数代人社会阶层的固化。社会因此会失去前行的动力与活力，甚至出现停滞和倒退。

这种意识既见之于农民工群体，亦显现于城—城流动人口群体中。他们有着更高的改善自身发展前景的抱负，而一旦这种抱负遇见的是残酷的现实，那郁郁不得志的痛苦便会接踵而至。从本质上看，青年城—城流动人口面临的问题，是社会大转型时期身处底层的知识精英的发展前景问题；而前景一旦受阻，思想活

---

① 资料来源：人民网《警惕农民工"底层化意识"加剧》，http://theory.people.com.cn/GB/49154/49156/4678945.html，2015 年 1 月 8 日查询。

跃的年轻人难免将其归咎于政府和社会，形成与社会的对立，引发失范意识和行为。因此，另一方面，一旦他们意识到梦想之所以难成，与社会体制的不公相关甚至就是体制机制造成的话，这种认知思潮与底层境遇相交织，极有可能激起他们强烈的不公平感和相对剥夺感，进而驱动他们做出种种不负责任的言行，甚至可能引发底层社会的全面动荡，产生大量的破坏社会秩序的行动（于建嵘，2010）。如今，当人们的权益受到侵害或遭遇不公后，个体只能忍耐，群体却可维权，即可能联合工友或老乡，进行集体式自力救济，"抱团"维权，轻则出现"拦路讨薪""跳楼秀"等温和的抗争行为，重则发生体制外群体抗争性事件，或"自我救赎性"犯罪，导致社会失序。

"农民工唯一可拿来置换既有工资的资本，就是自己身体的'行为秀'。是故，跳楼、堵路，农民工不吝于复制，因为恶化的生存生态让他们没有太多的选择；农民工也不惮于法律，因为在他们的生存生态中，法律很少管用，工资才是维持生计的主要寄望……即使法律的震慑，也很难阻止农民工走上街头。"（燕农，2010）

近年来，流动人口（也包括底层城—城流动人口）有较为强烈的"仇官"和"恨富"情绪，对整体社会有一种对抗的心态，频繁发生的群体性泄愤事件就是明证（于建嵘，2010）。"体制外抗争在社会底层抗争行动中所占比重呈现上升趋势，由此引发诸多矛盾与冲突，正在引发社会的不稳定与失序"（胡建国，2010）。据人民网报道[①]，流动人口犯罪比例占到了全国各地犯罪总数的70%以上，且犯罪存在"三高"现象——高犯罪率、高逮捕率、高羁押率。如果割裂地看，这些也许只是一个个的孤立事件；但若把众多事件以及事件背后的原因联系起来，则可发现它们远非个体违法行为如此简单。

流动人口对抗社会的行为反过来会使他们受到进一步的歧视、排斥、贬抑，进而使得他们更难以摆脱经济社会地位"底层化"的困境。由此形成恶性循环（见图10-3）：受到现地社会排斥→无法实现梦想→滋生对抗情绪，破坏既有秩序→受到现地社会既得利益者的进一步排斥→沦入社会更底层→进一步受到排斥，造成社会失序。在城市中，他们满怀激情希望融入城市，但在无情的社会现实面前，在各种隐性但作用强大且相互勾连的制度面前，他们的前途渺茫，"融入梦"遥不可及。在岁月的侵蚀下，子代和孙辈流动人口最初的梦想逐渐消退，继续走上父（祖）辈走过的道路，经历着魔咒般的轮回。

---

① 资料来源：人民网《报告：中国18~29岁农民工犯罪比例最高》，http://world.people.com.cn/n/2014/0818/c1002-25488734.html，2014年8月31日查询。

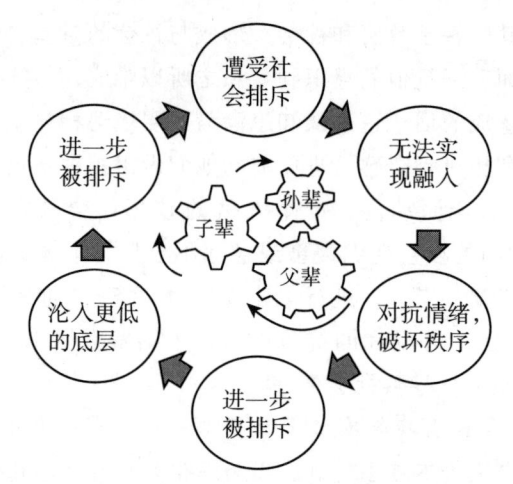

图 10-3　社会排斥与梦想难圆的代际轮回

六、梦 想 再 思

2004 年《中共中央国务院关于促进农民增加收入若干政策的意见》明确指出，进城就业的农民工已经成为产业工人的重要组成部分；十年之后，他们离梦想是否更近？"盲流"时期，流动人口丰满的梦想曾被无视；时下，他们的梦想成为中国梦的重要组成部分。父辈甚至祖辈流动人口背井离乡、洗脚进城，多为缓解人地矛盾、摆脱贫困，过上更富裕的日子；而当温饱问题逐渐解决后，梦想发出新芽；涨薪梦、安居梦、保障梦、子女求学梦、融入梦，激励着一代又一代流动人口继续打拼。

流动人口洗脚进城、埋头苦干，不仅在改变着自身命运，希望实现自身梦想，更用汗水和泪水为城市发展做出了巨大贡献，为更多人实现梦想创造了条件。但是，他们的梦想裹挟在匆忙前行的时代步伐中，裹挟在历史的滚滚大潮中，裹挟在各种制度藩篱中，裹挟在各种有意或无意的排斥和歧视中，裹挟在苦涩、挣扎与无奈的生活之中，在城市林立的钢筋水泥面前，显得如此渺小与苍白。除了极少数人外，多数生活在城市尤其是大城市和特大城市的流动人口，漂泊在城与乡之间，游荡在东部与中西部之间，心灵无地安置，前途难以安放，梦想无法着陆，逐渐褪却了颜色，失去了活力。

流动人口的梦想就像一面镜子，折射出社会和时代的变化。从摆脱贫困到走向富裕，从追求平等到实现融入，这个艰难的旅程透视出社会的进步。而"北漂""蚁族"生活的艰辛、彷徨和迷茫，那些属于整个社会和时代的价值，以及梦想难以在亿万流动人口身上兑现的现实，无疑又刺激着整个社会的神经。习近平强调，幸福不会从天而降，梦想不会自动成真。在流动中国的时代背景中，任何主体都不应把流动人口当作招之即来挥之即去的"麻烦"和"包袱"，而应有更广阔的视野、更包容的胸襟、更科学的思路、更人性的举措，为人口流动打造更为公平的制度和政策基础，让流动人口逐渐融入城市生活，以更强劲的进步力量，共同书写伟大的时代梦想，并在逐梦的路上顺畅前行。

第十一章

让梦想照亮现实

　　流动人口在流入地是否有梦可筑？其逐梦过程是否遭遇重重隔离墙？最后能否真正圆梦？这些问题既关乎2亿多流动人口及其家庭自身的安居与发展，也事关城乡经济的平稳有序发展和整个社会关系的重构，并直接或间接地作用于社会的和谐与稳定，影响到伟大中国梦的实现。个人禀赋不同，梦想实现的步履和过程不会相同，但缩小底层规模，赋予每一个体均等的向上流动的机会，致力让梦想照进现实，则是一个开放文明社会发展的基本方向。一个文明的国度，一个进步的国家，首先必须尊重每个梦想，致力提供合理公正的上升流动机制，实现社会成员之间的良性公平竞争，为梦想的实现创造政策性条件，激发社会群体之间的创新活力，使有梦之人能够通过自己的努力离梦想更近一步，让梦想之光照亮前行之路。

　　如何帮助流动人口实现梦想，逃离底层社会？如何帮助他们依然保有理想与梦想，保持追求梦想的渴望与动力？问题看似简单，回答亦不复杂——从本质上讲，这牵涉制度的包容与公平、人群的接纳与交融，但知易行难。在这个多元化的社会，在新的经济社会和人口形势下，单靠任何一方的力量都难以有效推进流动人口的逐梦和圆梦之旅。必须依靠政府、市场、单位、社区、家庭和个人等多方力量的协同合作，建立以政府为主导、以市场为依托、以社区为支点、以个人为主体的服务支持体系，"政策公平覆盖，市场有效调节，社区落实推动，社会包容尊重，主体融入努力"五个方面齐头并进，才可能有效推动流动人口涨薪梦、安居梦、保障梦、子女求学梦、融入梦的实现。

　　下面将在第十章的基础上，从流动人口梦想难圆的原因出发，尝试建构推进梦想前行的政策路径和对策思路。在此过程中，首先必须回答两个问题：其一，是针对不同梦想、不同人群分门别类地提出政策路径还是笼而统之地提出总体原则？由于地区差异以及人群禀赋有别，不同梦想的实现机制虽然大同，但也有小异，故在制定政策时，必须因地制宜、因人而异，并针对具体的梦想采取有差异的措施。换言之，从理论上看，对策建议应从两个维度展开，一是针对所有梦想、全部人群的共性思考，二是针对单个梦想、不同人群的特别建议。不过，考虑到梦想实现、政策路径的相关性，同时为了不使问题过于复杂化，这里不区分梦想维度。其二，如何使对策思路和建议更具有针对性、可行性？政策路径的针对性和可行性是我们必须重点关注的要素。不过，所谓的"可行性"，在很大程度上也是一个相对概念，我们需要做的是变"不可为"为"可为"。

一、推倒"三堵墙"是推动流动人口逐梦圆梦必由之路

在过去数年中尤其是近三四年来，国家和地方政府都为促进流动人口逐梦、圆梦做出了一系列的努力，尝试为其铺平一条条通往梦想之路。而现实情况是，有的通道已初步打通，但通道之中还有一道道"槛"需要削平；有的通道尚未建立，梦想路上"高墙"林立，故必须拆之、平之、融之、化之，使流动人口在梦想旅途上顺畅而行。

（一）推动流动人口逐梦圆梦的总体思路

长期以来，以户籍制度为基础，国家层面和地区层面都建立了一整套分割农村人口与城镇人口、外来人口与本地人群的管理体制，造成了尽管有所交集但总体割裂的四个群体，外来人口尤其是农村外来人口难以均等享受现地的公共服务和公共福利资源。城—城流动人口虽然拥有非农户籍，但因"人户分离"（即居住地与户籍所在地不一致），也无法享受与本地城镇居民一致的同等待遇。因此，要推进流动人口的逐梦之旅，就要打破区隔，实现嵌入式融合。

2012年，中央政府明确将公共服务均等化作为全面建成小康社会的主要目标之一，提出要在2020年总体实现包括教育、社会保障、就业、医疗卫生、住房、文化体育等多方面的基本公共服务均等化，并在过去几年中投入了巨额资源，从理念逐渐走入实践，开始真正落实。同时，《国家新型城镇化规划（2014—2020年）》也清晰地指出，农民进城不仅要"进得来"，还要"留得下"，过得"有尊

严"。然而，在均等化实践过程中，依旧未能突破以户籍地点为单位分配资源的掣肘，故户籍人口受惠远大于流动人口受益，均等化这一愿景对流动人口还十分遥远。

流动人口追逐梦想的过程，说到底就是他们能否融入现地的过程，无论是工具性（如收入、住房和保障）的还是非工具性（如融入意愿）的梦想领域莫不如是。若不能实现融入，就很难实现梦想；反之，若个体梦想无法实现，社会融入也是纸上谈兵。同理，一个连流动人口都可能实现梦想的社会，无疑就是一个融合型的社会。

帮助流动人口逐梦、圆梦，就好像将各面颜色相同但相互隔离的金字塔魔方，转化为一个不同颜色的相互交错、并存林立的马赛克（锦砖），进而形成片与片互相嵌入的多彩拼图（见图 11-1）。由左到右，三个图案分别展现了人群结构的不同状态，从区隔到交融，再到融合，正是流动人口融入当地社会的过程，也是流动人口筑梦现地、筑梦于城、实现梦想的过程。若将金字塔魔方的每个面视为现地社会的不同人群，则人群之间虽然相互依存，但互不交集；而马赛克透视出人群之间已经相遇、并存共处，尽管边界依旧存在，但无疑比魔方进了一步；各片拼图不仅折射出片与片之间的相遇，而且相互嵌入，故若以此来比喻流入地人群之间的关系，则比马赛克又进了一步。一个融合型社会，必然不是魔方式的社会，但至少是马赛克式的社会，而嵌入拼图式的社会则是我们追求的终极目标。从魔方变为马赛克，表明人群之间的社会融合进程已经开启，梦想已经起航；这就如同在一个管弦乐队中，在一个总指挥的指挥下，不同的演奏家各司其职，奏出一曲美妙和谐、悦耳动人的乐音。从马赛克到嵌入拼图，表明不同人群之间实现了很好的融入，而这将是一个长期的、艰巨的过程。

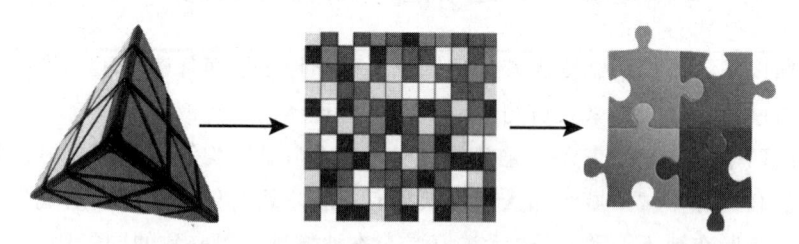

图 11-1 从金字塔魔方到嵌入拼图：梦想实现的必由之路

在过去一个多世纪，国际社会对移民（流动人口）与主流人群之间的关系形成了三种理论视角。一是单一文化模式，即政府对外来移民采取归化（acculturation）政策，迫使他们放弃自己的文化，学习主流文化，逐渐获得主流文化特征，并从属于主流文化；二是大熔炉模式（melting pot），即在政府不干预的情况下，在各种民族混杂的社会中，不同民族文化不断地影响、同化和融合，形成一种独特的新的文化共同体；三是马赛克模式（cultural mosaic），即多元文化模式（multiculturalism），主张不同文化和平共处，保留特色，组成"多彩的马赛克"。因为欧美人口构成格局不同，美国是移民国家，而欧洲是殖民国家，故前面两种情形主要见于美国，后者源起于美国，但在欧洲发扬光大。自 20 世纪 70 年代以来，欧美政治家为争取选票，多接纳并推行多元文化主义，宽容、尊重移民和少数族裔文化，英国还通过了反歧视法，为更多的有色人种提供崭露头角的机会。

东西方政学两界往往将多元文化理解为马赛克，并认为这是移民社会融合的最高境界和最终目标，但笔者认为，这种比喻并不十分贴切。在我们看来，多元文化模式并非真正的马赛克模式，它更像图 11-1 中色彩虽艳丽，但各面并未交糅的三角魔方。魔方虽然代表了多元文化的并存，但透视出的却是种族之间、族群之间、文化之间的隔离，即不同族群及其所代表的文化各有自己的生存空间，但互无交集，更不交融，进而甚至可能形成不同文化之间的对垒。在过去十余年中，欧美主要国家的移民与本土居民之间以及种族之间恶性冲突不断，即是明证；近年美国非裔人种与白人警察的多次冲突，也为我们的看法提供了现实的注解。时下，西方的主流舆论和政府态度已悄然发生变化，虽然多元文化的旗帜依旧飘扬，但对"多元文化模式陷入危机"之类的评论见诸报端，保守派更是断言，"多元文化主义已经过时"，认为当务之急应是让更多处于社会边缘的群体尽快融入主流社会。

欧美移民或族群融合的经验和教训对中国流动人口的社会融入和逐梦之旅有什么样的启示呢？我们认为，时下中国流动人口面临的形势与国际上多元文化并存但不粘连的情形十分类似。从前面的分析结果我们看到，目前流动人口的情况是，在安居、保障、教育和融入四个方面，都离梦想实现相差甚远，收入也与本地市民的一般水平显著有别，尚处于融入的第一阶段，即魔方阶段；他们与本地人口除了业务往来外，多数未发生真正的接触。借用刘传江、程建林（2009）"双重户籍墙"这一思路，我们认为，魔方的三维坐标主轴分别代表制度墙、结构墙和理念墙。前者包括户籍及其衍生的附属制度，正是它们将不同身份的人群隔离开来；也正是由于人群的身份不同，隔离墙有厚有薄，隔离度有深有浅。结构在一定程度上取决于制度，也与各地的经济、社会、文化构成密不可分。在制度墙厚重的前提下，结构墙也会更为坚固；反过来，结构墙的牢固会进一步强化制度墙的隔离功能，两者互为依存、相互促进；即便宏观的制度墙开始松动、倾斜甚至坍塌，结构墙也未必能够铲除。关于这两堵墙，我们在前一章已经做过详细论述，这里不再重复。理念是指宏观、中观和个体层面的人事要素对流动人口的认知与态度，反过来也指流动人口对相关人事的反馈形态和应对策略。与具象的制度和结构墙相比，理念墙则更为隐蔽和深层。一方面，即便前面两堵墙逐渐削平，理念墙可能还会存续较长时日，另一方面，只要制度和结构的"长坚之铁"真正消融，理念墙的坍塌就只是时间的问题了。

三堵墙的互动，形成稳定的"三角关系"，对流动人口的社会排斥几乎达到了无懈可击的地步，在流动人口逐梦和融入旅途中树起了一道道的坎儿。因此，要破解这一困局，首先必须冲破这三堵墙的阻挡，推动流动人口尽快实现从魔方阶段向马赛克阶段的转型。马赛克模式就是要打破制度墙和结构墙带来的人群区隔，推动族群和人群之间的相互粘连。拼图模式是在拆除制度墙和隔离墙的马赛克模式的基础上，进一步削平理念墙的区隔，实现人群之间的相互嵌入，真正实现心与心的沟通、文化与文化的交融。

无论是哪一堵墙，要拆除均非易事。它至少涉及四个领域（见图11-2）。一是资源共享。要求取消针对流动人口的不平等政策和制度安排，即在包容和尊重的基础上，将流动人口与本地人同等对待，逐渐屏蔽一切歧视、排斥政策、制度和做法，让流动人口均等分享现地的公共资源。二是服务均等。在劳动就业、子女教育、公共住房和社会保障等方面提供均等服务；对于人力资本、社会资本、经济资本更为薄弱的流动人口，还应借助社会大众和政府的力量，通过提供就业信息、给予尊重，保障他们在城市中的尊严与发展。三是互动沟通。加强流动人口与本地市民之间的互动沟通，拆除理念之墙。四是文化交融。通过拆除前面的三堵墙，逐步实现本地人与外来人之间，文化和心理的交融，进而推动更多处于社会边缘的群体尽快与主流社会相交融。只有这样，流动人口与现地主流人群才能形成良性互动。

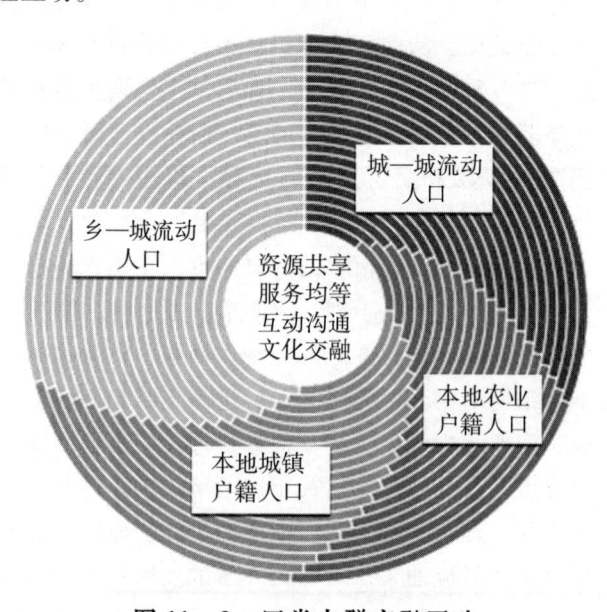

图 11-2 四类人群交融互动

（二）推倒户籍幕墙是流动人口逐梦圆梦之基

制度墙由多个相互纠缠和互相依存的制度铸就、支撑，但户籍制度是其他制度的母体，这个母体不除，资源共享和服务均等可能都难以施行，故推动流动人口逐梦圆梦的前提条件就是老生常谈的深化户籍制度改革，真正破解户籍制度这面"玻璃幕墙"（glass ceiling）。前一章详细阐述了该制度造成的先天性的城乡差分和内外之别，以及先天和后天联手形成的教育、就业、住房、保障等诸多方面的等级区分。这面幕墙虽然看不见，却无处不在，横亘在农村居民和城市市民之间，阻隔在本地人口和外来人群之中，造成"农村人效应"和"外来人效应"。"双重效应"一方面阻碍了流动人口对现地资源及经济社会发展成果的平等共享（陆铭，2011），另一方面也阻遏了大多数流动人口得到心仪城市永久居住的法律认可，只能以不流动的"流动人口"身份寄居于现地。时下，城市户口和本地户籍是流动人口获得现地基本公共权利的两张名片；无此，则难以拥有与市民同等的保障。尚且不说医疗、住房、求学等基本公共服务受限，就连遭遇工伤事故和意外，农民和市民、本地人和外来者也"同命不同价"。抛开看得见的利益，对成功人士而言，一纸户口所带来的心理慰藉与工具性的利益同样重要；而对于普通民众，附着在户口上的工具性效用也就更大。

近些年，国家层面和地方城市在户籍制度改革方面进行着有益的探索，制度本身及其外衍都经历了由表及里的变化，从暂住证到居住证，从计划分配到一些地方积分落户，旨在打通从农村到城市、从中西部地区到东部地区的道路，破解户籍这面玻璃幕墙。在国家层面，近几年的政府工作报告、中央经济工作会议都反复强调，要把符合条件的农业转移人口逐步在城镇就业和落户作为推进城镇化的重要任务，放宽中小城市和城镇户籍限制。《国家新型城镇化规划（2014—2020年）》明确提出，"按照尊重意愿、自主选择、因地制宜、分步推进，存量优先、带动增量的原则，以农业转移人口为重点，兼顾高校和职业技术院校毕业生、城镇间异地就业人员和城区城郊农业人口，统筹推进户籍制度改革和基本公共服务均等化。"《2015年政府工作报告》亦明确指出，"抓紧实施户籍制度改革，落实放宽户口迁移政策。对已在城镇就业和居住但尚未落户的外来人口，以居住证为载体，提供相应的基本公共服务，取消居住证收费。"

国家的顶层设计为地方实践提供了政策基础和指导方针，但如何把政策落到实处，怎样制定切实可行的操作办法，突破户籍墙，为流动人口提供真正的均等服务，帮助他们逐梦、圆梦，却是远比制定一个政策更为艰难之事。对此，全国多个城市也先后出台了户籍改革的试点方案。在《关于开展国家新型城镇化综合试点工作的通知》及《国家新型城镇化综合试点方案》原则指导下，北京通州等 62 个市镇被列为新型城镇化综合试点地区，推进积分落户政策，以具有合法稳定就业等为主要指标，设置积分分值，达到一定分值的可申请落户。一些内陆城市户籍改革的步伐更大，遵循社会服务与户籍制度相"剥离"的总体改革思路和方向，取消城乡户籍区分，实行居民统一登记制度和居住证制度，推行积分入户政策。重庆、河南、河北等内陆省市的户籍新政，对外来人口的准入条件都很宽松，由此形成了多样化的流动人口服务和管理模式。积分落户政策不仅适度调节了外来人口长期落户遗留下的社会矛盾，也是国家基于大城市建设与发展而进行的制度设计。从政策制定者的角度出发，积分落户政策的积极意义凸显在以下三个方面。

首先，在全面依法治国的新形势下，积分落户政策体现了法治建设的新要求。大城市尤以北京为代表的特大城市在推进以人为核心的新型城镇化上迈出新步伐，有利于促进常住人口市民化，为法治中国制度文明添光加彩。从积分落户政策本身的运作机理来看，通过设置一套指标体系（例如，受教育程度、缴纳社保、居住年限等），明确量化外来人口的落户条件，在一定程度上排除了行政参与的非公正性，提供了更为公平的落户保障。因此，从公平性以及公正性来看，积分落户政策通过明确且客观的指标设定，可减少行政干预造成的非公允性，并为符合条件者的落户提供了明确的依据。

其次，从外来人口市民化的角度来看，积分落户制度是有序推进市民化、为流动人口的城市之路开口子的顶层设计。尽管其政策设定的要求十分严苛，符合条件的人十分稀少，但无论落户政策口子开得大与小，终究也是时代推进下的进步，凸显了除超（特）大城市外，其他大城市开放、包容的理念，体现了对优秀外来人口的关爱，让这些外来人口有了一个公平竞争的平台和实现落户大城市梦想的渠道。从这个意义上看，它毫无疑问体现了一个进步的方向。

最后，积分落户政策既是缓解外来人口与公共服务权利之间矛盾的权宜之计，也是大城市实现"规模控制"与"结构优化"的长远规划。目前大城市的人口规模庞大，对公共服务的提供与城市治理提出了严峻的挑战，在一定程度上带来了城市管理的难度，北京、上海、广州、深圳等超（特）大城市的治理矛盾尤为突出。从流动人口的利益诉求出发，他们希望获得与本地市民同等的公共服务；从城市的管理来看，流入地为了兼顾本地市民利益而将外来人口排斥在外。积分落户政策旨在缓解两者之间的矛盾，在对外来人口落户的规模和进度予以调控的同时，也适度保持超（特）大城市人口的有序增长，实现大城市的户籍人口利益与外来人口利益的相对统一。

然而，积分落户政策作为一项新政策，在顶层设计和政策实施过程中，无疑存在诸多与流动人口诉求不相符合的制约,也会遭遇一系列的矛盾与问题。目前,相关的户籍制度改革存在以下三个交织在一起的问题。

其一,大城市、特大城市和超大城市,户籍改革的方向不是放开,而是紧缩。这一思路在多个重要文件中都反复提到。比如,《国家新型城镇化规划(2014—2020年)》确立的原则是,"以合法稳定就业和合法稳定住所(含租赁)等为前置条件,全面放开建制镇和小城市落户限制,有序放开城区人口50万～100万的城市落户限制,合理放开城区人口100万～300万的大城市落户限制,合理确定城区人口300万～500万的大城市落户条件,严格控制城区人口500万以上的特大城市人口规模。"这样的规定几乎将绝大多数流动人口完全排斥在大城市尤其是特大城市的门槛之外,且这样一种拒入的城市发展规划与(特)大城市流动人口结构及其需求之间存在着极大的张力。其实,越是经济高度发展的城市,越是流动人口大量聚集之地,流动人口对城市的发展建设越具有推动作用。鉴于城市发展规划以及城市市情,不同级别的城市可设置略有差异性的落户标准,不否认大城市相对较高的落户标准的积极意义,但也需要为流动人口提供适当的机遇与合适的制度保障,但眼下对流动人口紧锁大门的政策环境却断绝了绝大多数(底层)流动人口的念想,不留空间和余地。一方面,关闭大门是一种机械性的做法,更是一种违背人口流动规律的做法,具有倒退性、掠夺性、剥削性的特点——(特)大城市市民在享受流动人口提供的服务和贡献的同时,却对他们关闭当地的基本公共服务和福利大门;另一方面,更为重要的是,将大门向流动人口敞开还是关闭是政策理念导向的外化,而这种理念会直接作用于制度墙和结构墙的高耸或消融,带来一系列的衍生效果。一个希望实现中华民族伟大复兴的大国,必须对她的每个公民负责,必须让人人都有梦想可追求,并有实现梦想的机遇和途径。没有这样的信念,多数流动人口缺乏在城市奋斗的活力和积极面貌,可能永远只是受生计所迫、游离于所居城市之外的边缘人和农民工形象。

其二,放宽小城市和城镇户籍并未得到预期响应,虽然"楼梯很响",但始终"不见人来"。户口即利益,只有大城市的户籍绑定了流动人口所追求的利益。虽然小城市或城镇的户籍较为宽松,大部分实行购房即入户,但这样的城市本身就资源不多、人气不旺、人口大量外流,故对流动人口缺乏吸引力,其户籍放宽并不会涉及利益格局的根本性调整。显然,政策制定者,尤其是大城市政策制定者,通过表面的户籍改革树立"作为"形象,但实际上却蜻蜓点水,维护城市中既得利益群体的利益,而部分既得利益者既是权力拥有者,也是政策制定和实施者,这也加大了改革的难度。故此,户籍改革多是一纸空文,附着在户籍上的利益对外来人口的排斥依然如故。

其三，内地省市的户籍改革往往有名无实，更多的是名目称谓的转换，并未真正与城市中有效资源和服务以及利益分配挂钩。比如，虽然居住证制度和积分落户的条目很多，包括做义工、献血和慈善捐款等，但很多地方的积分落户明显向流动人口中的高端人群倾斜，受教育水平在积分之中占有很大权重，这就从根本上将乡—城流动人口拒之门外。换言之，目前，一些大城市户籍改革和人口调控目标是，"控制人口，不控制人才"；而另一些大城市（如北京）则是"既控制人口，也控制人才"。

（超、特）大城市往往是流动人口最集中之地，也是户籍制度必须继续破解之地。当紧缩性户籍政策继续执行时，地方政府的积分落户政策也难免浮于表面，甚至可能逐渐演变为政府管人控人的"政策工具"，沦为显性排斥政策的替代品。时下，在户籍改革呼声持续高涨的情势下，再以户籍管人在政治上就显得不太正确了。但是，积分落户政策在为外来人口提供落户依据和方向时，无疑也成为严控落户的抓手，"高大上"的积分落户政策，让绝大多数流动人口可望而不可即。

上海的户籍改革起步较早，基本思路是"权利与义务相对等"，凭借居住证，流动人口可享有教育培训、计划生育、社会保险、医疗卫生等多项权利和待遇，并将居住证与落户相衔接，将符合条件的流动人口转办为本市常住户口；对于随迁儿童，实行"以来沪人员所在地政府管理为主，以全日制公办中小学就学为主"方针（林闽钢，2015）。从2013年开始，上海又实施条件严苛、体系烦琐的居住证管理的积分权益制办法，综合考虑所有外来人口的人力资本（包括受教育程度、劳动技能）、在本地的连续工作年限、就业行业和岗位、投资规模、纳税额度、获奖等级、计划生育、遵纪守法等诸多名目，进行积分登记；除基础指标外，还有加分指标和减分指标。当积分达到一定分值后，积分的高低对应着相应的社会服务和福利。同时，其居住证制度将外来人口区分为几大类，分别持有不同类别的居住证：临时居住证、一般居住证、人才类居住证、获得户籍，各自对应缺乏社会服务、较少社会服务、准优质社会服务、优质社会服务。事实上，其积分落户主要定位为人才类居住证持有者，且不强调通过积分获得户籍。据此，占比最大的乡—城流动人口无法享受优质的社会服务甚至准优质服务。同理，由于"不强调通过积分获得户籍"，社会经济地位较低的城—城流动人口能够获得上海户籍、真正享受优质社会服务的可能性也较小。

北京通州区也是积分落户试点地区之一，其中6个基本条件就让流动人口望而却步。（1）持有北京居住证满10年以上；（2）在本区有住房或者租房满8年以上；（3）985工程或者中科院系统研究所毕业硕士生（脱产）；（4）持有北京居住证期间在本区缴纳社会保险连续满10年以上；（5）国家中级职称以上；（6）无刑事前科。可以说，没有几个流动人口能同时满足这些条件；故仅此6

条,已经很明显地划出了分界线,连受过高等教育的精英人士在短时间内也极难实现,更何况处于社会底层的乡—城流动人口。

可见,积分落户政策是"雷声大、雨点小",其根本目的还是为了控制人口,制度对流动人口的平等覆盖依旧主要表现在理念层面,在实际中往往流于形式。各地出台的更为具象的积分落户政策,可能也是顺应中央精神而不得不为的应对之策。的确,不是从暂住证变为居住证,也不是户口变了,标示农民身份的土地没有了,一切区隔就自然而然地抹平了。如果说 20 年前,通过地域流动还有可能实现社会流动的话,时下,这样的可能性不仅没有扩大,反而变得更为狭小,而这也就是流动人口梦想难成的根本原因。

约 10 年前,杜钢建(2001)在回顾改革开放历程后愤然指出,"户籍制度不死,亿万民众难活"。令人痛心的是,17 年之后,我们还是不得不说,户籍制度不真正死亡,流动人口尤其是乡—城流动人口的梦想难以实现。所谓真正死亡,就是不只放开中小城市的户籍限制,而且还应逐渐向流动人口敞开大城市和特大城市之门。

如何让户籍制度消亡呢?户籍制度的死亡,就是要将公共服务和公共福利与户籍剥离,户籍制度"去福利化",即让流动人口能够从缺乏服务和福利,到逐步享有基本公共服务和福利,最终享有完全公共服务和福利。

(三)公共服务和公共福利逐渐浸润是逐梦圆梦的内在含义

嵌入拼图从来都不是一步完成的,梦想也不可能在一夜之间实现。从魔方到拼图的转变只能是渐进而行——但渐进不应成为少作为或不作为的借口,只是提醒我们,流动人口梦想的实现必然是一个漫长的过程,需要有长期的战略性眼光和切实可行的推进计划。为此,我们进一步提出户籍制度改革以及推进流动人口逐梦和圆梦的实现路径(见图 11-3)。这个梯次模型包括两条思路:一是以人群为主线的推进思路,二是以服务为主线的推进思路。无论是哪一种模式,梯次之间对应着相应的服务和福利,从基本服务和福利,经过准完整服务和福利,到完整社会服务和福利的均等与共享。

若以人群为主线,可以探索从省内(或区域内)到省外的路径。在同一省区内或在相邻区域内,加快实现地区户籍的融通,使人口能够在省区内邻区间自由流动。但是,这里必然会遇到的一个问题是,在北上广深以及长三角和珠三角的多个城市,省外流动人口占绝大多数,甚至全部。未来该如何将他们纳入现地社会的服务和福利体系中,是必须积极探索的一个重大问题。

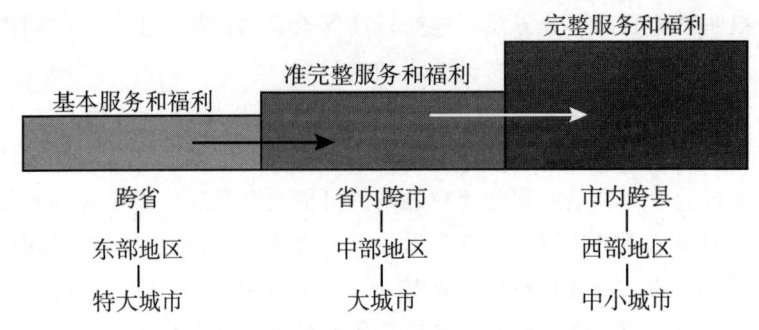

```
完整服务和福利
      准完整服务和福利
基本服务和福利

跨省          省内跨市        市内跨县
|             |              |
东部地区       中部地区        西部地区
|             |              |
特大城市       大城市          中小城市
```

图 11-3　流动人口公共服务均等化推进思路

注：图中箭头表示各类资源的浸润流向。

若以服务为主线，就必须加强公共资源从城市中心向周边地区疏散，从东部地区向中西部地区疏散，从超大城市向特大城市疏散，从大城市向中小城市疏散。只要资源不疏散，流动人口还会源源不断地涌进大城市，因为这些地区才是流动人口真正心仪之地，也是流动人口筑梦、逐梦之地。相反，二三线城市因资源短缺或质量相对较低，对流动人口的吸引力并不大，这也就是一些二三线城市的入籍门槛很低，但农村人口不仅没有接踵而至，反而"遇冷"的根本原因。因此，不断缩小地区间资源分布的不平等，疏散吸引流动人口集中的中心资源尤为重要[①]。

二、助推流动人口逐梦圆梦多元主体行动体系

人口是社会的基本要素，社会由不同人口（不同社会群体、社会主体、社会组织）而形成。因此，人口相关问题的解决必须动员多方面的力量。换言之，改善流动人口的逐梦能力，让梦想之光照亮前行之路，呼唤一个多元的、相互补足的支持体系，该支持体系如同一架飞机，带领流动人口飞向梦想的彼岸。机头是以政府为主导的一系列的制度改革和方向引领；体系的两翼分别是社区平台建设和企业社会责任；机身是梦想主体和客体（及本地市民）融入努力；机体运行的燃料和动力则是真正均等化的公共服务和公共福利。为此，我们从社会主体视

[①] 2015年5月7日，中央政治局会议审议通过的《京津冀协同发展规划纲要》指出，京津冀发展重要的是交通的互联互通，不远的将来，京津冀有望形成一小时都市生活圈。北京地铁确定直通河北燕郊、固安、涿州。这对改善在京工作的河北户籍人口的通勤无疑会起到很大作用，但同时，它可能也会带来资源的"虹吸效应"而非"疏解效应"，即更多的人力和其他方面的资源涌入北京。

角出发，构建助推流动人口逐梦圆梦的行动体系（见图 11-4）。而所有这一切，都离不开政府的主导作用、政府各部门之间相互协同与有效配合、部门职责厘清与落实，由此使服务与福利渗透到流动人口公权的各个方面。

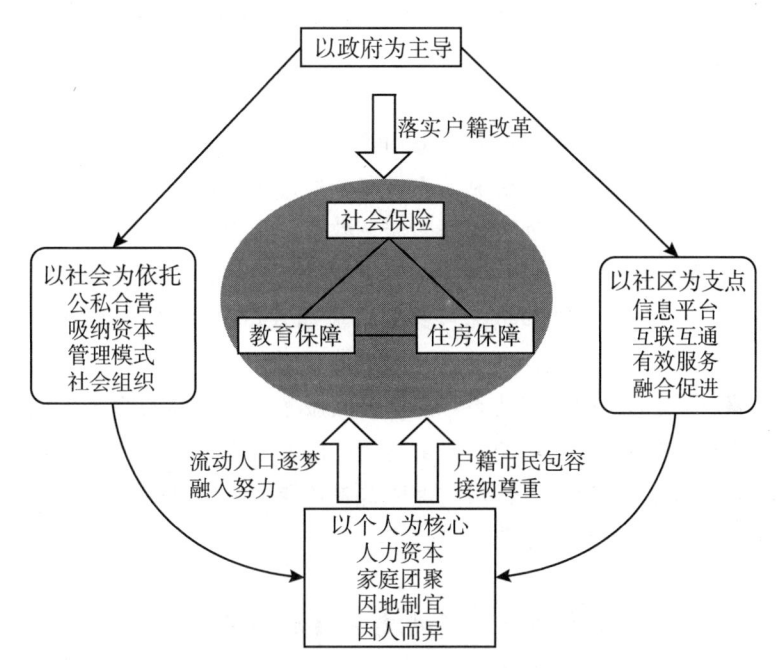

图 11-4 推动流动人口逐梦圆梦多元主体行动体系模型

（一）以政府为主导，做好顶层设计，深化户籍改革与落实均等服务

现代化既意味着基础设施等"硬件"的改善，也意味着公共行政、政府管理等"软件"的完善。城市流动人口规模的持续扩大和高位运行对社会管理和公共服务提出了严峻挑战，而享受基本公共服务是公民的基本权利，也是推进梦想前行的有力抓手。因此，政府必须改变既往在流动人口服务和福利享有方面失灵和失职的角色，充分发挥方向性的导引，在制度改革，政策制定与完善，资源的重新配置，公共服务和福利的提供等方面起到引领和主导作用；要在深入探讨流动人口服务管理体制的基础上创新思路，并提出有效的途径和模式。2012 年 7 月出台的《国家基本公共服务体系"十二五"规划》，从实践操作层面制定了基本公共服务国家基本标准，明确了均等化的主要目标。要实现这一目标，需要劳动就业、教育、住房、保险等多方面协同推进，把流动人口纳入城市财政预算之内，即城市的基础设施建设、教育医疗费用、养老居住开

支等方面都要按照常住人口的规模来进行预算和拨付，奠定流动人口享有公共服务均等化的基础。同时，必须在统一城乡劳动力市场、平等就业、同工同酬的基础上，尊重他们的个体权利，消除流动人口在就业、社会保障、住房保障、流动少儿就学等方面与本地居民之间的待遇差别，提升流动人口进入主流社会的机会，培育他们对现地的真正认同和归属感。只有这样，他们的梦想才有可能渐行渐近，也才有开花结果的时日。

当然，确保流动人口基本公共服务均等化，实现外来人口与本地人口相对公平的服务体系，首先需要加大对流动人口资金的筹措力度。目前的公共财政支出是以具体的公共服务种类为划拨依据，涉及教育、社保、医疗等方方面面，并由中央财政与地方财政共同支付。因此，对于流动人口的公共服务建设，有两条思路可以选择：一是加大资金筹措力度，划拨流动人口公共服务建设的专项资金，指导具体的公共服务的建设；二是以具体的公共服务项目为依托，提高流动人口公共服务接收的效率，增强其效果。基本公共服务均等化涉及多个方面，这里重点关注与流动人口生存发展最切实、最直接的问题，在推动流动人口逐梦、圆梦总体思路的引领下，从教育、住房、保障等具体层面，结合定性访谈和定量数据分析结果，提出具体的对策思路。

1. 划拨流动人口专项资金，提高公共服务可及性

流动人口在城市的福利享有权利长期遭到忽视。流入地政府出于对当地户籍市民的保护而排斥外来人口的权利，在享受流动人口对城市经济增长的贡献的同时，对他们应该享有的权利却不管不顾。中国行政区域分割管辖模式使流动人口的基本公共服务陷入真空层，不仅未覆盖到流入地的公共服务体系中，而且也因远离原有的行政管辖区而难以获得流出地的公共服务，导致该群体成为公共服务的边缘群体。

为应对流动人口基本公共服务缺失的尴尬处境，为流动人口划拨专门的公共资金势在必行。受制于财政总体资源的约束，重点放在解决流动人口最需要的公共服务方面，例如，随迁子女的教育、医疗保险、社会保障等，然后逐一满足流动人口更多元化的公共服务需求。

专项资金的成立需要配套的集资模式，以确保公共服务供给的物质基础。基于此，应积极构建由中央政府主导、流入地政府协助的公共财政运行模式。对于中央政府而言，要对流动人口基本公共服务的项目内容、保障水平、目标群体等进行顶层设计，并对流动人口公共服务的专项资金予以规范，对资金的用途、管理模式予以明确的规定。流出地政府根据流动人口的规模，适度进行财政资金的倾斜分配，确保流动人口社保、子女教育等最基本公共服务权益的实现。在这个

过程中，地方政府需要广泛动员社会组织和当地企业，进行多渠道的专项公共服务资金的筹集，以形成多元化的财政支撑体系。由中央政府发行流动人口子女教育或社会保障的专项金融债，以确保流动人口可平等享受最基本的公共服务权益。如果地方政府财政收入稳定增长，可适当增加地方政府尤其是流入城市政府发行流动人口基本公共服务的相关债券，多渠道拓宽专项服务资金来源，确保流动人口基本公共服务权益的实现。

2. 缩小城乡和地区教育差距，改善（乡—城）流动人口教育获得机会

对许多有年幼子女的流动人口来说，流入地户籍最大的吸引力在于子女的教育获得，而对于流入人口较多地区，流动子女的教育问题也是教育部门面临的重大课题和难题。为有效解决这一问题，不少内地省市都出台了有利于流动少儿就学的措施。比如，长沙市规定，招生录取原则对流动儿童一视同仁：凡已在长沙城区小学取得学籍的农民工随迁子女，可申请就读城区公立学校，并设立助学金、减免费用、免费提供教科书等优惠，以帮助流动儿童完成学业。又如，洛阳市统一划定市区82所义务教育学校接收随迁子女，要求按照"应收尽收"原则，依法为流动儿童办理入学手续，确保随迁子女都有学可上。类似地，合肥市采取"定点学校接收，相对就近入学"的办法，按照"符合基本条件，坚持免试免费"的原则，确保每一个符合条件的进城务工人员随迁子女都能顺利入学。2014年，合肥市定点接收外来务工子女的学校已达206所，其中不乏传统名校，如瑶海区20所定点学校中就包括非常有名的38中（分校）、和平路小学（分校）。

然而，在绝大部分地区，流动少儿的教育权利依旧受到严重限制。虽然在义务教育年龄段，流动少儿从最初主要在打工子弟学校上学，慢慢地进入公立学校就学，但未能摆脱学校质量差、师资配备差、额外收费贵、教育机会受限等诸多困境。2014年的户籍制度改革，要求中小城市对流动人口子女的教育敞开大门，这无疑为省内跨市和市内跨县流动少儿的教育提供了便利（因中小城市的流动人口主要来自省内）。然而，对于主要集聚在东部沿海等大城市且流动人口占比更大的跨省流动儿童，户籍改革并无关切；相反，限制流动人口子女教育却成为大城市人口调控的重要手段。

在当前饱受掣肘的情境下，如何提高流动少儿的受教育质量、改善他们的教育福利呢？

其一，真正落实"两为主"原则，让教育福利覆盖流动少儿。无论如何，当地教育制度的改革必须全面考虑流动儿童的教育问题，以缓解目前困境为出发

点和落脚点，保障流动儿童平等接受教育的权利。比如，以常住①适龄儿童为统计口径，将流动儿童纳入政府教育规划范围之内，从制度上确保流动少儿在现地接受与户籍同龄人口同等待遇的教育与服务。加大对接纳流动儿童公立学校的财政支持、经费投入，保证各级各类公立学校有条件和能力接纳流动儿童。同时，完善流入地公立学校的入学规则，减少证件要求，简化入学手续，使流动人口子女能够方便、快捷地进入公立学校读书学习。

其二，规范打工子弟学校，引导私立学校健康发展。首先，加大对打工子弟学校的监管，提倡规范办学、制度办学，推动学校的健康、良性发展；但是，特别要注意的是，加强"规范性"不应成为关停这类学校的借口，而应在办学经验、基础设施和师资条件等方面给予实质性的支持。其次，必须在教育资源和师资配备上给予倾斜，鼓励教学经验丰富的教师、学有所长的大学生到打工子弟学校、私立学校任教，充实学校的师资力量，全面提升学校的教学质量，为流动少儿学习成绩的提高提供硬件和软件设施，从而使规范优质的打工子弟学校和私立学校成为流动人口子女就学的平行选择（与公立学校同等），而不是退而求其次的无奈之选。

其三，杜绝学校各种隐性的收费行为，降低流动少儿求学之梦的成本。虽然政府已经从政策层面取消了学杂费、借读费等费用的收取，但实践中各种专门针对流动少儿的新的收费名目仍禁行不止。各级教育部门应严格监管和规范收费行为，坚决杜绝排斥性的收费行为，为流动家庭提供宽松的就学氛围和环境，提升流动儿童的在学率。具体方法包括：严格规范学校的财政制度，设立举报热线和网站，加大社会监督和检查力度等。

其四，彻底取消以子女教育为手段的人口调控措施，使教育问题与人口调整脱钩。在北京和上海等地，流动少儿的教育成为人口调控的重要手段。比如，近两年，北京市规定，流动人口子女入学必须五证俱全：除身份证和出生证外，还需提交借读证明、暂住证（或居住证）、户口簿、务工证明、住房合同等证件的原件及复印件。而实际情况更远不止于此：自有住房没有暂住证者，孩子不能上学；社保居住不同区者，孩子不能上学……操作中约需提交20余种证件，各种税票、明细、几十种单据文件，经街道、教委、工商、税务、城建、公安等多个部门层层审核，一处不清，则前功尽弃。为调控人口，北京市政府限制非京籍学生入学，一度引发较为激烈的群体性事件。2014年5月，数百家长在烈日之下，静坐于政府门前，要求解决子女的入学问题。但是，作为弱势群体的他们，始终

---

① 一个值得注意的现象是，在一些地方，所谓的"常住人口"，只包括在当地购买住房的外地户籍人口，或仅包括居住至少半年以上的流动人口。居住不满半年、没有住房的流动人口，往往没有包括在内，对他们的服务成为"真空"。

只是现地公民权利的话语缺失者。

诸多受过高等教育、具有较强的维权意识的城—城流动人口，尚不能保证子女合法的教育权益，而占流动人口大多数的农民工，要么把孩子留在老家，形成巨量的留守儿童（且每年暑期都会因缺乏父母看管和学校管理而发生各种伤亡事故），要么让孩子进入一个本地孩子不愿上的公立学校或没有正式学籍的打工子弟学校，接受低质量的教育。即便是打工子弟学校，其数量也从兴盛时期的200多所被关停到62所。2014年，北京市教委发布十五条，严令各校不得接收无正式学籍的学生，不少适龄流动儿童遭遇失学问题。各种教育通路的阻断，使得乡—城流动人口的生存和未来发展空间十分逼仄，终难落脚城市。

不公平的教育制度造成了一连串负面的多米诺骨牌效应：不能获取较高程度的教育水平，无法积累较多的人力资本，及至就业年龄，就难以进入主要劳动力市场，难以获得职业发展和职位升迁，难以获得像样的收入，难以得到稳定的社会保障，难以培育与本地市民进行真正交往互动的经济资本和社会资本，没有资格实现组织参与和政治参与，最终无法实现对流入地社会的认同……对父辈而言，这里是他们工作生活多年的城市，有青春的记忆，有奋斗的足迹，有迷失，也有成就；对年幼的子代来说，生活在父辈用汗水和青春构筑出来的光鲜亮丽的城市，却难以拥有一张安稳的课桌。从这个意义上看，流动人口（尤其是乡—城流动人口）的城市逐梦，难于国际移民的融入。西方社会的移民尚且可以通过自身努力，实现社会地位的纵向流动[①]，而如前一章所言，中国流动人口身份具有太强的代际传递性，子代跟随父代的脚步漂泊于城市，仍然摘不掉"流动人口"、"农民工"、"农二代"或"农三代"这顶帽子，美好愿景终成远景！由此可见，以设置教育门槛来达到人口调控的目的，不仅违背了社会公平、正义的基本要求，也阻碍了流入地经济社会的可持续发展。

父母对子女教育期望的高低会显著影响子女的最终教育成就，故除了政府层面对流动子女教育需做出的努力外，父母、学校以及老师必须对孩子形成良好的教育期望。2010年《流动人口动态监测调查》数据显示，乡—城流动人口对子女的教育期望普遍低于户籍人口，而我们在访谈中也了解到，在新的"读书无用论"影响下，不少乡—城流动人口父母也表示，上学不行，还不如早点出来打工。这一后果可能会导致乡—城流动少儿未来较低的教育水平，从而造成教育贫困的代际传递。应引导流动父母合理提高其教育期望，促使流动人口子女在较高教育期望下更好地学习、更加努力地学习，从而促进流动儿童学习成绩的提高以

[①] 社会地位的自致性是西方社会的一个重要特征。尽管家庭血统出身意义重大，但个体经济社会地位还可经由努力获得。

及整体素质的增强。

3. 扩大公共住房对流动人口覆盖面

在流动家庭化趋势的带动下，流动人口在流入地生活工作日趋稳定，但安居之梦难以实现，面临着"城市买房付不起，老家建房住不上"的窘境。住房成为流动人口，尤其是举家迁移者较为关切也较难解决的问题之一。

关于流动人口住房保障体系，国家及政府也做了诸多尝试，旨在合理解决流动人口的住房问题。2005 年，建设部等三部委联合发布《关于住房公积金管理若干具体问题的指导意见》，第一次在政策上明确了农民工缴存公积金的权利。作为最早涉及农民工住房公积金的政策，《意见》规定，城镇单位聘用的进城务工人员、城镇个体工商户、自由职业人员可申请缴存住房公积金。2006 年国务院《关于解决农民工问题的若干意见》要求，各地要将长期在城市就业与生活的农民工住房问题纳入城市住宅建设发展规划；在有条件的地方，用人单位和农民工个人可缴存住房公积金，从而使住房公积金进一步进入农民工住房保障系统。2007 年建设部、发改委、财政部等五部委联合发布《关于改善农民工居住条件的指导意见》，提出改善农民工居住条件的基本原则：一要因地制宜，满足基本居住需要；二要循序渐进，逐步解决；三要政策扶持，用工单位负责。2010 年，住建部等六部委颁布《关于做好住房保障规划编制的通知》，要求着力解决新就业职工、进城务工人员等收入偏低家庭的住房困难问题，进一步推进流动人口的居住融合。2011 年国务院办公厅出台的《关于保障性安居工程建设和管理的指导意见》提出，到"十二五"期末，外来务工人员的居住条件必须得到明显改善。

如果说此前有关流动人口的住房政策是以解决城市低收入特殊困难群体来定位的话，那么，2012 年后，政府开始将其纳入城市基本公共服务体系建设和实现基本公共服务均等化的一盘棋中（曾国安、杨宁，2015）。比如，2012 年《国家基本公共服务体系"十二五"规划》指出，要逐步满足城乡居民的基本住房需求，向城镇稳定就业的外来务工人员提供公共租赁住房。2013 年 4 月，住房和城乡建设部《关于做好 2013 年城镇保障性安居工程工作的通知》要求，各城市需在年底明确外来务工人员申请住房保障的条件、程序和轮候规则，要求各地政府做实流动人口的住房保障政策。十八届三中全会提出，财政转移支付需同农业转移人口市民化挂钩，勾画了住房保障改革的战略蓝图，这是国家首次提出建立符合国情的住房保障和供应体系。2014 年 3 月，中共中央、国务院发布的《国家新型城镇化规划（2014—2020 年）》针对农业转移人口的住房保障提出，对于农转非人口，应按照市民身份纳入城镇住房保障体系；对于非农转非的农业转移人口，要采取包括廉租公租房在内的各种租赁补贴政策，以多种方式增加住房供应，包括社会资本参与保障性住房建设、在农民工集中的开发区和产业园区兴建单元型或宿舍型公共租赁住房，审慎探索由集体经济组织利用农村集体建设用地建设公共租赁住房。2014 年 6 月，住房和城乡建设部发布《住房城乡建设部关于并轨后公共租赁住房有关运行管理工作的意见》，明确住房保障对象包括稳定就业的外来务工人员。2014 年 7 月，国务院发布《国务院关于进一步推进户籍制度改革的意见》中，也涉及把进城落户农民完全纳入城镇住房保障体系，全面推行居住证制度，持有人逐步享有和当地户籍人口同等的住房保障权利，且不得以退出土地承包经营权、宅基地使用权、集体收益分配权作为农民进城落户的条件。

国家层面不断建立与完善符合国情的住房保障和供应体系的尝试，透视出为"无巢鸟"在城市中搭巢筑房的制度关怀，也进一步点亮了亿万人的安居梦想。从深层的意义上来讲，流动人口住房政策的逻辑起点并非住房供应的数量和质量，而是附加在户籍制度上的城乡结构（丁富军、吕萍，2010）和地区区隔。随着居住证制度的全面铺开，政府应当扎实接棒，以更大努力消除户籍"名亡实存"的制度残余所导致的流动人口与城市居民在住房待遇上不公平的"位差"，逐步实现住房保障的一体化。但是，户籍制度的"名亡实亡"非一日之功，需要国家、社会共同发力和推动，协调好部门责任，逐步满足流动人口现实的住房需求。

在实践层面，一些地方政府也开始破冰，着力改善流动人口的住房问题。不少地方城镇建设规划都已将农民工统筹考虑进来，按照有利于居住者生活和工作、有利于投资者经营、有利于管理的原则分区分片建设农民工集中居住区，极大地解决了农民工的住房问题。集宿区的做法虽然是一个很好的探索，但其实也有弊端，它实际上形成了农民工聚居区，可能阻隔了流动人口与本地市民之间的交流与互动。研究表明，若流动人口居住的社区有集体宿舍，他们社会适应、文化交融和心理认同状况便会更差（杨菊华，2015）。

更合理的做法是，在宏观政策的指导下，落实政策的实施效果，将流动人口纳入城市住房建设规划。具体可从四个方面来操作。

其一，基于流动人口的规模、年龄和性别构成、家庭成员组成等状况，预测流动人口的住房需求和居住要求。

其二，根据有效需求，合理布置一般商品房、经济适用房、公租房、廉租房的建设数量和建设面积，逐步满足流动人口租房、购房等不同层次的需求。首先，必须逐渐建立真正覆盖流动人口的住房保障体系，对其住房需求进行统筹考虑和有效安排。由于流动人口的住房消费需求和能力随年龄增长、收入的积累、职业身份的变化而不断提升，故住房保障政策可遵循"先租后买，先旧后新，先小后大"的梯次升级过程，对在城市中稳定就业达到一定年限、有一定经济能力的流动人口给予保障性住房的市民待遇；同时，必须建立覆盖流动人口低承租水平等现实特点的保障房体系。其次，一手抓建设，一手抓管理，且两手都要硬。因流动人口的住房来源主要是租住私房，这就要求不断规范住房租赁市场，通过政策鼓励企业参与社会化公寓建设，并加强监管，把流动人口管理和公共服务延伸到这些领域。

其三，不断健全流动人口住房公积金制度，保障流动人口享有住房公积金，并逐步完善住房公积金的转移、接续和提取制度。采取适宜的住房补贴、租房补助等手段，完善财税支持和金融服务体系，不断加强各种制度输出和建设，适度减轻流动人口居住压力，为其安居梦的实现提供坚实的制度保障，这样终可让流动人口在流入地有一己之室。

4. 加快推进各级统筹，落实社会保险转移接续

西方的经验表明，在市场经济条件下，只有建立起覆盖全民的社会保障体系，才能保护在市场竞争中处于不利地位的弱势群体，保障他们生存发展的权力和利益不受侵犯。稳定的社会保障是流动人口的"强心剂"，在社会保障的庇护下，流动人口更愿意在流入地长期稳定工作，减少在城市之间反复游走、在流入地和流出地之间长期漂泊的行为。

其一，开展宣传教育，增强保障意识。部分流动人口对社会保险的重要性缺乏足够的认识（比如，认为养老保险似是遥远之事，年轻人中尤为明显，我们在苏州访谈的一个28岁的乡—城流动人口就认为，自己现在还年轻，还没有想养老保险的事情），也有一部分流动人口因为医疗报销手续麻烦而不愿购买相关保险。针对该情况，有关部门可借助大众传媒和社会组织向他们宣传社会保障的具体内容、功能、意义、参保流程、权利和义务，以逐步增强流动人口参加社会保险的意识，同时简化各类保险缴纳的程序，尤其是养老金的领取以及医疗报销手续，便捷的服务会极大地激发参保者的热情。同时，由政府主导配套各类保障基金，提升他们参加社会保险的积极性和主动性，扩大社会保险的覆盖面。

其二，分类逐步推进流动人口的社会保险。首先，全面落实与在业流动人口人身安全紧密相连的工伤保险和医疗保险。这两类保险不仅是流动人口保障梦的重要组成部分，而且有助于降低流动人口因病返贫、因病返乡的风险。其次，对于在业流动人口，继续落实其他方面的社会保险，如养老保险、生育保险等。而对于灵活就业、游离于社会保障制度之外的非在业流动人口，像对待本地市民一样，允许他们以自由职业者的身份参加流入城市的医疗和养老保险。

其三，加快落实可携带、易转移、能接续的社会保障政策。由于流动人口工作不稳定，工作场所经常变换，他们的社会保险常常缴费时间短，且转移时需跨

越不同统筹地区，只能带走自己缴纳的一部分，而不能带走单位缴纳的部分；如此一来，保险缴纳与否似乎差别不大。因此，政府必须尽快出台在全国范围内的可携带、易转移、能接续的社会保障新政，简化、减少社会保险异地转移接续的手续和费用，加快健全流动人口的社会保障制度。河南省信阳市息县卫生局针对该县不少人在广东东莞打工的情况，在东莞选择了一家医疗机构作为定点机构，为在东莞的息县新农合参保流动人员提供医疗服务，且在东莞能够办理报销手续。[①] 类似的制度性创新十分重要，政府也应注意发掘并及时加以推介。

（二）以社会为依托，多方联动，提高服务供给效率

政府担负着公共服务供给的主要职责，通过强制性税收和行政征收，确保服务的有效提供。对绝大多数流动人口来说，最迫切的需求是现地的基本公共服务和福利。当前，政府各相关部门致力改善流动人口的公共福利待遇，但因资金受限、管理低效甚至缺乏监管等弊端，加之流动人口的管理问题更为复杂、难度更大、任务更巨，使得如何创新（针对流动人口的）社会管理、提高服务供给效率成为摆在政府面前的一道难题。而这道难题的破解，需要在以政府为主导的基础上，充分调动市场机制的力量，发挥社会组织的作用，取长补短，相互补足，通过多元主体供给，实现流动人口基本公共服务均等化。

1. 吸纳企业资本，拓宽流动人口公共服务筹资渠道

无可否认，随着经济社会的发展，人们的生活水平得到极大提升，物质条件得到巨大改善，部分流动人口从社会中得到实惠，也对子女教育、社会保障、医疗服务等公共资源提出了更高的要求。加大市场化服务供给，为有需求人口（不仅仅是流动群体）提供更多元化的服务，是未来发展的必然趋势。市场公共物品的有效供给，需要生产资金、资本和有效的管理手段；而市场和社会组织在弥补政府产品供给、提高供给效率方面具有得天独厚的优势。因此，应借鉴国际先进经验，鼓励公共服务供给的市场化运作，采取政府与民营部门合资建立股份公司的做法，扩大供给的覆盖面，提高其效率。现地政府在公共资源方面对外来人口的限制，既有地方保护主义的思想在作祟，也是资源受限不得已而为之的做法。换言之，无论是从保护辖区居民的利益出发，还是出于其他原因，在资源受限的情境下，政府都势必将有限的资源优先提供给本地户籍居民。扩大资金供给和创

---

① 资料来源：樟木头《在河南信阳参保 到石新医院报销》，http://news.sun0769.com/town/ms/t20100604_857545.shtml，2010年6月4日。

新管理模式对于打破这种僵局至关重要。

首先，以政府投资带动社会企业资本跟进，确保流动人口公共服务供给的社会资金。对于跟进的相关企业，通过适度的税收优惠与减免政策以吸纳更多社会组织的参与。例如，积极鼓励社会资本、企业资本参与流动人口子女教育、医疗保障等领域的资金纳入。同时，主动利用商业银行的信贷支持，用于支持流动人口基本公共服务的建设，引导商业银行、金融机构提供长期、稳定的信贷资金，投入流动人口基本公共教育、就业与社会保障、基本医疗和公共卫生、公共基础设施等基本公共服务领域中。

其次，以政府招标方式向企业或社会专业机构购买服务，鼓励市场化专业机构的服务供给，提高财政资金运行效率。例如，针对流动人口随迁子女的教育问题，可由地方政府与民办学校合作，规范民办学校的环境与秩序，适当提供资金扶持。特别是在流动人口总量巨大之地，可鼓励正规私立学校的创立，形成在政府监督下的有效运行。对于流动人口社会保障，因其就业层次低，用工不规范，小型私人企业很少为他们缴纳相应的保险，可充分发挥商业保险的作用。同时，政府通过适当的财政补助、减税或免税等手段，降低参保门槛，鼓励为流动人口建立工伤保险和医疗保险，尽可能地将更多流动人口纳入医疗保险体系中。又如，对于医疗服务机构，尤其是民营医疗机构（无论大小）、社区诊所等，一方面要更好地利用已有资源，鼓励它们改善技术条件，为流动人口提供更多可及且优质的医疗服务；另一方面，规范私营医疗机构的收费行为，杜绝无资质检查项目和乱收费现象，敦促医院签订职业规范合同，最大限度地保障流动人口的医疗安全。为此，在基础设施（如教育、医疗等）建设中，除涉及国家安全和社会安定的少数部门外，原则上都可以向私营资本和其他民营资本开放，鼓励其以股份投资的形式参与其间，公共部门负责监管，私营部门负责生产与运营。民间资本的介入以及民营产业部门管理的参与，一方面可为公共物品（如社会保障运营、住房建设）注入资金活力，另一方面，民营化的管理模式能有效地改变政府行政管理上的低效率现状。政府需要全面发挥监管作用，保持必要的控制力，不能让社会保障、住房、教育等成为某些部门牟利的工具，要切实从民生的角度出发，真正将好处惠及流动人口，不断缩小流动人口与其梦想之间的距离。

2. 企业应担负起让流动人口"体面劳动"的责任

企业是在业流动人口的重要活动场所，是他们认识现地的主要窗口之一，也是他们长期居留意愿形成的主要阵地，在流动人口逐梦、圆梦的进程中可起到无法替代的作用。在国家提倡"职工融入企业"的理念下，企业应发挥政府与流动人口之间的桥梁作用，承担起基本劳动保障提供者和"体面劳动"促进者的社会责任（周扬明，2014）。这一方面是为了提升流动人口社会服务的享受率，另一方面也是提高员工的忠诚度与企业信誉度的重要抓手，可为企业的可持续发展提供所需的劳动力资源，打开政府、企业、个体多方共赢的局面。

首先，企业应主动承担起流动人口社会保险的缴纳义务，尤其是医疗保险与工伤保险。短期而言，企业从自身的经济理性出发，往往不愿意为流动人口缴纳社会保险，非正式的作坊式工厂尤其如此；但就流动人口而言，对医疗保险及工伤保险的需求最为迫切，因为这可能直接关系到他们的身心健康和长期保障，也可以解除他们在工作中的后顾之忧。因此，兼顾企业的经济利益及职工的基本权益，企业必须承担对流动人口基本医疗保险及工伤保险的缴纳义务；同时，政府也应该适当降低企业为流动人口办理各类保险的成本。在经历了一个过渡阶段后，企业应根据流动人口工作时间的长短，适当实行有差异化的保险覆盖。例如，针对工作时间超过 5 年的员工，给他们增加社会养老保险、大病医疗保险等。这样做意义重大：一方面保障员工更高的福利待遇，激发员工工作的积极性，培养其对企业的忠诚度；另一方面有利于企业留住劳动力，避免因劳动力成本大幅高涨而出现招工难的被动局面，从而实现劳动力、企业发展的共赢。

其次，为外来职工提供便利服务，降低他们的生活成本。外来职工首先面临的是住房难题。企业可适当改变思路，通过提供集体性住房来缓解外来职工租房难和租房贵的问题。在实际调研中发现，合肥市部分企业针对公租房依旧价格较高、多数流动人口难以承受的问题，采取了一系列办法。企业先承租下来，然后当作企业福利，以相对低廉的价格租给企业职工，从而有效地解决了部分普通工人租房难、租金贵的问题。张家港市通过制定优惠政策，加大财政资金支持力度，通过规模型企业自主建设公租房的办法，扩充公租房房源，降低公租房的承租成本，改善新市民的居住条件。但是，必须要注意的是，这类住房很可能带来一个意料之外的负面效果，即流动人口聚集而居，与本地市民形成居住隔离，融入之梦更难实现。因此，什么样的住房制度可以更好地促进流动人口与本地人的交融，还值得进一步探讨。

同样，职工一日三餐，可由单位食堂统一提供。集体食堂不仅成本低，而且能有效地节省员工单独外出就餐的时间成本。有条件的企业，可以全部以福利的形式提供就餐补助；尚处于发展阶段、资金并不宽裕的企业，可提供低于市场价格的就餐服务，降低职工的生活成本。

最后，加强人文关怀，增强流动人口的归属感，提高其满意度。外来人员从异地他乡流入某个城市，需要的不仅是一份可以带来经济报酬的"活儿"，也需要来自工作的人文关怀与心理满足。就企业自身来讲，可以采用适当宽松的管理方式（如适当灵活地安排假日或休息日），满足流动人口的回家需求；营造良好的工作氛围，定期为能力突出者提供技能培训机会，增强职工的人力资本，提高他们的工作积极性，提升他们在城市、工作中的适应能力。与此同时，推动社区与企业的合作，在企业内建立有助于流动人口生存发展的协会，主动为员工提供有需求的服务，帮助他们解决婚育、医疗及子女入学等方面的难题，促进新老市民的互动交往，使流动人口均等享受各项服务，形成工作、生活多位一体的人文关怀局面。

3. 调动非营利组织力量，创新社会服务供给模式

政府在社会管理方面有着天然的缺陷，如管理低效率、资源权力垄断下的利益勾结以及非均等分配等；而非营利组织（如社会团体、民办非企业单位、各种基金会以及志愿者协会）可有效填补政府难以管理和无法管理的社会公共事务。互补的方面涉及众多领域，包括教育、医疗、社会保障、公共基础设施建设等诸多方面。

首先，充分利用民办非企业单位组织在流动人口子女教育方面的促进作用。民办非企业单位是企业事业单位、社会团体和其他社会力量以及公民个人利用非国有资产组建的，是从事非营利性社会服务活动的社会组织。《国家中长期教育改革和发展规划纲要（2010—2020 年）》明确指出，"鼓励和引导民间资金发展教育和社会培训事业，促进民办教育健康发展"，提出"要充分发挥民间资本在教育中的重要作用"。因此，要以民办非企业单位为契合点，鼓励和引导民间资本进入教育领域，促进民办教育发展，积极落实打工子弟学校、私立学校的硬件设施建设和软件质量提升，为流动人口子女提供更好的教学环境。

其次，充分发挥社会团体或志愿者协会的作用，破解流动人口与现地社会的"理念墙"。社会团体或志愿者协会在为流动人口提供情感支持、促进心理融入方面比政府组织有着先天的优势。相较于社区工作人员，社会组织的形象更为亲民，也更容易吸引居民参加各项活动。同时，社会组织的引入，一方面可减轻社区管理者的工作负担，另一方面则有利于社区活动的合理分工和效率的提高。政府可通过政策支持、场地支持、购买服务等方式与社会组织展开合作，定期对流动人口开展访问工作，了解他们在城市生活中的状态和需要，多渠道开展活动，促进流动人口与当地居民的沟通互动，加强情感交流。

我们在调研中了解到，合肥市滨湖世纪社区与15家社会组织合作，为居民提供无差别的公共服务、社会服务、志愿服务、房屋租赁服务、居家服务、维权救助服务、文化娱乐服务等。另外，该社区还以政府购买服务的方式，引导公益类、慈善类、社会服务类社会组织和专业社工参与社区服务，为居民提供专业化、精细化、项目化服务，实现政府职能转型。同理，张家港经济开发区杨舍镇的金塘社区，建立了以社区主任为站长，以物业公司经理为副站长，吸纳新老市

民广泛参与的社区志愿服务站，下设党员志愿服务队、红领巾志愿服务队、敬老爱老志愿服务队、金塘论坛志愿服务队、能工巧匠志愿服务队、美丽家园志愿服务队、助残志愿服务队等 10 个志愿服务队。这些服务队不是作秀，而是实实在在地提供服务，很好地发挥了社会组织在服务流动人口、推动不同人群交往互动等方面的作用，对流动人口梦想尤其是融入梦的前行，起到了很好的推进作用。

最后，充分发挥慈善组织、基金会的作用，确保社会公益基金能更多地向城市贫困流动人口倾斜。比如，可专门设立流动人口工伤基金或失业基金，对于因工伤或意外事故而导致的伤亡人员或其家属给予一定的照料和支持，尤其是在事故纠纷不能及时有效地处理的情况下，维持当事人基本的生活保障。对于失业流动人口，失业金的发放不仅能够增强他们对城市的认同，而且也能够为城市发展存续劳动力，降低流动人口因短暂失业而造成的反迁或在城市之间频繁流迁的成本，也降低流动人口因反复迁移而造成的职业不稳定。

（三）以社区为支点，形成合力，营造良好社会氛围和友好社交平台

社区平台是社区居民公共精神的重建，是社区发展中的公共产品。广义的社区包括居住社区和功能社区（包括工作社区、学校社区等）。作为个体生活的窗口，社区是所有流动人口的落脚点，是流动人口与现地社会发生关联的第一场所，是与现地户籍市民发生有机联系和零距离接触的主要阵地。《国家新型城镇化规划》强调，"农民工融入企业""子女融入学校""家庭融入社区"，无不与广义的社区和狭义的社区相关联。社区在实现情感融入、归属认知等方面发挥着重要的作用。社区营造的宽容温馨、没有隔阂的工作和生活场景，是对流动人口的人文关怀，可以帮助他们认识并热爱所在的城市，提升他们融入城市的能力，进而逐渐实现他们的城市梦想。

流动人口与户籍人口的互动以及户籍人口的包容与理解是流动人口逐梦和圆梦的关键。互动似是个体之间的行为，但往往也需要借助社会的力量来达成。越来越多的学者认识到，社区在推动互动方面有着无可替代的重要作用。10 年前，时立荣（2005）基于当时的政策框架模式，结合流动人口的现实需求和问题，以及城市社区现有服务体系的特色与局限，提出通过社区参与促进社会融入的框架模式。他认为，要以社区为依托，调动个人与组织的参与，改善流动人口与当地居民的社会交往；为农民工提供更多参与社区活动的机会，平等地参与社区选举，参与社区管理，获得初级群体以外的社会资本；激励其社区行动，促进社会融入，推动梦想的前行。

1. 搭建流动人口服务信息平台

在现代社会，信息是非常重要的资源，但流动人口受自身人力资本、社会网络、劳动就业制度等因素的影响，在流入地难以获取准确、及时的就业信息，导致其难以找到声望较高的职业（韩嘉玲、张妍，2011）。社区服务信息平台（包括电话、网站、QQ群、微信、短信、宣传栏等）不仅可向流动人口提供相关的就业信息，还可向他们提供生活服务、社区活动、当地的规范习俗等方面的信息，帮助流动人口了解所在社会。

首先，搭建流动人口就业信息服务平台。流动人口从故乡来到他乡，需要先获取一份像样的工作，并得到一定的经济回报。可以流动人口所居社区为平台，及时为他们提供就业信息，满足多样化的就业需求。比如，北京市2010年开始在部分社区建立"社区青年汇"，将信息服务工作扩展到较为活跃的青年流动人口，提升他们的逐梦能力和情感认知，为实现梦想奠定基础。张家港市金塘社区通过"虚拟社区、网上社区、网络论坛"的精心运作，引导居民参与社区自治，实现信息的共享、互通。

其次，搭建流动人口生活服务信息平台。流动人口在流入地除了获取工作及报酬外，也有衣食住行等日常生活方面的诉求。可及时利用社区宣传栏等公共平台，为他们提供租房、联谊活动、社区其他公益活动等信息。该举措不仅会使流动人口的日常生活更为便利，也有助于增强他们对居住社区的心理归属感和对未来的期待感。

2. 打造流动人口与本地市民日常交往互动平台

"远亲不如近邻"，高科技替代不了好邻居，套嵌在社区中的邻里关系在日常生活中尤为重要。若流动人口与本地人口的交往冷漠且不舒心，日常互动交往与平等沟通均不可得，那么流动人口对于现地可能始终是有隔阂且抗拒的。心理融合与梦想的实现相互促进，心理难融入，也会抑制城市融入梦想的实现。而社区融合并非外力强加所能达成；它必须建立在社区成员积极参与和互动的基础上。由此，方可促进两群体间良性的交往互动，营造求同存异、相互尊重的氛围，逐渐消除相互之间的偏见和隔阂。

其一，以活动促交流，搭建沟通平台。社区应为其成员提供开放性的公共活动空间，向流动人口与本地居民平等开放，以文娱活动、外出参观、夜间巡逻、庭院整治等为载体，增加流动人口与本地市民经常性的接触与相互沟通交流的机会。流动人口，特别是乡—城流动人口，与流入地市民在生活方式、行为习惯等方面的极大差异，导致两群体之间的隔离与疏远，而通过参与社区活动，加强二者之间的相互接触和互动，使其深入了解彼此的文化习惯，增进信任，减弱歧视与隔阂（高春凤，2013），在理解的基础上相互尊重，进而推动包容式融入，实现包容式发展。我们在合肥看到，社区面向辖区儿童打造的"宝贝成长计划"，包括"绿色家园""智力大冲关""国学诵经典""火辣夏令营"等诸多项目，在很好地引导家长和孩子共同参与的同时，也极大地推动了本地人与外来人的接触、互动、沟通，为进一步的互动、互联、互通奠定了基础。

其二，以参管促尊重，搭建管理平台。充分利用流动人口参与社会事务管理的积极性，组织流动人口参加社会治安、环境整治、参政议政、扶贫济困等社会事务管理活动。一方面，培育流动人口对社区的责任感，增强他们对社区的认同；另一方面，树立本地市民对流动人口的信任感，缩短两群体间的心理距离。比如，社区通过通报表彰（授予优秀志愿者，公益达人等荣誉称号）以及发放一定的物质奖励的方式，可增强流动人口参与社区管理、志愿服务的积极性。

其三，以服务促融入，搭建服务平台。为流动人口提供劳动就业、房屋租赁、权益保障、法律咨询、计划生育、子女入学等服务。同时，将服务管理主体由"单向主导型"向"多向联动型"转换，组织新老市民成立志愿服务队，营造团结友爱、互帮互助的良好风尚，使流入地真正成为流动人口的第二故乡。

其四，以家庭为助力点，推动人群交往。不少社区为小学生或幼儿园学生提供活动场所，开展各项活动，比如，四点半课堂、舞蹈、书画等课外兴趣活动以及针对不同年龄群体的阅览室，可以借助这些阵地，加强本地市民与流动人口之间的互动。正如我们在访谈中所发现的，流动儿童与本地的联系，不仅有助于孩子的人际交往，而且能够拓展父辈流动人口与本地的联系。

3. 提供名实相符的社区服务

相关研究（杨菊华，2015）发现，流动人口在流入地和流出地所遇到的困难均会对其在流入地实现梦想产生负面影响，而社区有针对性的服务有助于流动人口更好地实现融入。然而，社区活动不能只是为了完成任务或收获政绩，而是要真正服务于流动人口的需求，故必须名实相符。

我们从个案访谈和实地考察中了解到，各地为流动人口提供服务的社区数量不少、种类较多，且似有针对性，但实际上较为形式化。比如，春节过后在汽车站、火车站等处设立的针对流动人口的就业咨询，由于时间不合适（太早或太迟）而导致流动人口的参与很少。社区公共空间存在着硬件设施齐备，但开放性明显不足的问题，这必然大大限制社区公共空间作用的发挥。在很多地方，公共设施和公共空间开放一般是白天上班时间，甚至比上班时间更短。某社区图书屋的开放时间为周一到周五，上午、下午开放时间分别为 8 点~10 点半，15~17

点，恰与流动人口的上班时间相冲突。还有一些服务人群的针对性不强，广场舞或许能吸引年长流动人口，但对比例日益增加的青年流动人口可能形同虚设；很多工厂的图书室因书籍陈旧而无人问津；电子阅览室的电脑竟然没有键盘。同时，社区实践还存在严重的资源浪费问题：各职能部门在社区层面都有自己的"腿"，许多资源实为闲置；基于社区居民自身特点而配置的资源却又不足。

我们从定性访谈中了解到，造成服务不到位现象的原因是多方面的，比如，人力和财力资源不足或缺失，当地政府部门重视不够，宣传和管理不到位，未能精准把握社区居民特点及实际需求，等等。为此，可将各项服务与社区信息平台建设结合起来，通过信息建设完善服务内容，提高服务水平。此外，针对这些问题，社区还应有如下应对之策。

其一，社区服务需要针对不同人群，提供有针对性的项目。在提供服务前，服务机构应做足研究工作，了解流动人口的不同需求，提高服务的针对性和有效性。比如，根据商住小区、回迁小区、厂矿宿舍区等不同类型，设计不同功能区。比如，在流动少儿较多之地，可借助与高校合作，鼓励大学生参与社会实践、志愿活动，或通过少量报酬，组织陪读妈妈或低龄且身体较好、有服务意愿和服务能力的老人，照看流动儿童甚至是本地儿童，辅导孩子们学习。这既为大学生的社会实践提供了场所，为老年人提供了发挥余热的机会，有助于他们的身心健康，也在父母可支付的范围内为流动人口甚至本地儿童提供了所需服务，减轻了父母的照料负担。

其二，已提供服务的社区，需要通过各种途径，扩大知情面，鼓励和吸引流动人口更好地利用现有的服务。比如，通过张贴海报、微博、微信、手机短信、QQ群等媒体平台发布、推送相关信息。

其三，为提高社区活动中心各项活动设施、场所的利用率，应广泛地征求民意，详细了解小区居民感兴趣、有迫切需求的服务项目与公共设施，适当调整社区公共空间的开放时间。比如，周六、周日的全天开放，工作日下午开放时间适当延长，等等。在社区活动空间的管理方面，可吸纳志愿者的参与。

（四）以个体为核心，政府助力，提升流动人口圆梦实力

制度固然是流动人口逐梦、筑梦和圆梦的重要影响因素，但梦想能否最终实现，也因个体能力而有别。我们看到，乡—城流动人口中，成功圆梦的个案很少；城—城流动人口中，有相当一部分人在经过一段时间的努力后，实现了最初的梦想——他们奋斗了18年，终于可与本地人坐在一起喝咖啡。为此，提高流动人口逐梦能力也是急需解决的问题。这里当然涉及个体禀赋要素，但很多禀赋

要素实际上是与宏观因素密不可分的。本节主要关注后者。

1. 提升正规人力资本，奠定圆梦基础

受教育程度越高，流动人口实现梦想的可能性越大；教育是流动人口圆梦的助推器。对处于异地他乡的流动人口而言，流出地存续的社会关系网络发生了很大变化且难以为继，在流入地必须通过自我努力而非依靠既有的社会支持去获取一份稳定的工作。因此，良好的职业技能与较高的受教育程度对于流动人口在流入地的生存与发展具有格外重要的意义。对处于不同年龄段的流动人口群体来说，人力资本的释义差别甚大。针对已经退出学龄阶段的成年流动人口，加大职业技能培训是提升人力资本的有效途径；针对学龄流动儿童，加强基础教育则是提升未来人力资本及职业技能的关键。

首先，加大对成年流动人口的职业技能培训。正规教育的接受受制于年龄，绝大多数成年流动人口已退出这个年龄段，难以像学龄少儿那样在流入地再接受正规的学校教育。加强对成年流动人口的职业技能培训就成为提升他们的人力资本、促进圆梦城市的重要途径。一方面，以企业为中心，政府通过技术指导与援助的方式，加强对企业内部员工的直接技能培训，帮助职工快速掌握企业所需的技能结构，同时提高流动人口的工作适应能力；另一方面，由人社部门统一组织与安排，针对不同劳动技能，分门别类展开培训，使处于不同工种的流动人口能很快且有效地获得并提升所需技能。其间，不仅需要进行基础性的职业技能培训，而且也应针对高层次的技术提供培训，满足流动人口和用工企业多样化的技能需求。

其次，树立良好的教育观，加强对学龄流动少儿的基础教育。对于流动少儿来讲，随着时间的推移，他们中的相当一部分可能也会日渐成为流入地社会的劳动主力。一方面，提高他们的人力资源水平，实现更好的正规人力资本（包括数量和质量）积淀，实际上也就是提升了他们未来更强大的逐梦能力；另一方面，对于即将进入劳动力市场的年轻一代，提升其专业劳动技能，可为未来产业结构调整，为打造人力资源大国，向人力资源强国转型奠定坚实的基础。因此，应尽可能为流动人口子女创造更多、更优质的教育机会，使之能够获得好于父辈的生活和发展的本领与能力。不管是流入地政府还是流出地政府，既要为成年流动人口创造提高其职业技能水平的制度条件，也要保障流动儿童正规的就学机会。只有拥有较高的人力资本，流动人口才有可能拥有声望较高的职业，获得更高的收入，享受相应的社会保障，进而增强对流入地的归属感和认同感，并乐意在该地长期居留，实现安居梦和融入梦。

2. 改善就业服务模式，增强就业能力

劳动就业是获取收入、提高生活水平的根本途径，流动人口圆梦之旅离不开他们的就业状况和职业地位（尽管本书没对这个领域进行分析）。一方面，就业与否对于流动人口梦想的实现具有重要意义；另一方面，职业地位的高低直接作用于流动人口的圆梦之旅。从数据中我们发现，相当一部分流动人口并未在业，其中可能有一部分是自己在调查时点时没有就业意愿，但更多的人可能是没有找到理想的工作；而这还不包括没有找到工作而离开流入地的人群。数据更显示，流动人口的就业领域具有很强的同质性，他们大都就业于职业地位低的行业，这极大地限制了其发展空间，成为逐梦能力低下的主要因素。

与就业人口相比，未就业人口的保障水平更差。绝大多数流动人口不在业的原因，主要是人力资本低下、职业技能不足，难以找到合适的工作，或是劳动报酬与工作付出极不相符，导致暂时性失业。无论怎样，作为社会中的一分子，需有梦想并为之努力奋斗，不断提高实现梦想的能力。对此，流入地政府应为流动人口提供公平的劳动就业机会。虽然与其他公共资源相比，劳动就业的市场化程度更高，能否实现就业、实现怎样的就业在很大程度上取决于个体的资本禀赋，但政府依旧可以起到相应的作用。同时，相关的就业服务工作可以直接提高流动人口的就业能力。例如，招聘信息的全面覆盖或者针对性宣传，让市场信息与流动人口信息达到互通，这无疑会让更多的流动人口找到适合自己的工作。

3. 提供职业技能培训，提升就业层次

根据本项目的数据分析结果、个案访谈资料以及笔者前期研究发现，我们认为，加强有针对性、有时效性的职业培训，既可提高当前流动人口的就业能力，也可对经济发展方式转型和产业结构升级起到未雨绸缪的效果。杨菊华（2014）发现，职业培训对流动人口的住房、保障、心理融入等都具有正向推动作用。

而目前的情况是，一方面绝大部分流动人口的工作往往只能让他们维持温饱或稍有盈余，却难以推动其他梦想前行；另一方面，政府对农民工培训投入了大量资金，但"只见数字不见人"现象凸显，即政府投入巨大，而流动人口收益很小，投入与收益之间极不对等。因此，完善流动人口的职业培训制度，提高他们的综合素养和专业技能，不仅需要政府的积极投入和支持，更需要落实培训效果，覆盖更多受益人群，切实提高中国劳动力的整体素质，增强流动人口的逐梦能力。为此，城乡政府应加强合作，努力办好农村职业教育，通过城乡人力资源互动，提高乡—城流动人口的职业技能和基本素养。同时，还应在了解流动人口

职业培训需求和市场劳动力需求的基础上,开展形式灵活多样、有针对性的职业技能培训,提升流动人口的专业技术能力(杨菊华,2014),让他们成为产业阶层和技术工人的真正组成部分,不再长期停留于流动状态之中。

4. 促进家庭团聚,解除后顾之忧

尽管发达地区和城市(尤其是特大城市)快速的经济增长和社会发展为流动人口提供了大量且更好的就业机会,但无论是收入、保障还是社会地位的改善,都远不及挫折感加深的速度。快速发展的城市社会和东部地区增加了人口红利的创造者——流动人口圆梦困难,他们成为自己贡献的牺牲者。一直以来,政府和部分学者都认为,流动人口进入城市或进入经济发达之地,主要目的是为获取更大的经济收益;一旦收入增加到一定程度或经济波动使得收入降低,他们便会回归故里。这种思路与 20 世纪 80 年代和 90 年代欧洲多国(如德国)对待"客工"的思路如出一辙。而实际情况是,无论是欧美还是中国,这一思路都是错误的。

中国过往 30 多年人口流动历程表明,越来越多的年轻人外出,越来越多的人在流入地居留的时间更长,越来越多的年轻人生于城市长于现地,在现地"成家立业",故"安家"愿望愈发强烈,半家庭式或核心家庭的举家流动成为一种普遍的趋势和新的常态,回不去的故乡让他们尤其是年轻一代没有了退路。

因此,与预期相反,流动人口不仅没有彻底回家,而且把配偶、子女甚至老人都带到现地,不仅年轻一代更愿留在城市追逐梦想,就连父辈的老生代流动人口也开始逐渐表现出留在现地的倾向。这一方面是因为,当前我国城市中的低端服务业快速发展,诸多对年龄和工作技能要求不高的工作机会被创造出来,新老生代在城市中就业均相对容易;另一方面,很多作为父辈的老生代流动人口在城市里开始承担照顾孙辈的任务,进而继续"漂"在异乡,成为"老漂一族"。虽然流动人口在现地实现了部分家庭成员的团聚或举家团聚,但由于难以稳定立足,远未达到安居乐业式的家庭幸福。

对大部分流动人口而言,家庭团聚既是梦想之一,也是实现其他融入梦想的重要影响要素,故二者存在明确的正向相关性。德国这个曾经排斥国际移民之地,出于自身人力资源的战略性需要,大力倡导并推动移民的家庭团聚,欧盟社会政策的总体思路也是如此。我们认为,在关注流动人口个体圆梦能力的同时,政府也必须帮助流动人口扫清家庭团聚过程中的制度性和结构性障碍,即前面提到的劳动就业、住房和社会保障、子女求学等方面的障碍。比如,从宏观上制定能够促进流动人口家庭团聚的政策条规,为流动人口的家庭团聚提供制度支持。又如,认真贯彻落实各项家庭团聚的法律法规,以确保流动人口家庭成员应享的

各项权利。最后，为流动人口的家庭成员提供就业劳动保障和基本公共服务及福利，以免家庭中某成员因失业而造成整个家庭在城市中的贫困地位。

三、因地制宜、因人而异，增加流动人口圆梦机会

大量的研究表明，长期过低的生育水平降低了中国劳动人口比例，使中国的劳动力供给呈现从"无限供给"到"有限剩余"的转变，在部分地区甚至出现了结构性的"用工荒"困境。怎样应对该问题，超过了本书的视野。不过，帮助流动人口逐梦圆梦、实现城市融入不失为有效的应对途径之一。政府既要有为流动人口真正提供均等福利和服务的"常态化"意识，也需要有将这种意识落实到"常态化"的行动。不过，在不同地区，由于流动人口的结构有别，地方政府也应因地制宜，提供更具有针对化的对策。

（一）把握地区特征，因地制宜，助推融入梦想

不同地区和不同规模城市流动人口的分布，包括总量和结构都极不均衡。东部城市不仅流动人口数量多，而且多为跨省流动者；中西部城市流动人口数量少，且多为省内流动者。同时，城市之间因经济发展、人文环境的不同，流动人口的服务和管理问题也不尽相同，故应基于自身的经济结构与文化特色，把握流动人口实现梦想的重点与难点，针对流动人口各方面的需求，在服务管理上不搞"一刀切"，具体问题具体分析，因地制宜推动其逐梦进程。

1. 流入地推动梦想前行，吸引并留住人力资源

人口红利促进了中国经济的快速发展，廉价的劳动力、充足的劳动力资源，使中国在世界格局中保持独有的竞争优势。不难发现，越是发达地区，越是人口大量聚集之地，人口由乡入城，由欠发达城市进入发达城市，为城市尤其是发达地区城市注入了新鲜活力和发展动力。而在刘易斯拐点即将到来或已经到来的大背景下，劳动力由过剩向短缺转移，势必会降低城市发展速度。因此，有远见卓识的政府必须充分认识到流动人口与城市发展的关系，抓牢各层次的人力资源，为城市发展建立长效人力资源保障机制。

东部地区特别是其中的大城市，向来是跨省人口集中流入之地，其快速的经济社会发展也得益于流动人口的聚集。他们不仅是资源的消费者，更是财富的巨

大创造者。东部地区应公正地审视流动人口的付出与收获。因此，作为人口流入地，东部地区不应奉行"地方保护主义"而坚持较高的准入门槛，不要因担心"蛋糕"被分切而将流动人口拒之于公共福利和公共服务的大门之外。相反，应展现大城市的风范，将流动人口应该拥有却失落多年的权利归还他们，为流动人口提供基本的公共服务，赋予其平等的市民权利，帮助他们实现在当地的家庭团聚，增强他们的认同感和归属感。只有做好此项工作，东部发达地区才能掌握劳动力资源的主动权以及经济社会可持续性发展最重要的人力资源。在我国人口红利拐点即将到来的情况下，如何构建流动人口的吸引机制，为城市发展储备后续资源，具有战略性意义。

2. 流出地提供筑梦机会，防止人才资源流失

一方面，超（特）大城市积分落户的制度主要是为流动人口中的佼佼者开了小口子，对于绝大多数乡—城流动人口以及相当部分的城—城流动人口而言，在心仪城市定居落户之愿望几乎幻灭；另一方面，也不排除部分流动人口基于各方面情况的综合考量，将地域流动的主要目的定位于增收的渠道，他们的根在故土，安家之梦在老家。故此，推动流出地的经济社会发展，增强流出地的人才吸引机制，让流出人口由流动变为坚守，在故土安居乐业，将梦想就地安放，也成为流出地政府必须面对的问题。而这一思路对流出地的发展规划提出了更高要求。

作为流动人口输出地的中西部城市及农村地区，在吸纳人口回流、创新劳动力容纳机制上政府责无旁贷。首先，在整体的宏观规划上，流出地省级政府必须根据各自流动人口的数量与结构特征等情况，采取相应的措施。一方面，提高自身的劳动力容纳能力，加快调整产业结构与布局，加快发展步伐，提升经济发展能力与活力，创造更多优质的劳动就业机会，提高工资收入，促其稳定立足；另一方面，还应提升公共服务的供给能力，加大基础设施建设，改善当地文教卫生资源及其质量。中西部城市必须致力营造公平的竞争环境，真正重视人才，为有才干之人提供施展才华的空间和舞台，进而留住人才。随着产业转移的推进，中西部城市需要更多的人才资源，推动当地经济社会的发展，而发展又会进一步带来新的人才就业需求、优质的发展机会和公平的竞争环境，保证人才健康成长并与经济社会发展形成良性循环。因此，政府必须摒弃运动式的政绩工程，避免资源向少数人聚集而将多数流动人口（和本地人群）边缘化的局面；应致力建立公平公正的社会结构，营造公平公正的竞争环境，赋予不同出身背景之人平等的发展机会，激发社会各层各类人才的创新活力，为底层社会成员的向上流动提供公平的机会，搭建更大的就业、创业舞台，让人们看得见希望，看得清未来，有希望实现梦想。这不仅有助于流动人口实现梦想，还可减少优质劳动力的流出，

为当地的发展保存源泉，并为经济社会的发展注入更大的活力。

其次，鼓励流出人口返乡就业创业，实现各类人群发展需求的多样化。一是保障农民的土地权益，实现土地收益基础上的其他增收渠道。对于流动人口中的绝对主体——乡—城流动人口而言，土地保障与土地收益是其基本权益的最后防线，在农村地区社会保障制度不健全、家庭支持功能日益衰退的环境下，土地发挥着降低风险、保障基本生活需求的重要功能。因此，尽可能维系农民的土地权益，在土地收益的基础上拓宽增收渠道，成为当前鼓励人口回流就业创业的首要路径选择。中共中央办公厅、国务院办公厅《关于完善农村土地所有权承包权经营权分置办法的意见》，对现代农业的发展以及农民的权益进行了总体思路的指导。作为地方政府及基层政府，需要在中央思想的引领下，明晰土地产权关系，更好地维护农民集体、承包农户、经营主体的权益；促进土地资源合理利用，构建新型农业经营体系，发展多种形式适度规模经营，提高土地产出率、劳动生产率和资源利用率，推动现代农业发展。二是营造良好的就业创业环境。比如，加强对回流人员的劳动技能培训，确保人力资本与地方经济社会发展所需相匹配，提高回流人员的适应能力，包括定期或不定期地组织各类职业技能培训，或针对不同的工种类别提供有差异性的培训，或针对不同职业技能的人进行有差异化的培训——对技能较高之人实行更精细化的培训，使其适应更复杂的工作，而对技能偏低且受教育程度不高者，实行基础性的培训，使其先从基础性岗位做起，从而为更高层的技术工种打好经验基础。又如，鼓励自主创业，改善返乡人员创业的制度环境。这不仅能有效吸纳外出人员反迁，而且也能以创业带动就业，提升地方经济发展的活力。这一方面需要政府予以创业环境的制度保障，规范市场行为，创建公平、公开、合理的市场环境，另一方面需要加大对创业的资金投入，完善中小额信贷，确保返乡人员的借贷权利，同时简化各类行政审批事宜，成立专门的相关创业服务工作小组，为返乡人员的创业活动提供优质服务。

人口的大量流出，在宏观层面上，对于流出地的地方政府来讲，可能是人力资源、人才资本的流失；在微观层次上，可能既是传统家庭功能的退化与衰减，同时也可能是家庭长期发展能力的提升，而对个体而言，可能是处于城市夹缝的尴尬，也可能是城市梦想的实现。对于绝大多数往返于流出地和流入地的个体来说，流出地若能助力保障就地或就近就业、创业、"乐业"，将会更好地助推家庭和谐，同时为中小城市、小城镇的发展注入新活力。

（二）突出重点人群，因人而异，提升流动人口整体圆梦水平

流动人口内部构成复杂，异质性强，高度分化，对流入地公共服务的需求有

一定的差别（尽管基本公共服务是所有次人群都需要的），且实现梦想的能力也因子群体不同而差异甚大，故推动流动人口逐梦、圆梦的公共政策也需要体现出一定的差异性，兼顾不同层次人群。关注重点人群，有的放矢，将事半功倍。鉴于户籍制度的城乡差分，城—城与乡—城流动人口逐梦能力和结果之间存在较大差异，且不同代际群体之间，以及省内流动和跨省流动者之间均存在明显差别。除延续上文第二部分的政策思路（如对流动人口进行有针对性的职业技能培训，加强覆盖流动人口基本公共服务的制度建设，完善用工企业责任制度建设）外，本部分还强调流动人口内部的分化性。因乡—城流动人口、1990年后流动人口以及跨省流动人口的城市逐梦之旅更艰难，他们在安居、乐业、社会保障上比其他群体的劣势更为明显，故为确保政策实施的有效性，并切实提升流动人口的城市适应力，政策重点可向重点人群有所倾斜。

1. 关注乡—城流动人口

与城镇户籍流动人口相比，乡—城流动人口距离梦想的实现更为遥远。首先，乡—城流动人口群体基数庞大，占流动人口的七成，他们梦想的实现，才是流动人口群体圆梦的成功。其次，他们在流入地的生存发展状况较差，这就使他们的圆梦旅程更为坎坷，梦圆的困难更大。再次，如果这部分群体无法实现城市融入，或在城市长期漂泊，就会使城市底层堆积愈加严重，影响社会稳定。家庭化流动的普遍，使他们在流入地的家庭生活情景也发生了变化——多数人不再是单打独斗，而是与配偶一起生活，或是实现了核心家庭的团聚。随着经济社会的发展，人们的追求越来越多元化，流动不仅仅是赚钱的手段，而且本身就是实现梦想的途径，故此，哪怕流入地有再多的限制、再高的门槛，家庭团聚的趋势也只会越来越普遍。这种团聚本身就意味着，他们是一个具有自我选择的群体，对流入地有更高的期许，希望过上更幸福的生活。由于他们占到流动人口的七成以上，只有让他们越发靠近梦想，流动人口这一群体的梦想才有实现之日；也只有他们的梦想实现了，中国梦才能真正实现。因此，如何相应地提升他们的收入水平，改善他们的安居状况，扩大他们的保障覆盖面，疏通其子女的求学之路，填补与本地市民之间的鸿沟（尤其是在住房和保障方面），既决定着他们自身及其子女能否实现梦想，更关乎整个流动人口群体梦想的实现。同样，怎样防止他们进一步陷入底层，帮助他们摆脱底层的命运也是政府部门特别是流入地政府部门需要积极面对的问题。解决这些问题要从流入地着手。如实地调研和数据分析结果所示，流动人口对流入地都有相对较强的融入意愿，多数人至少在短时间内不会离去。因此，当地政府首先需要有完整、系统的统计数据，充分掌握该人群的数量、分布、特征和长期居留意愿，并在此基础上，根据当地的经济发展水平制定出相应的、长期的、有针对性的支持措施和项目,从而保证流动人口在逐梦的旅途上且行且歌。

2. 关注1990年后(乡—城)流动人口

1980年后和1990年后流动人口已经成为当下和未来中国人口红利的主要创造者,是城市建设者中一股不容忽视的力量;他们是低生育率态势下宝贵的人力资源,是产业结构升级和经济发展方式转变的人才支撑,是"中国制造"向"中国创造"转变的核心力量。特别是1990年后群体,更具有明显的现代性,追求自由,思想开放,朝气蓬勃。同样是这个群体,他们远离父母家人,或自幼与父母漂泊在外,缺乏社会网络和社会支持,难免产生失落、迷茫、不安和愤怒等情绪。同时,前面的分析结果也清晰地表明,他们无论是涨薪梦、安居梦、保障梦还是融入梦,都更难以实现,遭遇低薪,更多寄居,对流入地的认同意愿、长期居留意愿也都更低。1990年后乡—城流动人口还同时受到了户籍排斥和自身人力资本的双重制约,更加难以融入城市。在1990年后乡—城流动人口中,有些人少时便是流动儿童,跟随父辈辗转于不同城市之间,是有梦的一代。当年扛着蛇皮袋的流动人口已经脱胎换骨,实现了代际的蜕变:少小离家,他们的皮肤早已不再黝黑,乡音也不再浓厚;家乡只是模糊的记忆,不再具有父辈的回乡情怀——"到干不动的那一天,我就回农村享受晚年"①,而是更希望能够跻身城市,像城市人那样生活和工作。但是,他们受教育程度有限,成人之后亦难以获得稳定且体面的职业,游离于市民和农民、本地人和外地人的身份认同中,社会资本累积尚浅,在工作和生活中仍处于弱势地位。他们渴望摘掉"农民工""外地人"的帽子,但收入不高、住房太贵、社保不足、前途未卜,梦想很难照进现实。然而,家乡与城市的落差已在他们心中烙下深深印记,对城市的认同远高于对农村的认同。横亘在他们面前的是一个两难困境:退回农村,却已经丧失或从未获得耕田种地的本领;融入现地,强烈的制度结构的排斥又使之难以成真。城市带给他们的往往是"打工无前途,回乡没意思",梦想被蒙上了阴影且逐渐褪色,内心的认同随之减弱,甚至由此产生更低的认同和居留意愿。

1990年后城—城流动人口(包括部分1985年后出生人口)是流动人口群体中的精英。他们大多拥有较高学历,较丰富的知识和较强的技能,工资收入甚至高出本地城镇职工,但因没有本地户籍而与青年乡—城流动人口一样,同样面临着梦难圆的问题。这样的困境不仅表现在经济利益表层,而且伤害到他们对现地

---

① 资料来源:新华网《两代"流动人口"的"梦想冲突"》,http://news.xinhuanet.com/newscenter/2008-12/07/content_10469156.htm,2014年6月4日查询。

更深层次的认同和归属，进而使其产生对未来深深的不确定感。即使拥有一份稳定的工作，"将来路在何方"的疑惑也时刻困扰着他们，也会有"逃离北上广"和"逃回北上广"的迷茫。他们承受风险的能力较低，抗打击能力较弱，需要社会的关切与关怀。

2015年5月，习近平总书记在统战工作会议上强调，应重视"非公有制经济人士特别是年轻一代"，引导"年轻一代致富思源、富而思进"。大量的城—城和乡—城青年流动人口无疑是"非公有制经济年轻一代"的重要组成部分，他们开始工作的时间不长，是未来社会发展的重要支柱和力量，是中国经济的"创二代"。但是，在强大的体制区隔中，他们连"自富"都难以实现，又如何去"思进"。因此，关注流动人口群体中的精英分子，让他们在市场打拼中少些制度约束，在城市融入中少些结构性束缚，从而各司其职，尽可能为城市建设发挥特长。

总之，曾经被誉为新生代的1980年后流动人口，未能摆脱父辈的命运；而父辈也在不断更替的流动人口面前，已然成为老生代，却尚未实现心中的城市梦；1990年后流动人口亦无法摆脱父辈和1980—1990年流动人口的命运。他们对城市生活中公平公正的生存机会的渴求，对未来人生的美好向往，如此等等，让我们真切地感受到，他们的命运不该是父辈的轮回，他们亟须关切、被正视，更需要强大的力量推动梦想前行。理想能否实现，漂泊的生命是否有根可循，游荡的灵魂能否有地归依，都会见证他们是否重蹈父辈覆辙、再次经历父辈的轮回。他们逐梦之路有多长，一方面取决于流入城市的容纳能力，另一方面也取决于城市决策者的魄力。

此外，他们面临的问题既有与上一辈流动人口相同的问题，也有因时代特点而形成的新问题。因此，现地社会应有所侧重，有针对性地构建关爱机制，为1990年后流动群体提供关怀和帮助。推动1980年后尤其是1990年后流动人口的梦想前行，必须重视调整社会政策，消除制度性障碍、结构性壁垒，不仅要落实基本公共服务和公共福利均等化，还需要给他们提供更优质的服务。进一步看，政府应基于该人群的年龄特点，提供"硬性"以外的"软性"公共服务，如通过心理咨询等服务，为他们提供心理、婚恋、人际交往、其他日常生活以及劳动就业等方面的咨询，帮助他们健康成长，顺利实现向"成人"的转型。而留住了青年流动人口这一重要资源，也就为这座城市留住了一股巨大的发展潜力。

3. 关注跨省（乡—城）流动人口

随着交通运输设备的快速发展，从乡村到城镇，从外省到本省，可能只有咫尺之遥，但数代人都未能跨越这道鸿沟或高墙，成为不受城市欢迎的外来客。

如前所示，在其他条件相同的情况下，无论是哪个方面（涨薪除外），跨省流动人口相对于省内跨市和市内跨县流动人口来说，都面临着寄居概率更高、社会保障更少、与本地人保障水平的差距更大、融入梦想也更难圆的困境。而省内流动人口的流动区域相对较小，与流入城市的管辖中心更近，在实现社会融入上具有较大的地域优势。对于部分省内流动人口来说，他们甚至与流入城市享有同样的方言体系，在城市就业及社会交往方面有着先天优势。虽然这一结果的普遍性仍有待更多研究的论证，但该发现应引起政府和学界的高度重视和警惕。一方面，对个体而言，跨省流动者跨越区域较大，更易面临文化和心理上的不适应，在主观上与流入地产生隔离；另一方面，安居、保障、教育等都是稀缺资源，而跨省无疑提高了这些资源享有的统筹层次，国家与地方之间、地方与地方之间的协同显得尤为重要。从目前的情况来看，跨省流动人口主要集中在沿海地区、东部发达地区、大城市和特大城市。这些地区流动人口总量大，且跨省流动者因社会网络的同质性而具有很强的地域聚集性。比如，广东省的省外流入人口甚至超过了户籍流入人口，大量省外流入人口对城市公共资源产生了一定的挤压，成为当地政府率先维护户籍人口既得利益的有效借口。越是发达城市，越不乏对人才的吸引，面向流动人口提供的公共福利和公共服务也相对吝啬，很难实现省区间的统筹，而大量跨省（乡—城）流动人口受制于自身的资源禀赋，难以得到城市的认可，处于相对弱势乃至被排斥的尴尬境地。

东部地区应公正地审视流动人口的付出与收获，关注、关心、关怀跨省（乡—城）流动人口，他们的流动代价大于省内流动人口，对梦想的追求也比去往中西部地区的流动群体更高，而他们也正是对发达地区城市经济发展做出贡献的人，这些贡献不可替代。在政策制定过程中，有关各方应对跨省（乡—城）流动人口给予足够的重视，尽快理顺财政关系，实现各项关键性社会保障与福利政策的全国性统筹，通过制度创新的手段切实保障跨省（乡—城）流动人口获取与本地人均等的公共服务。

四、借鉴国外移民融合经验，助推梦想前行

人们从不发达国家到发达国家、从不发达地区到发达地区追逐梦想，是一个具有规律性和全球性的普遍现象，"发现新大陆"、老牌资本主义国家的对外殖民、美国西部的"淘金热"和横跨大陆的铁路建设以及纽约的 Ellis Island 都见证着美国移民的"逐梦之旅"（American Dream）。在过去数十年中，欧共体的成立

和欧盟的一体化，其部分成员国也吸引了越来越多的外国移民。他们的到来，给流入地的服务和管理工作同样带来严峻挑战。为此，各国采取了相应措施来应对国际移民引发的诸多问题。下面以德国为例，简要介绍其助推移民融合之旅的经验和教训，以求对推动国内流动人口的逐梦之旅有所启示和借鉴。

（一）由联邦政府牵头，进行顶层设计，共同营造移民欢迎文化

德国在第二次世界大战后，经历了几次移民潮。但是，过去德国对移民的态度并不包容，把第三国移民看成补充德国劳动力短缺的劳工或"客工"，而没有把他们当"国民"看待，这种情形在2012年发生了根本性的转变。从2012年开始，德国每年都会举行"人口峰会"，与会者包括了众多内阁成员、反对派代表、联邦州代表、专家学者、非政府组织代表、普通民众等，会议由内政部长主持，总理默克尔做大会主题发言。2013年，默克尔在发言中强调，作为人口战略之一，联邦政府必须致力营造一种"欢迎文化"（welcoming culture），吸引并热烈欢迎全世界更多的技术移民进入德国。她说，"德国的名声很不好，被认为是封闭之地，被看成十分复杂之地而不适于流入。我们应该向世人展示，德国是一个开放的社会，热烈欢迎技术工人进入德国工作"，为此，总理敦促德国政府和社会，必须以更为开放和欢迎的态度，迎接第三国和欧盟成员国移民的到来。这种顶层设计为移民更好、更快地融入德国社会提供了理念保障。

（二）将移民融合纳入人口战略，统筹解决人口问题

在德国、比利时与荷兰等诸多欧洲国家，移民（尤其是第三国移民——即非欧盟成员国内的移民）的融合问题被提到国家应对人口老龄化战略、劳动力短缺等社会人口危机、国家经济社会可持续性发展的战略高度。下面主要以德国为例加以论述。

据预测，由于生育率的持续偏低，老龄化程度不断加剧，若不采取任何行动加以应对的话，到2025年，德国将会出现600万人的劳动力缺口。为有效应对人口转变带来的人口老龄化以及劳动力短缺的问题，从2012年的第一次人口峰会开始，德国推行"人人都有价值"（Every age counts）的人口战略，组成涵盖政治、经济、社会领域的多个工作组，提供应对人口挑战的成果、政策思路和途径。项目的重点是与人们的生活息息相关的领域：家庭、工作和老龄化，而移民的融合问题横贯于所有这些领域。比如，联邦经济和技术部联合德国工商总会共

同形成"促进外国技术工人进入德国,营造欢迎文化"的工作小组。为来自经济、社会和政治领域人士进行对话提供了有效平台;同时,它也为进入德国的移民营造出一种受欢迎的氛围。

(三)重视科学研究,通过评估找到融合突破口

包括德国在内的欧盟各国及欧盟总部十分重视移民的社会融合研究,强调以下四点:(1)目标人群(即如何界定"有移民背景的人");(2)是否需要,如何测量社会融合?(3)不同层面融合测量体系的兼容性;(4)数据的可得和可及性建设。德国等欧盟国家往往将移民分为欧盟内部移民和欧盟外部移民(即非欧盟成员国的第三国移民),后者是融合关注的主要对象。政府和专家都认为,必须对移民的融合情况进行监督和测量。而要测量社会融合,就必须建立具有导向作用的指数指标体系,该体系既要包括诸如就业、收入、教育等客观指标,也需引进主观标准,测量人们的主观感受,如认同感、幸福感等,综合评价社会融合情况。

德国的基本做法是:一方面,利用欧盟的社会融合理念、指标体系和实证研究结果,考量和评估本国移民融合政策情况,用于了解在不同时点德国融合政策的接纳、包容情况及其改善进程,并与其他国家的政策进行比较,以便发现德国的差距和问题并提供改进方向;另一方面,德国多个政府机构都设置有与移民融合相关的机构,或在相近机构中设置专门人员,从事相关的研究工作。后者是德国相关研究的主体,注重形成符合德国国情的融合测量指标体系,用于考量联邦州(市)和地方的融合情况。与欧盟指标体系不同的是,德国本土的融合指标体系虽然也涉及政策指标,但更多的是个体指标,或个体指标与政策指标相结合。教育部采用四套融合指标体系,分别用它们测量德国的政策融合和个体融合水平;通过对不同体系分析结果的综合评估,找到共性和突出的问题,使之成为融合的突破点。但是,在多个地点与多个部门的座谈时,德方官员和民间组织代表都反复强调,评估不是为了对各地进行排队,批评做得不好之地;指数分析结果的目的是,向政界展示移民的融合还存在哪些问题和不足,找到融合的突破口,设计下一步需要采取的改进措施,从而更好地推进融合服务。

(四)多方联动,形成合力,共推移民社会融合

移民的社会融合不是中央政府或地方政府就能完全推动的,必须要多方联

动，形成纵横交织的社会网络，产生综合合力，才能有效地推进移民的融合进程。在德国，融合工作牵涉联邦政府、联邦州（市）政府、地方政府等不同层级政府。总理府内设有移民与难民署，负责组织研究、协调不同层级相关政府部门的融合工作。内政部主管全国的人口发展，协调全国人口发展过程中的公共参与，主管社会融合工作，增强社会的凝聚性，并专门设有一个联邦局，主管移民和难民事务。此外，许多部委都在管理融合事务、参与融合的推进工作，包括劳动部、教育部、外交部、家庭发展部、城市社会发展部、财政部等。虽然每个部委都有自己独特的职能，但部委之间也有交叉职能，从而使得协调工作十分重要。协调工作多由总理府或内政部牵头，大家坐到一起，开圆桌会议，共同协商。前面提到的人口峰会就是各部门积极协作的一个很好的案例。

当然，政府往往只是从政策层面出发倡导欢迎环境、制定纲领性文件、提供经费支持、进行研究评估等；融合项目的具体落实还需要依靠基层以及社会大众的力量，故融合工作也涉及众多的非政府组织、民间团体、社区工作，还涉及流入国原著居民、移民本人甚至流出国。融合的过程既是政府和社会的学习过程，也是流入者本人及其家庭的学习过程，还是流入国居民的学习过程。政府和社会需要提供机会，让移民融入进来；移民本人需要努力，融合到社会中来；流入国的原著居民需要以更为包容和接纳的态度欢迎移民的到来。进而，非政府组织或民间机构再把不同利益的相关者都联系到一起，让他们有沟通交流的机会，在奠定融合基础方面也起到很大的作用。仅德国的北莱茵—威斯特法伦州，就有4 500个协会；在仅有48万人的多特蒙德市，也有150个协会组织。这些协会组织，加上众多的慈善机构和其他民间组织，开展了丰富多彩的融合项目活动，为移民提供了交流融合的平台，成为政府和移民之间的桥梁，是移民社会融合的直接推手。

（五）以教育为切入点，以就业为抓手，加快推进移民社会融合

促进移民的融合，就是要让移民享有同等的经济、社会、文化待遇。但是，找到融合的突破点至关重要。经过长期的摸索，包括德国在内的欧盟国家发现，由于许多第三国移民初入欧盟国家，语言不通，无法与德国人交流，难以进入劳动力市场；于是，语言培训和教育培训就成为融合的第一个切入点与突破口。据德国联邦内政部介绍，德国的融合促进主要有三大支柱，其最主要的支柱是融合的教育与培训，包括在整个德国范围内讲授德语，给有移民背景的可能有语言障

碍的中小学生进行课外辅导，从而赋权移民，并促进不同民族之间文化的了解和理解；传授居住、法律、政治（如政党与政府、德国的政治结构）、文化知识以及计算机课程，帮助移民懂得如何在德国生活；开设专门针对妇女、文盲、长者、儿童和面向父母子女的特种课程，等等。二是为移民提供融合咨询，这也是常规性的活动，是对第一支柱的补充，既可以在课程之前，也可在课程进行之中；尽管内政部负责为成年移民提供咨询，而家庭事务部负责为 27 岁以下的移民提供咨询服务，但两个部门密切联系、相互沟通，旨在帮助移民培养在德国独立生存的能力。三是为融合促进项目提供经费支持，保证融合的研究工作和项目顺利进行。其中，青年移民的融合工作受到格外的关注。在德国和其他欧盟国家，都建立有为数众多的青年中心或文化中心，除了进行教育培训外，还手把手地指导青年移民如何申请工作，提供就业和职业等方面的咨询，提高他们的基本生存技能，并通过体育活动让他们更好地参与到德国的社会生活中。而对青年人的重视与对人口老龄化后果的担忧又是密切相关的。在 2013 年第二次人口峰会上，默克尔强调，必须保证德国的青年人留在德国，因为他们是老年人社会保障的希望和未来。尽管工具性目的很强，但也给移民打开了一扇新的窗口。

五、未来研究方向

人口流动和流动人口的持续高位运行，在短期内不可逆转，家庭成员的随迁也只会进一步加强。在此背景下，他们的逐梦和融入问题既是个体和家庭事务，也是牵涉甚广、影响甚大的社会事实。由于受多种因素制约，对某些问题还需进一步深入探究，本书的分析结果亦应借助类似研究加以检验。结合本研究过程中遇到的一些问题，我们认为，未来的相关研究需要关注以下几点。

（一）厘清关键概念，明确参照对象

本书主要涉及两个关键概念：一是"流动人口"；二是"圆梦"。在对"流动人口"这个概念进行系统梳理后，笔者发现，不同职能部门对该人群的定义十分混乱，即使在同一政府部门，标准也不统一，国家统计局、国家人口计生委和国家卫生计生委、公安部以及国务院农民工办公室等皆有其自身标准（见第二章）。学界也是如此，不同学者对该群体的界定五花八门。争论的焦点主要在三个维度：(1) 空间维度：即离开户籍登记地多远的行政范围才算是流动人口？

跨乡镇、跨县还是跨地区？（2）时间维度：主要有两个口径，一是离开户籍地的时长，二是在现地的居留时长。对部分流动人口而言，虽然二者完全契合，但实质有别，分别对应于流出地和流入地两个不同视角——离开户籍地一个月、三个月、半年或可算作流动人口，但对于流入地而言，所谓的流动人口可能在现地居住还不到一个月。那么，流动时间多长才算合适？（3）户籍维度：在统计流动人口时，算不算城—城流动人口？

准确的数据，是政府各项公共政策制定的基础，也是提供公共服务的基本标准。正是由于定义的口径差别，不同职能部门提供的数据、不同学者预测的结果均存在天壤之别，差距可高达数千万（见第二章）。学术上的争论固然有利于真理的明辨，但作为政策制定依据的数据，却不可混乱，否则可能会带来严重后果。也就是说，流动人口规模差异，很可能会造成不同部门在公共资源的配置中，出现资源供需失衡，无法契合实际的情况。鉴于此，我们认为，关于流动人口的界定口径亟待统一。虽然中国人口和流动人口的基数均巨大，几千万的差别不会影响政府和社会对流动人口的关切和重视，但作为严谨的学者及负责任的政策制定者，应本着求真务实的治学态度、执着的科学精神和执政理念，对流动人口这个群体进行规范统一的界定，统合数据。

另一个更为关键的概念是"梦圆"。怎样才能算是"梦圆"？这是一个具有巨大的不确定性的问题。"梦圆"或"圆梦"都是非常主观的概念，完全可能因人而异。这就给"如何算是'梦圆'"这个问题的回答提出了严峻的挑战。收入要有多高方可算是"致富"？是不是只有拥有住房才可谓之"安居"？同时全部拥有"五险一金"才可算是有了"保障"？流动少儿是不是必须都进入公立学校才算是实现了公平？"融入梦"的实现标准究竟是什么？这些问题都困扰着笔者，当前亦未能得到明确的回答。同时，"梦圆"也有一个参照对象的问题。究竟是将流动人口与本地市民进行对照，还是以流出地人群作为参照群体？究竟是将流动人口与本地城镇户籍市民进行对照，还是以本地农村户籍人口作为参照群体？是不是不同户籍流动人口，需要有不同的参照对象？这些问题，同样也是见仁见智、莫衷一是。一个可能的出路是，以现地中产阶层为参照对象，作为梦想实现的终点——这在一定程度上同时回应了"梦圆"和"参照群体"两个问题。

（二）加强资源整合，追踪流动人口

本书使用的主要数据来自2009—2014年国家人口计生委和国家卫生计生委"流动人口动态监测调查"，特别是2014年在八城市实施的《融合调查》，这是目前为数不多的多个地点、具有一定代表性的调查数据，也可能是迄今为止较好的相关数据之一。然而，对于探讨流动人口的逐梦问题，该数据存在较大局限。筑梦、逐梦和圆梦中的"筑""逐"和"圆"都是动态过程概念，最好具有针对相同个体的纵向追踪调查数据。我们通过文献，回顾了近30年流动人口的发展历程，并借用多个来源的数据考察了过去10年多个梦想的纵向变动趋势，但由于不同来源数据的样本有别，制约了我们更好地回答本书主要研究问题的能力。对单个时点数据的倚重，致使我们无法考察"筑""逐"和"圆"的过程特征，不能体现"致""安""保""求""融"的动态变化，更无法描绘该群体在筑梦、逐梦和圆梦旅途中的全景画，而只能看到在调查时点，梦想的实现状况。有鉴于此，选择一个样本量够大、具有足够代表性的人群进行纵向追踪调查，搜集内容涵盖更全面，包括流入地和流出地信息、更多制度政策要素，覆盖宏观、中观及微观等多层面信息的数据，对于动态把握流动人口的逐梦之旅格外重要。由于流动人口的特殊性，调查较为困难，追踪调查的流失率远大于其他人群，故基线调查无论是在样本量还是在其他方面，都需要做好充足的准备。

几年前，笔者在写《人口转变与老年贫困》一书时，写下了这样一段话，今天看来，这段话似乎依旧没有过时。

现在的问题不是没有数据，而是缺乏更多高质量的数据。好的数据是学者共同期盼的，但由于资源的分割，学者们往往只能各自为政，在自己力所能及的范围内搜集规模不大、资料不全、信息不足、兼容程度不够的数据。一般的情况是，研究者基于自己搜集的数据，发表几篇研究文章，完成课题的要求，数据就被尘封了。其后果是：一方面，即便学者有心做出更科学、更严谨、更有政策意义的研究，他们也心有余而力不足；另一方面，社会资源出现巨大的浪费，因为资源被分割给许多不同领域、从事类似研究的机构或学者，而他们之间往往缺乏沟通的途径，故资源无法共享。高质量的数据呼唤资源（包括人力、财力、物力等多方面资源）的整合。在包括美国在内的西方发达国家或地区，一种数据往往可以用于许多研究领域，绝大部分的研究者根本无须自己搜集定量数据，因为许多公共数据唾手可得。这个经验值得中国借鉴。学界和政府部门需要共同协作，搜集高质量的数据，从而为高质量的研究成果奠定良好的基础，避免公共资源的巨大浪费，为政府提供更科学的政策参考依据。

对流动人口的追梦之旅而言，高质量的数据特别是高质量的纵向追踪数据，可以为还原历史、记录现实、预测未来，并为方方面面了解和掌握逐梦过程中的点点滴滴提供参考依据。在一个大流动的大时代，缺乏针对这个主体人群的追踪，说得严重一点，是我们学者的失职，也是政府部门的缺位和目光短视。

（三）有机整合定量和定性数据，有效开发与利用

本书虽然采用了定量研究和定性研究相结合的方法，但需要在三个方面加以改进。

一是系统收集和梳理八个城市与流动人口有关的政策、法规、条例等，并借用政策分析工具，对它们进行分析，而这对于深入解读不同城市流动人口逐梦之旅的差异至关重要。

二是更好地整合定量和定性资料，使之真正做到互补。通过定性访谈，发掘流动人口共通的且最为迫切的梦想；利用定量数据，描述、分析梦想的实现程度。本研究的访谈发生于数据分析之前，或与此基本同步，未能在访谈过程中很有针对性地对定量数据分析中产生了意料之外的结果进行有针对性的深入探究。比如，1980年前出生人口的圆梦情况好于1990年后出生队列的圆梦情况，教育对乡—城流动人口住房梦的助推作用大于对城—城流动人口的作用，流动父母的受教育程度与学前子女求学梦的某些测量指标呈"倒U"型关系等，这些发现均与一般认识不符。虽然在数据分析结果出来后，对部分意料之外的结果（如子女求学梦）再度进行访谈，但依旧未能为它们提供更全面、更有针对性、更深入的解读和阐释。

同时，深度访谈对象最好针对参加过定量调查的受访者来进行，这样会使两类数据结果实现更好的整合。但是，出于便利的目的，我们并没有做到这一点，从而不能有效地展现本研究重点关注的城市之间的差异。访谈对象的流出地主要是湖北、四川、河南、安徽和江苏，流入地主要是北京、中山、成都、合肥、苏州和深圳，尽管也辅之以少数其他地区，但仍使得两类数据的结合不够紧密。来自同一地方的人，梦想是否与来自其他地方之人一致？具有多大的共性和差异性？同理，去往不同地方（特别是像北京这样独一无二、无可复制的城市）的流动人口，逐梦之旅亦差别甚大。那么，如何更好地利用定性资料，突破其仅用于描述梦想的局限，使之实现从描述到归因的升华，为从定量数据中发现的区域、城市间的特点提供更有力的深度阐释，也是值得进一步探讨的问题。

三是更好地开发现有的定量和定性数据，使之各自发挥更大的作用。就定性资料而言，我们针对不同户籍、不同性别、不同婚姻状况、拥有不同受教育程度、处于不同就业状态、来自不同行业和职业、处于不同生命历程的共100多位流动人口进行了深度访谈，大部分受访者的访谈时间都在一小时以上，收集的信息十分丰富。但如前所述，本书对深度访谈资料的利用主要限于对梦想的描述和举例，其他方面的应用较为零散和碎片化。后续研究可对访谈资料的价值进行更

充分、更全面的深度挖掘、提炼和归纳，进一步探究不同特征流动人口城市逐梦的内在动因，展现其梦想实现状况，挖掘促进或阻碍城市梦圆的现实因素。

就定量数据而言，本研究主要对全部流动人口和分城乡流动人口的逐梦现状、特征和结果进行了初步的分析。由于本文的基调在于叙事，故对定量数据的挖掘不够精细、深入。比如，基本只使用了常规性的回归模型，没有对模型假设进行检验或没有呈现检验结果，没有对不同层次因素的影响加以分解，没有关联流入地和流出地的相互作用和影响，没有更多地考虑因素之间的交互作用，等等。这些问题有的是受数据的局限所致，有的是受本文的基调所限。我们看到，区域和城市之间因自然条件、历史传承、社会环境、经济结构、发展阶段而各有差别，故在不同区域或城市间，流动人口各类梦想的实现程度差异甚大；同时，我们也看到，不同代际之间，逐梦、圆梦的情况也颇为不同。那么，人力资本、社会资本等因素在其间分别起到怎样的作用？不同代际与各类资本之间存在何等关系？这些问题，都需要做进一步细致的分析和探索。在后续研究中，应针对不同子群体逐梦情况，以区域、城市、代际、流动区域等为分层依据，关注子群体之间的互动，展现多层模型等更为精细的定量分析结果。

总之，无论是意料之外的发现，还是对现有数据利用的充分性，都提醒我们，后续研究需要更好地整合来源不同的资料与不同的研究方法。比如，在对数据进行分析前（甚至在进行调查前），借助定性访谈，服务于定量数据收集前（或分析中）研究问题的聚焦；在数据分析基本结束后，再次收集具有针对性的定性资料，理解和解读与理论预期、现实期待、常识判断相左的分析结果，从而更好地把握定量研究发现的特点与潜在机制，并为制定相应的政策、提出中肯的建议提供科学的参考依据。

（四）针对不同梦想，制订行动目标和计划

梦想不分大小，梦想亦不分先后，这是本书的一个基本格调。正因如此，书中默认致富、安居、保障、求学和融入这五类梦想对样本人群具有同等的重要性。但是，从定性访谈可知，梦想本身因人而异，不同子群体的需求和梦想虽有共性，但各自的内容、实现的迫切程度及追求的目标和方向实有差别，故有必要对各自的梦想及相对重要性加以区分。等权做法、平行测量的结果只能提供一个总体概况，却难以区分不同梦想对各子群体的相对重要性，也难以更有针对性地制订推动梦想前行的行动目标和计划，尽管前面的政策思路也关注了不同人群。进一步挖掘流动人口的梦想偏好，更有针对性地提升梦想实现的高度，都是下一步研究不可忽视的内容。

前面提出了推进流动人口逐梦、圆梦的总体思路，构建了多元主体行动体系框架，但无论是总体思路还是主体框架，主要针对全体人群、所有梦想，而未充分考虑、兼顾八个城市本身的经济结构、政策导向、人文环境等特点，亦未详细区分具有不同特征之人的不同梦想。因此，虽然该框架为我们提供了梦圆路径的宏大视野，而这种具有统领性、全局性的思路对于推动梦想前行或许必不可少，但若能进一步针对子群体、各个梦想提出行动策略，则相应的对策和建议将更有意义，更能落到实处，也更能为发展程度各异、资本禀赋不同等重点地区和重点人群多维梦想的实现提供政策支持。

城市梦圆是个系统工程，除需要各行动主体的有效参与外，还呼唤多元主体之间的有机衔接与配合，而现有框架并未突出这一特征。比如，流动人口的社会保障就涉及所有主体的协同问题：政府如何提供指导性原则，提供什么样的指导性原则？如何进行高层次统筹和协调？怎样更好地监管用工企业？企业如何落实政府的规章制度，为流动人口提供社会保险？社会如何对企业进行监督？企业、社会、社区等各个主体如何帮助流动人口从长计议、高瞻远瞩，提高对社会保险的重要性的认识？这个问题几乎涉及所有主体如何配合，谁来协调，怎样提高效率？后续的政策思考应以流动人口的多维梦想为中心，从多人群、多主体出发，关注政策、社区、社会组织以及人群的互动与协同关系，理顺主体权责，这样不仅能提供好的服务，而且能提供有效服务。

六、披荆斩棘，成就梦想

习近平说过，"人民对美好生活的向往，就是我们的奋斗目标。中国梦，是每个中国人的梦。梦想之大，上升到国家民族，是国泰民安、国富民强；梦想之小，散落到平民百姓，是日子越过越好，生活越过越幸福。"亦如罗伯·舒乐所言，"不是每个人都应该像我这样去建造一座水晶大教堂，但是每个人都应该拥有自己的梦想，设计自己的梦想，追求自己的梦想，实现自己的梦想。梦想是生命的灵魂，是心灵的灯塔，是引导人走向成功的信仰。有了崇高的梦想，只要矢志不渝地追求，梦想就会成为现实，奋斗就会变成壮举，生命就会创造奇迹。"

对于每一个流动人口而言，他们同样有梦想，同样有追求：拥有更高的收入，过上更美好的生活；拥有一套城里的住房，不再做无巢的鸟；享受基本社会保障，免除后顾之忧；孩子能够享受更优质的教育，拥抱更美好的未来；希望不再用十多年的苦苦奋斗才能与城里人坐在一起喝咖啡……然而，现行的户籍及其衍生制度，使流动人口尤其是乡—城流动人口，深受"本地与外来，城镇与农村"二元界分之苦。户口、住房、就业、教育、社会保障成为他们实现梦想的五大难题。在制度以及结构性制约之下，在各种有意或无意的排斥和歧视中，他们无奈地沦为社会底层，进行着有意或无意的自我边缘化，并且通过代际传递而固化。

　　生逢这个伟大的时代，流动人口同样拥有人生出彩、梦想成真的期望。而要让每个人都拥有出彩的人生，就必须使每一个体的理想和价值追求得到尊重，并积极创造条件，为每个人人生出彩提供公平的机会和舞台（闫德民，2013）。正如国务院总理李克强所言，"我们要努力使人人享有平等的机会，不论是来自城市还是农村，不论是来自怎样的家庭背景，只要通过自身的努力，就可以取得应有的回报。不论是怎样的财富创造者，是国企、民企还是个体经营者，只要靠诚信公平竞争，都可以获得应有的收获。"这就必须要保证社会的公平、正义，使社会流通渠道畅通；必须下大力气打破户籍制度的坚冰，剥离附加在其上的各种红利，从顶层进行设计，鼓励制度创新。当然，流动人口美好梦想的实现，不仅需要制度的破解，还需要从社区层面促进流动人口与本地居民的互动沟通、文化交融，更离不开流动者个体的努力打拼与奋斗，以及人力资本水平的提升。

参考文献

[1] 白书祥,刘立宏.农民就业的现实与农村社会稳定的负相关探析 [J].理论前沿,2007 (19):16-17.

[2] 鲍传友.中国城乡义务教育差距的政策审视 [J].北京师范大学学报 (社会科学版),2005 (3):16-24.

[3] [英] 齐格蒙特·鲍曼.流动的现代性 [M].上海:上海三联书店,2002.

[4] 才国伟,张学志.农民工的城市归属感与定居决策 [J].经济管理,2011 (2):158-168.

[5] 蔡昉,都阳,王美艳.户籍制度与劳动力市场保护 [J].经济研究,2001 (12):41-49.

[6] 蔡昉,王德文.比较优势差异、变化及其对地区差距的影响 [J].中国社会科学,2002 (5):41-54.

[7] 蔡昉.边缘化的外来劳动力 [J].开放导报,2004 (6):37-40.

[8] 蔡昉.劳动力迁移的两个过程及其制度障碍 [J].社会学研究,2001 (4):44-51.

[9] 蔡禾,刘林平,万向东.城市化进程中的农民工:来自珠江三角洲的研究 [M].北京:社会科学文献出版社,2009.

[10] 蔡继明.缩小城乡居民收入差距的根本途径和制度保障 [J].杭州旬刊,2010 (8):27-29.

[11] 蔡建明,王国霞,杨振山.我国人口迁移趋势及空间格局演变 [J].人口研究,2007,31 (5):9-19.

[12] 曾国安,杨宁.农民工住房政策的演进与思考 [J].中国房地产:学术版,2014 (20):12-21.

[13] 曾文佳.新生代农民工:人力资源能力与心理认同关系研究 [D].武汉理工大学,2012.

［14］常仁珂．浅析流动人口养老保险关系转移接续的利益冲突［J］．中国集体经济，2017（13）：122 - 123．

［15］陈传波，阎竣．户籍歧视还是人力资本差异？——对城城与乡城流动人口收入差距的布朗分解［J］．华中农业大学学报（社会科学版），2015（5）：9 - 16．

［16］程名望，史清华，徐剑侠．中国农村劳动力转移动因与障碍的一种解释［J］．经济研究，2006（4）：68 - 78．

［17］程瑜，陈瑞文．农民工社会保障的现状与对策——以广州市黄埔区为例［J］．广西民族大学学报（哲学社会科学版），2008，30（4）：57 - 60．

［18］褚荣伟，熊易寒，邹怡．农民工社会认同的决定因素研究：基于上海的实证分析［J］．社会，2014，34（4）：25 - 48．

［19］崔岩．流动人口心理层面的社会融入和身份认同问题研究［J］．社会学研究，2012（5）：141 - 160．

［20］邓大松，胡宏伟．流动、剥夺、排斥与融合：社会融合与保障权获得［J］．中国人口科学，2007（6）：14 - 24．

［21］邓大松．社会保障的内在性质［J］．中国社会保障，2007（1）：25．

［22］邓曲恒．城镇居民与流动人口的收入差异——基于 Oaxaca - Blinder 和 Quantile 方法的分解［J］．中国人口科学，2007（2）：8 - 16．

［23］丁富军，吕萍．转型时期的农民工住房问题——一种政策过程的视角［J］．公共管理学报，2010，7（1）：58 - 66．

［24］董洁．民族志研究视角下的语言身份认同：两例北京农民工子女个案［J］．语言学研究，2014（1）．

［25］董昕．中国农民工的住房政策及评价（1978—2012 年）［J］．经济体制改革，2013（2）：70 - 74．

［26］董昕．中国农民工住房问题的历史与现状［J］．财经问题研究，2013（1）：117 - 123．

［27］杜钢建．户籍制度不死 亿万民众难活［OL］．中国检察日报正义网，2001 - 4 - 4．http：//search.jcrb.com/was5/web/search．

［28］杜娟，叶文振．流动儿童的教育状况及其影响因素［J］．中共福建省委党校学报，2003（9）：54 - 59．

［29］杜丽．重庆市流动幼儿教育现状研究［D］．重庆：西南大学，2011．

［30］杜鹏，丁志宏，李兵，等．来京人口的就业、权益保障与社会融合［J］．人口研究，2005，29（4）：53 - 61．

［31］杜鹏，李一男，王澎湖，等．城市"外来蓝领"的就业与社会融合

[J]. 人口学刊, 2008 (1): 3-9.

[32] 段成荣, 黄颖. 就学与就业——我国大龄流动儿童状况研究 [J]. 中国青年研究, 2012 (1): 91-96.

[33] 段成荣, 梁宏. 我国流动儿童状况 [J]. 人口研究, 2004, 28 (1): 53-59.

[34] 段成荣, 吕利丹, 邹湘江. 当前我国流动人口面临的主要问题和对策——基于2010年第六次全国人口普查数据的分析 [J]. 人口研究, 2013, 37 (2): 17-24.

[35] 段成荣, 孙磊. 流动劳动力的收入状况及影响因素研究——基于2005年全国1%人口抽样调查数据 [J]. 中国青年研究, 2011 (1): 54-61.

[36] 段成荣, 孙玉晶. 我国流动人口统计口径的历史变动 [J]. 人口研究, 2006, 30 (4): 70-76.

[37] 段成荣, 王莹. 流动人口的居住问题 [J]. 北京行政学院学报, 2006 (6): 4-7.

[38] 段成荣, 杨舸, 张斐, 等. 改革开放以来我国流动人口变动的九大趋势 [J]. China Population Today, 2008, 32 (6): 30-43.

[39] 段成荣, 杨舸. 我国流动儿童最新状况——基于2005年全国1%人口抽样调查数据的分析 [J]. 人口学刊, 2008, 25 (6): 23-31.

[40] 段成荣, 杨舸. 中国流动人口状况——基于2005年全国1%人口抽样调查数据的分析 [J]. 人口与社会, 2009, 25 (4): 5-9.

[41] 段成荣, 袁艳, 郭静. 我国流动人口的最新状况 [J]. 西北人口, 2013 (6): 1-7.

[42] 段成荣. 人口迁移研究: 原理与方法 [M]. 重庆: 重庆出版社, 1998.

[43] 段娟, 叶明勇. 新中国成立以来农村剩余劳动力转移的历史回顾及启示 [J]. 党史文苑, 2009 (6): 4-7.

[44] 段敏芳. 中国人口迁移流动现状及发展趋势 [J]. 中南财经政法大学学报, 2003 (6): 16-20.

[45] 段云平, 朱曰强. 乡村人口向城市流动问题研究 [J]. 河南师范大学学报 (哲学社会科学版), 1994 (3): 20-23.

[46] 方建华, 王玲艳. 南京地区3~6岁农民工子女受教育现状调查 [J]. 当代学前教育, 2007 (4).

[47] 方震寰. 来京农民工工资微观影响因素分析 [J]. 人口与经济, 2008 (4): 154-155.

[48] 方志. 两代流动人口的社会认同研究 [D]. 北京：首都经济贸易大学，2007.

[49] 冯帮. 近十年流动儿童教育问题研究述评 [J]. 现代教育管理，2011 (3)：11-14.

[50] 付炎龙. 养老保险关系转移接续探析 [J]. 现代经济信息，2010 (6)：171.

[51] 甘满堂. 城市农民工与转型期中国社会的三元结构 [J]. 福州大学学报（哲学社会科学版），2001，15 (4)：30-35.

[52] 高春凤. 社区文化视角下流动人口融入的路径思考 [J]. 管理观察，2013 (33)：114-116.

[53] 高慧，周海旺. 上海外来与本地劳动力收入差异及影响因素对比分析 [J]. 人口与经济，2007 (S1)：150-156.

[54] 高文书. 进城农民工就业状况及收入影响因素分析——以北京、石家庄、沈阳、无锡和东莞为例 [J]. 中国农村经济，2006 (1)：28-34.

[55] 顾微微. 流动人口子女学前教育发展中的政府责任 [J]. 教育评论，2012 (4)：3-5.

[56] 贵永霞. 农民工的城市认同与城市依恋研究 [D]. 重庆：西南大学，2010.

[57] 郭菲，张展新. 流动人口在城市劳动力市场中的地位：三群体研究 [J]. 人口研究，2012，36 (1)：3-14.

[58] 郭晋晖. 田成平细数"家底"就业投入将稳定增加 [N]. 第一财经日报，2006-11-29 (A03).

[59] 郭科. 融入与冲突：新生代农民工的社会认同 [D]. 西安：西北大学，2009.

[60] 郭星华，胡文嵩. 闲暇生活与农民工的市民化 [J]. 人口研究，2006，30 (5)：77-81.

[61] 郭星华，姜华. 农民工城市适应研究的几种理论视角 [J]. 探索与争鸣，2009 (1)：61-65.

[62] 郭星华，杨杰丽. 城市民工群体的自愿性隔离 [J]. 江苏行政学院学报，2005 (1)：57-62.

[63] 郭志刚. 中国1990年代的家庭户变迁 [A]. 全国人口普查科学讨论会 [C]. 北京：北京大学中国社会发展研究中心，2003：777-785.

[64] 国家统计局课题组. 城市农民工生活质量状况调查报告 [J]. 调研世界，2007 (1)：25-30.

[65] 国家卫生和计划生育委员会流动人口司. 中国流动人口发展报告 [M]. 中国人口出版社, 2013.

[66] 韩枫. 城镇流动人口社会保障参保率的影响因素研究——基于京津冀流动人口动态监测数据的分析 [J]. 人口学刊, 2016, 38 (1): 61-67.

[67] 韩嘉玲, 张妍. 流动人口的贫困问题: 一个多维的研究视角 [J]. 贵州社会科学, 2011 (12): 58-63.

[68] 韩俊强. 农民工养老保险参保行为与城市融合 [J]. 中国人口·资源与环境, 2017, 27 (2): 135-142.

[69] 何家栋, 喻希来. 城乡二元社会是怎样形成的? [J]. 书屋, 2003 (2): 2-7.

[70] 贺小燕. 福建省农民工居住现状及发展对策 [J]. 中国城市经济, 2010 (11X): 271-272.

[71] 侯红娅, 杨晶, 李子奈. 中国农村劳动力迁移意愿实证分析 [J]. 经济问题, 2004 (7): 52-54.

[72] 侯慧丽, 李春华. 梯度城市化: 不同社区类型下的流动人口居住模式和住房状况 [J]. 人口研究, 2013, 37 (2): 83-92.

[73] 侯建明, 李晓刚, 叶淑萍. 吉林省流动人口收入状况及其影响因素分析 [J]. 人口学刊, 2016, 38 (6): 54-61.

[74] 胡建国. 中国社会底层新变 [J]. 人民论坛, 2010 (21): 33-34.

[75] 胡勇. 社会保障通论 [M]. 北京: 中国农业出版社, 2008.

[76] 胡玉萍, 张亚鹏, 于珍珍. 流动人口随迁子女受教育的家庭影响因素分析及相关政策建议 [J]. 求知, 2015 (8): 46-47.

[77] 华伟. 城乡争治与合治——市制丛谈之三 [J]. 中国方域: 行政区划与地名, 2000 (3): 8-17.

[78] 华迎放. 农民工社会保障: 思考与政策选择——来自江苏、吉林、辽宁的调查 [J]. 中国劳动, 2004 (10): 21-25.

[79] 黄晨熹. 1964—2005 年我国人口受教育状况的变动——基于人口普查/抽查资料的分析 [J]. 人口学刊, 2011 (4): 3-13.

[80] 黄匡时, 嘎日达. 流动人口的社会保障陷阱和社会保障的流动陷阱 [J]. 西部论坛, 2011, 21 (6): 1-8.

[81] 黄乾. 农民工定居城市意愿的影响因素——基于五城市调查的实证分析 [J]. 山西财经大学学报, 2008 (4): 21-27.

[82] 简新华, 黄锟. 中国农民工最新生存状况研究——基于 765 名农民工调查数据的分析 [J]. 人口研究, 2007, 31 (6): 37-44.

[83] 姜凯, 侯明喜, 龚海婷. 流动人口住房选择及其影响因素研究——以重庆市为例 [J]. 调研世界, 2017 (1): 28-34.

[84] 姜向群, 郝帅. 北京市流动人口社会保障状况及其影响因素分析 [J]. 北京社会科学, 2008 (3): 68-73.

[85] 蒯鹏州, 张丽丽. 农民工性别工资差异及其成因的解释——歧视的贡献到底有多大 [J]. 农业经济问题, 2016 (6): 43-50.

[86] 蓝宇蕴. 都市村社共同体——有关农民城市化组织方式与生活方式的个案研究 [J]. 中国社会科学, 2005 (2): 144-154.

[87] 李超海, 唐斌. 城市认同、制度性障碍与"民工荒"现象——长三角、珠三角和中西部地区实地调查 [J]. 青年研究, 2006 (7): 19-28.

[88] 李春玲. 流动人口地位获得的非制度途径——流动劳动力与非流动劳动力之比较 [J]. 社会学研究, 2006 (5): 85-106.

[89] 李飞, 杜云素. 城镇定居、户籍价值与农民工积分落户——基于中山市积分落户入围人员的调查 [J]. 农业经济问题, 2016 (8): 82-92.

[90] 李根强, 谭银清, 陈益芳. 人力资本、社会资本与农民工工资差异 [J]. 华中农业大学学报（社会科学版）, 2016 (2): 90-95.

[91] 李国正. 户籍制度对农民工工资性收入的影响机制研究 [J]. 广西社会科学, 2016 (1): 159-163.

[92] 李竞能. 现代西方人口理论 [M]. 上海: 复旦大学出版社, 2004.

[93] 李骏, 顾燕峰. 中国城市劳动力市场中的户籍分层 [J]. 社会学研究, 2011 (2): 48-77.

[94] 李立文, 余冲. 新生代农民工的社会适应问题研究 [J]. 中国青年研究, 2006 (4): 12-15.

[95] 李玲. 改革开放以来中国国内人口迁移及其研究 [J]. 地理研究, 2001, 20 (4): 453-462.

[96] 李培林, 李炜. 农民工在中国转型中的经济地位和社会态度 [J]. 社会学研究, 2007, 225 (3): 1-17.

[97] 李培林, 田丰. 中国新生代农民工: 社会态度和行为选择 [J]. 社会, 2011, 31 (3): 1-23.

[98] 李培林. 另一只看不见的手: 社会结构转型 [J]. 中国社会科学, 1992 (5): 3-17.

[99] 李培林. 流动民工的社会网络和社会地位 [J]. 社会学研究, 1996 (4): 42-52.

[100] 李强. 城市农民工的失业与社会保障问题 [J]. 新视野, 2001 (5):

46-48.

[101] 李强. 户籍分层与农民工的社会地位 [J]. 中国党政干部论坛, 2002 (8).

[102] 李强. 影响中国城乡流动人口的推力与拉力因素分析 [J]. 中国社会科学, 2003 (1): 125-136.

[103] 李强. 中国社会分层结构的新变化 [M]. 北京: 社会科学文献出版社, 2002.

[104] 李强. 转型时期中国社会分层 [M]. 沈阳: 辽宁教育出版社, 2004.

[105] 李树茁, 杨绪松, 任义科, 等. 农民工的社会网络与职业阶层和收入: 来自深圳调查的发现 [J]. 当代经济科学, 2007, 29 (1): 25-33.

[106] 李树茁. 中国 80 年代的区域经济发展和人口迁移研究 [J]. 人口与经济, 1994 (3): 3-8.

[107] 李蔚, 刘能. 外来流动人口的身份建构 [J]. 重庆社会科学, 2015 (3): 34-40.

[108] 李燕芳, 管益杰, 楼春芳, 等. 儿童发展中父母参与的研究综述 [J]. 教育探索, 2005 (5): 54-56.

[109] 李叶妍, 王锐. 中国城市包容度与流动人口的社会融合 [J]. 中国人口·资源与环境, 2017, 27 (1): 146-154.

[110] 李宇鹏. 生活在城市边缘的流动儿童——对北京市肖家河社区流动儿童城市社区融入的社会学分析 [D]. 北京: 中央民族大学, 2010.

[111] 李志刚, 刘晔, 陈宏胜. 中国城市新移民的"乡缘社区": 特征、机制与空间性——以广州"湖北村"为例 [J]. 地理研究, 2011, 30 (10): 1910-1920.

[112] 廉思, 刘昕亭. 从"蚁族"到"工蜂"——廉思访谈 [J]. 中国图书评论, 2013 (6): 83-91.

[113] 梁鸿. 出梁庄记 [M]. 广州: 花城出版社, 2013.

[114] 梁明, 李培, 孙久文. 中国城乡人口迁移数量决定因素的实证研究: 1992—2004 [J]. 人口学刊, 2007 (5): 35-39.

[115] 梁鹏飞, 林李月. 2005 年中国流动人口的空间分布及其与区域经济发展的关系 [J]. 云南地理环境研究, 2008, 20 (6): 64-68.

[116] 梁土坤. 个体差异、企业特征、制度保护与流动人口社会保险可及性——基于"福利三角"理论模型的实证研究 [J]. 社会保障研究, 2017 (1): 73-83.

[117] 梁土坤. 流动人口居住状况的三维分析: 一个文献综述 [J]. 西北人

口, 2015 (4): 24-28.

[118] 梁土坤. 适应转化: 新生代流动人口定居意愿的实证研究及其政策意涵 [J]. 中国人口·资源与环境, 2017, 27 (2): 151-159.

[119] 梁在. 人口学 [M]. 北京: 中国人民大学出版社, 2012.

[120] [美] 拉尔夫·林顿. 人类研究 [M]. 纽约: 阿波顿出版公司, 1936.

[121] 林李月, 朱宇, 梁鹏飞, 等. 基于六普数据的中国流动人口住房状况的空间格局 [J]. 地理研究, 2014, 33 (5): 887-898.

[122] 林李月, 朱宇. 两栖状态下流动人口的居住状态及其制约因素——以福建省为例 [J]. 人口研究, 2008, 32 (3): 48-56.

[123] 林李月, 朱宇. 中国城市流动人口户籍迁移意愿的空间格局及影响因素——基于2012年全国流动人口动态监测调查数据 [J]. 地理学报, 2016, 71 (10): 1696-1709.

[124] 林闽钢. "社会服务包"的理念与方法——城市流动人口管理与服务再探讨 [J]. 人民论坛·学术前沿, 2015 (5): 58-67.

[125] 刘波, 孟辉. 社会保障学 [M]. 北京: 北京理工大学出版社, 2011.

[126] 刘传江, 程建林. 农民工社会保障的路径选择与制度创新 [J]. 求是学刊, 2008, 35 (1): 55-59.

[127] 刘传江, 程建林. 双重"户籍墙"对农民工市民化的影响 [J]. 经济学家, 2009 (10): 66-72.

[128] 刘传江, 董延芳. 和谐社会建设视角下的农民工市民化 [J]. 江西财经大学学报, 2007 (3): 39-44.

[129] 刘传江. 乡城人口流动、城市就业与和谐社会建设笔谈 [J]. 中国地质大学学报（社会科学版）, 2007, 7 (5): 21-22.

[130] 刘纯彬. 二元社会结构的实证分析（下）[J]. 社会, 1989 (11): 6-11.

[131] 刘纯彬. 论中国的二元社会结构——阻滞中国农村工业化城市化过程探析 [J]. 社会, 1989 (8): 22-27.

[132] 刘厚莲. 我国特大城市流动人口住房状况分析 [J]. 人口学刊, 2016, 38 (5): 45-53.

[133] 刘佳宁. 中国流动人口问题研究: 基于健康贫困的视角 [M]. 广州: 广东经济出版社, 2012.

[134] 刘见芳. 我国高等教育发展水平地区差异研究 [D]. 北京: 清华大学, 2004.

[135] 刘娟凤. 流动人口社会保障: 中央政府与地方政府激励机制的错位

[J]. 党政研究, 2012 (6): 107-111.

[136] 刘林平, 张春泥. 农民工工资: 人力资本、社会资本、企业制度还是社会环境?——珠江三角洲农民工工资的决定模型 [J]. 社会学研究, 2007 (6): 114-137.

[137] 刘林平, 郑广怀, 孙中伟. 劳动权益与精神健康——基于对长三角和珠三角外来工的问卷调查 [J]. 社会学研究, 2011 (4): 164-184.

[138] 刘少杰. 当代中国社会转型的实质与缺失 [J]. 学习与探索, 2014 (9): 33-39.

[139] 刘婷婷, 李含伟, 高凯. 家庭随迁流动人口住房选择及其影响因素分析——以上海市为例 [J]. 南方人口, 2014 (3): 17-27.

[140] 刘欣. 流动儿童的城市社会认同特点及其作用 [D]. 首都师范大学, 2013.

[141] 刘志强, 刘瑞瑞. 从民工的境遇分析看法律制度变迁 [J]. 上海城市管理, 2005, 14 (5): 13-15.

[142] 柳倩, 谢萌, 何幼华, 等. 上海农民工同住子女学前教育安置政策效益评述 [J]. 上海教育科研, 2010 (11): 8-10.

[143] 龙奋杰, 刘明. 城市吸引人口迁入的影响因素分析 [J]. 城市问题, 2006 (8): 44-46.

[144] 娄文龙, 高慧. 新生代农民工住房保障问题研究 [J]. 农业经济, 2013 (10): 78-79.

[145] 卢志刚, 宋顺锋. 农民工收入微观影响因素统计分析 [J]. 现代财经-天津财经大学学报, 2006, 26 (10): 77-80.

[146] 陆铭. 玻璃幕墙下的劳动力流动——制度约束、社会互动与滞后的城市化 [J]. 南方经济, 2011, 29 (6): 23-37.

[147] 陆益龙. 户口还起作用吗——户籍制度与社会分层和流动 [J]. 中国社会科学, 2008 (1): 149-162.

[148] 罗俊峰, 童玉芬. 流动人口就业者工资性别差异及影响因素研究——基于2012年流动人口动态监测数据的经验分析 [J]. 经济经纬, 2015, 32 (1): 131-136.

[149] 骆华松. 中国流动人口社会行为分析 [J]. 云南社会科学, 2002 (2): 46-50.

[150] 吕俊彪. 作为社会转型表征的中国城市新移民 [J]. 广西民族大学学报 (哲学社会科学版), 2016 (3): 69-74.

[151] 吕世辰. 农村土地流转制度下的农民社会保障 [M]. 北京: 社会科

学文献出版社, 2012.

[152] 马国才, 王留柯. 农民工子女入园现状及其存在问题与解决——以鞍山市为例 [J]. 学前教育研究, 2011 (3): 21-24.

[153] 孟兆敏, 吴瑞君. 城市流动人口居留意愿研究——基于上海、苏州等地的调查分析 [J]. 人口与发展, 2011, 17 (3): 11-18.

[154] 莫艳清. 城市农民工市民化问题研究综述 [J]. 长春工程学院学报 (社会科学版), 2009, 10 (3): 31-34.

[155] 彭希哲, 赵德余, 郭秀云. 户籍制度改革的政治经济学思考 [J]. 复旦学报 (社会科学版), 2009 (3): 1-11.

[156] 钱文荣, 张忠明. 农民工在城市社会的融合度问题 [J]. 浙江大学学报 (人文社会科学版), 2006, 36 (4): 115-121.

[157] 乔明睿, 钱雪亚, 姚先国. 劳动力市场分割、户口与城乡就业差异 [J]. 中国人口科学, 2009, 2009 (1): 32-41.

[158] 乔楠, 冯桂平. 医疗保险模式对流动人口居留意愿影响研究——基于人群差异性视角 [J]. 中国卫生事业管理, 2017, 34 (1): 16-21.

[159] 秦晖. 天平集 [M]. 北京: 新华出版社, 1998.

[160] 秦立建, 惠云, 王震. 流动人口的社会保险覆盖率及其影响因素分析 [J]. 统计研究, 2015, 32 (1): 68-72.

[161] 秦立建, 王震, 葛玉好, 等. 城乡分割、区域分割与流动人口社会保障缺失 [J]. 经济理论与经济管理, 2015, V35 (3): 103-112.

[162] 任焰, 梁宏. 资本主导与社会主导——"珠三角"农民工居住状况分析 [J]. 人口研究, 2009, 33 (2): 92-101.

[163] 任远, 邬民乐. 城市流动人口的社会融合: 文献述评 [J]. 人口研究, 2006, 30 (3): 87-94.

[164] 任远, 姚慧. 流动人口居留模式的变化和城市管理——基于对上海的研究 [J]. 人口研究, 2007, 31 (3): 71-78.

[165] 盛亦男. 父代流迁经历对子代居留意愿的代际影响与机制研究 [J]. 人口研究, 2017, 41 (2): 84-96.

[166] 盛亦男. 流动人口居留意愿的梯度变动与影响机制 [J]. 中国人口·资源与环境, 2017, 27 (1): 128-136.

[167] 师保国, 王芳, 刘霞, 等. 国内流动儿童心理研究: 回顾与展望 [J]. 中国特殊教育, 2014 (11): 68-72.

[168] 石人炳, 陈宁. 城—城流动人口养老保险参保影响因素研究——基于全国流动人口动态监测数据的分析 [J]. 人口研究, 2015, 39 (4): 102-112.

[169] 石智雷, 薛文玲. 流动人口的住房选择及其影响因素研究——基于 2012 年湖北省流动人口动态监测数据的分析 [J]. 西部论坛, 2014 (2): 25 - 33.

[170] 石智雷, 薛文玲. 中国农民工的长期保障与回流决策 [J]. 中国人口·资源与环境, 2015, 25 (3): 143 - 152.

[171] 时立荣. 透过社区看农民工的城市融入问题 [J]. 新视野, 2005 (4): 64 - 65.

[172] 史毅. 户籍制度与家庭团聚——流动人口流入地的身份认同 [J]. 青年研究, 2016 (6): 11 - 20.

[173] 舒迪. 农民工正成为中国工人阶级的主要力量 [J]. 金融博览, 2004 (9): 42.

[174] 宋洪远, 武文, 赵长保. 农业和农村经济出现积极变化 农民收入状况不容乐观 [J]. 中国经济信息, 2000 (16): 11 - 13.

[175] 宋林飞. 中国社会转型的趋势、代价及其度量 [J]. 江苏社会科学, 2002 (6): 30 - 36.

[176] 宋全成, 王赞. 流动人口城镇基本养老保险参保现状及影响因素研究——基于 2014 年流动人口动态监测数据 [J]. 东岳论丛, 2017, 38 (3): 78 - 86.

[177] 宋月萍, 李龙. 随迁子女学前教育与流动女性的就业实证研究 [J]. 妇女研究论丛, 2012 (6): 108.

[178] 孙峰华, 李世泰, 杨爱荣, 等. 2005 年中国流动人口分布的空间格局及其对区域经济发展的影响 [J]. 经济地理, 2006, 26 (6): 974 - 977.

[179] 孙立平. 我们正在面对一个断裂的社会? [J]. 乡音, 2004 (1): 12 - 14.

[180] 孙立平. 中国穷人何时才能活得有尊严? [OL]. 今日头条, 2015 - 12 - 21. https://www.toutiao.com/i6230670082947678721/.

[181] 孙文坛. 国内社会认同理论研究述评 [J]. 学理论, 2012 (7): 100 - 101.

[182] 谭文兵, 黄凌翔. 农村人口城市迁移的动力机制 [J]. 城市问题, 2002 (2): 14 - 16.

[183] 陶红, 杨东平. 北京市"流动儿童"教育面临的问题与对策 [J]. 教育学术月刊, 2007 (1): 61 - 63.

[184] 陶涛, 张现苓. 六普人口数据的漏报与重报 [J]. 人口研究, 2013, 37 (1): 42 - 53.

[185] 田炳信. 中国第一证件：中国户籍制度调查手稿 [M]. 广州：广东

人民出版社，2003．

［186］田慧生，吴霓．农民工子女教育问题研究——基于 12 城市调研的现状？问题与对策分析［M］．北京：教育科学出版社，2010．

［187］田林楠．流动人口收入性别差异与收入影响因素研究［D］．南京：南京大学，2014．

［188］万向东．农民工非正式就业的进入条件与效果［J］．管理世界，2008（1）：63－74．

［189］汪润泉，刘一伟．住房公积金能留住进城流动人口吗？——基于户籍差异视角的比较分析［J］．人口与经济，2017（1）：22－34．

［190］王朝明，周宗社．就业流动人口收入差距影响因素的模型估计与政策涵义——基于重庆的经验数据［J］．天府新论，2015（1）：117－124．

［191］王春光．新生代农村流动人口的社会认同与城乡融合的关系［J］．社会学研究，2001（3）：63－76．

［192］王德，叶晖．1990 年以后的中国人口迁移研究综述［J］．人口学刊，2004（1）：40－46．

［193］王东．"两为主"政策背景下流动儿童家长"择校"行为分析——基于对北京市的相关调查［J］．教育发展研究，2010（12）：82－85．

［194］王凡．关注中国农民工社会保障权益［J］．人口与经济，2007（S1）：127－128．

［195］王桂新，刘建波．1990 年代后期我国省际人口迁移区域模式研究［J］．人口与发展，2003，9（4）：1－10．

［196］王桂新，罗恩立．上海市外来农民工社会融合现状调查研究［J］．华东理工大学学报（社会科学版），2007，22（3）：97－104．

［197］王桂新，沈建法，刘建波．中国城市农民工市民化研究——以上海为例［J］．人口与发展，2008，14（1）：3－23．

［198］王桂新，张蕾，张伊娜．城市新移民贫困救助和社会保障机制研究［J］．人口学刊，2007（3）：35－40．

［199］王桂新．中国经济体制改革以来省际人口迁移区域模式及其变化［J］．人口与经济，2000（3）：8－16＋22．

［200］王桂新．中国人口分布与区域经济发展［M］．上海：华东师范大学出版社，1997．

［201］王桂新．中国人口迁移与区域经济发展关系之分析［J］．人口研究，1996，20（6）：9－16．

［202］王建平，谭金海．农民工市民化：宏观态势、现实困境与政策重点

[J]. 农村经济, 2012 (2): 89-92.

[203] 王静, 张卓, 武舜臣. 双重分割视角下城市劳动力市场工资差异比较分析——基于2013年八城市流动人口动态监测数据 [J]. 南开经济研究, 2016 (2): 25-40.

[204] 王美艳. 城市劳动力市场上的就业机会与工资差异——外来劳动力就业与报酬研究 [J]. 中国社会科学, 2005 (5): 36-46.

[205] 王慎刚. 土地管制、"三农"问题与"城乡分治" [J]. 中国行政管理, 2007 (3): 20-22.

[206] 王胜今, 许世存. 流入人口社会融入感的结构与影响因素分析——基于吉林省的调查数据 [J]. 人口学刊, 2013, 35 (1): 5-14.

[207] 王伟宜. 高等教育入学机会获得的阶层差异分析——基于1982—2010年我国16所高校的实证调查 [J]. 高等教育研究, 2013 (12): 35-44.

[208] 王晓峰, 温馨. 劳动权益对农民工市民化意愿的影响——基于全国流动人口动态监测8城市融合数据的分析 [J]. 人口学刊, 2017, 39 (1): 38-49.

[209] 王晓菅. 探讨农民工的住房保障——基于农民工纳入住房保障体系的视角 [J]. 经营管理者, 2010 (9): 60.

[210] 王毅杰, 高燕. 社会经济地位、社会支持与流动农民身份意识 [J]. 人口与发展, 2004, 10 (2): 1-5.

[211] 王毅杰, 倪云鸽. 流动农民社会认同现状探析 [J]. 苏州大学学报 (哲学社会科学版), 2005 (2): 49-53.

[212] 王玉君. 农民工城市定居意愿研究——基于十二个城市问卷调查的实证分析 [J]. 人口研究, 2013, 37 (4): 19-32.

[213] 王卓梅. 新生代农民工身份认同与符号消费研究——以长沙市为例 [D]. 长沙: 中南大学, 2012.

[214] 王宗萍, 邹湘江. 新生代流动人口住房状况研究——兼与老生代的比较 [J]. 中国青年研究, 2013 (8): 9-15.

[215] 韦小丽, 朱宇. 福州市流动人口空间分布及形成机制 [J]. 福建师范大学学报 (哲学社会科学版), 2007 (6): 155-160.

[216] 谓军. 质疑户籍制 [J]. 视点, 2000 (11): 21-24.

[217] 魏津生. 中国城市流动人口的基本概念、状况和问题 [J]. 人口与计划生育, 1999 (6): 6-12.

[218] 魏立华, 闫小培. "城中村": 存续前提下的转型——兼论"城中村"改造的可行性模式 [J]. 城市规划, 2005 (7): 9-13.

[219] 文军. 从生存理性到社会理性选择: 当代中国农民外出就业动因的社

会学分析 [J]. 社会学研究, 2001 (6): 21-32.

[220] 吴岚. 高中学生学业成绩的性别差异及教育对策研究 [D]. 重庆: 西南师范大学, 2002.

[221] 吴晓燕, 吴瑞君. 上海市流动人口子女初中后教育的现状、问题及其难点分析 [J]. 教育学术月刊, 2009 (1): 47-49.

[222] [美] 西奥多·W. 舒尔茨. 改造传统农业 [M]. 梁小民, 译. 北京: 商务印书馆, 1987.

[223] 向书坚, 李芳芝, 李超. 区域分割下农民工收入差距的回归分解 [J]. 统计研究, 2014, 31 (2): 49-54.

[224] 谢宝富. 中低收入流动人口居住问题的解决路径 [J]. 城市问题, 2015 (5): 85-89.

[225] 谢宝琴, 吴思妮, 陈俊英. 促进流动儿童学前教育发展的实践探索——以广东省惠州市惠城区为例 [J]. 学前教育研究, 2011 (4): 44-47.

[226] 谢桂华. 农民工与城市劳动力市场 [J]. 社会学研究, 2007 (5): 84-110.

[227] 谢建社, 胡世光. 农民工政治权利保障的现实思考 [J]. 探求, 2009 (1): 11-15.

[228] 谢建社. 社会工作嵌入妇女工作之思考 [J]. 甘肃社会科学, 2009 (4): 17-20.

[229] 谢敏. 教育机会均等视角下流动儿童义务教育问题研究 [J]. 青海民族大学学报 (社会科学版), 2012, 38 (1): 112-115.

[230] 谢欣宸. 我国城市流动人口社会保障政策研究 [D]. 郑州: 郑州大学, 2013.

[231] 新公民计划. 中国流动儿童数据报告——2014 [OL]. NGO 发展交流网, 2014-09-26. http://www.ngocn.net/home/news/article/id/359422?from=timeline&isappinstalled=0.

[232] 熊波, 石人炳. 农民工定居城市意愿影响因素——基于武汉市的实证分析 [J]. 南方人口, 2007, 22 (2): 52-57.

[233] 熊光清. 流动人口的增长态势、权利特征与权利救济 [J]. 社会科学研究, 2010 (1): 84-89.

[234] 熊易寒. 城市化的孩子: 农民工子女的城乡认知与身份意识 [J]. 中国农村观察, 2009, 2000 (2): 2-11.

[235] 徐颖, 梅轶竹. "新生代农民工家庭的社会融入"引海内外关注 [J]. 中国社会保障, 2013 (1): 65.

[236] 徐伟. "中国劳动力流动论坛"观点综述 [J]. 人口与经济, 1999 (1): 63-64.

[237] 徐玮, 宁越敏. 20世纪90年代上海市流动人口动力机制新探 [J]. 人口研究, 2005, 29 (6): 47-55.

[238] 徐祖荣. 流动人口社会融入障碍及其破解 [J]. 重庆: 重庆社会科学, 2008 (8): 50-53.

[239] 许琳. 社会保障学 [M]. 北京: 北京交通大学出版社, 2005.

[240] 许庆红, 张晓倩, 吕昭河. 家庭社会经济地位、迁移特征与流动儿童教育机会 [J]. 青年探索, 2017 (2): 57-64.

[241] 许玉明, 廖玉姣. 城乡分治制度的若干表现及其内核 [J]. 改革, 2011 (1): 60-64.

[242] 闫德民. 让每个人都有"出彩"的机会 [OL]. 大河网, 2013-4-1. http://newpaper.dahe.cn/hnrb/html/2013-04/01/content_871920.htm?div=-1.

[243] 严胜, 倪云华, 张青. 浦东新区外来流动人口医疗保障现况的分析 [J]. 中国卫生资源, 2004, 7 (1): 29-31.

[244] 严于龙. 对农民工收入影响因素的初步分析 [J]. 中国统计, 2006 (10): 19-20.

[245] 阎蓓. 新时期中国人口迁移 [M]. 湖南: 湖南教育出版社, 1999.

[246] 杨川丹. 新生代农民工的城市社会认同 [J]. 人民论坛, 2011 (17): 164-165.

[247] 杨聪敏. 农民工权利平等与社会融合 [M]. 浙江: 浙江工商大学出版社, 2010.

[248] 杨聪敏. 农民工子女受教育权平等的政府责任 [J]. 中共宁波市委党校学报, 2010, 32 (4): 42-47.

[249] 杨德华, 程锦泉, 彭绩. 深圳市流动人口健康保障现状及政策分析 [J]. 医学与社会, 2002, 15 (6): 8-10.

[250] 杨凡. 非正规就业对流动人口社会融合的影响研究——基于北京市调查数据的分析 [J]. 中南财经政法大学学报, 2016 (6): 30-35.

[251] 杨凡. 流动人口正规就业与非正规就业的工资差异研究——基于倾向值方法的分析 [J]. 人口研究, 2015, 39 (6): 94-104.

[252] 杨菊华, 段成荣. 农村地区流动儿童、留守儿童和其他儿童教育机会比较研究 [J]. 人口研究, 2008, 32 (1): 11-21.

[253] 杨菊华, 张娇娇. 人力资本与流动人口的社会融入 [J]. 人口研究, 2016, 40 (4): 3-20.

[254] 杨菊华, 朱格. 心仪而行离: 流动人口与本地市民居住隔离研究 [J]. 山东社会科学, 2016 (1): 78-89.

[255] 杨菊华. 城乡差分与内外之别: 流动人口经济融入水平研究 [J]. 江苏社会科学, 2010 (3): 99-107.

[256] 杨菊华. 城乡差分与内外之别: 流动人口社会保障研究 [J]. 人口研究, 2011, 35 (5): 8-25.

[257] 杨菊华. 城乡分割、经济发展与乡—城流动人口的收入融入研究 [J]. 人口学刊, 2011 (5): 3-15.

[258] 杨菊华. 父母流动、家庭资源与高中教育机会 [J]. 学海, 2011 (2): 19-33.

[259] 杨菊华. 人口流动与居住分离: 经济理性抑或制度制约? [J]. 人口学刊, 2015, 37 (1): 26-40.

[260] 杨菊华. 人口转变与老年贫困 [M]. 北京: 中国人民大学出版社, 2011.

[261] 杨菊华. 社会排斥与青年乡—城流动人口经济融入的三重弱势 [J]. 人口研究, 2012, 36 (5): 69-83.

[262] 杨菊华. 只见数字不见人: 流动人口职业培训变动趋势研究 [J]. 山东社会科学, 2014 (10): 48-57.

[263] 杨菊华. 制度歧视与结构排斥: 北京市青年流动人口职业流动变动研究 [J]. 南京工业大学学报 (社会科学版), 2013, 12 (3): 68-80.

[264] 杨菊华. 中国流动人口经济融入 [M]. 北京: 社会科学文献出版社, 2013.

[265] 杨菊华. 新型城镇化背景下户籍制度的 "双二属性" 与流动人口的社会融合" [J]. 中国人民大学学报, 2017 (4): 119-128.

[266] 杨黎源. 政策嬗变: 农民工的市民化进程考量 [J]. 理论与改革, 2007 (1): 83-86.

[267] 杨燕绥, 社会保障 [M]. 北京: 清华大学出版社, 2011.

[268] 杨燕绥. 掀开民生保障与社会建设新篇章 [OL]. 中国劳动保障报, 2012-12-18. http://www.hazz.lss.gov.cn/sitegroup/ldxh/html/414141812c9c1e9f012ca1d14d9a0b47/20121218170601561.html.

[269] 叶香丽. 中国农村人口向城市流动的原因和对经济发展的影响——基于农民工和农村大学生视角的分析 [J]. 经济问题探索, 2007 (4): 75-79.

[270] 叶迎. 我国城市农民工就业歧视问题研究 [J]. 现代商贸工业, 2009, 21 (10): 129-130.

[271] 易龙飞,朱浩. 流动人口居住质量与其健康的关系——基于中国15个大中城市的实证分析 [J]. 城市问题,2015 (8): 67-73.

[272] 殷文俊. 浅析新生代农民工婚姻家庭问题 [J]. 佳木斯职业学院学报,2014 (9): 327.

[273] 殷志静. 中国户籍制度改革 [M]. 北京:中国政法大学出版社,1996.

[274] 尹德挺,苏杨. 建国六十年流动人口演进轨迹与若干政策建议 [J]. 改革,2009 (9): 24-36.

[275] 于建嵘. 中国阶层分裂源于模化的排斥性体制 [N]. 中国经营报,2010-05-31 (A10).

[276] 于学军. 中国流动人口的特征、需求和公共政策思考 [J]. 开放导报,2005 (6): 20-23.

[277] 虞永平. 关注流动和留守幼儿的生活与教育 [J]. 学前教育研究,2010 (5): 10-11.

[278] 喻名峰. 制度困境中的农民工权利 [M]. 湖南:湖南大学出版社,2012.

[279] 袁晓娇,方晓义,刘杨. 流动儿童社会认同的特点、影响因素及其作用 [J]. 教育研究,2010 (3): 37-45.

[280] 原新. 乡城流动人口对大城市人口年龄结构影响分析——以京、津、沪为例 [J]. 人口学刊,2005 (2): 3-8.

[281] 悦中山,李树茁,靳小怡. 从"先赋"到"后致":农民工的社会网络与社会融合 [J]. 社会,2011,31 (6): 130-152.

[282] 翟锦云,马建. 我国广东省人口迁移问题探讨 [J]. 人口研究,1994 (2): 46-53.

[283] 翟振武,段成荣,毕秋灵. 北京市流动人口的最新状况与分析 [J]. 人口研究,2007,31 (2): 30-40.

[284] 张爱梅. 关于教育公平的几点思考 [J]. 江苏高教,2003 (1): 59-61.

[285] 张邦辉. 社会保障的政府责任研究 [M]. 北京:中国社会科学出版社,2010.

[286] 张伯生,田书格. 流动就业人员工伤保险现状与发展研究 [J]. 上海工程技术大学学报,2008,22 (2): 182-187.

[287] 张国胜. 农民工市民化的城市融入机制研究 [J]. 江西财经大学学报,2007 (2): 42-46.

[288] 张红丽,朱宇. 不同流迁意愿下流动人口的社会保险状况及其对

策——基于对福州市的调查 [J]. 西北人口, 2010, 31 (5): 91-96.

[289] 张俊良, 马晓磊. 城市化背景下对农村留守儿童教育问题的探讨 [J]. 农村经济, 2010 (3): 102-105.

[290] 张蕾, 王桂新. 第二代外来人口教育及社会融合调查研究——以上海为例 [J]. 西北人口, 2008, 29 (5): 59-63.

[291] 张娜, 雷怀英. 新生代农民工收入影响因素研究——基于天津市的调查 [J]. 农业技术经济, 2013 (7): 45-52.

[292] 张庆五. 论农业人口与非农业人口的形成与演变 [J]. 中国人口科学, 1993 (5): 42-46.

[293] 张善余, 杨晓勇. "民工潮"将带来"回乡创业潮"——以安徽省阜阳地区为例 [J]. 人口与经济, 1996 (1): 43-47.

[294] 张世伟, 张娟. 签订和未签订劳动合同农民工的劳动报酬差异 [J]. 人口学刊, 2017, 39 (2): 78-87.

[295] 张曙. 进城务工人员的社会支持与社会融合——以南京市为例 [J]. 产业与科技论坛, 2007 (12): 67-69.

[296] 张文宏, 雷开春. 城市新移民社会融合的结构、现状与影响因素分析 [J]. 社会学研究, 2008 (5): 117-141.

[297] 张晓杰. 流动人口的社会保障与制度构建 [J]. 重庆社会科学, 2014 (2): 51-56.

[298] 张燕, 李相禹. 山寨幼儿园与农民工子女学前教育——对北京市城乡交界处一个区位样本的调查与思考 [J]. 学前教育研究, 2010 (10): 3-8.

[299] 张燕. 社区非正规学前教育组织为流动儿童"筑梦" [N]. 中国社会科学报, 2013-11-20 (B02).

[300] 张杨珩. 进城农民工人力资本对其非农收入的影响——基于江苏省南京市外来农民工的调查 [J]. 农村经济, 2007 (8): 57-60.

[301] 张翼, 周小刚. 我国流动人口子女受教育状况调查报告 [J]. 调研世界, 2012 (1): 16-20.

[302] 张永丽, 杨志权. 影响农村外出劳动力收入水平的因素分析 [J]. 甘肃社会科学, 2009 (3): 9-12.

[303] 张展新, 高文书, 侯慧丽. 城乡分割、区域分割与城市外来人口社会保障缺失——来自上海等五城市的证据 [J]. 中国人口科学, 2007 (6): 33-41.

[304] 张展新. 从城乡分割到区域分割——城市外来人口研究新视角 [J]. 人口研究, 2007, 31 (6): 16-24.

[305] 仉楠楠, 周利兵. 非正规就业流动人口住房问题及对策研究 [J]. 当

代经济管理, 2015, 37 (1): 62 - 65.

[306] 赵斌, 王永才. 农民工医疗保险制度碎片化困境及其破解 [J]. 中国卫生政策研究, 2009, 2 (11): 41 - 46.

[307] 赵海涛. 流动人口与城镇居民的工资差异——基于职业隔离的角度分析 [J]. 世界经济文汇, 2015 (2): 91 - 108.

[308] 赵俊超. 农民问题新探 [M]. 北京: 中国发展出版社, 2005.

[309] 赵万水. 社会保障学 [M]. 北京: 清华大学出版社, 2011.

[310] 赵延东, 王奋宇. 城乡流动人口的经济地位获得及决定因素 [J]. 中国人口科学, 2002 (4): 8 - 15.

[311] 赵长保, 武志刚. 农民工工资收入问题分析 [J]. 中国劳动经济学, 2006 (4).

[312] 郑秉文. 从农民工退保看社会保险改革的制度取向 [J]. 天津社会保险, 2008 (4): 6 - 10.

[313] 郑秉文. 改革开放30年中国流动人口社会保障的发展与挑战 [J]. 中国人口科学, 2008 (5): 2 - 17.

[314] 郑秉文. 机关事业单位养老金并轨改革: 从"碎片化"到"大一统" [J]. 中国人口科学, 2015 (1): 2 - 14.

[315] 郑秉文. 新一轮养老保障制度改革面临的挑战 [J]. 行政管理改革, 2014 (1): 12 - 16.

[316] 郑功成. 农民工的权益与社会保障 [J]. 中国党政干部论坛, 2002 (8): 22 - 24.

[317] 郑功成. 中国流动人口的社会保障问题 [J]. 理论视野, 2007, 88 (6): 8 - 11.

[318] 郑真真. 中国流动人口变迁及政策启示 [J]. 中国人口科学, 2013 (1): 36 - 45.

[319] 周大鸣, 高崇. 城乡结合部社区的研究——广州南景村50年的变迁 [J]. 社会学研究, 2001 (4): 99 - 108.

[320] 周芬芬. 城乡教育差距的分析视角与实践模式 [J]. 华中师范大学学报 (人文社会科学版), 2009, 48 (1): 126 - 131.

[321] 周国峰. 流动儿童家庭教育存在问题及对策研究 [J]. 文理导航旬刊, 2015 (2): 79 - 80.

[322] 周皓, 荣珊. 我国流动儿童研究综述 [J]. 人口与经济, 2011 (3): 94 - 103.

[323] 周皓. 流动儿童社会融合的代际传承 [J]. 中国人口科学, 2012

(1): 70-81.

[324] 周皓. 中国人口迁移的家庭化趋势及影响因素分析 [J]. 人口研究, 2004, 28 (6): 60-69.

[325] 周井娟. 不同行业农民工收入影响因素比较 [J]. 统计与决策, 2008 (2): 98-100.

[326] 周滔, 吕萍. 农民工住房的消费特征与供应策略 [J]. 建筑经济, 2011 (3): 85-88.

[327] 周扬明. 流动人口基本公共服务均等化——政府、企业及 NGO 的角色 [M] //中国人民大学非营利组织研究所与公域合力管理咨询. 中国第三部门观察报告 2014. 北京: 中国社会科学文献出版社, 2014.

[328] 朱传耿, 顾朝林, 张伟. 中国城市流动人口的特征分析 [J]. 人口学刊, 2001 (2): 3-7.

[329] 朱东风, 吴立群. 半城市化中的农民工住房问题与对策思考——以江苏省为例 [J]. 现代城市研究, 2011 (8): 16-20.

[330] 朱祥波, 谭术魁, 王斯亮. 城市流动人口的住房选择: 事实与解释 [J]. 南方人口, 2015 (3): 35-44.

[331] 朱宇. 户籍制度改革与流动人口在流入地的居留意愿及其制约机制 [J]. 南方人口, 2004, 19 (3): 21-28.

[332] 庄海茹, 崔永军, 孙中宁. 新生代农民工城市融入的体制机制问题研究 [J]. 东北师大学报 (哲学), 2013 (5): 248-250.

[333] 庄西真, 李政. 流动人口子女城市教育融入问题的调查分析——以苏南地区为例 [J]. 教育研究, 2015 (8): 81-90.

[334] 邹泓, 屈智勇, 张秋凌. 中国九城市流动儿童发展与需求调查 [J]. 青年研究, 2005 (2): 1-7.

[335] 邹敏, 王中会. 北京市流动幼儿学前教育状况调查及思考 [J]. 幼儿教育: 教育科学, 2011 (6): 24-27.

[336] Borjas, G J, Hilton, L. *Immigration and the welfare state: Immigrant participation in means-tested entitlement programs* [J]. Quarterly Journal of Economics, 1996, 111 (2): 575-604.

[337] Borjas, G J. *Self-selection and the earnings of immigrants* [J]. American Economic Review, 1987, 77 (4): 531-553.

[338] Borjas, G J. *Self-Selection and the Earnings of Immigrants* [J]. Nber Working Papers, 1987, 77 (4): 531-553.

[339] Borjas, G J. *The earnings of male Hispanic immigrants in the United States*

[J]. *Industrial & Labor Relations Review*, 1982, 35 (3): 343 – 353.

[340] Borjas, G J. *The intergenerational mobility of immigrants* [J]. *Journal of Labor Economics*, 1993, 11 (1): 113 – 135.

[341] Chan, K W, Li, Z. *The Hukou System and Rural – urban Migration in China: Processes and Changes* [J]. *The China Quarterly*, 1999, 160: 818 – 855.

[342] Cheng, T J, Selden, M. *The Origin and Social Consequences of China's Hukou System* [J]. *The China Quarterly*, 1994, 139: 644 – 668.

[343] Chiswick, B R, Miller, PW. *The Economics of Language International Analyses* [M]. London Routledge Press, 2007.

[344] Chiswick, B R, Miller, PW. *Immigrant Earnings: Language Skills, Linguistic Concentrations and the Business Cycle* [J]. *Journal of Population Economics*, 2002, (1): 31 – 57.

[345] Chiswick, B R. *Are immigrants favorably self – selected?* [J]. *American Economic Review*, 1999, 181 – 185.

[346] Chiswick, B R. *The effect of Americanization on the earnings of foreign – born men* [J]. *The journal of political economy*, 1978, 897 – 921.

[347] Clark, W, Suzanne, W. *Family Migration and Mobility Sequences in the United States: Spatial Mobility in the Context of the Life Course* [J/OL]. *Demographic Research*, 2007, 17 (20): 591 – 622. http://www.demographic – research.org/volumes/vol17/20/default.htm.

[348] Fan, C C. *Migration and Labor Market Returns in Urban China: Results from a Recent Survey in Guangzhou* [J]. *Environment and Planning A*, 2001, 3: 479 – 508.

[349] Fan, C C. *Settlement Intention and Split Households: Findings from a Survey of Migrants in Beijing's Urban Villages* [J]. *The China Review*, 2011, 2: 11 – 42.

[350] Greenwood, M J. *Human Migration: Theory, Models, and Empirical Studies* [J]. *Journal of Regional Science*, 1985, 25 (4): 521.

[351] Haveman, R H, Wolfe B L. *Schooling and Economic Well – Being: The Role of Nonmarket Effects* [J]. *Journal of Human Resources*, 1984, 19 (3): 377 – 407.

[352] Khraif, R M. *Permanent Versus Temporary Rural Migrants in Riyadh, Saudi Arabia: A Logit Analysis of their Intentions of Future Mobility* [J]. *Geo Journal*, 1992, 26: 363 – 370.

[353] Korinek, K, Entwisle, B, Jampaklay, A. *Through Thick and Thin:*

Layers of Social Ties and Urban Settlement among Thai Migrants [J]. *American Sociological Review*, 2005, 70: 779 - 800.

[354] Lee, E S. *A theory of migration* [J]. *Demography*, 1966, 3 (1): 47 - 57.

[355] Lewis, W A. *Economic Development with Unlimited Supplies of Labour* [J]. *Manchester School*, 1954, 22 (2): 139 - 191.

[356] Massey, D S, Alarcón, R, Durand, J, et al. *Return to Aztlan: The Social Process of International Migration from Western Mexico* [M]. University of California Press, 1990.

[357] Massey, D S, Arango, J, Hugo, G, et al. *Theories of International Migration: A Review and Appraisal* [J]. *Population & Development Review*, 1993, 19 (3): 431 - 466.

[358] Massey, D S. *Social structure, household strategies, and the cumulative causation of migration* [J]. *Population Index*, 1990, 56 (1): 3.

[359] Massey, D S. *Understanding Mexican Migration to the United States* [J]. *American Journal of Sociology*, 1987, 92: 1372 - 1403.

[360] Nielsen, I, Smyth, R, Zhai, Q. *Subjective Well - Being of China s off-farm Migrants* [J]. *Journal of Happiness Studies*, 2009, 11: 315 - 333.

[361] Piore, M J. *Birds of passage: migrant labor and industrial societies* [J]. *International Migration Review*, 1979, 15 (1/2): 404.

[362] Ranis, G, Fei, J C H. *A theory of economic development* [J]. *American Economic Review*, 1961, 51 (4): 533 - 565.

[363] Reyes, B I. *Immigrant Trip Duration: The Case of Immigrants from Western Mexico* [J]. *International Migration Review*, 2001, 35: 1185 - 1204.

[364] Schultz, T W. *Investment in Human Capital* [J]. *Economic Journal*, 1961, 82 (326): 787.

[365] Stark, O, Bloom, D E. *The New Economics of Labor Migration* [J]. *American Economic Review*, 1985, 75 (2): 173 - 178.

[366] Tao, R, Xu, Z. *Urbanization, Rural Land System, and Social Security for Migrants in China* [J]. *Journal of Development Studies*, 2007, 43 (7): 1301 - 1320.

[367] Todaro, M P. *A Model of Labor Migration and Urban Unemployment in Less Developed Countries* [J]. *American Economic Review*, 1969, 59 (1): 138 - 148.

[368] Wallerstein, I. *The Modern World System, Capitalist Agriculture and the Origins of the European World Economy in the Sixteenth Century* [M]. New York: Aca-

demic Press, 1974.

［369］Wang, F L. *Reformed Migration Control and New Targeted People: China's Hukou System in the 2000s*［J］. The China Quarterly, 2004, 177: 115 – 132.

［370］Wu, F L. *Urban Poverty and Marginalization under Market Transition: The Case of Chinese Cities*［J］. International Journal of Urban and Regional Research, 2004, 28（2）: 401 – 423.

［371］Wu, W P. *Migrant Housing in Urban China – Choices and Constraints*［J］. Urban Affairs Review, 2002, 38（1）: 90 – 119.

［372］Zelinsky, W. *The Hypothesis of the Mobility Transition*［J］. Geographical Review, 1971, 61（2）: 219 – 249.

［373］Zhang, J, Li, X, Fang, X, et al. *Discrimination Experience and Quality of Life among Rural – to – Urban Migrants in China: The Mediation Effect of Expectation – Reality Discrepancy*［J］. Quality of Life Research, 2009, 18: 291 – 300.

［374］Zhu, Y, Chen, W. *The Settlement Intention of China's Floating Population in the Cities: Recent Changes and Multifaceted Individual – level Determinants*［J］. Population, Space and Place, 2010, 16: 253 – 267.

［375］Zhu, Y. *China's Floating Population and their Settlement Intention in the Cities: Beyond the Hukou Reform*［J］. Habitat International, 2007, 31（1）: 65 – 76.

后 记

中国自改革开放以来，流动人口的兴涨迄今已近40年，有关流动人口的政策也相应地经历了引导、鼓励、控制、调控等诸多变化。但是，流动人口的城市筑梦，尤其是安家乐业的共时性和同步性仍很遥远。他们长期奔波于城乡之间，眼下的迷茫如同一叶障目，未来之路何去何从？前行的方向并不清晰。

绝大多数流动人口（尤其是乡—城流动人口）以外来人的身份在现地生活，除少数人可拿到诸如蓝印的户口之外，户籍及其附着制度的长坚之铁依旧将他们排斥在流入地社会之外，他们经济权利受限，社会权利缺失，政治权利缺乏，蜷缩在自己的血缘、亲缘和地缘文化圈中，形成流入地社会的第三类人群。因此，无论是过去的"盲流"、现在的"农民工"，还是"流动人口""蚁族"，都是制度区隔和结构排斥的表现，映射出的都是户籍墙、制度墙和理念墙的阻隔。而这种区隔无疑也在制约中国经济结构调整和社会转型，成为阻碍流动中国慨然前行的荆棘。

笔触之间，美国民权运动领袖马丁·路德·金的"我有一个梦想"在脑海回荡，19世纪一些中国人移民美国淘金的艰难之旅亦浮现在眼前。从理性上看，将时下的流动人口和本地市民的关系与美国有色人种和欧裔白人之间的关系做对比，无疑不太恰当——毕竟，我们有着数千年一脉相传的文化传承；毕竟那些拒绝我们的人，可能就是我们的兄弟姐妹，就是我们过去的邻居；毕竟我们都是中华民族的子孙和"中国梦"的缔造者、践行者……但这又何妨？无论哪个种族，不管哪个族群，梦想大体相通，追逐梦想的努力亦大同小异。

对比美国种族融合与种族平等的矛盾性、复杂性，中华儿女的大家庭式融合问题更为直接与清晰。前者涉及语言文化、宗教信仰等诸多元素，而后者仅仅是在行政区域管辖范围内的公共资源分配问题。随着法制中国建设以及人民当家做主的理念越来越成为特色中国的治理之道，流动人口的基本权益也逐渐被纳入公共议程中。然而，中国流动人口的社会融合终究是重大的现实问题，且长期没有得到有效的解决。比如，给流动人口贴上"外来"的标签，清楚地与"本地"

之间标注界限；更有甚者，无论是超（特）大城市还是中小城市，仅仅通过"外来"的标签，就将流动人口划分到相对于本地人的低等阶层。伴随着城乡户籍，本地、外来的户籍地点又给流动人口标上了嘲讽之意；尽管他们当中不乏高学历、高收入者，但多数仍处于流入城市的核心层以外。

我们希望，有股强有力的力量，能够推动流动人口日渐接近自己的梦想，而这股力量可能就是破解户籍制度及其附属制度的顶层制度设计。

在时下这个流动的大时代中，我们亟须成就流动人口的梦想，助他们披荆斩棘，在城市中寻梦、逐梦与圆梦，让他们缤纷斑斓的各色梦想终有绽放之日，进而浇筑出一个充满梦与希望的流动中国。因此，我们希望，有一天，真正决定一个人的人生能否出彩，不在于他是什么户籍身份，也不在于他有何种社会地位，关键在于他是否肯为美好梦想的实现而不懈奋斗。我们期待着，通过各方的努力，流动人口的收入梦、安居梦、保障梦、融入梦能得以实现，从而为"美丽中国梦"的实现做出完美的注解，也为新型城镇化提供现实的注脚。

希望有一天，在我们的话语体系中，不再有"农民工"这个概念！
希望有一天，在我们的话语体系中，"外来人"不再是区分福利待遇的界限！
希望有一天，在我们的话语体系中，"流动人口"不再是社会底层的代名词！

教育部哲学社会科学研究重大课题攻关项目成果出版列表

序号	书　名	首席专家
1	《马克思主义基础理论若干重大问题研究》	陈先达
2	《马克思主义理论学科体系建构与建设研究》	张雷声
3	《马克思主义整体性研究》	逄锦聚
4	《改革开放以来马克思主义在中国的发展》	顾钰民
5	《新时期　新探索　新征程 ——当代资本主义国家共产党的理论与实践研究》	聂运麟
6	《坚持马克思主义在意识形态领域指导地位研究》	陈先达
7	《当代资本主义新变化的批判性解读》	唐正东
8	《当代中国人精神生活研究》	童世骏
9	《弘扬与培育民族精神研究》	杨叔子
10	《当代科学哲学的发展趋势》	郭贵春
11	《服务型政府建设规律研究》	朱光磊
12	《地方政府改革与深化行政管理体制改革研究》	沈荣华
13	《面向知识表示与推理的自然语言逻辑》	鞠实儿
14	《当代宗教冲突与对话研究》	张志刚
15	《马克思主义文艺理论中国化研究》	朱立元
16	《历史题材文学创作重大问题研究》	童庆炳
17	《现代中西高校公共艺术教育比较研究》	曾繁仁
18	《西方文论中国化与中国文论建设》	王一川
19	《中华民族音乐文化的国际传播与推广》	王耀华
20	《楚地出土戰國簡册［十四種］》	陈　伟
21	《近代中国的知识与制度转型》	桑　兵
22	《中国抗战在世界反法西斯战争中的历史地位》	胡德坤
23	《近代以来日本对华认识及其行动选择研究》	杨栋梁
24	《京津冀都市圈的崛起与中国经济发展》	周立群
25	《金融市场全球化下的中国监管体系研究》	曹凤岐
26	《中国市场经济发展研究》	刘　伟
27	《全球经济调整中的中国经济增长与宏观调控体系研究》	黄　达
28	《中国特大都市圈与世界制造业中心研究》	李廉水

序号	书名	首席专家
29	《中国产业竞争力研究》	赵彦云
30	《东北老工业基地资源型城市发展可持续产业问题研究》	宋冬林
31	《转型时期消费需求升级与产业发展研究》	臧旭恒
32	《中国金融国际化中的风险防范与金融安全研究》	刘锡良
33	《全球新型金融危机与中国的外汇储备战略》	陈雨露
34	《全球金融危机与新常态下的中国产业发展》	段文斌
35	《中国民营经济制度创新与发展》	李维安
36	《中国现代服务经济理论与发展战略研究》	陈 宪
37	《中国转型期的社会风险及公共危机管理研究》	丁烈云
38	《人文社会科学研究成果评价体系研究》	刘大椿
39	《中国工业化、城镇化进程中的农村土地问题研究》	曲福田
40	《中国农村社区建设研究》	项继权
41	《东北老工业基地改造与振兴研究》	程 伟
42	《全面建设小康社会进程中的我国就业发展战略研究》	曾湘泉
43	《自主创新战略与国际竞争力研究》	吴贵生
44	《转轨经济中的反行政性垄断与促进竞争政策研究》	于良春
45	《面向公共服务的电子政务管理体系研究》	孙宝文
46	《产权理论比较与中国产权制度变革》	黄少安
47	《中国企业集团成长与重组研究》	蓝海林
48	《我国资源、环境、人口与经济承载能力研究》	邱 东
49	《"病有所医"——目标、路径与战略选择》	高建民
50	《税收对国民收入分配调控作用研究》	郭庆旺
51	《多党合作与中国共产党执政能力建设研究》	周淑真
52	《规范收入分配秩序研究》	杨灿明
53	《中国社会转型中的政府治理模式研究》	娄成武
54	《中国加入区域经济一体化研究》	黄卫平
55	《金融体制改革和货币问题研究》	王广谦
56	《人民币均衡汇率问题研究》	姜波克
57	《我国土地制度与社会经济协调发展研究》	黄祖辉
58	《南水北调工程与中部地区经济社会可持续发展研究》	杨云彦
59	《产业集聚与区域经济协调发展研究》	王 珺

序号	书 名	首席专家
60	《我国货币政策体系与传导机制研究》	刘 伟
61	《我国民法典体系问题研究》	王利明
62	《中国司法制度的基础理论问题研究》	陈光中
63	《多元化纠纷解决机制与和谐社会的构建》	范 愉
64	《中国和平发展的重大前沿国际法律问题研究》	曾令良
65	《中国法制现代化的理论与实践》	徐显明
66	《农村土地问题立法研究》	陈小君
67	《知识产权制度变革与发展研究》	吴汉东
68	《中国能源安全若干法律与政策问题研究》	黄 进
69	《城乡统筹视角下我国城乡双向商贸流通体系研究》	任保平
70	《产权强度、土地流转与农民权益保护》	罗必良
71	《我国建设用地总量控制与差别化管理政策研究》	欧名豪
72	《矿产资源有偿使用制度与生态补偿机制》	李国平
73	《巨灾风险管理制度创新研究》	卓 志
74	《国有资产法律保护机制研究》	李曙光
75	《中国与全球油气资源重点区域合作研究》	王 震
76	《可持续发展的中国新型农村社会养老保险制度研究》	邓大松
77	《农民工权益保护理论与实践研究》	刘林平
78	《大学生就业创业教育研究》	杨晓慧
79	《新能源与可再生能源法律与政策研究》	李艳芳
80	《中国海外投资的风险防范与管控体系研究》	陈菲琼
81	《生活质量的指标构建与现状评价》	周长城
82	《中国公民人文素质研究》	石亚军
83	《城市化进程中的重大社会问题及其对策研究》	李 强
84	《中国农村与农民问题前沿研究》	徐 勇
85	《西部开发中的人口流动与族际交往研究》	马 戎
86	《现代农业发展战略研究》	周应恒
87	《综合交通运输体系研究——认知与建构》	荣朝和
88	《中国独生子女问题研究》	风笑天
89	《我国粮食安全保障体系研究》	胡小平
90	《我国食品安全风险防控研究》	王 硕

序号	书 名	首席专家
91	《城市新移民问题及其对策研究》	周大鸣
92	《新农村建设与城镇化推进中农村教育布局调整研究》	史宁中
93	《农村公共产品供给与农村和谐社会建设》	王国华
94	《中国大城市户籍制度改革研究》	彭希哲
95	《国家惠农政策的成效评价与完善研究》	邓大才
96	《以民主促进和谐——和谐社会构建中的基层民主政治建设研究》	徐 勇
97	《城市文化与国家治理——当代中国城市建设理论内涵与发展模式建构》	皇甫晓涛
98	《中国边疆治理研究》	周 平
99	《边疆多民族地区构建社会主义和谐社会研究》	张先亮
100	《新疆民族文化、民族心理与社会长治久安》	高静文
101	《中国大众媒介的传播效果与公信力研究》	喻国明
102	《媒介素养：理念、认知、参与》	陆 晔
103	《创新型国家的知识信息服务体系研究》	胡昌平
104	《数字信息资源规划、管理与利用研究》	马费成
105	《新闻传媒发展与建构和谐社会关系研究》	罗以澄
106	《数字传播技术与媒体产业发展研究》	黄升民
107	《互联网等新媒体对社会舆论影响与利用研究》	谢新洲
108	《网络舆论监测与安全研究》	黄永林
109	《中国文化产业发展战略论》	胡惠林
110	《20世纪中国古代文化经典在域外的传播与影响研究》	张西平
111	《国际传播的理论、现状和发展趋势研究》	吴 飞
112	《教育投入、资源配置与人力资本收益》	闵维方
113	《创新人才与教育创新研究》	林崇德
114	《中国农村教育发展指标体系研究》	袁桂林
115	《高校思想政治理论课程建设研究》	顾海良
116	《网络思想政治教育研究》	张再兴
117	《高校招生考试制度改革研究》	刘海峰
118	《基础教育改革与中国教育学理论重建研究》	叶 澜
119	《我国研究生教育结构调整问题研究》	袁本涛 王传毅
120	《公共财政框架下公共教育财政制度研究》	王善迈

序号	书　名	首席专家
121	《农民工子女问题研究》	袁振国
122	《当代大学生诚信制度建设及加强大学生思想政治工作研究》	黄蓉生
123	《从失衡走向平衡：素质教育课程评价体系研究》	钟启泉 崔允漷
124	《构建城乡一体化的教育体制机制研究》	李　玲
125	《高校思想政治理论课教育教学质量监测体系研究》	张耀灿
126	《处境不利儿童的心理发展现状与教育对策研究》	申继亮
127	《学习过程与机制研究》	莫　雷
128	《青少年心理健康素质调查研究》	沈德立
129	《灾后中小学生心理疏导研究》	林崇德
130	《民族地区教育优先发展研究》	张诗亚
131	《WTO主要成员贸易政策体系与对策研究》	张汉林
132	《中国和平发展的国际环境分析》	叶自成
133	《冷战时期美国重大外交政策案例研究》	沈志华
134	《新时期中非合作关系研究》	刘鸿武
135	《我国的地缘政治及其战略研究》	倪世雄
136	《中国海洋发展战略研究》	徐祥民
137	《深化医药卫生体制改革研究》	孟庆跃
138	《华侨华人在中国软实力建设中的作用研究》	黄　平
139	《我国地方法制建设理论与实践研究》	葛洪义
140	《城市化理论重构与城市化战略研究》	张鸿雁
141	《境外宗教渗透论》	段德智
142	《中部崛起过程中的新型工业化研究》	陈晓红
143	《农村社会保障制度研究》	赵　曼
144	《中国艺术学学科体系建设研究》	黄会林
145	《人工耳蜗术后儿童康复教育的原理与方法》	黄昭鸣
146	《我国少数民族音乐资源的保护与开发研究》	樊祖荫
147	《中国道德文化的传统理念与现代践行研究》	李建华
148	《低碳经济转型下的中国排放权交易体系》	齐绍洲
149	《中国东北亚战略与政策研究》	刘清才
150	《促进经济发展方式转变的地方财税体制改革研究》	钟晓敏
151	《中国—东盟区域经济一体化》	范祚军

序号	书名	首席专家
152	《非传统安全合作与中俄关系》	冯绍雷
153	《外资并购与我国产业安全研究》	李善民
154	《近代汉字术语的生成演变与中西日文化互动研究》	冯天瑜
155	《新时期加强社会组织建设研究》	李友梅
156	《民办学校分类管理政策研究》	周海涛
157	《我国城市住房制度改革研究》	高 波
158	《新媒体环境下的危机传播及舆论引导研究》	喻国明
159	《法治国家建设中的司法判例制度研究》	何家弘
160	《中国女性高层次人才发展规律及发展对策研究》	佟 新
161	《国际金融中心法制环境研究》	周仲飞
162	《居民收入占国民收入比重统计指标体系研究》	刘 扬
163	《中国历代边疆治理研究》	程妮娜
164	《性别视角下的中国文学与文化》	乔以钢
165	《我国公共财政风险评估及其防范对策研究》	吴俊培
166	《中国历代民歌史论》	陈书录
167	《大学生村官成长成才机制研究》	马抗美
168	《完善学校突发事件应急管理机制研究》	马怀德
169	《秦简牍整理与研究》	陈 伟
170	《出土简帛与古史再建》	李学勤
171	《民间借贷与非法集资风险防范的法律机制研究》	岳彩申
172	《新时期社会治安防控体系建设研究》	宫志刚
173	《加快发展我国生产服务业研究》	李江帆
174	《基本公共服务均等化研究》	张贤明
175	《职业教育质量评价体系研究》	周志刚
176	《中国大学校长管理专业化研究》	宣 勇
177	《"两型社会"建设标准及指标体系研究》	陈晓红
178	《中国与中亚地区国家关系研究》	潘志平
179	《保障我国海上通道安全研究》	吕 靖
180	《世界主要国家安全体制机制研究》	刘胜湘
181	《中国流动人口的城市逐梦》 ……	杨菊华